suhrkamp taschenbuch
wissenschaft 2055

Im Anschluss an sein vielbeachtetes Buch *Die politische Differenz* legt Oliver Marchart nun die komplementäre Studie zum Begriff der Gesellschaft vor. Es gibt schlechterdings kein Konzept, das unter Sozialwissenschaftlern umstrittener wäre als der eigene Grundbegriff. Gilt er den einen als unverzichtbar, so halten ihn die anderen für überflüssig oder gar schädlich. Entlang der Kämpfe um dieses so notwendige wie unmögliche Objekt »Gesellschaft« präsentiert der Autor eine alternative Geschichte der Sozialwissenschaften von Durkheim bis in die Gegenwart. Zugleich wird erstmals eine systematische Zusammenschau der jüngsten »poststrukturalistischen« Sozialtheorien von Foucault über Latour bis Laclau geleistet. Vor diesem Hintergrund präsentiert das Buch ein engagiertes Plädoyer für die Neubelebung der Gesellschaftstheorie.

Oliver Marchart

Das unmögliche Objekt

Eine postfundamentalistische Theorie der Gesellschaft

Suhrkamp

3. Auflage 2023

Erste Auflage 2013
suhrkamp taschenbuch wissenschaft 2055
Originalausgabe

Umschlag nach Entwürfen
von Willy Fleckhaus und Rolf Staudt
Druck und Bindung: BoD, Norderstedt
Printed in Germany
ISBN 978-3-518-29655-4

www.suhrkamp.de

Inhalt

Vorwort:
No such thing

»There is no such thing as society.« Manchmal findet sich der Commonsense einer Epoche in einem einzigen Sinnspruch verkapselt. Margaret Thatchers berühmter Satz (vgl. Kingdom 1992) bringt die Epoche neoliberaler Deregulierung – samt katastrophischer Folgen, die inzwischen zu besichtigen sind – auf den Punkt. Auf den ersten Blick mag dieser Satz wenig Sinn ergeben. Und doch findet sich in ihm die Ideologie verdichtet, mit der wir heute mehr noch als zu Thatchers Zeiten zu kämpfen haben. Wenn Thatcher nämlich bestreitet, dass so etwas wie Gesellschaft existiert, dann soll dies umgekehrt bedeuten, dass sich die soziale Welt ausschließlich aus *Individuen* (und bürgerlichen Familien) zusammensetzt, die sich am Markt zu bewähren haben. Soziale Verhältnisse sind nach den Kriterien des betriebswirtschaftlichen Nutzenkalküls und der Wettbewerbsorientierung zu reorganisieren. Schranken und Hemmnisse, die der Bewegung des Kapitals im Wege stehen könnten, müssen abgebaut werden – insbesondere die sozialen Sicherungssysteme. Das Individuum wird freigesetzt, nur um der höheren Macht der Marktgesetzte unterstellt zu werden. Hinter der Formel vom Individuum verbirgt sich im Neoliberalismus – mit Pinochet, Thatcher und Reagan zu Regierungsmacht gekommen und inzwischen zum Einheitsdenken nahezu aller politischen Parteien des Westens avanciert – nichts anderes als der Markt.

Mit Thatchers Satz, »So etwas wie Gesellschaft gibt es nicht«, soll daher gesagt sein: »Es gibt nur Marktakteure.« Die sozialen Verhältnisse sind nach Maßgabe der Gesetze des Marktes und der Bewegungsfreiheit seiner Akteure umzugestalten. Nun besitzt diese Behauptung ein notwendiges Komplement, einen zweiten und nicht weniger berüchtigten Sinnspruch Thatchers: »There is no alternative.«[1] Bis heute hallt dieser Satz in den Verlautbarungen der politischen Funktionseliten nach. Er hat es zu solch negativer Prominenz gebracht, dass er als »TINA-Prinzip« Eingang in den Sprachge-

1 Thatcher ist zudem noch für einen weiteren Satz von nicht geringerer Brillanz berühmt, nämlich »I want my money back«, mit dem sie 1984 den so genannten Britenrabatt von der EG einforderte und erhielt.

brauch der kapitalismuskritischen Bewegungen fand. Man erkennt sofort, wie er gar keinen zweiten, sondern nur die andere Seite ein und desselben Sinnspruchs darstellt. Denn natürlich gibt es für Thatcheristen genau deshalb keine Alternative, weil jede Entscheidung durch die eisernen Gesetze des Marktes, denen sich niemand entziehen kann, bereits determiniert ist. Der politisch-strategische Gewinn dieser Behauptung ist evident: Die eigene partikulare Politik lässt sich mit Verweis auf höhere Mächte gegen Kritik immunisieren. Aber was sind die *theoretischen* Implikationen dieses Prinzips? Zunächst impliziert es, dass wir uns die neoliberale Welt als kontingenzlose Welt vorzustellen haben. Kontingent ist, was auch nicht oder anders sein könnte. Das beinhaltet die Möglichkeit von Alternativen. Wo solche nicht möglich sind, dort beginnt das Reich der Notwendigkeit und endet das der Kontingenz. Und weiter bedeutet es, dass jeder Konflikt aus dieser Welt verbannt ist. Denn wo es ohnehin keine Alternativen gibt, dort muss man sich auch nicht um Alternativen streiten. Kontingenz ist an Konflikt gebunden, provoziert Konflikt. Und umgekehrt führt Konflikt zu Kontingenzerfahrung, denn im Zusammenstoß von Alternativen wird erfahrbar, dass die Dinge auch anders liegen könnten. Daher entspricht Thatchers Verleugnung der Gesellschaft der Verleugnung des Politischen. »So etwas wie Gesellschaft gibt es nicht«, heißt zugleich: »Es gibt nichts Politisches.« Oder genauer: Es gibt nicht *das Politische* – vorausgesetzt, wir verstehen unter dem Politischen die gleichursprüngliche Erfahrung von Kontingenz und Konflikt im Moment des Antagonismus, des Aufeinanderprallens gesellschaftlicher Alternativen.

Eine Epoche, deren Politik in der Verleugnung des Politischen besteht, macht sich daran, gleich die Gesellschaftstheorie mit abzuwickeln. Alles »Soziale« ist aus der Mode gekommen, so Elliott und Turner, die von einem globalen »anti-society sentiment« sprechen (Elliott/Turner 2012: 6). Das trifft nicht zuletzt die Gesellschaftstheorie. Was sollte man auch mit einer Theorie anfangen, deren Gegenstand nicht existiert, oder genauer: nicht existieren darf. Man wird daher auf die Frage, wo die Sozial- beziehungsweise Gesellschaftstheorie heute stehe, wohl mit Heinz Bude antworten müssen: »Sie steht mit dem Rücken zur Wand« (Bude 2001: 66). Das mag eine ganze Reihe von Ursachen haben,[2] die wesentliche Ursache aber, so

2 Vom zunehmenden Konkurrenzdruck durch andere Disziplinen bis zum steigen-

scheint mir, liegt in der Schwächung ihres Grundbegriffs, ist doch die Verdrängung des Konzepts der Gesellschaft durch das ökonomische Modell des Marktes keineswegs auf den politischen Diskurs beschränkt, sondern wiederholt sich in den intellektuellen Operationen sozialwissenschaftlicher Disziplinen. So reduziert sich Gesellschaft etwa für die Rational-Choice-Theorie auf unterschiedliche Märkte, deren Referenzeinheit der seinen Nutzen rational kalkulierende Akteur ist – nicht die Gesellschaft. Aufgrund der Verdrängung gesellschaftstheoretischer Modelle durch das Marktmodell könnten manche sozialwissenschaftliche Disziplinen wie Soziologie und Politikwissenschaften, wo sie überhaupt noch theoretisch interessiert sind, bald in Gefahr geraten, zu Subdisziplinen theoretischer Ökonomie abzusinken oder zu angewandter Mathematik. Mit der Austreibung des Sozialen aus den Sozialwissenschaften wäre deren Schicksal besiegelt. Daher sehen manche Soziologen das Schicksal ihrer Disziplin an deren Grundbegriff gekoppelt: »Ob sie will oder nicht, ›Gesellschaft‹ ist der Grundbegriff der Soziologie, mit dem sie aufgestiegen ist und mit dem sie fallen kann« (Bude 2001: 70).

Aber hat es nicht immer schon Soziologen gegeben, die ohne den Grundbegriff Gesellschaft auskamen, am bekanntesten wohl Simmel und Weber? Und in der Tat, wenn wir unter Grundbegriff einen Begriff von unhinterfragter Gültigkeit oder allgemeiner Akzeptanz verstehen, dann war der Gesellschaftsbegriff ohnehin niemals ein Grundbegriff. Immer schon hatte er einen ausgesprochen prekären Status. Niemals war er das stabile Fundament, auf dem sich die neue Disziplin der Soziologie hätte bauen lassen. Wenn er trotz seiner Ambivalenz und Instabilität den Status eines Grundbegriffs geltend machen kann, dann, so die These, die uns im Folgenden begleiten wird, weil er noch *in seiner Abwesenheit anwesend bleibt*, das heißt weil selbst die »Soziologien ohne Gesellschaft« Spuren der Vermeidung, der Verleugnung oder gar Verwerfung des von ihnen Ausgeschlossenen zeigen.[3] Der Begriff

den Legitimationsaufwand für Theoriearbeit gegenüber den Geldgebern, der aber wohl disziplinunabhängig auf jeder Form von Theoriearbeit lastet.

3 Auch Weber und Simmel, die sich im Zuge der letzten großen Krise des Begriffs um 1900 Diltheys radikale Kritik der Soziologie und vor allem des Gesellschaftsbegriffs zu Herzen genommen und auf Letzteren verzichtet hatten (Lichtblau 2011: 29), sahen sich zu einer Alternativbildung – »Vergesellschaftung« – gezwungen, die doch schon im Wortstamm weitertrug, was man verworfen hatte.

löst sich nicht einfach auf und wird obsolet, weil der wissenschaftliche Fortschritt über ihn hinweggeschritten wäre. Er erweist seine Funktion als Grundbegriff gerade in seiner Persistenz. Und er ist deshalb so persistent (und so prekär), weil er nach wie vor umkämpft ist. Noch die Spuren seiner Abwesenheit sind in Wahrheit Narben, die den Sozialwissenschaften von sozialen Kämpfen beigebracht wurden. Wenn also Thatchers Sinnspruch eine politische Aussage mit theoretischen Implikationen ist, dann ist die sozialwissenschaftliche Umstellung vom Gesellschafts- auf das Marktmodell eine theoretische Operation mit politischen Implikationen. Beide werden – bei aller Spezifik der Felder Politik und Wissenschaft – verbunden durch einen feldüberschreitenden hegemonialen Kampf um die Ausdeutung des Sozialen. Welche Perspektive auf das Soziale, verkörpert in welchem Vokabular, gilt als legitim, als zustimmungs- und konsensfähig, als sagbar und denkbar?

Das Grundvokabular der Sozialwissenschaften ist alles andere als neutral. Es ist politischer Einsatz in einem feldübergreifenden hegemonialen Spiel. In den frühen Zeiten ihrer Durchsetzung ist man sich dieser umkämpften Natur einer Vokabel noch durchaus bewusst. Der Staatsrechtler Robert von Mohl hat von der enormen politischen Aufladung des Gesellschaftsbegriffs in der 1848er-Revolution berichtet. Das vormals unbekannte Wort »Gesellschaft« hallte von den Rednerbühnen und begann – wie ein »Medusenhaupt« (zitiert in Riedel 1975: 842) – Angst und Schrecken zu verbreiten.

Dass von dem Schrecken nichts mehr zu spüren ist, bedeutet nicht, dass die politischen Kämpfe um die Existenz oder Nicht-Existenz von Gesellschaft als Dimension eigenen Rechts vergangen wären. Sie ziehen sich subkutan fort im politischen Diskurs wie in den Debatten um das Selbstverständnis der Sozialwissenschaften. Es soll im Folgenden daher nicht darum gehen, den Begriff der Gesellschaft an einem vermeintlich angestammten Platz in der Sozialtheorie wieder einzusetzen. Einen solchen Platz gibt es nicht und hat es nie gegeben. Es wird vielmehr darum gehen, Gesellschaft als explizit politischen Begriff für die Sozialtheorie zu exponieren, wenn nicht sogar als notwendigen Komplementärbegriff *des Politischen*. Was zugleich heißt: ihn *politisch* zu exponieren in einer Weise, die den eigenen Einsatz innerhalb der hegemonialen Kämpfe der Zeit bewusst hält.

Mit dieser Absicht schließe ich an *Die politische Differenz*, meine

Studie zu den Begriffen des Politischen und der Politik an (Marchart 2010a). Die kategoriale Differenzierung zwischen *la* und *le politique* ist vor allem mit den Arbeiten der französischen »heideggerianischen Linken« zu Prominenz gekommen, so etwa bei Autoren wie Jean-Luc Nancy, Philippe Lacoue-Labarthe, Claude Lefort, Alain Badiou, Jacques Rancière, Ernesto Laclau und Chantal Mouffe. Bei allen individuellen Unterschieden verfolgen sie ein postfundamentalistisches Denken des Politischen. Der Begriff des Postfundamentalismus, im Englischen als *post-foundationalism* wesentlich geläufiger, verweist darauf, dass die moderne Abwesenheit *letzter* Gründe (wie Gott, Vernunft oder Geschichte) nicht mit der Abwesenheit *aller* Gründe verwechselt werden darf – das wäre ein bloßer Antifundamentalismus. Stattdessen trägt der Begriff des Postfundamentalismus dem Umstand Rechnung, dass notwendig kontingente Gründe immer wieder aufs Neue gefunden und gelegt werden müssen, auch wenn sie sich als noch so temporär, partiell und instabil erweisen sollten. In besagter Studie ging ich von der Hypothese aus, dass die in der aktuellen Theorie markierte politische Differenz – das Spiel zwischen Politik und dem Politischen – als ein Symptom dieser ultimativen Abgründigkeit des Sozialen verstanden werden muss. Der Begriff des Politischen war eingeführt worden, so meine Vermutung, weil die Frage der Institution des Sozialen nicht länger einem einzigen sozialen Funktionssystem – der Politik – überlassen werden konnte. *Alle* sozialen Verhältnisse sind, einmal als kontingent erkannt, auf ihre (Re-)Fundierung angewiesen. Um dies zu bezeichnen, erwiesen sich herkömmliche Politikbegriffe als unzureichend, da zu eng gefasst. Ein Begriff des *Politischen* war erforderlich geworden, um auf die Dimension der Gründung aller Bereiche des Sozialen – unter Bedingungen ultimativer Ungründbarkeit – hinzuweisen.

Diese Überlegungen warfen freilich die Frage nach dem »Gegenstück« der Politik und des Politischen, nämlich nach dem Sozialen beziehungsweise der Gesellschaft auf. Reicht es hin, einfach die Ungründbarkeit des Sozialen und damit auch die Unmöglichkeit von Gesellschaft als Totalität und Fundament zu postulieren? Oder erfordern die postfundamentalistischen Theorien des Politischen nicht vielmehr eine sozial- und gesellschaftstheoretische Ergänzung? Denn was genau ist dieses Etwas, die Gesellschaft, das von ihnen als ungründbar vorausgesetzt wird? Von den oben genannten Denkern des Politischen kann (mit Ausnahme von Laclau) keine Antwort auf diese Frage erwartet werden.[4] Diese Vernachlässigung der Gesellschaftstheorie ist kein Zufall. Gerade bei den französischen Autoren ist seit den späten 1970er Jahren eine innertheoretische Umorientierung vom Sozialen zum Politischen feststellbar. Denn nachdem es, wie Kari Palonen bemerkt, in der Nachkriegszeit innerhalb der meisten theoretischen Traditionen – nicht nur der marxistischen – als Selbstverständlichkeit gegolten hatte, Politik als ein soziales Phänomen zu definieren und somit der Kategorie der Gesellschaft unterzuordnen, begann seit den späten 1970er Jahren mit der Rede vom »Ende des Sozialen« (Baudrillard 2010) wie auch in historischen Studien (Donzelot 1984) die »Abwehr eines substantiellen und totalisierenden Begriffs der Gesellschaft beziehungsweise des Sozialen, den man bis dahin als die große Errungenschaft der Sozialwissenschaften gefeiert hatte« (Palonen 1998: 18). Die Emanzipation von totalisierenden Figuren der Gesellschaft war Voraussetzung für die darauf folgende Emanzipation der Kategorie des Politischen.[5] Palonen spricht von »Entgesellschaftung« als »Herausforderung zum Entwerfen eines neuartigen Begriffs des Politischen« (ebd.).

So nachvollziehbar diese historische Absetzungsbewegung von fundamentalistischen Sozial- und Gesellschaftstheorien – etwa vom deterministischen Basis-Überbau-Modell des Marxismus – sein mag, sie übersieht doch, dass der Gesellschaftsbegriff ein notwendiges Komplement des Begriffs des Politischen bleibt. Die Theorien der Politik und des Politischen sind durch ihre, wenn man so will, andere Seite, also hinsichtlich des Sozialen und der Gesellschaft zu ergänzen. Sozial- und Gesellschaftstheorie zu ignorieren oder gar zu bekämpfen, wie dies bei prominenten Autoren wie Jacques Rancière oder Alain Badiou der Fall ist, ist keine produktive Option. Vielmehr muss es darum gehen, einen gemeinsamen Resonanzraum herzustellen für postfundamentalistische Theorien des Politischen und solche des Sozialen und der Gesellschaft. Zu diesem Zweck werde ich im Folgenden eine ganze Reihe von sozialwis-

4 Bei manchen stößt der Begriff von Gemeinschaft auf wesentlich größeres Interesse: vgl. Nancy (1988), Agamben (2003).

5 Eine ganz ähnliche Bewegung gegen das Soziale (als Figur der Notwendigkeit) zum Zwecke der Aufwertung politischen Handelns fand sich bereits früher bei Hannah Arendt.

senschaftlichen Ansätzen hinsichtlich ihres Beitrags zu einer postfundamentalistischen Theorie der Gesellschaft *und* des Politischen evaluieren: Unter ihnen, um nur die prominentesten zu nennen, die strukturale Anthropologie Claude Lévi-Strauss', die Soziologie der Assoziationen Bruno Latours, die Sozialtheorie des Widerstreits Jean-François Lyotards, die soziologische Systemtheorie Niklas Luhmanns, die lacanianische Sozialtheorie, wie man sie etwa bei Slavoj Žižek oder Yannis Stavrakakis findet, die nietzscheanischen Traditionen der soziologischen Konflikttheorie einschließlich der Genealogie Michel Foucaults, sowie im Besonderen die neo- und postmarxistischen Ansätze von Theodor W. Adorno über Louis Althusser und Pierre Bourdieu bis Ernesto Laclau, dessen gemeinsam mit Chantal Mouffe entwickelte Hegemonietheorie noch am ehesten das *missing link* zwischen politischer Theorie und Sozial- und Gesellschaftstheorie beisteuern kann.

Viele dieser Ansätze teilen ein auffälliges Merkmal: Ihre Kritik der fundamentalistischen Gesellschaftskonzeptionen führt weder zur völligen Verabschiedung eines jeglichen Gesellschaftsbegriffs noch zu seiner auftrumpfenden Wiedereinführung. Die Gesellschaft kehrt zurück, aber sie kehrt nicht zurück mit *pomp and circumstances*, sondern in paradoxer Gestalt: als ein unmögliches Objekt. Die aktuellen Theorieangebote, einige jedenfalls, haben die Furcht vor einem solch unmöglichen Objekt verloren. Frühere Soziologien hatten den Kollektivsingular Gesellschaft zurückgewiesen als Hypostasierung, Fiktion und metaphysische Altlast, die von Rechts wegen nicht existieren dürfe (was diesen Gegenstand dennoch nicht daran hinderte, immer wieder zurückzukehren). Inzwischen ist es möglich geworden, in Gesellschaft eine Figur der Ungründbarkeit zu sehen, die dennoch – oder deshalb – zum paradoxen Fundament des Sozialen taugt. Denn wie gesagt: Im Postfundamentalismus verschwindet die Frage nach den Fundamenten des Sozialen nicht spurlos. Ihre kontingent-konflikthafte Natur tritt in den Vordergrund. Als Figur der ultimativen Ungründbarkeit des Sozialen verhilft Gesellschaft einem Grund zur Anwesenheit, der immer wieder – wenn auch nur partiell und vorübergehend – im Konflikt mit konkurrierenden Fundierungsversuchen instituiert werden muss. Wie wir sehen werden, klinkt an genau dieser Stelle das postfundamentalistische Konzept des Politischen ein.

Die vorliegende Untersuchung begibt sich also auf die Spuren des unmöglichen Objekts Gesellschaft. In der Sequenz der Argumente folgt sie daher nicht auf meine frühere Studie *Die politische Differenz*, sondern ist, was man in Hollywood ein *prequel* nennt: die nachgelieferte Vorgeschichte.[6] Sie untersucht die gesellschaftstheoretischen Voraussetzungen für die These von einer an Heideggers ontisch-ontologischer Differenz orientierten politischen Differenz, wie sie viele aktuelle Theorien des Politischen bestimmt. Damit antwortet sie zugleich auf ein deutlich wahrnehmbares Desiderat nicht nur im Denken des Politischen. Denn in den letzten Jahren wurden poststrukturalistische Ansätze auch intensiv in den Sozialwissenschaften rezipiert (vgl. einführend Stäheli 2000a; Moebius 2003; Reckwitz 2006, 2008). Inzwischen liegen ausgezeichnete Einzelstudien vor und sogar ein Sammelband, der Grundbegriffe und Forschungsfelder der poststrukturalistischen Sozialwissenschaften vorstellt (Moebius/Reckwitz 2008). Was bislang allerdings fehlt, ist eine vergleichende Zusammenschau der wichtigsten Ansätze. Das soll hier nicht im Sinne einer bloßen Einführung geleistet werden, und schon gar nicht mit dem Anspruch umfassender Darstellung. Eher wird eine symptomale Lektüre dieser Ansätze erprobt. Das heißt: Wir werden jene neuralgischen Punkte aufsuchen, an denen sich Gesellschaft dem theoretischen Zugriff – und das schon bei den Klassikern – entzieht.[7] Jene Punkte, an denen Gesellschaft zwischen An- und Abwesenheit zu oszillieren beginnt – und sich damit zu erkennen gibt als Symptom der ultimativen Grundlosigkeit wie Gründungsbedürftigkeit des Sozialen.

6 Bereits publizierte Artikel, aus denen gelegentlich Passagen eingearbeitet wurden, sind im Literaturverzeichnis angegeben.

7 Die paradoxe und symptomatische Natur des Gesellschaftsbegriffs schiebt sich erst heute in unsere Wahrnehmung. Das bedeutet aber nicht, dass der Gesellschaftsbegriff bei den Klassikern weniger paradox, flüchtig oder umkämpft gewesen wäre. Wenn man dessen hochgradig umstrittene Rolle bedenkt, dann erstaunt übrigens, dass er nie einer umfassenden und tief greifenden Analyse unterzogen wurde. Zwar existieren neben Studien zum Gesellschaftsbegriff einzelner Autoren und begriffsgeschichtlichen Untersuchungen auch einführende Überblicksdarstellungen zur Gesellschaftstheorie. Doch was bis heute nicht vorliegt, ist eine in die Tiefe der Auseinandersetzungen um den Begriff der Gesellschaft vordringende, umfassende Studie.

1. Einleitung: Gesellschaft ohne Grund? Postfundamentalistische Sozialtheorien zwischen Soziologie und Philosophie

1.1. Der gestrandete Wal: Die Monstrosität von Gesellschaft

Gegenstand der vorliegenden Untersuchung ist die Gesellschaft. Aber um welche Art von Gegenstand handelt es sich hier? Die Sozialwissenschaften bieten auf diese Frage keine eindeutige Antwort; offenbar ist ihr Verhältnis zu dem Begriff überaus gespannt.[1] An ihm haftet etwas vom Odeur der Scharlatanerie, die achtbare Empiriker und selbst viele Sozialtheoretiker auf Distanz gehen lässt. Deshalb waren Sozialwissenschaftler, wie Bruno Latour anmerkt, immer schon bestrebt, ihre Untersuchungen aus dem Schatten der Gesellschaft zu rücken. Nur gelungen sei es ihnen nie. Obwohl sie immer wieder behauptet hätten, »daß Gesellschaft eine virtuelle Realität, eine *cosa mentale*, eine Hypostase, eine Fiktion sei«, hätten sie sich doch nur ihre eigene Nische eingerichtet in diesem »virtuellen und totalen Körper, von dem sie behaupteten, er existiere nicht wirklich«. Gesellschaft wurde zu etwas, »was *stets* als eine Fiktion *kritisiert* wurde und was gleichwohl *immer da* war als unüberschreitbarer Horizont aller Diskussionen über die soziale Welt« (Latour 2007: 282 f.). Gesellschaft wurde, mit anderen Worten, zu einem *unmöglichen Objekt.* Nun sei die Zeit gekommen, so Latour, dieses Objekt endgültig zu verabschieden:

> Was immer die Lösung war, die Gesellschaft lag, gestrandet wie ein Wal, wie ein Leviathan, an einem Meeresstrand, wo liliputanische Sozialwissenschaftler versuchten, eine passende Bleibe für ihn zu graben. Seit kurzem ist der Gestank dieses verwesenden Monsters unerträglich geworden. Es gibt keine Möglichkeit, die Sozialtheorie zu erneuern, solange der Strand nicht gesäubert und der unselige Gesellschaftsbegriff nicht vollständig aufgelöst ist. (Ebd.: 283)

1 Was, wie man sehen wird, mit dem Gegenstand zu tun hat *und* mit den Sozialwissenschaften.

Nun ist Latour, wie wir in Kapitel 4 sehen werden, in Wahrheit weit davon entfernt, den Gesellschaftsbegriff, wie hier angekündigt, aus seiner eigenen Sozialtheorie zu verbannen. Doch mit seinem Hang zu drastischen Formulierungen hat er ein deutliches Bild dieses Gegenstands gezeichnet, der im Regelbetrieb empirischer Sozialwissenschaften als ein überflüssiger Fremdkörper aufscheint. Als »gestrandeter Wal«, um bei Latours Metaphorik zu bleiben, ist Gesellschaft nämlich ein Ding anderer Natur und anderen Ausmaßes als alle positiv beschreibbaren Gegenstände des Sozialen. Zum Monster wird es zunächst aufgrund seiner bloßen Monumentalität und also seines Totalitätsanspruchs. Die Zeiten sind vorbei, in denen man mit einem solchen Großobjekt noch ungehindert operieren konnte. Latour begnügt sich allerdings nicht mit der Kritik am Totalitätsanspruch des Begriffs. In der Szene, die er beschreibt, verströmt Gesellschaft einen unerträglichen Gestank der Verwesung. Das Objekt stört und irritiert. Man gewinnt den Eindruck, Aasvögel würden bereits über ihm kreisen. Sein ekelerregender Zustand lässt die Sozialwissenschaft nach Abtransport rufen. Der Strand soll gesäubert, die Seuchengefahr gebannt, der geregelte normalwissenschaftliche Badebetrieb wieder aufgenommen werden.

Der Begriff der Gesellschaft, so das Fazit dieser Fabel, hat sich nach seinem Ableben nicht einfach in Luft aufgelöst. Ulrich Beck spricht von einer dem Erfahrungshorizont des 19. Jahrhunderts entstammenden »Zombie-Kategorie«, die als »lebend-tote« Kategorie nach wie vor herumspukt (Beck 2000: 16). Auch bei Latour macht sich ihr Kadaver unangenehm bemerkbar – und wir werden im Folgenden einige Hypothesen aufstellen, warum er das tut. Selbst für jene, die ihn verleugnen, gleicht er dem, was man im Englischen als »elephant in the room« bezeichnet. Ein Objekt enormen Ausmaßes, dessen Existenz ostentativ ignoriert wird, während ihm zugleich alle auszuweichen bemüht sind. Man fühlt sich an Margaret Thatchers Sinnspruch »There is no such thing as society« im politischen Diskurs erinnert, die damit ein Monster zu begraben aufruft, das doch angeblich gar nicht existiert. Bei solchen Formeln handelt es sich, wie wir sehen werden, um eine Art Exorzismus, das heißt um die spiritistische Beschwörung dessen, was man auszutreiben vorgibt. In dieser Hinsicht ist Latour der letzte in einer langen Reihe von Sozialwissenschaftlern, die sich an diesem Objekt stoßen; er ist aber nicht der erste, der auf dessen unheimlichen Charakter aufmerksam wird. Bereits in den 1920er Jahren hat Leopold von Wiese den Objektbereich seiner um Anerkennung kämpfenden Disziplin, die Gesellschaft, als ein »Ungeheuer und Riesenrätsel« bezeichnet (zitiert in Müller-Doohm 1991: 48).[2] Wenige Jahre zuvor hatte Max Scheler diagnostiziert, dass Gesellschaft – basierend auf vertragsförmigen Vereinbarungen – »nur der *Rest*, der *Abfall* ist, der sich bei den inneren *Zersetzungsprozessen* der Gemeinschaften ergibt« (Scheler 1978 [1912]: 106).[3] Die tönniessche Unterscheidung von Gemeinschaft und Gesellschaft wird von Scheler so weit radikalisiert, dass Gesellschaft als bloßes Verfallsprodukt einer sich zersetzenden organischen Ganzheit erscheint. Verglichen mit dem Idealbild der verlorenen Gemeinschaft wird Gesellschaft zum *Abjekt* im Sinne Kristevas (1980), zu einem Ekel oder gar Schrecken auslösenden Gegenstand (das noch harmloseste Beispiel Kristevas für ein Abjekt ist die Haut auf der Milch).

Dieses Abjekt Gesellschaft hat immer wieder, wenn nicht Ekel oder Schrecken, so doch Irritationen hervorgerufen. Etwas näher an unserer Zeit treffen wir auf Ralf Dahrendorf, der es in Anlehnung an Durkheim wiederholt mit der Formel vom »Ärgernis der Tatsache der Gesellschaft« belegt (Dahrendorf 1974: 48; vgl. die Kapitel 2 und 7 in diesem Band). Im Alltag erfahren wir unsere soziale Umwelt nicht immer als stabil und verlässlich. Allzu oft stößt unsere Primärerfahrung an etwas Widerständiges: »Gesellschaft ist so allgegenwärtig und zugleich so resistent, daß wir uns ständig an ihr stoßen und reiben« (Dahrendorf 1974: 50). Sie setzt uns im Alltag Grenzen, wie etwa Grenzen der sozialen Mobilität, die erst zu Bewusstsein kommen, sobald wir sie erfolglos überschreiten wollen. Die soziologische Analyse müsse an genau dieser Primärerfahrung der »ärgerlichen Tatsache« namens Gesellschaft anknüpfen:

2 Im Anschluss an Simmel zog von Wiese daraus die heute modern wirkende Konsequenz, Gesellschaft dann eben nicht als Objekt zu bestimmen, was einer unzulässigen Substantialisierung gleichkomme, sondern das *Soziale* als Raum mobiler Interrelationen zu untersuchen. Wir werden weiter unten auf aktuelle Formen eines radikalen Relationismus zu sprechen kommen, mit denen man den Substanzbegriff der Gesellschaft loszuwerden hofft.

3 Wird der Kontrakt gelöst oder nicht länger anerkannt, so der deutliche Nachklang der Massenpsychologie des 19. Jahrhunderts, kommt es nicht etwa zur Rückkehr der organischen Gemeinschaft; vielmehr »entsteht die völlig unorganisierte ›Masse‹, die nur durch einen momentanen Sinnenreiz und durch gegenseitige Ansteckung zu Einheit verbunden ist« (Scheler 1978 [1912]: 106).

[I]mmer sind es soziale Widerstände, die zwischen uns und die Verwirklichung unserer Wünsche treten: die Tatsache der Gesellschaft als Ärgernis. Dies ist keine Floskel. Gesellschaft ist nicht darum schon Ärgernis, weil wir uns gelegentlich über sie ärgern oder weil ihre Normen uns unbequem sind. Gesellschaft ist Ärgernis, weil sie uns zwar durch ihre Wirklichkeit entlastet und vielleicht überhaupt erst die Ausdrucksmöglichkeiten des Lebens gibt, weil sie aber andererseits uns stets und überall mit unüberschreitbaren Wällen umgibt, in denen wir uns einrichten, die wir bunt bemalen und bei geschlossenen Augen fortdenken können, die jedoch unverrückbar stehen bleiben. Gesellschaft ist eine ärgerliche Tatsache, weil wir an sie anrennen wie an eine Mauer – und dies nicht aus Starrköpfigkeit oder Dummheit, sondern im normalen Gang des Lebens. Ihre Unausweichlichkeit macht die Tatsache der Gesellschaft zum Ärgernis. (Ebd.: 50)

Es ist erstaunlich, dass Soziologie und Sozialtheorie kaum Augenmerk darauf gelegt haben, dass sich die von Durkheim bis Dahrendorf immer schon beschriebene Primärerfahrung der Resistenz des Sozialen *innerhalb* der Sozialwissenschaften an deren Gegenstand wiederholt. Der theoretische Begriff Gesellschaft – ein »verwesendes Monster« – löst nämlich in der Soziologie kaum geringere Irritationen aus als die »ärgerliche Tatsache« der Gesellschaft in unserem Alltagserleben. Niemals konnte sich ein Konsens darüber etablieren, ob die Soziologie überhaupt ein Konzept von Gesellschaft benötigt. Kaum ein soziologischer Begriff, der auf schwächeren Beinen stünde als ihr Grundbegriff. Die Klassiker Weber und Simmel kommen weitgehend ohne ihn aus. Für Sozialphänomenologie, symbolischen Interaktionismus, Ethnomethodologie oder andere Formen der Mikrosoziologie ist Gesellschaft allenfalls ein peripheres Konzept, da das Soziale »von unten« her durch eine Unzahl einzelner Interaktionen aufgebaut ist und sich nie zu einem überwölbenden Kollektivbewusstsein à la Durkheim totalisieren kann.[4] Für die »Neo-Positivisten« der 1960er Jahre ist Gesellschaft ein Konzept, das sich nicht zweckmäßig abgrenzen lässt, in einer empirischen Einzelwissenschaft folglich nichts verloren hat und bestenfalls Sozialphilosophen überlassen werden kann (Scheuch 1969). Gegen Hans Albert, René König und Helmut Schelsky ver-

4 Durkheim wurde auch zur Hauptzielscheibe Friedrich H. Tenbrucks im Zuge seines weberianischen Feldzugs gegen jegliche Überhöhung von Gesellschaft zu einem virtuellen Gesamtobjekt (Tenbruck 1980; 1984; siehe Kapitel 2 in diesem Band).

wies die kritische Theorie freilich auf die Unentbehrlichkeit des Konzepts. Doch als »antagonistische Totalität«, wie von Adorno theoretisch gefasst, hält sich Gesellschaft nur *durch ihre Widersprüche hindurch* am Leben und ist nie anders greifbar als in den Entfremdungserfahrungen, die ähnlich auch Durkheim und Dahrendorf beschreiben.

Es hat sich somit als schwierig, wenn nicht unmöglich erwiesen, das irritierende Ding Gesellschaft sozialtheoretisch auf den Begriff zu bringen. Während die einen dessen Notwendigkeit schlicht abstritten, konnten die anderen den Begriff nur um den Preis seiner Paradoxierung zentral stellen. Denn der Begriff der »antagonistischen Totalität« ist letztlich eine paradoxe, ihre paradoxale Struktur als »dialektisch« missverstehende (und damit deparadoxierende) Formel, und wir werden einer Vielzahl weiterer paradoxer Formeln begegnen, da Gesellschaft sozialtheoretisch nach wie vor als ein zugleich notwendiges und unmögliches, zugleich überzähliges und unterzähliges Objekt konstruiert wird. Weil Soziologen aber, abgesehen von wenigen Ausnahmen wie etwa Luhmann, nur selten ein entwickeltes Organ für die Paradoxien besitzen, die ihrer eigenen Unternehmung zugrunde liegen, blieb auch der paradoxe Charakter dieses Grundbegriffs lange Zeit unbemerkt. Zwar wurde die ärgerliche Primärerfahrung der ontologischen Resistenz sozialer Verhältnisse immer wieder diagnostiziert, die eigene Primärerfahrung der theoretischen Resistenz des soziologischen Grundbegriffs rückte *als solche* jedoch kaum in den Blick.

1.2. Soziologie als Kampfplatz

Die theoretische Resistenz des Gesellschaftsbegriffs steht in direktem Verhältnis zu seiner Umstrittenheit. Gewiss, umstritten war der sozialwissenschaftliche Gesellschaftsbegriff immer schon. Aber erst in jüngerer Zeit tritt der strittige und prekäre Charakter des Gegenstands überhaupt in den Blick. Erst jetzt fällt auf, dass im Zuge der disziplinären Etablierungsgeschichte der Sozialwissenschaften, insbesondere der Soziologie, die Absage an eine Gesellschaftstheorie, die womöglich gar den (sozial-)philosophischen Anspruch auf umfassende Erkenntnis der Natur des Sozialen erheben würde, eine *wiederkehrende Konstante* bildet (so Lichtblau 2001: 17;

siehe auch Tyrell 1994; Stäheli 1995; Schwinn 2011). Es ist wohl kein Zufall, dass der durchgängige Streit um den Grundbegriff der Gesellschaft erst im Zuge der gegenwärtigen Selbstverständigungskrise der Soziologie thematisch wird. Stefan Müller-Doohm hat in seinen »Notizen zum Gegenstandsverlust einer Disziplin« die Vermutung geäußert, die Soziologie könnte letztlich zu Irrelevanz verdammt sein, sollte sich ihr Gegenstand Gesellschaft verflüchtigen (Müller-Doohm 1991: 70). Angetrieben werde die soziologische Gegenstandsverflüchtigung durch Parzellierung der Disziplin in Bindestrichsoziologien und voneinander abgeschottete Sektoren der Theorie, Methodologie, Empirie und Zeitkritik. Weite Teile der empirischen Sozialforschung seien auf die anwendungsfixierte Anhäufung von Planungswissen eingeschworen. Daher gelte der empirischen Sozialforschung »das Begreifen der Gesellschaft als ganzer, ihrer Struktur und Funktionsweise als ebenso suspekt, wie sie eine Theorie der Gesellschaft als Theorie des Zeitalters für reine Spekulation hält und von vornherein Abstand davon nimmt« (ebd.: 52).

Das von Müller-Doohm und anderen diagnostizierte »Unbehagen an der Soziologie« (Rehberg 2010) ist natürlich so alt wie die Disziplin selbst. Auch die Rede von der Krise der Soziologie ist keineswegs neueren Datums, hatte doch Alvin Gouldner eine solche Krise bereits 1970 konstatiert – dabei sollte die Soziologie damals ihr goldenes Jahrzehnt erst vor sich haben (Gouldner 1974). Spätestens ab diesem Punkt war Soziologie – vielleicht nicht zuletzt aufgrund ihres vorübergehenden Erfolges – sich selbst zum Ärgernis geworden. In der Bundesrepublik ließen in den 1970er und frühen 1980er Jahren selbsternannte »Anti-Soziologen« wie Schelsky (1975; 1981) und Tenbruck (1980) mit ihrer Radikalkritik der Soziologie und des Gesellschaftsbegriffs aufhorchen. Kaum eine andere wissenschaftliche Disziplin, so wird heute konstatiert, sei »so uneins mit sich selbst, keine andere geht so hart mit sich ins Gericht, bis hin zur Proklamation von Anti-Soziologien« (Merz-Benz/Wagner 2001: 17).[5] Wenn vor diesem Hintergrund verallgemeinerter Un-

5 Ob die Soziologie unter den Disziplinen ein Exklusivrecht an Selbstzerfleischung anmelden kann, soll hier nicht diskutiert werden. Die Parallele zur Philosophie, die sich von spätestens Nietzsche bis zu François Laruelles *non-philosophie* (Laruelle 1989) gerade durch eine Bewegung der Selbstüberwindung fortschreibt, ist jedoch auffällig.

einigkeit der Begriff der Gesellschaft überhaupt noch den Status eines *Grundbegriffs* geltend machen kann, dann jedenfalls nicht im Sinne eines gemeinsamen Fundaments, noch nicht einmal im Sinne eines kleinsten gemeinsamen Nenners. So ist es nur konsequent, wenn Georg Kneer und Stephan Moebius letztendlich vorschlagen, jede Idee von einer positiv bestimmbaren Identität der Disziplin aufzugeben (Kneer/Moebius 2010). Die Soziologie gründe in keiner überwölbenden Problematik und in keinem vereinheitlichenden Paradigma (oder einer Folge von Paradigmen), zerfalle aber umgekehrt auch nicht in gänzlich unverbundene Sektoren, Konzeptionen oder Schulen. Was hält dann die Soziologie als Disziplin zusammen? Der überzeugende Vorschlag von Moebius und Kneer lautet, dass die Verbindungen zwischen ihren auseinanderstrebenden Momenten in beträchtlichem Ausmaß gerade durch innersoziologische Kontroversen geknüpft werden. Es sind entsprechend dieser an Simmels Konflikttheorie angelehnten Perspektivumkehr gerade die grundlagentheoretischen Debatten (des Werturteilsstreits, der Rollendebatte, des Positivismusstreits, der Habermas-Luhmann-Debatte usw.), die zur Identität der Disziplin beitragen und sie nicht etwa gefährden; es ist die Uneinigkeit, die ein minimales Maß an Einigung produziert.

Die disziplinäre Identität der Soziologie kann somit bestimmt werden als Schnittmenge von Konfliktkonstellationen – Moebius und Kneer sprechen von »agonalen Diskursformationen« (Moebius/Kneer 2010: 8).[6] Wenn wir uns diesem Perspektivwechsel anschließen wollen, wird sich auch die Perspektive auf den Gesellschaftsbegriff verschieben. Er dient der Soziologie, und in geringerem Maße den anderen Sozialwissenschaften, nicht deswegen als Grundbegriff, weil er ein stabiles, unumstrittenes Fundament bereitstellen würde, sondern gerade weil sich deren disziplinäre Identität wesentlich im Streit um seine Konturen, ja um seine Notwendigkeit oder Überflüssigkeit herausgebildet hat. Mit seiner Verleugnung oder Verteidigung ist daher immer ein bestimmter Einsatz verbunden, eine Verschiebung oder Verfestigung der

6 Diese »agonalen Diskursformationen«, so Moebius und Kneer, stellen »verdichtete Aufmerksamkeitszentren dar, markieren also leicht wiedererkennbare Orientierungspunkte, die nicht nur weitere Anschlussmöglichkeiten eröffnen, sondern denen auch in den Selbstbeobachtungen und Selbstbeschreibungen des Faches eine erhebliche Relevanz zukommt« (Moebius/Kneer 2010: 8).

Frontlinien im Konfliktraum der Sozialwissenschaften. Und zwar mehr noch, so meine These, als mit jedem anderen Begriff. Betrachten wir nur beispielhaft die Konfliktkonstellation, wie sie sich am Höhepunkt der bundesrepublikanischen Auseinandersetzung um den Gesellschaftsbegriff darstellt. Alex Demirovic hat darauf hingewiesen, wie sehr mit dem Auftritt Luhmanns in den späten 1960er Jahren die Karten neu gemischt und die Kräfteverhältnisse innerhalb der Soziologie in Form einer unwahrscheinlichen Allianz verschoben wurden, die sich letztlich selbst wiederum in einen Streit kleidete. Historische Ausgangslage war folgende: Die »Soziologensoziologie« der 1950er und 1960er Jahre hatte gegen die Kritische Theorie mobil gemacht bis hin zu dem Vorwurf, diese würde auf den Bürgerkrieg in der Soziologie (und wohl nicht nur in der Soziologie) hinarbeiten. Festmachen ließen sich die vorgeblich totalitären Ziele der Kritischen Theorie an deren Gesellschaftsbegriff. Dass die Frankfurter Schule auf einen hegel-marxistischen Begriff von gesellschaftlicher Totalität zurückgriff, galt als unwissenschaftlich, metaphysisch, ja potenziell totalitär, da Spekulationen über das Ganze der Gesellschaft sich der Falsifikation entziehen (Demirovic 2001: 23). Mit Luhmann erwuchs der Kritischen Theorie in dieser Hinsicht ein unerwarteter Verbündeter. Mit ihm begann ein Soziologe am Projekt der Gesellschaftstheorie zu arbeiten, der, wie Demirovic unterstreicht, gerade aus der »revolutionär-konservativen Theorietradition, die von Freyer, Gehlen und Schelsky repräsentiert wurde« (ebd.), hervorgegangen war, die dieses Projekt bekämpfte. So konnte über die offen ausgestellten Differenzen hinweg im soziologischen Debattenraum eine gesellschaftstheoretische und philosophieaffine Achse gebildet werden.

An diesem Beispiel lässt sich erkennen, dass mit dem Konflikt um den Gesellschaftsbegriff ein größerer und nicht nur innerwissenschaftlicher Einsatz verbunden ist. Was in der Debatte mitlaufend verhandelt wurde, war nichts weniger als die politische Konstellation der Bundesrepublik – darauf deutet schon die von konservativer Seite lancierte Bürgerkriegsmetaphorik hin. Schließlich umfasste das Feld debattierender Akteure ehemalige Nazis wie Freyer und Gehlen genauso wie ehemalige Emigranten, darunter wiederum neo-marxistische wie Horkheimer und bürgerliche wie König, die jeweils sehr unterschiedliche Vorstellungen von gesellschaftlicher Ordnung hatten. Zwischen den ungleichen Gesellschaftsverteidigern Habermas und Luhmann wurde – zum späteren Verdruss Luhmanns – erneut eine Konfliktlinie eingezogen: diesmal zwischen kritischer Gesellschaftstheorie und »Sozialtechnologie« (Habermas/Luhmann 1971; Füllsack 2010). Verbunden blieben sie dennoch durch die gemeinsame Distanz gegenüber soziologischen Ansätzen, die jegliche Gesellschaftstheorie verabschieden wollten. Im umkämpften Theorieobjekt Gesellschaft, an dem letztlich alle irgendwie zerrten, verdichteten sich so im Feld der Soziologie soziale und politische Kämpfe um die Ausdeutung der ärgerlichen Tatsache – in diesem Fall des ungreifbaren »Objekts« bundesrepublikanischer Nachkriegsrealität, dessen Konturen, je nach Standpunkt, konservativ, positivistisch, kritisch oder funktionalistisch modelliert werden konnten.

Wir müssen also die Beobachtung von Moebius und Kneer ergänzen. Es trifft zu, dass die Soziologie, wie jede andere Sozialwissenschaft (und natürlich auch die Philosophie), letztlich ein Kampfplatz ist. Sie findet ihre disziplinäre Identität in keinem stabilen Kern, sondern in den Auseinandersetzungen, die sie bestimmen. Aber sie ist dies nur als Teil eines größeren Kampfplatzes, da die gesellschaftlichen Konflikte nicht vor den Toren von Soziologieinstituten haltmachen. Dieselben Antagonismen durchziehen das Soziale *und* die Soziologie, nur brechen sie sich an den feldspezifischen Grenzen und werden den systemspezifischen Logiken, Programmen oder Codes entsprechend abgelenkt und reformatiert, weshalb kein Antagonismus eine gerade Linie durch den sozialen Raum zieht, sondern immer nur eine frakturierte. Vielleicht liegt es an nachlassenden gesellschaftsdiagnostischen Fähigkeiten, dass wir solche Konfliktlinien immer weniger lesen und nachzeichnen können, vielleicht liegt es aber auch an der zunehmenden Frakturierung, Multiplizierung und wechselseitigen Durchkreuzung der Konfliktlinien, dass wir heute, wie Klaus Lichtblau zu Recht anmerkt, das Bewusstsein um die Tatsache verloren haben, »daß die Grundbegriffe der modernen Soziologie einstmals politische Kampfbegriffe innerhalb der Konfrontation der großen weltanschaulichen Lager waren, mit denen zugleich zentrale Richtungsentscheidungen bezüglich der zukünftigen Entwicklung der Sozialwissenschaften verbunden gewesen sind« (Lichtblau 2011: 12). Kein Begriff der Sozialtheorie, der nicht zugleich Gegenstand sozialer Kämpfe wäre.

Im historischen Rückblick wird dies womöglich deutlicher. Man muss sich nur vor Augen führen, dass der moderne Gesellschaftsbegriff seine Anfänge im Kampf des Bürgertums um eine autonome Sphäre des Geschäftsverkehrs nimmt. So besitzt auch das wissenschaftliche Konzept der Gesellschaft seine Wurzeln nicht zufällig in der Nationalökonomie. Und doch wird sehr bald der bürgerlichen Konfliktlinie eine erste Fraktur beigebracht. In Folge der Französischen Revolution und mit den sozialrevolutionären Bewegungen der ersten Hälfte des 19. Jahrhunderts wird der Gesellschaftsbegriff auch durch nicht-bürgerliche Schichten in Anspruch genommen. Seine Natur als Kampfbegriff tritt damit umso deutlicher in den Vordergrund.

Wie begriffsgeschichtliche Studien zeigen, wird Saint-Simons und Fouriers Idee der *Assoziation*, die auch im Marxschen Vokabular eine wichtige Rolle spielen wird, in den 1830er Jahren mit dem Begriff der »Vergesellschaftung« in den deutschen Sprachraum überführt. In den 1840er Jahren fasst der Hegel-Schüler Moritz Veit in der Sprache der aufbrechenden sozialen Bewegung Gesellschaft als den »gährende[n], keimende[n], treibende[n] Inhalt« des Staates, »die lebendige Materie, die ewig die Form aus sich gebiert« (zitiert in Riedel 1975: 839). Damit war Gesellschaft nicht länger Begriff für eine Zone ungehinderten Kommerzes; Gesellschaft war zum sozialen Bewegungsbegriff geworden.

Historisch erstmalig treffen wir hier auf das Bild des monströsen Abjekts: Als revolutionäres Synonym sozialer Bewegung wird Gesellschaft zur gärenden, keimenden und treibenden, zu einer lebendigen Materie. In Form »gebärender« Zersetzung ist sie materieller Inhalt der Staatsform und droht zugleich die überkommene Ordnung zu überwuchern und zu sprengen. Zum ersten Mal treffen wir folglich auch auf jenes typische Unbehagen, das solche Monstrosität bei der gegnerischen Seite auslöst und die um Anerkennung kämpfende Soziologie bis hinein ins 20. Jahrhundert begleiten wird.[7] Denn sofern mit der Soziologie »›die Gesellschaft‹ nun auch theoretisch Priorität beansprucht vor den traditionellen Mächten der Familie, des Staates und der Kirche« (Rehberg 2010: 217), wur-

7 Wobei die Soziologie, wie ergänzt werden muss, sich in einer *Double-bind*-Situation wiederfinden wird. Von konservativer Seite mit dem »aufs Objekt projizierte[n] Verdacht soziologischer Nähe zum Klassenkampf« (Rehberg 2010: 219) konfrontiert, wird sie von traditionell marxistischer Seite als »bürgerlich« gebrandmarkt.

de in ihr eine Bedrohung der Ordnung vermutet. Noch war man sich nämlich der politischen Seite des Begriffs durchaus bewusst. Das Unbehagen an ihm konnte sich bis hin zu einer wahren *Gesellschaftspanik* steigern. Das ist mit unüberbietbarer Deutlichkeit bei Robert von Mohl ausgedrückt, in dessen *Geschichte und Literatur der Staatswissenschaften* von 1855 es mit Bezug auf die 1848er-Revolution heißt:

> Da wurde denn endlich das Wort Gesellschaft ausgesprochen. Zuerst von Schwärmern und ihren Schülern; dann aber allmählich auf der Rednerbühne, in der Schenke und in den heimlichen Versammlungen Verschworener; es ward in entsetzlichen Straßenschlachten als Banner vorangetragen. Jetzt öffneten sich plötzlich die Augen. Die gänzliche Nichtbeachtung schlug in maßlosen Schrecken um, so daß nun das früher ganz unbekannte Wort als Medusenhaupt dient, welches die Freiheitsgewohnheiten und Forderungen der Gebildeten und Gemäßigten versteinert. (Zitiert in Riedel 1975: 842)

Nichts ließ zu jenem Zeitpunkt erahnen, dass die Gesellschaft, deren Medusenhaupt »maßlosen Schrecken« verbreitete, eineinhalb Jahrhunderte später als lebloser Kadaver an den Strand der Sozialwissenschaften gespült werden wird. Heute scheint das Wort – nicht zuletzt durch ubiquitären Gebrauch – domestiziert. Es scheint seine Sprengkraft verloren zu haben. Und doch ist der latoursche Ekel, der sich angesichts des leblosen, verwesenden Objekts breitmacht, nur die andere Seite des Schreckens, den der Leviathan einst verbreitet hatte. In diesem gespenstischen Objekt – tot und lebendig zugleich – bleibt die Geschichte disziplinärer wie politischer Kämpfe aufgespeichert und kann jederzeit aktualisiert werden. Einerseits sank »die Gesellschaft« tatsächlich zum umgangssprachlichen Passepartout-Begriff ab und ist damit effektiv tot; doch andererseits lebt sie spukhaft fort. Nicht zuletzt dort, wo man meint, ihren Schrecken bannen zu müssen. Zeugt nicht Thatchers Bannspruch von dem Einsatz, der nach wie vor mit dem Begriff der Gesellschaft verbunden ist? Und wird nicht Gesellschaft nach wie vor zugunsten anderer Mächte verleugnet? Vielleicht heute weniger zugunsten der Mächte des Staates und der Kirche, aber deutlich zugunsten der Mächte des Individuums, gelegentlich der Familie, vor allem aber des Marktes. Wird sie daher nicht umgekehrt auch nach wie vor verteidigt? Wo immer im öffentlichen Diskurs um die Definition des Gemeinwohls gestritten wird – von den

Auseinandersetzungen um Sozial-, Wirtschafts- oder Finanzpolitik innerhalb des politischen Systems bis hin zu den Protesten sozialer Bewegungen –, steht immer auch die Bestimmung der Referenzgröße, das heißt die legitime Definition dessen, was als Gesellschaft gelten darf, auf dem Spiel. Noch der in den US-amerikanischen *Occupy*-Protesten des Jahres 2011 geprägte Slogan »Wir sind die 99%« rief die Gesamtgesellschaft an gegen das illegitime Einzelinteresse des einen Prozents. In vielfacher Abwandlung wird das Fahnenwort immer noch vorangetragen in den »entsetzlichen Straßenschlachten«, die schon von Mohl beschrieb – und wohl immer noch »zuerst von Schwärmern und Schülern«.

1.3. Ungewissheitsgewissheit

Nun bricht sich der Lärm der sozialen Kämpfe – Foucault spricht in einer berühmten Wendung vom »Donnerrollen der Schlacht« (Foucault 1977: 397)[8] – an den Wänden der Institution. Im Streit um den wissenschaftlichen Begriff von Gesellschaft treten nicht nur wissenschaftliche Paradigmen und Schulen gegeneinander an, in ihm werden außerwissenschaftliche Kämpfe nach den Spielregeln des Wissenschaftsfelds moduliert. Welche Konsequenzen lassen sich daraus für den sozialwissenschaftlichen Gesellschaftsbegriff ziehen? In welches Verhältnis lässt er sich zu dem »Realobjekt« Gesellschaft, sollte es ein solches geben, setzen? In Abgrenzung von einem radikal konstruktivistischen Zugang werde ich, wie sich aus Gesagtem wohl schon erschließen lässt, nicht unterstellen, dass das wissenschaftliche Bild sozialer Realität gänzlich nach Maßgabe systemspezifischer Protokolle der Wissenschaft konstruiert ist – ohne dass ich damit gleich die unproduktive Alternative eines positivistischen, empirizistischen oder schlicht abbildrealistischen Theoriedesigns vertreten wollte oder gar müsste. Selbstverständlich folgt das Theorieobjekt Gesellschaft den Logiken und Protokollen wissenschaftlicher Theoriebildung und nicht etwa jenen der Politik, der Kunst oder der sozialen Bewegungen. Dass Theorieobjekte weitgehend wissenschaftsförmig konstruiert werden, bedeutet aber nicht, dass sie nicht vom »Realobjekt«, also der »ärgerlichen Tatsa-

8 Ich werde in Kapitel 7 diese Metapher kritisch kommentieren.

che der Gesellschaft« zugleich *destruiert* werden können. Auf diesen Umstand – und darauf, dass an ihm nichts zu bedauern ist – will, denke ich, Ernesto Laclau hinaus, wenn er zu bedenken gibt, dass jede Theorie verschmutzt und deformiert wird durch eine Wirklichkeit, die sie transzendiert, worin aber gerade die »Würde« des Denkens und nicht etwa dessen Überflüssigkeit besteht (Laclau 1990: 205).

Die Pointe eines, wenn man so will, post-radikalkonstruktivistischen Ansatzes besteht darin, dass das ärgerliche »Realobjekt« der Gesellschaft weder in seiner unterstellten Objektivität abbildbar noch aber umgekehrt beliebig konstruierbar ist, sondern sich gerade in den Widerständen, die es der Konstruktion entgegensetzt, bemerkbar macht. Yannis Stavrakakis hat darauf hingewiesen, dass der Sozialkonstruktivismus bereits bei Berger und Luckmann durchaus eine Ahnung besitzt von einem die »soziale Konstruktion der Wirklichkeit« unterlaufenden Moment der »Krise« oder des »Problems«, ohne allerdings die Bedeutung dieses Moments zu erfassen (Stavrakakis 1999: 67). Solch Irritationen unterhöhlen die sozialkonstruktivistische Arbeitshypothese, die soziale »Wirklichkeit« sei in ihrer Gesamtheit konstruiert.[9] Der Sozialkonstruktivismus registriert, ohne es theoretisch einordnen zu können, was der Lacanianismus und seine sozialtheoretischen Spielarten bei Laclau, Žižek oder Stavrakakis als *das Reale* bezeichnen und unterscheiden von *der Realität*. Der Begriff des Realen verweist auf jenen unsymbolisierbaren Rest, der dem Symbolischen, also der sozial konstruierten Wirklichkeit, entgeht und jeden Konstruktionsversuch in letzter Instanz scheitern lässt. (Wollte man nun im epistemologischen Stil nachfragen, woher man denn überhaupt etwas von diesem *Realen* wissen könne, dann lautet die Antwort, man könne eben nichts von ihm wissen, man könne aber auf die Existenz einer solch außersymbolischen Instanz rückschließen aufgrund der

9 Ungebremst führte dieser Anspruch den Sozialkonstruktivismus nur in einen neuen Essentialismus, so Stavrakakis' Befürchtung: »In fact, when constructionists are led to believe that the universe of social construction includes the totality of the real, that there is nothing outside social construction, a certain essentialism starts contaminating the constructionist argument, since construction acquires the structural position of the essence of our world, an essence the social constructionist claims to know. It is of course an essentialism paradoxically entailing the danger of solipsism, but this fact makes no real difference.« (Stavrakakis 1999: 65 f.)

Verzerrungen und Störungen, die sich immer wieder innerhalb des Symbolischen erfahren lassen.)

Nicht in den wohlgeformten Gesellschaftsdefinitionen, so meine These, sondern gerade in der deformierten Gestalt eines Irritation, Ablehnung, Ekel oder gar Schrecken verbreitenden *Dings* tritt das »Realobjekt« Gesellschaft im Wissenschaftsdiskurs auf. Nicht qua Konstruktion eines nach Maßgabe wissenschaftlicher Bestimmungsregeln möglichen, das heißt erlaubten Objekts, sondern durch Anrufung eines unmöglichen, wenn nicht verbotenen Objekts verweisen die Abjektformeln, die unsere symptomatologische Lektüre bislang aufgetan hat, auf die Irritationserfahrung des Sozialen. Sie registrieren innerhalb des Diskurssystems der Wissenschaft die ärgerliche Tatsache der Gesellschaft, die sie nicht in wohlgeformter, sondern nur in deformierter Gestalt zu porträtieren wissen. Und die Deformation verweist wiederum zurück auf Kämpfe, die eine endgültige und objektive Fixierung des Sozialen verunmöglichen. Am Grund »der Gesellschaft« finden wir nichts anderes als diese Kämpfe. Allerdings ist vor einer allzu konkretistisch gefassten Vorstellung von sozialen Kämpfen zu warnen. Wir wären damit über den sozialwissenschaftlichen Objektivismus nicht hinaus und hätten nach wie vor die Möglichkeit eines nicht-umkämpften Gesellschaftsbegriffs offengelassen. Stattdessen schlage ich vor, die Differenz zu berücksichtigen zwischen den konkreten »ontischen« Kämpfen und einer »ontologischen« Dimension unumgänglicher Strittigkeit des Sozialen. Der zweite Teil dieser Untersuchung wird dieser Dimension nachspüren. Es ist aber bereits jetzt erforderlich, die Sinnfälligkeit dieser Unternehmung aufzuweisen. Um die notwendige oder ontologische Dimension der Strittigkeit zu belegen, werde ich daher einen kurzen Umweg machen und zunächst historisch fragen: Wie kommt es, dass sich deren Erfahrung ab einem bestimmten historischen Zeitpunkt offenbar verallgemeinert hat?

Die Antwort liegt in der Etablierung jenes Dispositivs der *Ungewissheitsgewissheit*, das gewöhnlich mit dem Begriff der Moderne bezeichnet wird. Denn ein fundamental strittiger Gesellschaftsbegriff wird überhaupt nur dort denkbar, wo kein sozialer Tatbestand von vornherein als gesichert, das heißt als unstrittig gelten kann. Die Moderne ist geradezu definiert durch eine enorme Ausdehnung der Zonen der Ungewissheit. Die Sozialwissenschaften erklären die wachsende Verunsicherungserfahrung unter anderem mit Verweis auf Industrialisierung, zunehmende Arbeitsteilung, funktionale Differenzierung, Ausbildung voll entwickelter Kommunikationsmedien und schließlich der Herausbildung einer Weltgesellschaft. Zugleich ist immer wieder bemerkt worden, dass die Soziologie als eigenständige Disziplin ihre historische Entstehung genau der Erfahrung jener Ungewissheit verdankt, die sie zu erklären versucht. In den meisten Fällen geschah dies reaktiv, das heißt die Soziologie versuchte auf die diagnostizierte Verunsicherung mit der Entwicklung neuer Gewissheitsformeln zu reagieren.[10] Bereits der Saint-Simonismus, der mit Saint-Simons Schüler Comte überhaupt den Begriff der Soziologie prägte, lässt sich als eine progressive Sozialtechnologie zur Kanalisierung von Ungewissheit verstehen. Er reagierte auf eine grundlegende – und zugleich grundstürzende – Verschiebung im »symbolischen Dispositiv« der Gesellschaft. Mit der Französischen Revolution war nämlich ein qualitativer und vor allem symbolischer Bruch eingetreten, auf den hin sich die neuen Sozialwissenschaften zu verhalten hatten. Sie mussten nun auf das in der Französischen Revolution symbolisch verdichtete »Verschwinden der Zeichen der Sicherheit«, um eine Formel des politischen Theoretikers Claude Lefort aufzugreifen, antworten (Lefort 1981, vgl. Kapitel 5 in Marchart 2010a). In der Revolution war auf offener politischer Bühne ein Verunsicherungsprozess ausagiert worden, der natürlich schon lange vorher begonnen hatte. Auch in der Soziologie wird der einschneidende Charakter dieses Ereignisses gelegentlich gewürdigt:

> Die Revolution und ihre Folgen leiteten eine Krisenperiode ein, in der die Gesellschaftserfahrung des Menschen immer weiter in Frage gestellt, überdacht und unter ganz neuen Perspektiven gesehen wurde. In einem bestimmten, sehr realistischen Sinn ist die Französische Revolution immer noch im Gange. Philosophisch, politisch und ökonomisch war sie nur der Anfang einer Krise, in der wir stecken. Die Geschichte des gesellschaftlichen Denkens seit damals ist im wesentlichen auf sie zurückzuführen. In diesem Sinn steht sie am Anfang der Soziologie als Wissenschaft. (Berger/Berger 1993: 23)

10 Zum Beispiel war die durkheimsche Verdinglichung von Gesellschaft zu einem Tatbestand »das Resultat einer Veränderung, in der eine prinzipiell unberechenbare Gesellschaft entstanden war. Die Soziologie entstand somit unter dem Druck der existentiellen Aufgabe, diese Gesellschaft berechenbar zu machen« (Tenbruck 1981: 341 f.). Wir werden in Kapitel 2 allerdings sehen, dass die Strategie der Verdinglichung ihrerseits unberechenbare Effekte zeitigte.

Auch Richard Rorty hat darauf hingewiesen, dass es (neben den Romantikern in der Kunst) vor allem das soziale und politische Ereignis der Französischen Revolution war, in dem sich Verunsicherungserfahrungen mit einem Schlag verdichteten. Mit der Französischen Revolution »faßte in der Vorstellungswelt Europas der Gedanke Fuß, daß die Wahrheit gemacht, nicht gefunden wird« (Rorty 1999: 21). Heute gibt es eine Tendenz, die epochale Erschütterung, die die Französische Revolution europaweit – und über Europa hinaus (Buck-Morss 2009) – ausgelöst hatte, zu relativieren. Aber mit ihr war durch menschliches Handeln allgemein sichtbar bewiesen worden, dass soziale Ordnung auf keinen unumstößlichen Fundamenten aufruht und Gesellschaft daher *auch anders geordnet sein könnte.* Der korrekte technische Begriff dafür ist nicht Ungewissheit, sondern Kontingenz. Kontingent ist, was auch nicht oder anders sein könnte.[11] In dieser Hinsicht ist die Erfahrung von Kontingenz das entscheidende Charakteristikum der Moderne, in der sich Kontingenz – wiewohl bereits zuvor in bestimmten Diskursen etwa der Kunst oder Theologie verfügbar – verallgemeinert hat. Aber, und das ist wesentlich, Kontingenz unterscheidet sich von bloßer Unsicherheit darin, dass sie ein Reflexionsprodukt ist (Makropoulos 1997: 147). Die Gesellschaft ist nicht einfach nur verunsichert, das war sie zu Kriegs- oder Krisenzeiten auch früher schon, sondern sie beginnt sich selbst *als kontingent* zu beschreiben. Damit ist gesagt, dass die Moderne ein verallgemeinertes Bewusstsein der Tatsache hervorbringt, dass die bestehenden gesellschaftlichen Verhältnisse auch anders geordnet sein könnten, sofern sie in keinem soziotranszendenten Legitimationsgrund verankert sind. Kontingenz wird, wie Luhmann griffig formuliert, zum Midas-Gold der Moderne, denn »[d]er Blick auf Kontingenzen ist so eingeübt, daß er alle Suche nach Notwendigem, nach Geltungen a priori, nach unverletzlichen Werten begleitet und in der Kontingenz

11 Das heißt, mit Luhmann, dass Kontingenz mehr ist als nur ein modallogischer Begriff. Kontingenz ist ein aufgrund seines Wirklichkeitsbezugs sozialtheoretischer Begriff: »Kontingent ist etwas, was weder notwendig ist noch unmöglich ist; was also so, wie es ist (war, sein wird), sein kann, aber auch anders möglich ist. Der Begriff bezeichnet mithin Gegebenes (Erfahrenes, Erwartetes, Gedachtes, Phantasiertes) im Hinblick auf mögliches Anderssein; er bezeichnet Gegenstände im Horizont möglicher Abwandlungen. Er setzt die gegebene Welt voraus, bezeichnet also nicht das Mögliche überhaupt, sondern das, was von der Realität aus gesehen anders möglich ist.« (Luhmann 1984: 152)

dieser Bemühung (die als Bemühung sichtbar wird) die Ergebnisse in Kontingentes transformiert« (Luhmann 2006: 94).

Das bedeutet, dass in der Moderne nur eines gewiss ist, nämlich die Ungewissheit. Genau genommen ist die spezifisch moderne Erfahrung daher nicht, dass die sozialen Verhältnisse kontingent sind – diese Erfahrung stand, wie gesagt, in gelegentlichen Krisensituationen und in spezifischen Diskursgenres auch vormodernen Gesellschaften zur Verfügung –, sondern dass sie *notwendig* kontingent sind. Nun werden sie nicht nur in einer bestimmten Hinsicht oder einem bestimmten Ausschnitt als kontingent erachtet, sondern in ihrer Gesamtheit und ihrem Wesen. Daher muss unser überkommener Kontingenzbegriff radikalisiert werden: Kontingenz nimmt unter den Reflexionsbedingungen der Moderne den Charakter des Notwendigen an.[12] Im Reich des Sozialen, so die moderne Erkenntnis, ist nichts möglich, was nicht auch anders möglich wäre. Die Moderne beschreibt sich als Epoche *notwendiger* Kontingenz.

1.4. Am Grund des Sozialen: Kontingenz und Konflikt

Der historische Umweg hat uns zu dem Argument geführt, das den grundlegenden oder »ontologischen« Strittigkeitscharakter des Sozialen erklären kann. Die Moderne reflektiert ihr eigenes Fundament als notwendig kontingent. Dass dieses »Fundament« nun auch notwendig *konfliktuell* ist, liegt auf der Hand, sobald wir die schlechte Gewohnheit abgelegt haben, Kontingenz mit Arbitrarität, also mit Zufall und Willkür zu verwechseln (vgl. Vogt 2011). Als arbiträr kann gelten, was aus *beliebigen* Gründen so ist, wie es ist. Ein sozialer Tatbestand ist jedoch in den seltensten Fällen zufällig zustande gekommen. Auch wenn man zugestehen mag, dass

12 Was, nebenbei gesagt, bedeutet, dass moderne Gesellschaften nicht gelegentlich von einer Krise erschüttert werden, sondern moderne Gesellschaften *strukturell* krisenhaft sind– so wie ja auch der Kapitalismus nichts anderes ist als eine, seine eigene Ausweitung antreibende Krise. In der Moderne wird Krise auf Dauer gestellt; weshalb auch die Soziologie, die moderne Wissenschaft par excellence, nicht zu Unrecht etwa von Habermas als Krisenwissenschaft bezeichnet werden konnte und inzwischen sogar von einer »Krise der Krisenwissenschaft« (Giesen 1989) die Rede ist.

in der Geschichte immer auch zufällige Ereignisse eine gewisse Anstoßwirkung entfalten, wäre es absurd, zum Beispiel behaupten zu wollen, die gegenwärtige Verteilung gesellschaftlichen Reichtums sei rein zufällig zustande gekommen. Soziale Entwicklungen entfalten sich nicht zufällig, und soziale Verhältnisse sind nicht beliebig strukturierbar. Tatsächlich gibt es kaum jemanden, der eine solche Position sozialwissenschaftlich verteidigen würde, auch wenn sie gelegentlich jenen Autoren untergeschoben wird, die man als postmodern bezeichnet. Wenn es überhaupt eine Postmoderne solchen Zuschnitts geben sollte, dann handelt es sich bei ihr wohl eher um eine antifundamentalistische Spielart der Moderne, die Kontingenz mit Arbitrarität verwechselt. Als Paradigma eigenen Rechts hat sie das Kontingenzparadigma der Moderne nie abgelöst. Man könnte in Abwandlung eines Buchtitels Latours sagen: *Wir sind nie postmodern gewesen!*

Ein sozialer Tatbestand ist somit nicht kontingent, weil er arbiträre Gründe hätte, sondern weil er *keine notwendigen* Gründe hat. Damit ist zugleich gesagt, dass dieser Tatbestand *sehr wohl* Gründe hat. Die sozial-, wirtschafts- und finanzpolitischen Gründe, die zum Beispiel für eine bestimmte Einkommensverteilung verantwortlich sind, könnten verändert zu einer anderen Verteilungskurve führen. Wenn sie jedoch in einer gegebenen Situation nicht beliebig verändert werden können, dann aufgrund der Kräfteverhältnisse, die ihrer Veränderung Grenzen setzen. Grenzen, die ihrerseits durch soziale Kämpfe fixiert wurden, daher kontingent sind und durch weitere Kämpfe um Einkommensverteilung erneut verschoben werden können. An dieser recht simplen Überlegung sollte bereits erkennbar geworden sein, weshalb eine Gesellschaft, die ihre Gründe als prinzipiell kontingent erachtet, den Streit auf derselben fundamentalen Ebene verankert. Die Auflösung einer soziotranszendenten Legitimationsbasis bedingt, dass um die Legitimation eines jeden Grundes jeweils und immer aufs Neue gerungen werden muss. Wo sich ein Universum der Notwendigkeit in eines der Kontingenz verwandelt, dort entsteigen die Götter ihren Gräbern »und beginnen untereinander wieder ihren ewigen Kampf«, wie es bei Max Weber heißt (Weber 1980: 605). Kontingenz und Konflikt implizieren einander. Allerdings dürfen wir, wie bereits erwähnt, die ontologische Dimension der Konfliktualität nicht konkretistisch missverstehen. Es handelt sich bei ihr um eine *Grund*bestimmung des Sozialen.[13] In diesem Sinne müssen Konflikte keineswegs die gesamte Struktur des Sozialen in Aufruhr versetzen. Konflikt im Sinne einer Grundbestimmung muss nicht einmal die Form offener Auseinandersetzung – etwa der erwähnten »fürchterlichen Straßenschlachten« – annehmen. Konflikte können durchaus zu halbwegs stabilen Strukturen gerinnen, wenn auch immer nur vorübergehend. Denn sie bleiben in diesen Strukturen – Ritualen, Institutionen, geregelten Funktionsabläufen, Kräfteverhältnissen, Subjektivierungsformen – aufgespeichert und können oft durch geringste Verschiebungen reaktualisiert werden.

Die Reflexionsbestimmungen des Sozialen, Konflikt und Kontingenz, sind somit gleichursprünglich. Das eine ruft das andere immer mit auf. Kontingenzerfahrung produziert Konflikte: Wo eine Gesellschaft eine Krise erfährt, dort bilden sich sofort Konflikte um ihre Neuzusammensetzung.[14] Was wir als Moderne bezeichnen, ist geradezu dadurch definiert, dass alles zum Gegenstand potenzieller Auseinandersetzung werden kann. Diese Erkenntnis ist direkte Folge der Selbstbeschreibung moderner Gesellschaften als notwendig kontingent. Und umgekehrt: Konflikte produzieren Kontingenzerfahrung. Wo immer um etwas gestritten wird, legt dieser Streit Zeugnis von der Kontingenz seines Gegenstands ab. Das, worum gestritten wird, könnte auch anders sein, sonst gäbe es keinen Streit. Die Kontingenz schreibt sich in die Streitsache selbst ein; und umgekehrt wird jeder soziale Tatbestand, sofern er als kontingent betrachtet wird, zur potenziellen Streitsache.

Mit dieser Überlegung sind wir zugleich einer Erklärung des merkwürdigen Charakters des Abjekts »Gesellschaft« nähergekommen. Denn was für andere gesellschaftliche Bereiche gilt, das gilt selbstverständlich auch für das Konfliktfeld der Sozialwissenschaften: »Kontroversen artikulieren Kontingenzen, sie verweisen auf konkurrierende Sichtweisen, auf funktionale Äquivalente bei

13 Weshalb die allzu konkrete Konfliktsemantik letztlich sogar fallen gelassen werden sollte. Wir werden aus diesem Grund eher von *agon* beziehungsweise Antagonismus sprechen.

14 Das gilt selbst für arbiträre Krisen wie Naturkatastrophen, die Gesellschaften ebenfalls mit der Erfahrung der Kontingenz ihrer Gründe konfrontieren. Man denke nur an die Tsunami-Katastrophe 2004, ein letztlich weder von Menschen gemachtes noch von Menschen verhinderbares Ereignis, das dennoch sofort politischen Streit generiert hat um die Verantwortung für ungenügende Frühwarnsysteme.

der Wahl begrifflicher, theoretischer und methodischer Optionen« (Moebius/Kneer 2010: 7). Solche Kontroversen, gerade weil sie die Kontingenz soziologischer Positionen, Schulen und Paradigmen zutage treten lassen, tragen zur Kohäsion, wenn nicht zur eigentlichen Identität der Disziplin bei. Aber der Streit um den Begriff der Gesellschaft dürfte von grundlegenderer Natur sein als der Streit um andere sozialwissenschaftliche Grundbegriffe. Der Begriff war ja, wie wir sahen, in seiner »heroischen Phase« mit sozialen Bewegungen synonym gesetzt worden und verwandelte sich so vom Kampfbegriff zum Inbegriff für diesen Kampf selbst.[15] Zugleich nahm der Begriff der Gesellschaft immer mehr den Charakter eines Kontingenzbegriffs an, verwies er doch auf die Ärgerlichkeit der Primärerfahrung ontologischer Resistenz sozialer Verhältnisse. Das heißt mit anderen Worten, er verweist uns zurück auf deren *ontologische Grundlosigkeit*. Darin, so meine Vermutung, liegt die Ursache für die seltsamen Verformungen und Paradoxierungen, die der Gesellschaftsbegriff erfahren hat. Denn als sozialwissenschaftlicher Grundbegriff deutet Gesellschaft auf einen *Ab*-Grund: Als zentrale Kontingenz- und damit zugleich Konfliktformel von Soziologie kann sich dieser *Grund*begriff nur auf ein Fundament beziehen, das unseren Feststellungsbemühungen notwendigerweise entgleitet. Im sozialwissenschaftlichen Gesellschaftsbegriff, gerade wo er in der Semantik des »sterbenden Wals« auftritt, schwingt etwas vom *Entzug* eines festen Grundes mit, von jener kontingent-konfliktorischen Natur des Sozialen also, die sich uns allzu oft als Ärgernis oder in Form von Irritation, Ekel oder gar Schrecken aufdrängt, also immer dann, wenn unsere Erwartung eines festen Grundes frustriert wird.

Ich habe mich bislang der Terminologie eines sozialwissenschaftlichen Paradigmas bedient, das erst in den letzten Jahren Aufmerksamkeit erregt hat und im Englischen als *post-foundationalism* bezeichnet wird, was sich, bei allen Unzulänglichkeiten des deutschen Begriffs, mit Postfundamentalismus übersetzen lässt. Darunter subsumiert man neuere Theorieansätze, die die Annahme

15 Mit dem Instrument des Gesellschaftsbegriffs war es erstmals möglich geworden, nicht nur die Totalität des Sozialen, sondern das Soziale in seiner Totalität als Konfliktraum zu denken. Jeder soziale Tatbestand kann zumindest potenziell zum Streitfall werden. Das eröffnet Raum für eine Theorie der *Bewegungsgesellschaft*; vgl. Kapitel 12 in diesem Band.

zurückweisen, Wissen und Erkenntnis wären in einem universalen, objektiven Fundament – in Gott, der Vernunft, den ökonomischen Bewegungsgesetzen oder den menschlichen Genen – verankert. Obwohl anfänglich im Bereich der Epistemologie und Wissenschaftstheorie angesiedelt, wanderte das Paradigma alsbald in die Sozialwissenschaften weiter.[16] Die Idee eines stabilen Fundaments sozialer Verhältnisse und Entwicklungen, wie es etwa noch im marxistischen Determinismus im Gewand der »ökonomischen Basis« auftrat, wird von jenen Autoren, die auch im Zentrum der vorliegenden Untersuchung stehen, zurückgewiesen. Der Glaube an eine soziotranszendente und revisionsresistente Gründungsinstanz, der den epistemologischen und sozialwissenschaftlichen Fundamentalismus definiert, ist ihnen unwiderruflich verlorengegangen.[17]

Die »postmoderne« Folgerung könnte nun darin bestehen, die Idee jeglicher Gründung, auch partieller Gründungen, abzuweisen. Gesellschaft würde dann zu einem amorphen Patchwork, das keinerlei totalisierende Effekte kennt (ein Ansatz, der oft, wenn auch nicht ganz zu Recht, mit Lyotard assoziiert wird). Damit wären wir aber im Paradigma des *anything goes*, das letztlich nur von wenigen Autoren wie zum Beispiel Feyerabend (1975) vertreten wird. In der Soziologie dürfte Baudrillards These vom »Ende des Sozialen« (Baudrillard 2010), das sich im Strudel verallgemeinerter Simulation auflöst, einer solchen Position nahekommen. Baudrillard ersetzt

16 Vgl. hierzu die Akzentverschiebung von einem stärker epistemologischen »Antifundamentalismus« in Richard Rortys *Der Spiegel der Natur* (1981) zu einem stärker politischen unter anderem in *Kontingenz, Ironie und Solidarität* (1999).

17 Ich möchte an dieser Stelle wiederholen, dass die geläufige Warnung vor einem Selbstwiderspruch ins Leere läuft. Woher »weiß« man, dass Gesellschaft keinen Grund besitzt, wenn man nicht selbst eine Position jenseits der Gesellschaft einnimmt? Die Antwort auf diese Frage – etwa im Fahrwasser Wittgensteins, Heideggers und nicht zuletzt Laclaus – lautet, dass man es nicht im selben Sinne »weiß«, das heißt mit derselben Sicherheit, die ein fundamentalistischer Grund gewähren würde, dass man es aber in Form von unauslöschbaren Dislokationen des sozialen Raums »erfährt«. Die Abwesenheit des Grundes kann daher nicht im strengen Sinne bewiesen, sondern nur »gezeigt« werden. Die Entscheidung für das postfundamentalistische Paradigma wird deshalb nicht aus rationalen Beweisgründen heraus getroffen, die transhistorische Gültigkeit besitzen würden, sondern ist nur vor einem kulturell-gesellschaftlichen Horizont möglich, ebenjenem der Moderne, der auf breiter Ebene Kontingenzerfahrungen – die Erfahrung der Abwesenheit letzter Fundamente – erlaubt. In diesem Sinne ist Kontingenz nicht nur ein Reflexions-, sondern zugleich ein Erfahrungsprodukt.

damit aber nur die fundamentalistische Sozialphysik à la Durkheim mit einer absurdistischen Pataphysik à la Jarry (vgl. zu deren aktueller Variante Fassler 2009). Für die in dieser Studie diskutierten Autoren wie zum Beispiel Ernesto Laclau, Niklas Luhmann, Bruno Latour oder Michel Foucault, ja selbst für Jean-François Lyotard ist dies keine gangbare Alternative zum Fundamentalismus: Der sozialwissenschaftliche Fundamentalismus wird mit dem Verzicht auf jegliche Form sozialer Fundierung nicht etwa überschritten oder subvertiert. Er wird bloß auf den Kopf gestellt. Deshalb handelt es sich in solchen Fällen um einen bloßen *Anti*fundamentalismus. Selbst bei Zurückweisung der Idee des *einen* Grundes darf die *Dimension* der Gründung nicht völlig aus den Augen verloren werden. Weder sollte man darauf hoffen, dass ein ultimativer Grund des Sozialen gefunden werden könne, noch sollte man unterstellen, dass das Soziale völlig unfundiert wäre. Vielmehr ist es, mit einem Wort Judith Butlers, gebaut auf »contingent foundations«, auf gleichermaßen kontingenten wie umkämpften Gründen (Butler 1992). Mit Ernesto Laclau wiederum kann man sagen, es gehe um politische Gründungsversuche im Plural, die zwar in letzter Instanz scheitern werden, aber dennoch zu partiellen Totalisierungseffekten des Sozialen, das heißt zu Gesellschaftseffekten führen. Folglich bedeutet die Abwesenheit eines letzten Grundes des Sozialen nicht allein, dass Gesellschaft sich nie zu einer mit sich selbst identischen Totalität schließen kann. Die Abwesenheit eines letzten Grundes impliziert genauso, dass partielle, kontingente Gründungen erforderlich werden. Sofern keine Sozialordnung vollständig arbiträr sein kann, wird sie immer paradoxe Objekte *partieller Totalität* hervorbringen: *Gesellschaftseffekte*, das heißt Bruchstücke eines Ganzen, das es nicht geben kann, ohne die andererseits aber keine noch so vorübergehende Stabilisierung des Sozialen möglich wäre.[18]

18 Für eine ausführliche deutschsprachige Darstellung der Argumentationsweise des Postfundamentalismus sei an dieser Stelle auf Marchart (2010a) verwiesen und mit Einschränkungen auf Reinhard (2003). Vgl. zur Philosophiegeschichte der Fundamentalismus-/Antifundamentalismus-Debatte Rockmore und Singer (1991).

1.5. Heideggers Ab-Grund, oder was die ontologische Differenz in der Sozialtheorie zu suchen hat

Der bedeutendste philosophische Vorläufer des gegenwärtigen Postfundamentalismus ist Martin Heidegger. Die Terminologie, derer sich viele Postfundamentalisten bedienen, ist maßgeblich von Heidegger geprägt. Ebenso die elementare Denkfigur der »ontisch-ontologischen Differenz«, die diese Terminologie ordnet und das wesentliche Strukturmerkmal eines jeden postfundamentalistischen Ansatzes benennt. Es mag überraschen, dass ein oft als obskurantistisch beschimpfter Denker wie Heidegger, noch dazu politisch übel beleumundet, zum Gewährsmann der Gesellschaftstheorie werden soll. Die Rezeption Heideggers in den Sozialwissenschaften, ja selbst in der Sozialphänomenologie, fiel demgemäß immer verhalten aus (Schmid 2003: 481). Innerhalb des objektivistischen Mainstreams der Wissenschaften ist mit Heidegger nicht viel zu gewinnen. Für die postfundamentalistischen Theoretiker aber, die ich im Folgenden diskutieren werde, stellt Heidegger eine bedeutende Bezugsperson dar – vielleicht neben Nietzsche die bedeutendste. Gerade die französischen Postfundamentalisten wie Althusser, Foucault oder Latour – wie auch deren philosophische Mittelsleute Derrida, Deleuze und Lacan – sind durch die Erfahrung Heidegger gegangen. Dessen enorme Bedeutung kann leicht übersehen werden, wurde Heidegger doch, wie Jacques Derrida bemerkte, »ein Vierteljahrhundert lang von denen, die viel später in Frankreich privat oder öffentlich anerkennen mußten, daß er in ihrem Denken eine wichtige Rolle gespielt hatte (Althusser, Foucault, Deleuze zum Beispiel), nie in irgendeinem Buch genannt« (Derrida 1994: 111).[19] Zu Recht wurde von einem französischen »Heideggerianismus der Linken« (Janicaud 2001) gesprochen. Was machte die Anziehungskraft des Heideggerschen Denkens aus?

Heidegger hatte als Erster die postfundamentalistische Kondition philosophisch ausgelotet. Und das heißt: nicht nur den Abgrund der modernen sozialen Welt, wie er sich in Anomie- und Krisenerfahrungen auftut, sondern das unabstellbare *Spiel zwischen* Grund und Abgrund: »Der Grund gründet als *Ab-grund*« (Heideg-

19 Das trifft freilich auf andere »Heideggerianer« – wie Blanchot, Lévinas, Axelos oder Derrida selbst – nicht zu.

ger 1994: 29).[20] Damit war er der Erste, der erkannt hatte, dass der metaphysische Fundamentalismus, der die Geschichte des abendländischen Denkens immer schon bestimmt hatte, nicht überwunden wird, indem man in den Antifundamentalismus flüchtet. Man muss sich den Mühen der Ebene aussetzen und Metaphysik *durcharbeiten*, wie Freud gesagt hätte, der ein ganz ähnliches Projekt mit der menschlichen Psyche verfolgte. In ihrer Eigenschaft als »Onto-Theo-Logik« hatte die Metaphysik das Sein des Seienden als festen Grund vorgestellt. Grund war dort nur ein anderer Name für das erste, höchste oder letzte Seiende. Das hieß lange Zeit Gott, der wiederum neuzeitlich von Vernunft, Subjekt oder Geschichte abgelöst wurde. Unser Glaube an die determinierende, fundierende Funktion dieser Instanzen ist geschwunden. Aber Postfundamentalisten, allen voran Heidegger, geht es eben nicht um den hoffnungslosen Versuch, die Dimension des Grundes zu verleugnen. Der Grund bleibt als eine Dimension des Sozialen anwesend – aber anwesend als Dimension, die sich entzieht, weil sie ihrerseits dem Spiel der ontisch-ontologischen Differenz unterliegt: der Differenz also zwischen Sein (als Grund) und Seiendem (als Gegründetem), die ineinander übergehen und doch nicht identisch sind. Für Heidegger ist die Sache des Denkens genau diese Differenz zwischen Sein und Seiendem »*als* Differenz« (Heidegger 1957: 37).

Seinsdenken wird zu Differenzdenken. Kein Wunder also, dass Heidegger für die französischen Theoretiker der Differenz von solcher Bedeutung war. Doch es sei nochmals betont: Im Differenzdenken Heideggers geht die Dimension des Seins beziehungsweise Grundes nicht verloren, es kommt nur zur *Schwächung* ihres ontologischen Status. Das haben wiederum die italienischen Linksheideggerianer auf den Begriff des »Schwachen Denkens« gebracht, der in dem einflussreichen, von Gianni Vattimo gemeinsam mit Pier Aldo Rovatti herausgegebenen Sammelband *Il pensiero debole* vorgestellt wurde (Rovatti/Vattimo 1983; vgl. Vattimo 2000 für dessen eigenen Beitrag zu dem Band). Das »Sein« des schwachen Denkens »ist das Gegenteil der metaphysischen Auffassung des Seins als Stabilität, Stärke, *energeia*; es ist ein *schwaches*, untergehendes Sein, das sich im Entschwinden entfaltet« (Vattimo 1990: 130). Diese

20 Wobei Heidegger vor einem pathetischen und passiv-nihilistischen Gebrauch des Wortes warnt. Der Abgrund sei »weder das leere Nichts noch eine finstere Wirrnis, sondern: das Er-eignis« (Heidegger 1957: 28).

Schwächung der ontologischen Grundlagen versteht sich einerseits als eine philosophische Unternehmung, die Fundierungsdiskurse durch hermeneutische Interpretation ersetzt, und andererseits als ein politisches Projekt, das eine liberale und tolerante Demokratie befördern soll.[21] Seinen historischen Hintergrund hatte dieses Projekt in Auseinandersetzungen innerhalb des italienischen Marxismus. In den späten 1960er und den 1970er Jahren griff man insbesondere auf Heidegger zurück, um sich der marxistischen Doxa des ökonomischen Determinismus wie auch der dialektischen Fixierung auf Versöhnung und Totalität zu entwinden.[22] Darin besteht eine gewisse Nachbarschaft zu den vor allem in Zagreb beheimateten Mitgliedern der jugoslawischen Praxis-Gruppe, die auf ihrer Suche nach unorthodoxen Lesarten des Marxismus schon früher auf Heidegger gestoßen waren. Insbesondere Gajo Petrović hat Heideggers Seinsdenken auf Themen wie Selbstverwaltung und Revolution übertragen. So fragt Petrović etwa in einem Kommentar zu Marx' Feuerbachthesen, ob das Denken des Seins nicht Denken der Revolution sein müsse, denn: »*Ist nicht die Revolution das ›Wesen‹ selbst des Seins, das Sein in seinem An-Wesen?* Und wenn die Revolution das Sein selbst ist, *ist nicht die Philosophie als der Gedanke des Seins eben dadurch (nicht nur nebenbei oder dazu) der Gedanke der Revolution?*« (Petrović 1971: 16)

Diese und ähnliche Verschränkungen von Marx und Heidegger waren theoriegeschichtlich einflussreicher, als heute allgemein angenommen. Die Geschichte des Linksheideggerianismus – von

21 Von Richard Rorty wurde Vattimo daher treffend als »heideggerianischer Sozialdemokrat« bezeichnet (Rorty 2004: xi).

22 Dieses maßgeblich von Massimo Cacciari (1976) lancierte »Denken des Negativen« stand in einem mittelbaren Verhältnis zur Politik. In den 1960er Jahren war Cacciari als Gründungsmitglied der außerparlamentarischen Gruppe *Potere operaio* in Arbeiterkämpfen aktiv. Die Gruppe bestand auf der Autonomie dieser Kämpfe gegenüber den politischen Parteien der Linken. In den 1970er Jahren folgte Cacciari jedoch der Kehrtwende des bis dahin führenden Operaisten Mario Tronti, der die Autonomie des Politischen verkündet hatte, und trat mit ihm in die Kommunistische Partei Italiens ein, für die er in die italienische Abgeordnetenkammer gewählt wurde. Philosophisch entsprach diesem Schritt Cacciaris Entwicklung eines negativen Denkens, denn wenn kein letztes Fundament verfügbar ist, muss Gesellschaft im Feld der Politik immer aufs Neue gegründet werden. Dieser Einsicht blieb Cacciari auch nach seinem Austritt aus der Kommunistischen Partei in den 1980er Jahren treu und kandidierte erfolgreich für das Amt des Bürgermeisters von Venedig.

Marcuse über Derrida bis Agamben – wäre eine eigene Studie wert. Mir geht es hier um etwas anderes. Die Beispiele illustrieren, dass es schon früh zu einer fruchtbaren, den Marxismus von innen her *entgründenden* Aufnahme Heideggers in die Sozialtheorie kam. Und diese Entwicklung ist noch keineswegs abgeschlossen. So hat sich jüngst etwa Vattimo wieder dem Marxismus angenähert. Unter dem Titel *From Heidegger to Marx* (Vattimo/Zabala 2011) verteidigt er nun einen schwachen und hermeneutischen Kommunismus, der allerdings nichts mit den ehemaligen realsozialistischen Regimen zu tun haben möchte. Mit dem Begriff ist vielmehr eine Alternative zum neoliberalen Kapitalismus gemeint, die sich der Sache der Schwachen – der Minoritäten, der Ausgebeuteten etc. – verschreibt, womit das schwache Denken zum Denken der Schwachen werden soll. Und ist nicht der Postmarxismus, wie er von Ernesto Laclau und Chantal Mouffe entwickelt wurde und in der »Essex School« der politischen Diskursanalyse und Hegemonietheorie fortgeführt wird, nicht ebenso ein heideggerianisierter, von der Last ökonomischer Letztbegründungen befreiter Marxismus?

Man darf sich also von den wiederholten Begegnungen mit Heidegger, zu denen es im Laufe unserer Untersuchung kommen wird, nicht irritieren lassen. Gesellschaftstheorie wäre *postfundamentalistisch* ohne Heidegger nicht zu entwickeln.[23] Das entschuldigt nichts an Heideggers Verstrickung in den Faschismus, die sich noch in der völkischen Semantik manch späterer Texte fortschreibt. Aber kein Autor herrscht über die Rezeption seines Werks. Mit der skizzierten Aneignung Heideggers durch politisch gänzlich anders orientierte Projekte kam es zur Zivilisierung, Urbanisierung, ja Entgermanisierung der deutschen Provinz. Tom Rockmore hat völlig recht, wenn er Heidegger aufgrund seiner enormen Bedeutung für das französische Denken der Nachkriegszeit »zum bedeutendsten ›französischen‹ Philosophen« erklärt (Rockmore 2000: 167). Es ist möglich geworden, in Heidegger nicht länger einen »deutschen Denker« zu sehen. Der Heidegger, mit dem wir Umgang pflegen werden, ist kein deutscher, sondern ein französischer Philosoph – und überdies ein italienischer, ein tschechischer[24] und ein jugoslawischer.

23 Diesen Satz wird man freilich auch mit den Namen Marx, Nietzsche und Freud bilden können.

24 Man denke an Jan Patočka.

1.6. Die gespaltene Moderne: Fundamentalismus als Reaktionsbildung

Es ist eine Ironie, dass ein in mancherlei Hinsicht antimoderner Denker wie Heidegger die zutiefst moderne Kondition des Postfundamentalismus durchdacht hat. Denn halten wir fest: Der Postfundamentalismus ist nicht »postmodern«, sondern modern. Die Postmoderne ist ja ihrerseits nur jene verirrte Moderne, die Kontingenz mit Arbitrarität verwechselt. Wo das geschieht, agiert man *anti*fundamentalistisch. Die postfundamentalistischen Ansätze, die für uns von Interesse sind, wählen einen anderen Weg und schließen, von Heidegger einmal abgesehen, an die radikale Moderne an, die mit den Namen von Nietzsche, Freud oder Wittgenstein assoziiert wird.[25] Damit stehen sie quer zu antifundamentalistischen Ansätzen, die ja doch nur Spiegelbild des epistemischen wie sozialwissenschaftlichen Fundamentalismus (*foundationalism*) sind. Fundamentalismus wie Antifundamentalismus verleugnen Kontingenz zugunsten von Notwendigkeit oder Arbitrarität. Und letztlich besteht kein Unterschied zwischen einem Universum, das vollständig determiniert, und einem, das vollständig arbiträr ist. Schicksal und Zufall sind zwei Begriffe für dasselbe: die Ausschaltung von Kontingenz. Die wahre Trennungslinie verläuft anderswo. Hinsichtlich jener Kontingenzdimension, die hier verhandelt wird, gibt es nämlich weder *die eine* Moderne noch die *multiple modernities* (Eisenstadt 2000), von denen zu reden auf deskriptiver Ebene womöglich Sinn machen kann (wenn man die geographische und kulturelle Ungleichzeitigkeit von Entwicklungen und die Varietät von Ausformungen der Moderne bedenkt). Hinsichtlich der Kontingenzdimension gibt es nur eine *in sich gespaltene* Moderne, denn die Moderne schließt das fundamentalistische oder auch antifundamentalistische Gegenprojekt zu sich selbst ein. Wir müssen von der Vorstellung abkommen, der Fundamentalismus sei ein äußeres antimodernes Gegenstück zur kontingenzbejahenden Moderne. Er geht dem Postfundamentalismus auch nicht in chronologischer Hinsicht voraus, sondern muss als innermoderne Reaktion

25 Es muss in diesem Zusammenhang immer wieder betont werden, dass Lyotard, der angebliche Hohepriester der Postmoderne, deren Projekt als ein in Wahrheit radikal modernes Projekt verfolgt und deshalb auf Kant und Wittgenstein gegründet hat; vgl. hierzu Kapitel 5 in diesem Band.

auf die moderne Auflösung der Fundamente verstanden werden. Deshalb zeichnet sich der Fundamentalismus – gleichgültig, ob wir von epistemologischen, ökonomistischen, biologistischen oder gar politischen Fundamentalismen sprechen – durch aktive Verleugnung von Kontingenz aus.

Wenn Kontingenz ein Reflexionsprodukt der Moderne ist, dann bedeutet Fundamentalismus die Verweigerung dieser Reflexion durch Flucht in die Notwendigkeit. Deshalb ist es wichtig, die feine Differenz zwischen dem Reflexionsprodukt Kontingenz und dem ontologischen Status des »Ab-Grundes«, also jener ontologischen Ungründbarkeit, die alles Soziale bestimmt, im Auge zu behalten: Kontingenz ist Produkt der Reflexion auf die prinzipielle, das heißt ontologische Grundlosigkeit – und daher ontische Gründungsbedürftigkeit – sozialen Seins. Auf Letztere schließen wir, sobald wir Kontingenz reflexiv als *notwendig* erfahren. Die ontologische Annahme trifft, und das muss unterstrichen werden, auf alle Gesellschaften zu allen Zeiten zu – sonst wäre sie keine ontologische Annahme.[26] Es wäre ein Denkfehler anzunehmen, Gesellschaft hätte zu früherer Zeit oder anderen Orts auf einem festen Fundament geruht, das nun brüchig geworden wäre. Die moderne Kontingenzerfahrung ermöglichenden Entwicklungen wie Industrialisierung, funktionale Differenzierung oder politische Revolutionen lösen keinen Grund auf, der vorher ontologisch existiert hätte; sie schaffen die historischen Bedingungen für die reflexive Erkenntnis, dass keiner Gesellschaft ein ultimativer Grund zur Verfügung steht, das heißt, dass Kontingenz notwendig ist. Daher können auch die Gegenbewegungen des heutigen Fundamentalismus keinen neuen Grund finden oder gar legen, sondern nur die Kontingenz aller Gründe verleugnen.

Der Begriff der Verleugnung ist hier in all seinen psychoanalytischen Resonanzen zu verstehen (vgl. Laplanche/Pontalis 1973: 582-

26 Ich habe diesen vielleicht kontraintuitiven Punkt an anderer Stelle mit dem von Derrida entlehnten Begriff eines Quasi-Transzendentalismus untermauert: Jede transzendentale Theorie überhistorisch geltender Möglichkeitsbedingungen (zum Beispiel die saussuresche Differenztheorie der Sprache) hat selbstverständlich ihrerseits historische Entstehungsbedingung (zum Beispiel das Genf der Jahrhundertwende), wovon der Geltungsumfang der Theorie aber nicht berührt wird (*jede* Sprache ist, war und wird im saussureschen Modell immer aus Differenzen gebaut sein); vgl. dazu Marchart (2010a: 79).

587). Regelmäßig wird in kontingenzverleugnenden fundamentalistischen Diskursen die Fiktion eines ursprünglichen und soliden Grundes beschworen. Wir erinnern uns an Scheler, für den Gesellschaft zu jenem Abfall und *Rest* wurde, der uns daran hindert, in einen Zustand selbstidentischer Ganzheit zurückzukehren, in welchem jeder der »Gemeinschaft als *Ganzes* sich innewohnend« weiß und »sein Blut als Teil des in ihr kreisenden Blutes, seine Werte als Bestandteile der im Geiste der Gemeinschaft gegenwärtigen Werte« fühlt (Scheler 1978 [1912]: 106). Gemeinschaft erscheint hier, wie man im Vokabular lacanscher Psychoanalyse sagen würde, als eine imaginäre Urfülle ungehinderten Genießens (Stavrakakis 1999). Sie ist als phantasmatische Rückprojektion dechiffrierbar (bei Scheler auch als Wunschprojektion eines *ordo amoris*), als Bild einer verlorengegangenen kommunitären Substanz, die nie existiert hat, deren Unerreichbarkeit wir aber den entfremdenden Effekten der Gesellschaft anlasten. Kurzum: Gemeinschaft wird in dieser phantasmatischen Vision zum Inbegriff eines unhinterfragbaren Fundaments des Sozialen, während Gesellschaft zur Chiffre wird für alles, was den Zugang zu ihr blockiert oder an ihre unwiederbringliche Zersetzung gemahnt. Gesellschaft wird zur Angstformel, die an die Brüchigkeit eines jeden gemeinsamen Fundaments erinnert. Das erklärt zu einem Gutteil die erstaunliche, affektive Aufladung des Abjekts.[27]

27 Es ist zu ergänzen, dass die affektive Aufladung des Kontingenzbegriffs natürlich von der politisch-ideologischen Aufladung des Kampfbegriffs Gesellschaft angetrieben wird. Für die Etablierung des Faches Soziologie in Deutschland war Letztere ein Haupthindernis. Man denke nur an das Beispiel von Schelers Universitätslehrer Simmel. Dessen Berufung an den zweiten Philosophie-Lehrstuhl in Heidelberg scheiterte nicht zuletzt am Gutachten eines Historikers, dem Simmels soziologische Schlagseite nicht nur als disziplinäres, sondern auch als politisches Ausschlusskriterium galt. Es sei ein »verhängnisvoller Irrtum« der Soziologie im Allgemeinen und Simmels im Besonderen, die *Gesellschaft* als »maßgebendes Organ für menschliches Zusammenleben an die Stelle von Staat und Kirche setzen zu wollen«. Simmels »Lebens- und Weltanschauungen« wären, so der fundamentalistische Topos, »mehr zersetzend und negierend als grundlegend und aufbauend«. Es ist kein Zufall, dass diese Form des Fundamentalismus zugleich antisemitisch argumentiert, mit der Warnung nämlich, ein »ganz- oder halb- oder philosemitische[r] Dozent« wie Simmel drohe die »orientalische Welt« anzuziehen. Denn Simmel sei ein »Israelit durch und durch, in seiner äußeren Erscheinung, in seinem Auftreten und seiner Geisteshaltung« (zitiert in Rammstedt 2008: 373). Dem antisemitischen Genre des Fundamentalismus ist

Vor dieser Angst sind die modernen Sozialwissenschaften keineswegs gefeit. Entwickeln sie sich einerseits zu den modernen Kontingenzwissenschaften *par excellence* – Bourdieu spricht von ihnen sogar als »bodenlosen Wissenschaften« (Bourdieu 2001a: 146) –, so sind sie andererseits doch auch Notwendigkeitswissenschaften und geprägt vom Versuch, die Gesellschaft selbst zum Fundament zu erheben. Im Kult der positiven Tatsachen, in der Sozialphysik der quasi-naturwissenschaftlich erkennbaren Gesetzmäßigkeiten oder im Determinismus der ökonomischen Basis wird das Abjekt zum Grund. Solcher *Objektivismus* muss als sozialwissenschaftliche Spielart des Fundamentalismus verstanden werden, und das heißt letztlich: als ein Versuch, auf die Brüchigkeit eines jeden Fundaments durch Leugnung zu reagieren. Dabei wird die historische Entwicklung dieses Fundamentalismus gerade angetrieben durch diese Brüchigkeit. Er ist die – in den meisten Fällen sozialtechnologische – Antwort auf moderne Kontingenzerfahrungen. Man denke nur an den in Durkheims Diskussion der Arbeitsteilung und des Selbstmords entwickelten Begriff der Anomie: Anomisch ist eine Situation, die im Widerspruch zum Gesetz gesellschaftlicher Ordnung steht, sofern sie »der zügelnden Wirkung einer Regel entzogen ist« (Durkheim 1992 [1893]: 42). Anomie ist nichts anderes als Durkheims Name für die moderne Erfahrung der Dezentrierung oder Entgründung von Gesellschaft, die aus der Auflösung traditionaler und transzendenter Gründungsverhältnisse erwächst. Es geht Durkheim freilich nicht um ein Zurück zu einem *Status quo ante* (obwohl er durchaus von der Rückkehr zum Gildenwesen träumt), sondern um die moralische, wissenschaftliche und sozialtechnologische Bewältigung des anomischen Zustands. Es müsse alles getan werden, »daß diese Anomie endet und daß man die Mittel zur Herstellung eines harmonischen Zusammenspiels derjenigen Organe findet, die sich noch unharmonisch aneinander stoßen« (ebd.: 480). Als rationalistische Steuerungsdisziplin kann Soziologie zu diesem Ziel beitragen. Dazu muss sie methodologisch fundiert werden, weshalb Durkheim vorschlägt, soziale Tatbestände *comme des choses* zu behandeln, sprich: wie Gegenstände naturwissenschaftlicher Forschung. Der sozialwissenschaftliche Objektivismus macht Gesellschaft somit zum *Ding*, aber zum Ding im Sinne eines stabi-

soziologisches Denken, sofern es von »Zersetzung« und »Negation« statt von der Bemühung nach *Grundlegung* bestimmt ist, verhasst.

len, von rational erkennbaren Gesetzmäßigkeiten – das heißt von *Notwendigkeit* – beherrschten Gegenstands. Und doch wird dieses Ding im Zustand der Anomie mit der Rückkehr seines Doppelgängers, eines kontingenten und bedrohlichen Abjekts konfrontiert. Anomie macht die Diskrepanz erfahrbar zwischen einem Tatbestand, der dem Gesetz der Notwendigkeit, und einem Abjekt, das dem Gesetz der Kontingenz unterliegt.

1.7. Objektivismus und Subjektivismus: Die metaphysische Disposition der Sozialwissenschaften

Die Versuche objektivistischer Kontingenzverleugnung sind letztlich zum Scheitern verurteilt. Der vom Objektivismus neu entdeckte Gegenstand *sui generis*, die Gesellschaft, entzieht sich – wir werden Durkheims Fall im nächsten Kapitel wieder aufgreifen – dem Zugriff objektivistischer Ansätze. Gesellschaft wird ihrer gesuchten Rolle als Fundament nicht gerecht. Die postfundamentalistischen Ansätze, die es zu diskutieren gilt, ziehen daraus die Konsequenz. Der Gesellschaftsbegriff wird von ihnen nicht einfach nur antifundamentalistisch verabschiedet. Man wird an ihm festhalten, aber nur soweit sich ein flüchtiges, instabiles, ja paradoxes Objekt überhaupt festhalten lässt. An diesen heterodoxen Ansätzen führt nicht zuletzt deshalb kein Weg vorbei, weil die herkömmliche Alternative zum Objektivismus, der sozialwissenschaftliche Subjektivismus, ebenfalls scheitert: Der Versuch, den Grund ins Subjekt zu verlagern, steckt so tief im Fundamentalismus wie sein Konterpart. Sowohl Pierre Bourdieu als auch Anthony Giddens sehen ja mit diesen beiden Alternativen – letztlich mit dem Dualismus von Struktur und Handlung (traditioneller: Holismus und Individualismus) – das Angebot an sozialwissenschaftlichen Ansätzen erschöpft: Unter die objektivistischen fallen solche Ansätze wie Strukturalismus, Marxismus oder Funktionalismus, unter die subjektivistischen solche wie Sozialphänomenologie, symbolischer Interaktionismus oder Ethnomethodologie.[28] Bourdieu und Giddens

28 Für Bourdieu, der an den Errungenschaften sowohl subjektivistischer wie objektivistischer Ansätze festhalten möchte, ist der Gegensatz zwischen Subjektivismus und Objektivismus dennoch »der grundlegendste und verderblichste« von allen künstlichen Gegensätzen der Sozialwissenschaften (Bourdieu 1997: 49).

versuchen dieses innere Dilemma moderner Sozialwissenschaft zu überwinden. Mit seiner Theorie der Strukturierung wählt Giddens (1995) den Mittelweg, der einem Wort Schönbergs zufolge allerdings noch nie nach Rom geführt hat. Mit diesem Kompromissmodell sollen die Handlungsvergessenheit des Objektivismus wie die Strukturvergessenheit des Subjektivismus dadurch überwunden werden, dass Struktur und Handlung nun jeweils auseinander hervorgehen und für sich allein gar nicht zu haben sind. Gesellschaft reproduziert sich, indem das Handeln reflexiver Agenten von Strukturen ausgeht und in Strukturen mündet, von denen weiteres Handeln ausgeht. Bei Bourdieu ist es das Habituskonzept, das die Verbindung beider Seiten des Dualismus herzustellen hat. Ohne »das Soziale als Einheit zu hypostasieren« (Bourdieu 2001a: 200 f.), wie Durkheim mit seinem Konzept des Kollektivbewusstseins, verweist das Habituskonzept auf die überindividuellen, objektiven Dispositionen eines jeden individuellen Akteurs. Durch seinen Habitus werden die Praktiken eines individuellen Akteurs mit den objektiven Dispositionen seiner Klasse – und damit den gesellschaftlichen Strukturen – abgestimmt.

Obwohl Bourdieu und Giddens nach einer vermittelnden Überwindung des Dualismus von Struktur und Handlung suchen, fällt an den Modellen beider eine eigentümliche Asymmetrie auf. Durch alle Kompromissbildungen hindurch bleibt Giddens' Strukturierungstheorie orientiert am Ideal des reflexiv Handelnden, also am Subjekt. Sie besitzt eine heimlich subjektivistische Schlagseite. Bei Bourdieu verhält es sich spiegelbildlich. Seine objektivistische Schlagseite lässt nur wenig Raum für jenes strukturell verändernde (emanzipatorische) Handeln, dessen Möglichkeit Giddens gerade absichern möchte. Denn der Habitus ist für Bourdieu eine »Objektivität zweiter Ordnung« (Bourdieu/Wacquant 2006: 32), in der die Objektivität der Strukturen – die »Objektivität erster Ordnung« – von individuellen Akteuren inkorporiert wird. Es ist nicht ganz einsichtig, wie auf diese Weise die falsche Dichotomie zwischen Objektivismus und Subjektivismus aufgehoben werden könnte, dürfte eine Objektivierung »zweiten Grades« den Objektivismus doch weniger überwinden als potenzieren. Weder Bourdieu noch Giddens gelingt es folglich, über den von ihnen kritisierten Dualismus hinauszukommen, ohne auf die eine oder die andere Seite dieses Dualismus zu fallen und ihn damit zu bestätigen.

Das könnte darauf hinweisen, dass das Problem nicht allein in einer fundamentalistischen Vorstellung von Objektivität oder Subjektivität liegt. Es könnte zumindest in gleichem Maße in der metaphysischen Disposion zu finden sein, die deren *Dualität* diktiert (und uns zwingt, letztlich die eine oder andere Seite zu privilegieren, sofern alle Versuche der Aufhebung oder Versöhnung scheitern). Wenn der Fundamentalismus in seiner Verleugnung des Notwendigkeitscharakters von Kontingenz hochmodern ist, dann ist Metaphysik der abendländisch immer schon aufgezogene diskursive Horizont, vor dem fundamentalistische Strategien entfaltet werden. Metaphysik ist der Name für Grundlegungsdiskurse schlechthin. Metaphysisch wird der sich entziehende, abwesende Grund zum stabilen, anwesenden Fundament. Er wird, wie Derrida im Anschluss an Heidegger unermüdlich nachgewiesen hat, als *Präsenz* gedacht. Diese Figur der Präsenz kann, je nach den diskursiven Kontexten, in denen sie historisch organisiert ist, unterschiedlich auftreten: »Präsenz des betrachteten Dinges als *eidos*, Präsenz als Substanz/Essenz/Existenz [*ousia*], Präsenz als Punkt [*stigme*] des Jetzt oder des Augenblicks [*nun*], Selbstpräsenz des cogito, Bewußtsein, Subjektivität, gemeinsame Präsenz von und mit dem anderen, Intersubjektivität als intentionales Phänomen des Ego usw.« (Derrida 1983: 26). Für den von uns verhandelten sozialwissenschaftlichen Fundamentalismus bedeutet dies zweierlei: Man sieht zum einen, dass es sich um eine moderne Aufpfropfung auf einen selbst nicht spezifisch modernen Diskurs handelt, der dennoch als Horizont abendländischer Denkweisen nicht ohne Weiteres überschritten werden kann, sondern bestenfalls von innen her subvertiert. Und man sieht zum zweiten, dass der Objektivismus möglicherweise gar nichts anderes ist als der Subjektivismus in anderem Gewand – und umgekehrt: »›Objektivismus‹ und ›Subjektivismus‹ sind symmetrischer Ausdruck des Begehrens nach einer Fülle, die letztlich unmöglich ist« (Stavrakakis 1999: 41). Objektivismus und Subjektivismus, so ließe sich sagen, sind Teil *ein und desselben* fundamentalistischen Symptomkomplexes, ist das neuzeitliche Subjekt doch »einfach das Korrelat des metaphysischen Seins, charakterisiert als Objektivität, das heißt als Evidenz, Stabilität, unerschütterliche Sicherheit« (Vattimo 1990: 49).

Die modernen Sozialwissenschaften übernehmen also den metaphysischen Dualismus und übertragen ihn in das Pseudoproblem von Struktur/Handlung, Subjekt/Objekt, Gesellschaft/Individuum oder Mikro/Makro. Es ist diese dualistische Problematik, die ich als metaphysische Disposition der Sozialwissenschaften bezeichne. Der Dualismus von Subjekt und Objekt lässt sich jedoch nicht überwinden, ohne dass er damit zugleich reinstituiert würde. Gewarnt vom Beispiel Bourdieus und Giddens' wähle ich einen anderen Weg. Ich werde keine weitere Anstrengung unternehmen, um darzulegen, dass Subjektivismus und Objektivismus wechselseitig aufeinander verweisen – dessen bedarf es keines weiteren Belegs. Ich werde vielmehr zu zeigen versuchen, dass sowohl der Objektivismus als auch der Subjektivismus *sich jeweils selbst unterlaufen*. Ihre Fundamente werden heimgesucht von paradoxen Doppelgängern, die jeden Fundierungsanspruch untergraben: Aus der Perspektive einer psychoanalytisch informierten Sozialwissenschaft sind Akteurs-, Handlungs- und Intersubjektivitätstheorien konfrontiert mit der Instanz eines Subjekts, das nicht Herr im eigenen Haus ist und sich in den Lücken des Sozialen, als Mangel, wie es bei Lacan heißt, störend bemerkbar macht (vgl. die Diskussion in Kapitel 11 in diesem Band). Und auch der Objektivismus ging selbst im Moment seiner größten Glorie, bei Durkheim, keineswegs in jener Sozialphysik auf, als die er sich selbst imaginierte. Im nächsten Kapitel werden wir sehen, dass er jenes Objekt, das er in die Welt brachte – die Gesellschaft als Entität *sui generis* –, nicht unter Kontrolle halten konnte. Als Un-Ding, als *A-chose* (Derrida), entfaltete es schon im Durkheimschen *Chosisme* ein widerständiges Eigenleben.

1.8. Poststrukturalistische Sozialwissenschaften: Differenz, Relation, Objekt

Wenn es also zutrifft, dass der Fundamentalismus sein Ziel nie erreicht, weil jeder feste Grund sich immer schon entzogen hat, dann wird es zunächst nur darum gehen, die Spuren des Entzugs nachzuziehen. Anders gesagt: Man wird sich in der Auseinandersetzung mit fundamentalistischen Theorien gar nicht um eine forcierte *Dekonstruktion* des sozialwissenschaftlichen Objektivismus (oder Subjektivismus) bemühen, sondern wird eher um eine Lektüre seiner *Selbstdekonstruktion* bemüht sein – mit der methodologischen Implikation jeder ernsthaften Lektüre, das Augenmerk auf die Buchstäblichkeit des Textes zu legen.[29] Das soll vor allem in der Auseinandersetzung mit Durkheims *Chosisme*, mit Lévi-Strauss' Strukturalismus und mit dem Marxismus traditioneller Prägung geschehen (einschließlich der strukturalistischen beziehungsweise strukturalen Marxismen Bourdieus und Althussers). In den entsprechenden Kapiteln wird sich erweisen, dass sich der objektivistische Anspruch dieser Theorien entweder an einem paradoxen Objekt bricht, das, wie Deleuze gezeigt hat, immer zu einer gegebenen Struktur hinzugezählt oder von ihr abgezogen werden muss, oder an einer Figur der Konfliktualität, die keinen angemessenen Ort im Theoriebau findet, wie man bei Weber, Lyotard, Foucault und Bourdieu sehen wird. Doch allein mit dem Aufweis der Selbstdekonstruktion objektivistischer (und subjektivistischer) Ansätze kann die Untersuchung nicht abgeschlossen sein. Schließlich sollen jene postfundamentalistischen Ansätze zu ihrem Recht kommen, die dem reflexiven Anspruch radikaler Kontingenzakzeptanz eher genügen. Darunter fallen unter anderem, bei allen Unterschieden (wie auch bei gelegentlichen Rückfällen in den Antifundamentalismus), die soziologische Systemtheorie Luhmanns, die »serielle Soziologie« Deleuzes, die Soziologie der Assoziationen Latours, die Sozialtheorie des Widerstreits Lyotards, die Genealogie Foucaults, die diskursanalytische Hegemonietheorie Laclaus und Mouffes, sowie, noch an der Grenze zum Objektivismus, der strukturale Marxismus Althussers und die Bourdieusche Feldtheorie.

Die meisten dieser Autoren werden üblicherweise dem so genannten Poststrukturalismus zugerechnet. Dieses Label ist aus mehreren Gründen unbefriedigend, auch wenn es sich inzwischen unter dem Titel der poststrukturalistischen Sozialwissenschaften im deutschsprachigen Raum eingebürgert hat (Moebius/Reckwitz 2008; Stäheli 2000a) – im Englischen ist der Begriff *post-structuralism* seit Langem schon geläufig. Gegen diesen Begriff spricht nicht so sehr, dass er in Frankreich, der Heimat der prominentesten »Poststrukturalisten«, gar nicht in Gebrauch ist (Angermüller 2007a); dort verwendet man ironischerweise eher den englischen Begriff *French Theory* (Cusset 2003; vgl. zum Export in die USA Lotringer/Cohen 2001). Dies allein wäre noch kein Argument, denn

29 Vgl. zum Konzept der Autodekonstruktion Nancy (2008).

tatsächlich haben sich die mit dem Begriff assoziierten Theorien inzwischen von ihrem Entstehungskontext gelöst, globalisiert und in eine Vielzahl von Anwendungsgebieten – von den *Postcolonial Studies* über die *Human Geography* bis zu den *Critical Management Studies* – ausdifferenziert. Was den Begriff schon eher problematisch macht, ist die Filiationslinie, die er nahelegt. Denn er macht die Theorien, die er umfasst, letztlich zu Abkömmlingen des Strukturalismus. Das sind keineswegs alle dieser Theorien. Die Arbeiten des späteren Lyotard zum Beispiel sind viel stärker der Aufnahme sprachpragmatischer Motive in der Tradition Wittgenstein–Austin als dem kritischen Durcharbeiten der strukturalen Linguistik verpflichtet. Laclau und Mouffe zählen zu den theoretischen Ressourcen des Postfundamentalismus auch die Phänomenologie und die analytische Philosophie (Laclau/Mouffe 1991: 28). Wenn ich in der vorliegenden Untersuchung wie an anderer Stelle (Marchart 2010a) den Begriff des Postfundamentalismus bevorzuge, dann um an den gemeinsamen theoretischen Raum zu erinnern, den poststrukturalistische Ansätze zum Beispiel mit pragmatistischen und postanalytischen Theorien in der US-amerikanischen Tradition bilden (vgl. Hetzel/Kertscher/Rölli 2008) oder mit einem Soziologen wie Luhmann, den man nur in Hinsicht auf den Strukturfunktionalismus als »Poststrukturalisten« bezeichnen könnte.

Allerdings ist an dieser Stelle kein Platz, um alle Spielarten des sozialwissenschaftlichen Postfundamentalismus zu würdigen, und ich werde mich deshalb auf jene Theorien bevorzugt beziehen, die die größten Familienähnlichkeiten aufweisen und einen post-heideggerianischen Zusammenhang bilden. Es wird darum gehen, deren – ich denke unverzichtbaren – Beitrag zur gegenwärtigen sozialwissenschaftlichen Diskussion in zweierlei Hinsicht herauszustellen: Zum einen geben diese Theorien Instrumente an die Hand, um die Autodekonstruktion des sozialwissenschaftlichen Fundamentalismus in seinen objektivistischen wie subjektivistischen Varianten nachzuzeichnen. Wir können diese Instrumente des Postfundamentalismus durch die Zwischenräume der Sozialwissenschaft spuken lassen, oder besser: darlegen, wie sie den Fundamentalismus eigentlich immer schon heimsuchen. Urs Stäheli spricht in dieser Hinsicht mit einem an Derrida gewonnenen Konzept von »spektralen« Soziologien: »Solche ›spektralen Soziologien‹ (vgl. *spectre*, franz.: das Gespenst) bestimmen sich als das Un-Heimliche der Soziologie, als Sinnbruch in der Soziologie, ohne sich außerhalb der Soziologie zu positionieren«. Solche Soziologien beschäftigten sich mit einem »nicht assimilierbaren ›Rest‹«:

> Also nicht die Idee einer postmodernen, multikulturellen und plurisystemischen Gesellschaft bestimmt die ›spektralen Soziologien‹, sondern vielmehr die Analyse des Zwischenzustands der Grenze. Die Frage nach der Zukunft poststrukturalistischer Soziologien ist somit gleichzeitig die Suche nach parasitären Interventionen – Interventionen, die sich dadurch als In(ter)vention beweisen, dass sie nicht nur eine *Möglichkeit* der Soziologie realisieren, sondern diese für das *Vielleicht* ihrer Zukunft öffnen. (Stäheli 2000a: 72 f.)

Zum anderen steht jedoch die Frage an, ob sich solche »spektralen Soziologien« in parasitären Interventionen in die Sozialwissenschaften erschöpfen. Sind nicht auch *positive Merkmale* auszumachen, die »spektrale« Sozialwissenschaften vielleicht nicht als ein eigenes Paradigma oder gar eine eigene Schule definieren, aber doch als einen hinreichend systematisierbaren Denk- und Argumentationszusammenhang? Und in der Tat ist eine Reihe von Merkmalen auszumachen, die so etwas wie Familienähnlichkeiten zwischen den im Folgenden diskutierten Theorien, inklusive so mancher nichtpoststrukturalistischer Theorien bilden. Ich nenne vier:

Erstens handelt es sich bei den genannten Ansätzen, wie bereits angesprochen, um Kontingenz- *und* Konflikttheorien. Das bedeutet, dass im Unterschied zu anderen Kontingenztheorien, ja selbst zu Luhmann, eine logische Verbindung zwischen der ultimativen Grundlosigkeit des Sozialen und dem Phänomen eines nicht zu überwindenden sozialen Streits gesehen wird. So schreibt Bourdieu: »Wenn es eine Wahrheit gibt, dann die, daß um die Wahrheit gekämpft wird« (Bourdieu 2001a: 151). Die von mir untersuchten Ansätze basieren, wie oben gezeigt, auf der Notwendigkeit von Kontingenz und damit der Unstrittigkeit der Strittigkeit. In Erweiterung des Arguments muss nun auf eine wesentliche innere Differenzierung des postfundamentalistischen Konfliktbegriffs hingewiesen werden. Die Instanz des Konflikts kann nämlich auf zwei unterschiedliche Weisen gedacht werden. Während Theoretiker wie Lyotard, Foucault und Deleuze, die in einer nietzscheanischen Tradition stehen, diesen Konflikt als *agon* – als Wettstreit, Widerstreit und Kräftemessen – verstehen, denken andere wie Adorno und

Laclau, die in einer offen marxistischen (und in dieser Hinsicht hegelianischen) Tradition stehen, den Konflikt als *Antagonismus*. Es wird uns daher im gesamten zweiten Teil die Frage beschäftigen, welches dieser beiden Konzepte der These von der Gleichursprünglichkeit von Kontingenz und Konflikt angemessener ist.

Zweitens zeichnen sich die diskutierten Ansätze, und nicht nur diese, durch die Umstellung von Identität auf *Differenz* aus. Diese Umstellung führt zur »De-ontologisierung« (Clam 2002) der Sozialwissenschaften und damit zur Ent-Gründung des Sozialen. So ersetzt etwa im dezentrierten Gesellschaftsmodell der Systemtheorie der Differenzbegriff »die transzendentale Fundierung von Systemen, und die Paradoxie wird ironischerweise zur unmöglichen Figur einer Letztbegründung« (Stäheli 2000b: 15). Besonders bei jenen Theorien, die vom linguistischen Strukturalismus Saussures ausgehen, ist die Umstellung evident. Bereits der Strukturalismus hatte jede Fundierung des Zeichens in einem Referenten zerstört. Stattdessen stellt sich sprachliche Bedeutung in einem System von Differenzen her; sie entspringt aus der relationalen Stellung innerhalb der Systemtotalität und nicht etwa aus einer positiven Substanz. Der Poststrukturalismus radikalisiert diese Einsicht, indem er die Möglichkeit einer geschlossenen Totalität infrage stellt und qua Öffnung das System zugleich dynamisiert. Damit tritt ein zweiter, ontologisch tiefer gelegter Begriff von »Differenz« auf den Plan, der nicht länger auf eine »ontische« Distinktion reduziert werden kann. Derrida wird von *différance* sprechen (Derrida 1999), Deleuze von *différent/ciation* (Deleuze 2007: 265). Diese, wenn man so will, Umstellung der Umstellung führt nicht nur zur De-ontologisierung der Sozialwissenschaften, sie führt zu ihrer *Hantologisierung* – so Derridas Quasi-Konzept: »Spuken heißt nicht gegenwärtig sein, und man muß den Spuk schon in die Konstruktion eines Begriffs aufnehmen. [...] Das ist es, was wir hier eine *Hantologie* nennen möchten. Die Ontologie stellt sich ihr nur in einer Bewegung des Exorzismus gegenüber. Die Ontologie ist eine Beschwörung.« (Derrida 1996: 253 f.)

Drittens verbindet sich mit der Umstellung auf Differenz zugleich die sozialtheoretische Umstellung auf Relation. Alle diskutierten Theorien verfolgen, was ich einen *radikalen Relationismus* nennen möchte (siehe für den Marxismus auch Hintz/Vorwallner 1988; für die aktuelle Soziologie Emirbayer 1997; Fuhse/Mützel

2010). Ein solcher Relationismus bietet ein positives, da operationalisierbares Gegenmodell zu jedem Objektivismus. Was ihn »radikal« macht und vom klassischen Relationismus eines Marx, Simmel oder Elias unterscheidet, ist, dass die in Relation eintretenden Elemente ihrer Relationierung nicht vorausgehen. Steht der klassische Relationismus vor dem von Luhmann kritisierten Problem, dass eine Relation »gegenüber dem, was sie verknüpft, fast unvermeidlich ontologisch minderwertig gedacht« wird (Luhmann 1995: 172), so dreht der radikale Relationismus dieses Verhältnis um. Die Relata können keinen ontologischen Primat gegenüber der Relation beanspruchen, zum Beispiel lässt sich nicht sagen, es existierten »Individuen« oder »Gruppen«, die später in eine Konfiguration gesetzt werden. Vielmehr entsteht die Identität der Relata (zum Beispiel *als* Individuen, *als* Gruppe) erst durch den relationalen Zusammenhang, aus dem sie hervorgehen. Der ontologische Primat liegt bei der Relation. Oder wie es wiederum bei Bourdieu mit unüberbietbarer Bündigkeit heißt: »Das Reale ist relational« (Bourdieu 1998a: 15). Der Poststrukturalismus wird dem nur hinzufügen, dass jede Relation im Fluss ist und kein Relatum ein für alle Mal fixiert werden kann.[30]

Viertens hat die Umstellung auf Differenz und Relation scheinbar paradoxe Spätfolgen. Nach der Verabschiedung des Objektivismus kommt es zur Rückkehr der *Objekte*.[31] In »Sozialwissenschaft, Anthropologie und Philosophie lässt sich seit einiger Zeit eine neue Aufmerksamkeit für Dinge konstatieren: Dinge und materielle Kultur werden zunehmend thematisiert und neu konzeptualisiert« (Roßler 2008: 76; ähnlich Balke et al. 2011). Allerdings kehren die Objekte keineswegs unbescholten zurück. Ihr ambivalenter Charakter – als »Quasi-Objekte«, wie das bei Serres und Latour heißt – wird nun in vielen Theorieansätzen hervorgehoben. Allein bei Latour findet sich eine ganze Reihe von mehr oder weniger synonymen Begriffen wie *immutable mobiles*, Hybride, Aktanten, Mittler, *non-humans* oder *faitiches*, die alle den ambivalenten Charakter des Objekts unterstreichen. Es handelt sich um Objekte, die trotz ihrer

30 Was nicht mit der *anti*fundamentalistischen, wenn nicht psychotischen Behauptung verwechselt werden sollte, Bedeutung ließe sich überhaupt nicht – nicht einmal vorübergehend – relational fixieren.

31 Und analog dazu zur scheinbar paradoxen Rückkehr des Subjekts. Deren Diskussion werde ich im dritten Teil wieder aufnehmen.

Materialität Spukcharakter besitzen – und damit um legitime Gegenstände einer spektralen Soziologie.[32] Dabei wird von Adepten der neueren wissenschaftssoziologischen Objekttheorien oft ignoriert, dass diese Quasi-Objekte bereits strukturalistische Vorläufer unter anderem bei Lévi-Strauss haben. Deleuze hat versucht, die Logik eines *Objekt = x*, mit dem er die strukturalistischen Objekttheorien verdichtet, schon Ende der 1960er Jahre nachzuzeichnen. Und wie man vermuten muss, ist ein solch paradoxes Objekt in Wahrheit immer schon zurückgekehrt. Schon bei Durkheim stellen die sozialen Tatbestände kein passives Substrat dar, sondern entwickeln ein gespenstisches Eigenleben als *Ding*. Der Objektivismus wird von den unbeabsichtigten Nebenfolgen des Versuchs, das Soziale zu verdinglichen, eingeholt. Das betrifft die Durkheimsche Sozialphysik nicht weniger als den marxistischen Ökonomismus oder den Strukturalismus. Daher hatten wir gesagt, die objektivistische Soziologie sei bereits eine spektrale Soziologie, ohne sich dies eingestehen zu können (was der Grund sein mag für die Vehemenz objektivistischer und positivistischer Exorzismen). Es könnte also durchaus sein, dass das jüngste Interesse am Objekt nichts anderes ist als ein Ausdruck der inneren Verwerfungen des *Objektivismus*.

1.9. Das gesellschaftstheoretische Mobile

Die vier erwähnten Merkmale – Ko-originalität von Kontingenz und Konflikt, Umstellung von Identität auf Differenz, radikaler Relationismus und die Rückkehr des Objekts (aber auch des Subjekts) – ergeben in ihrer Korrespondenz das aktuelle theoretische Bild *des Sozialen*. Diese Untersuchung ist den sozialtheoretischen Ansätzen gewidmet, die diese Merkmale teilen. Es wird darum gehen, eine tiefenscharfe Darstellung dessen zu entwickeln, was ich die

32 Dies gilt selbst noch für die »objektorientierte Philosophie« Graham Harmans. Harman, der der umstrittenen neuen »Schule« des so genannten spekulativen Realismus um Quentin Meillassoux zugerechnet wird, kann in seinem an Heidegger orientierten Buch *The Quadruple Object* die Abkehr vom *linguistic turn* und die entsprechende Rückwendung der Philosophie zu einem Denken des Objekts nur unter der Vorbedingung der Spektralisierung dieses Objekts einfordern. So warnt er den Leser gleich zu Beginn seines Buches: »[O]bjects as presented in this book are as strange as ghosts in a Japanese temple, or signals flashing inscrutably from the moon.« (Harman 2011: 6)

postfundamentalistische Konstellation in den Sozialwissenschaften nennen möchte. Hierbei handelt es sich um keine Schule und auch kein Paradigma, eher um eine Gruppe von Ansätzen, die – trotz unterschiedlicher Ausgangsbedingungen und Zielvorstellungen – die erwähnten Familienähnlichkeiten aufweisen. Ist es – bei Berücksichtigung aller Unterschiede – heute möglich geworden, eine Art Synthesis dieser Ansätze zu entwickeln? Schließlich hat sich der Nebel über dem Feld eines vormals missverstandenen, wenn nicht gar verleumdeten Poststrukturalismus oder Postfundamentalismus (oder irreführenderweise: »Postmodernismus«) inzwischen so weit gelichtet, dass diese Ansätze bereits in einem umfassenden Sammelband wie *Poststrukturalistische Sozialwissenschaften* (Moebius/Reckwitz 2008) entlang von Grundbegriffen und Forschungsfeldern abgeschritten werden können.[33]

Eine Synthesis oder auch *summa* postfundamentalistischer Sozialtheorien wäre kaum zu leisten und würde ihrer Heterogenität wohl nicht gerecht werden. Das schließt aber keineswegs aus, dass ein integrales Modell aus den unterschiedlichen Ansätzen gewonnen werden könnte, das deren bahnbrechende Reformulierungen von zum Beispiel Macht-, Subjekt- oder Konflikttheorien auf ihre Kompatibilität hin testet und zu einer postfundamentalistischen Sozialtheorie von hinreichender innerer Kohärenz kombiniert. Selbstverständlich kann es nicht darum gehen, Theorieelemente in ein starres Raster zu zwängen oder einen Theoriebau *more geometrico* zu errichten. Alternativ hierzu könnte man sich als theorieästhetisches Ideal vielleicht den Bau eines *Mobile* vorstellen. Geprägt wurde der Begriff 1931 von Duchamp für Alexander Calders kinetische Skulpturen (Baal-Teshuva 2002: 23), die heute in jedem Museum moderner Kunst zu finden sind.[34] Calders Mobiles hängen frei und besitzen keine weiteren Außenhalte, die sie stabilisieren könnten. Als Gedankenbild ist ein Mobile letztlich das Gegenmodell zu einem philosophischen System, das auf einen festen

33 Im englischsprachigen Raum wird die poststrukturalistische Sozialtheorie in vielen *Social Theory*-Einführungsbänden schon lange wie selbstverständlich integriert (vgl. zum Beispiel Elliott/Turner 2001; Seidman/Alexander 2001); auch in Deutschland beginnt dies langsam, wenn auch nicht immer hinreichend informiert (vgl. Joas/Knöbl 2011).

34 Das Fahrrad-Rad, Duchamps erstes Readymade von 1913, war von ihm bereits »mobile« getauft worden.

Grund gebaut werden soll, auf dem ein argumentativer Baustein nach dem anderen aufgetürmt werden kann. Im Unterschied dazu bestehen Mobiles aus sorgfältig ausbalancierten Verstrebungen, die es möglich machen, dass das Objekt entlang verschiedener Achsen in interferierende Bewegungen versetzt wird. Wie Jean-Paul Sartre in einem frühen Artikel zu Calder unterstrich, handelt es sich bei einem Mobile um einen Gegenstand, der nicht in seinen Materialien, sondern ausschließlich in den Bewegungen existiert, die ihn zum Tanzen bringen.[35] Für die vorliegende Untersuchung, betrachtet man sie hinsichtlich ihres Aufbaus als eine Art Mobile postfundamentalistischer Theorien, haben sich die folgenden Verstrebungen sozialtheoretischer Ansätze angeboten:

In Teil I der Untersuchung werden Theorien miteinander verstrebt, in denen ein unmögliches Objekt (wie das der Gesellschaft) im objektivistischen Paradigma der Sozialwissenschaften erscheint. Wie bereits bemerkt, konnte dieses Objekt dem Objektivismus ohnehin nie gänzlich ausgetrieben werden, was in Kapitel 2 anhand des Durkheimschen *Chosisme* und der marxistischen Verdinglichungstheorie Lukács' und Adornos ausgeführt wird. Kapitel 3 schließt mit einer Lektüre des lévi-straussschen Strukturalismus an. Es wird gezeigt, dass auch der *strukturalistische* Objektivismus – der unter anderem Durkheim nacheiferte – einer Bewegung der Selbstdekonstruktion ausgesetzt ist. Bei Lévi-Strauss erweist sie sich an dessen Scheitern am »Geheimnis« dualistischer Gesellschaften. Er stößt auf eine unerklärliche innere Blockade dieser Gesellschaften, die in keinem Dualismus aufgeht. Die Diskussion dieser Blockade und ihres untrennbaren Verhältnisses zum Objekt wird später mithilfe von sozialwissenschaftlichen Theorien radikaler, das heißt antagonistischer Negativität wieder aufgenommen. Die Kapitel 4 und 5 bereiten dies vor, indem sie das Verhältnis von Konflikt und Kontingenz beleuchten – und damit bereits die Möglichkeit eines radikalen Begriffs von Antagonismus. Das geschieht anhand zweier diametral entgegengesetzter Objekttheorien: In einer Linie, die von

35 Denn in einem Mobile interferiert jede Achse mit den Bewegungen der anderen Achsen. Nimmt man Sartres Punkt übrigens ernst, dann »existieren« die in den Museen dieser Welt unbewegt installierten Mobiles Calders im strengen Sinne nicht. Calder selbst zeigte sich stets verärgert, wenn in einer Ausstellung seiner Werke aus konservatorischen Gründen untersagt wurde, diese in Bewegung zu setzen.

Gabriel Tarde über Deleuze/Guattari bis Latour führt, verflüssigt sich das Soziale in eine Unzahl von Objekten. Der soziale Konflikt kreist nun um jedes einzelne dieser Objekte, aber eine Instanz radikaler Negativität oder »Selbstblockade« der Gesellschaft als Ganzer ist innerhalb dieses Universums monadischer Vielheiten nicht mehr konzipierbar. Ganz anders bei Lyotard, mit dessen grundlegendem Konzept des Widerstreits sich eine Instanz radikaler *Inkommensurabilität* verbindet, die sich in Latours Universum nicht finden lässt. Mit dieser Instanz wird bei Lyotard eine – paralogische – Theorie des Objekts Gesellschaft zumindest angerissen. Aber was wichtiger scheint: Es werden zwei alternative Möglichkeiten eröffnet, den Widerstreit (und damit das Verhältnis von Kontingenz und Konflikt) zu denken: als *agon* oder als Antagonismus.

In Teil II wird der Möglichkeitsraum zwischen *agon* und Antagonismus entlang einer Reihe sozialtheoretischer Konflikttheorien durchschritten. Die Konfliktsoziologie einerseits, die marxistische Tradition andererseits können so ihr Potenzial als Gesellschaftstheorien unter Beweis stellen. Kapitel 6 exponiert das Problem anhand der Bezugsgröße Nietzsche, dessen Rückgriff auf die Figur des griechischen Wettkampfs und das Ideal einer Agonistik sich nicht nur in der Soziologie der Jahrhundertwende bei Simmel und Weber wiederfindet, sondern auch in der Konfliktsoziologie bei Coser und nicht zuletzt bei Foucault. Dessen »Kriegshypothese« wird im Vergleich mit Webers Intuition vom »ewigen Kampf der Werteordnungen« in Kapitel 7 diskutiert. Aber weder Weber noch Foucault gelingt es, so meine Kritik, den Konfliktbegriff theoretisch überzeugend auszuschildern. Statt ihn einer präzisen kategorialen Bestimmung zuzuführen, beschreiben sie ihn in mythologischen Formeln. Aufgrund ihres Bemühens, ein Gegenmodell zum Marxismus und zum marxistischen Modell des Klassenkampfs zu entwickeln, ist ihnen der Rückgriff auf jene Kategorie radikaler Negativität versperrt, die in der kantianisch-hegelianischen Tradition als Antinomie und Widerspruch gedacht wurde und bei Marx, den Neomarxisten und den Postmarxisten im Begriff des Antagonismus wiederkehrt. Dem werden wir in Kapitel 8 nachspüren. Adornos Begriff von Gesellschaft als »antagonistischer Totalität« paradoxiert Gesellschaft, reduziert jedoch zugleich radikale Negativität auf den *ökonomischen* Widerspruch zwischen Produktivkräften und Produktionsverhältnissen. Im strukturalen Marxismus Althussers wurde mit dem Begriff der Überdetermination ein wichtiger, wenn auch nicht ausreichender Schritt über den ökonomischen Determinismus hinaus getan. Wie in Kapitel 9 gezeigt wird, brechen im Postmarxismus schließlich Laclau und Mouffe mit jeglichem Determinismus. Konflikt wird an Kontingenz geknüpft und nicht länger an die Notwendigkeit ökonomischer Entwicklungsgesetze. Damit waren Laclau und Mouffe beim Begriff eines grundlegenden Antagonismus angekommen. Das hat Konsequenzen nicht zuletzt für den Gesellschaftsbegriff. Die paradoxe Gestalt des Objekts Gesellschaft lässt sich nunmehr zurückführen auf einen grundlegenden Antagonismus, der das Soziale blockiert.[36]

Teil III zieht die Konsequenzen aus der konstellativen Gegenüberstellung dieser divergierenden Ansätze. Er liefert gleichsam die »positive« Ausarbeitung einer postfundamentalistischen Gesellschaftstheorie. Kapitel 10 rekonstruiert nochmals den Weg, der uns bis zu diesem Punkt gebracht hat – das heißt die Systematik der Alternativen. In Kapitel 11 werden sozialtheoretische Grundbegriffe wie Macht, Staat oder Handlung mit den sozialontologischen Hintergrundannahmen einer postfundamentalistischen Gesellschaftstheorie abgeglichen. Das beinhaltet auch eine Auseinandersetzung mit dem metaphysischen Double des Objektivismus, dem Subjektivismus, sowie mit der Alternative eines psychoanalytisch informierten Subjektbegriffs. Auf Basis des so erarbeiteten grundbegrifflichen Apparats soll dann in Kapitel 12 das zeitdiagnostische Potenzial dieser Gesellschaftstheorie ausgelotet werden. Mit Rückgriff auf Latours Konzept der Panoramen schlage ich zwei zeitdiagnostische Gesellschaftspanoramen vor, die, wie ich denke, zentrale Aspekte zumindest der Gesellschaften des nordatlantischen Westens benennen: die Prekarisierungsgesellschaft und die Bewegungsgesellschaft. Abgeschlossen wird das Kapitel mit einer – wenn auch postfundamentalistisch qualifizierten – Verteidigung des Projekts der Ideologiekritik. In Kapitel 13 schließlich werde ich zusammenfassend der Frage nachgehen, worin überhaupt Aufgabe und möglicher Gewinn einer postfundamentalistischen Gesellschaftstheorie

36 Und doch wird Laclau die Idee der Gesellschaftstotalität nicht vollständig verabschieden. Wird Gesellschaft *als* Totalität durch die Blockade (die »ärgerliche Tatsache«) des Antagonismus einerseits verunmöglicht, so bleibt sie andererseits als *abwesende* Totalität notwendig für jede zumindest vorübergehende und partielle Gründung sozialer Verhältnisse.

bestehen können. Diese Frage wird uns nicht nur zu den Phänomenen des sozialen Protests und der, von Gesellschaftstheorien zumeist ausgeklammerten, somatischen Affekte des Selbst führen, sondern auch zu einem philosophischen Begriff des Politischen, mit dem Gesellschaftstheorie zu rechnen hat. Wenn hinter all dem ein methodologisches Rezept steht, dann jenes, von dem Luhmann einmal gesprochen hat: »Theorien zu suchen, denen es gelingt, Normales für unwahrscheinlich zu erklären« (Luhmann 1984: 162).

1.10. Soziologie, Philosophie und kinetische Kunst

Damit kommen wir zurück zur Eingangsfrage: Um welche Art Gegenstand handelt es sich beim Gegenstand der vorliegenden Untersuchung? Aus einer postfundamentalistischen Perspektive stellt Gesellschaft einen ebenso notwendigen wie unmöglichen Gegenstand der Sozialtheorie dar. Wir werden in den folgenden Kapiteln die Spuren, die dieses paradoxe Objekt in den verschiedenen sozialwissenschaftlichen Ansätzen gezogen hat, nachverfolgen. Eines dürfte sich jetzt schon sagen lassen: Der Grundbegriff Gesellschaft wird den Sozialwissenschaften kein neues Fundament liefern können. Aber als Begriff, der wie kein anderer immer wieder verabschiedet wurde und dennoch nicht loszuwerden ist, bringt er die Abwesenheit eines letzten Fundaments selbst zur Anwesenheit. Er nimmt den Platz dessen ein, was im Sozialen – einem rein relationalen Raum aus Differenzen – nicht aufgeht, was daher *mehr* oder auch *weniger* sein kann als das Soziale selbst. Denn im Postfundamentalismus sind nicht alle Gründe verschwunden, wird die Dimension des Grundes doch nicht einfach – wie im Antifundamentalismus – ersatzlos gestrichen, sondern bleibt als unhintergehbare Dimension des Sozialen erhalten. Diese Dimension lässt sich freilich nicht positiv ausbreiten; sie zeigt sich »negativ« in ihren Effekten, die das Feld der Präsenz und Objektivität von innen entkernen. Im Moment der Krise, der Anomie, des Chaos, des Streits, der Irritation, des Ekels oder des Schreckens zeigt sich der Grund – die Fülle von Gemeinschaft oder die Totalität der Gesellschaft – *als abwesend*. Er »gründet als *Ab-grund*« (Heidegger 1994: 29). Oder wie es bei Laclau heißt: »Die Auflösung des Mythos des Grundes läßt das Phantom seiner Abwesenheit nicht verschwinden.« (Laclau 1988: 81)

Margaret Thatcher hat also gegen sich selbst Recht behalten. So ein Ding wie Gesellschaft gibt es nicht. Was es dennoch gibt, ist Gesellschaft *als Ding* – als Platzhalter seiner eigenen Abwesenheit. Das kann nicht ohne Konsequenzen für die Gesellschaftstheorie bleiben. Ich stimme ihren Verteidigern von Adorno über Luhmann bis heute zu: Gesellschaftstheorie ist und bleibt notwendig angesichts der steuerungstechnischen und empirizistischen Engführung der Sozialwissenschaften. Wir müssen uns aber eingestehen, dass sie als positive Theorie der Gesellschaft unmöglich ist, denn sie hat es mit einem unmöglichen Gegenstand zu tun. Daher wird sie wohl kaum mit imperialer Geste gegenüber den empirischen Sozialwissenschaften auftreten können; was nicht heißt, dass sie sich verstecken müsste. Gesellschaftstheorie wird zur Grenzdisziplin der Sozialtheorie. Statt mit der Königsdisziplin haben wir es mit einer marginalen Unternehmung zu tun, die an den Rändern der Sozialwissenschaften vagabundiert und durch gelegentliche Grenzverletzungen in den geregelten Wissenschaftsbetrieb eindringt. Was sie zur Grenzdisziplin macht, ist ihr unentscheidbarer Status zwischen Soziologie und Philosophie. Denn handelt es sich bei dem unmöglichen Objekt Gesellschaft nicht um ein *philosophisches Objekt* sui generis, das die Kreise der empirischen Sozialforschung stört? Lässt sich die paradoxe Natur dieses Objekts nicht letztlich nur mithilfe der Philosophie ausweisen? In der Philosophie, vor allem in den postheideggerianischen Differenztheorien Derridas und Deleuzes, aber auch in der quasi-kantianischen Philosophie Lyotards, ist der Umgang mit solch unmöglichen und zugleich notwendigen Gegenständen bereits eingeübt. Zwar kann Soziologie nicht länger durch Philosophie gegründet werden, wenn man unter Gründung die epistemologische Absicherung der Wissenschaften versteht, sie muss aber – will sie nicht der Versuchung des Objektivismus erliegen – auf die Ressourcen eines Denkens der Paradoxierung zurückgreifen, das in der Philosophie so legitim ist wie es in den Sozialwissenschaften als illegitim erachtet wird. Ganz im Sinne des Wortes von Deleuze: »Die Philosophie manifestiert sich nicht im gesunden Menschenverstand, sondern im Paradox. Das Paradox ist Pathos oder Passion der Philosophie« (Deleuze 2007: 288).

Das erklärt, warum die im Folgenden untersuchten Sozialtheorien regelmäßig dort, wo sie Objekt, Subjekt oder Antagonismus in radikaler Weise denken wollen, *von Philosophie durchquert wer-*

den – und ein Ziel unserer Untersuchung wird sein, die Spuren dieser Durchquerungen auszuflaggen, wie etwa mit den Namen Nietzsche, Hegel und Heidegger.[37] Bedauerlicherweise wird die Philosophie von der heutigen Soziologie, wohl gerade weil diese die Philosophie beerbt zu haben vermeint, nur noch als eine Hypothek betrachtet. Das erklärt zu einem Gutteil die innersoziologische Skepsis gegenüber dem Gesellschaftsbegriff. Er erinnert die Disziplin, besonders wo er sich in Paradoxien und Antinomien äußert, an jenes genuin philosophische Moment, von dem sie immer schon durchquert wurde.[38] Unsere bisherigen Ausführungen legen etwas ganz anderes nahe: Wenn der Begriff der Gesellschaft eine Hypothek ist, dann ist diese unabtragbar, es sei denn um den Preis der Aufgabe aller theoretischen Ambitionen. Bedenkt man den disziplinbildenden Streit um die Gesellschaft, ließe sich Soziologie nachgerade definieren als die auf Dauer gestellte Hypothekenkrise ihres Grundbegriffs.

Wenn der Gesellschaftsbegriff also von vielen verworfen wird, dann weil sie eine philosophische Hypothek abtragen möchten, die schwer auf den Sozialwissenschaften zu lasten scheint. Doch Schwere und Gewicht sind entgegen anderslautender Behauptungen keine Eigenschaften von Philosophie, so wie sie nie Ziel einer Theoriebauanstrengung sein sollten. Das angemessene sinnliche Bild einer postfundamentalistischen Theorie ist nicht das Monument auf dem Zementsockel, sondern, wie erwähnt, das freihängende Mobile. Hatte nicht schon Adorno gefordert, dass zur theoretischen Beleuchtung eines Gegenstands »nicht von den Begriffen im Stufengang zum allgemeineren Oberbegriff fortgeschritten wird, sondern sie in Konstellation treten« (Adorno 1975: 163)? Eine solche Konstellation muss man sich in Bewegung vorstellen – bereits Alexander Calder hatte einige seiner Mobiles *Constellations* getauft: »Als Konstellation«, so Adorno, »umkreist der theoretische Gedanke den Begriff, den er öffnen möchte« (ebd.: 166). Theoriearbeit ist,

37 Es sollte hinzugefügt werden, dass sich auch die Philosophie, wo immer sie sich ernsthaft mit unserer heutigen *conditio* beschäftigt, von den Sozialwissenschaften wird durchqueren lassen müssen.

38 Im Positivismusstreit wurde die Gesellschaft explizit als philosophischer Überschuss der Soziologie gebrandmarkt. Und für Tenbruck, einen der vehementesten soziologischen Kritiker des Gesellschaftsbegriffs, stellt dieser »eine Hypothek der Soziologie« dar (Tenbruck 1981: 335).

wenn man so will, eine kinetische Kunst. Sie wird angetrieben von einer *idée fixe*, oder besser: einer *idée mobile*. Denn Philosophie, so eine der triftigsten Definitionen von Philosophie überhaupt, ist »der Gedanke, der sich nicht abbremsen läßt« (Adorno 1973: 391).[39] Ein solcher Gedanke versetzt ein so genanntes Theoriegebäude in Bewegung. Aber in welche Art von Bewegung? Es war Sartre, der angesichts der calderschen Mobiles auf eine Antwort gestoßen ist, die postfundamentalistische Einsichten vorwegnahm. Denn im Unterschied zu einem Automaten, ja gar zu den früheren motorisch betriebenen Mobiles von Calder selbst,[40] hatte die Bewegung der hängenden Mobiles nichts Mechanisches, sondern eher etwas Schwankendes. Das caldersche Mobile, so Sartre, »schwankt und zögert, man könnte meinen, es habe sich geirrt und besinne sich eines Besseren« (Sartre 1999 [1946]: 61). Was Sartre an den Mobiles faszinierte, das war gerade deren »Zaudern« (vgl. dazu auch Vogl 2007), »dieses Wieder-von-vorn-Beginnen, dieses Tasten, diese Ungeschicklichkeit, dieses jähe Sichentschließen« (Sartre 1999 [1946]: 62). Aufgrund dieser Beobachtung erst konnten sie Sartre zum sinnlichen Symbol für die »zaghafte, immer wieder verzögerte, gestörte und durchkreuzte Entfaltung einer Idee« (ebd.) werden. Sartre wird das Mobile zum Bild theoretischer Arbeit schlechthin. Sie besteht in nicht viel mehr als dem Tüfteln an Mobiles, das heißt an Konstruktionen, die instabil genug sind, um der Entfaltung einer Idee entlang nicht vorbestimmter Pfade eine Chance zu lassen.

Natürlich wurde dieses Schwanken überhaupt erst möglich, weil die verschiedenen Achsen des Mobiles von Calder sorgfältig austariert worden waren, um zu verhindern, dass das Mobile sich selbst zerstörte. Doch diese Konstruktion war nur dazu da, um Spielraum für das Unvorhergesehene, die nicht-determinierte Bewegung zu schaffen. Wenn sozialwissenschaftliche Theoriebildung überhaupt einen neuralgischen Punkt treffen kann, dann wird dieser Punkt nicht dort liegen, wo ein Argument zielgenau in den Hafen der Beweisführung einläuft. Eine Theorie kann diesen Punkt nur schwankend umkreisen und ihn dabei gelegentlich, an unvorhergesehenen

39 Aus Perspektive des calderschen Universums müsste man hinzufügen, dass es sich um keinen »großen« Gedanken handeln muss. Ein Mobile Calders kann vom schwächsten Luftzug in Bewegung versetzt werden.

40 Oder später von Tinguely beziehungsweise früher von den konstruktivistischen Kinetikern.

Stellen berühren. Das werden wir im Folgenden versuchen. Auf einen Knalleffekt soll man dabei nicht hoffen – wiewohl es in der Theorie, wie in der kinetischen Kunst, zuweilen unerwartet laut werden kann:

> In seinem Atelier sah ich einen Klöppel und einen Gong, die freischwebend aufgehängt waren; beim geringsten Luftzug verfolgte der Klöppel den Gong, der sich um sich selbst drehte; er holte aus, schlug zu und traf ins Leere wie eine ungeschickte Hand, und dann, wenn man am wenigsten darauf gefaßt war, traf er den Gong mit schrecklichem Lärm genau in der Mitte. (Sartre 1999 [1946]: 61)

I.
Das Soziale und *das Ding*: vom Objektivismus zum Objekt

2. *Gespenstischer Objektivismus*
Die »spektrale Soziologie« und das überzählige Ding: von Durkheim zu Derrida

2.1. Die Überzähligkeit von Gesellschaft (Durkheim vs. Simmel)

Die wissenschaftliche Disziplin der Soziologie, einem geläufigen Narrativ gemäß von Durkheim institutionalisiert, beginnt mit der Setzung von Gesellschaft als einem Ding: einem Gegenstand eigener Realität, der zur Summe seiner Teile hinzugezählt werden muss. Wir sollten einen Sinn für die Originalität, aber auch für die Befremdlichkeit dieser Idee zurückgewinnen. Zum Ersten war mit ihr eine neue Entität gefunden, die sich durch ihre *Überzähligkeit* in Bezug auf alle anderen bis dahin bekannten Entitäten auszeichnete. Dies erschien als Vorbedingung für die Etablierung der Soziologie, die als neu zu gründende Wissenschaft in Durkheims Verständnis einen Gegenstand eigenen Rechts benötigte, der noch von keiner anderen Disziplin beansprucht wurde. Doch handelte es sich bei diesem Gegenstand nicht um *irgendeine* Ergänzung, um ein Supplement beliebiger Art. Was hier zur Gesamtheit alles Sozialen hinzugezählt wurde, war diese Gesamtheit selbst. Wenn Gesellschaft mehr sein sollte als die Summe ihrer Teile, und wenn dieser Überschuss den Gegenstand der neuen Disziplin abgeben sollte, dann war das neu entdeckte Ding nichts anderes als das Soziale *in seiner Totalität*. Die Gesellschaft, so das – zumindest aus Sicht Russellscher Typentheorie – Befremdliche an der Idee, war geboren als Supplement zur Gesamtheit aller Teile, die sie umfasste, das heißt als Menge, die als ein weiteres Element zu den Elementen, die sie einschloss, hinzutrat.

Warum erscheint Gesellschaft – die Totalität des Sozialen – theoriegeschichtlich in Form eines überschüssigen Objekts? Es liegt auf der Hand, dass diese theoretische Operation mit einem nominalistischen oder gar positivistischen Wissenschaftsideal, das Durkheim selbst manchmal zu Unrecht unterschoben wird, schwer vereinbar ist. So hat etwa Friedrich Tenbruck, ein zur Soziologie, im Speziellen zum Weberianismus konvertierter Heidegger-

Schüler,[1] in einem klassisch zu nennenden Aufsatz die Vorstellung eines mit eigenständiger Wirklichkeit ausgestatteten Gegenstands Gesellschaft als hochgradig unplausibel, ja schädlich für die Soziologie gebrandmarkt. Von Durkheim aus hätte sich diese irrige Vorstellung wie ein Virus in der Soziologie verbreitet.[2] Durkheim hypostasiere die verschiedensten Formen der Vergesellschaftung zu einer ontologisch eigenständigen, generischen Kategorie.[3] Alle Gesellschaften würden auf diese Weise zu bloßen Exemplaren der einen Gesellschaft, »die nun als die wahre Tatsache hinter den gesellschaftlichen Tatsachen auftauchte« (Tenbruck 1981: 346).

Dieses Argument wiederholt eine Kritik, die schon bei Georg Simmel zu finden ist (zum Ursprung des Streits zwischen Durkheim und Simmel vgl. Rammstedt 1997). Simmel hatte sich um eine alternative Fundierung der Soziologie bemüht, indem er sie nicht auf ein Objekt *sui generis* oder ein ausschließlich ihr zukommendes Gebiet gründete, sondern als spezifische Perspektive auf einen Gegenstand verstand: »Nicht ihr Objekt, sondern ihre Betrachtungsweise, die besondre, von ihr vollzogene Abstraktion differenziert sie von den übrigen historisch-sozialen Wissenschaf-

1 Dieser Hinweis, dass der bedeutende Nachkriegssoziologe Tenbruck qua Ausbildung eigentlich Philosoph war, bei Heidegger studiert und bei Julius Ebbinghaus über die transzendentale Deduktion der Kategorien promoviert hatte, sei nicht nur als ein Beleg unter vielen für die multiplen Durchquerungen der Soziologie durch die Philosophie eingefügt. Er sei auch deshalb eingefügt, weil wir auf Heideggers Bedeutung für den Ding-Begriff von Gesellschaft zurückkommen werden müssen.

2 Eine Einschätzung, die so wohl kaum zutrifft. Nur in bestimmten Traditionen, wie etwa im Strukturfunktionalismus, der Systemtheorie oder dem Neomarxismus wurde kategorial am Gesellschaftsbegriff gearbeitet; für die meisten anderen Ansätze, wie auch natürlich für die empirische Sozialforschung, spielte der Begriff und damit die Begriffsarbeit an Gesellschaft kaum eine Rolle. Dennoch behält Tenbruck insofern Recht, als der Begriff auch dort noch als eine unhinterfragte und unausgewiesene Letztreferenz – als »leere Selbstverständlichkeit« (Tenbruck 1981: 335) – durch die Disziplin spukt, wo keine theoretische Arbeit in ihn investiert wird.

3 Darüber hinaus sei der Begriff – so ein häufiges Argument – vor dem Erfahrungshintergrund des modernen Nationalstaats modelliert und lege folglich das entsprechende Bild einer sich selbst genügenden, abgeschlossenen Entität nahe, der unserer globalisierten Realität nicht angemessen sei, weshalb wir uns laut Tenbruck zu fragen hätten, »ob es die Gesellschaft, von der die Soziologie mehrheitlich redet, überhaupt gibt« (Tenbruck 1981: 348).

ten« (Simmel 1992 [1908]: 23). Was die Soziologie in den Blick zu nehmen hatte, das waren – neben den motivationalen, materiellen Inhalten – vor allem die *Formen* sozialer Wechselwirkung, wie etwa der »Streit«. In diesem Sinne untersucht die Soziologie nicht Gesellschaft, sondern die vielfachen Formen der *Vergesellschaftung*.

Es gibt niemals schlechthin Gesellschaft, derart, daß unter ihrer Voraussetzung sich nun jene einzelnen Verbindungsphänomene bildeten; denn es gibt keine Wechselwirkung schlechthin, sondern besondere Arten derselben, mit deren Auftreten eben Gesellschaft da ist und die weder die Ursache noch die Folge dieser, sondern schon unmittelbar sie selbst sind. Nur die unabsehbare Fülle und Verschiedenheit, mit der sie in jedem Augenblick wirksam sind, hat dem Allgemeinbegriff Gesellschaft eine scheinbar selbständige historische Realität verschafft.

Und er fügt hinzu:

Vielleicht liegt in dieser Hypostasierung einer bloßen Abstraktion die Ursache für die eigentümliche Verblasenheit und Unsicherheit, die diesem Begriff und den bisherigen Verhandlungen der allgemeinen Soziologie anhaftete [...]. (Ebd.: 24)

Mit der Enttarnung von Gesellschaft als einer Hypostase bleibt ihr nur die Rolle des Hilfsbegriffs. Allenfalls könne von Gesellschaft noch die Rede sein als Summe aller Wechselwirkungen. Aber diese Summe darf keineswegs, wie bei Durkheim, nochmals zu den konkreten sozialen Beziehungsformen als deren Totalität hinzuaddiert werden. Die Gesamtheit besitzt keinerlei Realität für sich. Der Glaube, bei sozialen Beziehungsformen würde es sich um Ereignisse innerhalb einer bereits bestehenden Gesellschaft handeln (heute würde man wohl vom Container-Modell von Gesellschaft sprechen), sei eine Illusion, der man überhaupt nur aufgrund der enormen Vielzahl solcher Formen aufsitzen könne. Simmels Rechenexempel lässt daran keinen Zweifel: Denkt man sich die eine oder andere Beziehungsform weg, so könne man aufgrund der Vielzahl von Formen noch glauben, dieser geringe Verlust ließe die Existenz der Gesamtgesellschaft unberührt, »so daß es von jeder einzelnen allerdings scheinen kann, sie käme zu einer schon fertigen Gesellschaft hinzu oder entstünde innerhalb einer solchen«. Die Illusion verfliegt, sobald man gedanklich *alle* Vergesellschaftungsformen subtrahiert: »Wenn man sich aber *alle* diese einzelnen wegdenkt, so bleibt keine Gesellschaft mehr übrig« (ebd.: 24). Wie man sieht, geht bei Simmel die Gleichung ohne Rest auf. Gesellschaft ist nicht mehr als die Summe ihrer Teile.[4] Als eigenständiges und damit überzähliges Objekt besitzt sie keine Existenz; sie emergiert nur als Prozess und ist daher mit dem Begriff der *Vergesellschaftung* treffender gekennzeichnet.

Simmels Modell mag uns plausibler erscheinen, da es mit der Prozessualisierung von Relationen dem heutigen Geschmack mehr entgegenkommt als dasjenige Durkheims, das Strukturalismus und Strukturfunktionalismus inspirierte. Aber man sollte nicht übersehen, dass sowohl die forcierte Einführung des Begriffs der Gesellschaft als auch dessen forcierte Verabschiedung, sowohl die Überzähligkeit dieses Objekts als auch seine – aus durkheimianischer Perspektive – *Unterzähligkeit* Teil ein und desselben Syndroms, das heißt *eines* Symptomkomplexes sind.[5] Beide Strategien reagieren auf die historische Erfahrung, dass das Soziale, wie immer wir es theoretisch fassen wollen, auf keinen letzten Grund gebaut werden kann. Im Falle der »Soziologen ohne Gesellschaft«, Weber und Simmel, ist dies offensichtlich; denn so wie Simmels Formalismus, Relationismus und Prozessualismus sind auch der webersche Nominalismus und methodologische Individualismus Versuche, mit der Abwesenheit eines letzten Grundes theoretisch und methodisch umzugehen. Damit liegen sie zwar quer zur Filiationslinie Comte – Spencer – Durkheim, aber sie teilen dieselbe *Problematik*. Der »Katalysator« der Ausdifferenzierung der wissenschaftlichen Disziplin der Soziologie ist die Erfahrung eines Problems, das in dem Maße aufkommt, »als es schwierig wird, sich vorzustellen, wie soziale Ordnung überhaupt möglich ist« (Luhmann 1992: 21).

Durkheim könnte vorgeworfen werden, diesem Problem fundamentalistisch begegnen zu wollen. Das ist auch die Einschätzung von Tenbruck. Die Entdeckung von Gesellschaft als eines Gegen-

4 Das entspricht zwar unserem Alltagsverstand, aus Sicht der Mengentheorie ist Simmels Position aber nicht plausibler als diejenige Durkheims, denn, so könnte *contra* Simmel argumentiert werden, eine leere Menge {}, aus der alle Elemente entfernt wurden, ist nicht selbst verschwunden. Sie enthält einfach nur keines der ihr zuweisbaren Elemente.

5 Trotz der aus heutiger Sicht paradigmatisch erscheinenden Unterschiede ist es deshalb auch kein Zufall, dass Durkheim und Simmel bei allen Fremd- und Selbstmissverständnissen ihre jeweiligen Modelle bis zu ihrem Bruch im Jahr 1898 als kompatibel erachteten.

standes *sui generis* sei erst durch die Auflösung traditionaler Ordnungsverhältnisse möglich geworden, wie sie das 19. Jahrhundert in Folge zunehmender Arbeitsteilung, der Ausbreitung neuer Kommunikationstechnologien und der Möglichkeit freier Vergesellschaftung anstelle von korporativer Gruppenbindung durchlebte. Erst in Reaktion auf diese historische Entwicklung wurde das Bild einer nach quasi-naturwissenschaftlichen Gesetzen funktionierenden Gesellschaft entworfen, um jene unberechenbaren Freiräume, die sich in der aufbrechenden Ordnung öffneten, sozialtechnologisch einzuhegen. Die Soziologie verdankt ihre Entstehung der Erfahrung von Ungewissheit, auf die sie mit der Entwicklung neuer Gewissheitsformeln antwortete: »Ihre neuartige Perspektive, welche die Gesellschaft als Faktum betrachtete, war das Resultat einer Veränderung, in der eine prinzipiell unberechenbare Gesellschaft entstanden war. Die Soziologie entstand somit unter dem Druck der existentiellen Aufgabe, diese Gesellschaft berechenbar zu machen, also die Zukunft einer Gesellschaft zu deuten, die sich diese Zukunft freihalten wollte« (Tenbruck 1981: 341 f.). So falle der Soziologie bei Durkheim schließlich die Aufgabe zu, »ein neues Fundament für das Zusammenleben zu liefern« (ebd.: 345).

Tatsächlich ist kaum von der Hand zu weisen, dass sich Durkheim explizit auf die Suche nach stabilen Fundamenten begibt, während Simmel, Postfundamentalist *avant la lettre*, solchen gerade misstraut. Diese Differenz ist schon in ihrer Methodenmetaphorik auszumachen. Während Durkheim – mit einer Wendung, die bis auf Descartes (1992 [1641]: 41) zurückgeht – dekretiert, man müsse, um methodisch vorzugehen, »die erste Niederlassung der Wissenschaft auf festem Grund und nicht auf Flugsand bauen« (Durkheim 1984 [1895]: 140), erhebt Simmel geradezu die Unmöglichkeit eines solchen Unterfangens zur allgemeinen Regel. Es sei in geistigen Dingen durchgängig so, »daß dasjenige, was wir mit einem unvermeidlichen Gleichnis das Fundament nennen müssen, nicht so fest steht, wie der darauf errichtete Oberbau« (Simmel 1992 [1908]: 30).[6] Hier wiederholt sich in der Methodenmetapho-

6 Dieser Satz kann nochmals die Differenz zwischen Post- und Antifundamentalismus illustrieren. Postfundamentalisten gehen nicht vom Verschwinden aller Gründe aus, sondern von der Schwächung ihres ontologischen Status. Ein Theoriebau kann daher in sich noch so stabil sein, das Fundament, auf dem er ruht, ist es nicht. Und dennoch können wir nicht umhin – das Gleichnis ist »unvermeid-

rik die Differenz zwischen Durkheims und Simmels Einstellung gegenüber dem Objekt Gesellschaft. Wo der eine sich auf die Suche nach einem stabilisierbaren Gegenstand begibt, welcher der neuen Disziplin als Fundament dienen könnte, dort ist der andere bereit, sein theoretisches Gebäude auf den Flugsand von Wechselwirkungen und Vergesellschaftungen zu bauen. Und dennoch, eine Kritik à la Tenbruck, die Durkheim zum Fundamentalisten stempelt, unterschätzt das Maß an Kreativität, das notwendig ist, um zur Gründung des ultimativ Ungründbaren Gründe herbeizuschaffen. Anders gesagt, sie unterschätzt die Produktivität »falscher« oder nach Maßgabe eines rein szientistischen Wissenschaftsideals »unhaltbarer«, da paradoxer Lösungen.

Von diesen hat Durkheim mehrere anzubieten. Die Gründung der Soziologie auf einem überzähligen Objekt ist bereits eine solche. Dieses soll ja die Totalität einer Gesellschaft repräsentieren, die nicht mehr als Totalität vorstellbar ist. Wie Nassehi zu Recht anmerkt, dient bei Durkheim »die naturalistische Verdinglichung der Gesellschaft dazu, die auseinander strebenden Momente der Moderne begrifflich so zu fassen, dass sie als Teil eines Ganzen erscheinen« (Nassehi 2009: 311). Freilich ist dieser Versuch in letzter Instanz zum Scheitern verurteilt, da jede Form der Einheitsrepräsentation unter modernen Kontingenzbedingungen fragwürdig, ja unmöglich wurde (was nicht heißt – ich werde in der Diskussion Laclaus darauf zurückkommen –, dass sie nicht dennoch notwendig bleibt). Nur deshalb kann das Problem der Einheitsrepräsentation überhaupt *als Problem* erscheinen, so Nassehi, den zuvor erwähnten Gedanken Luhmanns über das Problem sozialer Ordnung aufnehmend: »Erst dort, wo die Repräsentation der Gesellschaft in Frage steht, taucht sie als Repräsentation *der* Gesellschaft *in der* Gesellschaft auf.« Das erst liefere »für den soziologischen Diskurs der Moderne das Motiv für eine Theorie der Gesellschaft« (ebd.: 312).

Diese naheliegende Überlegung könnte Durkheims originelle Strategie erklären, das moderne Kontingenzproblem der Gesellschaft durch deren Verdoppelung zu lösen. Denn wenn die Diagnose zutrifft, dass sich die »Kontingenzkrise der Moderne« in der Erfahrung äußert, »dass sich die Gesellschaft nicht mehr in einer Idee, einer religiösen Gesamtsinngebung oder einem allen gemein-

lich« –, ein solch instabiles Fundament zu legen, bei Strafe des Rückfalls in den bloßen Antifundamentalismus.

samen Prinzip repräsentieren lässt« (ebd.: 308), dann muss dieses nicht länger verfügbare Prinzip innergesellschaftlich substituiert werden. Da ein ultimativer Grund aber auch dann noch unverfügbar bleibt, übernimmt das Substitut eine unmögliche Aufgabe und wird zu einem paradoxen Element – unmöglich und notwendig zugleich. Es wird hervorgebracht unter Bedingungen notwendiger Kontingenz. Der soziale Kosmos stellt sich uns nicht länger als eine immer schon wohlgeordnete und wohlfundierte Totalität dar, sondern seine Schließung und Fundierung muss erst geleistet werden. Die Totalität lässt sich jedoch nur schließen, so Durkheims kreativer Lösungsansatz, indem sie als Element ihrer selbst auftritt, sich also gewissermaßen selbst substituiert – bei Gefahr, durch ihre Überzähligkeit die eigentliche Idee von Totalität gerade zu unterhöhlen.

Begegnen wir hier nicht der derridaschen Logik der Supplementarität? Derrida zeigt in einer anspruchsvollen Lektüre, wie für Rousseau die Schrift zum notwendigen Supplement des gesprochenen Wortes wurde. Daraus entwickelt Derrida eine allgemeine Theorie des Supplements. Das Supplement ist eine Art Zugabe, die sich zu etwas gesellt, das ohnehin schon als Präsenz vorgestellt wird – so wie sich die Schrift zur Präsenz der gesprochenen Stimme gesellt oder das Zeichen zur Präsenz des Gegenstandes. Die Tatsache, dass aber ein Supplement überhaupt benötigt wird, zeigt bereits, dass es mit der Präsenz nicht so weit her sein kann. Deshalb zäumt Derrida das Pferd vom anderen Ende her auf und behauptet: »Der indefinite Prozeß der Supplementarität hat immer schon die Präsenz *angeschnitten*« (Derrida 1983: 281). Präsenz ist immer schon supplementierungsbedürftig und versucht genau diesen Umstand vergessen zu machen. Der Name dafür ist Metaphysik. Sie besteht darin, »die Nicht-Präsenz dadurch auszuschließen, daß sie das Supplement als *einfache Exteriorität*, als reine Addition oder als reine Abwesenheit bestimmt. Der Ausschluß wird innerhalb der Struktur der Supplementarität bewerkstelligt. Das Paradoxe daran ist, daß man die Addition für null und nichtig erklärt, indem man sie als eine reine Addition betrachtet. *Was hinzugefügt wird, ist nichts, da es einer erfüllten Präsenz hinzugefügt wird, welcher es äußerlich ist.*« (Ebd.: 286) Auf diese Weise wird der *konstitutive* Charakter des Supplements verschleiert.

2.2. Le dehors – Durkheims zirkulärer »Chosisme«

Wir haben also einen ersten Hinweis auf die innere Ambivalenz von Durkheims Fundamentalismus. Der Fundamentalismus wird unterlaufen vom Paradox des Ganzen, das sich selbst supplementiert, das heißt sich selbst als Teil enthält. Von nun an ist die Gesellschaft im Verhältnis zu sich selbst überzählig. Bevor wir in der Diskussion der deleuzeschen Darstellung des Strukturalismus im nächsten Kapitel auf die Logik solch überzähliger (und unterzähliger) Objekte zurückkommen, wenden wir den Blick auf Durkheims *Objektivismus* und das Feld des Sozialen, denn dort findet sich eine weitere, mit der Strategie produktiver Paradoxierung verwandte »kreative Lösung« des modernen Fundierungsproblems: die der Zirkularität. Durkheims berühmte Maxime, Soziales nur aus Sozialem erklären zu wollen, antwortet schließlich nicht weniger auf die Abwesenheit des Grundes. Da Soziologie sich, will sie Autarkie beweisen, auf keine äußere Instanz berufen kann, darf sie sich nur selbstgründend gründen. Man könnte von einer Lösungsstrategie produktiver Zirkularität sprechen, die am Anfang der Soziologie steht. Produktiv ist sie als Antwort auf die Bedingung notwendiger Kontingenz: Wo kein transzendenter Grund verfügbar ist, bleibt jeder Gründungsversuch letztlich auf sich selbst rückverwiesen.[7] Doch schreckt Durkheim vor der konsequenten Entwicklung eines postfundamentalistischen Theoriedesigns zurück. Seiner fundamentalistisch intendierten Theorie gerät jene Zirkularität, auf der

7 Vgl. auch Stäheli zur Bedeutung von Tautologien zur Herstellung von Fachidentität: »Soziologie ist das, was Soziologinnen tun; oder kurz: Die Soziologie ist die Soziologie. Gleichzeitig aber sind Tautologien von einer paradoxalen Struktur [...]: Eine Unterscheidung wird getroffen, ohne dass die beiden Seiten der Unterscheidung sich voneinander unterscheiden. Die tautologische Selbstbegründung der Soziologie verweist wiederum auf den *post-foundationalism* eines differenztheoretischen Ansatzes, lautete doch die differenztheoretische These, dass Differenzen nicht von einer tieferliegenden Identität abgeleitet werden können. Mit diesem Mangel einer unabhängigen Fundierung gehen verschiedene theoretische Entparadoxierungsstrategien einher – zu den wichtigsten gehört die Objektivierung des wissenschaftlichen Gegenstandes, so dass dessen Konstruiertheit aus dem Auge gerät. Im Gegensatz zu dieser Strategie lässt sich aber auch die Paradoxie, dass Soziologie sich immer auf sich selbst beziehen muss, als Paradoxie konzeptualisieren.« (Stäheli 2000a: 12)

sie aufbaut, sogleich zum Drohbild einer *Mise en abîme.* Angesichts des schwindelerregenden Abgrunds wird die Suche nach Sicherheiten erneut in Gang gesetzt. Wenn sich das Soziale nur auf Sozialem bauen lässt, dann muss es zumindest von zuverlässiger, regelhafter und rational erfassbarer Natur sein. Hierin liegt die rationalistische Wurzel von Durkheims Objektivismus und »Chosismus« (Stedman Jones 1996). Soziale Tatbestände wie quasi-natürliche Dinge (*comme des choses*) zu betrachten, so Durkheims »erste und grundlegende« methodologische Regel (Durkheim 1984 [1895]: 115), heißt, sie zum Fundament ihrer selbst, zur *causa sui* zu erheben und so abzugrenzen von *soziotranszendenten* Gründungsfiguren – sei es vom Schöpfergott und seinen Ordnungsvorgaben, sei es vom menschlichen Willenssubjekt und seinen Marotten. Damit tritt uns der Dingcharakter der Gesellschaft auf der Ebene ihrer Phänomene oder einzelnen Tatbestände, also angesichts der Beschaffenheit des Sozialen erneut entgegen.

»Was ist eigentlich ein Ding?«, so Durkheims Frage in den *Regeln der soziologischen Methode.* »Das Ding«, so seine Antwort, »verhält sich zur Idee wie etwas, das man von außen kennt, zu etwas, das man von innen kennt« (ebd.: 89). Der Ort des Dings ist das asubjektive Außen: *le dehors.* Das bedeutet zunächst, dass ein Ding durch seine Exteriorität gegenüber dem menschlichen Bewusstsein bestimmt ist, weshalb wir seine jeweiligen Eigenschaften auch nicht durch gedankliche Introspektion, metaphysische Spekulation oder logische Ableitung erschließen können. Zum Beispiel liefert uns eine normative »Idee« von einem sozialen Tatbestand keinerlei brauchbare Informationen über diesen Tatbestand. Zur Beschreibung des Erkenntnisgegenstandes müssen wir uns in Analogie zur Naturwissenschaft beobachtender oder experimenteller Methoden bedienen. Zu diesem Zweck müssen wir unser trügerisches Alltagswissen von den Dingen einklammern und stattdessen dem Prinzip folgen, »daß man absolut nicht weiß, was sie sind« (ebd.: 90). Das Außen wird von Durkheim beschrieben als eine *terra incognita,* die zur Vermessung ansteht (was das naturwissenschaftliche Entdeckerpathos Durkheims erklärt: Der Soziologe müsse »beim Vordringen in die soziale Welt das Bewußtsein haben, daß er ins Unbekannte dringt«, ebd.: 91). Soziale Tatbestände sind nämlich zuallererst »*Dinge, von denen wir nichts wissen*«, ja nichts (methodisch gesichert) wissen können, da sie unserem Verstand nicht als platonische Ideen eingegeben sind.[8] Diese These, mit der eine strikte metaphysische Trennungslinie zwischen Innen und Außen, Subjekt und Objekt gezogen wird, lässt eine entscheidende Frage aufkommen: Fraglos gehen soziale Tatbestände in ihrer »objektiven« Existenz ihrer wissenschaftlichen Untersuchung voraus, denn Durkheim ist ja gerade kein Konstruktivist. Doch wenn wir aufgrund der erwähnten Spaltung ursprünglich nichts über die *terra incognita* sozialer Tatbestände wissen können (oder dürfen), wie begegnen sie uns dann im Vorfeld einer Untersuchung?

Es ist evident, dass uns ein als »Ding« betrachteter Tatbestand nicht im Medium des Wissens begegnen kann, denn alles Vorwissen wurde eingeklammert und methodisch gesichertes Wissen steht noch nicht zu Verfügung. Folglich kann es uns nur im Medium der *Erfahrung* begegnen. Durkheim widersteht der Versuchung, dasjenige, von dem wir nichts wissen können, mit diesen oder jenen positiven Eigenschaften auszustatten. Stattdessen wählt er einen Weg, der ihn überraschend nahe an poststrukturalistische, aber vor allem an neo-marxistische Lösungen heranführt. Das noch unbekannte »Ding« präsentiert sich unserer Erfahrung nämlich in negativer Weise als *Imposition*, als ein reines Sich-Aufdrängen. Ein Ding sei »alles, was gegeben ist, was sich der Beobachtung anbietet oder vielmehr sich ihr aufdrängt« (ebd.: 125). Die auf den ersten Blick schwache Selbstkorrektur in diesem Satz (»oder vielmehr«) markiert eine durchaus wesentliche Differenz. Was gegeben ist, liegt nicht auf neutrale oder positive Art vor – weshalb es irreführend wäre, Durkheim als Positivisten zu bezeichnen. Denn soziale Dinge »können nur in uns eindringen, indem sie sich uns aufdrängen« (ebd.: 107), das heißt indem sie auf das Bewusstsein einen »zwingenden Einfluß« (ebd.: 97) ausüben. Was man Durkheims Objektivismus nennt, ist geradezu durch den Zwangscharakter sozialer Phänomene definiert, die den Willensanstrengungen von Individuen Widerstand entgegensetzen. Durkheim geht sogar so weit, die-

8 »Handelt es sich aber um Tatsachen im eigentlichen Sinne des Wortes, so sind sie uns in dem Augenblick, da wir sie wissenschaftlich zu untersuchen beginnen, unbekannt, sind *Dinge, von denen wir nichts wissen*; denn die Vorstellungen, die man sich im Laufe des Lebens über sie zurecht macht, sind ohne Methode und Kritik entstanden und darum jedes wissenschaftlichen Wertes bar.« (Durkheim 1984 [1895]: 90)

sem Aspekt der zwangsförmigen Imposition, dem Sich-Aufdrängen sozialer Realität, die Funktion eines *reality check* zu geben: »[W]as uns Widerstand leistet, müssen wir als wirklich ansehen« (ebd.: 118). Der überraschende Gedanke, dass uns Wirklichkeit nur in ihrer Widerständigkeit erfahrbar ist, wird wie folgt begründet:

> Denn alles, was real ist, hat eine bestimmte Natur, die einen Zwang ausübt, mit der man rechnen muß und die niemals überwunden wird, auch nicht, wenn man sie neutralisiert. Das ist im Grunde das Wesentlichste an dem Begriffe des sozialen Zwanges. Sein Inhalt erschöpft sich darin, daß die kollektiven Handlungs- und Denkweisen eine Realität außerhalb der Individuen besitzen, die sich ihnen jederzeit anpassen müssen. Sie sind Dinge, die eine Eigenexistenz führen. Der Einzelne findet sie vollständig fertig vor und kann nichts dazu tun, daß sie nicht seien oder daß sie anders seien, als sie sind; er muß ihnen Rechnung tragen, und es ist für ihn um so schwerer (wenn auch nicht unmöglich), sie zu ändern, als sie in verschiedenem Grade an der materiellen und moralischen Suprematie teilhaben, welche die Gesellschaft über ihre Glieder besitzt. (Ebd.: 99)

Nun wäre es ein Leichtes, den Begriff des Zwangs, gewonnen an den Naturgesetzen, als eine Figur des Determinismus zu dekuvrieren, während zu seiner Entschlüsselung als Kontingenzfigur schon größere Anstrengung vonnöten wäre. Die Anstrengung scheint mir postfundamentalistisch lohnend, denn schon der Umstand, dass die Objekte sich den Subjekten zwangsförmig aufdrängen (und »in sie eindringen«), lässt erahnen, dass Durkheim die metaphysische Trennung zwischen Objekt und Subjekt mit diesem Modell nicht aufrechterhalten kann: Wenn sich die Wirklichkeit zeigt, wo das Objektive ins Subjekt eindringt, dann ist die Subjekt-Objekt-Trennung bereits unterlaufen. Bevor ich eine postfundamentalistische Lesart Durkheims vorschlage, sei daran erinnert, dass Durkheims These vom Zwangscharakter sozialer Wirklichkeit auch auf neo-marxistisches Interesse stieß. Als »unmittelbare Indizes für das Phänomen der Gesellschaft« wertete Adorno jene Zwangsgesetze, die nach Durkheim das Soziale undurchdringlich machen (Adorno 2003: 66). Für Adorno ist hierunter zu verstehen, »daß man Gesellschaft daran – ich möchte sagen auf der Haut – zu spüren bekommt, wenn man auf irgendwelche kollektiven Verhaltensweisen stößt, die das Moment der Unansprechbarkeit haben und die vor allem unvergleichlich viel stärker sind, als die einzelnen Individuen es sind, die diese Verhaltensweise an den Tag legen, so daß man geradezu mit einer leichten Übertreibung sagen kann, daß im Sinne von Durkheim Gesellschaft unmittelbar da fühlbar wird, wo es weh tut« (ebd.: 65). Wie im Fall eines erfolglos Arbeit Suchenden, dem gleichsam automatisiert, so Adornos Beispiel, die Türen ins Gesicht schlagen. In der spätkapitalistischen Gesellschaft stehe der Einzelne vor dem Sozialen wie vor einer Mauer, an der er sich den Kopf anrennt. In seiner Vorlesung vom 18.6.1968 illustriert Adorno den Ding- beziehungsweise Zwangscharakter des Sozialen an der undifferenzierten Brutalität der Polizei de Gaulles (ebd.: 143). Man könnte also durchaus sagen: Der opake Zwangszusammenhang der Gesellschaft, der soziale Tatbestand als Ding, begegnet dem Einzelnen materialiter unter anderem im Objekt des Polizeiknüppels.

Adornos tagespolitische Konkretisierung der durkheimschen These wirft ein grelles Licht auf den Objektcharakter des Sozialen. Noch vor jeder rationalen Erklärung, die man sozialen Prozessen im Zuge ihrer sozialwissenschaftlichen Erforschung abringen mag, können wir sie »auf der Haut« spüren, dort »wo es weh tut«. Gesellschaft kann vom Individuum nicht länger rational erklärt, sondern nur unmittelbar *erfahren* werden als ein opaker Zwangszusammenhang, der die Undurchdringlichkeit eines substanzhaften Dings angenommen hat.[9] Tatsächlich sieht Adorno in dieser Inspiration Durkheims etwas »sehr Geniales« (Adorno 2008a: 151), obwohl Durkheim letztlich zur Apologie der bürgerlichen Gesellschaft tendierte. Das Ideologische an Durkheim bestehe, so Adornos treffende Formulierung, in der Wendung von Gesellschaft »in die bejahte Totale« (Adorno 1972: 257). Vor allem war es Durkheim aufgrund seiner apologetischen Tendenzen nicht gelungen, zu den eigentlichen Ursachen jenes Phänomens vorzudringen, das in der marxistischen Tradition seit Lukács als Verdinglichung bezeichnet wurde.

9 Dabei muss erneut unterstrichen werden, dass es sich bei dieser »Erfahrung« nicht um eine inhaltlich bestimmte, konkrete oder »lebendige« Erfahrung handeln kann. Vielmehr beginnt diese Erfahrung in einem rein negativen Sinn als die eines noch unbestimmten oder nur negativ bestimmbaren Widerstands. Deshalb lässt sich aus dieser Erfahrung an sich noch keineswegs die Schlussfolgerung ziehen, man müsse nun umgekehrt die positive oder lebendige Erfahrung des Sozialen rehabilitieren.

2.3. Die Theorie der Verdinglichung: Lukács, Adorno

Keine Reflexion über das unmögliche Objekt Gesellschaft ohne Berücksichtigung der marxistischen Verdinglichungstheorie. Rekapitulieren wir in aller Kürze Georg Lukács' berühmte Verdinglichungsthese aus *Geschichte und Klassenbewußtsein*. Bereits vor Adorno und Horkheimer wurde dort eine marxistische Kritik von Verdinglichung formuliert, die sich zugleich als Frontalangriff auf den bürgerlichen Objektivismus nicht zuletzt eines Durkheim verstand. Lukács stützt sich dazu auf das Kapitel über den Fetischcharakter der Ware aus dem ersten Band des marxschen *Kapital*. Für Lukács verbirgt sich in diesem Kapitel der Schlüssel zum Verständnis der kapitalistischen Gesellschaft als solcher (Lukács 1970 [1922]: 297 f.). Denn der Kapitalismus basiert auf einer ursprünglichen Enteignung der Menschen von ihren Produktionsmitteln. Von da an befindet sich der einzelne Arbeiter nur noch im Besitz seiner eigenen Arbeitskraft – nicht zu Unrecht lässt sich die heutige Gesellschaft daher auch als Lohnarbeitsgesellschaft bezeichnen (Castel 2008) –, die er zu Markte tragen muss als »ihm ›gehörende‹ Ware, als ein Ding, das er ›besitzt‹« (Lukács 1970 [1922]: 181). Zugleich wird der Arbeiter von seinen Arbeitsprodukten, die ihm genauso wenig gehören wie die Produktionsmittel, entfremdet. In ihrer Form als Waren stehen sie ihm wie Fetische gegenüber, ohne dass deren gesellschaftlicher Charakter beziehungsweise die Gesamtarbeit als ein gesellschaftliches Verhältnis noch transparent wäre (Marx 1962 [1867]: 85). Dem Menschen erscheint seine eigene Tätigkeit, in Lukács' Worten, »als etwas Objektives, von ihm Unabhängiges, ihn durch menschenfremde Eigengesetzlichkeit Beherrschendes [...], indem eine Welt von fertigen Dingen und Dingbeziehungen entsteht (die Welt der Waren und ihrer Bewegung auf dem Markte), deren Gesetze zwar allmählich von den Menschen erkannt werden, die aber auch in diesem Falle ihnen als unbezwingbare, sich von selbst auswirkende Mächte gegenüberstehen«. Wie auch bei Durkheim funktioniert das Soziale – hier: die vollendete Warenwirtschaft – »mit der menschenfremden Objektivität von gesellschaftlichen Naturgesetzen«, auf die das Individuum keinen Einfluss hat (Lukács 1970 [1922]: 175). Man kann es auch so formulieren: Der *relationale* Raum des Sozialen (die Verhältnisse zwischen den Individuen, die Produktionsverhältnisse, die gesamte kapitalistische Gesellschaftsformation) gerinnt in Form des Warenfetisch zum *Ding*. Das Ding ist die falsche Verdichtung der Relation.

Es markiert darüber hinaus die Stillstellung der (dialektischen) Prozessualität des Sozialen. Soziale Prozesse verlaufen in sich antagonistisch, getrieben vom Widerspruch zwischen Kapital und Arbeit. Die marxistische Erkenntnis, »daß die gesellschaftlichen Gegenstände nicht Dinge, sondern Beziehungen zwischen Menschen sind«, ist nämlich dahingehend zu ergänzen, dass diese Beziehungen sich erst durch die Prozesse ihrer Produktion und Reproduktion entfalten. Das bürgerliche Denken reißt hingegen die einzelnen Stadien dieses Prozesses aus dem Zusammenhang, weshalb sie ihm »als Dinge erscheinen« (ebd.: 313). Das verdinglichte Bewusstsein friert dieses Stadien ein zu einem Standbild und vergisst darüber ihren Prozesscharakter. Hieraus erklärt Lukács den Kult der empirischen Tatsachen oder Tatbestände, den man neben dem Positivismus wohl auch Durkheim anlasten muss. Das bürgerliche Denken mache die Tatsache zu seinem »höchsten theoretischen und praktischen Fetisch«. In ihr kristallisiere sich »das den Menschen entfremdete, erstarrte, zum undurchdringbaren Ding gewordene Wesen der kapitalistischen Entwicklung in einer Form, die diese Erstarrung und Entfremdung zu der selbstverständlichsten, zu einer über jeden Zweifel erhabenen Grundlage der Wirklichkeit und der Weltauffassung macht« (ebd.: 319). Der methodische Primat der Tatsachen müsse gebrochen werden. Es müsse erkannt werden, dass sie in Prozesse eingebettet sind.

Nun basiert die marxistische Verdinglichungstheorie letztlich auf der ontologischen Grundannahme, dass sich alle Gegenstände in ihren Gebrauchs- und ihren Tauschwert ausdifferenzieren lassen. Das setzt voraus, dass es eine – historisch oder ontologisch – vom Tauschverhältnis unberührte, natürliche Substanz des Dinges gibt, die sich in seinem reinen Gebrauchswert äußert. Auch Lukács unterscheidet entlang der Differenz Gebrauchs- und Tauschwert zwischen dem *natürlichen* und dem *verdinglichten* Dingcharakter eines Dings, wenn er unterstellt, die »rationelle Objektivierung« verdecke vor allem »den qualitativen und materiellen – unmittelbaren Dingcharakter aller Dinge«. Sobald uns die Gebrauchswerte nur noch in Warenform erscheinen, wird ihre »ursprüngliche eigentliche Dinghaftigkeit vernichtet« (ebd.: 183). Diese Differenz zwischen einer eigentlichen und einer uneigentlichen Dinghaftigkeit ist natürlich höchst problematisch, sofern sie ihrerseits einen Gegenstand naturalisiert, dessen Gebrauch sich, wie man strukturalistisch und poststrukturalistisch annehmen müsste, erst relational in Bezug auf andere Gegenstände sowie pragmatisch in Bezug auf bestimmte *iterative* Verwendungspraxen ergibt und nie vom Gegenstand selbst abgelesen werden kann. Dieser Punkt ist deshalb von Bedeutung, weil er belegt, dass der Marxismus mit seinem bürgerlichen Gegenüber bestimmte objektivistische und substantialistische Grundannahmen teilt (Marx bezeichnet den Gebrauchswert auch als »Wertsubstanz«). Die Letztfundierung in der ökonomischen Basis oder die Idee eines sich mit quasi-naturgesetzlicher Notwendigkeit entfaltenden Wertgesetzes bilden seine objektivistischen, die Vorstellungen von einem »reinen Gebrauchswert«, von »lebendiger Arbeit« und auch, utopisch gewendet, von in die Vergangenheit oder Zukunft projizierten »unentfremdeten Verhältnissen« seine substantialistischen Grundannahmen.

Daran änderte die Radikalisierung und Generalisierung der lukácsschen Verdinglichungstheorie durch Horkheimer und Adorno wenig. Diese Radikalisierung war den veränderten Zeitumständen geschuldet, denn das Vertrauen auf ein sich selbst zu Bewusstsein kommendes Proletariat, das Lukács zufolge den Ausbruch aus der verdinglichten Welt wagen sollte, war angesichts des Aufstiegs des Faschismus geschmolzen. Und die geringe Neigung des Kapitalismus zu jener Selbstabschaffung, die vom Marxismus doch vorhergesagt worden war, war ebenfalls deutlich geworden. In dieser Situation sahen sich Horkheimer und Adorno genötigt, wie es Habermas formuliert, »die Fundamente der Verdinglichungskritik tiefer zu legen«. Um sich also die erstaunliche Stabilität der Gesellschaft angesichts von Krieg, Krise und Faschismus zu erklären, verlängern Horkheimer und Adorno »den Prozeß der Verdinglichung hinter den kapitalistischen Anfang der Moderne zurück in die Anfänge der Menschwerdung hinein« (Habermas 1995: 489). Zwar wird Lukács' Kritik des bürgerlichen Objektivismus und Positivismus weitergeführt, aber das Fundierungsproblem wird nun in drei Schritten auf immer tiefer liegende Ebenen verschoben. In einem ersten Schritt wird der Ursprung aller Verdinglichung in den Tauschabstraktionen des identifizierenden Denkens schlechthin ausgemacht, also im philosophischen

Identitätsprinzip, das auch im Zentrum der Kritik des späteren Adorno und seines Denkens des Nicht-Identischen stehen wird. Im zweiten Schritt wird sie der instrumentellen Vernunft angelastet und damit vom Identitäts- und Äquivalenzprinzip wiederum entfernt. Nun steht das Verhältnis des Subjekts gegenüber der Objektivität einer zum Zweck der Selbsterhaltung zu bearbeitenden Natur im Zentrum der Aufmerksamkeit. Das erzwingt eine noch tiefere Fundierung der Verdinglichung »in den anthropologischen Grundlagen der Gattungsgeschichte« (ebd.: 507). Und schließlich identifizieren Horkheimer und Adorno die Beherrschung der Natur mit dem Prinzip der repressiven Herrschaft über die eigene Triebnatur: »Das zunächst zur instrumentellen Vernunft erweiterte Identitätsdenken wird noch einmal erweitert zu einer Logik der Herrschaft über Dinge *und* Menschen« (ebd.: 508). Horkheimer und Adorno, so das Fazit von Habermas, »lösen den Begriff nicht nur vom speziellen geschichtlichen Kontext der Entstehung des kapitalistischen Wirtschaftssystems, sondern überhaupt von der Dimension zwischenmenschlicher Beziehungen ab und generalisieren ihn zeitlich (über die gesamte Gattungsgeschichte) und sachlich (indem sie beides, Kognition im Dienste der Selbsterhaltung und Repression der Triebnatur, derselben Logik der Herrschaft zurechnen)« (ebd.: 508). Mit anderen Worten, der ökonomistische Fundamentalismus, der sich hinter Lukács' Verdinglichungstheorie verbirgt, wird überboten durch immer weitere Fundierungsversuche bewusstseinsphilosophischer, anthropologischer und letztlich geschichtsphilosophischer Art.

2.4. »Gespenstige Gegenständlichkeit« – Die spektrale Ontologie des Marxismus

Es scheint, als wären wir in einen wahren Fundierungsvortex geraten, aus dem es – innerhalb des marxistischen Denkrahmens – kein Entrinnen gibt. Aber hatte nicht schon der Objektivismus Durkheims seine implizite Neigung bewiesen, sich selbst zu unterlaufen oder gar theoriegeschichtlich zu überholen? Könnte es nicht sein, dass auch der marxistische Objektivismus eine solche Neigung zur Selbstdekonstruktion aufweist? In der Tat kann eine buchstäbliche Lektüre der zentralen Passage zum Fetischcharakter der Ware bei

Marx zeigen, dass das Ding zum Leben erwacht. Es lohnt, die Passage ausführlich zu zitieren:

> Eine Ware scheint auf den ersten Blick ein selbstverständliches, triviales Ding. Ihre Analyse ergibt, daß sie ein sehr vertracktes Ding ist, voll metaphysischer Spitzfindigkeit und theologischer Mucken. Soweit sie Gebrauchswert, ist nichts Mysteriöses an ihr, ob ich sie nun unter dem Gesichtspunkt betrachte, daß sie durch ihre Eigenschaften menschliche Bedürfnisse befriedigt oder diese Eigenschaften erst als Produkt menschlicher Arbeit erhält. Es ist sinnenklar, daß der Mensch durch seine Tätigkeit die Formen der Naturstoffe in einer ihm nützlichen Weise verändert. Die Form des Holzes z. B. wird verändert, wenn man aus ihm einen Tisch macht. Nichtsdestoweniger bleibt der Tisch Holz, ein ordinäres sinnliches Ding. Aber sobald er als Ware auftritt, verwandelt er sich in ein sinnlich übersinnliches Ding. Er steht nicht nur mit seinen Füßen auf dem Boden, sondern er stellt sich allen andren Waren gegenüber auf den Kopf und entwickelt aus seinem Holzkopf Grillen, viel wunderlicher, als wenn er aus freien Stücken zu tanzen begänne. (Marx 1962 [1867]: 85)

Daran schließt sehr bald jene Stelle über den »rätselhafte[n] Charakter des Arbeitsprodukts, sobald es Warenform annimmt« an, die für die Verdinglichungstheorie von zentraler Bedeutung sein wird:

> Das Geheimnisvolle der Warenform besteht also einfach darin, daß sie den Menschen die gesellschaftlichen Charaktere ihrer eignen Arbeit als gegenständliche Charaktere der Arbeitsprodukte selbst, als gesellschaftliche Natureigenschaften dieser Dinge zurückspiegelt, daher auch das gesellschaftliche Verhältnis der Produzenten zur Gesamtarbeit als ein außer ihnen existierendes gesellschaftliches Verhältnis von Gegenständen. Durch dies Quidproquo werden die Arbeitsprodukte Waren, sinnlich übersinnliche oder gesellschaftliche Dinge. [...]
>
> Es ist nur das bestimmte gesellschaftliche Verhältnis der Menschen selbst, welches hier für sie die phantasmagorische Form eines Verhältnisses von Dingen annimmt. Um daher eine Analogie zu finden, müssen wir in die Nebelregion der religiösen Welt flüchten. Hier scheinen die Produkte des menschlichen Kopfes mit eignem Leben begabte, untereinander und mit den Menschen in Verhältnis stehende selbständige Gestalten. So in der Warenwelt die Produkte der menschlichen Hand. Dies nenne ich den Fetischismus, der den Arbeitsprodukten anklebt, sobald sie als Waren produziert werden, und der daher von der Warenproduktion unzertrennlich ist. (Ebd.: 86 f.)

Diese viel zitierten Zeilen liefern nicht nur die Theorie der Verdinglichung *in nuce*, sie sind auch – Derrida wird darauf hinweisen – durchzogen von Metaphern des Schauerromans und des *mystery thriller*. Schon im Titel des Abschnitts spricht Marx vom »Geheimnis« des Fetischcharakters der Ware, schließlich vom »Rätselhaften« der Warenform. Seine Analyse erweist die Ware, in den berühmten Worten, als ein »sehr vertracktes Ding [...] voll metaphysischer Spitzfindigkeit und theologischer Mucken«, die sich von einem ordinären sinnlichen Ding in ein »sinnlich übersinnliches Ding« verwandelt und eine »phantasmagorische Form« annimmt. Durch die Überschreibung des Gebrauchswerts durch den Tauschwert beziehungsweise durch Eingliederung der Arbeitsprodukte in die Warenwirtschaft geschieht also etwas Seltsames: ein »ordinäres sinnliches Ding« beginnt ein übersinnliches – und doch zugleich immer noch sinnliches – Eigenleben zu entwickeln. Diese sinnlich übersinnliche Dimension des Dinges stellt Marx mit dessen *gesellschaftlicher* Dimension gleich (Waren seien »sinnlich übersinnliche oder gesellschaftliche Dinge«). Das Ding verkörpert also die gesellschaftlichen Verhältnisse, allerdings in verzerrt gespiegelter Form. Es ossifiziert das Verhältnis zwischen den Menschen, das Verhältnis der Produzenten zu den von ihnen produzierten Dingen (und schließlich das Verhältnis zwischen diesen Dingen) nur *zu einem weiteren Ding*. Die soziale Relationsstruktur wird verdinglicht, ihr Prozesscharakter stillgestellt. Denn als Ding oder Fetisch ist die Ware ja, wie wir gesehen haben, nichts anderes als ein ideologisches Standbild der Produktions- und Reproduktionsprozesse. Da diese natürlich trotz ihrer Verdinglichung weitergehen, wird sich später Lukács nur mit einem Oxymoron zu helfen wissen. Er beschreibt die verdinglichten Verhältnisse mit dem »Bild einer sich ununterbrochen bewegenden gespenstischen Starrheit« (Lukács 1970 [1922]: 314 f.). Das Ding ist erstarrt und bewegt sich doch unaufhörlich. Ein weiteres Mal nimmt das Ding die Figur des Paradoxen an, die nur entparadoxiert werden kann, wenn der rasende Stillstand wieder als ein Prozess erkannt wird, der letztlich nicht von Dingen und verdinglichten Verhältnissen, sondern von Menschen angetrieben wird.[10]

Lukács besitzt also ein feines Sensorium für das Gespenstische,

10 Das Proletariat wird als letzter Sinngarant für Lukács die Aufgabe dieser Bewusstmachung übernehmen müssen.

das dem Ding anhaftet, für die bereits von Marx angedeutete spektrale Dimension der Warenform. In einem der zentralen Sätze aus *Geschichte und Klassenbewußtsein* heißt es, das Wesen der Warenstruktur beruhe »darauf, daß ein Verhältnis, eine Beziehung zwischen Personen den Charakter einer Dinghaftigkeit und auf diese Weise eine ›gespenstige Gegenständlichkeit‹ erhält, die in ihrer strengen, scheinbar völlig geschlossenen und rationellen Eigengesetzlichkeit jede Spur ihres Grundwesens, der Beziehung zwischen Menschen verdeckt« (ebd.: 170 f.). Mit dem Wort von der »gespenstigen Gegenständlichkeit« beruft sich Lukács auf eine Passage aus dem *Kapital*, die dem Fetischkapitel vorausgeht und etwas über die ontologische Qualität der verdinglichten Ware verrät. Dort heißt es:

> Betrachten wir nun das Residuum der Arbeitsprodukte. Es ist nichts von ihnen übriggeblieben als dieselbe gespenstige Gegenständlichkeit, eine bloße Gallerte unterschiedsloser menschlicher Arbeit, d. h. der Verausgabung menschlicher Arbeitskraft ohne Rücksicht auf die Form ihrer Verausgabung. Diese Dinge stellen nur noch dar, daß in ihrer Produktion menschliche Arbeitskraft verausgabt, menschliche Arbeit aufgehäuft ist. Als Kristalle dieser ihnen gemeinschaftlichen gesellschaftlichen Substanz sind sie Werte – Warenwerte. (Marx 1962 [1867]: 52)

Die Waren sind Kristallisationen jener »Substanz« menschliche Arbeit, die in sie geflossen ist. Wenn man, wie Marx sagt, vom »Warenkörper« den Gebrauchswert abzieht, bleibt nur ein Rest: das Arbeitsprodukt, von dessen Gebrauchswert – und damit seinen »körperlichen Bestandteilen und Formen«, seinen »sinnlichen Beschaffenheiten« – nun bereits abstrahiert wurde. Was bleibt, wenn vom Gebrauchswert wie auch von der spezifischen Form oder Qualität der Arbeit abgesehen wurde (also nachdem alle »Substanz« aufgebraucht ist), ist jenes »Residuum«, das Marx mit dem später von Lukács übernommenen Begriff der »gespenstige[n] Gegenständlichkeit« beschreibt. Die Bestandteile und Formen dieses Gegenstands wie auch der Arbeit, die in ihn geflossen ist, haben sich aufgelöst. Was bleibt, ist ein amorphes, konturloses Un-Ding: »eine bloße Gallerte«. Marx beschreibt dieses Residuum mit Worten, die an den latourschen verwesenden Wal erinnern oder auch an Eigenschaften des Realen bei Lacan (siehe hierzu Žižek 1993), kurzum: an die monströse Seite des *Dings*.

Auch Jacques Derrida ist in seiner Auseinandersetzung mit Marx auf diese monströse Qualität des Warendings aufmerksam geworden. Der sinnlich wahrnehmbare, materielle Körper dieser gespenstigen Gegenständlichkeit formt sich »ausgehend von einer weichen und ununterschiedenen Substanz, aus der heraus er sich härtet, sich aufrichtet oder sich versteinert, *kristallisiert*. Er bildet sich also ausgehend von einem amorphen Rest« (Derrida 1996: 262). Derrida sieht darin eines der vielen Motive des Gespenstischen, die, angefangen beim ersten Satz des *Kommunistischen Manifests*, durch das marxsche Œuvre spuken und denen in Derridas Buch *Spectres de Marx* nachgegangen wird. Derrida sieht in Marx sogar eine ganze »Hantologie« am Werk und entwickelt an Marx die Idee und Möglichkeit einer solchen »Logik der Heimsuchung« (ebd.: 27), die von ganz anderer Struktur ist als jede herkömmliche Ontologie: Nicht ein Denken des Seins, sondern ein Denken jener spukhaften Gestalten, die jedes *als Fundament* vorgestellte Sein heimsuchen und gerade der Abwesenheit eines letzten Fundaments zur Anwesenheit verhelfen. Aus dieser Perspektive wäre der – im Französischen mit dem Begriff der Ontologie homophone – Begriff der Hantologie eine Spielart eines Denkens der *Differenz*, vorausgesetzt wir verstehen unter Differenz hier nicht Distinktion, sondern vielmehr den ständigen Aufschub eines jeden Grundes, also Derridas *différance*. Im Modell der dekonstruktiven Sprachtheorie kommt dieser Aufschub zustande durch die notwendig *iterative* Struktur jeder Bedeutungsproduktion (Derrida 2001, für die Sozialtheorie produktiv gemacht von Butler 2001). Sprache ist immer auf Wiederholung und Wiederholbarkeit angewiesen, sonst entstünde kein Bedeutungseffekt. Zugleich ist so etwas wie identische Wiederholung unmöglich, würde das doch einen mit sich selbst identischen Bedeutungskern voraussetzen, der durch alle Kontexte hindurch unverändert bliebe. Die Bedingung der »Iterabilität«, die Derrida nicht auf einfache Wiederholung reduziert wissen will, erzwingt daher, dass sich jeder vermeintlich stabile Bedeutungskern durch Iteration verschiebt, und sei es nur minimal. Iterabilität bedeute nicht einfach »Wiederholbarkeit des Gleichen [...], sondern Veränderbarkeit dieses idealisierten Gleichen in der Singularität des Ereignisses« (Derrida 2001: 183). Aus genau diesem Grund der Heimsuchung von Identität durch Alterität, von Stabilität durch Iterabilität kann von einem mit dem Gegenstand identischen Gebrauchswert, oder genauer: von einem (qua Gebrauchswert) mit sich selbst identischen Gegenstand bei Derrida keine Rede sein.[11]

Auch wenn Derrida in seiner Untersuchung des Motivs des Gespenstischen bei Marx erstaunlicherweise nie auf Lukács zu sprechen kommt (immerhin derjenige marxistische Theoretiker, der gerade den Spukcharakter der Ware zur – paradoxen – Grundlage seiner Theorie der Verdinglichung machte), arbeitet er doch deutlich das intrinsische Verhältnis von Gespenst und *Ding* heraus. Ihre erste Erscheinung haben das Ding als Gespenst und das Gespenst als Ding bereits in Form jenes Tisches, den Marx zu Beginn des Fetischkapitels beispielhaft auftreten lässt. Weder tot noch lebendig (und doch beides zugleich) ist dieser Tisch die »Erscheinung einer seltsamen Kreatur, die Front macht vor den anderen, vor ihresgleichen: gleichzeitig Leben, Ding, Tier, Objekt, Ware, Automat – mit einem Wort: Gespenst« (Derrida 1996: 239). Das Gestell aus Holz wird, sobald es Warenform annimmt, zu einem übernatürlichen Ding, das zu tanzen beginnt wie in einer spiritistischen Seance. Doch obwohl es übersinnlich ist, ist es nicht »spirituell«. Es behält einen »körperlosen Leib« (ebd.: 237), der das Gespenst unterscheidet vom rein Spirituellen, das heißt vom *Geist*. Das Gespenst ist laut Derrida eher eine Inkarnation, »eine paradoxe Verleiblichung, das Leib-Werden, eine bestimmte leibliche Erscheinungsform des Geistes« (ebd.: 21), und behält damit etwas von der Natur eines Gegenstands, oder vielleicht genauer: eines *Un-Gegenstands* oder *Un-Dings* (Derrida schreibt: *»Achose«*, ebd.: 217). Dieser »Nicht-Gegenstand, dieses Anwesende ohne Anwesenheit, dieses Da-Sein eines Abwesenden oder eines Entschwundenen« (ebd.: 22) macht zu entscheiden unmöglich, ob man es mit etwas Totem oder etwas Lebendigem, mit einem Ding oder einer Person zu tun hat. In einer dichten Passage beschreibt Derrida die Natur des Gespensts genau im Sinne eines solchen Undings:

Hier – oder dort, dort unten – haben wir also ein Ding (*une chose*), das unnennbar ist oder doch fast: etwas (*quelque chose*) zwischen Ding und Person (*quelqu'un*), zwischen wem auch immer und was auch immer, ein Etwas, dieses Ding da, *»this thing«*, und trotzdem *dieses* Ding und nicht

11 So Derrida unmissverständlich: »Jeder Gebrauchswert ist durch die Möglichkeit markiert, *dem anderen* zu dienen oder *ein anderes Mal* zu dienen, und diese Alterität oder Iterabilität projiziert ihn *a priori* auf den Markt der Äquivalenzen« (Derrida 1996: 254).

ein anderes; dieses Ding, das uns ansieht, angeht, spottet der Semantik ebenso wie der Ontologie, der Psychoanalyse ebenso wie der Philosophie. [...] Dieses Ding (*Chose*), das keines ist, dieses Ding, das zwischen seinen Erscheinungen unsichtbar ist – auch wenn es wieder erscheint, sieht man es nicht in Fleisch und Blut. Dieses Ding erblickt dagegen uns und sieht uns, wie wir es nicht sehen, selbst wenn es da ist. (Ebd.: 22)

Es könnte so scheinen, als sei uns im Zuge der Darstellung von Derridas so abstrakter »Logik der Heimsuchung« der Bezug zur Gesellschaftstheorie entglitten. Dem ist jedoch nicht so. Wie Lukács erkannt hatte, entwickelt Marx in seiner Diskussion des Fetischcharakters der Ware eine ganze Gesellschaftstheorie;[12] und Derrida tut seinerseits nichts anderes, als die *hantologischen* Grundannahmen dieser Theorie hervorzuheben. Denn wie Derrida zunächst erkennt, analysiert Marx »nicht nur das Gespenstig-Werden der Warenform, sondern auch das Gespenstig-Werden des sozialen Bandes«, das heißt »seine rückwirkende Spektralisierung« (ebd.: 250). Sobald die Menschen den gesellschaftlichen Charakter ihrer Arbeit nicht mehr erkennen, ist es, »als wenn sie ihrerseits zu Gespenstern würden. [...] Die Gespenster, welche die Waren sind, verwandeln die menschlichen Produzenten in Gespenster« (ebd.: 245). Dieser Erkenntnis fügt Derrida allerdings eine spezifisch postfundamentalistische Pointe hinzu. Wenn nämlich Marx und Lukács zufolge der Fetisch nur das gesellschaftliche Verhältnis im Aggregatzustand seiner Verdinglichung darstellt, dann versucht Derrida herauszuarbeiten, dass das gesellschaftliche Verhältnis immer schon *spektralen* und also paradoxen Charakter besitzt. Die marxsche These mit seiner eigenen These vom notwendig iterativen und supplementären Charakter jeder Struktur (und vom Primat der *différance*) radikalisierend, besteht er darauf, dass die Spukform des Gesellschaftlichen kein abgeleitetes oder nachgeordnetes Phänomen ist, sondern gleichursprünglich mit Gesellschaft. Das Ding als Gespenst *ist die Gesellschaft selbst*. In Derridas Worten: Die Phantasmagorie des Fetischismus »ist das Element dieses Gesellschaftlich- *und* Gespenstig-Werdens selbst: gleichzeitig, auf einen Schlag« (ebd.: 246). Auf diese Weise hebelt er die substantialistischen Restbestände der marxschen Theorie aus. Die gespenstige Gegenständlichkeit der Ware ist keine nachträgliche Abweichung

12 Nach Lukács' Überzeugung könne »aus der Warenstruktur die Erkenntnis der ganzen bürgerlichen Gesellschaft entwickelt werden« (Lukács 1970 [1922]: 340).

vom Festen, Nützlichen und klar Geformten des Gebrauchsgegenstands. Sie ist diesem immer schon eingeschrieben. Jede Ontologie, so sehr sie sich noch um die abschließende Gründung des Seins bemüht, ist daher *immer schon* eine Hantologie.

Diese kurzen Ausführungen zur Dekonstruktion lassen bereits erahnen, warum aus postfundamentalistischer Sicht noch die schärfste Kritik des Objektivismus mit der Wiederkehr des Objekts (als Ding) rechnen muss. Denn das Ding verkörpert ja gerade dasjenige, was an Objektivität weniger als objektiv ist.[13] Dabei handelt es sich um kein Verfallsprodukt, wie es der marxsche Diskurs nahelegt, sondern um eine konstitutive Voraussetzung, eine *Grund*-Bedingung, damit es überhaupt zu so etwas wie Objektivitätseffekten kommen kann, so prekär diese bleiben mögen. Postfundamentalistisch gedacht geht soziale »Objektivität« ihren – vom Objektivismus zum bloßen Missgeschick erklärten – Dislozierungsformen also nicht voraus. Der Objektivismus, wie überhaupt jede fundamentalistische Ontologie, muss viel eher als der letztlich scheiternde Versuch verstanden werden, einen Exorzismus an seinem gespenstischen Wiedergänger durchzuführen, um die traumatische Erfahrung der Grundlosigkeit des Sozialen *zu bannen*. In die dekonstruktive Terminologie Derridas gebracht: Der Objektivismus ist ein Versuch der Austreibung aller Iterabilität zum Zweck der Herstellung von Identität und Illeität. Sofern dieser exorzistische Versuch aber aufgrund des unaufhebbaren Primats von *différance* und Iterabilität zum Scheitern verurteilt ist, werden objektivistische Ansätze – ganz gleich, ob es sich um jenen Durkheims oder den Strukturalismus Lévi-Strauss' handelt, auf den wir im nächsten Kapitel zu sprechen kommen – immer auch innertheoretische Momente des (durchaus gelegentlich kreativen) Scheiterns, das heißt also Momente ihrer Autodekonstruktion aufweisen.

2.5. Das Nachleben des Un-Dings (*Achose*)

Kehren wir zurück zum soziologischen Erzobjektivisten Durkheim. Bei Durkheim hatten wir bereits zwei kreative Strategien ausgemacht, mit dem notwendigen Scheitern des Objektivismus

13 Das Objekt supplementiert einen Mangel an Objektivität – deshalb seine Überzähligkeit, wir werden weiter unten abschließend darauf zurückkommen.

umzugehen: die der Paradoxierung, mit der die Totalität der Gesellschaft dieser selbst nochmals als Teil hinzugerechnet wird, und die der Zirkularität (oder Tautologie), mit der das Soziale nur in sich selbst gegründet werden darf. Die von Derrida an Marx beschriebene Strategie der *Spektralisierung* könnte sich nun auch bei Durkheim als eine dritte Strategie erweisen. Denn Durkheims *Chosisme* wird ja entwickelt, um das Soziale in Abgrenzung vom Individuellen zu positionieren. In Analogie zu den ehernen und von den einzelnen menschlichen Willenssubjekten nicht außer Kraft zu setzenden Naturgesetzen kann es in Durkheims Augen nur so als eine Sphäre *sui generis* aufgewiesen werden, die als autonomer Wissenschaftsgegenstand der Soziologie ihre Existenzberechtigung gibt. Weil sie sich also sowohl introspektiver Erschließung als auch individueller Willkür entziehen, gewinnen die *als Dinge* betrachteten sozialen Tatbestände ein *»unabhängiges Eigenleben«* (Durkheim 1984 [1895] 114). Erkennbar wird dieses Eigenleben freilich nur in dem Widerstand, den sie uns entgegensetzen: in Momenten der Imposition. Die Dinge, scheinbar nur aus methodologischen Überlegungen eingeführt, erweisen gerade in ihrer Unverfügbarkeit – als »lästige Tatsachen«, wie Dahrendorf sagen würde – ihre *ontologisch-hantologische* Funktion. Zu Recht hat bereits Adorno im Anschluss an Lukács hinter dem methodischen Leitsatz Durkheims, das Soziale *wie* ein Ding zu behandeln, eine tiefer liegende *ontologische* Behauptung ausgemacht: Das Soziale ist als Ding zu betrachten, weil es zutiefst verdinglicht *ist.*[14] Sofern sich diese Verdinglichung aber im *irritierenden Eigenleben* der sozialen Tatbestände zeigt, erweist sich die Ontologie bei genauerem Hinsehen als *Hantologie.* All diese Dinge, die Macht über uns ausüben, die uns Widerstand leisten, unserem willensgeleiteten Handeln als Stolpersteine im Wege liegen, erwachen zu eigenständigem Leben. Nur eine winzige Verschiebung in unserer Wahrnehmung lässt solche Irritation und Überwältigung in Affekte wie Angst, Abscheu

14 Auf gleiche Weise interpretiert auch Nassehi Durkheim: »Das Soziale wie ein Ding zu behandeln ist nicht nur eine neue Denkungsart, gewissermaßen eine neue Perspektive auf die Welt. Man muss Durkheim so lesen, dass das Soziale methodologisch wie ein Ding zu *betrachten* sei, weil es mit der Arbeitsteilung und mit der Entfernung von individueller Persönlichkeit und sozialer Solidarität nun tatsächlich ein solches Ding *ist.*« (Nassehi 2009: 70) Hinter der Methodologie die Ontologie.

oder Ekel umschlagen. Dann beginnt das Ding der Gesellschaft für Latour den aufdringlichen Gestank eines *verwesenden Wals* zu verströmen; und Marx entdeckt hinter der Tauschabstraktion ein *gallertartiges Residuum*.

Der Objektivismus, der auszog, um alles Spekulative auszutreiben, entdeckt doch nur das Spektrale der objektiven Wirklichkeit. Was für den Positivismus ein bloßes *datum* sein sollte und für Durkheims Rationalismus ein rekonstruierbarer Gesetzeszusammenhang, wird zum ursächlichen Gegenstand einer spektralen Soziologie wider Willen. Man sollte sich von den Bildern der scheinbar stabilen, ja undurchdringlichen Massivität sozialer Zwangszusammenhänge, die Durkheim entwirft, nicht über deren Spukcharakter hinwegtäuschen lassen. Schließlich würde auch Webers Darstellung einer durchrationalisierten und durchbürokratisierten Welt im Bild eines »stahlharten Gehäuses der Hörigkeit« zunächst nichts Gespenstisches evozieren. Das hieße aber zu vergessen, dass derselbe bürokratische Zwangsapparat, der Weber vor Augen stand, mit nur leichter Verschiebung der Perspektive in den albtraumhaften Spukbildern Kafkas wiederkehren kann. Wie in einem Vexierbild erscheint die Rationalität des objekthaften Sozialen, einmal vom Subjekt abgelöst und mit Eigenleben ausgestattet, im weißen Gewand des Irrationalen. Durkheims Bedeutung, die ihn über einen reinen Positivismus und auch eine platte Sozialphysik hinaushebt, besteht darin, dass er den Widerstand und das Eigenleben des verdinglichten Sozialen nicht einfach als überwindbares Missgeschick betrachtet hat, sondern als *konstitutiv* erkannte, selbst wenn er für die Spektralität des Dinghaften kein Sensorium besaß.[15]

Derrida führt letztlich nur eine »Spektralanalyse« in unorthodoxer Form weiter, die bereits in der marxistischen Gesellschaftstheorie bei Lukács und in verdeckter Form sogar bereits bei Durkheim angelegt war. Durkheim mit Derrida gelesen hieße: Kein *Chosisme* ohne *Achose*. Kein Objektivismus ohne Wiederkehr eines überzähligen Objekts, das »zugleich eingeordnet und aus der Ordnung herausgefallen« ist (Derrida 1996: 235). Vielleicht erweisen sich daher alle drei erwähnten objektivistischen Strategien des Umgangs mit notwendiger Kontingenz als Varianten ein- und desselben Parado-

15 Erst in Form der Anomie, eines Missgeschicks *zweiter Ordnung*, macht sich das Gespenstische für ihn wirklich bemerkbar, ohne jedoch in seiner konstitutiven, das heißt ontologischen Natur akzeptiert zu werden.

xons: Denn schließlich ist Tautologie nur eine Form der Paradoxie (Luhmann 1996: 97); und auch die Spektralisierung ergibt sich letztlich aus der Überzähligkeit (oder Unterzähligkeit) eines Dings, das in der objektiven Ordnung – letztlich sogar in der Ordnung der Zahl – nichts verloren hat, was es nur umso bedrohlicher macht:

> Nominalismus, Konzeptualismus, Realismus – all das wird aus der Fassung gebracht durch jenes »Spuk« genannte Ding oder Unding (*Achose*). Die taxinomische Ordnung wird zu leicht, gleichzeitig arbiträr und unmöglich: Der Spuk läßt sich weder klassifizieren noch zählen, er ist die Zahl selbst, er ist zahllos, unzählbar wie die Zahl, man kann nicht auf ihn zählen und nicht mit ihm rechnen. Es gibt nur einen, und schon gibt es zuviel davon. Er wuchert, man kann seine Sprößlinge oder seine Zinsen, seine Supplemente oder Mehrwerte nicht mehr zählen. (Derrida 1996: 217f.)

Man sollte keinesfalls die Zinsen ignorieren, die der unfreiwillig paradoxe Gesellschaftsbegriff Durkheims abwerfen kann, auch wenn sie nicht zählbar sind. Der Postfundamentalismus oder die »spektrale Soziologie« kann als das explizierte, offen ausgetragene Unternehmen verstanden werden, die Gründungsparadoxien von Gesellschaft ihrerseits zur Grundlage des Sozialen zu machen. Auch wenn es sich dabei um kein festes Fundament handelt, sondern eher um das Supplement eines abwesenden Grundes, der dennoch in irgendeiner Form anwesend gemacht werden muss. Das heißt Sozialontologie nicht einfach aufzugeben, sondern als *Sozial-Hantologie* weiterzuführen. Die Frage nach der ontologischen Natur alles Sozialen verschwindet nicht zugunsten statistischer Vermessungen und positivistischer Protokollsätze, aber sie verwandelt sich grundsätzlich, sobald erkannt wurde, dass die einzige Natur sozialer Dinge, die sich postfundamentalistisch erschließt, in ihrer notwendigen Kontingenz besteht und damit in der Unmöglichkeit ihrer endgültigen wie auch der Notwendigkeit ihrer vorübergehenden Gründung. Daher ist der Abstand zwischen Durkheim und Simmel, die sich eine Zeit lang ohnehin an einem Strang zu ziehen wähnten, nicht so groß wie er heute scheinen mag. Die Zurückweisung eines vorgeblich hypostasierten Gesellschaftsbegriffs zugunsten der Prozessualisierung des Sozialen einerseits und die Einführung eines überzähligen Begriffs der Gesellschaft zugunsten der Paradoxierung des Sozialen andererseits sind Antworten auf dieselbe Fundierungskrise von Gesellschaft.

3. Das Geheimnis dualistischer Gesellschaften und die Null-Institution
Der Strukturalismus überholt sich selbst: von Lévi-Strauss zu Deleuze

3.1. Banales und Absurdes in der Gesellschaftstheorie

Jede Theorie von Gesellschaft schwankt zwischen den beiden Polen des Banalen und des Absurden. Das macht Gesellschaftstheorie nicht unvollkommen, sondern beschreibt ein durchaus notwendiges Charakteristikum, wie es bereits in einer Bemerkung aus Lévi-Strauss' *Strukturaler Anthropologie* anklingt. Dort heißt es, »zu sagen, eine Gesellschaft funktioniere, ist eine Banalität; aber zu sagen, alles in einer Gesellschaft funktioniere, ist eine Absurdität« (Lévi-Strauss 1977a: 25). Dieses gegen den Funktionalismus in der Sozialanthropologie gerichtete Bonmot erschließt sich erst in seiner ganzen Tragweite, sobald man bedenkt, dass Lévi-Strauss damit das Problem der Möglichkeit beziehungsweise Unmöglichkeit von Gesellschaft schlechthin thematisiert. Dass Gesellschaft möglich ist, ist eine Banalität,[1] doch zu behaupten, sie sei *schlechthin* möglich, wäre eine Absurdität. Wer diese Absurdität ernsthaft vertreten wollte, wäre gezwungen, Gesellschaft als reine Objektivität oder reibungsverlustlosen Funktionszusammenhang zu konzipieren. Erstaunlicherweise scheint allerdings nicht nur der Funktionalismus, sondern ebenso der lévi-strausssche Strukturalismus einer solchen Absurdität zugeneigt. Das Konzept der Funktion wird von Lévi-Strauss dabei zunächst von einer empirischen auf eine algebraische Ebene transponiert. Entgegen der funktionalistischen Tradition Malinowskis, der Riten und Institutionen auf ihren empirischen Nutzen innerhalb einer Gesellschaft befragte, versteht Lévi-Strauss im Anschluss an Marcel Mauss soziale Phänomene zunächst aus-

1 Eine solche Banalität ist nicht unzutreffend, sie besitzt nur die wenig ergiebige Eigenschaft, auf eine Weise zuzutreffen, die weder Erkenntnisgewinne noch theoretisch sinnvolle Anschlusskommunikationen ermöglicht. Gesellschaft funktioniert, doch daraus folgt nichts. Erst nach Anerkennung der Tatsache, dass Gesellschaft *nie ganz* funktioniert, lassen sich einige Aussagen über dasjenige an ihr wagen, was möglicherweise doch funktioniert.

schließlich *relational*, das heißt als Funktionen anderer Phänomene (Lévi-Strauss 1999: 29). Die Frage nach dem empirischen Zweck von Institutionen wird ersetzt durch die Frage nach der Algebra ihres wechselseitigen Verhältnisses. Diese Algebra darf, soll sie dem Anspruch absoluter wissenschaftlicher Strenge genügen (und der Strukturalismus ist ein Szientismus), nicht einfach impressionistisch hingepinselt werden. Sie lässt sich nur dann rekonstruieren – so die aus der strukturalen Linguistik übernommene Grundhypothese –, wenn das Relationenensemble als geschlossene Gesamtheit, als eine Art Regelkreis vorgestellt wird. Bereits Saussure hatte ja nicht nur postuliert, dass sprachliche Bedeutung differenziell und nicht substanziell oder referenziell produziert werde, sondern auch, dass dies nur einem geschlossenen System der Relationierung *aller* Differenzen möglich sei. Sprache, so die strukturalistische Überzeugung, ist zwar ein System von *Differenzen*, doch Bedeutung generiert sie erst als *System* von Differenzen: als Totalität.

Mit seinem Diktum untergräbt Lévi-Strauss unvorsichtigerweise den eigenen strukturalistischen Anspruch, die Transformationsregeln eines geschlossenen Systems angeben zu können. Wenn zu behaupten absurd wäre, eine Gesellschaft könne restlos funktionieren, dann stellt sich die Frage nach jenem in Funktionen nicht aufgehenden Rest, der als Stein in das Getriebe des gesellschaftlichen Funktions- und Permutationszusammenhangs geraten ist. Damit öffnet der Erzstrukturalist selbst bereits das Tor zu einer *post*strukturalistisch informierten Sozialtheorie. Diese wird gerade danach fragen, was im Spielraum zwischen dem Banalen und dem Absurden zu erwarten ist. Sie wird fragen, worin jener Rest besteht, welcher der allumfassenden Funktionalität, das heißt strukturalistisch gedacht immer: *Relationalität* entkommt, und wie sich diese Instanz des Nicht-Alles, das offenbar die Totalität des Gesellschaftsganzen zu untergraben droht, theoretisch fassen lässt. Würde man das Diktum ernst nehmen, wäre ein grundsätzlicher Perspektivenwechsel gegenüber Funktionalismus *und* Strukturalismus angedeutet. Nicht die banale Tatsache des Funktionierens von Gesellschaft wäre zuallererst erklärungsbedürftig, sondern jene Momente wären es, die Gesellschaft an ihrem vollständigen Funktionieren hindern. Ja am Ende, treibt man die Vermutung noch weiter, könnte es sich erweisen, dass die Möglichkeit eines prekären Funktionierens von Gesellschaft paradoxerweise genau aus der Notwendigkeit einer unüberwindbaren Dysfunktion von Gesellschaft, aus ihrer letztinstanzlichen Unmöglichkeit erklärt werden muss.

Lévi-Strauss selbst hat diesen Weg nicht eingeschlagen und hielt standhaft an den Grundpositionen seines Strukturalismus fest, wiewohl dessen nicht weniger absurde Vorstellung von sozialen Systemen als geschlossenen Permutationstotalitäten sich selbst untergrub, wie Jacques Derrida in einer berühmten Studie nachgewiesen hat (Derrida 1992). Theoriegeschichtlich wurde schließlich durch radikalisierte differenztheoretische Angebote – von der Akteur-Netzwerk-Theorie Latours und der sprachspieltheoretischen Sozialtheorie Lyotards über die luhmannsche Systemtheorie bis hin zu Spielarten eines sozialtheoretisch gewendeten Lacanianismus (Stavrakakis 1999; 2007) einschließlich der diskurstheoretischen Hegemonietheorie (Laclau/Mouffe 1991) – jeder rein objektivistische, essentialistische, funktionalistische oder strukturalistische Gesellschaftsbegriff in Mitleidenschaft gezogen. Aber bleiben wir bei Lévi-Strauss und untersuchen genauer, wie die strukturalistische Spielart des Objektivismus an ihren eigenen objektivistischen Ansprüchen scheitert. Nicht überraschend dient hierfür als erster Ansatzpunkt die lévi-strausssche Theorie des Inzestverbots. Denn Inzestverbot ist nichts anderes als Lévi-Strauss' Name für die Bedingung der Möglichkeit (und wie wir sehen werden: Unmöglichkeit) von Gesellschaft, und zwar *einer jeden Gesellschaft*.

Nun wurde die Universalität des Inzestverbots oft angezweifelt. Doch lässt sich Lévi-Strauss' These vom universalen Inzestverbot genausowenig empirisch widerlegen wie sich Freuds Mythos vom Mord am Urvater historiographisch widerlegen lässt. Es handelt sich beim Inzestverbot um eine strukturelle Implikation, die sich aus dem Gesellschaftsfaktum einerseits (der »Banalität«, dass Gesellschaft funktioniert) und den theoretischen Prämissen des lévi-straussschen Ansatzes andererseits (im Besonderen den Theorien von Tausch und struktureller Permutation) mit Notwendigkeit ergibt. Denn worum handelt es sich beim Inzestverbot? Um nichts anderes als um eine unhintergehbare soziale Heterogenitätsregel, die verhindert, dass Gesellschaft – auf welcher Ebene auch immer – zur Identität mit sich selbst findet. Diese Regel ist in ihrem Erscheinen kontingent (»die Gesellschaft hätte auch nicht existieren können«, Lévi-Strauss 1993: 654), in Bezug auf den Gesellschaftseffekt aber notwendig. Aus diesem Grund besteht die elementare soziale Einheit, die von Lévi-Strauss als *Verwandtschaftsatom* bezeichnet wird, nicht etwa aus Vater, Mutter und Kind, sondern aus einem Mann, seiner Frau, deren Kind, sowie einem »Vertreter der Gruppe, von der der Mann die Frau empfangen hat« (Lévi-Strauss 1977d: 85). Die elementare Einheit der Verwandtschaft impliziert somit für Lévi-Strauss nicht nur, in Anlehnung an Marcel Mauss, die Position eines heterogenen »Objekts« des Tauschs – eine Position, die im Falle von Verwandtschaftsbeziehungen von der Frau eingenommen wird, die zwischen den Gruppen zirkuliert –, sondern auch die eines Repräsentanten der anderen Gruppe.[2]

Das bedeutet: Zu jeder Gruppe gehört zumindest *ein Vertreter einer anderen Gruppe*. Die Selbstidentität der Gruppe wird im gleichen Moment unterlaufen, in dem ein soziales Band zwischen Gruppen etabliert wird. Daher besteht das eigentliche Ziel der vom Inzestverbot erzwungenen Exogamie nicht in biologischer Fortpflanzung, sondern in sozialer *Verschwägerung*. Aus dieser Sicht wäre Inzest weder eugenisch zu verdammen als Verrat am Genpool, noch moralisch als etwas nach Maßgabe viktorianischer Sexualethik Unschickliches, sondern er würde sich schlichtweg als »sozial absurd« (ebd.: 648) erweisen. So kann sich Lévi-Strauss auf Aussagen von Informanten stützen, die überhaupt keine sozialen Sanktionen für Inzest anzugeben wüssten, sondern Inzest nur als ausgesprochen unpraktisch erachten. Denn wollte ich meine Schwester heiraten, so ein Informant, müsste ich ja auf einen Schwager verzichten. Aber mit wem sollte ich dann fischen und jagen gehen? An diesem schlagenden Argument wird deutlich, dass der eigentliche Wert der Heirat in der Verschwägerung besteht, das heißt im Aufbau sozialer Organisation, und zugleich im Durchkreuzen der Tendenz zur Selbsteinschließung in konsanguine, monadische Binnenfamilien.

So wird Lévi-Strauss nicht müde zu betonen, dass das Inzestverbot nichts Negatives an sich hat, sondern als Verbot einen *positiven*

2 Ohne dass sich dies hier weiter ausführen ließe, sei die Relevanz dieser lévistraussschen Erkenntnis unterstrichen, beschreibt sie doch die elementare, »atomare« Ebene des Sozialen in Form von Repräsentationsverhältnissen. Aus dem Heterogenitätsgebot folgt nämlich die Unmöglichkeit jeglicher Immanenz und sozialer »Unmittelbarkeit«, was wiederum die Notwendigkeit von Repräsentation impliziert (vgl. Laclau 2002, 125-149; Marchart 2005).

und *produktiven* Zwang ausübt.[3] Zirkulation und Repräsentation, also der Gesellschaftseffekt, werden überhaupt erst in Gang gesetzt durch das Verbot unmittelbar konsanguiner Heirat. Lévi-Strauss besteht darauf, dass Exogamie »der Archetypus aller anderen auf Gegenseitigkeit beruhenden Ausdrucksformen ist und dass sie die fundamentale und unwandelbare Regel liefert, welche die Existenz der Gruppe als Gruppe sichert« (Lévi-Strauss 1993: 642). Womöglich ließe sich diese These aus Sicht einer postfundamentalistischen Sozialtheorie noch etwas pointieren. Vielleicht ließe sich sogar sagen, dass das Inzestverbot eine grundsätzliche »Negativität« jenseits der Differenz eines plump Negativen gegenüber einem plump Positiven benennt, eine Negativität, deren Einführung die Vorbedingung abgibt für die Möglichkeit sozialer Objektivität. Soziale Objektivität ginge dann aus einem Verbot wie keinem anderen hervor: »es ist *das* Verbot in seiner allgemeinsten Form, vielleicht dasjenige, auf das sich alle anderen [...] als ebenso viele Sonderfälle zurückführen lassen« (ebd.: 658). Die Implikationen dieses seltsamen Sonderfalls des Inzestverbots – als Verbot in seiner reinen Form unter Abzug jeglichen Inhalts und damit als *negatives Gesetz aller positiven Gesetze* – konnte zwei prominenten Vertretern des Poststrukturalismus nicht verborgen bleiben, denn an dieser Stelle beginnt der klassische Strukturalismus, wie eingangs formuliert, sich selbst zu überholen.

3.2. Vom Inzestverbot zu *das Ding*

Jacques Derrida, stets mit einem genauen Sensorium für das »Unheimliche« am Objektivismus ausgestattet, erkannte, dass der Status jener Kategorie, welche erst die Unterscheidung zwischen Kultur und Natur einführt, selbst unentschieden bleiben muss. Das Inzestverbot ist jene Quasi-Kategorie, die sich der Kategorisierung durch Grundunterscheidungen wie Kultur und Natur entzieht und ihnen »zweifellos – wahrscheinlich als ihre Möglichkeitsbedingung – vorausgeht. Man könnte vielleicht sagen, daß die ganze philo-

3 Dies macht das Inzestverbot zur höchsten Regel der Gabe, denn es ist »weniger eine Regel, die es untersagt, die Mutter, Schwester oder Tochter zu heiraten, als vielmehr eine Regel, die dazu zwingt, die Mutter, Schwester oder Tochter anderen zu geben« (Lévi-Strauss 1993: 643).

sophische Begrifflichkeit, die mit dem Gegensatz Natur/Kultur in einem systematischen Zusammenhang steht, darauf angelegt ist, das, was sie ermöglicht, im Ungedachten zu lassen: den Ursprung des Inzestverbots.« (Derrida 1992: 429) Das Inzestverbot liegt quer zur Unterscheidung zwischen Natur und Kultur oder gehört in gewissem Sinne beiden an: Da universell, kann man es als natürlich bezeichnen, so Derrida, während es als System von Normen und Verboten hingegen kulturell ist.[4] So entkommt es selbst der Unterscheidung, die es zuallererst bewirkt. Wenn nun aber, so könnte das dekonstruktive Argument Derridas fortgeführt werden, die Instanz des Inzestverbots, die als Ermöglichungsbedingung einer jeden Gesellschaft gilt, selbst unentscheidbar in Bezug auf die gesellschaftskonstitutive Unterscheidung zwischen Kultur und Natur bleiben muss, dann konstituiert sich jede Gesellschaft auf einer selbst unentscheidbaren Unterscheidung und muss folglich mit dieser grundlegenden Instabilität leben lernen. Das Inzestverbot wäre also ein Gesetz, das Gesellschaft ermöglicht, ihrer endgültigen Stabilisierung und Entparadoxierung aber zugleich im Wege steht. Der Erzstrukturalist Lévi-Strauss hätte den eigenen Objektivismus mit der Grundunterscheidung, auf die er ihn zu bauen beabsichtigt, bereits selbst dekonstruiert.

Auch dem psychoanalytischen Blick blieb der paradoxe Status des Inzestverbots nicht verborgen. Jacques Lacan erkannte, dass Inzest auf etwas im strengen Sinn Unmögliches abzielt und folglich das Inzestverbot einem Verbot des Unmöglichen gleichkommt (des Unmöglichen als einer Erscheinungsform des *Realen* als eines Unsymbolisierbaren, welches für Lacan im eigentlichen Sinne außerhalb der Kultur lokalisiert ist). Wäre Inzest möglich, so liefe er auf die Wiederherstellung einer verloren geglaubten imaginären Einheit hinaus, doch bleibt diese Wiederherstellung strukturell selbst dort unmöglich, wo sie in der Wirklichkeit vollzogen wird. Ein Sexualakt mit der eigenen Mutter ist dem Wunsch nach Herstellung einer ursprünglichen Einheit und eines ursprünglichen Genießens

4 So heißt es über das Inzestverbot, das offenbar alles zugleich und nichts davon ist: »Als eine Regel, die das umfaßt, was ihr in der Gesellschaft am fremdesten ist, doch zugleich als eine gesellschaftliche Regel, die von der Natur das zurückhält, was geeignet ist, über sie hinauszugehen, ist das Inzestverbot gleichzeitig an der Schwelle der Kultur, in der Kultur und, in gewissem Sinne [...], die Kultur selbst.« (Derrida 1993: 57)

geschuldet, gleichgültig, ob tatsächlich oder nur phantasmatisch vollzogen. Er wird dennoch eine solch ursprüngliche Einheit nicht herstellen können, da es sie nie gegeben hat und nicht geben kann. Jede Subjektivierung ist, im lacanschen Modell, gleichursprünglich mit der Einschreibung des Subjekts in die symbolische Ordnung: die Sprache oder den Bedeutungsraum des Sozialen in seiner Gesamtheit. Aufgrund dieser Einschreibung wird das Subjekt von seiner Identität mit sich selbst und dem Anderen entfremdet. Eine solch unbegrenzte Identität steht dem Subjekt von da an nur noch als phantasmatische, in ihrer Wirklichkeit uneinholbare Rückprojektion zu Verfügung. Der Mangel, der Lacan zufolge jedes Subjekt kennzeichnet, lässt sich also nicht einmal durch wirklichen Inzest beheben, da seine Aufhebung dem Verschwinden des Subjekts gleichkäme: dessen Fall aus der symbolischen Ordnung und damit der Gesellschaft.[5]

Weshalb dann das Verbot von etwas strukturell ohnehin Unmöglichem? Hieße dies nicht, einem Adressaten in der symbolischen Ordnung befehlen zu wollen: »Du sollst nicht aus der symbolischen Ordnung fallen!«, so als könnte dies je Gegenstand einer Willensentscheidung des Adressaten werden? Ähnlich wie Lévi-Strauss erklärt Lacan die Existenz eines solchermaßen paradoxen oder scheinbar überflüssigen Gesetzes mit dessen Produktivität für das soziale Band, das für Lacan durch die Dialektik des *Begehrens* geknüpft wird. Gesetz und Begehren sind gleichursprünglich.[6] Dies erklärt den Sonderstatus eines unübertretbaren Gesetzes, das alle positiven, übertretbaren Gesetze – einschließlich des Begehrens nach ihrer Übertretung – gründet. Lacan macht dabei die alles an-

5 Diese entfremdende Einschreibung in die symbolische Ordnung der Sprache – bei Lévi-Strauss in die elementaren Strukturen der Verwandtschaft und ihre Gesetze – ist jedem Subjekt in seiner realen Existenz (und damit auch jedem »Bewusstsein«) vorgängig. So können der elterliche Wunsch nach einem Kind, besonders die Suche nach einem Namen für das Kind – und damit dessen Einschreibung in die symbolische Ordnung – nicht nur der Geburt, sondern selbst der Zeugung des Kindes lange vorausgehen; umgekehrt bleibt das Subjekt auch nach seinem Tod der symbolischen Ordnung eingeschrieben, was sich an den Inschriften jedes Grabsteins nachprüfen lässt.

6 Lacan behauptet sogar, Gesetz und Begehren seien ein und dieselbe Sache, insofern im Ödipusmythos das väterliche Begehren nach der Mutter mit der Funktion des Gesetzes identisch sei, die eine Verschiebung des Begehrens auf andere Frauen vorschreibt.

dere als triviale Beobachtung, dass unter den Zehn Geboten der Inzest überhaupt nicht erwähnt wird: »[I]n diesen Zehn Geboten heißt es nirgends, daß man nicht mit seiner Mutter schlafen dürfe« (Lacan 1996: 86). Daher stellen die Zehn Gebote keineswegs die »Bedingung allen gesellschaftlichen Lebens« (ebd.: 87) dar, gehört doch gerade ihre Verletzung – im Ehebruch, im Diebstahl, in der Lüge – zu unseren alltäglichsten sozialen Gewohnheiten: »Denn, in Wahrheit, wie sollte man, unter einem anderen Blickwinkel, nicht bemerken, daß sie in gewisser Weise Katalog und Gegenstand unserer Transaktionen in jedem Augenblick sind? Sie bringen die Dimension unserer Handlungen als eigentlich menschlicher Handlungen zu Entfaltung. Anders gesagt, wir verbringen unsere Zeit damit, die Zehn Gebote zu verletzen, und eben deshalb ist eine Gesellschaft möglich.« (ebd.: 87)

Aus dieser frappierenden Beobachtung lässt sich folgern, dass es gerade die alltägliche Überschreitung der ganz gewöhnlichen positiven Moralgesetze ist, die gesellschaftserzeugende Kraft besitzt, dass diese Kraft sich aber nur unter der Bedingung der *Nicht*-Überschreitung des *einen* Gebots entfalten kann, welches auf den Gesetzestafeln unerwähnt bleibt. Derselbe Punkt lässt sich nochmals anders formulieren, wenn wir ihn auf Lacans Objekttheorie beziehen. Nach dem Vorbild der freudschen Theorie der Partialobjekte entwickelt Lacan eine Theorie des objekthaften Supplements eines vom Mangel gezeichneten Subjekts. Im Prozess der von Freud beschriebenen Urverdrängung verliert, nun nach Lacan, das Subjekt seine ursprüngliche oder als ursprünglich imaginierte Einheit mit dem *Ding*. Das *Ding*, dessen Begriff Lacan in seinem Ethik-Seminar in Anlehnung wiederum an Heideggers Ding-Theorie entwickelt, muss von nun an supplementiert werden durch relativ banale Objekte, die an seine Stelle treten. Sie sind nach Lacan jener irreduzible Rest, der bleibt, nachdem das Subjekt durch seinen Eintritt in die symbolische Ordnung, letztlich also in die Gesellschaft (von Lacan algebraisch mit *A*, dem so genannten großen Anderen bezeichnet) gespalten wurde (Lacan 2010: 202). Sie fungieren als die imaginäre Objektursache des Begehrens, von Lacan als *objet petit a* bezeichnet.

Im Rahmen der Zehn Gebote bestünden diese ganz gewöhnlichen Objektursachen des Begehrens zum Beispiel in »deines Nächsten Weib« oder »deines Nächsten Haus«. Sie entfalten jedoch ihre begehrensgenerative Kraft nur unter der Bedingung, dass das *eine* inzestuöse Objekt, das Lacan gelegentlich in Abgrenzung vom *objet petit a* als *das Ding* bezeichnet, dass also die Mutter, die »das Objekt des Inzests ist, ein verbotenes Gut ist und daß es kein anderes Gut gibt« (Lacan 1996: 88). Die imaginäre Fülle des Inzestphantasmas – und jedes Phantasma partizipiert zu einem gewissen Ausmaß am Unmöglichen des Inzests – erweist sich als eine retrospektive Illusion, die durch das Gesetz selbst hervorgebracht wurde und dennoch, wiewohl ohnehin unerreichbar, nicht erreicht werden *darf*, weshalb andere Objekte den Platz des unerreichbaren *das Ding* einnehmen, ohne allerdings dessen Rolle je gerecht werden zu können. Als Antrieb des Begehrens entgleitet das *objet petit a* dem Begehren und ist daher grundsätzlich metonymisch strukturiert (begehrenswert ist immer *des Nächsten* Weib, *des Nächsten* Haus). Wird es tatsächlich erreicht, so verschwindet mit dem errungenen Objekt nicht die Ursache des Begehrens, sondern die Investition in dieses *bestimmte* Objekt wird zurückgezogen und auf ein anderes verschoben.

Diese kurze Exposition der lacanschen Objekttheorie war nicht nur notwendig für ein besseres Verständnis der vertrackten Gesetzesnatur des Inzestverbots. Sie war auch aus zwei weiteren Gründen notwendig: Zum ersten illustriert sie, dass der Strukturalismus mit Lacan bereits seinen Abschied vom *Objektivismus* nimmt, und zwar ironischerweise über einen gestärkten oder paradoxierten Begriff des *Objekts*. Lacan selbst lässt über die anti-objektivistische Stoßrichtung seiner terminologischen Innovation keine Zweifel: »Unser Vokabular hat für dieses Objekt den Ausdruck Objektalität aufgebracht, insofern er im Gegensatz zu dem der Objektivität steht.« (Lacan 2010: 269, modifizierte Übersetzung O.M.) Zum Zweiten war diese Exposition angebracht, weil wir im Weiteren – in diesem Kapitel bei Deleuze, im Luhmann-Unterkapitel bei Peter Fuchs beziehungsweise Jacques-Alain Miller und schließlich bei Laclau – immer wieder auf das *objet petit a* stoßen und seine implizite Differenzierung von *das Ding* für unsere gesellschaftstheoretischen Zwecke aufnehmen werden.[7]

7 Allerdings bleibt die Differenz zwischen *das Ding* und dem Objekt *a* bei Lacan unausgearbeitet. Das Ethik-Seminar, in dem sich Lacans Verwendung des *Ding*-Begriffs hauptsächlich findet, wird zumeist als bloße Vorstufe zu seiner ausgereiften Konzeption des *objet petit a* verstanden, auch wenn sich später gelegentlich

3.3. Das Geheimnis dualistischer Gesellschaften: von der binären zur ternären Spaltung

Mithilfe der – bislang nur provisorischen – Bezugnahme auf Lacan sind wir einer Antwort auf unsere Eingangsfrage nach dem *Rest* zwischen der »Banalität« des Funktionierens von Gesellschaft und der »Absurdität« ihres vorgeblich totalen Funktionierens um einen Schritt näher gekommen: Lévi-Strauss' Theorie des Inzestverbots besagt, dass Gesellschaft funktioniert, *sofern sie nicht funktioniert.* Ein Stein wird in ihr Getriebe geworfen, der die unmittelbare konsanguine Reproduktion blockiert und dadurch den Aufbau ausgreifender gesellschaftlicher Beziehungen erzwingt. Nach Lacan wissen wir, dass dieser Stein im Getriebe der Gesellschaft aber nicht der Inzest selbst – als Unmögliches – sein kann, sondern dass erst die reine Form des Gesetzes als »Verbot des Unmöglichen« Gesellschaft antreibt. Das Inzestverbot ist somit kein beliebiges Gesetz innerhalb der Gesellschaft, sondern *es ist die Gesellschaft selbst* hinsichtlich ihrer Unterscheidung vom Naturzustand.[8] Indem dieses Gesetz der Gesetze die »Absurdität« verhindert, dass Gesellschaft sich zu einer selbstidentischen Totalität (zu *das Ding*) schließt, ermöglicht es zugleich jenen zutiefst »banalen« Zustand, in dem Gesellschaft zwar funktioniert, *aber nie ganz.* Damit wird Gesellschaft zum paradoxen Objekt einer *partiellen Totalität*, einer Totalität also, die kein bloßer Teil eines Ganzen ist (denn es gibt kein gesellschaftliches Außen der Gesellschaft) und dennoch als Totalität immer nur *partiell* herzustellen bleibt. (Wo immer man sie *total* herzustellen versuchte, liefe man Gefahr, sie *gänzlich* zum Verschwinden zu bringen.)

Und doch bleibt etwas an dieser Antwort unbefriedigend. Auch

Reprisen der Rede von dem *Ding* finden. Doch differenziert Lacan punktuell sehr präzise zwischen dem Objekt *a* und dem *Ding*, was deren prinzipielle Differenzierung rechtfertigt: »In geschichtlich und gesellschaftlich spezifizierten Formen überdecken und täuschen die Elemente *a*, die imaginären Elemente des Phantasmas, das Subjekt im Punkt von *das Ding* selbst.« (Lacan 1996: 123)

8 Tatsächlich sagt schon Lévi-Strauss nichts anderes: »Wenn unsere Interpretation richtig ist, hat nicht der Gesellschaftszustand die Regeln der Verwandtschaft und der Heirat erforderlich gemacht. Sie sind der Gesellschaftszustand selbst, der die biologischen Beziehungen und die natürlichen Gefühle umformt und sie in Strukturen zwingt, die sie zusammen mit anderen implizieren, und sie nötigt, ihre ursprünglichen Merkmale zu überwinden.« (Lévi-Strauss 1993: 654)

wenn man die Paradoxierungsstrategie akzeptiert, verlangt sie doch nach einer gesellschaftstheoretischen Erweiterung der Untersuchungsperspektive. Bislang, so könnte eingewandt werden, blieb die Diskussion der Heterogenitätsregel auf die Ebene der *Gruppe* fokussiert. Zwar kann sich diese elementare Gruppe – das »Verwandtschaftsatom« – nur bilden über den Einschluss eines heterogenen Repräsentanten einer anderen Gruppe, bleibt also in ihrer Identität instabil, doch das würde eine nach wie vor dem Objektivismus verfallene Konzeption von Gesellschaft als *stabiler* Totalität, die sich mosaikartig aus in sich instabilen Gruppen zusammensetzt, nicht unbedingt ausschließen. Wir werden also die Perspektive erweitern müssen und untersuchen, auf Basis welcher Heterogenitätsregel sich größere soziale Organisationseinheiten konstituieren, ohne dass dabei ein stabiles Equilibrium des Gesellschaftsganzen erreicht werden könnte. Zu diesem Zweck wenden wir uns Lévi-Strauss' Diskussion des rätselhaften Phänomens dualistischer Gesellschaften zu. Sie wird ergeben, dass Heterogenität auf Gesellschaftsebene bereits bei Lévi-Strauss in Form einer Kontingenzfigur auftritt, die im späteren postfundamentalistischen Denken unter dem Begriff des Antagonismus ausgearbeitet werden wird.

Auf den ersten Blick könnte der Eindruck entstehen, so genannte dualistische Gesellschaften besäßen für unsere Diskussion den Vorteil einer relativ simplen, nämlich in zwei Hälften differenzierten Variante segmentärer Gesellschaften. Das ist nicht der Fall. Nur bei oberflächlicher Betrachtung kann die Strukturierung solcher Gesellschaften als simpel erscheinen, in Wahrheit gaben dualistische Organisationen der Anthropologie Rätsel auf, mit denen auch Lévi-Strauss in vielen seiner wichtigen Arbeiten rang. Entsprechende Segmentierungsweisen sind in nahezu allen Teilen der Welt aufzufinden, ohne deshalb schon universal zu sein; ihre Funktion ist nicht vollständig geklärt – und Lévi-Strauss versucht, in Abgrenzung von rein funktionalistischen Erklärungen oder gar Rückführungen auf eine Urgesellschaft, Gemeinsamkeiten durch strukturale Modellbildung auszumachen. Dennoch verlässt ihn in diesen Diskussionen gelegentlich die unbestechliche Klarheit, die ansonsten sein Werk bestimmt, was vermuten lässt, dass er hier an die Grenzen des strukturalistisch Erklärbaren stößt. Schon der Titel seines zentralen Aufsatzes zu diesem Thema – »Gibt es dualistische Organisationen?« – stellt die eigentliche Existenz dessen, was hier auf 32 Seiten ausführlich diskutiert wird, infrage, da »die Untersuchung der so genannten dualistischen Organisationen so viele Anomalien und Widersprüche in Bezug auf die geltende Theorie aufgedeckt hat, dass man ein Interesse daran haben müßte, auf diese Theorie zu verzichten und die hauptsächlichen Formen des Dualismus als oberflächliche Verdrehungen von Strukturen, deren wirkliche Natur ganz anders und weit komplizierter ist, zu behandeln« (Lévi-Strauss 1977c: 179). Lévi-Strauss versucht dieser weit komplexeren wahren Natur dualistischer Gesellschaften an zumindest vier zentralen Stellen des Gesamtwerks auf die Spur zu kommen (ich vernachlässige die weniger signifikanten Erwähnungen in den *Mythologica*, etwa Lévi-Strauss 1976: 60 ff.):

1. In den *Elementaren Strukturen der Verwandtschaft* wird die dualistische Organisation vor allem in Verhältnis zu Kreuzkusinenheirat und Inzestverbot eingeführt. Im Zentrum des Interesses steht die Exogamiefunktion dieser beiden Hälften. Hier findet sich eine der klarsten Definitionen der dualistischen Gesellschaft als »ein System, in dem die Mitglieder der Gemeinschaft – Stamm oder Dorf – in zwei Sektionen geteilt sind; diese unterhalten komplexe Beziehungen zueinander, die von erklärter Feindschaft bis zu sehr enger Vertrautheit reichen, bei denen gewöhnlich jedoch verschiedene Formen von Rivalität und Zusammenarbeit nebeneinander bestehen« (Lévi-Strauss 1993: 128). Wie Lévi-Strauss hinzufügt, setzt sich der Dualismus der sozialen Organisation häufig in weiteren soziologischen und in kosmologischen Zweiteilungen fort, sodass die Hälften mit weiteren Gegensatzpaaren verknüpft werden: »Rot und Weiß, Rot und Schwarz, Hell und Dunkel, Tag und Nacht, Winter und Sommer, Nord und Süd oder Ost und West, Himmel und Erde, Festland und Meer oder Wasser, Links und Rechts, Flußabwärts und Flußaufwärts, Oben und Unten, Gut und Böse, Stark und Schwach, Älter und Jünger.« (Ebd.)
2. In einer Reihe von Aufsätzen aus den 1950er Jahren (Lévi-Strauss 1977b, 1977d), versammelt in *Strukturale Anthropologie I* und *II*, vertieft Lévi-Strauss die Analyse und antwortet auf Einwände seiner Kritiker. Der Aufsatz »Gibt es dualistische Organisationen?« (1977c), in dem seine Lösungsvorschläge systematisch unterbreitet werden, kann als definitives Statement zum Thema betrachtet werden. In all diesen Untersuchungen zeigt sich, dass

scheinbar duale Gesellschaften durch mehr als eine segmentäre Trennungslinie bestimmt, sowie von einer tief greifenden Instabilität gezeichnet sind.

3. In *Das wilde Denken* (1973) werden dualistische Organisationen anhand des Verhältnisses von Synchronie und Diachronie: dem ständigen »Kampf zwischen der Geschichte und dem System« (ebd.: 183) diskutiert. Auch hier beschreibt Lévi-Strauss, wie der Dualismus mancher Gesellschaft reale oder imaginierte historische Ereignisse, die seine Symmetrie durcheinanderbringen, absorbiert, ohne deshalb an endgültiger Stabilität gewinnen zu können. Im Resultat stellt sich das System dar als »gleichzeitig historisch und struktural; binär und ternär; symmetrisch und asymmetrisch; stabil und wacklig ...« (ebd.: 87).
4. Der, wie ich denke, Schlüssel zu den lévi-straussschen Erklärungsvorschlägen findet sich schließlich in *Traurige Tropen* (1978), und zwar getarnt als Reisebericht und vorgetragen im erzählerischen Plauderton.

Gehen wir von einem typischen Beispiel für jene dualistische Gesellschaftsform aus, deren Existenz dem lévi-straussschen Titel zufolge infrage steht. Jener Fall einer dualistischen Organisationsform, an dem Lévi-Strauss alle anderen Fälle misst, da er sie in seiner eigenen Feldforschung der 1930er Jahre studiert hatte, sind die brasilianischen Bororo-Dörfer. Bei den Bororo trennt parallel zum Verlauf des Flusses, an dem das Dorf liegt, eine imaginäre Ost-West-Achse die Bevölkerung in zwei Hälften. Das im Norden gelegene Segment wird von der Gruppe der Cera bewohnt, das im Süden gelegene von der der Tugaré. Die Filiation ist matrilinear, die Wohnweise matrilokal, die Männer gehören der Hälfte der Mutter an, und vor allem sind die Hälften exogam strukturiert, das heißt ein Mann heiratet nur eine Frau der jeweils anderen Hälfte. Da die kreisförmig um ein Zentrum, in dem das Männerhaus steht, angeordneten Hütten im Besitz der Frauen bleiben, muss der heiratende Mann also »die Seite wechseln«, um zu seinem neuen Domizil zu gelangen. Das Männerhaus »mildert diese Entwurzelung«, wie Lévi-Strauss anmerkt, »da es dank seiner zentralen Lage auf das Territorium beider Hälften übergreift« (Lévi-Strauss 1978: 213). Auf einer sehr basalen Ebene bedeutet eine solch duale Organisation, dass Inklusion in die eine Hälfte in wesentlicher Hinsicht Exklusion aus der anderen gleichkommt. So gehört zu den wichtigsten

Konsequenzen der dualen Organisation, »daß sich die Individuen hauptsächlich nach ihrer Zugehörigkeit oder Nichtzugehörigkeit zu ein und derselben Hälfte in bezug aufeinander definieren« (Lévi-Strauss 1993: 131).[9]

Lévi-Strauss konfrontiert nun dieses scheinbar unkomplizierte Gesellschaftsmodell mit einer nordamerikanischen Anomalie, die er als »Winnebago-Widerspruch« (Lévi-Strauss 1992: 87) bezeichnet. Von Paul Radin Anfang des 20. Jahrhunderts befragt, gaben die Informanten der Winnebago divergierende Angaben bezüglich ihrer Dorfgrundrisse. Die Mehrzahl beschrieb das Runddorf – dem Bororo-Dorf vergleichbar – als in zwei Hälften geteilt. Doch eine andere Gruppe von Informanten beschrieb das Dorf als konzentrisch strukturiert mit einem inneren Kreis, »der die Gesamtheit der Hütten dem urbar gemachten Gelände entgegenstellt, das sich seinerseits dem das Ganze einschließenden Urwald entgegenstellt« (Lévi-Strauss 1977c: 151).[10] Diese von Radin beobachtete und von Lévi-Strauss diskutierte Anomalie hat jüngst Anstoß zu Vermutungen gegeben, an die hier angeschlossen werden soll. Slavoj Žižek verglich die beiden unterschiedlichen Perspektiven der Winnebago-Informanten mit modernen konflikt- beziehungsweise konsensorientierten Gesellschaftskonzeptionen, namentlich der politischen Links-/Rechts-Unterscheidung. Die Untergruppen würden die eigentliche Natur des politischen Raums unterschiedlich wahrnehmen. Für jemanden auf der politischen Linken wird der Raum durch einen fundamentalen Antagonismus getrennt, während jemand auf der Rechten im politischen Raum eine organische Einheit, die von fremden Eindringlingen gestört wird, vermutet (Žižek 2005: 264). Problematisch an dieser Interpretation ist gar nicht so sehr ihr Anachronismus. Schon Lévi-Strauss hatte angemerkt, die Frage, ob das amerikanische Zweiparteiensystem einen Ansatz von

9 So heißt es demgemäß auch in Luhmanns Diskussion segmentärer Gesellschaften: »In segmentären Gesellschaften ergibt sich die Inklusion aus der Zugehörigkeit zu einem der Segmente. Es gab begrenzte Möglichkeiten der Mobilität, kaum aber Überlebenschancen als Einzelner außerhalb jeder sozialen Zuordnung. Die Inklusion war folglich segmentär differenziert und schloß Exklusion mehr oder weniger effektiv aus.« (Luhmann 1998: 622)

10 Einer der Gründe für die Diskrepanz, so Lévi-Strauss, könnte darin bestehen, dass die Struktur des Dorfes in Wahrheit zu komplex war, um von einem einzigen Modell abgedeckt zu werden, und die Beziehung zwischen den Hälften nie so statisch ist, dass sie keine alternativen Beschreibungsmöglichkeiten zuließe.

Dualismus im Sinne dualer Organisationen bilde, sei alles andere als widersinnig, denn schließlich handle es sich bei dualistischen Organisationen um ein Organisationsprinzip, das unterschiedlich angewandt oder entwickelt sein könne (Lévi-Strauss 1993: 136). Es handle sich um eine heterogene »Methode zur Lösung vielfältiger Probleme«, nicht um eine Institution mit präzisen Merkmalen. Irregeleitet ist Žižeks Lesart, weil sie zweierlei übersieht:

Zunächst entgeht Žižek, dass – wie Lévi-Strauss explizit schreibt – »der Dualismus in sich doppelt ist« (Lévi-Strauss 1977c: 155). Denn auch das konzentrische Modell zeichnet einen Dualismus: nämlich den zwischen Zentrum und Peripherie: Zunächst zwischen dem bewohnten Innenkreis und einem gerodeten Außenkreis; und darüber hinaus zwischen diesen beiden und dem Wald, der das Dorf umgibt (man könnte sagen: zwischen Gesellschaft und Natur, beide voneinander getrennt durch eine Linie der Rodung). Deshalb spricht Lévi-Strauss von zwei Gegensatzpaaren: einem symmetrisch-diametralen und einem asymmetrisch-konzentrischen. Das erste durchzieht das Innere der Gesellschaft, das zweite grenzt sie von einem *unmarked space* der Nicht-Gesellschaft ab.

Sodann repräsentiert die diametrale Organisation – entgegen Žižeks Interpretation – in erster Linie keinen unüberbrückbaren Konflikt zwischen den beiden Hälften, sondern »eine Modalität des Prinzips der Gegenseitigkeit« (Lévi-Strauss 1993: 147). Die diametralen Hälften sind auf reziproke Weise miteinander verbunden. Dies betrifft in erster Linie den Frauentausch, aber ebenso rituelle Spiele oder Wettläufe, welche »die doppelte Haltung der Rivalität und der Solidarität« (ebd.: 128 f.) widerspiegeln, sowie wechselseitige Rituale wie jene der Bestattung der Toten der einen Hälfte durch die jeweils andere. Jedes Mal, so Lévi-Strauss, »wenn einem Mitglied einer Hälfte ein Recht oder eine Pflicht zufällt, verwirklichen sich diese immer zugunsten oder mit Hilfe der anderen Hälfte«, so dass er vorschlägt, wir mögen uns ein soziales Leben nach dem Modell von Fußballmannschaften vorstellen, »die, statt ihre jeweiligen Strategien durchkreuzen zu wollen, versuchen würden, sich gegenseitig zu helfen und den Vorteil am Grad der Vollkommenheit und Großzügigkeit messen würden, den jede von ihnen zu erreichen vermag« (Lévi-Strauss 1978: 213). Man könnte daher im besten Fall von einem *Agonismus* sprechen, wie wir ihn bei Lyotard und im zweiten Teil dieses Buches diskutieren werden, das heißt von einem symbolisch geregelten Konflikt. Ein solcher Agonismus ermöglicht soziale Inklusion, indem Gruppen einer geregelten, nur vorübergehenden oder partiellen Exklusionserfahrung ausgesetzt werden, die dennoch dem Reziprozitätsprinzip gehorcht. In solchen Fällen verstehen sich die Angehörigen der beiden Seiten als komplementäre Gegner oder Rivalen, die durch Rituale der Solidarität aneinander gebunden bleiben, nicht hingegen als Feinde. Zwar zwingen die Konflikte, denen das duale System ausgesetzt ist, dieses zur ständigen Neuorganisierung der Strukturen, doch bleiben Letztere »trotz allen Zwischenfällen, Konflikten und Zerstörungen Strukturen der Gegenseitigkeit« (ebd.: 142). Nur aufgrund der vielfachen symbolischen Regulierungen dieses wechselseitigen Verhältnisses, so scheint es jedenfalls zunächst, zerbrechen die dualen Organisationen nicht an ihrer Dualität.[11]

Bedeutet dies, dass kein fundamentaler Antagonismus – im Unterschied zu reziproken *Agonismen* – in den entsprechenden Gesellschaften ausgemacht werden kann? Erstaunlicherweise existiert tatsächlich ein solch fundamentaler innerer Antagonismus. Lévi-Strauss selbst diagnostiziert eine fundamentale Klassenspaltung, die dem reziproken Verhältnis von Rivalität und Solidarität zwischen diametralen Hälften entkommt, ja dieses Verhältnis subvertiert. Die entsprechende Spaltung verläuft überraschenderweise entlang *dreier* Exklusionslinien. Sie setzt dem exogamen binären Modell also ein ternäres entgegen, das mit ersterem grundsätzlich interferiert, da die drei voneinander getrennten Klassen *endogam* strukturiert sind. Man heiratet unter sich. Die diametrale Teilung, die anfangs noch zwei exogame Hälften zu trennen schien, erweist sich somit in Hinsicht auf die wahren Heiratsverhältnisse nur als *pseudo*-exogam.[12] Die entscheidende, jede andere Vorschrift wie im

11 Luhmann vermutet, die Grundnorm der Reziprozität in segmentären Gesellschaften sei notwendig, da ansonsten auftretende Asymmetrien zu Ungleichheiten führten und die Differenzierungsform verändern (Luhmann 1998: 649 ff.). Er unterschätzt allerdings die Asymmetrien, die dauernd verhandelt (etwa im konzentrischen Modell) und mit den Symmetrien in Übereinstimmung gebracht werden müssen, was, wie wir noch sehen werden, zu neuen Asymmetrien entlang unterschiedlicher dualer Achsen führen und gesellschaftliche Veränderungen anstoßen kann.

12 Die These von der *Pseudo*-Exogamie des diametralen Dualismus wurde von Lévi-Strauss in der Antwort auf einen Kritiker mit dem Hinweis spezifiziert, »daß die Teilung des Dorfs in exogame Hälften zu einer symbolischen Ordnung gehört,

Kartenspiel ausstechende Heiratsvorschrift lautet hingegen, dass nur *innerhalb* einer jeder dieser drei Klassen geheiratet werden darf. Diese Klassen, die womöglich aus historisch früheren Kasten hervorgingen, ziehen sich durch alle Clans hindurch. Lévi-Strauss bezeichnet sie als »obere«, »mittlere« und »untere« Klassen. Geheiratet wird folglich gemäß der Regel, »nach der ein Oberer der einen Hälfte notwendigerweise eine Obere der anderen Hälfte heiratet, ein Mittlerer eine Mittlere, ein Unterer eine Untere« (Lévi-Strauss 1977c: 160).

3.4. Das Reale des Antagonismus und die gespiegelte Gesellschaft

Lévi-Strauss ist also auf seiner Suche nach einer Erklärung des Prinzips dualer Gesellschaften auf eine in Wahrheit *dreifach* geteilte Gesellschaft gestoßen. Welche Funktion besitzt dann aber noch der Dualismus? Und wieso wurde die triadische Organisation an den Ritualen wie am Raumsystem der symbolischen Ordnung kaum bemerkt, während sie die Gesellschaft doch mit eiserner Logik in drei Parallelgesellschaften spaltet? Oder umgekehrt gefragt, weshalb, so Lévi-Strauss selbst, »haben Gesellschaften, die durch einen kräftigen Endogamiekoeffizienten gekennzeichnet sind, ein solch dringendes Bedürfnis, sich selbst zu mystifizieren und sich als von exogamen Institutionen klassischer Form, die ihnen aber nicht unmittelbar bewußt sind, beherrscht zu begreifen« (Lévi-Strauss 1977b: 147)? Die Antwort auf diese Frage lässt sich nicht so sehr in seinen mit größerer Vorsicht verfassten wissenschaftlichen Artikeln finden, sondern in der eher narrativ gehaltenen Beschreibung dualer Gesellschaften in *Traurige Tropen*. Dort wird deutlich erkennbar, dass Lévi-Strauss die ternäre Heiratsklassenlogik in Analogie zum Modell des Marxschen Klassenantagonismus versteht (bekanntlich

da ihre praktische Wirksamkeit durch eine tatsächliche Endogamie gewissermaßen annulliert wird. Hingegen verdient der konzentrische Dualismus des Bororo-Dorfs, der profane Kreislinie und heiliges Zentrum einander entgegenstellt, daß man ihm eine größere objektive Realität zuerkennt, weil ihm in dem System nichts widerspricht und er folglich alle seine Konsequenzen sowohl auf der Ebene des sozialen Lebens wie auf der des religiösen Denkens zu entfalten vermag.« (Lévi-Strauss 1992: 98) zählte Lévi-Strauss Marx, neben Freud und der Geologie, zu seinen drei frühen Inspirationsquellen). Und so argumentiert er auch ganz im Geiste und in der Diktion der marxschen Ideologiekritik, dass es den Bororo mithilfe ihrer Rituale der Pseudo-Exogamie gelungen sei, die realen gesellschaftlichen Spaltungen in ihrer Sozialstruktur imaginär zu »verschleiern« (Lévi-Strauss 1978: 188).[13] Er vergleicht es mit der westlichen Mär vom Weihnachtsmann. Wenn wir unseren Kindern diese Mär auftischen, dann weil uns »ihre Begeisterung wärmt« und uns hilft, »uns selbst zu täuschen und zu glauben – weil jene daran glauben –, daß eine Welt voller Großzügigkeit und ohne Gegenforderung nicht gänzlich unvereinbar sei mit der Realität« (ebd.: 236). Wenn uns die Informanten aus dualen Gesellschaften das Bild zweier reziprok-solidarisch zueinander stehender Hälften malen, dann erzählen sie uns eine Mär vom Weihnachtsmann, die nichts über die realen Widersprüche der Gesellschaft aussagt. Vielmehr beschreiben sie ein »Ballett«,

> in dem zwei Dorfhälften sich bemühen, füreinander und durch einander zu leben und zu atmen; indem sie Frauen, Güter und Dienstleistungen in einem eifrigen Bemühen um Gegenseitigkeit austauschen, ihre Kinder miteinander verheiraten, gegenseitig ihre Toten begraben und sich wechselseitig versichern, daß das Leben ewig, die Welt hilfreich und die Ge-

13 Lévi-Strauss weist darauf hin, dass noch andere gesellschaftliche Möglichkeiten der »Verschleierung« grundlegender Antagonismen in Betracht kämen. Bei einer weiteren Gesellschaft, den Mbaya-Caduveo, findet Lévi-Strauss keine Vorkehrung der Reziprozität zwischen zwei Hälften, hingegen findet er einen in die Kunstproduktion verschobenen, ornamental visualisierten Dualismus. Hier wendet Lévi-Strauss das ideologietheoretische Argument marxscher Provenienz zu einem freudschen *sublimierungstheoretischen Argument*: »Sie besaßen also keine Möglichkeit, ihre Widersprüche zu lösen oder sie wenigstens mit Hilfe listenreicher Institutionen zu vertuschen. Doch konnte ihnen dieses Heilmittel, das sie sich auf sozialer Ebene versagten, nicht vollständig entgehen. Es hat sich in ihre Gedanken eingeschlichen und sie verwirrt. Und da sie sich seiner nicht bewußt werden und es nicht leben konnten, haben sie begonnen, davon zu träumen. Nicht in direkter Form, denn diese wäre an ihren Vorurteilen gescheitert, sondern in verwandelter und scheinbar harmloser Form: in ihrer Kunst. Denn wenn unsere Analyse richtig ist, dann muß man die graphische Kunst der Caduveo-Frauen, ihre geheimnisvolle Verführungskraft und ihre auf den ersten Blick grundlose Kompliziertheit als die Phantasie einer Gesellschaft deuten und erklären, die mit ungestillter Leidenschaft nach Mitteln sucht, die Institutionen symbolisch darzustellen, die sie hätte haben können, wenn ihre Interessen und ihr Aberglaube sie nicht daran gehindert hätten.« (Lévi-Strauss 1978: 188 f.)

sellschaft gerecht ist. Um diese Wahrheiten zu beweisen und lebendig zu halten, haben ihre Weisen eine grandiose Kosmologie erarbeitet; sie haben sie im Plan ihrer Dörfer und in der Verteilung der Wohnstätten niedergelegt. Die Widersprüche, an denen sie sich stießen, haben sie immer wieder aufgenommen und einen Gegensatz nur akzeptiert, um ihn zugunsten eines anderen aufzuheben; sie haben die Gruppen längs und quer gespalten, sie miteinander verbunden und einander entgegengestellt und ihr gesamtes gesellschaftliches und geistiges Leben in eine Art Wappen verwandelt, bei dem sich Symmetrie und Asymmetrie die Waage halten [...]. (Ebd.: 236)

Am Ende soll von all diesen Versuchen der sozialen Harmonisierung und Pazifizierung, von all diesen agonistischen Ritualen um einen vorgeblichen Dualismus nur ein grundlegender Antagonismus, das heißt in diesem Fall das Exklusionsprinzip endogamer Heiratsklassen, übertüncht werden. Denn hinter dem »Deckmantel brüderlicher Institutionen« existieren »[d]rei Gesellschaften, die, ohne es zu wissen, für immer voneinander verschieden und getrennt bleiben, jede die Gefangene eines Dünkels, der sich durch irreführende Institutionen den eigenen Blicken entzieht, so daß eine jede das unbewußte Opfer von Ränken ist, deren Zweck sie nicht mehr durchschauen kann« (ebd.: 236 f.).[14]

Diese Passagen aus *Traurige Tropen* illustrieren, dass das lévi-strausssche Erklärungsmodell von der ideologiekritischen Semantik von Klassenantagonismus und ideologischer Verbrämung bestimmt ist. Man könnte folglich vermuten, es habe mit den objektivistischen Restbeständen des lévi-straussschen Strukturalismus zu tun, wenn Lévi-Strauss unbekümmert von der Existenz »einer untergründigen Wirklichkeit« und deren fragmentarischen »Übertragungen« (Lévi-Strauss 1977b: 141) auf die Ebene eines Überbaus ausgeht, ja diese explizit als »Epiphänomen« (Lévi-Strauss 1977c: 160 f.) bezeichnet. Und tatsächlich trifft zu, dass die Suche nach einer objektivistisch gefassten, tieferen Wirklichkeit – ähnlich der marxschen »ökonomischen Basis« – das ansonsten durchweg sozialkonstruktivistische Werk Lévi-Strauss', nicht nur in Bezug auf die so genannte materielle Basis der Ökonomie, durchzieht.

14 Ganz in diesem Sinne beschreibt Lévi-Strauss die Beerdigungsrituale der Bororo mit einer religionskritischen Anmerkung, die von Marx hätte stammen können. Diese *wie jede andere* Gesellschaft würde versuchen, »die realen Beziehungen, die zwischen den Lebenden bestehen, auf der Ebene des religiösen Denkens zu verbergen, zu beschönigen oder zu rechtfertigen« (ebd.: 237).

Der strukturalistische Objektivismus gibt sich vor allem dort als Spielart des Fundamentalismus zu erkennen, wo Lévi-Strauss die Objektivität der Struktur im Fundament des menschlichen Geistes verankert, also in einer mental-genetischen Objektivität *hinter* der sozial-symbolischen Objektivität (vgl. zur Kritik Laclau 2005: 68 f.).[15]

Mit der Hypothese von einem fundamentalen Antagonismus (wie auch der vergleichbaren These von der Heterogenitätsregel des Inzestverbots) verhält es sich jedoch anders. Die fundamentale Spaltung der Gesellschaft, wie sie bei Lévi-Strauss in Anlehnung an Marx anklingt und bei Laclau und Mouffe postmarxistisch ausformuliert werden wird, hat nicht die Funktion einer tieferliegenden *Objektivität*, sondern die eines *stumbling block* in Bezug auf jede Funktionalität – sie ist, was jede Objektivität blockiert, gleichsam weniger als objektiv macht. Eine soziale Spaltung besäße nur dort etwas im strengen Sinn Objektives, wo wir ihren genauen Verlauf nachzuzeichnen vermögen. Lévi-Strauss aber, dem die Kategorie eines fundamentalen Antagonismus – wie sie die vor allem an Lacans Begriff des Realen geschulte poststrukturalistische Sozialtheorie kennt – nicht zur Verfügung steht, ringt mit einem Rätsel. Seine Suche nach dem Geheimnis dualistischer Gesellschaften bringt sein Projekt zunehmend ins Schlingern. Statt zu Lösungen des Rätsels dualistischer Organisationen kommt es zu immer größeren Verstrickungen, findet er immer weitere Anhaltspunkte für immer neue Erklärungen. So wie Durkheim immer neue kreative Lösungen für das »spektrale« Objekt ersann, das den durkheimschen Objektivismus heimsuchte, so wird der lévi-straussche Objektivismus vom Gespenst eines unerklärlichen Antagonismus heimgesucht.

Gewiss, bislang wurde eine, wenn auch als ironisch zu bezeichnende Lösung angeboten: Das Geheimnis dualer Gesellschaften schien darin zu bestehen, dass sie gar nicht dual strukturiert sind. Weder fand sich eine unproblematische Einheit der Gesellschaft, noch fand sich eine unproblematische Zweiheit, sondern die Gesellschaft erwies sich als gespalten in *drei* endogame Klassen. Doch selbst mit dieser – vor dem Hintergrund eines marxistischen Klas-

15 Dieser »Grund« mag seinerseits wiederum im Gewand der Wissenschaft auftreten, es handelt sich dennoch um eine zutiefst metaphysische Figur, denn Metaphysik ist geradezu dadurch definiert, dass eine solche »Hinterwelt« postuliert wird; Metaphysiker sind, wie Nietzsche sie polemisch nannte, *Hinterweltler.*

senverständnisses nicht unbedingt intuitiven – triadischen Klassenlogik gibt Lévi-Strauss sich nicht zufrieden und wendet das Modell so lange hin und her, bis er es wiederum auf einen neuen Dualismus zurückführen konnte.[16] Zu Hilfe kommt ihm folgende Beobachtung:

Jeder Clan, so wurde gesagt, ist in drei nebeneinander liegende Klassen der Oberen, Mittleren und Unteren differenziert. Deren räumliche Reihenfolge wird im kreisförmigen Grundriss des Dorfes beibehalten, so dass (im Uhrzeigersinn gesehen) an jede untere Klasse des einen Clans wieder eine obere des benachbarten Clans anschließt. Diese Alternationslogik macht hingegen dort halt, wo die äußersten Clans jeder Hälfte an der Ost-West-Achse aufeinandertreffen. An die Unteren des letzten Clans der Südhälfte des Dorfkreises schließen nicht etwa wieder die Oberen des ersten Clans der Nordhälfte an, sondern wiederum die Unteren dieses Clans. Das hat folgende Konsequenz: staucht man die Halbkreise und fädelt die jeweils vier Clans jeder Hälfte horizontal entlang dieser Ost-West-Achse auf, so ergibt sich eine Spiegelbeziehung zwischen den Heiratsklassen. Jede der drei Heiratsklassen sieht sich auf der anderen Seite der Achse genau derselben Klasse des dortigen Clans gegenüber: die Oberen den Oberen, die Mittleren den Mittleren und die Unteren den Unteren: »die Symmetrie der Klassen im Vergleich zu den Hälften ist *spiegelbildlich*« (Lévi-Strauss 1977c: 161). Die Ost-West-Achse, so kann man aus dieser Anmerkung folgern, fungiert daher als ein Spiegel, der in Bezug auf die Klassentrennung jeder Hälfte das eigene Bild zurückwirft und sie damit von der anderen Hälfte sehr viel mehr trennt als mit ihr verbindet. Es ist wohl dieser Umstand, der Lévi-Strauss zur folgenden, wie so oft in seinem Artikel nicht weiter ausgeführten Schlussfolgerung veranlasst: »Aus dieser bemerkenswerten Anordnung scheint sich zu ergeben, daß die Eingeborenen ihr Dorf trotz seiner Rundform nicht als ein einziges Objekt denken, das in zwei Teile zerlegbar ist, sondern eher als zwei verschiedene und aneinandergeklebte Objekte.« (Ebd.: 162)

Nimmt man diese Beobachtung ernst, wird man – über Lévi-Strauss hinausgehend – schließen müssen, dass sich die ternäre

16 Dies ist umso erstaunlicher, als die Interferenz von geraden (symmetrischen) mit ungeraden (asymmetrischen) Ordnungsstrukturen für Lévi-Strauss' Analysen eine wichtige Rolle spielt.

Klassenspaltung implizit in einer weiteren imaginären Spaltung spiegelt (die jeweiligen drei »Klassengesellschaften« der beiden Hälften sehen – mit Blick auf die Ost-West-Achse – auf der anderen Seite der Achse jeweils nur die eigene Klasse). Das hätte zum Ergebnis, dass die Ost-West-Achse die Funktion eines doppelseitigen Spiegels annimmt und die beiden Hälften, die von dieser Achse eigentlich rituell miteinander vermittelt werden sollten, erneut auseinanderfielen. Jenes Medium, dessen Aufgabe es eigentlich wäre, die Gesellschaft über ihre eigene Spaltung hinwegzutäuschen, die Ost-West-Achse, würde nur eine erneute, ja potenzierte Spaltung produzieren. Jene Versöhnungs- oder Pazifizierungsachse, mit deren Hilfe Reziprozität zwischen den beiden Hälften hergestellt werden sollte, erwiese sich nun selbst als eigentlicher Spaltpilz dieser Gesellschaft. Beide Seiten hätten, wenn man so will, ihr »Spiegelstadium« nicht verlassen: Ihr Blick auf die Gesellschaft wirft immer nur das eigene Spiegelbild zurück. Es ist – aus dem Inneren der Gesellschaft – unmöglich, über diesen Graben hinweg auf die jeweils andere Seite des Antagonismus zu blicken. Auf die andere Seite des Spiegels zu sehen, das wäre nur einer Alice im Wunderland möglich. Von außen betrachtet aber erweist sich diese Gesellschaft als ein konstitutiv gespaltenes Objekt, als eine *antagonistische Totalität,* wie Adorno es nennen würde (vgl. Kapitel 8 in diesem Band).

Und dennoch ist auch diese Lösung aus der Perspektive einer postfundamentalistischen Sozialtheorie unbefriedigend, denn sie lässt uns den Begriff des Antagonismus nicht als einen radikalen Heterogenitäts- und Kontingenzbegriff verstehen. Zu sehr verankert sie ihn noch im Imaginären eines Dualismus – ja Lévi-Strauss führt letztlich die ternäre Klassenspaltung wieder nur auf einen solchen Dualismus zurück. Damit zeigt sich die Gesellschaft, so das Bild, als eine aus zwei Hälften zusammengeklebte Totalität. Was aber, wenn der Antagonismus, der sich im Inneren des Gesellschaftssystems entfaltet, nicht in Form von Dualismen abbildbar wäre? Wenn dieser fundamentale Antagonismus vielmehr die Schließung des Systems zu einer Totalität an allen möglichen Stellen stören, unterlaufen und blockieren würde, ohne deshalb zwei spiegelbildliche Seiten zu erzeugen. An diesem Punkt können wir durchaus einen weiteren, produktiven Hinweis Slavoj Žižeks aufnehmen. Die verschiedenen imaginären oder objektivistisch vorgestellten Dualismen lassen sich ihrerseits als innergesellschaftliche Symptome eines fundamentaleren Antagonismus verstehen, der als solcher undarstellbar bleibt: »Die Spaltung in zwei ›relative‹ Wahrnehmungsweisen impliziert den verborgenen Bezug auf eine Konstante – nicht auf die objektive ›tatsächliche‹ Disposition der Gebäude, sondern auf einen traumatischen Kern, einen fundamentalen Antagonismus, den die Einwohner des Dorfes nicht symbolisieren, nicht ›internalisieren‹ können, mit dem sie nicht umgehen können, auf ein Ungleichgewicht der sozialen Verhältnisse, das die Gemeinschaft davon abhält, sich zu einem harmonischen Ganzen zu stabilisieren.« (Žižek 2005: 264) Die zwei Perspektiven auf die eigene Gesellschaft versuchten auf unterschiedliche Weise, mit dieser Wunde umzugehen.

Das Konzept des Antagonismus könnte also eine Erklärung dafür liefen, weshalb Lévi-Strauss' Suche nicht von Erfolg gekrönt war. Es könnte sein, dass alle Spaltungen der Gesellschaft, die Lévi-Strauss aufgetan hat, deshalb keine befriedigende Erklärung erfuhren, weil sie nur Ausdruck einer grundsätzlicheren Inkommensurabilität der Gesellschaft mit sich selbst sind. Solange sich die Teile, die aus einer Spaltung hervorgehen (seien es zwei, drei oder beliebig viele Teile), zu einer Gesamtheit addieren, ist die Kommensurabilität – die Gleichzähligkeit der Teile – der Gesellschaft gegeben. Wenn die Permutationstotalität Gesellschaft hingegen mit sich selbst inkommensurabel sein sollte, wird sie nicht in der Summe ihrer Teile aufgehen können und jenes über- oder unterzählige Objekt produzieren, von dem uns bereits die Diskussion Durkheims eine Vorahnung gegeben hat. Es ist nicht so, dass Lévi-Strauss sich nicht an der Inkommensurabilität der von ihm untersuchten dualen Gesellschaften abarbeiten würde, aber es gelingt ihm nicht – und kann ihm auf Basis des strukturalistischen Theoriedesigns nicht gelingen –, diese Inkommensurabilität in der Theorie selbst auszuweisen. Trifft das zu, dann bleibt für uns zu erarbeiten, wie das »Trauma« einer solchen Inkommensurabilität, also eines grundlegenden Antagonismus, nicht nur – wie von Žižek – metaphorisch beschworen, sondern *sozialtheoretisch* gedacht werden kann. Eine Frage, die im Mittelpunkt des zweiten Teils unserer Untersuchung stehen wird. Noch sind wir jedoch mitten im Versuch, die Logik jenes paradoxen, über- oder unterzähligen Objekts zu entwickeln, das sich bereits in der Hochzeit des Strukturalismus bei Lévi-Strauss ankündigt.

3.5. Die Null-Institution

Wie man sieht, unterscheidet sich der Strukturalismus klassischer Prägung vom so genannten Poststrukturalismus durch seinen mangelnden Sinn für jene Aspekte des Sozialen, die den Permutationsmechanismen einer differenziell gebauten Systemtotalität entkommen. Mit Lacan gesprochen reduziert der lévi-strausssche Strukturalismus die Gesellschaft auf das Symbolische, ohne das Reale, in diesem Fall den Antagonismus (die ultimative Blockade jeder sozialen Funktion) in Rechnung zu stellen. Das bedeutet allerdings nicht, dass der Strukturalismus in einem reinen Objektivismus aufginge. Unter der Hand gerät ihm die arithmetisch abgebildete Systemtotalität in Bewegung, stößt sich an jenem eingangs erwähnten nicht-funktionalen *Rest* eines jeden Funktionszusammenhangs, der wiederum mit einer sich allen Erklärungsversuchen entziehenden traumatischen Spaltung zusammenzuhängen scheint. Es mag sein, dass Lévi-Strauss nicht die Mittel an der Hand hat, um dem Problem als solchem theoretisch gerecht zu werden. Die Größe seines Werks zeigt sich aber genau dort, wo er diesem Rest und dieser Spaltung, die er nicht erklären kann, dennoch nicht ausweicht, sondern ihr durch Einführung eines neuen und bewusst paradox gestalteten Theoriebausteins begegnet. An dieser Stelle gewinnt der Strukturalismus Fahrt und beginnt sich in Richtung Poststrukturalismus selbst zu überholen. Um welchen Baustein handelt es sich?

Nehmen wir an, die dualen Gesellschaften sind tatsächlich durch eine tiefe, unüberbrückbare Spaltung gezeichnet. In diesem Fall ist fraglich, was denn überhaupt die Einheit einer solchen Gesellschaft garantiert. Ursprünglich wurde ja vermutet, die Ost-West-Achse habe – als Medium agonistisch-reziproker Rituale – eine vermittelnde Funktion zwischen den beiden Hälften und würde zugleich die wahre Spaltung in drei voneinander separierte Klassen verschleiern. Allerdings hat sich im Zuge meiner Rekonstruktion des lévi-straussschen Arguments gezeigt, dass die Ost-West-Achse letztlich nur eine noch radikalere Spaltung zwischen den beiden Hälften heraufbeschwört, indem sie sich als doppelseitiger Spiegel zwischen die beiden Teile schiebt. Damit schließt Lévi-Strauss aber die Möglichkeit aus, dass die agonistischen Riten, die entlang der Ost-West-Achse vollzogen werden, die antagonistische Klassentrennung der Gesellschaft überwinden helfen. Diese Implikation ist durchaus erstaunlich für einen Ethnologen: Es sind *eben nicht* – oder nicht im Wesentlichen – die imaginären, kulturellen Riten, die die Gesellschaft im Innersten zusammenhalten, also soziale Kohäsion garantieren. Sie mögen die grundlegende Spaltung durchaus notdürftig überkleistern, bleiben aber letztlich in Bezug auf diese Spaltung immer nur epiphenomenal. Fast könnte man sagen, sie hätten nur ornamentale Funktion. Diejenige Institution, die Gesellschaft überhaupt erst *als eine* ins Leben ruft, muss anderswo gesucht werden. Es ist nicht die Tünche, die das Haus zusammenhält.

An dieser Stelle wartet Lévi-Strauss mit einer nicht-objektivistischen Lösung auf, die einen gesellschaftstheoretischen Vorteil besitzt, indem sie den Gesellschaftseffekt nicht allein auf Interaktionsrituale zwischen Mitgliedern der beiden Hälften zurückführt. Diese neue Instanz belegt Lévi-Strauss mit dem Namen der *Null-Institution*. Erstaunlicherweise, doch darf man sich davon nicht irritieren lassen, macht er sie in einem weiteren Dualismus aus, der in unserer Darstellung bislang nicht erwähnten Nord-Süd-Achse. Sie steht, wie man mit einem Ausdruck Luhmanns sagen könnte, orthogonal zu den bisher beobachteten Spaltungslinien. Gemäß ihrer Lokalisierung in Bezug auf die Nord-Süd-Achse werden die beiden nun differenzierten Gruppen als die »stromaufwärts« und die »stromabwärts« bezeichnet.[17] Allerdings sei die genaue Funktion dieser Achse »dunkel« (Lévi-Strauss 1977c: 176), denn »[l]eider ist es bisher noch keinem Beobachter gelungen, die genaue Bedeutung dieser zweiten Spaltung zu erfassen« (Lévi-Strauss 1978: 214). Lévi-Strauss' eigener Vorschlag zur Erhellung ihrer dunklen Funktion muss als paradox bezeichnet werden. Er vermutet, ihre Funktion könnte gerade darin bestehen, »daß die Nord-Süd-Achse überhaupt keine Funktion hat, es sei denn die, der Bororo-Gesellschaft die Existenz zu ermöglichen« (Lévi-Strauss 1977c: 177):

Die Dreiteilung entspricht keinem einigenden Prinzip, insofern sie auch – weil sie die Unmöglichkeit der Heirat wiedergibt – einen negativen Wert des Systems zum Ausdruck bringt. Das einzig verfügbare einigende Element wird also durch die Nord-Süd-Achse geliefert, auch dies noch unter Vorbehalt: denn auch wenn sie eine Bedeutung für den Wohnort hat, bleibt

17 Das impliziert, dass die Bevölkerung von der »vertikalen« Achse nun in vier Segmente unterteilt wird: Cera und Tugaré werden nochmals in je zwei Sektionen zu je vier Clans differenziert.

diese doch zweideutig; sie hat Bezug auf das Dorf, hat aber seine Teilung in zwei getrennte Gebiete zur Folge. (Ebd.: 177)

Obwohl also die Nord-Süd-Achse wiederum nur einen weiteren Dualismus produziert, ermöglicht gerade die *Funktionslosigkeit* dieses Dualismus der von Spaltungen geprägten Klassengesellschaft – die in drei Parallelgesellschaften oder in zwei Spiegelgesellschaften zu zerfallen droht – ein gewisses Ausmaß an Kohärenz und Totalität. Deren Existenz als Gesamtgesellschaft wird allerdings nicht länger auf rituelle Weise gesichert, wie dies die Ost-West-Achse zu tun vorgibt, indem sie Reziprozitätsbeziehungen zwischen den beiden pseudo-exogamen Hälften herstellt, sondern kann von der Nord-Süd-Achse paradoxerweise genau deshalb hervorgebracht werden, weil diese *keine* rituell einigende Funktion besitzt. Die Einheit des Ganzen wird somit von einem im Verhältnis zum Ganzen wie zur Teilung *überschüssigen* Element garantiert:

Aber es ist nicht das erste mal, daß die Forschung uns institutionellen Formen gegenüberstellt, die man *Null-Typus* nennen könnte. Diese hätten keine andere Eigenschaft als die, die vorläufigen Existenzbedingungen des sozialen Systems einzuführen, von dem sie abhängen und dem ihr – an sich bedeutungsloses – Vorhandensein gestattet, sich als Ganzheit zu setzen. Die Soziologie würde damit auf ein wesentliches Problem stoßen, das sie mit der Sprachforschung gemein hat, das ihr aber auf ihrem eigenen Gebiet anscheinend noch nicht völlig bewußt geworden ist. Dieses Problem besteht in dem Vorhandensein von Institutionen ohne allen Sinn, es sei denn den, der Gesellschaft, die sie besitzt, einen zu geben. (Ebd.)

Lévi-Strauss führt, wie so oft, den Gedanken nicht weiter aus, obwohl dessen Relevanz offensichtlich ist, hängt doch von dieser Institution die Existenz der Gesamtgesellschaft ab, ja in gewisser Hinsicht *ist* die Null-Institution die Gesellschaft. (Die Analogie zum Inzestverbot ist mit Händen zu greifen: wie das Inzestverbot die Regel in ihrer reinen Form darstellt, so stellt die Null-Institution die Institution in ihrer reinen Form unter Absehung von jeder Funktion dar.) Auch bemüht er sich im Zusammenhang der Diskussion dualer Gesellschaften nicht, seinen Gedanken weiter zu plausibilisieren. Aber an prominenter Stelle in seinem Werk findet sich eine weiterführende Erklärung solch institutioneller Formen des Null-Typus, die an Erkenntnisse der Phonologie angelehnt ist. In seiner Einleitung zum Werk von Marcel Mauss bezieht sich

Lévi-Strauss auf Roman Jakobsons linguistisches Konzept des Null-Phonems, das im Unterschied zu allen anderen Phonemen kein differenzielles Merkmal besitzt, sondern sich nur der Abwesenheit des Phonems entgegensetzt. Dieses Modell überträgt Lévi-Strauss auf die Sozialwissenschaft und erkennt es in dem von Mauss untersuchten melanesischen Begriff des *mana* wieder.[18] Es handelt sich um ein nicht weiter bedeutsames symbolisches Zirkulationsobjekt unbestimmter Qualität, dem etwa ein universal einsetzbares Wort wie das französische *truc* entsprechen würde oder das deutsche *Dingsda*. Wörter, auf die wir zurückgreifen, sobald wir einem Gegenstand begegnen, »der unbekannt ist oder dessen Wirkung uns stutzen läßt« (Lévi-Strauss 1999: 35). Dies wird von Lévi-Strauss dahingehend interpretiert, »daß die Funktion der Begriffe vom Typus *mana* darin besteht, sich der Abwesenheit von Sinn entgegenzusetzen, ohne selbst irgendeinen bestimmten Sinn mitzubringen« (ebd.: 40). Ein solcher Begriff sei, so vermutet Lévi-Strauss, »bloße Form oder genauer Symbol im Reinzustand und deswegen in der Lage, einen wie immer gearteten symbolischen Inhalt aufzunehmen. [...] In diesem für jede Kosmologie konstitutiven System von Symbolen wäre es einfach ein *symbolischer Nullwert*, das heißt ein Zeichen, das die Notwendigkeit eines supplementären symbolischen Inhalts markiert.« (Ebd.)

Übertragen wir diese Thesen aus der Mauss-Einleitung auf die Studien zur dualen Gesellschaft, um sie nun postfundamentalistisch zu interpretieren. Wenn die mysteriöse Nord-Süd-Achse als so genannte Null-Institution keine bestimmte Funktion besitzt, dann folglich deshalb, weil sie sich der *Abwesenheit von Funktion* – und in diesem Sinne von Gesellschaft – *entgegensetzt*. Eine Null-Institution, definiert als Institution ohne bestimmte Funktion, wäre genau jener von uns gesuchte nicht-banale *Rest*, der die Banalität des

18 Mauss beschreibt diese Idee des *mana* mit nahezu den gleichen Begriffen wie Lévi-Strauss die mysteriöse Nord-Süd-Achse beschreibt, nämlich als paradoxes Objekt: »Die Idee des mana ist eine dieser verworrenen Ideen, von denen wir uns befreit glauben und die wir infolgedessen nur mit Mühe begrifflich fassen können. Sie ist dunkel und verschwommen und doch von einem auf befremdliche Weise bestimmten Gebrauch. Sie ist abstrakt und allgemein und dennoch von Konkretem erfüllt.« Allerdings zieht er den Schluss: »Ihre ursprüngliche, das heißt komplexe und verworrene Natur verbietet es uns, eine logische Analyse vorzunehmen, wir müssen uns darauf beschränken, sie zu beschreiben.« (Mauss 1999: 141)

(zumindest partiellen) Funktionierens einer Gesellschaft garantiert, insofern er der Absurdität ihres vollständigen Funktionierens entkommt. Sie ist kein *Teil* des *Ganzen* der Gesellschaft, sondern jene Ausnahme vom Ganzen, die ein (aufgrund der Notwendigkeit einer solchen Ausnahme immer unvollständiges) Ganzes überhaupt erst ermöglicht. Ihre eigene Notwendigkeit, also die Unabdingbarkeit der Ausnahme einer Null-Institution, wird erzwungen durch das eigentliche »Geheimnis«, dem Lévi-Strauss zumindest auf der Spur war. Das Geheimnis dualer Gesellschaften ist nämlich, wie erwähnt, dass sie überhaupt nicht dual sind. Aber, wie wir gesehen hatten, nicht etwa deshalb, weil sie stattdessen in drei Teile zerfielen, sondern weil sich hinter allen Trennlinien eine Selbstblockade verbirgt, ein *Antagonismus,* der in keinen Spiegelbeziehungen zwischen Clans (oder modern und mit Carl Schmitt: zwischen Freund und Feind) aufgeht, sondern vielmehr als Merkmal der unausweichlichen Instabilität, genauer: der notwendigen Kontingenz und ultimativen Grundlosigkeit sozialer Ordnung auftritt. Soll es dennoch zu partiellen Gesellschaftseffekten kommen, muss sich innerhalb der Gesellschaft ein Objekt der Abwesenheit der Gesellschaft entgegensetzen.

3.6. Deleuze: Die serielle Soziologie und das Objekt = x

Ich breche an dieser Stelle die Diskussion des lévi-straussschen Strukturalismus ab. Es hat sich die Vermutung herausgeschält, dass ein inneres Verhältnis zwischen dem grundlegenden Antagonismus und der Gesellschaft als einem paradoxen Objekt bestehen könnte. Die Null-Institution ist ein solch sinnloses Objekt, dessen einziger Sinn darin besteht, sich der Abwesenheit von Sinn entgegenzusetzen. So betrachtet hätte Lévi-Strauss einen ersten und doch entscheidenden Hinweis gegeben, wie Gesellschaft als unmögliches Objekt (als *Ding*) möglich wird auf Basis einer sie selbst blockierenden, fundamentalen Unmöglichkeit. Diese »poststrukturalistische« Lektüre grenzt sich keineswegs ab vom Strukturalismus oder versucht diesen in irgendeiner Weise zu überwinden. Sie arbeitet nur jene Momente der Autodekonstruktion eines Strukturalismus heraus, der sich selbst als objektivistisch, szientistisch und rationalistisch (miss-)verstand – und damit durchaus in die Durkheim-

Nachfolge stellte –, ohne die Gespenster, die er selbst rief, loszuwerden.

Gilles Deleuze hat mit seiner frühen synthetisierenden Rekonstruktion strukturalistischer Ansätze illustriert, dass der Strukturalismus bereits in sich über sich selbst hinaustreibt. Die kleine Schrift mit dem Titel *Was ist der Strukturalismus?* erschien auf dem Gipfelpunkt des Strukturalismus, nur ein Jahr nach dem – folgt man Dosse (1999) – *annus mirabilis* des Strukturalismus 1966, dem Erscheinungsjahr von unter anderem Foucaults *Les mots et les choses* und Lacans *Écrits*. Diese Schrift nimmt aber nur Themen auf, die sich in den beiden Hauptwerken dieser Phase, *Differenz und Wiederholung* (dt. 2007) und *Logik des Sinns* (dt. 1993), ebenso finden lassen. Man kann daher behaupten, dass auch Letztere den Strukturalismus synthetisierend über sich selbst hinaustreiben. Und nach dem bisher Gesagten ist es wohl kaum überraschend, dass es der Einsatzpunkt des Objekts ist, an dem sich der Strukturalismus selbst paradoxiert und als Poststrukturalismus *avant la lettre* erweist.[19]

Der Deleuze dieser Phase übersetzt die von ihm beschriebenen Strukturalismusspielarten zunächst in eine Theorie der Serialität – man denke an die serielle Musik eines Boulez –, die später auch für eine »serielle Soziologie« (Bude 1991) herangezogen wurde. Die Grundlagen des deleuzeschen Serialismus stellen sich folgendermaßen dar: Als Totalität lässt sich eine Struktur nur hinsichtlich der *virtuellen* Gesamtheit ihrer Elemente verstehen, die sich aber nie *als* Gesamtheit aktualisiert. Deshalb gibt es, wie Deleuze explizit anmerkt, »keine totale Gesellschaft«, würde dies doch voraussetzen, dass eine noch undifferenzierte Virtualität sich strukturell vollständig ausdifferenziert hätte (Deleuze 1992a: 29). Stattdessen wird die aktualisierte Struktur von Differenzen vom Überfluss der, wie Deleuze schreibt, *Differentiation* unterlaufen: »Differen*tiation* nennen wir die Bestimmung des virtuellen Inhalts der Idee; Differen*zierung* nennen wir die Aktualisierung dieser Virtualität in Arten und in unterschiedenen Teilen.« (Deleuze 2007: 262) Wie aber ist dann die Passage der Aktualisierung, das heißt wie ist die Aus-Differenzierung des virtuellen Flusses der *Differentiation* zu einem System

19 Der Abstieg des klassischen Strukturalismus sollte dann auch rasant vor sich gehen. Die Ereignisse von 1968 werden dem von den politischen Aktivisten als unpolitisch wahrgenommenen Strukturalismus nur ein Jahr später den Todesstoß versetzen.

relationaler Differenzen vorzustellen?[20] Wie wird eine Struktur durch Auswahl und Kombination virtueller Elemente zumindest vorübergehend fixiert?

Die Antwort: Die differenziellen Elemente müssen zu einer Serie organisiert werden. Eine Struktur ist aber erst dann aktualisiert, wenn eine solche Serie mit zumindest einer weiteren Serie von Elementen in Bezug gesetzt wird. Deleuze nimmt hier das saussuresche Modell von den beiden Strömen der Signifikanten einerseits und der Signifikate andererseits wörtlich. Jeweils für sich ergeben weder der Strom der Signifikanten noch der Strom der Signifikate einen Bezeichnungseffekt. Das Zeichen und damit Signifikation erfordert die, wenn auch arbiträre, vertikale Verkettung dieser beiden Ströme der Signifikanten und Signifikate zu zwei korrespondierenden Serien. Für Deleuze ist *jede* bedeutungsgenerierende Struktur notwendig durch eine zumindest zweifache Serialität organisiert. Wie man sofort bemerkt, verschiebt diese Lösung das Problem aber nur. Sie erklärt nicht, wie die Korrespondenz zwischen den beiden heterogenen Serien gewährleistet werden kann. Was benötigt wird, ist eine Instanz, die einerseits eine vorübergehende Verbindung der Serien produziert und andererseits deren Zusammenfallen zu *einer* Serie verhindert – denn, so fragt Deleuze besorgt, was hindere »die beiden Serien sich einfach gegenseitig zu reflektieren und von daher ihre Glieder eins nach dem anderen miteinander zu identifizieren?«, womit das symbolische Strukturensemble zu einer imaginären Totalität verschmelzen würde (Deleuze 1992a: 39). Die Struktur ist nur dann operativ, also bedeutungserzeugend, wenn die beiden Serien in Korrespondenz gebracht werden, ohne sich endgültig ineinander zu verkeilen oder zu einer Serie zu verschmelzen, was einen zumindest minimalen Grad der Verschiebung zwischen den Gliedern einer Serie zu denen der anderen bedingt.

Wodurch wird diese Verschiebung angestoßen, und zwar ohne dass sie zur Entkoppelung der beiden Serien führen würde? Die Antwort: Durch »ein völlig paradoxes Objekt« (ebd.: 41). Dessen Funktion bestehe darin, »die heterogenen Serien zu durchlaufen und sie einerseits zu koordinieren, in Resonanz zu versetzen und konvergieren zu lassen, sie andererseits zu verzweigen, in jede Serie

20 Die Nähe zu Derridas Quasi-Konzept der *différance* ist natürlich offensichtlich, in einer Fußnote von *Differenz und Wiederholung* bezieht sich Deleuze auch auf das Quasi-Konzept seines Kollegen (Deleuze 2007: 164).

Disjunktionen einzuführen« (Deleuze 1993a: 92). Dieses paradoxe Objekt zirkuliert durch die Serien wie der Refrain durch die Couplets eines Chansons (Deleuze 1992a: 42) oder wie der Brief in der von Lacan interpretierten Erzählung Poes:[21] Das Objekt verschiebt auf diese Weise die beiden Serien zueinander, doch zugleich verbindet es sie. Es fungiert als ein gemeinsamer Bezugs- und Orientierungspunkt, der die differenziellen Elemente der Serien in jedem Moment zueinander in Beziehung setzt als deren Konvergenzpunkt. Nun muss es sich bei diesem Objekt, damit es seiner Aufgabe gerecht werden kann, die beiden Seiten zu verbinden und zugleich zu trennen, um *ein* Objekt handeln, das *beiden* Serien immanent ist. Das hebt seinen ontologischen Status von dem aller anderen Elemente dieser Serien ab. Denn wenn wir nicht wieder dem Objektivismus verfallen wollen, der in diesem Objekt schlichtweg ein neues Fundament vermuten würde, das die Serien gründet (damit aber auch den Fluss der Bedeutung stillstellt), werden wir mit dem paradoxen Status dieses Objekts zu Rande kommen müssen.

Paradox ist das Objekt, weil es sowohl zu beiden Serien gehört als auch zu keiner der Serien. Es ist ihm eigen, »im Verhältnis zu sich selbst immer verschoben zu sein, ›an seinem eigenen Platz‹ zu fehlen, seiner eigenen Identität, seiner eigenen Ähnlichkeit, seinem eigenen Gleichgewicht zu ermangeln. Es taucht in einer Serie als Überschuß auf, aber nur, um zur gleichen Zeit in der anderen als ein Fehlen zu erscheinen. Wenn es aber in der einen als Überschuß vorkommt, dann als leeres Feld; und wenn es in der anderen als Fehlen vorkommt, dann als überzähliger Spielstein oder als Besetzer ohne Feld.« (Deleuze 1993a: 74) Es existiere »kein seltsameres Element als dieses Ding mit zwei Seiten, mit zwei ungleichen und ungeraden ›Hälften‹« (ebd.: 63). Wir haben es also mit einem Objekt zu tun, das seine Funktion nur erfüllen kann, sofern es *nicht mit sich selbst identisch ist*, das heißt aus Perspektive einer Serie im-

21 Dort hält ein Brief die Erzählung am Laufen, indem er durch zwei Serien zirkuliert. Zwei aufeinander bezogene narrative Sequenzen würden von der Struktur der Erzählung inszeniert, »deren Plätze von wechselnden Personen besetzt sind: dem König, der den Brief nicht sieht – der Königin, die sich darüber freut, ihn um so besser verborgen zu haben, als sie ihn unauffällig hat liegenlassen – dem Minister, der alles sieht und den Brief nimmt (erste Serie); der Polizei, die bei dem Minister nichts findet; dem Minister, der sich freut, den Brief um so besser verborgen zu haben, als er ihn auffällig hat liegenlassen – Dupin, der alles sieht und den Brief zurücknimmt (zweite Serie)« (Deleuze 1992a: 37 f.).

mer entweder fehlt oder überschüssig ist, aber nie seinen Platz unter den anderen Elementen dieser Serie findet. Dieses Objekt steht also nicht nur zwischen den beiden Serien (indem es sie verbindet), es ist auch, so Deleuze mit Bezug auf Lacan, »immer im Verhältnis zu sich selbst verschoben. Es hat die Eigenschaft, nicht dort zu sein, wo man es sucht, aber dafür auch gefunden zu werden, wo es nicht ist.« (Deleuze 1992a: 43 f.)

Es ist zugleich Wort = X und Sache = X. Es hat zwei Seiten, weil es zur gleichen Zeit zwei Serien zugehört, die aber niemals sich ausgleichen, decken oder zu Paaren fügen, da es sich im Verhältnis zu sich selbst immer im Ungleichgewicht befindet. Um diese Wechselbeziehung und diese Dissymmetrie zu belegen, haben wir variable Paare verwendet: Es ist zugleich Überschuß und Mangel, leeres Feld und überzähliges Objekt, Platz ohne Besetzer und Besetzer ohne Platz, ›flottierender Signifikant‹ und zum Flottieren gebrachtes Signifikat, esoterisches Wort und exoterische Sache, ausgelassenes, ›weißes‹ Wort und schwarzes Objekt. (Deleuze 1993a: 92)

Wieder begegnen wir im Strukturalismus jenem entweder *überzähligen* oder *unterzähligen* Objekt, das schon Durkheims Objektivismus heimgesucht hatte.[22] Deleuze macht in dieser paradoxen Instanz sogar ein allgemeines Merkmal jedes Strukturalismus aus: »Kein Strukturalismus ohne diesen Nullpunkt.« (Deleuze 1992a: 45) Er sieht ihn im leeren beziehungsweise nicht sichtbaren Platz des Königs, wie er in Foucaults *Ordnung der Dinge* am berühmten Gemälde von Velazquez beschrieben wurde, er sieht ihn in der Literatur bei Philippe Sollers, der vom »blinden Fleck« spricht, er sieht ihn bei Lacans Schüler Jacques-Alain Miller, der von einem »Null-

22 Bahnt sich damit nicht auch eine provisorische Antwort auf die Frage nach dem epistemologischen Status von Gesellschaft im Sinne einer postfundamentalistischen Gesellschaftstheorie an, das heißt im Sinne eines Konzepts, das zu jeder Sozialtheorie begrifflich hinzutreten muss, das zugleich aber eine »ärgerliche Tatsache« darstellt, die sich in ihrer zwangs- und irritationsförmigen »Objektalität« gleichsam, um Adornos Beschreibung zu verwenden, »auf der Haut spüren« lässt? Wenn man dahinter überhaupt ein epistemologisches Problem vermuten will (in einer Perspektive wie jener Heideggers stellen sich solche Fragen nach dem epistemologischen Status eines Begriffs zum Beispiel gar nicht), dann lässt sich vor dem Hintergrund des deleuzeschen Theorievorschlags nun sagen: Gesellschaft ist Begriff *in einer Serie*, aber Objekt *in einer andern*. Ihre paradoxe Natur ergibt sich daraus, dass sie – als »Wort« und »Sache« – nie mit sich selbst zusammenfällt.

punkt« der Struktur spricht, und er sieht ihn in Jakobsons Nullphonem und schließlich in Lévi-Strauss Null-Institution wie etwa dem »Mana« der Melanesier (ebd.: 46). Wenn Deleuze also mit seiner Darstellung des Strukturalismus antritt, um ein »System von Echos« (ebd.: 59) zwischen sehr verschiedenen, voneinander unabhängigen Autoren zu erforschen, dann entdeckt sein Echolot ein paradoxes Objekt, das in unterschiedlicher Form durch alle, um im Bild zu bleiben, Serien strukturalistischer Theorieangebote kreist. Wie soll man so etwas bezeichnen, so fragt Deleuze, wenn nicht als »Objekt = x, Rätselobjekt oder großes Mobile?« (Ebd.: 42). Nicht nur, und das ist die Pointe, weil das *X* auf »das fortwährende Objekt eines Rätsels« (ebd.: 48) verweist, sondern auch weil sich im *X* die gesamten Objekttheorien des Strukturalismus verdichten.[23]

3.7. Das ab-solute Objekt jenseits der Relation

Zweierlei kann aus der bisherigen Darstellung der Bewegung des Strukturalismus von Lévi-Strauss über Lacan bis Deleuze gelernt werden.

Mit Deleuze – doch natürlich auch mit Derrida oder Lacan – tritt erstens ein neuer Sinn für den *Un-Sinn* im Strukturalismus auf. Der Objektivismus der heroischen Phase des Strukturalismus ist damit von Grund auf, nämlich von seinen ontologischen Ansprüchen her, irreparabel geschwächt. Dieser Vorstoß von Seiten der Philosophie und Psychoanalyse (die übrigens ohnehin mit Unsinn beschäftigt ist, man denke an Freuds Witzbuch) vermindert natürlich die innerwissenschaftliche Schlagkraft des Strukturalismus. Dieser war als szientistisches Unternehmen größter Ernst-

23 Es ist wichtig festzuhalten, dass es sich hier um keine mystische Erfahrung eines ineffablen Objekts handelt. Deleuze versucht explizit dieses Mißverständnis auszuräumen: »Gewiß ist in jeder Strukturordnung das Objekt = x keineswegs ein Unerkennbares, ein reines Unbestimmtes; es ist vollkommen bestimmbar, selbst in seinen Verschiebungen und durch die Verschiebungsweise, die es charakterisiert. Es ist einfach nur nicht zuweisbar: das heißt, es ist nicht auf einen Platz fixierbar, als eine Gattung der Art identifizierbar. Weil es nämlich selbst die äußerste Gattung der Struktur oder seinen totalen Platz konstituiert: es hat also nur Identität, um sich dieser Identität zu entziehen, und einen Platz, um sich im Verhältnis zu jedem Platz zu verschieben.« (Deleuze 1992a: 51)

haftigkeit ausgezogen, und sein Durchsetzungsanspruch als neues Paradigma in den Human- und Sozialwissenschaften wäre wohl kaum erfolgversprechend zu formulieren gewesen, hätte man der Lust an Paradoxien und damit der Rehabilitierung des Un-Sinns freien Lauf gelassen. Dennoch ist diese Lust, als unterdrückte, von Anfang an vorhanden. Nicht umsonst spricht Deleuze (1993a: 62) nicht nur bezüglich der Funktion des *objet petit a* vom »*Lacanschen Paradox*«, sondern auch vom »Paradox von Lévi-Strauss« (ebd.: 73). Die lévi-strausssche Null-Institution – deren Funktion es ist, keine Funktion zu besitzen und genau deshalb die Existenz der Gesellschaft gewährleisten zu können – ist genau dieser Einsatzpunkt, an dem der Un-Sinn seine konstitutive Bedeutung für den Sinn erweist. Das bedeutet zugleich, dass die paradoxe Überzähligkeit der Gesellschaft, die sich als anormale Menge selbst nochmals enthält, wie wir bereits bei Durkheim festgestellt hatten, nicht einfach szientistisch oder logizistisch aus der Sozialtheorie zu eskamotieren ist. So spricht sich auch Deleuze gegen die einfache Verabschiedung solcher Paradoxa im russellschen Sinn mit dem Argument aus, man würde mit der Austreibung des Un-Sinns an der Funktionslogik sprachlicher Sinnproduktion vorbeigehen und gleich den Sinn mit austreiben:

> Man kommt von den Paradoxa nicht los, indem man sagt, sie seien eher Lewis Carroll angemessen als den *Principia mathematica*. Was für Carroll gut ist, ist gut für die Logik. Man wird sie nicht los, indem man sagt, daß es den Regimentsbarbier ebensowenig gibt wie die anormale Menge. Denn andererseits insistieren sie ja in der Sprache und besteht das ganze Problem darin, ob die Sprache selbst ohne die Insistenz solcher abstrakten Entitäten funktionieren könnte. (Ebd.: 101)

Diese erste Lehre hängt mit der zweiten zusammen. Denn die Rehabilitation des Un-Sinns und der Paradoxa besitzt bedeutsame Konsequenzen für den sozialwissenschaftlichen Relationismus, der auf diese Weise radikalisiert wird. Sinn – an diesem strukturalistischen Grundsatz hält Deleuze fest – kann nur aus einem relationalen Ensemble hervorgehen. Das heiße aber zugleich, dass die jedem Sinn vorgängige Topologie ihrerseits noch nicht sinnhaft ist, dass Sinn also nur aus einer selbst nicht sinnhaften Stellung resultiere: »Es gibt zuinnerst einen Un-Sinn des Sinnes, aus dem der Sinn selbst resultiert.« Und sofern gilt, dass zwei Serien sich zu einer relationalen Struktur nur anhand eines paradoxen Objekts verknüpfen können, gilt ebenso: »Der Un-Sinn ist keinesfalls das Absurde oder der Gegensatz des Sinnes, sondern das, was ihn, in der Struktur zirkulierend, zur Geltung bringt und erzeugt.« (Deleuze 1992a: 18) Das bedeutet, dass das Objekt = X deshalb jenseits des Sinns ist, weil es überhaupt erst die Relationalität der Struktur garantiert. Im Objekt inkarniert sich die an sich un-sinnige Relationalität. Das Objekt als Ursache der Verknüpfung wie auch Verschiebung aller differenziellen Relationen kann seinerseits *nicht relational sein* (und auch nicht differenziell, es sei denn sich selbst gegenüber[24]). Es ist das, was der Logik des Relationismus entgeht und Relation damit ermöglicht. Denn die Relationierung von Orten erfordert einen selbst *nicht relationalen*, das heißt einen *ab-soluten*, also im Wortsinn von jeder Relation abgelösten Ort:

> Wenn die Serien, die das Objekt = x durchläuft, notwendig Verschiebungen darstellen, die im Verhältnis zueinander *relativ* sind, so weil die *relativen* Orte ihrer Glieder in der Struktur zunächst von dem *absoluten* Ort eines jeden, in jedem Moment, im Verhältnis zum Objekt = x abhängen, das beständig zirkuliert, beständig im Verhältnis zu sich selbst verschoben ist. (Ebd.: 44)

Diese theoretische Volte mag verwirrend erscheinen, sie ist aber innerhalb des deleuzeschen Theoriesettings durchaus folgerichtig und formuliert, nimmt man sie ernst, eine entscheidende Konsequenz für gegenwärtige Sozialtheorien des radikalen Relationismus. Aus ihr folgt nämlich, dass keine Differenztheorie und kein Relationismus wirklich radikal, das heißt von jeder substanziellen oder inhaltlichen Präfiguration der Elemente befreit sein kann, ohne die *eine* Ausnahme einer selbst nicht-relationalen und nicht-differenziellen Instanz zu behaupten: der Instanz des *Objekts*.

Doch in welchem »Verhältnis« steht dieses Objekt nun zur – in Gänze nicht aktualisierbaren – Totalität aller Verhältnisse? Wie wir gesehen haben, gibt Deleuze dieselbe verblüffende Antwort

24 Damit ist gemeint, dass das Objekt, das die Differenzen in Bewegung hält, im Verhältnis zu sich selbst nie identisch ist: »Die ganze Struktur wird von diesem ursprünglichen Dritten bewegt – das sich jedoch auch seinem eigenen Ursprung entzieht. Indem das Objekt = x die Differenzen in der ganzen Struktur verteilt, die differentiellen Verhältnisse mit seinen Verschiebungen wechseln läßt, konstituiert er das Differenzierende der Differenz selbst.« (Deleuze 1992a: 45)

wie Durkheim, nur diesmal nicht implizit, sondern in der Theorie ausgeschildert als Paradox der sich selbst enthaltenden Menge: Als absoluter Verteiler der relativen Orte einer Struktur *ist* das partielle Objekt letztlich nichts anderes als die Gesamtheit dieser Struktur aus deren Innenansicht. Anders gesagt: Die Totalität einer Struktur, die in der Tradition des Strukturalismus in irgendeiner Weise vorausgesetzt werden muss, erfordert, dass sie als Partialität *in sich selbst noch einmal vorkommt* (und damit immer mehr und damit weniger ist als total). Das Objekt ist nichts anderes als der überzählige Wiedergänger der Gesamtheit der Struktur selbst, ohne den aber keine Gesamtheit – und sei sie noch so durchlöchert– je zustande käme.

Von hier aus, also vom historischen Moment strukturalistischer Autodekonstruktion, wurden divergierende Pfade durchs Dickicht der Sozialwissenschaften geschlagen. Während die einen, wie Laclau und Lyotard, auch Luhmann lässt sich in mancher Hinsicht hier einreihen, an der paradoxen Natur dieses Objekts festhielten und gerade sie für die Sozialtheorie produktiv zu machen versuchten, wählte Deleuze selbst (in seinem späteren Werk) wie auch sein bedeutendster Anhänger unter den Soziologen, Bruno Latour, einen anderen Weg. Im Anschluss nicht an Durkheim, sondern an Gabriel Tarde sahen sie dieses Objekt sich vervielfältigen und den gesamten sozialen Raum überwuchern. Nicht die Überzahl, auch nicht die Unterzahl des Objekts war nun das entscheidende Charakteristikum, sondern die schiere *Unzahl* der Objekte.

4. *Das Verschwinden der Gesellschaft in der Flut der Dinge* Die Soziologie der Assoziationen: von Tarde zu Latour

4.1. Retour à Tarde: Die Verflüssigung des soziologischen Gegenstands

Der Strukturalismus klassischer Prägung war eine Spielform des Objektivismus – aber eines Objektivismus, der, wie schon bei Durkheim, ein irrlichterndes Objekt erschaffen hatte, das jeden objektivistischen Anspruch untergrub. Der Strukturalismus wurde »objektiv« über sich selbst hinausgetrieben. Von nun an standen dem entwickelten Poststrukturalismus zwei Wege offen: Zum einen konnten die Spuren dieses Objekts – der lévi-strausssschen Null-Institution, des lacanschen *objet petit a*, des deleuzeschen *Objekt = x* – verlängert werden. Dieser Weg fortgesetzter Paradoxierung führt, wie wir sehen werden, zu Laclaus Theorie des leeren Signifikanten. Zum anderen konnte die statisch-synchrone Struktur, die von Lévi-Strauss noch in das emblematische Bild eines Kristalls gebannt worden war (vgl. die Abbildung des totemistischen Operators in Lévi-Strauss 1973: 178), in Bewegung versetzt und so lange dynamisiert werden, bis sich alle Totalität aufgelöst hatte. Beim Lyotard der Phase unmittelbar nach 1968 wird sich, wie auch bei Deleuze, die Struktur in Wunschströme und Fluchtlinien verflüssigen (Lyotard 2007). Für eine Instanz wie jene des *Objekt = x* ist kein Platz mehr in der Theorie vorgesehen. Wenn folglich in Deleuzes und Guattaris *Anti-Ödipus* (1977) noch von Partialobjekten die Rede ist, dann im Sinne einer Mannigfaltigkeit oder Vielheit (*multiplicité*), die auf keine gemeinsame Einheit reduzierbar ist.[1]

1 In *Tausend Plateaus* heißt es: »Die Mannigfaltigkeiten *sind* die Realität, sie setzen keine Einheit voraus, gehen in keine Totalität ein und gehen erst recht nicht auf ein Subjekt zurück.« (Deleuze/Guattari 1992: 11) Allerdings sollte die Differenz zwischen den früheren Arbeiten Deleuzes und seinen gemeinsam mit Guattari verfassten Büchern nicht übertrieben werden. Schon in *Differenz und Wiederholung* findet sich eine ausgearbeitete Theorie der Mannigfaltigkeiten, die Deleuze bis zu seinem Leibniz-Buch »entfalten«, aber nicht revidieren wird. Seine viel-

Solche Partialobjekte fungieren nicht länger als paradoxe Garanten einer Totalität. »Wir glauben nur an *Rand*totalitäten«, heißt es im *Anti-Ödipus*, »und sollten wir auf eine solche Totalität neben den Teilen stoßen, so wissen wir, daß es sich um ein Ganzes *aus* diesen Teilen handelt, das diese aber nicht totalisiert, eine Einheit *aus* diesen Teilen, die diese aber nicht vereinigt, vielmehr sich ihnen wie ein neues gesondert zusammengefügtes Teil angliedert« (Deleuze/Guattari 1992: 54). Auch bei Durkheim war das Ganze zu den Teilen hinzugetreten. Doch nun tritt es zu den Teilen hinzu, ohne deren Einheit noch irgend gewährleisten zu können. Die Struktur wird zum Partialobjekt neben unzähligen anderen, die in unaufhörliche Bewegung gesetzt wurden.

Eine solche Verflüssigung der Struktur berührt nicht zuletzt den Begriff der Gesellschaft. In einem späten Interview gibt Deleuze zu Protokoll, für ihn sei »Gesellschaft etwas, das unaufhörlich entgleitet«, das überall von Leckstellen durchzogen sei, die man abzudichten versuche. Denn: »Die Gesellschaft ist wirklich etwas Fließendes – oder noch schlimmer, ein Gas.« (Deleuze 1996: 87) Weder Objekt noch relationale Totalität, tritt Gesellschaft über ihre eigenen Ufer. In diesem Sinne wird das Konzept der Struktur von Deleuze und Guattari ersetzt durch den in den 1990er Jahren zum Schlagwort abgesunkenen Begriff des Rhizoms, also eines pilzartigen Gewächses, das weder ein Zentrum noch eine äußere Grenze kennt, sondern vielmehr überallhin ausfasert. Das antifundamentalistische Bild des Rhizoms wird mit dem fundamentalistischen des Baums kontrastiert, welches das »Denken des Abendlandes beherrscht hat, von der Botanik bis zur Biologie und Anatomie, aber auch die Erkenntnistheorie, die Theologie, die Ontologie, die gesamte Philosophie … der Wurzelgrund, *Grund**, *roots* und *foundations*« (Deleuze/Guattari 1992: 32). Nun ist das Konzept des Rhizoms – und damit das Bild einer strömenden und wuchernden Gesellschaft – in die deutlich poststrukturalistische Phase von Deleuze einzuordnen und mag als eine bloße Metapher ohne sozialtheoretischen Wert zurückgewiesen werden.[2] Denn, so könnte man

leicht bündigste Definition lautet: »Die Mannigfaltigkeit darf nicht eine Kombination aus Vielem und Einem bezeichnen, sondern im Gegenteil eine dem Vielen als solchem eigene Organisation, die keinerlei Einheit bedarf, um ein System zu bilden.« (Deleuze 2007: 233)

2 Dies heißt nicht, dass die von Deleuze proklamierte Gegenstandsverflüssigung

fragen, lässt sich eine solch hochgradig metaphorisch ausgekleidete Philosophie überhaupt noch in eine halbwegs greifbare Sozialtheorie übersetzen oder gar soziologisch operationalisieren?

Auch wenn man geneigt ist, die Chancen dafür gering einzuschätzen, belegt doch eine der gegenwärtig prominentesten Soziologien das Gegenteil. Bruno Latours Version der Akteur-Netzwerk-Theorie ist mit Sicherheit keine bloße Anwendung deleuzianischer Ideen, aber sie ist immerhin in solchem Ausmaß deleuzianisch inspiriert, dass sie von Latour als »Aktant-Rhizom-Ontologie« bezeichnet werden konnte (Latour 2007: 24). Das ist allein deshalb bemerkenswert, weil damit die Metapher des Rhizoms erstmals auf halbwegs sinnvolle Weise einem soziologischen Ansatz eingeschrieben wird. Darüber hinaus ist es bemerkenswert, weil die Zielrichtung dieses Ansatzes weit über die Grenzen der soziologischen Wissenschaftsforschung hinausdeutet: Latour zielt auf nichts weniger als eine Erneuerung der Soziologie, die auf philosophischer Ebene zur Entwicklung einer neuen Ontologie treibt: einer Ontologie des *Werdens*. Wie schon Deleuze, der sich der Rede vom Ende der Philosophie und der Überkommenheit aller Metaphysik nie angeschlossen hatte, steht Latour der philosophischen Disziplin der Ontologie weitgehend vorbehaltlos gegenüber. Er scheut sich nicht, die Ontologie mit der Wissenschaftssoziologie zu vermählen, um wieder das ontologische Wesen der natürlichen Realität zu bestimmen.[3]

auf kein soziologisches Interesse gestoßen wäre. Heinz Bude hat sie schon früh in einem Aufsatz mit dem trefflichen Titel »Auflösung des Sozialen? Die allmähliche Verflüssigung des soziologischen ›Gegenstandes‹ im Fortgang der soziologischen Theorie« theoriehistorisch kontextualisiert. Im Poststrukturalismus werde das Soziale nicht länger als eine symbolische Differenzierungstotalität verstanden, wie noch im Strukturalismus, sondern flackere nur noch in punktuellen Beziehungen auf. Für Bude ist evident, dass eine solch poststrukturalistische oder serielle Sozialtheorie unserer aktuellen Kontingenzerfahrung angemessen ist: »Die Konzeption des Sozialen als serielle Struktur antwortet offenbar auf die Erfahrung von der Kontingenz der gesellschaftlichen Praktiken: alles kann auch anders sein.« (Bude 1991: 112) Dies werfe freilich zugleich die Frage auf, ob mit der zunehmenden »Verflüssigung« des Sozialen nicht auch das Ende der Soziologie, sofern sie an einer Idee der Gesellschaft als eines Ganzen orientiert ist, erreicht sei.

3 Unter Ontologie versteht Latour genauer eine um die Frage der Einheit und Wahrheit bemühte Metaphysik: »Von der Metaphysik zur Ontologie überzugehen heißt, die Frage wieder aufzuwerfen, was die *wirkliche* Welt *wirklich* ist.« (Latour 2007: 204) Dies ist freilich in einem nicht-objektivistischen Sinn gemeint, da

Bevor wir zu Latours philosophisch ausgreifender Soziologie kommen, sei festgehalten, dass sich nicht nur der philosophische Fragemodus für diesen, sondern auch der soziologische für Deleuze als produktiv erwiesen hat. Seit *Differenz und Wiederholung* stand Deleuzes Philosophie in ihrer sozialtheoretischen Dimension unter dem Leitstern Gabriel Tardes, der Deleuze auch in seinen späteren Büchern nicht mehr verlassen wird.[4] Deleuzes Wiederentdeckung Tardes war maßgeblich für das Tarde-Revival der letzten Jahre.

Die Wahlverwandtschaft der beiden Denker ist alles andere als überraschend. Mit Tarde hatte sich Deleuze eine soziologische Bezugsperson gesucht, die – Inhaber des Philosophie-Lehrstuhls am *Collège de France* – als der »metaphysischste« unter allen Soziologen bezeichnet wurde (Alliez 2009: 126) und, wie Deleuze selbst, als moderner Leibnizianer gilt. Hält man die deleuzesche Differenztheorie ins Licht der tardeschen Nachahmungstheorie, sind die Familienähnlichkeiten zwischen den beiden Ansätzen tatsächlich frappierend. Vieles an poststrukturalistischen Einsichten scheint bei Tarde nahezu wortwörtlich vorweggenommen (Moebius 2009). So beantwortete Tarde die Frage, was Gesellschaft sei, bekanntlich mit der durchaus antifundamentalistischen These: »Sie ist Nachahmung.« (Tarde 2009a [1890]: 95) Sozialität schlichtweg als Nachahmungstätigkeit zu bestimmen bedeutet, dass eine soziale Gruppe etwa aus der wechselseitigen Nachahmung der Individuen, die sie bilden, hervorgeht. Selbst wenn Individuen aufgrund eines bereits existierenden gemeinsamen Merkmals eine Gruppe bilden, ist dieses Merkmal doch nicht mehr als Produkt früherer Nachahmungen (ebd.: 89). Auch eine Nation ist nicht mehr als »das Zusammenspiel von Traditionen, Sitten, Schulungen, Neigungen und Ideen, die sich auf verschiedene Weise durch Nachahmung ausbreiten« (ebd.: 92). Gesellschaft baut sich daher gleichsam von unten durch unzählige mikrologische Nachahmungsphänomene auf, nicht »von

»Wirklichkeit« erst durch die Handlungen heterogener Akteur-Netzwerke emergiert und solchermaßen von einer diesen Prozess nachzeichnenden Wissenschaft kontrovers »entfaltet« werden muss: »Experimente und die von ihnen angestoßenen Kontroversen bieten eine Gelegenheit, um kontinuierlich zu überprüfen, was Metaphysik und Ontologie für Wissenschaftler bei der Arbeit praktisch bedeuten können.« (Ebd.: 207)

4 Vgl. neben *Differenz und Wiederholung* (Deleuze 2007: 45) die Diskussion Tardes in *Tausend Plateaus* (Deleuze/Guattari 1992: 298 f.), in Deleuzes Foucault-Buch (1992b: 55) und seinem Leibniz-Buch (2000: 178).

oben« durch den makrologischen Zwang der objektiven Tatbestände der Gesellschaft. Das unterwirft sie einer fundamentalen inneren Heterogenität – oder Heterogenese, wie Deleuze und Guattari sagen würden –, denn »[w]as gibt es unwahrscheinlicheres und absurderes als ein ewiges Nebeneinander zahlloser, gleichartig entstandener Elemente? Man ist nicht gleich geboren, man wird gleich. [...] Ohne diese anfängliche und grundlegende Heterogenität gäbe es niemals das es zudeckende und auflösende Homogene, noch hätte es je existieren können.« (Ebd.: 93)

Genau umgekehrt zum durkheimschen Holismus, der von der weitgehenden Homogenität des Kollektivbewusstseins ausgeht, macht Tarde, indem er das Fundament der Gesellschaft in eine Unzahl von Nachahmungsphänomenen auflöst, Heterogenität selbst zur Grundlage des Sozialen. Aus dieser antifundamentalistischen Perspektive ist Homogenität eine abgeleitete Größe und als Epiphänomen zu betrachten. So wird verständlich, warum Tarde für ein bestimmtes anti- oder postfundamentalistisches Denken Vorbildwirkung entfalten konnte. Schon bei ihm ist Gesellschaft auf keinem objektiven Fundament gebaut, entspringt das Soziale doch einer nie versiegenden Quelle der Heterogenese. Die Tristesse des durkheimschen objektivistischen Gesellschaftsbilds kehrt sich unter diesen neuen Vorzeichen in einen nahezu schon jubilierenden Vitalismus um. Tarde zufolge könnten wir sicher sein, »dass der Grund der Dinge nicht so arm, so glanz- und farblos ist, wie man es annimmt« (Tarde 2009b [1893]: 80).[5] Überall im Kosmos, so Tarde mit einer Wendung, die an Bergson und schließlich Deleuze erinnern wird, sprudle »ein üppiger Reichtum unerhörter Variationen und Modulationen hervor« (ebd.: 78), der nie endgültig gebändigt werden kann.

Im Weiteren führt diese Wendung zu einer bis dahin ungese-

5 Die Fortsetzung dieses Zitats lässt einen geradezu revolutionären Impetus der tardeschen Philosophie erkennen, der sich in Deleuzes und Guattaris Philosophie des Wunsches wiederfinden wird: »Die Typen sind lediglich Schranken, die Gesetze nur Dämme, die sich vergeblich der Flut revolutionärer Unterschiede in den Weg stellen, denn im Inneren nehmen die zukünftigen Gesetze und Typen heimlich Gestalt an, und sie werden trotz ihrer mannigfaltigen Unterjochung, trotz der organischen und chemischen Zucht, trotz des Verstandes, trotz der Himmelsmechanik wie die Bürger einer Nation eines Tages alle Barrieren niederreißen und sich deren Überreste selbst zum Werkzeug nehmen, um sich daraus eine noch größere Vielfältigkeit zu zimmern.« (Tarde 2009b [1893]: 80)

henen Aufwertung der Kategorie der *Differenz* – im Verhältnis zu Identität – als dem »Charakteristikum, das letztlich allem innewohnt« (ebd.: 73). Nehmen wir nur als Beispiel Tardes poetische Erklärung der Entstehung von Sprachen. Die Sprache ist hier nicht einfach, wie bei Saussure und den späteren Strukturalisten, ein geschlossenes System von Differenzen, das im Sprechen aktualisiert würde. Sprache emergiert sehr wohl aus Differenzen, aber aus Differenzen unterschiedlichster Natur und Modalität: »Menschen, die mit verschiedenen Akzenten, Intonationen, Stimmfarben und Gesten sprechen: das ist das soziale Element – ein regelrechtes Chaos disharmonischer Heterogenitäten.« Auch wenn dieses Chaos in gewissem Ausmaß stabilisiert werden muss, Sprache wird niemals zu einer Totalität finden, sondern immer nur zu neuen Differenzen: »[A]uf Dauer bilden sich in diesem wirren Babel allgemeine Gewohnheiten der Sprache, welche in grammatikalischen Gesetzen formulierbar sind. Diese dienen zwar dem Zusammenschluss einer größeren Zahl von Sprechern, ermöglichen durch diesen Zusammenschluss aber nur den Ausdruck ihrer je eigenen Ideen, also einer anderen Art des Unterschieds.« (Ebd.) Nicht die Identität der sprachlichen Gemeinschaft ist das Produkt der Sprachgenese, sondern wiederum nur die Differenz. Deshalb steht Differenz am Anfang wie am Ende – also am Grund – jeder Nachahmungsbewegung. Die Theorie kulminiert in einer wahren Eloge auf die Differenz:

> Existieren heißt differieren; die Differenz ist in gewissem Sinn das Wesen der Dinge, was ihnen zugleich völlig eigen und gemeinsam ist. Dies muss der Ausgangspunkt sein, und entschieden sollte man verteidigen, dass man alles durch ihn erklärt, auch die Identität, welche bisher fälschlicherweise als Ausgangspunkt diente. Denn Identität ist nur ein *Minimum* und demzufolge nur eine Art, eine besonders seltene Art der Differenz, wie die Ruhe nur eine Unterart der Bewegung ist und der Kreis nur eine Sonderform der Ellipse. […] Die Differenz ist das Alpha und Omega des Universums; mit ihr fängt alles an, in den Elementen, deren angeborene Verschiedenheit, welche durch die Erwägung verschiedener Ordnungen wahrscheinlich gemacht wird und in meinen Augen bereits ihre Vielzahl rechtfertigt; mit ihr endet alles, in den höheren Phänomenen des Gedankens und der Geschichte, in denen der Wirbel der Atome und der Wirbel des Lebens schließlich die engen Kreise durchbricht, in die sie sich selbst eingeschlossen hatten, und sich, auf ihr eigenes Hindernis stützend,

überschreiten und verwandeln. Alle Ähnlichkeiten, alle phänomenalen Wiederholungen scheinen mir nur notwendige Vermittler zwischen den elementaren, mehr oder weniger ausgelöschten Verschiedenheiten und den transzendenten Verschiedenheiten, die durch dieses partielle Opfer erreicht wurden. (Ebd.: 72)

In *Differenz und Wiederholung* zeigt sich, dass Deleuze bis in einzelne Formulierungen hinein von Tarde inspiriert ist. Die ganze Philosophie Tardes, so Deleuze in einer Fußnote, gründe bereits auf den Kategorien von Differenz und Wiederholung, da die Differenz für Tarde eben Anfang und Ende, Ursprung und Ziel der Wiederholung sei (Deleuze 2007: 45). Und so wie Tarde stellt auch Deleuze das metaphysische Dispositiv auf den Kopf und gibt Differenz den Primat gegenüber Identität. Eine völlig identische Wiederholung – als nicht-differenzierende Wiederholung desselben – ist undenkbar (ein Berührungspunkt mit Derridas Quasi-Konzept der Iterabilität): Wiederholung ist notwendig, aber als Wiederholung des Differenten und nicht des Identischen. Das bedeutet nicht, dass Differenzen sich nicht auch verfestigen und zu Identitäten umbilden können, doch bleibt Differenz der *terminus primus*. Ihre Beschränkung und identitäre Verformung, etwa zu einem Gegensatz, ist immer sekundär und setzt »ein Gewimmel von Differenzen voraus, einen Pluralismus von freien, wilden oder ungezähmten Differenzen, einen im eigentlichen Sinn differentiellen, ursprünglichen Raum und eine differentielle, ursprüngliche Zeit, die über Vereinfachungen der Grenze oder des Gegensatzes hinweg fortbestehen« (ebd.: 76).[6]

In *Tausend Plateaus* bringen Deleuze und Guattari schließlich die mikrosoziologische Theorie der Nachahmung gegen den durkheimschen Objektivismus in Stellung. Durkheim habe mit dem Großgegenstand des Kollektivbewusstseins die Ähnlichkeit einer enormen Zahl von Menschen vorausgesetzt. Genau die müsse, Tarde zufolge, aber zuallererst erklärt werden. Aus diesem Grund interessiere sich Tarde »mehr für die Welt im Detail oder für das unerfindlich Kleine: die kleinen *Nachahmungen, Gegensätze und Erfindungen*, die eine Materie unterhalb der Vorstellung bilden«

6 Die Differenz besteht nicht zwischen zwei bestimmten Identitäten, denn das würde sie selbst der Identität unterordnen und zu einer bloßen Unterscheidung degradieren – ein Gedanke, der sich übrigens schon bei Heidegger findet, auf den Deleuze sich immer wieder bezieht.

(Deleuze/Guattari 1997: 298). Der Ansatz unterscheidet sich von Handlungssoziologien, die das Individuum zur Grundlage des Sozialen erklären, darin, dass es sich bei solchen Mikro-Nachahmungen weder notwendig um Vorgänge innerhalb des Individuums (und damit um einen Gegenstand der Psychologie) noch notwendig um interaktionelle Vorgänge zwischen Individuen handeln muss. Die »Unterscheidung von Gesellschaftlichem und Individuellem« verliert mit Tarde alle Bedeutung, da es in letzter Instanz a-personale Nachahmungsströme seien, die das Medium des Sozialen ausmachen. Auf einer »grundlegenderen Ebene«, so Deleuze und Guattari, beträfen Nachahmungen nämlich »eine Strömung oder Welle, und nicht das Individuum. *Nachahmung ist die Ausbreitung einer Strömung* [...]. Die infinitesimale Nachahmung, die winzig kleinen Gegensätze und die geringsten Erfindungen sind so etwas wie Strömungsquanten.« (Ebd.: 298 f.) Anders gesagt: Wir haben es im Sozialen mit Intensitäten in Form von Nachahmungs- oder Wunschströmen zu tun, die Individuen durchqueren, um dabei minimale »rhizomatische« Verknüpfungen und Relationen herzustellen und doch im nächsten Moment wieder aufzulösen. Die Vorstellung von Differenzen, die zu einer systemischen Totalität angeordnet wären, macht vor diesem Denkhorizont nicht länger Sinn.

4.2. Der Kniereflex. Latours Verabschiedung des Gesellschaftsbegriffs

Die Wiederentdeckung Tardes lässt eine doppelte Bifurkation im soziologischen Denken zutage treten. Die bekannte Bifurkation zwischen Struktur und Handlung, Objektivismus und Subjektivismus, Gesellschaft und Individuum, die die metaphysische Grunddisposition der Soziologie bestimmt, ist nun ihrerseits mit einer soziologischen Position konfrontiert, die diesen Binarismen als solchen entgegentritt. Um es an den Eigennamen der Gründergeneration festzumachen: Zur Bifurkation Durkheim *vs.* Weber tritt die Bifurkation (Durkheim *vs.* Weber) *vs.* Tarde. Deleuze – und die poststrukturalistische Option, für die der Name Deleuze steht – wird die verschollen geglaubte Tradition Tardes im Feld der Philosophie weiterführen. Das bedeutet für den Gesellschaftsbegriff, dass die Vorstellung von Gesellschaft als einer objektiv gegebenen

Tatsache fallen gelassen wird, ohne dass man deshalb zur anderen Seite der Gesellschaft, zum Subjekt oder Individuum, zurückfinden müsste. Der metaphysische Subjekt/Objekt-Binarismus verliert schlichtweg an Bedeutung, sobald man sich das Soziale als Fluss singulärer Ströme und rhizomatischer Verbindungen vorstellt.

Im Feld der Soziologie wird diese Linie mit großer Konsequenz von Bruno Latour weiterverfolgt. In seiner Version der Akteur-Netzwerk-Theorie (zu dieser allgemein Belliger/Krieger 2006) findet die deleuzianische Option des Poststrukturalismus ein soziologisches Pendant, das dem Anspruch empirischer Anwendbarkeit genügen kann. Latours Ziel ist es, »dem großen Schatten zu entkommen, den die schnell verschwindende Gesellschaft immer noch wirft, und, hoffentlich, endlich das fluide Soziale nachzuzeichnen« (Latour 2007: 285). Ein solcher Ansatz sieht sich jedoch mit Alltagsvorstellungen von Gesellschaft konfrontiert, die das Erfassen der Fluidität des Sozialen gerade verunmöglichen (ebd.: 281). Latour vergleicht es mit einem pawlowschen Reflex oder Kniereflex: »Wann immer wir von Gesellschaft sprechen, stellen wir uns ein massives Monument oder eine Sphäre vor, etwas wie ein riesiges Grabmal.« (Ebd.: 316) Dieses Bild von Gesellschaft als Mausoleum evoziert eine ganze Reihe von ausgesprochenen oder unausgesprochenen Attributen. Spontan tendieren wir dazu, Gesellschaft Attribute wie die enormer *Größe* und *Statik* zuzuschreiben. Das Soziale erscheint uns wie »in Bronze gegossen« (ebd.: 281). Neben den Attributen der Größe und der Unbeweglichkeit vermitteln die geläufigen Gesellschaftsvorstellungen auch eine Eigenschaft wie *Umfassendheit*. Wer sich Gesellschaft als Container vorstellt, operiert typischerweise mit Allquantoren (zum Beispiel Gesellschaft als Container aller Interaktionen). Und schließlich wird der Gesellschaft das Attribut ursprünglicher *Objektivität* zugeschrieben, so wenn Durkheim Gesellschaft als »ursprüngliche Gegebenheit« imaginiert, die unserem Handeln und Leben immer schon vorausgeht. Solchen Vorstellungen zufolge ist Gesellschaft »externalisiert, verdinglicht, wirklicher als wir selbst« und wurde zudem zum »*a priori* aller Sozialwissenschaften« erhoben (Latour 2002: 255). Man könnte dieses letzte Merkmal das der *objektiven Vorgängigkeit* von Gesellschaft nennen.

Dieser Merkmalskatalog von Gesellschaft als riesig, unbeweglich, umfassend und objektiv vorgängig hat sich in der Vorstellungswelt objektivistischer Sozialwissenschaften festgesetzt – und wird von Latour *in toto* zurückgewiesen. Wie wir im Laufe des Kapitels sehen werden, ist Gesellschaft in Latours Verständnis keineswegs an das Kriterium monumentaler Größe gebunden, im Gegenteil. Der Begriff könne sinnvoll nur verwendet werden, wenn man von Fragen des Größenmaßstabs absieht. Auch das imaginäre Merkmal der Stabilität oder Unbeweglichkeit erweist sich als fatal für jeden Versuch der Sozialanalyse. Wird Gesellschaft als monumentale Entität vorgestellt, dann lassen sich Beweglichkeit und Veränderlichkeit des Sozialen nicht länger begreifen. Weiter sollte man sich nicht von dem – letztlich aus der Theologie übernommenen – Attribut der Allumfassendheit hinters Licht führen lassen. Genausowenig wie wir uns »in« der Natur befinden, ist die Gesellschaft »das Ganze, ›in dem‹ alles zirkuliert, was Verbindungen kalibriert und jeder Entität, die sie erreicht, eine Möglichkeit der Kommensurabilität anbietet.« Die Gesellschaft sei »nicht allgegenwärtig, allwissend, jeden unserer Schritte beobachtend, jeden unserer geheimsten Gedanken auslotend wie der allmächtige Gott älterer Katechismen« (ebd.: 415). Und schließlich erweist sich Latours Kritik an der Idee einer objektiven Vorgängigkeit von Gesellschaft als wesentliche Voraussetzung seines eigenen Gegenmodells zum sozialwissenschaftlichen Objektivismus. Latours Zurückweisung des gerade systematisierten Merkmalskatalogs läuft auf einen Fluchtpunkt hinaus: Der Gesellschaftsbegriff müsse als solcher verabschiedet werden. Unisono mit Margaret Thatcher erklärt Latour: »So etwas wie Gesellschaft gibt es nicht!« (Ebd.: 16)[7]

Doch wird die herkömmliche objektivistische Gesellschaftsvorstellung verabschiedet, muss auch die Soziologie neu aufgesattelt werden, denn ihr Gegenstand hat sich grundlegend gewandelt. Er kann nicht länger die monumentalen Merkmale von Größe, Unbeweglichkeit, Umfassendheit und objektiver Vorgängigkeit in Anspruch nehmen. Das Verschwinden der Gesellschaft stellt uns vor die Aufgabe, ein neues und alternatives Bild des Sozialen zu entwerfen. Dieses kann nicht länger so vorgestellt werden, als würde es aus einem bestimmten Material bestehen oder als sei es in einer bestimmten Sphäre verortet: »Sozial ist kein Ort, kein Ding, keine Domäne oder irgendeine Art von Stoff.« (Ebd.: 410) Jene objek-

7 Ein weiteres Echo dieses Slogans wird uns, wenn auch – wie bei Latour – gänzlich anders intendiert als bei Thatcher, bei Laclau und Mouffe wiederbegegnen.

tivistischen Ansätze, die für Latour unter der Rubrik *Soziologien des Sozialen* firmieren, hätten dazu tendiert, das Soziale auf einen bestimmten Realitätsbereich zu begrenzen und von anderen Bereichen zu scheiden. Es sei aber keineswegs ausgemacht, dass sich die Spezifik einer solchen Sphäre überhaupt bestimmen lässt. Latour behauptet geradezu das Gegenteil, dass es nämlich

> nichts Spezifisches gibt, was die Gesellschaftsordnung auszeichnet; daß es keine »soziale Dimension« irgendeiner Art gibt, keinen »sozialen Kontext«, keinen eigenen Bereich der Wirklichkeit, dem das Etikett »sozial« oder »Gesellschaft« angeheftet werden könnte; daß keine »sozialen Kräfte« zur Verfügung stehen, um die residualen Eigenschaften anderer Bereiche zu »erklären« […]; daß es demnach nicht sinnvoll ist, wenn man »soziale Faktoren« zu anderen wissenschaftlichen Spezialgebieten hinzuaddiert; daß die durch eine »Wissenschaft von der Gesellschaft« gewonnene politische Relevanz nicht notwendigerweise wünschenswert ist. (Latour 2007: 15 f.)

Was aber hat Latour, abseits rein negativ formulierter Kritik, den Soziologien des Sozialen seinerseits entgegenzuhalten? Die gängige Alternative zum sozialwissenschaftlichen Objektivismus, also der (Inter-)Subjektivismus, ist ihm verbaut, will er der Linie Tarde-Deleuze treu bleiben (vgl. hierzu kritisch Keller/Lau 2008). Zwar zeigt sich an manchen Stellen eine gewisse – andernorts wiederum geleugnete – Präferenz Latours für Interaktionstheorien – gegen Durkheim wird etwa die Ethnomethodologie Garfinkels in Stellung gebracht –, was seiner disziplinären Herkunft als Ethnologe und seiner empirischen Praxis als Laborethnograph geschuldet sein mag.[8] Aber generell sieht er in interpretativen, hermeneutischen oder sozialphänomenologischen Ansätzen – aufgrund ihres Glaubens an die Lebenswelt – keine überzeugende Alternative zum soziologischen Objektivismus der Soziologien des Sozialen. Eine »interpretative« Soziologie sei »immer noch eine Soziologie des Sozialen, darin unterscheidet sie sich nicht von ›objektivistischen‹ oder ›positivistischen‹ Versionen, die sie ersetzen will. Sie glaubt, daß

8 So heißt es zum Beispiel in *Die Hoffnung der Pandora*: »Und doch wird Gesellschaft nur durch solche alltäglichen Interaktionen aufgebaut. Wie entwickelt, differenziert und diszipliniert die Gesellschaft auch werden mag, wir reparieren das soziale Gewebe immer noch mit unserem eigenen immanenten Wissen und unseren eigenen Methoden. Durkheim mag recht haben, doch Harold Garfinkel hat es ebenfalls.« (Latour 2002: 256)

bestimmte Typen von Aktanten – Personen, Intentionen, Gefühle, Arbeit, face-to-face-Interaktion – *automatisch* lebendigere, reichere und menschlichere Handlungsquellen hervorbringen werden.« (Latour 2007: 206)[9] Vor allem übersieht sie, und an dieser Stelle wird sich Latours eigener Vorschlag einklinken, dass das Konzept der Aktanten nicht auf *menschliche* Instanzen beschränkt werden kann, sondern heterogene Instanzen verbindet. Nicht-menschliche Instanzen, Objekte, stehen mit menschlichen in Relation.

4.3. Der radikale Relationismus der »Assoziologie«

Latour hält dem sozialwissenschaftlichen Objektivismus eine radikal relationistische Soziologie der Verknüpfungen entgegen, eine *Soziologie der Assoziationen* oder »Assoziologie« (ebd.: 23) – Letzteres ein beiläufig eingeführter Neologismus, in dem man nicht nur das Wort Assoziation wiedererkennt, sondern wohl auch die *A*-Soziologie vermuten kann, die Latour gegen die Soziologie der Soziologen auszuarbeiten bemüht ist. Das Relationenensemble, als welches sich das Soziale für Latour darstellt, dürfe nicht so betrachtet werden, als würde es von etwas zusammengehalten, das seiner jeweiligen Assemblage vorausgeht – also letztlich von der »Gesellschaft« und ihren objektiv wirksamen Zwangsgesetzen. Jenen Soziologen, die von der Vorgegebenheit sozialer Aggregate ausgehen, wird entgegengehalten, dass Aggregate aus Assoziationen oder Verknüpfungen zuallererst *hervorgingen*, dass das Soziale kein Klebstoff sei, »sondern *das, was* durch viele andere Arten von Bindegliedern verbunden wird« (ebd.: 16). Das heißt für Latour eben auch durch *nicht*-soziale Bindeglieder. Damit besteht Latour auf der *Heterogenität* der zu assoziierenden Elemente. Dieses Heterogenitätspostulat ist erkennbar gegen das durkheimsche Prinzip gerichtet, Soziales nur aus Sozialem erklären zu wollen, das – unbeschadet seiner tau-

9 So verabschiedet Latour nicht nur den Objektivismus, sondern auch mit ihm den Subjektivismus. Das individuelle Subjekt der Handlung ist für Latour eine nicht weniger fundamentalistische Kategorie als das Kollektivsubjekt »Gesellschaft«. Darauf will Latour hinaus mit seinem etwas launischen Diktum: »Wenn man sich über die ›Hypostasierung‹ der Gesellschaft beklagt, sollte man nicht vergessen, daß meine Schwiegermutter ebenfalls eine Hypostasierung ist.« (Latour 2007: 94)

tologischen und damit paradoxen Natur – letztlich dem Totalitätsmodell von Gesellschaft zugrunde liegt.

Der Relationismus Latours kann also, vor dem Hintergrund des Heterogenitätspostulats, in einer ersten Hinsicht als radikal qualifiziert werden, weil er die Verbindung wesentlich ungleichartiger, heterogener Elemente vorsieht (vor allem nicht-menschlicher und menschlicher Akteure). Darüber hinaus ist er aber auch hinsichtlich der Natur der Verknüpfung als radikal zu bezeichnen, denn Latour geht vom »*vinculum* selbst aus, von der Passage und der Relation« (Latour 2008: 171). In dieser Hinsicht drückt sich die Radikalität des Relationismus in Latours kategorialer Unterscheidung von *Vermittlung* (oder Mittler oder Übersetzung) und *Zwischenglied* aus – in der englischen Fassung: von *mediation* und *intermediary*. Ist ein Zwischenglied kausal durch seine Ursachen und Bedingungen, durch seinen Input und Output bestimmt, so sei ein Mittler nicht länger auf solche Bestimmungen rückrechenbar. Der Akteur-Netzwerk-Theorie wird aufgetragen, Akteure nicht als Zwischenglieder eines Netzwerkes, sondern als Mittler zu behandeln, um auf diese Weise der Fluidität des Sozialen gerecht zu werden. Wie in allen radikalen Relationismen kann der Prozess der Verknüpfung ein logisches Primat gegenüber den verknüpften Elementen geltend machen. Latour könnte nicht deutlicher sein: Ein Akteur-Netzwerk ist das, »was zum Handeln gebracht wird durch ein großes sternförmiges Geflecht von Mittlern, die in es und aus ihm herausströmen. Es wird durch seine vielen Bande zum Existieren gebracht: Zuerst sind die Verknüpfungen da, dann folgen die Akteure.« (Latour 2007: 375) Jeder Punkt eines Netzwerks kann sich jederzeit als Mittler und Vermittlungsereignis erweisen, von jedem Punkt aus kann eine neue Übersetzung, eine neue Verzweigung entstehen.[10] Dadurch besitzt der Begriff des Netzes den theo-

10 Es ist entscheidend, dass der Netzwerkbegriff nicht reifiziert und mit einem real existierenden sozialen Ding verwechselt wird. Im Unterschied zu einer Gesellschaftsdiagnose wie der »Netzwerkgesellschaft« von Castells (2003) handelt es sich beim Netz der Akteur-Netzwerk-Theoretiker um ein aus methodischen Gründen erfordertes Konzept, um ein »Werkzeug, mit dessen Hilfe etwas beschrieben werden kann«, nicht um »das Beschriebene« selbst (Latour 2007: 228). Ein Netzwerk bezeichne nichts, was »im groben die Gestalt miteinander verbundener Punkte hätte, wie etwa ein Telefon-, Autobahn- oder Kanalisationsnetz. Es ist nicht viel mehr als ein *Indikator für die Qualität* des Textes über die vorliegenden Gegenstände. Es charakterisiert den Grad von dessen Objektivität, das heißt

riеästhetischen Vorteil gegenüber konkurrierenden Angeboten der Systemtheorie oder des Strukturalismus, geschmeidiger als jener des Systems und historischer als jener der Struktur zu sein (Latour 2008: 10).

Durch Einführung dieser beiden Merkmale unumgänglicher Heterogenität und notwendiger Vermittlung wird der Gesellschaftsbegriff also von Grund auf destruiert. Die Konzepte Gesellschaft und Netzwerk schließen sich gegenseitig aus: »Entweder es ist eine Gesellschaft, oder es ist ein Netzwerk.« (Latour 2007: 228) Was dann noch als Gegenstandsbereich der Soziologie gelten kann, also der Begriff des Sozialen, verwandelt sich grundlegend. Zunächst scheint sich das Soziale restlos verflüchtigt zu haben, kann doch, wie wir gesehen haben, weder Gesellschaft als ultimativer Stabilitätsgarant – als Fundament – dienen noch die Spezifik des Sozialen als Domäne neben anderen bestimmt werden. Um einen dennoch brauchbaren Begriff des Sozialen zu entwerfen, schlägt Latour vor, auf die ursprünglich umfänglichere Bedeutung des Begriffs »sozial« zurückzugreifen. Die zunehmende Schrumpfung seines Bedeutungsumfangs – von einem Wort, das prinzipiell auf jede Form der Assoziation bezogen werden konnte (im ursprünglichen Sinne des *socius* als eines Assoziierten), zu einem Restbegriff, der nach Abzug von Politik, Ökonomie oder Technik übrigblieb – sei historisch nämlich jüngeren Datums. Der Rückgang auf die ursprünglich breitere Bedeutung erlaube uns, unter »sozial« einen bestimmten *Modus* der Relationierung zu verstehen: »eine sehr eigentümliche Bewegung des Wiederversammelns und erneuten Assoziierens« (ebd.: 19). »Sozial« ist aus dieser Perspektive keine von anderen Sphären abgrenzbare und diese umgekehrt bestimmende oder sie erklärende Sphäre, genausowenig verweist »sozial«, wiewohl umfassend, auf die Gesellschaft als Container, sondern »sozial« bezeichnet einen *Typus kontingenter Verknüpfung* nicht-sozialer Elemente. Kontingent deshalb, weil für die Soziologie der Assoziationen Verknüpfungen selbstverständlich auch scheitern können (ebd.: 21).

Hat es einmal jeglichen Stabilitätskern verloren, tendiert das Soziale dazu, in einem Fluidum aufzugehen, weil es nur in der »provisorische[n] Bewegung neuer Assoziationen« (ebd.: 410) be-

die Fähigkeit jedes Akteurs, die anderen Akteure *dazu zu bringen*, unerwartete Dinge *zu tun*.« (Ebd.: 224).

steht und nur kurz aufblitzt »in dem flüchtigen Moment, wenn neue Assoziationen das Kollektiv zusammenheften« (ebd.: 275). Für den Soziologen bedeutet dies, dass er zum Fährtensucher wird, da nur im Moment der Rekombination sozialer Bindungen das Soziale überhaupt beschreibbar ist. Sichtbar sei es nur »in den Spuren, die es hinterläßt (im Verlauf von Erprobungen, Versuchen), wenn eine neue Assoziation zwischen Elementen hervorgebracht wird, die selbst keineswegs ›sozial‹ sind« (ebd.: 22). Anders gesagt: *als* Soziales wird das Soziale ausschließlich im Augenblick seiner Verschiebung und Verrückung erkennbar, das heißt im Moment der Assoziation des vormals nicht Assoziierten. Die Verbindungen des Relationenensembles besitzen somit neben dem Merkmal ihrer Kontingenz – dass sie also auch nicht oder anders zusammengesetzt sein könnten – ein weiteres Merkmal: das ihrer *Evaneszenz*. Weit davon entfernt, darin ein Hindernis für die Bemühungen der Soziologie zu vermuten, stellt dieses Kriterium für Latour geradezu die notwendige Voraussetzung von Soziologie beziehungsweise »Assoziologie« dar. Denn solange man von der Existenz einer monumental gedachten Gesellschaft oder eines sozialen Realitätsbereichs ausgeht, sind die evaneszenten Spuren des Sozialen nicht verfolgbar. Deshalb kann Latour die Existenz der Disziplin Soziologie geradezu von der Nichtexistenz der Gesellschaft abhängig machen: »*Entweder gibt es eine Gesellschaft, oder es gibt eine Soziologie.*« (Ebd.: 282)

Fassen wir unsere systematische Darstellung kurz zusammen. Wie gelingt es Latour, die Merkmalsreihe eines fundamentalistischen Gesellschaftsbegriffs durch postfundamentalistische Attribute zu unterhöhlen und das Soziale auf diese Weise zu verflüssigen? Ist Gesellschaft, im imaginären Bild des »Grabmals«, einerseits durch Merkmale wie enorme Größe, Statik, Umfassendheit und objektive Vorgängigkeit gekennzeichnet, so wird das radikal relationistisch gebaute Soziale Latours andererseits bestimmt durch die Merkmale der *Heterogenität seiner Elemente*, des *Primats der Vermittlung* gegenüber diesen Elementen, der *Kontingenz jeder Verknüpfung* und schließlich der *Evaneszenz* eines jeden sozialen Relationenensembles. Die Soziologie der Assoziationen, die mit der Nachzeichnung der evaneszenten Verknüpfungsspuren des Sozialen befasst ist, basiert daher notwendig auf der Zurückweisung des fundamentalistischen Gesellschaftsbegriffs, wie er sich im soziologischen Objektivismus manifestiert und im soziologischen Subjektivismus sein Spiegelbild findet.

4.4. Latours Anti-Objektivismus: Die fünf Gesichter von Kontingenz und Konflikt

Wenn sich die Soziologie der Assoziationen nun den Luxus einer präkonstituierten (sozialen) Objektivität versagt, so hat dies durchaus forschungspraktische Konsequenzen. Es bedeutet zunächst, dass von der *Unbestimmtheit* sozialer Objektivität auszugehen ist. Schließlich sei die Welt kein »solider Kontinent aus Fakten, durchsetzt von einigen Seen von Ungewißheiten, sondern ein riesiger Ozean von Ungewißheiten, durchbrochen von einigen Inseln kalibrierter und stabilisierter Formen« (ebd.: 421). In einem etwas weniger poetischen Register spricht Latour von genau fünf Unbestimmtheiten, und zwar in Bezug auf die Natur der Gruppe, des Handelns, der Objekte, der Tatsachen und der sozialwissenschaftlichen Forschung selbst. Damit unterzieht er den kategorialen Apparat der Soziologie einer durchgreifenden kontingenztheoretischen Revision. Folgen wir ihm kurz in der Darstellung dieser fünf Unbestimmtheiten, die auch für unser Projekt einer postfundamentalistischen Gesellschaftstheorie von Relevanz sind. Denn es wird sich erweisen, dass in all diesen Fällen das Merkmal der Kontingenz – in einem noch breiteren Sinn als bisher verwendet – hinter dem Begriff der Unbestimmtheit aufscheint, und zwar in durchgehender Artikulation mit Konfliktualität.

Erstens: die Unbestimmtheit der Natur von *Gruppen* und der Identität der Akteure. Statt objektivistisch von bereits existierenden Gruppen auszugehen oder dezisionistisch durch ein soziologisches *fiat* die Gruppen und Gruppentypen durch willkürliche Grenzziehung festzulegen, unterstellt die Soziologie der Assoziationen, »daß es keine relevante Gruppe gibt, von der man sagen könnte, nur sie bilde soziale Aggregate, keinen feststehenden Bestandteil, der als unbestreitbarer Ausgangspunkt dienen könnte« (ebd.: 53). Stattdessen müsse man die »Kontroversen darüber, zu welcher Gruppierung man gehört, einschließlich selbstverständlich der Kontroversen unter Sozialwissenschaftlern darüber, woraus die soziale Welt besteht« (ebd.: 54), zum Ausgangspunkt nehmen. Damit ist, in unseren Worten, nichts anderes gesagt, als dass die Kontingenz – also prinzipielle Ungründbarkeit – der soziologischen Kategorie der Gruppe ontologisch impliziert, dass Konflikte über die Grenzen und Fundamente im Feld bestehen, die zum methodischen Ausgangspunkt der soziologischen Forschung gemacht werden können. Beobachtbar ist nicht die Gruppe als objektive Gegebenheit (und genausowenig als subjektive Konstruktion des sozialwissenschaftlichen Blicks und Instrumentariums der Grenzziehung), sondern beobachtbar sind die Kontroversen *um die Grenzen* einer Gruppe. Die Gruppe lässt sich mit sozialwissenschaftlichen Instrumentarien nur rekonstruieren, indem die Spur der Kontroversen *um diese Gruppe* nachgezogen wird.[11] Dies erfordert unter anderem die Erstellung von Listen der Anti-Gruppen, denn jede Gruppe – so ein von Latour erkanntes, wie wir sagen würden, quasi-transzendentales Merkmal – müsse sich durch permanente Abgrenzungsversuche nach Außen stabilisieren.

Diese kontroverselle Arbeit ist unabstellbar, das heißt die Identität der Gruppe ist performativ erzeugt und permanent im Fluss. Sobald Gruppen nicht mehr – und das notwendig kontrovers – artikuliert werden, verschwinden sie, denn hinter ihnen steht keine »Gesellschaft«, die gleichsam als Korsett, Basis oder Klebstoff Stabilität garantieren und alle Gruppen zusammenhalten könnte. Wenn aber die Performanz von Gruppenbildungsprozessen die Regel ist, dann wird jede Form vorübergehender Stabilisierung erklärungsbedürftig. Für die Soziologie der Assoziationen wird das Soziale erst »durch subtile Veränderungen beim Verbinden nicht-sozialer Ressourcen entworfen«, denn »weder Gesellschaft noch Soziales existieren von vornherein« (ebd.: 65). Und dies geschieht, indem soziale Relationen durch zirkulierende nicht-soziale Träger nachgezogen und skizziert werden: »Weit davon entfernt, ein stabiles Ding zu sein, ist das Soziale in dieser Bedeutung nicht mehr als eine gelegentliche Spur, die durch die Verschiebung, Erschütterung, geringfügige Bewegung anderer nicht-sozialer Phänomene hervorgebracht wird.« (Ebd.: 66) Dies entspricht im Wesentlichen dem Merkmal der Evaneszenz des Sozialen, das bereits diskutiert wurde.

Zweitens: die Unbestimmtheit der Natur von *Handlungen*, ihrer Ziele und der daran teilnehmenden Wesenheiten. Mit dem

11 Wobei die sozialwissenschaftliche Untersuchung selbst Bestandteil dieser kontroversiellen Bestimmung ist.

Konzept des Akteur-Netzwerks wird die traditionelle Vorstellung eines sich selbst transparenten und bewussten Handlungssubjekts verabschiedet. Handeln geht nie von einem einzelnen Träger aus, sondern von einer Unzahl von Handlungsträgern; es ist »ein Knoten, eine Schlinge, ein Konglomerat aus vielen überraschenden Handlungsquellen, die man eine nach der anderen zu entwirren lernen muß« (ebd.: 77). Das »Wir« oder »Ich« der Handlung sei in Wahrheit ein Wespennest (ebd.: 79), das aber keinesfalls zu einem verallgemeinerten Handlungsträger – wie etwa »Gesellschaft« – zusammengezogen werden dürfe. Was einer solchen Homogenisierung im Wege steht, ist genau der Kontingenzcharakter des Handelns, den Latour in typische Kontingenzformeln fasst: »Handeln sollte eine Überraschung bleiben, eine Vermittlung, ein Ereignis.« (Ebd.: 80) Die Grenzen einer Handlung sind nicht angebbar, sondern sind – mit einer an Derridas Begriff der *différance* erinnernden Wendung – »stets verlagert, verschoben, *dislokal*« (ebd.: 82). Und wieder sieht er einen Grund für diese Unbestimmtheit und Dislozierung des Handelns in den *Kontroversen* um den Ursprung und Träger, um das »Wir« des Handelns, das nie vorbestimmt ist oder sich aus den sozialen Bedingungen ableiten ließe. Analog zur Bildung von Anti-Gruppen, die den Unbestimmtheitsgrad der Gruppengrenzen reduzieren, wird nun auch die Unbestimmtheit des Handlungsträgers qua kontroverser Aufnahme und Ablehnung neuer Entitäten reduziert. Das Resultat bleibt freilich unaufhebbar heterogen.

Man erkennt also auch am Bau der Handlungskategorie die postfundamentalistische Anlage der Theorie: Ein Akteur aus Perspektive der Akteur-Netzwerk-Theorie ist niemals die Handlungsquelle, sondern vielmehr umgekehrt »das bewegliche Ziel eines riesigen Aufgebots von Entitäten, die zu ihm hin strömen« (ebd.: 81), ähnlich wie eine Gruppe »das provisorische Produkt eines ständigen Lärms von Millionen widersprüchlicher Stimmen« ist (ebd.: 58). Ein Akteur ist in sich mannigfaltig und heterogen strukturiert (siehe auch die dritte Quelle der Unbestimmtheit weiter unten).[12]

12 Latour bewegt sich damit jenseits der traditionellen Vorstellung, die Handlungen ausschließlich auf ein *menschliches* – sich selbst bewusstes und mit der Fakultät des Willens ausgestattetes – Subjekt rückrechnet: »Handeln ist eine Eigenschaft von Verbindungen, von assoziierten Entitäten. Agent I wird von den anderen Agenten in den Stand versetzt, befähigt, ermächtigt und autorisiert. Der Schim-

Daraus muss die Schlussfolgerung gezogen werden, dass seine Handlungen auf keinen weiteren *Grund*, auf keine Willensquelle zurückgeführt werden können, dass Handeln, postfundamentalistisch gedacht, folglich keinen anderen Grund finden kann als jenen der eigenen Grundlosigkeit, sprich Kontingenz. Nichts anderes scheint mir Latour sagen zu wollen, wenn er vorschlägt: »Wir sollten daher paradoxerweise alle Unbestimmtheiten, Unschlüssigkeiten, Verschiebungen, Verlagerungen, Verwirrungen als unsere Grundlage betrachten.« (Ebd.: 83) Die einzige Grundlage, die bleibt, nachdem der Fundamentalismus verabschiedet wurde, besteht in der Abwesenheit beziehungsweise der notwendigen Verschobenheit (heideggerianisch: dem »Ab-/Anwesen«) eines jeden (Handlungs-)Grundes.

Drittens: die Unbestimmtheit der Natur von *Objekten* und allgemein der in soziale Interaktion verwickelten Entitäten. Bei diesen Entitäten handelt es sich nämlich, wie bereits angedeutet, keineswegs um ausschließlich menschliche Akteure. Die Kategorie der Handlungsträger wird für Dinge geöffnet, die immer dann, *wenn sie einen Unterschied* in Bezug auf den Handlungsverlauf anderer Akteure machen, ihrerseits Akteurstatus erlangen (ebd.: 123). Diese Objekttheorie ist das Herzstück der latourschen Soziologie der Assoziationen, weshalb ich ihr das folgende Unterkapitel widmen werde. Die Diskussion des ontologischen Merkmals der Konfliktualität, das eben auch Dingen zukommt, wird dort ebenfalls nachgereicht. Sie begegnet uns aber nicht weniger bei der vierten Quelle der Unbestimmtheit.

Viertens: die Unbestimmtheit (natur-)wissenschaftlicher *Tatsachen*. Letztere sind keineswegs so unbestreitbar wie es Empiristen oder Positivisten vermuten würden. Unbestreitbar wären sie ohnehin nur, wenn Natur als ein von Gesellschaft säuberlich abgrenzbarer Bereich verstanden würde. Wiederum besteht die kontingenztheoretische Antwort auf den empiristischen Fundamentalismus nicht in einer kantianisch-subjektivistischen oder einer sozial-konstruktivistischen Wende, sondern in einer postfundamentalistischen Reformulierung dessen, was als »objektive«, »natürliche« Realität überhaupt gelten kann: »Der Empirismus erscheint nicht länger

panse plus der angespitzte Stock erreichen (und nicht: er erreicht) die Banane« (Latour 2002: 221). Handeln lässt sich in diesem Sinne definieren als Vermögen einer Aktantenverbindung.

als das solide Grundgestein, auf das sich alles andere gründen ließe, sondern als eine sehr dürftige Interpretation von Erfahrung. Diese Dürftigkeit wird jedoch nicht dadurch überwunden, dass man sich von der materiellen Erfahrung *weg* bewegt und beispielsweise hin zur ›reichen menschlichen Subjektivität‹, sondern indem man noch *näher* an die buntscheckigen Existenzformen heranrückt, die Materialien zu bieten haben.« (Ebd.: 194) Bei genauerem Hinsehen erweist sich nämlich die Objektivität, die in wissenschaftlichen Laboratorien zutage tritt, als vielfach gefaltet. Keineswegs tritt sie so solide und eindeutig auf, wie von Empiristen und Positivisten vermutet. Latour verweist auf die triviale Etymologie des Wortes *Tat*-Sache, die bereits darauf hindeutet, dass solche Tatsachen aus durchaus komplexen Praxiszusammenhängen hervorgehen. Immer wieder wird in diesem Zusammenhang auch gern auf Bachelards Diktum *les faits sont faits* verwiesen. Und sofern »Fakten« *gemacht* sind, sind sie auch umstritten. Es handelt sich eben nicht um unbestreitbare Tatsachen – im Englischen: um *matters of fact* –, die nur dann unbestreitbar wären, wenn sie tatsächlich auf einem unbestreitbaren Fundament der Realität, der Natur oder der Erfahrung aufruhen würden. Es handelt sich um umstrittene Tatsachen, um *matters of concern*. Man könnte auch so sagen: Ein (natur-)wissenschaftlicher Tatbestand ist per Definition Gegenstand von Kontroversen. Und zwar zum einen von Kontroversen, die innerhalb der Wissenschaften ausgetragen werden, zum anderen aber auch von Kontroversen, die ein wesentlich weiteres Geflecht von Akteuren ins Spiel bringen (man denke nur an die öffentlichen Debatten um so kontroverse Themen wie Atomkraft, Gentechnologie etc.).[13] Damit ist nichts anderes gesagt, als dass jede Untersuchung vom Umstrittenen, nicht vom Unbestreitbaren auszugehen habe. Die Realität bietet kein objektives Fundament, sondern verweist auf nichts anderes als Kontingenz und Konflikt. Auch die so genannten Tatsachen sind – wie »Treibsand« (ebd.: 212) – aufgrund ihrer Umstrittenheit in ständiger Verschiebung begriffen.[14]

13 Das heißt nicht, dass etwas nicht ins Stadium weitestgehender Unumstrittenheit gelangen kann (zum Beispiel die Schwerkraft oder die Erkenntnis, dass sich die Erde um die Sonne dreht), es bedeutet nur, dass in der Soziologie der Naturwissenschaft nicht objektivistisch von unbestreitbaren Tatsachen auszugehen ist, sondern jede Tatsache als *umstrittene* eingeführt wird (Latour 2007: 210).

14 Latours Postfundamentalismus lässt ihn auch den klassisch ideologiekritischen

Fünftens: die Unbestimmtheit der soziologischen Untersuchung selbst. Diese letzte, methodologische Quelle der Unbestimmtheit entspringt dem Verfassen von Berichten und Aufzeichnungen (im Rahmen der Feldforschung). Die Texte, die auf diese Weise produziert werden, erheben nicht den Anspruch von Objektivität im herkömmlichen Verständnis, sondern die ihnen eigene Unbestimmtheit ist durchaus willkommen. Wissenschaftsforscher hätten es nicht nötig, »die furchtbare Eigenheit des Schreibens« zu ignorieren, »die einen Dinge sagen läßt, die man nicht sagen will, und einen daran hindert, die Dinge zu sagen, die man sagen will« (ebd.: 216). So verstanden wird der Text – der Bericht, die Aufzeichnung, das Feldtagebuch – selbst zu einem Mittler, der die vier anderen Quellen der Unbestimmtheit übersetzt. Das heißt nicht, dass Objektivität als Ziel der Forschung aufgegeben werden sollte, aber ein weiteres Mal wird ihre Bedeutung im nicht-objektivistischen Sinne Latours revidiert.

> Das Wort verweist nicht auf die traditionelle Bedeutung von unbestreitbaren Tatsachen – mit ihrem kalten, desinteressierten Anspruch des »Objektivierens« –, sondern auf die heißen, interessierten, kontroversen Baustellen von umstrittenen Tatsachen. Objektivität kann somit entweder durch einen objektivistischen Stil erreicht werden – auch wenn weit und breit kein Objekt zu sehen ist – oder durch die Präsenz von vielen *Objektoren*, von Einwände liefernden Objekten – auch wenn nicht die geringste Absicht besteht, den objektivistischen Stil zu parodieren. (Ebd.: 217)

Im Unterschied zum Objektivismus bezieht sich Objektivität hier auf keine stabile Substanz an Realität, die passiv auf ihre Aufschließung durch das naturwissenschaftliche Methodeninstrumentarium warten würde, sondern Realität ist objektiv darin, dass sie sich aus Objekten zusammensetzt. Diese wiederum müssen als widerspenstige »Objektoren« – das heißt als »Vorbringer von Einwänden« (ebd.: 231) – anerkannt werden. Auch in dieser letzten Hinsicht

Zugang zu dem, was als *fait social* gelten soll, unterlaufen. Mit seinem Neologismus *Faitiche* wird dem sozialen Faktum bereits im Ansatz Ambivalenz attribuiert. Die Unterscheidung zwischen Faktum und Fetisch wird fallengelassen: »*Faitiches*« seien »Handlungstypen, die sich nicht in die erzwungene Alternative zwischen Fakt und Glauben hineinpressen lassen. Der Neologismus *Faitiche* ist eine Kombination aus Fakt (*fait*) und Fetisch (*fétiche*) und stellt klar, daß beiden ein Element der Fabrikation gemeinsam ist.« (Latour 2002: 374) erweist sich die Instanz der *Kontroverse* als zentral: Ein gelungener Bericht aktualisiert das Soziale performativ, so »daß einige der an der Aktion Beteiligten – durch die kontroverse Vermittlung des Autors – *versammelt* oder *wiederversammelt* werden« (ebd.: 240) und sich dem virtuellen Kollektiv sozialwissenschaftlicher Kontroverse einschreiben.

4.5. Vom Objekt zum thing: Die Streitsache

Damit wären wir beim eigentlichen Herzstück der »Assoziologie« Latours angelangt, bei seiner Objekttheorie. Die Verabschiedung des Objektivismus, wie sie Latour durch die fünffache Markierung der Unbestimmtheit sozialwissenschaftlicher Objektivitätsanker gelingt, erweist sich als Bedingung für die Rehabilitierung des Objekts *als Objekt*. Denn erst mit dem Verschwinden der Gesellschaft wird sichtbar, was *außerhalb* eines substanzhaft gedachten Sozialen angesiedelt ist: Nicht etwa das außergesellschaftliche Natur-Ding, denn die Distinktion Gesellschaft/Natur war von Latour ja bereits dekonstruiert worden. Sichtbar werden vielmehr nicht-soziale, oder zumindest: nicht eindeutig soziale Objekte. Erst in der vorübergehenden Form eines solchen nicht-sozialen Objekts gibt sich das Soziale zu erkennen. Dieses Objekt tritt als Mittler auf, dessen Erscheinen den Moment der Neuzusammensetzung des Sozialen markiert – und es wurde ja gesagt, dass das Soziale nur in solch evaneszenten Momenten der Neuzusammensetzung sichtbar wird. Damit ist zugleich gesagt, dass ein solches Objekt nicht den Charakter eines Zwischenglieds aufweist. Letzteres, so hieß es, mache eine Situation vorhersagbar und diene unseren Handlungen als stabiler und unhinterfragter Anker, während sich durch Ersteres eine Situation »plötzlich auf unerwartete Weise gabelt«, wie in Latours Beispiel einer Vorlesung, in der jederzeit etwas zusammenbrechen könne, vom Mikrofon bis zur Dozentin. Jede Situation wird unvorhersehbar, sobald das neutrale Zwischenglied als Mittler agiert (Latour 2007: 347). Als Mittler ist ein Objekt, einfach gesagt, dadurch definiert, dass es einen Unterschied macht, indem es andere Mittler dazu bringt, etwas zu tun. Als Mittler können Objekte nicht auf stabile und unveränderliche Glieder einer Kette reduziert werden, sondern sie besitzen Akteursstatus und Ereignischarakter.

Das verbindet sie mit dem *Objekt* = *x* der deleuzianischen seriellen Soziologie, nur dass sich dieses Objekt im Sinne des späteren Deleuze inzwischen zu einer wahren Mannigfaltigkeit von Objekten vervielfacht hat.

Die spezifische Pointe der Objekttheorie Latours und der Akteur-Netzwerk-Theorie im Allgemeinen besteht innerhalb der Theoriefamilie des radikalen Relationismus also darin, dass unter Objekten keine von menschlichen Akteuren herumgeschobenen und deren Aktionen passiv ausgelieferten Gegenstände verstanden werden, sondern Objekte selbst als Aktanten konzipiert sind. Um sie in dieser Hinsicht vom herkömmlichen Objektbegriff beziehungsweise von bloßen Zwischengliedern (oder auch von sozialen Tatsachen im durkheimschen Sinn der *faits* und im Unterschied zum latourschen der *faitiches*) abzusetzen, werden sie auch als »Quasi-Objekte« bezeichnet.[15] Den Begriff übernimmt Latour von Michel Serres, der unter Quasi-Objekten »*zirkulierende, Netze bahnende, das soziale Band knüpfende* oder verstärkende Entitäten« (Roßler 2008: 89) versteht, wie etwa religiöse Fetische oder die Waren des ökonomischen Warenkreislaufs. Latour legt Wert auf die hybride Natur der Quasi-Objekte, die auf der einen Seite sozial produziert sind, auf der anderen aber ihr Eigenleben als Aktanten führen. Für unsere Diskussion entscheidend ist, dass bereits Serres auf den konfliktorischen Charakter dieser Quasi-Objekte hinweist. In den europäischen Sprachen werde das Wort »Sache« oder »cause«, so Serres (zit. in Latour 2008: 112), aus den Bereichen der Politik und des Rechtswesens gewonnen. Im Lateinischen bezeichne das Wort »res«, das die Wurzel des Begriffs der Realität bildet, zugleich die *Streitsache* im gerichtlichen Verfahren. Ähnlich verhalte es sich mit den Worten »causa« oder »cosa« und dem indogermanischen »thing« oder »Ding«. Latour knüpft in seinem Aufsatz »Von der *Realpolitik* zur *Dingpolitik*« (Latour 2005) explizit an die letzter-

15 Neben dem Begriff des Quasi-Objekts finden sich bei Latour noch weitere angrenzende Begriffe, darunter *immutable mobiles*, Hybride, Aktanten, Mittler, *non-humans* oder eben *faitiches*, und nicht immer wird ausbuchstabiert, in welchem Verhältnis sie zueinander stehen. Da unsere Darstellung nicht so sehr ein philologisches Interesse verfolgt als vielmehr die Struktur der objekttheoretischen Argumentation Latours nachvollziehbar machen soll, können die Deutungsschattierungen und werkgeschichtlichen Modifikationen der unterschiedlichen Objektkonzepte Latours hier nicht im Detail nachgezeichnet werden. Vergleiche hierzu Roßler (2008).

wähnte Etymologie an, die auch schon für Heidegger bedeutsam wurde:

> Wie jeder Leser Heideggers weiß, oder wie jeder Blick in ein englisches Wörterbuch unter dem Stichwort »Thing« bestätigt, bezeichnete das alte Wort »Thing« oder »Ding« ursprünglich einen bestimmten Typ archaischer Versammlung. Viele Parlamente in nordischen oder angelsächsischen Ländern halten die alte Wurzel dieser Etymologie noch wach; die norwegischen Kongreßmitglieder versammeln sich im *Storting*; die isländischen Abgeordneten, die mit dem Äquivalent von »Dingmenschen« bezeichnet werden, kommen im *Althing* zusammen; auf der Isle of Man pflegten die Ältesten um das *Ting* zusammenzukommen; die Landschaft in Deutschland ist mit *Thingstätten* übersät, und an vielen Orten kann man die Steinkreise sehen, wo sich einst das Thing befand. Lange bevor es ein aus der politischen Sphäre hinausgeworfenes Objekt bezeichnete, das dort draußen objektiv und unabhängig stand, hat so das *Ding* oder *Thing* für viele Jahrhunderte die Sache bezeichnet, die Leute zusammenbringt, *weil* sie sie entzweit. Die gleiche Etymologie liegt im griechischen *aitia* und im französischen oder italienischen *cause*. (Ebd.: 29 f.)

In ihrer Eigenschaft als *Dinge* erweisen sich Quasi-Objekte als im wörtlichen Sinne *Streitsachen*. Als solche dienen sie der *Versammlung*. Latour bezieht sich explizit auf Heideggers Diskussion des Krugs, der als Ding das »Geviert« (aus Erde und Himmel, Sterblichen und Unsterblichen beziehungsweise bei Latour aus Menschen und nicht-menschlichen Wesen) »versammelt«. So heißt es bei Latour: »Jeder Gegenstand [verstanden als Streitfrage, O.M.] versammelt eine andere Versammlung relevanter Parteien um sich« (ebd.: 11). Die Etymologie des Wortes Ding kommt Latour im Anschluss an Heidegger und Serres zu Hilfe und versetzt der Assoziologie einen im weitesten Sinne politischen Spin. Denn wird der Streitcharakter von Quasi-Objekten beziehungsweise Dingen ernst genommen, dann lässt sich das Merkmal der Konfliktualität nicht länger in die Spezialdisziplin der politischen Theorie oder politischen Philosophie verweisen, der Latour ohnehin den Vorwurf der Objektvermeidung macht: Sie hätte, Latour zufolge, den dinghaften Charakter der *res publica* verleugnet und die Streitfragen – die »Sachen«, um die es in der öffentlichen Auseinandersetzung geht – ignoriert. Die Öffentlichkeit der *res publica*, definiert durch die Charakteristika von Streit und Versammlung, dürfe nicht länger auf ein bestimmtes soziales Teilsystem oder einen bestimmten Ort in der sozialen Topographie begrenzt werden, hänge sie doch an den Dingen selbst, bestehe »in den *Sachen*, die zählen, in der *res*, die ein Publikum um sich schafft« (ebd.: 13). All jene unzähligen und sehr profanen Quasi-Objekte können weder auf das heideggersche Ur-Ding des Kruges, noch auf die *Thing*-Stätte eines herkömmlichen Parlaments begrenzt werden. Latour selbst macht diesen Punkt contra Heidegger:

> Es liegt mehr als nur ein wenig Ironie darin, diese Bedeutung auszudehnen auf das, was Heidegger und seine Nachfolger inbrünstig haßten, nämlich Wissenschaft, Technik, Handel, Industrie und Populärkultur. Und doch haben wir genau dies vor: die Objekte von Wissenschaft und Technik, Supermarktgänge, Finanzinstitutionen, medizinische Einrichtungen, Computernetzwerke – selbst der Laufsteg von Modeschauen – bieten ausgezeichnete Beispiele für Hybridforen und Agoras, für Zusammenkünfte, die zur Erosion des älteren Bereichs der im klaren Licht des modernistischen Blicks badenden reinen Objekte beitragen. (Ebd.: 33)

Wir müssen somit unsere übliche Sicht *der Dinge* umkehren. Selbst wenn Latour diesen Punkt nicht deutlich ausbuchstabiert, aus postfundamentalistischer Perspektive ist evident: Ein Ding wird nicht deshalb zur Streitsache, weil es in einen dafür bereits vorgesehenen neutralen Versammlungsort eintritt, sondern es *erzeugt* einen solchen Ort – eine, wenn man es altgermanisch ausdrücken will, örtlich wechselnde *Thing*-Stätte –, *wo immer* sein Kontingenz- und Konfliktcharakter in den Vordergrund tritt. Jedes Quasi-Objekt öffnet, sofern es umstritten ist, eine Agora und erschafft einen öffentlichen Raum der Versammlung. Es ist vollkommen gleichgültig, um Latours Beispiele aufzunehmen, ob es sich dabei um ein Labor, einen Supermarkt, ein Krankenhaus oder das Internet handelt. Dies nährt den Verdacht, dass die latoursche Assoziologie einen intrinsisch politischen Spin besitzt. Politisch nicht etwa im Sinne von Politik als sozialem Teilsystem, was nur zu der bereits an Latours Parlamentarismus der Dinge kritisierten Überpolitisierung – einer übergebührlichen Ausdehnung der Parlamentarismus-Metapher – führen würde (vgl. zur Kritik Lindemann 2008), sondern politisch im Sinne eines »ontologisch« oder quasi-transzendentalistisch gefassten und also nicht auf das politische System begrenzbaren Begriff *des Politischen* als der gleichursprünglichen Grundbedingung von Grundlosigkeit (Kontingenz) und Konflikt. Wird der fundamentale Charakter dieser Grundbedingung ernst genommen, dann entspringt das Politische an der Assoziologie keinem übertriebenen Politizismus, selbst wenn politische Motivationen Latours unübersehbar bleiben. Es entspringt der fundamentalen These, dass jede Assoziation, die sich im assoziierten Ding aufspeichert, aufgrund der notwendigen Kontingenz aller Verknüpfungen nur über den Umweg des Konflikts überhaupt (vorübergehend) zuwege gebracht werden kann. Nur im Streit ziehen sich die evaneszenten Spuren der Verknüpfung, nur im *agon* öffnet sich der Versammlungsort der *agora*.

Dies lässt sich aber nur dann stringent argumentativ verteidigen, wenn eine Frage geklärt wird, die Latour im Vagen lässt. Es stellt sich nämlich die Frage, ob denn nun *alle* oder *nur bestimmte* Objekte den Status konfliktorisch verfasster *Dinge* besitzen. Wenn Latour etwa behauptet, Objekte würden zu Dingen, sobald »Tatsachen ihren komplizierten Verwicklungen Platz machen und zu Sachen werden, um die es geht« (Latour 2005: 80), dann könnte der Eindruck zweier Welten entstehen: der Welt der unumstrittenen Tatsachen und der Welt der konfliktorischen Dinge. Aber die Vorstellung, es gäbe überhaupt so etwas wie ein nicht-fabriziertes Faktum, ein *fait,* das nicht zugleich *faitiche* wäre, wird von Latour als objektivistische Illusion ja gerade bekämpft. Folglich können wir es gar nicht mit zwei Welten – unumstrittene Objektwelt und umstrittene Dingwelt – zu tun haben. Bestenfalls könnte von zwei Modi ein- und derselben grundlegend kontingent-konfliktorischen Welt gesprochen werden. Daraus kann nur folgen, dass *alle* Objekte auf fundamentaler Ebene als *Dinge* betrachtet werden müssen (und folglich deren irreführende Repräsentation als unumstrittene Fakten der Verleugnung ihres kontingenten und konfliktorischen Charakters gleichkommt). Anders wäre eine Behauptung, wie die folgende, mit der auch üblicherweise wenig umstrittene Objekte wie Stühle und Matten zu Konfliktherden erhoben werden, unverständlich: »Dinge, Stühle, Katzen, Matten und schwarze Löcher verhalten sich nie wie unbestreitbare Tatsachen.« (Latour 2007: 437 f.) Wenn sich aber schon so harmlose Dinge wie Stühle, Katzen oder Matten als Objekte des Streits erweisen, welches Objekt würde sich dann nicht als ein solches *Ding* erweisen?[16]

16 Menschen, so fährt Latour an dieser Stelle fort, würden sich manchmal tatsächlich verhalten wie unbestreitbare Tatsachen. Man muss aber sofort hinzufügen, wo dies geschieht, kann es nur im Modus des *Als ob* geschehen.

Man kann es auch anders sagen: Sozialwissenschaftlich beschreibbar ist das Objekt nicht als Faktum, sondern nur durch Entfaltung jener Spur, die es *als Ding* gezogen hat, nämlich im Moment der konfliktorischen Neuzusammensetzung eines Relationenensembles. Diese Position ist nicht nur insofern heideggerianisch, als sie Heideggers berühmte These aus *Sein und Zeit* wiederholt, das zuhandene »Zeug« würde uns nur im Zustand seiner Unbrauchbarkeit oder seines Fehlens auffallen beziehungsweise in die »Modi der Auffälligkeit, Aufdringlichkeit und Aufsässigkeit« wechseln (Heidegger 1993: 74). Sie radikalisiert auch, wie man sah, den späteren Heidegger unter anderem des Ding-Aufsatzes (1954: 157-180), des Kunstwerk-Aufsatzes (1994: 1-74), des Humanismusbriefes (1996: 313-364) und, wie ich hinzufügen würde, des Differenz-Aufsatzes (1954). Latour bestreitet nicht die von Heidegger eingezogene ontisch-ontologische Differenz zwischen der Ebene des Seienden (des »Objekts«, des Gegenstands, der Wissenschaft, Technik etc.) und jener des Seins beziehungsweise Dings – oder radikaler noch: des Spiels dieser *Differenz-als-Differenz* beziehungsweise heideggerianisch: des »Dingens« des Dings. Er bestreitet, dass es jemals zu der von Heidegger beklagten Seinsvergessenheit gekommen sei: »Wie könnte das Seiende seine Differenz verlieren, seine Unfertigkeit, seine Prägung, seine Spur des Seins?« Dies würde ja vor dem Hintergrund unseres gerade entfalteten Arguments bedeuten, dass die Welt Kontingenz wie Konflikt verloren hätte und nur noch aus Objekten bestünde. Tatsächlich aber habe niemand das Sein vergessen, so Latour: »Die Netze sind voller Sein.« Wenn überhaupt jemand das Sein vergessen beziehungsweise »die Spuren des Seins« verloren habe, »die überall im Seienden verstreut sind«, dann diejenigen, »die es unterlassen haben, Wissenschaft, Technik, Recht, Politik, Ökonomie, Religion, Fiktion empirisch zu untersuchen« (Latour 2008: 89). In deutlicher Frontstellung zu technophoben und kulturkonservativen Heideggerianern lässt Latour wissen, dass er es ist, der in seiner wissenschaftlichen Praxis an der ontologischen Differenz festhält: »Im Gegenteil, wir haben alles, denn wir haben das Sein, das Seiende, und wir haben den Unterschied zwischen Sein und Seiendem nie aus dem Auge verloren. Wir führen das unmögliche Projekt Heideggers durch.« (Ebd.: 90) Und zwar deswegen, weil Assoziologen sich nicht im esoterischen Denken des Seins verlieren, sondern dessen Spuren – beziehungsweise die Spuren des Differierens von Sein und Seiendem – im *Seienden* selbst nachzeichnen. Auch wenn wir also mit Latour/Heidegger das Verhältnis von Objekt und Ding in Begriffen der ontisch-ontologischen Differenz beschreiben wollen, werden wir zum gleichen Ergebnis kommen wie zuvor: Es gibt kein Objekt, das nicht Spuren des Dings trüge.

4.6. Unzählige Gesellschaften: Die Rückkehr der Gesellschaft als Mannigfaltigkeit

Latours Pointe könnte sich für eine zu erarbeitende Konflikttheorie des Sozialen als bedeutsam erweisen. Wenn es keinen Gegenstand oder »Vermittler« gibt, der kein – und sei es schlummernder – Streitfall ist, wird dann nicht das relationale Ensemble des Sozialen selbst zum verallgemeinerten Streitfall? Aus postmarxistischer Sicht wird Gesellschaft tatsächlich zu einer antagonistischen Totalität (vgl. Teil II dieses Bandes). Genau dieser Schlussfolgerung kann sich Latour aber nicht anschließen: Weder lässt die Verflüssigungsthese einen Begriff von Totalität zu, noch kann die Dimension von Negativität, an die der Begriff des Antagonismus – in jener fundamentalen Funktion der Blockade, auf die Lévi-Strauss in seiner Analyse dualistischer Gesellschaften immer wieder gestoßen ist – erinnert, von deleuzianisierenden Ansätzen geduldet werden.

Und doch meldet sich die Idee der Totalität bei Latour überraschend zurück. Nicht weniger als der bereits tot geglaubte Begriff der Gesellschaft. Und zwar in dreierlei Gestalt. In einer ersten Gestalt wird Gesellschaft als Gegen- oder Grenzbegriff wieder eingeführt. Hatte Latour zunächst den Begriff des »Kollektivs« vorgeschlagen, um das Projekt der Versammlung von Entitäten nichtsozialer Natur zu bezeichnen, so wird Gesellschaft nun definiert »als eine Weise, die Aufgabe der Zusammensetzung des Kollektivs zu verbergen, indem man so tut, als sei sie bereits vollendet« (Latour 2007: 289). Gesellschaft wird zum Namen für eine bestimmte Form der vorübergehenden Objektifizierung, das heißt Stillstellung der Assoziierungsarbeit und Mortifizierung des Kollektivs. Sie wird zum Namen für das wieder zum Objekt gemachte Ding. Genauer bezeichnet sie nun gerade die *Verleugnung* der Dingnatur des Objekts und also der Liquidität des Sozialen. In der ideologiekritischen Semantik, auf die Latour an dieser Stelle zurückgreift, »verbirgt« Gesellschaft die Spuren von Konfliktualität und Kontingenz des Sozialen. In seiner Form als Gesellschaft wird das konfliktorische Ding zum vermeintlichen Grabmal und weist nun wieder jene Merkmale der objektivistischen Illusion auf, die wir zu Beginn des Kapitels beschrieben hatten. Damit behält der Gesellschaftsbegriff für Latour zumindest eine negative Funktion und wird ihm zum Namen für die *Illusionen* des Objektivismus: monumentale Größe, Statik, Umfassendheit und objektive Vorgängigkeit.

Dieser negative Einsatz ist noch mit Latours kritischem Impuls gegenüber dem Gesellschaftsbegriff kompatibel. Doch mit einer weiteren Wendung wird Gesellschaft auch in positiver Gestalt erneut eingeführt. Unter der sehr restriktiven, wenn nicht paradoxen Bedingung allerdings, dass wir unter Gesellschaft zwar eine Totalität verstehen dürfen, aber diese Totalität nur eine partielle Rolle übernimmt. Implizit scheint Latour Deleuzes Intuition aufzunehmen, dass unter der Struktur – als Totalität – nur ein Partialobjekt neben anderen zu verstehen sei. Der umfassende Blick auf die Gesellschaftstotale wird daher nicht länger zurückgewiesen, sondern Gesellschaft wird als *Panorama*, so Latours Begriffsvorschlag, das heißt als ein perspektivisches Dispositiv neben anderen akzeptiert. Ein Panorama malt einen Rundblick über 360 Grad an eine nach außen abgeschlossene Wand. Es lässt also keinen Blick nach außen durch, sondern projiziert eine abgeschlossene Szenerie des Totalen. Eine solche Totalität werde im Bereich der Sozialtheorie etwa in Begriffen der Risikogesellschaft oder des »Endes der Geschichte« inszeniert. Auch Durkheims Gesellschaftsbegriff, Luhmanns Begriff des autopoietischen Systems oder Bourdieus symbolische Ökonomie lassen sich unter die Panaromen einreihen. An dieser Stelle geht es Latour nicht darum, den Totalitätsanspruch dieser »großen Erzählungen« zu entlarven. Deren totalisierende Ansichten sollten eher der Vielfalt aller anderen Orte, das heißt »den anderen lokalen Stätten in der abgeflachten Landschaft, die wir zu kartographieren versuchen, hinzugefügt werden« (ebd.: 325 f.). Die Panoramen Durkheims, Luhmanns, Bourdieus oder Becks seien sogar »ausgezeichnete Erzählungen«, die uns auf die politischen Aufgaben der Neu-Zusammensetzung des Sozialen vorbereiten könnten (ebd.: 327).

Der Gesellschaftsbegriff hat eine Teilrehabilitation erfahren. Die Merkmale des gesellschaftstheoretischen Monumentalismus, die Latour an anderer Stelle mit ganzer Kraft angegriffen hatte, werden wieder zugelassen, wiewohl in relativiertem Format. Das Monument Gesellschaft wird miniaturisiert, das Große wird zum Spezialfall des Kleinen, Statik zur Sonderform des Flüssigen, Objektivität zur temporären Verbergung von Kontingenz und der panoramische Blick zu einer möglichen Perspektive unter vielen.[17] Darin argumentiert Latour tardianisch. Statt die Veränderung vom Beständigen her zu verstehen, habe schon Tarde unter dem Beständigen nur eine vorübergehende Konsolidierung der Veränderung verstanden; statt die Struktur zu analysieren, um zu den Elementen vorzustoßen, habe er unter einer Struktur nur »die vorübergehend auf die Spitze getriebene Wirkung eines der Elemente« (Latour 2009b: 12) verstanden; statt einzelne Phänomene unter allgemeine Gesetze zu subsumieren und aus Letzteren heraus zu erklären, aggregierten für Tarde einzelne Phänomene zu Gesetzen, denen sie keineswegs unterworfen sind; statt das Kleine vom Großen her zu erklären, empfehle Tarde, »stets vom Allerkleinsten auszugehen, da es auch das Heterogenste, Erklärungsstärkste und Kämpferischste ist« (ebd.); und statt unter Differenz die Ausnahme von der Regel (sprich: von Identität) zu verstehen, behauptet Tarde, wie nach ihm Deleuze, Differenz sei die Regel und Identität die Ausnahme. Latour bewegt sich daher im Fahrwasser Tardes, wenn er sagt, die Gesamtheit des Sozialen könne nur noch als ein Teil unter anderen vorgestellt werden. Aber immerhin kann Gesellschaft *als Teil* sehr wohl noch vorgestellt werden.

In Widersprüche verfängt sich Latours Modell schließlich mit einer weiteren überraschenden Wendung: der Rückkehr von Ge-

17 Latour exemplifiziert dies unter anderem am Mikro-Makro-Problem der Soziologie, indem er sich gegen alle Kompromiss- und Mittelwegslösungen à la Giddens ausspricht. Das Makro beschreibe »nicht länger eine *umfassendere* oder *ausgedehntere* Stätte, in der das Mikro wie eine Russische Puppe eingebettet ist, sondern einen anderen, gleichfalls lokalen, gleichfalls Mikro-Ort, der mit vielen anderen durch irgendein Medium *verbunden* ist, das spezifische Typen von Spuren transportiert«. Es befinde sich nicht etwa auf einer Ebene oberhalb der Interaktionen, »wird ihnen *hinzugefügt* als eine *weitere* ihrer Verbindungen, die sie versorgt, die aber auch von ihnen zehrt« (Latour 2007: 304). Größe wird in dieser »flachen« Welt zu einer reinen Variable des Verbindungsgrades: Je mehr relationale Verknüpfungen, desto »größer«, je weniger, desto »kleiner« das Objekt. Das besitzt den forschungspraktischen Vorteil, dass die Verknüpfungsmittel in einer solch flachen 2D-Version des Sozialen sichtbar werden.

sellschaft in einer dritten Gestalt, in der Gestalt nämlich von allem und jedem. Denn mit einer fast als dialektisch zu bezeichnenden Umkehrung seines gesamten Arguments lässt Latour Gesellschaft in ihrer ganzen Glorie als Universalbegriff wieder auferstehen. Nun heißt es: *Jedes Ding ist eine Gesellschaft.* Ausgezogen, den Gesellschaftsbegriff zu verabschieden, wird er ihn nun radikalisieren – ohne weiter darauf einzugehen, wie dessen Ausweitung denn mit der angeblich notwendigen Verabschiedung von Gesellschaft kompatibel sei. Wie so oft in den Sozialwissenschaften zeigt sich, dass die Gesellschaft ihren eigenen Tod überlebt hat, um sich nur umso massiver bemerkbar zu machen.

Latours Gewährsmänner sind wiederum Tarde und nun auch Whitehead. Letzterer versteht unter Gesellschaft alle Konglomerate, die das Merkmal zeitlicher und räumlicher Dauerhaftigkeit aufweisen. Als ihr Bestimmungsmerkmal gilt ihm, »daß sie sich selbst trägt; mit anderen Worten, daß sie ihre eigene Grundlage bildet« (zitiert in Latour 2007: 376). Eine Gesellschaft gründet sich anders gesagt selbst, indem sie neue Assoziationen bildet und an der »Rekrutierung, Mobilisierung, Anwerbung und Übersetzung vieler anderer – möglicherweise des gesamten Universums« arbeitet (ebd.). Dies gilt bei Whitehead nicht nur für soziale Institutionen, sondern auch für historische Ereignisse, ja für physikalische Körper. So ist für ihn etwa ein Stein eine »Gesellschaft von einzelnen Molekülen« (Whitehead 1987: 158). Alle in sich selbst gegründeten Entitäten können somit als Gesellschaften bezeichnet werden. Nicht anders bei Tarde, der der Überzeugung war, »*dass jedes Ding eine Gesellschaft ist* und dass alle Phänomene soziale Tatsachen sind« (Tarde 2009b [1893]: 51).

Auffallend ist, dass die Wissenschaft – übrigens aufgrund einer logischen Fortführung der ihr vorausgehenden Tendenzen – dazu neigt, den Gesellschaftsbegriff ganz erstaunlich zu verallgemeinern. So belehrt sie uns zum Beispiel über die Gesellschaften der Tiere (zu diesem Thema empfehle ich das ausgezeichnete Buch des Monsieur Espinas) und über die der Zellen – warum nicht auch über Atomgesellschaften? Fast hätte ich die Gesellschaften der Gestirne vergessen, die stellaren und solaren Systeme. Alle Wissenschaften scheinen dazu bestimmt, Zweige der Soziologie zu werden. Ich weiß sehr gut, dass so mancher durch fehlgeleitete Gelehrigkeit dazu gebracht worden ist, im Sinne dieser wissenschaftlichen Strömung in den Gesellschaften Organismen zu sehen; doch in Wahrheit ist das genaue

Gegenteil der Fall – die Organismen sind durch die Zelltheorie zu Gesellschaften besonderer Art geworden [...]. (Ebd.: 51)

Der Graben, der sich zwischen Tarde und Durkheim auftut, wird wohl an keiner Stelle offensichtlicher. Nicht die Gesellschaft ist ein Ding, sondern jedes Ding ist Gesellschaft. In Latours Diktion heißt das, dass der Gesellschaftsbegriff jede Form der Assoziation bezeichnen kann. »Anstatt wie Durkheim zu sagen«, so Latour, »daß wir soziale Tatsachen als ein Ding für sich behandeln sollten, sagt Tarde, daß ›alle Dinge Gesellschaft sind‹ und jedes Phänomen eine soziale Tatsache bildet.« Aufgabe der Wissenschaft sei es, den Prozess der Assoziation aus einer Mannigfaltigkeit von Dingen, die alle den Charakter ineinandergreifender Monaden besitzen, zu untersuchen – gleichgültig, ob es sich um Pflanzen, Moleküle, Sterne oder soziale Phänomene handle:

Tardes Gedanke ist einfach folgender: Wenn es etwas Besonderes in der menschlichen Gesellschaft gibt, so liegt es nicht *in irgendeinem scharfen Gegensatz* zu all den anderen Aggregattypen und gewiss nicht in irgendeiner besonderen Art von arbiträr durchgesetzter symbolischer Ordnung, die jene menschliche Gesellschaft von »bloßer Materie« unterscheidet. Eine Gesellschaft von Monaden ist ein vollkommen allgemeines Phänomen, es ist der Stoff, aus dem die Welt besteht. Es liegt nichts besonders Neues darin, daß es sie im menschlichen Bereich gibt. (Latour 2009a: 44)[18]

18 Selbst wenn man sich dieser mutigen Behauptung anschließen wollte, es stellt sich die Frage: Was unterscheidet menschliche Gesellschaften dann von anderen? Latour führt zwei Unterscheidungsmerkmale an. Zunächst bestehe ihre Spezifik darin, dass die menschliche Gesellschaft von allen (pflanzlichen, molekularen etc.) die einzige sei, die wir als Menschen »von innen« sehen. Was wir dabei beobachten, widerspreche der durkheimschen Vorstellung eines Kollektivbewusstseins, da niemals ein kollektives Ich entstehe, das nicht von zumindest einem Mitglied der Gruppe repräsentiert würde. Der Repräsentant sei niemals ein »Leviathan«, sondern »einer von uns«, woraus Latour schließt: »Wenn es bei der menschlichen Gruppe keine Makrogesellschaft gibt, so gibt es nirgendwo eine. Oder, um es noch paradoxer auszudrücken: Die kleinere Entität ist immer die größere.« (Latour 2009a: 45) Zum Zweiten bestehe die Spezifik der menschlichen Gesellschaft in ihrer im Vergleich zu anderen »Gesellschaften« (Latour führt als Beispiele Polypen, Gehirne, Steine, Gase und Sterne an) geringen Zahl an Elementen, jedenfalls dann, wenn man bereit ist, wie Latour es offenbar im Anschluss an Tarde zu sein scheint, die Zahl von Atomen mit beispielsweise der Zahl von Staatsbürgern einer Gesellschaft zu vergleichen. Aufgrund dieser relativ geringen Zahl an Elementen, könne man nicht behaupten, »daß um von einer Interaktion zur nächsten zu gelangen, der Maßstab verändert werden muß, daß

4.7. Die Austreibung des Negativen und sein Insistieren

Nun hatte schon Tarde seine Leser beschworen: »Seien wir exzessiv, auch auf die Gefahr hin, dass man uns für überspannt hält.« Die Furcht vor Lächerlichkeit sei schließlich »das antiphilosophischste der Gefühle« (Tarde 2009b [1893]: 60). Die Überspanntheit seines Modells folgt letztlich aus dem Wunsch, Soziologie in Kosmologie zu gründen. Nicht dass eine kosmologisch fundierte Gesellschaftstheorie an sich unmöglich wäre; Tardes, Deleuzes und Latours Versuche beweisen das Gegenteil. Aber eine solche Theorie setzt hohe Aufnahme- und Folgebereitschaft beim soziologischen Fachpublikum voraus. Um nicht missverstanden zu werden: *Jedem* sozialwissenschaftlichen Ansatz liegt eine bestimmte Sozialontologie zugrunde, und *jede* dieser Ontologien setzt Folgebereitschaft voraus. Die Natur des sozialen Seins wird immer in bestimmter Weise gedacht – und die Idee, das Soziale lasse sich zum Beispiel aus den Handlungen rational kalkulierender Akteure mithilfe mathematischer Formeln erklären, erscheint um nichts weniger exzentrisch als Tardes Kosmologie, auch wenn sie weitaus mehr Anhänger rekrutieren konnte. Doch kommt jede Sozialontologie, so unvermeidlich sie als solche sein mag, um einen Preis. Und die vitalistische, wenn nicht sogar mystizistische Grundierung einer zur Naturphilosophie mutierten Sozialtheorie könnte als ein zu hoher Preis betrachtet werden.

Freilich, Latour geht nicht so weit wie Tarde oder wie Deleuze und Guattari. Letztlich schlägt er – trotz seines Hangs zur Überproduktion philosophischer Metaphern[19] – eine theoretische

ein Umweg über *die* Gesellschaft oder ein anderes derartiges Großes Tier eingeschlagen werden muss« (ebd.: 46).

19 Auch wenn, wie bei Deleuze und Guattari (2000) die Erfindung neuer Begriffe als Hauptgeschäft der Philosophie gesehen wird, ist bei Latour der inflationäre Gebrauch von Metaphern mit den daraus folgenden Unschärfen (Lemke 2010: 282) durchaus zu Recht moniert worden. Damit ist auch hier nicht gesagt, dass man die Ebene des Metaphorischen in der Theoriebildung gänzlich überwinden könnte. Die Metapher ist als Index des Spekulativen notwendiger Bestandteil jeder Sozialtheorie, die sich nicht selbst als positivistisch und objektivistisch missversteht. Schließlich beginnt jede theoriegeleitete Analyse damit, das noch Unerkannte vorwegnehmend zu deuten, wozu der Rekurs auf das Bekannte notwendig ist. Allerdings empfiehlt sich ein geregelter Gebrauch der Metaphern. Deren Wuchern, wie man es bei Deleuze und Guattari genauso wie bei

Perspektive auf die Objekthaftigkeit des Sozialen vor, die ihre Produktivität in einer Vielzahl von Untersuchungen immer wieder empirisch bewiesen hat. Auch theoriegeschichtlich ist die Ersetzung des sozialphysikalischen Gesellschaftsbegriffs Durkheims durch ein Verständnis des Sozialen als Fluidum, das in einem Prinzip der Verbindung – zum Beispiel qua Nachahmung – und nicht in einer bestimmten Realitätssphäre besteht (Latour 2007: 31), eine respektable Variante »spektraler Soziologie«. Mit ihr nimmt Latour den historischen Kampf Tardes gegen Durkheim, der bekanntlich zu Ungunsten Tardes ausging, wieder auf; ja fast gewinnt man den Eindruck, Latour würde es als persönliche Herausforderung sehen, den historischen Sieger doch noch vom Podest zu stoßen. Indes verwickelt er sich mit diesem Unterfangen in einige Inkohärenzen, ja womöglich gar in Widersprüche.

Ein gänzlich universalisierter Gesellschaftsbegriff, der letztlich allen Dingen im Kosmos umgehängt werden kann, ist nicht mit Latours alternativen Gesellschaftsbegriffen kompatibel; weder mit dem negativen Begriff von Gesellschaft als Grenzfall des Sozialen (als illusionshafte Blockade von Assoziierungsströmen) noch mit dem restriktiven Begriff von Gesellschaft als Panorama, das heißt als Totalität neben Partialitäten. Und natürlich steht er in eklatantem Widerspruch zu Latours ursprünglichem Aufruf, dem Gesellschaftsbegriff ein für alle Mal abzuschwören. Entweder nichts ist Gesellschaft oder jedes Ding ist eine Gesellschaft oder nur manche Dinge (wie Panoramen) oder nur die illusorische Stillstellung sozialer Ströme. Diese, milde gesagt, kategoriale Unschärfe verweist auf Latours theoretische Unentschiedenheit bezüglich des Umfangs der Kategorie *Ding*. Denn, so hatten wir gefragt, besitzen letztlich *alle* Objekte den Status konfliktorisch verfasster *Dinge* oder *nur bestimmte* Objekte? Und wenn die Antwort lautet, dass letztlich alle Objekte zumindest *potentialiter* Dinge sind (oder in den Modus des Dinges wechseln können), muss dann jene Instanz, die ein Objekt zu einem umkämpften Ding aktualisiert, nicht ontologisch tiefer liegen als das Objekt selbst? Um eine solche Instanz zu erklären, wäre eine ausgearbeitete Theorie der Konfliktualität des Sozialen erforderlich. Es müsste erklärt werden, was denn den

Latour findet, macht zwar einen kreativen Gebrauch von Theorieversatzstücken möglich, vermindert aber die notwendige analytische Schärfe und die kategoriale wie theoretische Stringenz des Ansatzes.

Streit generiert, der sich um ein Objekt entfaltet und es in den Modus strittiger Dinge wechseln lässt. Dazu müsste eine Theorie antagonistischer Negativität in den Theoriebau eingeführt werden. Tarde, Deleuze und Latour lehnen jedoch jede Theorie radikaler Negativität explizit ab. Für Theorien reiner Mannigfaltigkeit besitzt die Singularität »positiver« Differenzen immer ontologischen Vorrang vor jeglicher Negativität. Verneinung gilt ihnen als bloße Sekundärfunktion von Bejahung. Obwohl Deleuze keinesfalls den Eindruck einer »schönen Seele« vermitteln will und immer wieder auf die Konflikte, die sein rhizomatischer Kosmos gebiert, hinweist (Deleuze 2007: 79), obwohl Tarde die verschiedensten Formen der Bildung von Opposition aus Differenz untersucht (Tarde 1999 [1897]) und obwohl auch Latour keinesfalls das Bild eines pazifizierten Universums malt, Negativität bleibt in diesem Modell ein abgeleitetes Phänomen.

Wir treffen hier auf eine weitere Weggabelung postfundamentalistischer Sozialtheorie. Es deutet sich an, dass die Theorie der Mannigfaltigkeit, die die Bifurkation von Objektivismus und Individualismus (Durkheim vs. Weber) durchkreuzt hatte, nun ihrerseits durchkreuzt werden sollte. Dass man sich mit der endlosen Vervielfältigung des strukturalistischen *Objekts = x* begnügt hat, führte nämlich dazu, dass man dessen paradoxer und konfliktueller Dimension nicht länger gerecht werden konnte. War Lévi-Strauss noch davon ausgegangen, dass das Soziale, um überhaupt funktionieren zu können, *eine* paradoxe, da ihrerseits funktionslose »Null-Institution« benötigt (die Totalität selbst als Partialobjekt), so kennt der spätere Deleuze *nur noch* Partialobjekte, kennt Latour *nur noch* Null-Institutionen. Die Totalität einer Struktur (im systemischen Sinn) ist nicht mehr auf dieses *Objekt = x* in notwendiger Weise bezogen, sondern sie steht nur als ein weiteres Partialobjekt unvermittelt neben vielen anderen Partialobjekten. Damit wäre das konstitutive Paradox – das Paradox der anormalen Menge – am Grunde des Sozialen aufgelöst. Ein solcher Postfundamentalismus gerät in Gefahr, sich in einem reinen Antifundamentalismus der Mannigfaltigkeit zu verlieren. Denn nicht nur wird der Grund als solcher vaporisiert (ohne als zumindest partieller erhalten zu bleiben, wie aus postfundamentalistischer Perspektive erforderlich), auch macht die unendliche Multiplizierung der Null-Institution den traumatischen Kern des Antagonismus als eines Inkommensurablen vergessen, über den Lévi-Strauss immerhin noch stolperte. Wenn es kein (unmögliches) System mehr gibt, das zumindest noch partiell totalisiert werden müsste, sondern nur noch ein Rhizom, das nach allen Seiten ausfließt, dann heißt dies auch, dass alle Inkommensurabilität entwichen ist. Bei Latour mögen die Elemente, die zu einem Netzwerk assoziiert werden, von Natur aus heterogen sein, aber nichts macht sie prinzipiell inkommensurabel. Letztlich ist alles mit allem verknüpfbar. Einschränkungen dieses Prinzips sind von nachgeordnetem Rang.

Das Netzwerkkonzept könnte sich daher für eine postfundamentalistische Sozialtheorie als weniger produktiv erweisen denn erwartet. Ein Netzwerk kennt keine wahre Inkommensurabilität. Dazu brauchte es eine Grenze. Doch um die zu ziehen, wäre es wiederum auf eine Instanz radikaler Negativität, das heißt auf ein Außen angewiesen, das dem Netzwerk nicht einfach als ein weiteres positives Element eingemeindet werden kann. Lévi-Strauss hatte gezeigt, dass Gesellschaften dauernd solche äußeren und inneren Grenzen produzieren, ohne dass er deren Entstehungslogik hätte erklären können. Mit Deleuze und Latour verschwindet das Problem dualistischer Gesellschaften *als Problem*. Es hat sich aufgelöst in eine Mannigfaltigkeit heterogener, aber doch kommensurabler Gesellschaften. Man mag dies begrüßen, man könnte darin aber auch eine Form der Domestizierung der Sozialtheorie sehen, kann doch am Ende des Tages die Verknüpfung von Kontingenz und Konfliktualität, wie sie Latour mehrfach beschwört, auf keine theoretisch plausible Weise stabilisiert werden. Es könnte sich somit durchaus anbieten, den Begriff der Gesellschaft im Singular beizubehalten und nicht in eine rhizomatische Mannigfaltigkeit von Gesellschaften aufzulösen. Dies ist die Stelle der neuen Bifurkation im Terrain soziologischer Theoriebildung. Es ist eine Theorieentscheidung zu treffen zwischen einem Ansatz, für den jede Negativität aus Differenz, Wiederholung und Nachahmung abgeleitet werden kann, und einem solchen, für den Negativität den Primat beansprucht. Wird der erste Weg eingeschlagen, dann endet er damit auch schon – mit dem Problem, dass jedes Problem aus dem Sozialen entfernt wurde. Wird der zweite Weg eingeschlagen, ergibt sich eine weitergehende Erklärungslast. Es muss nämlich erklärt werden, in welchem Verhältnis jenes Ding im Singular, das wir Gesellschaft nennen, zur Instanz grundlegender Negativität steht. Lyotards Sozialtheorie des Widerstreits – mit ihrer Zentralstellung von Inkommensurabilität – bietet darauf eine mögliche, wenn auch nicht gänzlich zufriedenstellende Antwort.

5. Gesellschaft als paralogisches Objekt
Der Widerstreit und die Extimität von Gesellschaft: Lyotard, Luhmann, Lacan

5.1. Jenseits der Dualität von Dualität und Homogenität

Unter den postfundamentalistischen Sozialtheorien gehören die als postmodern etikettierten zu den prominentesten und zugleich umstrittensten. Der bereits Geschichte gewordene Streit um die Postmoderne geht wohl auf eine Reihe von Missverständnissen und Vorurteilen zurück: vom Skandal vermeintlich anti-aufklärerischer Vernunftkritik (Welsch 2002; Marchart 2007c) bis hin zu dem Umstand, dass im postmodernen Denken Sozialdiagnosen mit Ästhetiktheorien verschränkt wurden (Jameson 1988a; Angermüller 2008). Man muss die Geschichte dieser Auseinandersetzungen nicht ein weiteres Mal Revue passieren lassen. Für unser Anliegen bedeutsam sind die sozial- und gesellschaftstheoretischen Implikationen der lyotardschen Philosophie und Zeitdiagnose vor allem jener späteren Werkphase, die von der Veröffentlichung von *Das postmoderne Wissen* (1986) und *Der Widerstreit* (1989a) bestimmt ist.[1] Auch an diesem Autor wird sich erweisen, dass aus zeitdiagnostischen wie vor allem innertheoretischen Gründen ein Totali-

1 Zum Verhältnis von Philosophie und Zeitdiagnose bei Lyotard ist grundsätzlich anzumerken: Auch wenn Lyotard in *Das postmoderne Wissen* – einer Auftragsarbeit für den Universitätsrat von Québec – im Gewand des einfachen »Berichterstatters« auftritt, lässt er keinen Zweifel daran, dass seine Äußerungsposition eher der des Philosophen als der des Experten entspricht. Denn: »Dieser weiß, was er weiß und er weiß, was er nicht weiß, jener weiß es nicht.« (Lyotard 1986: 17) Während der Experte dem Sprachspiel der Folgerung anhängt, tendiert der Philosoph zum Sprachspiel der Frage. Zugleich gesteht Lyotard zu, dass sich diese beiden Sprachspiele im vorliegenden Fall seines Berichts vermischen und keines der beiden zum Abschluss geführt werden könne. Aus diesem Bekenntnis lässt sich extrapolieren, dass der Philosoph, sobald er ins Feld der Sozialdiagnose wechselt, die Sprachspiele des Experten in seinen Diskurs integrieren muss. Erst mit seinem gleichsam nachgeschobenen Opus magnum *Der Widerstreit* wechselt Lyotard weitgehend – jedenfalls mit Ausnahme der Schlussbetrachtungen – in den rein philosophischen »Modus« und in die Diskursart des fragmentarischen, von Anmerkungen und Betrachtungen punktierten Essays.

tätsbegriff von Gesellschaft, sofern nicht in irgendeiner Weise paradoxiert, im Postfundamentalismus unhaltbar wird:

Aus *innertheoretischen Gründen*, sofern die lyotardsche Figur des *Inkommensurablen* an die zentrale Stelle im Theoriebau rückt und so ein auf Determination, Notwendigkeit und Totalität abstellender Gesellschaftsbegriff ausgehebelt wird. Kontingenz und Heterogenität erscheinen bei Lyotard also letztlich in dieser konzeptuellen Figur des »Unvereinbaren«, das er, wie rückblickend festgestellt, »unter verschiedenen Namen – Arbeit, Figurales, Heterogenität, Dissens, Ereignis, Sache« – seine ganze Karriere über zu denken versucht hatte (Lyotard 2001: 14). An die Stelle des durch die Arbeit des Inkommensurablen aufgelösten Totalitätsbegriffs von Gesellschaft tritt, im Geiste der von Lyotard mitvollzogenen sprachpragmatischen Wende, eine verallgemeinerte Agonistik, und zwar in Form einer nietzscheanischen Lesart des Spielaspekts des wittgensteinschen Sprachspielmodells. Sie findet sich ausgearbeitet in dem mit der Kategorie des Inkommensurablen notwendig verschwisterten lyotardschen Kernkonzept des *Widerstreits*. Inkommensurabilität und Widerstreit sind Lyotards Varianten der Zwillingskonzepte Kontingenz und Konflikt.

Aus *gegenwartsdiagnostischen Gründen* wird der Totalitätsbegriff von Gesellschaft für Lyotard unhaltbar, da die Metaerzählung der Vergangenheit ihre »Funktoren« – die »großen Heroen, die großen Gefahren, die großen Irrfahrten und das große Ziel« (ebd.: 14) – verloren hat. Dies gilt nicht nur für die Bereiche des Wissens und der Wissenschaften, die in Lyotards *Das postmoderne Wissen* (dt. 1986, ursprünglich 1979 veröffentlicht) im Zentrum stehen, sondern genauso für die metanarrativen »Funktoren« des Sozialen. Mit Bezugnahme auf die Thesen Daniel Bells (1973) und Alain Touraines (1972) geht Lyotard davon aus, dass unsere Gesellschaften seit dem Ende der 1950er Jahre, wenn auch von Land zu Land phasenverschoben, in ein postindustrielles Zeitalter eingetreten sind. Ein analoges Bild bietet sich im Feld der Kultur, in dem schon zuvor von Postmoderne die Rede war – und zwar Jahre vor Lyotard in der Architektur und ursprünglich in der lateinamerikanischen Literatur des frühen 20. Jahrhunderts.

In diesem Kapitel soll ausgeleuchtet werden, welche Konsequenzen aus dieser Diagnose für eine aus Lyotards Philosophie freilich erst zu extrapolierende Sozial- und Gesellschaftstheorie zu ziehen sind. Ausgehen lässt sich von einer von Lyotard diagnostizierten großen methodischen Spaltung, die dem 19. Jahrhundert entspringt und die Sozialtheorie der ersten Hälfte des 20. Jahrhunderts bestimmt hat. Wir sind ihr bereits in der Diskussion des Strukturalismus von Lévi-Strauss begegnet. Es handelt sich um die Spaltung zwischen Funktion und Antagonismus. Im gesellschaftstheoretischen Diskurs lassen sich, so Lyotard, zwei grundlegende Gesellschaftsmodelle aufweisen: das des funktionalen Ganzen und jenes der zweigeteilten Gesellschaft (Lyotard 1986: 42).

Die Durkheim-Schule war von der Idee geleitet, »daß die Gesellschaft ein organisches Ganzes bildet, weil sie sonst aufhört, eine Gesellschaft zu sein (und die Soziologie, ein Objekt zu haben)« (ebd.: 43). Mit dem Funktionalismus Parsons wurde die Idee vom Gesellschaftsorganismus zur kybernetischen Idee von Gesellschaft als selbstreguliertem System weiterentwickelt. Dieser bei Parsons noch optimistischen Vorstellung, die letztlich der Wachstumsgesellschaft der unmittelbaren Nachkriegszeit entsprach, sei wiederum mit der luhmannschen Systemtheorie und im Einklang mit dem fortgeschrittenen Liberalismus seit den 1960er Jahren eine pessimistische, technokratische und zynische Wendung gegeben worden. Denn der wahrhafte Zweck des Systems bestehe nun nicht mehr in der Übereinstimmung systemischer Funktionen mit den Bedürfnissen von Individuen und Gruppen, sondern im Selbstzweck der Leistungsoptimierung des Systems. Selbst Dysfunktionalitäten wie Streiks, Krisen oder gar Revolutionen würden nur der internen Optimierung des Systems dienen – bei Strafe der Entropie ebendieses Systems. Von Comte über Parsons bis Luhmann sieht Lyotard denselben Totalitätsbegriff von Gesellschaft am Werk: »Jenseits des ungeheuren Ortswandels, der vom Denken Comtes zu dem von Luhmann führt, verrät sich dieselbe Idee des Gesellschaftlichen: daß die Gesellschaft eine einheitliche Totalität ist, eine ›Einzigkeit‹.« (Ebd.: 45 f.) Schieben wir die Frage auf, inwieweit diese Unterstellung tatsächlich auch auf Luhmann zutrifft (wie wir sehen werden, ist der luhmannsche Gesellschaftsbegriff in sich paradox konstruiert und widerspricht dem aus Lyotards Ausführungen zu erschließenden Begriff von Gesellschaft als einer *paralogischen* Totalität nicht prinzipiell). Das andere aus dem 19. Jahrhundert auf uns gekommene Modell wurde von der marxistischen Schule entwickelt. Hier sah man in der Dialektik »eine die gesellschaftliche

Einheit bearbeitende Zweiheit« (ebd.: 42). Als entzweiender und qua Entzweiung Gesellschaft erneut totalisierender Grund der Dialektik wurde der inzwischen verblasste Klassenkampf ausgemacht, von Lyotard auch als die »soziale Grundlage des Entzweiungsprinzips« (ebd.: 49) bezeichnet.

Somit macht Lyotard eine doppelte Alternative zur Ausgangslage seiner Theorie: auf der Ebene der Methode oder des Wissens die Alternative zwischen Funktionalismus und, im weitesten Sinne, Kritizismus; auf der Ebene des Objekts die »Alternative zwischen einer dem Sozialen innewohnenden Homogenität oder Dualität« (ebd.: 50). Doch begnügt sich Lyotard nicht mit dieser Darstellung. Jede Entscheidung zwischen diesen beiden Alternativen sei willkürlich, ja die Alternative sei als solche zurückzuweisen, da sie als große methodische Spaltung ihrerseits einem sterilen Gegensatzdenken angehöre, das weder Erklärungswert in Bezug auf unsere heutigen postindustriellen, informatisierten Gesellschaften besitzt noch dem Stand des postmodernen Wissens entspricht. Es gehe also darum, diese Alternative hinter sich zu lassen. Doch wie? Eine mögliche Antwort, der sich Lyotard jedoch nicht anschließen möchte, wurde von Baudrillard mit seiner These vom Ende des Sozialen vorgeschlagen. Doch folge aus dem Zerfall der Metanarrative keineswegs ein Zerfall des sozialen Bandes eo ipso. Nur vor dem nostalgischen Vergleichshorizont organizistischer Gesellschaftsideologien könne man auf den Gedanken kommen, die postindustrielle Gesellschaft wäre in unverbundene Atome zersprengt. Lyotard ist nicht gewillt, Baudrillards Sprung in die soziologische Pataphysik nachzuvollziehen. Und doch schuldet er uns, wenn die baudrillardsche Alternative zur Alternative (zwischen Homogenität und Dualität) zurückgewiesen werden soll, ein eigenständiges und überzeugenderes Modell des Sozialen, ein post- und nicht antifundamentalistisches Modell. Es stellt sich die Frage, ob es Lyotard wirklich gelingt, nach Zurückweisung der Alternative Funktionalismus/Dualismus, seinerseits der Gefahr des Antifundamentalismus zu entkommen. In mancher Hinsicht bestehen nämlich durchaus Ähnlichkeiten zu Baudrillard, zumindest aber zu einer deleuzeschen Sozialtheorie des Mannigfaltigen. Denn auch Lyotards Begriff des Sozialen – wiewohl sprachtheoretisch präziser gefasst – hinterlässt den Eindruck weitgehender Verflüssigung.

5.2. Das Inkommensurable: Soziale Wolken und der Entzug des Grundes

»Das soziale Band ist Sprache«[2] – so die Grundüberzeugung des späteren Lyotard (1985: 85). Es existiert keine präsoziale Instanz, aus der sich das Soziale, sofern mit Sprache koextensiv, ableiten ließe. Durkheims Forderung, Soziales nur aus Sozialem herzuleiten, erweist sich so als überflüssig, denn etwas anderes wäre gar nicht möglich. Folgerichtig weist Lyotard darauf hin, dass sich etwa vertragstheoretische Mythen über die Geburt des Sozialen erübrigten. Sozialvertragsmythen setzen, sofern sie *als* Mythen *erzählt* werden müssen, das Soziale bereits voraus, »und zwar als Erzähler [*narrateur*], Zuhörer [*narrataire*], Erzählgegenstand [*narré*], Frage und Antwort auf die Frage. Das Soziale wird immer vorausgesetzt, da es im kleinsten Satz dargestellt oder mitdargestellt wird.« (Lyotard 1989a: 232) Dies gilt selbstverständlich genauso für soziologische Sätze, die »das Soziale« als Referenten einführen. Jede soziologische Definition des Sozialen setzt das Soziale voraus, und zwar bereits in ihrer Eigenschaft *als Definition.* Das Soziale ist, so lässt sich zusammenfassen, unmittelbar mit einem je durch ein Regelsystem bestimmten Satz-Universum und in einer je bestimmten situativen Modulation gegeben.

Lyotards Zeitdiagnose vom Ende der Metaerzählungen wurzelt in einem sprachtheoretischen Modell, das in *Der Widerstreit* in Nachfolge des späteren Wittgenstein ausgearbeitet wird: Das soziale Band konstituiert sich in Form heterogener Sprachspiele, die keiner Metaregel unterworfen werden können. Mit einem Begriff Derridas spricht Lyotard von der *dissémination* (Derrida 1995) von Sprachspielen,[3] durch die sich das soziale Subjekt aufzulösen scheint: »Das soziale Band ist sprachlich, aber es ist nicht aus einer

2 Diese These, so muss unterstrichen werden, ist nicht auf den engen linguistischen Begriff von Sprache beschränkt. Auch Geld sei beispielsweise als »Spiel von Unterschieden in Raum und Zeit« (Lyotard 1985: 85) ein Aspekt von Sprache.

3 Es wäre lohnend, die Resonanzen zwischen der lyotardschen Philosophie des Widerstreits und der Philosophie Derridas dieser Zeit detaillierter zu untersuchen. Zu den Resonanzen – insbesondere der Ablehnung totalisierender (metaphysischer) Figuren, der Notwendigkeit unendlicher sprachlicher Verkettung und der Einführung eines Moments der Differenz – vergleiche etwa nur die Vorrede zu *Dissemination* (Derrida 1995).

einzigen Faser gemacht. Es ist ein Gewebe, in dem sich zumindest zwei Arten, in Wahrheit eine unbestimmte Zahl von Sprachspielen kreuzen, die unterschiedlichen Regeln gehorchen.« (Lyotard 1986: 119) Er vergleicht dies mit Wittgensteins Denkbild von Sprache als einer verwinkelten Stadt mit alten wie neuen Bauelementen. Ein synthetisierender Metadiskurs »der Eintotalität (*unitotalité*)« (ebd.: 119) sei auf dieses Bild nicht anwendbar. Ein in der Kategorie des Ganzen oder des Absoluten gedachter Gegenstand sei kein legitimes Erkenntnisobjekt. »Totalitarismus«, so Lyotard, ist »das Prinzip zu nennen, das das Gegenteil behauptet.« (Lyotard 1989a: 20)

Demgegenüber sei nun die kommende, die postmoderne Gesellschaft von einer »Pragmatik der Sprachpartikel«, einer Pluralität von unterschiedlichen Sprachspielen bestimmt und damit von einer »Heterogenität der Elemente«, die immer nur einen mosaikartigen Aufbau von Institutionen erlauben (Lyotard 1986: 15). Den Verstreuungszustand dieser sprachlichen Partikel vergleicht Lyotard metaphorisch mit »Wolken, die aus sprachlich-narrativen, aber auch denotativen, präskriptiven, deskriptiven usw. Elementen bestehen, von denen jedes pragmatische Valenzen sui generis mit sich führt« (ebd.: 14 f.). Lyotards weitere Versuche einer konzeptuellen Engstellung der Metapher der »Wolke«, der ihrerseits etwas Wolkiges anhaftet (und an Deleuzes Bezeichnung der Gesellschaft als »Gas« erinnert), ist noch nicht geeignet, den Verdacht zu zerstreuen, hier handle es sich um eine Art baudrillardscher oder deleuzescher Verflüssigungsthese. Die »Wolken des Gesellschaftlichen«, also die Pluralität pragmatischer Sprachspiele, scheinen keine Begrenzungen zu kennen.[4] Stellt man sich das Soziale »als eine Wüste voller unzähliger Kumuluswolken« vor, »die vorbeigleiten und Metamorphosen durchlaufen« (Lyotard 1989b: 27), dann droht es im Ungefähren zu verschwinden.

Natürlich liegt es nahe, das Bild wandernder Wolken als eine metaphorische Intervention gegen den Objektivismus und Fundamentalismus der Sozialwissenschaften zu verstehen. Tatsächlich tritt es bei Lyotard gekoppelt an post-, vielleicht aber auch nur

4 Wenige Jahre später wird Lyotard die Wolkenmetapher wieder aufnehmen, diesmal um sich der Natur der Gegenstände philosophischen Denkens anzunähern. Gedanken haben für Lyotard die unscharfe Form von Wolken; das heißt umgekehrt: sie können nicht wie Gemüse in Beeten eingefasst werden und sie kommen und gehen (Lyotard 1989b: 22).

antifundamentalistische Denkfiguren auf. Denn was treibt die Wolken des Sozialen an und verformt sie zugleich? Lyotards erste Antwort ist *Zeit*: »Da sie sich selbst aufschiebt, gestattet die Zeit nicht die vollständige Synthese der Momente oder Positionen, die das Bewußtsein durchläuft, wenn es sich einer Gedankenwolke oder, a fortiori, dem Himmel nähert. Zeit ist das, was eine Wolke wegbläst, nachdem wir glaubten, sie angemessen erkannt zu haben.« (Ebd.: 25) Mit einer an Heidegger und Derrida erinnernden Volte wird Zeit definiert als »ihr Sich-selbst-Aufschieben, ihr *différer*« (ebd.: 25). Wenn, wie schon bei Aristoteles, der wiederum Heidegger in dieser Hinsicht inspirierte, Sein sich nur durch seine Aspekte und Kategorien und nicht als solches darbietet, dann schließt Lyotard – wie vor ihm Heidegger – daraus: »Definitiv entzieht sich das Sein. Zeit ist der Name für diesen Entzug und Grund, weshalb wir die zu denkenden Objekte Wolken nennen müssen.«[5] Mit dem Postulat vom *Entzug des Seins* (als *Grund* der ungegründeten Natur des Sozialen), der dem sich-selbst-aufschiebenden Charakter der Zeit geschuldet ist, reiht sich Lyotard in die linksheideggerianische Spielart des Post- beziehungsweise Antifundamentalismus ein. Das Soziale besitzt keinen festen Grund, der nicht zugleich aufgeschoben, also Ab-grund wäre. Es ist einem unaufhörlichen Selbstverformungsprozess unterworfen, der es unverankert wandern lässt.

Lyotards Verortung der Zeit als Grund der Grundlosigkeit des Seins ist zunächst auf rein philosophischer Ebene angesiedelt. Zwei Fragen bleiben von dieser Überlegung unberührt: Lässt sich erstens auch ein – natürlich im besten Fall mit der philosophischen Kategorie der Zeit kompatibles – *sozialtheoretisches*, das heißt bei Lyotard *sprachtheoretisches* Argument für die Grundlosigkeit sozialen Seins beibringen? Und sind zweitens der Verflüssigung des Sozialen Grenzen gesetzt? Ist das Soziale ein bloßes *nubilum* oder lassen sich Strukturierungsprinzipien festmachen? Setzen wir bei der ersten

5 Und bezüglich der Aufgabe der Philosophie, solche Wolken zu denken, einschränkend: »Mit dieser Metapher beschreibe ich nichts als die Bedingung des Denkens, insofern dieses dem Relativitätsprinzip Rechnung trägt, dem es unterworfen ist. Aus einer solchen Beschreibung ergibt sich keinerlei Skeptizismus, auch wenn die Verteidiger der Rationalität uns zu überzeugen versuchen, das sei der Fall. Sie bekräftigt lediglich das Prinzip, daß die Aufgabe, Wolken zu diskutieren, endlos zu verfolgen ist.« (Lyotard 1989b: 25)

Frage an, um dann über die zweite auf Lyotards Gesellschaftsbegriff zu kommen.

5.3. Lyotards sprachspieltheoretische Agonistik

Worin könnte die sprach- und damit sozialtheoretische Ursache für die unabstellbare Selbstverformung des Sozialen ausgemacht werden? Lyotards Überlegungen laufen auf die folgende Antwort zu: Am Grund der Grundlosigkeit des Sozialen liegt der »›Bürgerkrieg‹ der Sprache mit sich selbst« (Lyotard 1989a: 234). Dieser Bürgerkrieg betrifft genau die Frage nach *der Natur des Verhältnisses* zwischen den einzelnen sprachlichen Elementen, den »Atomen« des Kommunikationsprozesses, wie Lyotard auch formuliert. Den kybernetischen Informationstheorien beziehungsweise, wie man ergänzen muss, den herkömmlichen Kommunikationstheorien wirft Lyotard vor, einen entscheidenden Aspekt der Verknüpfungsweise pragmatischer Sprachpartikel innerhalb sozialer »Wolken« zu übersehen – den Aspekt der Agonalität: »Die Atome sind an Kreuzungen pragmatischer Beziehungen aufgestellt, aber sie werden auch durch die sie durchkreuzenden Mitteilungen in ununterbrochener Bewegung verschoben. Jeder Sprachpartner unterliegt also während der ihn betreffenden ›Spielzüge‹ einer ›Umstellung‹, einer Anderswertung – welcher Art diese auch immer sein mögen – nicht nur in seiner Eigenschaft als Empfänger und Referent, sondern auch als Sender.« (Lyotard 1986: 58) Wie muss man sich diese »Spielzüge«, von der die konstante Umwertung der Valenzen aller Stationen des Kommunikationsprozesses angetrieben wird, vorstellen?

Im Anschluss an Wittgenstein und an Austin hebt Lyotard mehrere Merkmale des Sprachspiels hervor: Zunächst werden die Regeln eines Sprachspiels quasi-vertragsförmig, wenn auch nicht unbedingt explizit, zwischen den Spielern ausgemacht. Die Regeln finden ihre Legitimation nicht an sich selbst. Weiter erlauben es die Regeln, die Zugehörigkeit eines Spielzugs zu einem gegebenen Spiel zu bestimmen; verändern sich die Regeln, so verändert sich auch die Natur des Spiels. Und schließlich: Eine sprachliche Aussage muss wie ein solcher Spielzug innerhalb eines regelgeleiteten Spiels analysiert werden. Es ist dieser letzte Punkt, der für Lyotard von methodischer Relevanz wird, ja von dem er sagt, er bestimme seine ganze Methode. Denn durch ihn wird die Annahme nahegelegt, »daß Sprechen Kämpfen im Sinne des Spielens ist und daß Sprechakte einer allgemeinen Agonistik angehören« (Lyotard 1986: 40). In einer Fußnote in *Das postmoderne Wissen* verweist Lyotard auf die Ontologie Heraklits, die sophistische Dialektik sowie die Topik und die sophistischen Widerlegungen des Aristoteles. Vor allem aber und für den zweiten Teil unserer Untersuchung einschlägig, findet sich hier auch der Verweis auf den *locus classicus* moderner Agonistik-Theorie, Nietzsches Text »Homer's Wettkampf« aus seinen *Fünf Vorreden zu fünf ungeschriebenen Büchern*. Ich werde die Diskussion Nietzsches – und seine Theorie des Spiels im Sinne eines agonistischen Wettkampfs – später aufnehmen. Halten wir fest, dass für Lyotard, wie für Nietzsche, das agonale Ideal des Wettkampfs und des Kräftemessens, unabdingbar zum Konzept des Spiels gehört. Dieses Kräftemessen zielt nicht notwendig auf den Triumph über den Gegner, sondern in nietzscheanischem Geist auch auf die *Freude*, die im Spielen selbst angelegt ist. Dieses Moment der Freude und Kreativität im Spielen besitzt seinen tieferen strukturellen Grund darin, dass die Gegenzüge, die notwendig von jedem Spielzug angestoßen werden, nicht allein »reaktiv« sein dürfen, sollen sie von Erfolg gekrönt sein. Denn als bloß programmierte Reaktionen, ohne jeglichen eigenständigen Kreativitätsanteil, wären sie misslungen. Ihnen würde das Überraschungsmoment abgehen, und sie könnten die Kräfteverhältnisse nicht verschieben. So folgert Lyotard: »Um diese Art der sozialen Beziehungen, auf welcher Ebene man sie auch annimmt, zu verstehen, ist nicht nur eine Kommunikationstheorie nötig, sondern auch eine den Wettstreit in ihre Prämissen einschließende Theorie der Spiele.« (Lyotard 1986: 59)[6] Sprachtheoretisch gewendet heißt dies:

Ein Spielzug kann aus Freude an seiner Erfindung gesetzt werden, denn was sonst ist an der unaufhörlichen Provokationsarbeit der Sprache, die im populären Umgang oder in der Literatur geleistet wird? Die ständige

6 Schon das gewöhnlichste und harmloseste Gespräch gleicht aus dieser Perspektive einer »Schlacht«: »Im gewöhnlichen Gebrauch des Diskurses, etwa in einer Diskussion zwischen zwei Freunden, bieten die Gesprächspartner alles auf, indem sie von einer Aussage zur anderen das Spiel wechseln. Frage, Bitte, Behauptung und Erzählung werden durcheinander in die Schlacht geworfen. Diese ist nicht ohne Regel, die aber die größte Wandelbarkeit der Aussagen erlaubt und unterstützt.« (Lyotard 1986: 60)

Erfindung von Redewendungen, Wörtern und Bedeutungen auf der Ebene des Sprechens (*parole*), also das, was die Sprache (*langue*) zur Entwicklung bringt, bereitet große Freuden. Doch sogar diese Freude ist ohne Zweifel nicht von einem Erfolgsgefühl unabhängig, zumindest einem Gegner – doch einem solchen von Statur – der etablierten Sprache, der Konnotation, abgerungen. (Ebd.: 41)

Auch wenn alle konkreten Gegner vom Spiel abgezogen werden, bleibt ein Gegner: die Sprache selbst in ihrer etablierten Form. Die agonale Restrukturierungsarbeit ist damit der ontologischen Struktur der Sprache (in deren etablierten wie kreativen Momenten) eingelassen. Dass Sprechen Kämpfen im Sinne agonalen Spiels ist, diese Idee bezeichnet Lyotard daher als erstes Prinzip seiner Methode.[7]

Zugleich ist dieser Aspekt des, wie man vermuten muss, ontologischen, also in der Natur des (sprachtheoretisch gefassten) Sozialen selbst eingelassenen Konflikts unabtrennbar gekoppelt an die Inkommensurabilität und Heterogenität der Sprachspiele. Zu Recht wurde betont, dass Lyotards Agonistik in dieser Hinsicht stillschweigend der deleuzeschen (Deleuze 2002, ursprünglich 1962), die französische Diskussion präformierenden Nietzsche-Lesart verpflichtet ist, in der das agonistische Motiv mit dem Motiv der Sinnpluralität oder perspektivischen Pluralität gekreuzt wird (Liepold-Mosser 1996: 170) – wenn diese Kreuzung auch bereits von Max Weber vorgenommen wurde. Denn geht man mit Nietzsche, Deleuze oder auch Foucault davon aus, dass Wahrheit durch unterschiedlich stark ausgeprägte Überwältigungsprozesse geprägt wird, dann lässt sich die Schlussfolgerung ziehen, dass Sinn aus einer pluralen Konstellation von Kräften hervorgeht. Für Deleuze, Foucault und Lyotard sind Agonismus und Sinnpluralismus immer zusammenzulesen. Es wird von keinem Pluralismus der Beliebigkeit ausgegangen, wie oftmals der »Postmoderne« unterstellt, sondern von einer vom agonistischen und machtbasierten Spiel der Überwältigung hervorgebrachten Sinnpluralität, die kein gleichberechtigtes Nebeneinander – wie in der Benetton-Werbung – kennt, sondern in sich gewichtet, also in der Balance der Kräfte notwendig ungleichgewichtig ist.[8]

7 Dieses erste Prinzip einer sprachlichen Agonistik wird, wie wir bereits dargelegt haben, um ein zweites Prinzip ergänzt, »daß nämlich der beobachtbare soziale Zusammenhang aus sprachlichen ›Spielzügen‹ besteht« (ebd.: 41).

8 In der marxistischen Tradition findet sich eine deutliche Parallele bei Antonio

Nietzscheanisch sind daraus keine notwendig pessimistischen Schlussfolgerungen zu ziehen. Zwar könnte man, so Lyotard, aus der Zersplitterung in Sprachspiele »einen pessimistischen Eindruck gewinnen: Niemand spricht alle diese Sprachen, sie haben keine universelle Metasprache, der Entwurf des System-Subjekts ist ein Mißerfolg.« (Lyotard 1986: 120) Aber dieser Pessimismus, der vielleicht noch für die Kultur der Wiener Jahrhundertwende und der ihr verpflichteten Autoren wie Musil oder Wittgenstein bestimmend war, ist heute nicht allzu naheliegend. Die Trauerarbeit um die zerbrochenen Metaerzählungen wurde historisch bereits abgeschlossen, ja: »Die Sehnsucht nach der verlorenen Erzählung ist für den Großteil der Menschen selbst verloren. Daraus folgt keineswegs, daß sie der Barbarei ausgeliefert wären. Was sie daran hindert, ist ihr Wissen, daß die Legitimierung von nirgendwo anders herkommen kann als von ihrer sprachlichen Praxis und ihrer kommunikativen Interaktion.« (Ebd.: 122)

In *Der Widerstreit* wurde diese noch ganz nietzscheanisch formulierte Agonistik zu einer von Wittgenstein inspirierten Sprachspieltheorie ausgearbeitet. Hier taucht das Konzept des Agonismus explizit allerdings nur noch auf in einer Diskussion der Sophisten, und zwar als *Subspezies* des Widerstreits (ihrerseits im Widerstreit stehend zum platonischen Prinzip des Dialogs, ebd.: 53 f.). Der Widerstreit könnte sich damit als ein auf eine höhere theoretisch-konzeptuelle Ebene gehobener *agon* erweisen, auch wenn dies von Lyotard nicht explizit gesagt wird. Wie also ist Widerstreit theoretisch gefasst? Ein Widerstreit (*différend*) entsteht, wo Aussagen zweier ungleichartiger Diskursarten (Diskursgenres) aufeinander treffen. Im Unterschied zu einem Rechtsstreit (*litige*), also einer Auseinandersetzung innerhalb ein und derselben Diskursart, fehlt in einem solchen Fall eine übergeordnete Urteilsregel. Es kann also nicht entschieden werden, ohne dass der einen oder anderen Seite Unrecht getan würde. Deshalb beinhaltet ein Widerstreit, da eben keine Metaregel den weiteren Diskursverlauf bestimmt, einen Moment der Latenz, des Innehaltens oder Zögerns: »Der Widerstreit ist der instabile Zustand und der Moment der Sprache, in dem etwas, das in Sätze gebracht werden können muß, noch darauf wartet. Dieser Zustand enthält das Schweigen als einen negativen

Gramsci, der in Bezug auf sein zentrales Konzept der Hegemonie von einem *instabilen Gleichgewicht* spricht.

Satz, aber er appelliert auch an prinzipiell mögliche Sätze. [...] Im Widerstreit ›verlangt‹ etwas nach ›Setzung‹ und leidet unter dem Unrecht, nicht sofort ›gesetzt‹ werden zu können.« (Ebd.: 33)[9]

Der Widerstreit bezeichnet jenes Moment des *stand-off* (Wagner-Pacifici 2000), in dem noch keine Entscheidung zwischen konkurrierenden Anschlussmöglichkeiten, die das Soziale vom Modus virtueller Alternativen in den Modus der Aktualisierung einer je bestimmten Alternative übergehen lassen, getroffen ist und aber darauf wartet, getroffen zu werden: »Ein Satz, der Verkettungen herstellt und selbst weiter verkettet werden soll, ist immer ein *pagus*, Grenzland, in dem die Diskursarten um den Verkettungsmodus kämpfen.« (Lyotard 1989a: 251) Daraus lässt sich schließen, dass in diesem Moment des Konflikts die Kontingenz der Entscheidung sichtbar wird. Wird bei jedem sprachlichen Ereignis »die Kontinuität des Satzes, der geschieht, mit dem vorangehenden bedroht und der Krieg der Diskursarten um die Nachfolge eröffnet« (ebd.: 262), dann hätte, ex post betrachtet, auch ein anderer Satz angeschlossen werden können. Während Modus und Resultat der Verknüpfung von Sätzen sich als kontingent erweisen, stehen sie dennoch unter dem Diktat der Verkettungsnotwendigkeit, selbst wenn an jeder sprachlichen Gabelung über die konkrete Verkettungsweise erneut entschieden werden muss. Man kann nicht nicht verketten. Oder anders formuliert: Man kann nicht nicht kommunizieren, sofern auch das Nichtkommunizieren (zum Beispiel in Form des Schweigens) Lyotard zufolge Kommunikation bedeutet. Und damit ist zugleich gesagt: Die Sprache kann nicht nicht in Widerstreit mit sich selbst treten. Lyotards soziales Universum bietet das Bild »einer in ihrem Innerstern unaufhebbar konflikthaften Welt« (Gehring 2004: 151), denn: »Das Modell vom Krieg der Sätze um den jeweils nächsten Anschluss, um das ›Geschieht es?‹, um den Sprung von der Vielheit des bloß Möglichen in die Eindeutigkeit der Aktualität macht keine Kompromisse zugunsten einer eventuell noch verbleibenden Hoffnung auf Ausgleich oder gar Harmonie.« (Ebd.)

9 Deshalb impliziert die Unaufhebbarkeit des Widerstreits eine verallgemeinerte Theorie des Politischen; siehe hierzu auch Gehring (2004) und Williams (2000).

5.4. Der Paralogismus der soziologischen Vernunft: Jenseits von Wittgenstein

Die Diskussion von Lyotards Agonistik beziehungsweise ihrer sprachtheoretischen Weiterentwicklung zu einer Theorie des Widerstreits hat eine Antwort erbracht auf unsere erste Frage nach dem *sozialtheoretischen* Grund der von Lyotard postulierten Grundlosigkeit des Sozialen. Er liegt in der unaufhebbar konfliktuellen Inkommensurabilität der Diskursarten, der Lyotard mit seinem Konzept des Widerstreits gerecht zu werden versucht. Ist das Soziale, so unsere zweite Frage, damit als gänzlich *ungegründet* vorzustellen oder können institutionalisierte Verfestigungen des Nubilosen im lyotardschen Modell überhaupt gedacht werden? Es dürfte evident sein, was mit dieser Frage auf dem Spiel steht. Zu behaupten, das Soziale sei in keinem festen oder ultimativen Grund verankert und einem ständigen Selbstverformungsprozess ausgesetzt, heißt nicht notwendigerweise, es sei umgekehrt vollständig formlos. Dies wäre keine post-, es wäre eine antifundamentalistische Position. Wollte man sie vertreten, wäre der Einwand unabweisbar, dass mit der selbst wolkigen Metapher des Wolkigen weder sozialtheoretisch noch sozialanalytisch viel anzufangen sei.

Das lyotardsche Modell bleibt in dieser Hinsicht unentschieden und liefert keine eindeutige Antwort auf unsere zweite Frage. Immerhin sieht es so etwas wie eine institutionelle Strukturation des Sozialen vor, weisen die »Wolken des Sozialen«, so unstrukturiert sie auf den ersten Blick erscheinen mögen, doch durchaus innere Grenzen in Form institutioneller Verdichtungen auf. Als Institution gilt, was der Akzeptabilität von Aussagen Grenzen setzt. Die Zwänge, die institutionelle Grenzziehungen ausüben, wirken wie

> Filter auf die Kräfte des Diskurses, sie unterbrechen die möglichen Verbindungen der Kommunikationsnetze: Es gibt Dinge, die man nicht sagen darf. Sie privilegieren auch bestimmte – manchmal eine einzige – Klasse von Aussagen, deren Vorherrschaft den Diskurs der Institution charakterisiert: Es gibt »zu sagende« Dinge und eine bestimmte Weise, sie zu sagen, etwa die Aussagen des Befehls in der Armee, des Gebets in den Kirchen, der Beziehungen in den Schulen, der Erzählung in den Familien, der Frage in den Philosophien, der Leistungsfähigkeit in den Unternehmen. (Lyotard 1986: 60f.)

Obwohl die Grenzen der Institution niemals endgültig festgelegt sind und immer wieder verschoben werden können, gibt es sie doch.[10] Was aber ins Zentrum etwa der Sozialtheorie Luhmanns oder Laclaus tritt, nämlich die funktionale Differenzierung oder die hegemoniale Strukturierung des sozialen Raums, wird bei Lyotard nur beispielhaft angedeutet, etwa wenn er bemerkt, die industrielle Revolution habe die systemische Leistungsfähigkeit mithilfe der technischen Diskursart optimiert. Was solchen Diskursarten – und damit der jeweiligen inneren Instituierung/Formierung des Sozialen – allerdings zur Durchsetzung verhilft, bleibt sozialtheoretisch so unausgearbeitet wie das zentrale gesellschaftstheoretische Problem unberührt bleibt, ob abseits der inneren sozialen Grenzziehungen auch eine *Grenze des Sozialen* existiert oder eine solche im lyotardschen Ansatz denkbar wäre. Lyotard scheint sich dieser Debatte entziehen und mit dem Postulat einer reinen Pluralität von Sprachspielen begnügen zu wollen.[11]

Aus Angst vor den Gefahren jeglicher Einheitssemantik, und sei sie noch so paradox geprägt, lässt er zwar einen – wenn auch unausgearbeiteten – Begriff von Institutionen zu, kennt aber keinen Begriff der Null-Institution, wie man ihn bei Lévi-Strauss als innere Objektifizierung des sozialen Relationssystems in seiner un-

10 Zur letztlich auf das agonale Wesen der Sprache selbst zurückführbaren Nichtfixierbarkeit dieser Grenzen erklärt Lyotard: »Heute wissen wir, daß die von der Institution dem Potenzial der Sprache im ›Spielzug‹ entgegengesetzte Grenze niemals festgelegt ist (selbst wenn sie es formell ist). Sie ist vielmehr selbst das vorläufige Resultat und der Einsatz von Sprachstrategien, die in- und außerhalb der Institutionen betrieben werden. Beispiele: Hat das experimentelle Spiel mit der Sprache (Poetik) seinen Platz an einer Universität? Kann man im Ministerrat Geschichten erzählen? In einer Kaserne Ansprüche stellen? Die Antworten sind klar: Ja, wenn die Universität Werkstätten für die Kreativität eröffnet; ja, wenn der Rat mit prospektiven Entwürfen arbeitet; ja, wenn die Vorgesetzten Verhandlungen mit den Soldaten akzeptieren. Anders gesagt: Ja, wenn die Grenzen der alten Institution verschoben werden.« (Lyotard 1986: 61)

11 Das lässt die Frage offen, ob nun die *Gesamtheit* des Sozialen der Ordnung der Sprachspiele zugehört oder das Soziale womöglich auch aus anderen Ordnungen abseits der sprachlichen Ordnung bestehen könnte. So unterstreicht Lyotard, »daß die Sprachspiele gewissermaßen das Minimum an Beziehungen darstellen, das für das Bestehen einer Gesellschaft erforderlich ist« (ebd.: 56). Dieses Zitat ist aus meiner Perspektive einschlägig, weil es quasi-transzendentalistisch die Sprachspiele als minimale *Bedingung der Möglichkeit* von Gesellschaft bestimmt, es ist aber unergiebig in Bezug auf die Frage nach den Grenzen des Sozialen.

möglichen Gesamtheit (also der Gesellschaft als Totalität) findet. Man könnte es so formulieren: Verabschiedet Bruno Latour den Gesellschaftsbegriff, indem er die Null-Institutionen – die Objekte – ins Unzählige vervielfacht, so kennt Lyotard keine einzige Null-Institution. Das Soziale bei Lyotard benötigt kein Meta-Objekt zu seiner (partiellen) Stabilisierung, nicht einmal ein paradoxes. Daher benötigt seine Sozialtheorie auch keinen starken Begriff von »Gesellschaft«, jenem paradoxen Metatopos der Sozialtheorie. Wo keine Null-Institution, dort keine Gesellschaft – auch keine Gesellschaft als unmögliche: als *das Ding*. Denn die *Unmöglichkeit* von Totalisierung (der Gesellschaft als Gesamtheit) muss, damit Kontingenz notwendig – also in Bezug auf ausnahmslos alle sozialen Tatsachen (das heißt Relationen) – gilt, wie wir bei Lévi-Strauss sahen, ihrerseits innersozial instituiert werden in Form eines überzähligen, paradoxen Ausnahmeobjekts. Zwar hebt Lyotard durchaus hervor: »[D]ie Einheit der Diskursarten oder ihr Nullpunkt sind unmöglich.« (Lyotard 1989a: 263) Und was ist Gesellschaft (als Totalität) anderes als ein möglicher Name für jenen unmöglichen Nullpunkt, an dem die Einheit der Diskursarten erreicht wäre. Aber, so die These, die andere Ansätze nahelegen, diese Unmöglichkeit eines Nullpunkts (der Einheit aller Diskursarten) muss ihrerseits in einer Null-Institution inkorporiert sein. Der methodologische Pluralismus, wie man die allgemeine Ausrichtung der lyotardschen Theoriearchitektur vielleicht nennen könnte, erlaubt keine ontologische Privilegierung eines Elements, das, und sei es nur negativ, aus der Reihe aller pluralen Elemente ausgenommen werden könnte.

Freilich bleibt, wie öfters bemerkt, eine gewisse Ambivalenz in Lyotards Umgang mit dem Begriff der Gesellschaft, wenn man nicht überhaupt vermuten muss, dass dieser gänzlich aufgegeben wird (anderer Meinung ist zum Beispiel Moebius 2010: 268). Die Frage ist aber gar nicht, ob Lyotard den Begriff der Gesellschaft hilfsweise weiter im Munde führt, sondern ob dieser Begriff einen theoretischen und kategorialen Wert in seiner Theoriearchitektur besitzt. Sollte das nicht der Fall sein, müsste nämlich trotz alledem bezweifelt werden, dass Lyotard dem Antifundamentalismus Baudrillards entgehen und eine überzeugende Alternative zu dessen soziologischer Pataphysik entwickeln kann. Man kann diese Frage umformulieren zur Frage: Lässt sich *im Anschluss* an Lyotard eine postfundamentalistische Gesellschaftstheorie entwickeln? Der Versuch ist jedenfalls nicht aussichtslos. Er könnte in der Entwicklung einer »paralogischen Soziologie« bestehen, wie sie Stäheli (2000a: 44) vorgeschlagen hat. Kommen wir deshalb für einen Augenblick auf Lyotards Verwendung des kantschen Paralogismus zu sprechen, denn er könnte sich als produktiver Ausweg für eine an Lyotard anschließende Gesellschaftstheorie erweisen.

Mit seinem Begriff der Paralogie versucht Lyotard in *Das postmoderne Wissen* dem rationalistischen oder konsensualistischen Diskursdruck der Wissenschaft, der der Heterogenität der Sprachspiele Gewalt antut, entgegenzusteuern. Die wissenschaftliche Erfindung entstehe nie aus dem Konsens, sondern immer aus der Meinungsverschiedenheit, nicht aus der instrumentellen Anwendung des Wissens, sondern aus dem vielbesungenen *postmodernen Wissen*, das uns mit Inkommensurablem umzugehen lehrt. In diesem Sinne kann Lyotard sagen, das postmoderne Wissen finde »seinen Grund nicht in der Übereinstimmung der Experten, sondern in der Paralogie der Erfinder« (Lyotard 1986: 16). Im Schlusskapitel, das den Titel »Die Legitimierung durch die Paralogie« trägt, wird dieser Gedanke wieder aufgenommen. Sobald die Wissenschaft nicht mehr Prognosen aus ableitbaren Funktionen zu erstellen sucht, sondern ihr Interesse für »die Unentscheidbaren, für die Grenzen der Präzision der Kontrolle, die Quanten, die Konflikte unvollständiger Information, die ›*Frakta*‹, die Katastrophen und pragmatischen Paradoxa« entdeckt, verändert sie den Sinn des Wissens, da es nun nicht länger um die logische Ableitung und Optimierung des Bekannten, sondern um die kreative Entdeckung des Unbekannten gehe, um die »als Paralogie verstandene Differenz« (ebd.: 173). Das unterscheide die Paralogie auch von der Innovation, sofern Letztere im Dienst der Optimierung von Systemeffizienz stehe, während die Bedeutung der Paralogie für die Pragmatik des Wissens oft unterschätzt würde. Man zeige sich erstaunt, »daß immer jemand kommt, um die Ordnung der ›Vernunft‹ zu stören«: eine Macht, die »die Erklärungsfähigkeiten destabilisiert« und neue Regeln des wissenschaftlichen Sprachspiels vorschlägt (ebd.: 177).

Mit dieser Theorie der Paralogie weist Lyotard in Richtung einer nicht-instrumentalistischen und letztlich nicht-objektivistischen Soziologie, ohne sie freilich selbst zu entwerfen. Nicht, dass sie nicht entworfen werden könnte. Zu dem von Stäheli angedeuteten

Projekt einer »paralogischen Soziologie« muss jedoch hinzugefügt werden: Was diese lyotardsche Soziologie benötigen würde, wäre ein paralogischer Begriff von Gesellschaft beziehungsweise ein Begriff von Gesellschaft als *paralogisches Objekt*.[12]

5.5. Gesellschaft als paralogisches Objekt: Kant

Um die Natur eines paralogischen Objekts zu verstehen, muss man auf Kants *Kritik der reinen Vernunft* zurückgreifen. Dort unterzieht Kant in der transzendentalen Dialektik die Disziplinen der wolffschen *Metaphysica specialis* – also die rationale Psychologie, Kosmologie und Theologie – einer Kritik, die von den Zeitgenossen als verheerend empfunden wurde, weil sie die metaphysischen Begriffe von Gott, der unsterblichen Seele und der Welt als ganzer ernsthaft in Mitleidenschaft zog. Sie alle, so Kant, können keine Gegenstände der Wissenschaft sein, wie auch die rationale Psychologie, die Kosmologie und die Theologie keinen Wissenschaftsstatus beanspruchen können, sofern sie über die Erfahrung hinauszugelangen und die Unsterblichkeit der Seele, die Totalität der Welt und die Existenz Gottes zu beweisen versuchen. Wo dies dennoch versucht wird, wo also im Rahmen logischer Vernunftschlüsse das Unbedingte als erkennbarer Gegenstand vorausgesetzt wird, dort entsteht »transzendentaler Schein« und die Vernunft verstrickt sich in Widersprüche.

Paralogismen sind nun jene Fehlschlüsse, mit denen im Feld der rationalen Psychologie der Seele Prädikate wie Unsterblichkeit und Substantialität unterschoben werden.[13] Zwar müssen wir, um die

12 Diese Radikalisierung ist deshalb nicht ganz abwegig, weil Lyotard selbst sich die Frage stellt, ob das Anti-Modell der Paralogie wissenschaftlicher Pragmatik auf die Gesellschaft abbildbar sei (ebd.: 186). Zwar schreckt er davor zurück, die Paralogie zur Metapräskription der gesamten sozialen Sprachpragmatik auch jenseits der Wissenschaft zu machen, aber dies wäre auch gar nicht notwendig. Denn es geht allein um die Frage, wie dieses *Ding* Gesellschaft *innerwissenschaftlich*, das heißt sozial- und gesellschaftstheoretisch, mithilfe des Paralogismus-Konzepts gefasst werden könnte.

13 Unsere Diskussion des Antagonismus in Teil II wird nicht die Paralogismen, sondern die philosophiehistorisch – vom deutschen Idealismus bis Derrida – wirkmächtigeren kantschen Antinomien zum Ausgangspunkt nehmen. Mit seiner Fokussierung auf die Paralogismen nimmt Lyotard unter den aktuelleren Denkern eine Sonderposition ein.

Einheit der Bewusstseinsakte garantieren zu können, so etwas wie ein Subjekt des *cogito* unterstellen (das als Einheit der transzendentalen Apperzeption mit unseren Bewusstseinsakten immer mitläuft), aber mehr als eine solch einheitssichernde Funktion dürfe nicht postuliert werden. Denn dieses »Ich« sei eine Vorstellung, die für sich selbst an Inhalt völlig leer sei und als »bloßes Bewußtsein« alle Begriffe begleite:

Durch dieses Ich, oder Er, oder Es (das Ding), welches denket, wird nun nichts weiter, als ein transzendentales Subjekt der Gedanken vorgestellt = x, welches nur durch die Gedanken, die seine Prädikate sind, erkannt wird, und wovon wir, abgesondert, niemals den mindesten Begriff haben können; um welches wir uns daher in einem beständigen Zirkel herumdrehen, indem wir uns seiner Vorstellung jederzeit schon bedienen müssen, um irgend etwas von ihm zu urteilen; eine Unbequemlichkeit, die davon nicht zu trennen ist, weil das Bewußtsein an sich nicht sowohl eine Vorstellung ist, die ein besonderes Objekt unterscheidet, sondern eine Form derselben überhaupt, so fern sie Erkenntnis genannt werden soll; denn von der allein kann ich sagen, daß ich dadurch irgend etwas denke. (Kant 1983b [1781]: 344 [A 346/B 405])

Als radikal leeres Subjekt ist jenes »x«, das transzendentale Subjekt der Gedanken, weder objektivierbar noch objektifizierbar. Es gehört, anders gesagt, nicht dem Register des Objektiven an, sondern dem Register des Dings. Es handelt sich, wie Kant in der Tat schreibt, um »Es (das Ding)«. Von diesem Ding lässt sich nichts Inhaltliches aussagen, da jedes Prädikat, das wir dem Subjekt der Gedanken zuschreiben wollten, selbst ein Gedanke des Subjekts wäre und wir also nie jenen Außenstandpunkt beziehen können, von dem aus die Prädikation gelingen würde – weshalb wir uns »in einem beständigen Zirkel« um dieses Ding drehen (auch die eigene Existenz lässt sich nicht prädizieren, wie dies noch im Fall von Descartes' *cogito* möglich war). Erst wenn zum Beispiel die Kategorie der Substanz diesem leeren x des Subjekts unterschoben und das Subjekt inhaltlich ausgefüllt wird, wird es fälschlich, das heißt paralogisch zu einer »Seele« reifiziert. Das Ding tritt ein in das Register des Objektiven.

An diesem kantschen Theoriemodell – *als Modell* verstanden – ist für eine Untersuchung des sozialen Postfundamentalismus natürlich von Relevanz, dass Kant vor einem bloßen Empirismus oder Objektivismus zurückschreckt. Dass von jenem Ding, das denkt, prädikativ nichts ausgesagt werden kann, ohne dass sich die Vernunft in Paralogismen verwickelt, bedeutet nicht, dass das leere x des Subjekts (wie auch das analoge x des Dings an sich) nicht dennoch eine notwendige kategoriale Stelle im Theoriebau besetzt. Sofern es nicht zum Gegenstand der Erfahrung gemacht oder inhaltlich ausgefüllt werden darf und dennoch notwendig bleibt, erfüllt es seine Funktion als *reiner Grenzbegriff* – so wie in unserem Fall die Gesellschaft als reiner (»ontologischer«) Grenzbegriff des Sozialen beizubehalten und nicht etwa aus der Sozialtheorie zu entfernen ist. Aber das ist noch nicht alles. Das kantsche Modell ist raffinierter.

Auch die Ideen selbst, also in unserem Fall die »Objekte«, die in die Leerstelle des x einrücken (die Seele im Fall der rationalen Psychologie), sind Produkte eines notwendigen, wenn auch nicht unauflöslichen Scheins. Denn die Vernunft zielt *notwendigerweise* darauf ab, zu der bedingten Erkenntnis des Verstandes das *Unbedingte* zu finden: das absolute Subjekt, die Welt als unbedingte Totalität der Bedingungen oder Gott als unbedingtes System der Bedingungen aller Gegenstände. Die eigentliche Pointe Kants besteht also darin, dass mit dem Vermögen der Vernunftschlüsse zugleich die Ideen der Vernunft gegeben sind. Nur werden diese transzendentalen Ideen (transzendental, sofern ihnen kein Erfahrungsgegenstand korrespondiert) von den Disziplinen der *Metaphysica specialis* illegitimerweise vergegenständlicht und zu erkennbaren Realobjekten gemacht. In dieser (»ontischen«) Hinsicht entsprechen sie der Null-Institution, wie wir sie bei Mauss und Lévi-Strauss kennengelernt haben. Die Seele ist als Substanzbegriff gewissermaßen das *mana* der metaphysischen Psychologie – ganz ähnlich wie das anwesend-abwesende Ding der Gesellschaft von einem über- oder unterzähligen »ontischen« *Objekt* innerhalb der Netzwerke des Sozialen institutionell vertreten wird.[14]

Zugleich schreibt Kant den transzendentalen Ideen, weil sie sich aufgrund der Naturanlage der Vernunft notwendig aufdrängen, in ihrer »ontologischen« Hinsicht jedoch eine zweckmäßige Bestim-

14 Es versteht sich von selbst, dass aus konsequent postfundamentalistischer Perspektive nur die Notwendigkeit *irgendeiner Art von Idee* angenommen werden kann, nicht die Notwendigkeit bestimmter metaphysischer Ideen wie jener der Seele, der Welt oder Gottes. Es lässt sich nicht präjudizieren, welches ontische Objekt in die Leerstelle der Gesellschaft (als Ding, das heißt als Ganzes) eintritt, welche Instanz also die Funktion der Null-Institution übernimmt.

mung zu. Mich interessiert daran nicht so sehr, dass Kant, indem er ihren regulativen Gebrauch einfordert, ihnen letztlich noch einen moralisch erbaulichen Sinn abzuringen versucht, obwohl er das Theoriegebäude der speziellen Metaphysik bereits zum Einsturz gebracht und die Gewissheiten seiner Zeitgenossen erschüttert hatte. Interessant ist der rein theorieformale Umstand, dass hier eine Instanz postuliert wird, die gerade aufgrund ihrer – postfundamentalistisch formuliert – *notwendigen Unmöglichkeit* eine unverzichtbare Funktion gewinnt, ja eine Art Sogwirkung auszuüben beginnt. Auch in dieser Hinsicht ist die Analogie zu Gesellschaft als einer zugleich unmöglichen und notwendigen, zugleich abwesenden und anwesenden Totalität frappierend. Wie wir an Laclaus Modell sehen werden, kann die Reartikulierbarkeit der Relationssysteme des Sozialen nur erklärt werden, wenn vorausgesetzt wird, dass jede Neuanordnung des Sozialen eine tendenzielle Orientierung auf das abwesende und letztlich unmögliche *Ding* der Gesellschaft erfordert. Dieses Ding wird, wiederum mit Kant gesprochen, zum *focus imaginarius* sozialer Reartikulation, das heißt im Sinne eines regulativen Prinzips: zum Einheitsschema, das diese Funktion gerade nur insofern erfüllt, als es nicht einfach nur ein Objekt neben vielen anderen ist. Ich werde im Kapitel zu Laclau darauf zurückkommen, doch wie verhält es sich bei Lyotard?

Man wird eingestehen, dass bei Lyotard zwar Ansätze zu einem paralogischen Begriff von Gesellschaft anzutreffen sind, er aber diesen letzten Schritt verweigert und keinen Begriff von Gesellschaft im Sinne eines ontologisch unmöglichen Objekts ausformuliert. Transzendentale Objekte sind im Unterschied zu empirischen für Lyotard nicht Teil des wissenschaftlichen Sprachspiels und können nur in philosophischen Sprachspielen vorkommen. Wollte man ein philosophisches Objekt in das Sprachspiel der Wissenschaft einführen, und das ist es letztlich, was ich mit meiner Leitthese vorgeschlagen habe, so hieße das einen Widerstreit produzieren. Nicht nur deshalb, weil man voraussichtlich auf erhebliche Widerstände im Feld der Wissenschaft treffen würde, sondern weil – im lyotardschen Sinn – keine Metaregel, kein Metasprachspiel zu Verfügung steht, das die beiden Regelsysteme miteinander versöhnen und dem philosophischen Objekt einen Platz im wissenschaftlichen Regelsystem zuweisen könnte. Lyotard vermeidet diesen Widerstreit und beschränkt sich weitestgehend auf das Diskursgenre der

Philosophie. Hierin dürfte der eine Grund zu finden sein, warum Gesellschaft als quasi-transzendentales (das heißt unmögliches und zugleich notwendiges) Objekt von Lyotard sozialtheoretisch (das heißt innerwissenschaftlich) nicht produktiv gemacht wird.

Noch ein zweiter Grund lässt sich feststellen: Während der Begriff der Gesellschaft bei Lyotard nämlich ein Schattendasein fristet – so dass sogar unklar ist, inwieweit Lyotard überhaupt an ihm festhält –, ist seine *andere Seite* omnipräsent. Denn die Unmöglichkeit aller Totalisierung, das heißt der Unmöglichkeits- und Kontingenzaspekt von Gesellschaft, trägt für Lyotard genau den Namen *Widerstreit*: »›Die Gesellschaft‹, wie man sagt, ist durchfurcht von Widerstreit.« (Lyotard 1985: 24) Der Begriff der Gesellschaft ist in diesem Satz unter doppelten Vorbehalt gestellt. Er ist in Anführungszeichen gesetzt und durch Verweis auf die bloße Konvention seines Gebrauchs (»wie man sagt«) nochmals zurückgenommen. Obwohl zweifach durchstrichen, scheint es also, dass Lyotard den Gesellschaftsbegriff deshalb nicht gänzlich aus seinem Vokabular verbannen kann, weil er untrennbar mit seinem Zentralkonzept des Widerstreits verbunden ist. Mit Letzterem offeriert uns Lyotard eine Art Metainstanz, die erklärt, warum jedes Ganze, jede Totalität – einschließlich jener der Gesellschaft – kontingent und ungründbar bleibt. Kontingenz, und damit die Unmöglichkeit von Gesellschaft, wurzelt in der Instanz oder »Logik« des Widerstreits selbst.

Dabei weicht Lyotard der Frage nach dem exakten theoretischen Status von Kontingenz (beziehungsweise Inkommensurabilität) und Widerstreit aus. Übernimmt nicht die Kategorie des Widerstreits für Lyotard heimlich die Funktion eines transzendentalen »Objekts« – jedenfalls wenn man unter »Objekt« hier eher den Stolperstein, das unüberwindbare Hindernis auf dem Weg zur Totalisierung versteht? Ja ist nicht radikale Inkommensurabilität letztlich nur konzipierbar, wenn eine solch ontologische Blockadefunktion vorausgesetzt wird, das heißt, wenn der Widerstreit als Instanz fungiert, die ultimatives Scheitern und *blocage* aller Kommensurabilisierungsanstrengungen garantiert (wenn also Kontingenz und Konflikt als gleichursprünglich konzipiert werden)? Lyotard kann oder will den ontologischen Status des Widerstreits im Vergleich zu bloßen Inkommensurabilitäten oder konkreten »ontischen« Streitfällen nicht eigens ausweisen. Auch wo er die »Unmöglichkeit der Vermeidung von Konflikten« postuliert (Lyotard 1989a: 11), wird die quasi-transzendentale, das heißt *notwendige* Natur dieser Unmöglichkeit nicht expliziert.

Wird der Widerstreit von Lyotard also offensichtlich als quasitranszendentales Prinzip des Sozialen, das heißt als metalogische Inkommensurabilitätsregel aller gesellschaftlichen Bedeutungsproduktion in Stellung gebracht, so wird er dennoch nicht in dieser quasi-transzendentalen Funktion ausgewiesen.[15] Erst wenn dies der Fall wäre, könnte Lyotard einen Gesellschaftsbegriff entwickeln, der auf der postfundamentalistischen Höhe seines Begriffs des Widerstreits wäre. Wenn wir uns an den Anfang der Darstellung des *Postmodernen Wissens* erinnern, dann geht es Lyotard darum, sich jenseits der traditionellen Spaltung zwischen einem Homogenitäts- und einem Dualitätskonzept von Gesellschaft zu positionieren. Was Lyotard auf den ersten Blick anzubieten hat, ist ein *Pluralitätskonzept* von Gesellschaft (oder wenigstens des Sozialen), das allerdings den Nachteil einer ständigen Nähe zu – und damit Abgrenzungsbedürftigkeit gegenüber – Baudrillards pataphysischer Verflüssigung des Sozialen besitzt. Mit seinem Hinweis, »›Die Gesellschaft‹, wie man sagt, ist durchfurcht von Widerstreit«, weist Lyotard in eine andere Richtung. Er verweist klar zurück auf die von ihm selbst verabschiedete marxistische Klassenkampftradition und das Postulat einer *antagonistischen Totalität*, nur dass der Antagonismus nicht länger im Geiste eines *Dualismus* konzipiert wird. Ähnlich wie bereits bei Lévi-Strauss und seiner Suche nach einer nicht-dualistischen Erklärung dualistischer Gesellschaften begegnen wir mit dem lyotardschen Konzept des Widerstreits einer Reformulierung des Antagonismus nicht als *Duade*, sondern als *Blockade*: als Störung und Dislozierung jeder Totalität – also letztlich als einer reinen Kontingenzfigur.

Ohne allzu viel vorwegzunehmen, sei hier schon der Vorzug jener Ansätze unterstrichen, die einen solch radikalen Begriff von An-

15 Dazu müsste kategorial unterschieden werden zwischen einem Moment *notwendiger Kontingenz*, das heißt der *ontologischen* Blockade des Sozialen (aufgrund derer die Kommensurabilität der Sprachgenres letztlich verhindert wird), und bereichsspezifischen Kontingenzen. Es müsste zugleich auch eine deutlichere Unterscheidung zwischen innersystemischen Formen des Konflikts und transsystemischen Formen des Widerstreits getroffen werden. Im laclauschen wie im mouffeschen Modell trifft man in diesem Sinne auf die Unterscheidung von Agonismus und Antagonismus.

tagonismus ausarbeiten. Denn alle anderen bisher angesprochenen Alternativen kommen um einen Preis, den man postfundamentalistisch nicht tragen möchte: Im Fall des radikalen Funktionalismus um den Preis des Phantasmas eines – und sei es nur kontrafaktisch postulierten – reibungsverlustlosen Funktionszusammenhangs (also der nach Lévi-Strauss »absurden« Hypothese, Gesellschaft könne gänzlich funktionieren); im Fall der dualistischen Tradition um den Preis des Phantasmas einer imaginären Spiegelbeziehung zwischen Freund und Feind, die letztlich nach dem Modell des Krieges gebildet ist; im Fall der pataphysischen Verabschiedung des Sozialen bei Baudrillard wie auch im Fall der seriellen Auflösung von Gesellschaft in Nachahmungswellen bei Tarde, Begehrensströme bei Deleuze, undifferenzierte Assemblagen bei Latour oder plurale Sprachspiele bei Lyotard um den Preis, dass weder ein Prinzip der partiellen systemischen Vereinheitlichung, wie bei Laclau, noch ein Prinzip der systemischen Ausdifferenzierung, wie bei Luhmann, angegeben werden kann. Dies führt dazu, dass sich das Soziale weitgehend verflüssigt und seine Grenzen nicht länger anzugeben sind. Vor diesem Hintergrund ist von Relevanz, dass – im Unterschied zu Latour und wohl auch Lyotard – die beiden Letztgenannten, Laclau und Luhmann, an einem, wenn auch paradoxen Gesellschaftsbegriff festhalten. Wenden wir uns also einem weiteren Alternativmodell zu, das, anders als von Lyotard in seiner Luhmann-Kritik vermutet, keineswegs auf die eine Seite der traditionellen Spaltung, die Seite von Funktion und Homogenität fällt. Die Rede ist natürlich von der soziologischen Systemtheorie.

5.6. Luhmann: Die Unerreichbarkeit von Gesellschaft

Lyotard und anderen so genannten Postmodernen hält Luhmann zugute, dass deren Diagnose vom Ende der Metaerzählungen einer Gesellschaft, die allgemein verbindliche Selbstbeschreibungen kennt, angemessen ist (Luhmann 2006: 7 f.). Daraus ergebe sich jedoch die Aufgabe, nun die verschiedenen Selbstbeschreibungen der Gesellschaft innerhalb der Gesellschaft zu beobachten – einschließlich der Selbstbeschreibung der Gesellschaft durch die Soziologie. Das macht den reflexiven oder autologischen Status von Soziologie aus. Sie kann Gesellschaft nicht von außen beobachten, sondern nur von innen, und damit beobachtet sie sich selbst als eine Form der Selbstbeschreibung von Gesellschaft. Aus dieser selbstreflexiven oder autologischen Struktur der Soziologie wird schon ersichtlich, dass sie ohne Gesellschaftstheorie nicht auskommen kann. Soziologie ist in den Gegenstand, den sie beobachtet, eingeschlossen.[16] Aus dieser Perspektive überrascht die marginale Rolle, die Gesellschaftstheorie und dem Begriff der Gesellschaft in der Soziologie überlicherweise zugestanden wird. Dass es an einer angemessenen Gesellschaftstheorie mangelt, sei, so Luhmann, dem vorherrschenden Empirizismus der Disziplin geschuldet. Obwohl nichts an sich gegen empirische Wissenschaft spricht, fasst Soziologie den »Begriff des ›Empirischen‹ sehr eng als eigene Erhebung und Auswertung von Daten, also als Interpretation einer selbstgeschaffenen Realität. Die Möglichkeit, unbestrittene Sachverhalte mit variierten Theoriekonzepten, mit anderen Unterscheidungen anders zu beschreiben, kommt ihr dabei nicht in den Blick.« (Ebd.: 19) Darüber hinaus hängt sie dem traditionellen Subjekt-/Objekt-Schema an, was nur die Wahl zwischen einer positivistisch-szientistischen Position à la Durkheim und einer transzendentaltheoretischen Position à la Weber zulasse. Luhmann kritisiert also, was wir als metaphysische Disposition der Sozialwissenschaften beschrieben haben. Ihre dualistische Struktur – gezeichnet von der Trennung zwischen Objektivismus und Subjektivismus – steht der Ausarbeitung einer »postmodernen« oder systemtheoretischen, jedenfalls einer postfundamentalistischen Gesellschaftstheorie im Wege.

Luhmann macht noch vier weitere Erkenntnisblockaden aus, die die Ausarbeitung einer adäquaten Gesellschaftstheorie behindern. Es handelt sich um die irrigen Vorstellungen:

(a) Gesellschaft würde sich aus konkreten Menschen beziehungsweise deren Beziehungen zusammensetzen; (b) Gesellschaft würde durch Konsens zwischen konkreten Menschen integriert; (c) Gesellschaft entspräche einer territorial begrenzten Einheit; und (d) Gesellschaft wäre – so wie Gruppen und territoriale Gebilde – von einem Außenstandpunkt her beobachtbar (Luhmann 1998: 25). An diesen vier Erkenntnisblockaden ist auffällig, dass sie nahelegen, Gesellschaft als eine Einheit, als eine bestimmbare En-

16 Ich würde sogar noch weiter gehen: Irgendeine Form von Gesellschaftstheorie läuft in theoretischen Beschreibungen des Sozialen immer mit, auch wenn sie nicht explizit als solche ausbuchstabiert wird (vgl. Kapitel 11 in diesem Band).

tität oder als Gegenstand zu verstehen – und damit wieder dem traditionellen Objekt-/Subjekt-Schema einzupassen. Wieder sind wir auf die metaphysische Disposition der Sozialwissenschaften zurückgeworfen. Wenn also die Frage gestellt wird, was die Soziologie im Sinne einer anspruchsvollen, ausgearbeiteten Theorie der Gesellschaft überhaupt anzubieten habe, dann fühlt man sich mit Luhmann zur Schlussfolgerung verleitet: »Je mehr ich mich in diese Frage hineindenke, desto mehr tendiere ich zu dem Urteil: eigentlich gar nichts.« (Luhmann 2005: 25)

Nun erweist sich Luhmanns Hoffnung, die metaphysische Tradition der Sozialwissenschaften einfach hinter sich lassen zu können, als trügerisch. Einerseits vollführt Luhmanns Gesellschaftstheorie eine radikale differenztheoretische »De-ontologisierung« (Clam 2002) von Gesellschaft, andererseits spuken in ihr die ontologischen Rückstände der »alteuropäischen« Tradition weiter, die verabschiedet werden sollte. Worin genau liegt die Ambivalenz der luhmannschen Gesellschaftstheorie? Halten wir zunächst fest, dass Luhmann eine gänzlich nicht-substantialistische Theorie von Gesellschaft entwickeln möchte. Als System prozessiert sich Gesellschaft nicht auf Basis eines Wesens oder ersten oder letzten Prinzips, sondern durch die Unterscheidung von System und Umwelt. Gesellschaft ist weder Name eines in der Realität vorfindbaren Gegenstandes, noch die platonische Idee oder der Wesensgrund des Sozialen schlechthin. Sie ist der Name einer Differenz. Luhmann behauptet sogar: »Sie *ist* eine Differenz.« (Luhmann 2005: 24) Das heißt nun gerade nicht, dass sich Gesellschaft gänzlich aufgelöst hätte. Sie besitzt durchaus eine Einheit, ja es gibt überhaupt nur *eine* Gesellschaft, aber die »Einheit des Gesellschaftssystems liegt [...] lediglich in der Abgrenzung nach außen, in der Form des Systems, in der operativ laufend reproduzierten Differenz« (Luhmann 1998: 90).

Darin unterscheidet sich Gesellschaft nicht von anderen Sozialsystemen. So stellt sich die Frage, worin dann die Spezifik – die Funktion – des Gesellschaftssystems gegenüber allen anderen sozialen Funktionssystemen (wie Wirtschaft, Wissenschaft, Politik etc.) besteht. Luhmann hat zwei Antworten parat:[17] Zum ersten institu-

17 Zur theoriegeschichtlichen Entwicklung des luhmannschen Gesellschaftsbegriffs vgl. Stichweh (2005).

tionalisiert Gesellschaft die jeweilige Form funktionaler Ausdifferenzierung. Das heißt nicht, dass sie die Einheit ihrer Operationen kontrollieren würde wie ein übergroßer Marionettenspieler. Aber sie bringt sich über die *strukturellen Auswirkungen* ihrer Differenzierungsform auf die Teilsysteme zur Geltung. Darin besteht ihre spezifische »Funktion«. Allerdings wurde Kritik laut an der »ungelösten Spannung zwischen der Behauptung einer funktionalen Autonomie der Einzelsysteme und dem gleichzeitigen Festhalten an der gesamtgesellschaftlichen Einheit, in Bezug auf die sich die Teilfunktionen überhaupt erst definieren« (Schwinn 1995: 207). Wenn die Teilsysteme in ihrer Funktion gegenüber dem Gesellschaftssystem autonom bleiben, dann weiß man letztlich nicht, was der Bezug auf die allgemeine Differenzierungsform Gesellschaft leistet. Angesichts der Autonomie der Einzelsysteme könnte man genauso gut auf den Gesellschaftsbegriff verzichten (und in weiterer Folge »Differenzierung ohne Gesellschaft« denken, wie Schwinn 2001). In der Tat lässt sich in dieser ersten Erklärung ein Rückstand des klassischen Funktionalismus erkennen, für den Funktionen in Bezug auf eine soziale Totalität definiert waren. Luhmann löst sich und löst sich zugleich doch nicht von diesem Modell. Die Totalität *als Grund* wird verabschiedet und lebt gleichsam nutzlos im Theoriebau fort – beziehungsweise ist ihr Nutzen nicht länger unmittelbar einsichtig. Die Erklärung wirkt forciert.

Aber forcierte Erklärungen besitzen auch einen gewissen Charme – man muss ihn nur ausspielen. Das zeigt sich an Luhmanns zweitem Bestimmungsversuch der Spezifik von Gesellschaft mit Blick auf deren Operationsmodus der Kommunikation. Jetzt wird Gesellschaft definiert als jenes umfassende Sozialsystem, das alle Kommunikationen und damit zugleich alle anderen Sozialsysteme beinhaltet.[18] Das Merkmal »umfassend« bezieht sich darauf, dass die Autopoiesis von Gesellschaft ausschließlich von Kommunikationen geleistet wird, und zwar von allen Kommunikationen. Gesellschaft bezieht sich somit auf das Gesamt aller Kommunikationsereignisse unter Vernachlässigung ihres Inhalts oder Informationswertes, das heißt auf das Kommunizieren qua Kommunizieren. »›Alle Kommunikation‹ besagt: Kommunikationen wirken auto-

18 Denn, so Luhmann, »die Gesellschaft kennt als umfassendes soziales System keine sozialen Systeme außerhalb ihrer Grenzen« (Luhmann 1998: 88).

poietisch insofern, als *ihr Unterschied keinen Unterschied macht. Daß* kommuniziert wird, ist in der Gesellschaft mithin keine Überraschung, also auch keine Information.« (Luhmann 1998: 90) Somit schließt das Gesamtsystem Gesellschaft die Kommunikationen aller sozialen Teilsysteme ein – jenseits von Gesellschaft gibt es weder Kommunikation noch System. Der Charme dieser Erklärung besteht, entgegen dem ersten Anschein, in ihrer *philosophischen*, das heißt paradoxalen Natur. Sie stützt sich nämlich auf das von uns schon mehrfach beschriebene Paradox der Gesamtheit, die als Teil ihrer selbst nochmals *in sich* vorkommt.

In dieser Hinsicht führt Luhmann die »alteuropäische« Tradition fort, von der er sich ansonsten abzusetzen bemüht ist. Schon in Aristoteles' *Politik* wurde die *koinonia politike* definiert als jene Gemeinschaft, die alle anderen in sich einschließt (ebd.: 80). Gewiss, die Qualifikation des Eingeschlossenseins wird von Luhmann differenztheoretisch umgedeutet zur Unterscheidung von System und Umwelt. Aber das Paradox ist ja gerade, dass Gesellschaft auch differenztheoretisch betrachtet ein System ist wie jedes andere und doch alle anderen in sich einschließt. War es Aristoteles durch die ethische Aufladung von Politik noch möglich, diese Paradoxie zum Verschwinden zu bringen, so möchte Luhmann dieselbe Paradoxie zur Entfaltung bringen, um »an die paradoxe Fundierung der Gesamttheorie zu erinnern« (ebd.). Die Untersuchung dieses seltsamen Objekts Gesellschaft sei, so Luhmann, »nichts anderes als eine Form der Entfaltung der Paradoxie der sich selbst einschließenden Einheit« (ebd.: 81). Selbst wenn Luhmann die Semantik von »Teil« und »Ganzem« als differenztheoretisch überholt darstellt, kommt er, wie man sieht, nicht ohne sie aus. Damit bringt seine Theorie – wie viele andere vor ihm – das Monstrum einer *partiellen Totalität* (oder einer totalen Partialität) hervor.

Der Grund ist offensichtlich: Die alteuropäische Semantik von Teil und Ganzem, so unsere von Heidegger und Derrida übernommene Überzeugung, kann nicht einfach umstandslos verabschiedet werden, so als hätten wir mit einem Male Zugang zu metaphysisch unkontaminierten Denkbeständen. Sie lässt sich nur von innen her paradoxieren. So trifft sich Luhmanns Gesellschaftstheorie mit der so genannten Postmoderne – als der Metaerzählung vom Ende aller Metaerzählungen – in der Einsicht, »daß die Einheit der Gesellschaft oder, von ihr aus gesehen, der Welt nicht mehr als Prinzip, sondern nur noch als Paradox behauptet werden kann. Die Letztfundierung in einem Paradox gilt als eines der zentralen Merkmale postmodernen Denkens. Die Paradoxie ist die Orthodoxie unserer Zeit.« (Ebd.: 1144)

5.7. Lacan: Die Extimität von Gesellschaft

Unter der Hand wird Luhmann Gesellschaft zu einem paralogischen Objekt. Nicht zu einem objektiven Gegenstand also – alles an der Systemtheorie rebelliert gegen diesen Gedanken –, sondern zu einem Teil, der Totalität ist, und vice versa: *pars totalis* und *totalitas partialis* gleichermaßen. Der Systemtheoretiker Peter Fuchs hält aus diesem Grund fest, dass Gesellschaft »kein *Ding*, kein *Täter*, kein *Subjekt* und kein *Objekt*«, sondern vielmehr ein »*Un-jekt* (*ein Un-Ding*)« sei, das die Eigenschaft habe, keine Eigenschaften zu haben (Fuchs 2001: 110). Es sei *quodditas* ohne *quidditas.* Denn Gesellschaft ist ja nicht der Name dieses oder jenes konkreten Kommunikationsinhalts, sondern bezeichnet gerade die unspezifische Gesamtheit von Kommunikationen. Sie ist Name für die bloße Tatsache, *dass* kommuniziert wird, unabhängig davon, *was* kommuniziert wird (siehe auch Baecker 2007), weshalb Fuchs sie mit der ontisch-ontologischen Differenz vergleicht: »Mir scheint, daß die Unterscheidung des Seins vom Seienden vom gleichen Typ ist.« (Fuchs 2001: 113) Deshalb kann dieses Un-Ding von jedem Beobachter nur systematisch verfehlt werden. Es entgleitet den Ontologien klassischen Zuschnitts, denn Gesellschaft ist kein *Seiendes* neben anderen. Genauso entgleitet es den Instrumenten zweiwertiger Logik, denn als Un-Ding lässt sich Gesellschaft nicht in das Schema Sein/Nicht-Sein eintragen. Dieses Schema sei, so Fuchs, für die Gesellschaftstheorie zu suspendieren. Weder »ist« Gesellschaft, noch »ist« sie nicht: »Man fiele sofort in recht einfache Denkverhältnisse zurück, ginge es nur darum, das Sein der Gesellschaft (oder irgendeines Un-jektes) zu bestreiten.« (Ebd.: 118) In die Denkverhältnisse, so kann man vermuten, einer Margaret Thatcher. Stattdessen habe ein Denken, das das zweiwertige Schema von Sein/Nicht-Sein suspendiert, so Fuchs mit Referenz auf Derrida, »keine andere Wahl als die Erfindung *monströser Worte* [...]. Dies sind Wörter, die nicht in der Möglichkeit der Wahrheit wohnen, die niemals authentisch sind in ihrem Bezug auf eine Präsenz oder Wesenhaftigkeit. In gewisser Weise geht es um Worte, die keine Worte sind. Sie sind Phantome ohne Ort.« (Ebd.: 120)

Wenn Gesellschaft tatsächlich – wie bereits unsere symptomatologische Lektüre Durkheims, Lévi-Strauss' und Latours erwiesen hat – ein monströses und phantomhaftes Wort ist, dann weil der benannte »Gegenstand« nicht dem euklidischen Raum der empirischen Sozialwissenschaften angehört. Gesellschaft lässt sich nicht topographisch vermessen. Sie lässt sich nur *topologisch* beschreiben als ein Objekt, das Ähnlichkeiten mit der paradoxen Struktur des Möbiusbandes oder der Kleinschen Flasche aufzuweisen scheint. Es ist von seinem eigenen Außen nicht umstandslos abzugrenzen. Dieses Außen findet sich eingestülpt im Inneren des Objekts wieder. Denn wenn Gesellschaft, wie Luhmann postuliert, keine Außenhalte besitzt, an denen sie befestigt und damit in ihrem Wesen oder Umfang bestimmt werden könnte, dann kann sich das einzig *bestimmende* Außen nur in ihrem Inneren befinden. So spricht Fuchs, um dieses paradoxe Innen-/Außen-Verhältnis zu fassen, von Gesellschaft als einem »extimen« System. *Extimität* ist ein Kunstbegriff Lacans, mit dem eine Struktur bezeichnet werden soll, deren Außen in ihr Innerstes gestülpt ist. Psychoanalytisch kann diese Struktur eine ganze Reihe von Phänomenen beschreiben, wie Lacans Nachfolger Jacques-Alain Miller in einem seiner Seminare ausgearbeitet hat. In der vielleicht einfachsten Bedeutung des Wortes steht der Analytiker zu seinem Analysanden in einem extimen, keinem intimen Verhältnis. Er ist eben nicht der Freund des Analysanden, schon gar nicht dessen Liebhaber, auch wenn er es mit seinen intimsten Regungen zu tun bekommt (Miller 1994: 77). Eher nimmt er den Platz eines Fremdkörpers, ja Parasiten ein. Der Andere – so etwa der Analytiker, das Unbewusste, aber auch die symbolische Ordnung als solche – befindet sich hier mitten im Innersten des Subjekts.

Aber auch der »große Andere« der symbolischen Ordnung ist, umgekehrt betrachtet, von der Struktur der Extimität bestimmt. Die Pointe Lacans ist ohne Zweifel spektakulär: Nicht nur das Subjekt ist, nachdem es vom Signifikanten berührt wurde, gespalten und von sich selbst entfremdet. Auch der »große Andere«, die Instanz der Alterität, ist *von sich selbst entfremdet*. Deshalb die berühmte Behauptung Lacans, es gebe keinen Anderen des Anderen

– also kein Fundament der Alterität, keine Metasprache des Symbolischen. In diesem Sinne gibt es auch, luhmannianisch gesprochen, keine »Gesellschaft der Gesellschaft«, nur eine Einstülpung der Gesellschaft in sich selbst. Ausgehend von seinem berühmten Seminar zur *Ethik der Psychoanalyse* (Lacan 1996) radikalisiert Lacan diese These nochmals: Der Andere ist von da an nicht einfach nur ein Name für die sprachliche Ordnung der Signifikanten. Im Anderen ist *ein Objekt* – das *objet petit a* nämlich – auf extime Weise eingeschlossen (vgl. Miller 1994: 80). Und das heißt: Im Innersten des Symbolischen steckt ein Stück des Realen. So erklärt sich jenes andere berühmte lacansche Postulat, der Andere existiere nicht, das, wie wir noch sehen werden, seinen Nachhall in Laclaus und Mouffes These hat, die Gesellschaft existiere nicht:

> Er [Lacan] konnte daher sagen, »Der Andere existiert nicht«, was den Anderen nicht daran hindert, zu funktionieren, denn viele Dinge funktionieren, ohne zu existieren. Allerdings ist der Satz »Der Andere existiert nicht« bedeutungslos, wenn er nicht im Gegenteil impliziert, dass *a* sehr wohl existiert. Der lacanianische Andere, der Andere, der existiert, ist nicht real. Das erlaubt zu verstehen, dass *a* real ist, zu verstehen, wie dieses *a* als *Mehr-Genießen* nicht nur die Alterität des Anderen fundiert, sondern auch das, was im symbolischen Anderen real ist. Es ist keine Frage einer integrierenden Verbindung, von Interiorisierung, sondern eine der Artikulation von Extimität. (Miller 1994: 82)

Miller verdeutlicht diesen Punkt mit dem Beispiel eines Bombenalarms, der in seinem eigenen Seminar ausgelöst wurde. Wie sich herausstellte, existierte die Bombe nicht. Dennoch produzierte sie Effekte (Panik brach aus, das Seminar wurde evakuiert etc.). Ihre Existenzform lässt sich also nicht mit den Mitteln klassischer Ontologie definieren. Die Eigenschaften dieses Objekts lassen sich nicht kategorial beschreiben, aufschlüsseln und auf die objektive Welt der Gegenstände umlegen. Das *objet petit a* gehört einer anderen Welt an: Es ist von der Ordnung des Realen. Es handelt sich, wie Miller sagt, um ein Sein ohne Wesen (ebd.: 83) und, ganz so wie bei Luhmanns Gesellschaft, um ein *quod* ohne *quid*.

Für unsere Zwecke ist daran vor allem eines relevant: Was Sozialwissenschaftler – solche jedenfalls, die durch den Konstruktivismus und den *linguistic turn* gegangen sind – Gesellschaft nennen, das ist für Lacan der große Andere, also die differenziell strukturierte symbolische Ordnung. Nun haben wir erfahren, dass diese Ordnung reiner Differenzen in ihrem intimsten Kern von einem ihr heterogenen, nicht-differenziellen Objekt blockiert und so von sich selbst entfremdet wird. Auf der Seite des Subjekts führt die unmittelbare Begegnung mit diesem *Ding*, wenn es uns zu nahe kommt, zum Signal der *Angst* (Lacan 2010) oder, mit Kristeva, zu Ekel. Auf der Seite des Anderen führt sie zu jener seltsamen Einstülpung seiner Struktur, die Lacan als Extimität bezeichnet. Plötzlich findet sich das heterogene Außen eines Systems in dessen Inneren, findet sich die Totalität der Differenzen als Nicht-Differenz mitten unter diesen Differenzen. Dasselbe Argument lässt sich übrigens ganz analog mithilfe der derridaschen Dekonstruktion führen: Jedes System konstituiert sich in Bezug auf ein konstitutives Außen, welches ein Innen und damit die Existenz des Systems überhaupt erst ermöglicht, zugleich aber *als reine Interiorität* – das heißt als von jeglicher Störung oder Verunreinigung abgeschirmte Selbstidentität – verunmöglicht.[19] Bei Laclau und Mouffe werden wir einer sozialtheoretischen Übersetzung dieser dekonstruktiven Grundüberlegung begegnen. Halten wir vorerst nur fest, dass die Topologie der »Extimität« eine erste Erklärung für den von Beginn an diagnostizierten *Dingcharakter* von Gesellschaft – des Ganzen als Teil seiner selbst – anbietet.

19 Henry Staten hat dieses Konstitutionsargument Derridas prägnant in folgendem Schema zusammengefasst: »X wird durch ein Nicht-X konstituiert. X bedeutet hier die Essenz oder Selbstidentität, wie sie von der Philosophie vorgestellt wurde, und Nicht-X ist dasjenige, was als ›Außenseite‹ oder Grenze gegenüber der positiven Annahme dieser Selbstidentität fungiert, als dasjenige, was jede Idealität von ihrer vollständigen Schließung bewahrt, aber indem sie sie gerade begrenzt, Ermöglichungsbedingung der positiven Annahme der Essenz ist.« (Staten 1984: 17) Es wäre gewinnbringend, auch wenn für philologische Übungen dieser Art hier kein Platz ist, diese dekonstruktive Logik oder *Topologik* mit einer Lacan-Stelle wie der folgenden zu vergleichen: »[I]ndem man *das Ding** in den Mittelpunkt stellt und um es herum die subjektive Welt des in Signifikantenrelationen organisierten Unbewußten, sehen Sie die Schwierigkeit der topologischen Darstellung. Dieses *das Ding** ist nämlich im Mittelpunkt just in dem Sinne, daß es ein ausgeschlossenes ist. Das heißt, daß es in Wirklichkeit als ein Außen gesetzt werden muß, dieses *das Ding**, dieser prähistorische Andere, der unmöglich zu vergessen ist, der, wie Freud behauptet, eine notwendige erste Setzung ist, in der Form von etwas, das *entfremdet**, mir fremd ist, aber eben durchaus im Mittelpunkt dieses Ichs ist, etwas, das auf der Ebene des Unbewußten allein von einer Repräsentation repräsentiert wird.« (Lacan 1996: 89)

Und wieder führt diese Erklärung letztlich zu keinem anderen zurück als zu Heidegger. Schon Heidegger hatte, wie in der Diskussion Latours bereits erwähnt, unterschieden zwischen Gegenstand und Ding. Das Dinghafte des Dings beruhe »weder darin, dass es vorgestellter Gegenstand ist, noch läßt es sich überhaupt von der Gegenständlichkeit des Gegenstandes aus bestimmen« (Heidegger 1954: 159). Der Gegenstand ist nämlich dasjenige, was vor einem betrachtenden Subjekt steht oder diesem entgegensteht. Gegenstand bezeichnet eine Seite des metaphysischen Subjekt-/Objekt-Schemas. Dem Ding begegnen wir – das ist Heideggers Verweis auf den altgermanischen Versammlungsort der *Thingstätte* – nicht im Modus des Entgegenstehenden, sondern im Modus des asubjektiv Versammelnden (Latour hatte diese Idee seiner *Assoziologie* zugrunde gelegt). Heideggers berühmtes Beispiel ist der Krug. Im typischen Jargon der Eigentlichkeit erklärt Heidegger, dass zum Wesen des Kruges das (Aus-)Schenken gehört, das wiederum versammelt. Auf diese Weise »west« der Krug als Ding: »Wie aber west das Ding? Das Ding dingt. Das Dingen versammelt.« (ebd.: 166) Über die Formel vom dingenden Ding sind viele Witze gemacht worden. Aber sehen wir über das Jargonhafte hinweg, wird die postfundamentalistische Bedeutung dieses Dingbegriffs klar. Das Bedeutende ist nicht, dass hier der Krug selbst zum Akteur im latourschen Sinne gemacht würde. In Wahrheit gibt es hier keine Akteure mehr, weder subjekthafte noch objekthafte. Das »Dingen« ist hier nichts anderes als eine weitere Formel für das Spiel, auch den Streit der Differenz zwischen Sein und Seiendem. Damit wird das Ding zu einem Namen, einem der vielen Namen – wie Freiheit, Wahrheit, Ereignis, Streit, Spiel, Seyn etc. – für die ontologische Differenz *als* Differenz. Man kann auch, wiederum mit Heidegger, sagen: für das Gründen des Grunds als Ab-Grund.

Lacan ist Heideggerianer genug, um an genau diese differenzphilosophische Dimension anzuschließen. Wie Heidegger unterscheidet er zwischen Objekt oder Sache (*res*) und *Ding*, letztlich zwischen Objektivität und »Objektalität«. Die Sache existiert überhaupt nur im Symbolischen als »Produkt der Betriebsamkeit oder des menschlichen Handelns als eines durch die Sprache regierten«, aber: »*Das Ding** hat seinen Ort anderswo.« (Lacan 1996: 59) Die Sache ist ein Signifikant oder ein Wort, das heißt eine Differenz neben anderen Differenzen. Das *Ding* ist kein Signifikant oder

Wort.[20] Es ist ein asignifikantes Loch im Realen. Der Krug etwa ist ein *Ding*, weil er in sich substanzlos ist. Er ist – so wie in Lacans etwas weniger krachledernem Beispiel der Makkaroni – um eine Leere herum gebaut. Deshalb bezeichnet Lacan das Ding auch als »Vakuole« (ebd.: 184). Jede beliebige Sache kann, wenn man so will, diese Leere aufzufüllen versuchen. Das geschieht im Prozess der Sublimierung: Ein Objekt wird mit der Würde des Dings ausgestattet. So richtet der Moralcode der höfischen Liebe, in Lacans Beispiel, im Zentrum einer Gesellschaft ein Adorationsobjekt ein, das zwar ein Objekt wie jedes andere ist, aber zur Würde des Dings erhoben wurde. Nicht, dass es *das Ding* wäre. Die Fülle des Genießens, die mit dem Ding in seinen ursprünglicheren Gestalten (wie etwa dem ersten Ding: dem Mutterding) assoziiert wird, ist unerreichbar und entspringt einer Rückprojektion. Dennoch bleibt es notwendig, was das Spiel der Differenz zwischen der Sache (dem Wort) und dem Ding am Laufen hält. Denn: »*Die Sache*, könnte man sagen, *ist das Wort des Dinges**. Um es ins Französische zu übersetzen – *l'affaire est le mot de la Chose.*« (Ebd.: 80)[21]

5.8. Eine doppelte Aufgabe

Es mag scheinen, als wären wir mit dem Exkurs zu Lacan und Heidegger weit vom Weg der Gesellschaftstheorie abgekommen. Doch es wäre ein Irrtum, das zu glauben. Nach wie vor ist das Ziel, die paralogische Struktur und damit den Dingcharakter von Gesellschaft auszuloten. Luhmanns Gesellschaftstheorie hat sich dabei als hilfreich erwiesen. Unzweifelhaft ist sie postfundamentalistisch. Als ein System neben anderen, das dennoch alle anderen umfasst, lässt sich Gesellschaft von nirgendwoher gründen. Da Kommunikationen nur an Kommunikationen anschließen können, Gesellschaft sich also nur über Kommunikationen – das heißt in sich selbst – reproduzieren kann, fehlen ihr die »Außenhalte« (Luhmann

20 Weshalb es Lacan im Textfluss auch nicht als Wort oder Signifikant einsetzt, sondern eher wie eine algebraische Formel. Er behält das deutsche »*das Ding*« bei und setzt noch ein zusätzliches französisches Pronomen davor.

21 Mit seiner Theorie des leeren Signifikanten wird Ernesto Laclau nichts weniger versuchen als eine Übertragung dieser Logik in die Gesellschaftstheorie.

1996: 14).[22] An anderer Stelle bemüht Luhmann die vielfach aufgenommene Wendung, Gesellschaft besitze keine »Adresse« (ebd.: 866), sie könne sich folglich mit ihren Operationen nie selbst erreichen. Genauso wenig lasse sie sich an einem bestimmten Ort oder als Teilbereich des Sozialen objektivieren, wie es noch in klassischen Unterscheidungen wie der von Staat und Zivilgesellschaft versucht wurde. Wenn Gesellschaft einen Ort hat, dann ist es der, den Lacan als »den zentralen Ort, die intime Exteriorität, die Extimität« beschreibt, »die das *Ding* ist« (Lacan 1996: 171). Keine Adresse, die von der Fremdenpolizei akzeptiert würde.

Und doch weist die Systemtheorie – im Vergleich zu Lyotards Theorie des Widerstreits – einen markanten Nachteil auf. Luhmann geht der Sinn für die grundlegende Konfliktualität des Sozialen ab. Darin lastet das Erbe des konfliktfeindlichen Funktionalismus, insbesondere des Parsonianismus schwer auf der Systemtheorie. Natürlich kann auch Luhmann die Augen vor sozialen Konflikten nicht verschließen. Aber diese werden, in diesem Punkt war Lyotards Luhmannkritik zutreffend, auf ihre gesellschaftliche Funktion reduziert – wie übrigens auch in weiten Teilen der Konfliktsoziologie, deren Diskussion im nächsten Schritt ansteht. Konflikte sind für Luhmann parasitäre Sozialsysteme, die als Immunsystem der Gesellschaft fungieren. Da die sozialen Kommunikationen das Außen der Gesellschaft nicht erreichen können, bleibt als *Realitätstest* nur der innere Selbstwiderspruch im Konflikt. Immunsysteme greifen potenzielle Problemlagen auf, die von den Funktionssystemen (noch) nicht verhandelt werden. So besitzen sie eine wichtige Funktion und sind auch tendenziell überall anzutreffen. Aber sie sind nicht auf der Ebene des (Ab-)Grundes angesiedelt. Sie besitzen keine *konstitutive* Funktion für das Soziale überhaupt. Einfach ausgedrückt: Konflikt ist bei Luhmann nicht in derselben Weise an fundamentale Kontingenz gebunden wie bei Lyotard der Widerstreit an Inkommensurabilität. Wir stehen somit vor einer doppelten Aufgabe: Zum einen müssen wir weiterhin den Spuren des unmöglichen Objekts folgen, um eine halbwegs stimmige Gesellschaftstheorie entwickeln zu können. Und zum anderen muss ermittelt werden, *welcher* Konfliktbegriff einer solch postfundamentalistischen Gesellschaftstheorie angemessen ist.

22 Was Heidegger als das »Dingen« des Dings bezeichnete, darin würde Luhmann also die Autopoiesis des Gesellschaftssystems vermuten.

II.
Die Negativität des Sozialen: vom *agon* zum Antagonismus

6. Kontingenz und Konflikt
Konflikttheorie als Gesellschaftstheorie: Nietzsche, Simmel und die Konfliktsoziologen

6.1. Die zwei Seiten des Konflikts

Die bislang untersuchten Sozialtheorien legen eine Erkenntnis nahe, die so simpel ist wie paradox: Die Gesellschaft ist ein Ding. Einige ihrer Erscheinungsformen – als verwesender Wal, Medusenhaupt, Zombie, Monster, *Achose*, Gespenst, Phantom etc. – haben wir inzwischen kennengelernt. Dieses seltsame Objekt, so der ursprüngliche Verdacht, der sich im Durchgang durch viele Sozialtheorien erhärtet hat, ist ein gesellschaftsimmanenter Wiedergänger der Gesellschaft selbst, die als Totalität so unmöglich ist wie notwendig. Bei Durkheim fand sich Gesellschaft als Gegenstand neben allen anderen Gegenständen, die sie umfasst, bei Deleuze als ein unterschiedliche Serien verbindendes und doch immer über- oder unterzähliges Objekt, bei Lévi-Strauss als funktionslose Null-Institution, deren einzige Funktion es ist, Gesellschaft die Existenz zu ermöglichen; sie fand sich bei Tarde und Latour in geradezu *jedem* Ding, bei Lyotard als ein – von der Theorie nahegelegtes – paralogisches Objekt und schließlich bei Luhmann als ein »extimes« soziales System neben anderen, das diese anderen qua Kommunikation umfasst und folglich Teil seiner selbst ist. Nach dieser *tour d'horizon* drängt sich natürlich die Frage auf: Woher die Persistenz dieses Objekts? Woher zugleich seine Ungreifbarkeit, seine unvermeidliche Über- oder Unterzähligkeit? Worin könnte sein Paradoxierungsgrund bestehen? Was macht Gesellschaft zu einem unmöglichen, aber dennoch notwendigen Gegenstand der Sozialtheorie?

Diese Fragen lassen sich nur beantworten, wenn wir jenen roten Faden wieder aufnehmen, der sich durch die meisten der bislang untersuchten Theorien zieht: die Gleichursprünglichkeit von Kontingenz und Konflikt. Das folgt für Postfundamentalisten aus der Abwesenheit letzter Gründe. Wenn kein Grund notwendig ist und daher alle Gründe kontingent sind, dann sind sie auch umkämpft. Die Abwesenheit eines letzten Grundes, das übersieht Luhmann, stößt notwendigerweise Konflikte um die Bestimmung *vorletzter Gründe* an, das heißt um die zumindest teilweise und temporäre Fixierung sozialer Relationen. Was wir den ontologischen Strittigkeitscharakter des Sozialen genannt hatten, erfährt so eine erste Aufhellung. Aufgrund ihrer kontingenten Natur sind soziale Verhältnisse nicht zufällig oder gelegentlich strittig, sondern prinzipiell und immer.[1] Diese Dimension der Konfliktualität, sofern sie gleichursprünglich ist mit Kontingenz, kann keine Regionalbestimmung etwa nur des Felds der Politik sein. Sie muss in der ontologischen Kondition des Sozialen verankert sein: auf der Ebene des Grundes selbst. Nicht umsonst ist der »Streit« eine der heideggerschen Paraphrasen des unabstellbaren differenziellen Spiels zwischen Grund und Ab-Grund. Statt mit Heidegger zu sagen, der Grund gründe als Ab-Grund, lässt sich sozialtheoretisch vielleicht akzeptabler formulieren, Kontingenz gründe als Konflikt – und umgekehrt Konflikt als Kontingenz.

Der These von der ontologischen Grundlosigkeit des Sozialen wird der Geruch des Spekulativen genommen, sobald man sie historisch verortet. Denn die Erfahrung, dass jede soziale Ordnung auch anders strukturiert sein könnte, weil sie auf keinem soziotranszendenten Fundament aufruht, hat sich historisch erst mit der Moderne verallgemeinert. Was immer zuvor als notwendig galt, wird nun als kontingent betrachtet. Das heißt zugleich: Was immer zuvor als notwendig galt, wird nun als strittig betrachtet. In den Begriffen von Konflikt und Kontingenz reflektiert die Moderne ihre eigene ontologisch-*hantologische* Kondition. Sie reflektiert die Gründungsbedürftigkeit und zugleich Ungründbarkeit sozialen Seins. Und sie reflektiert, dass nach Verlust einer letzten Referenzgröße kein Fundierungsversuch auf Dauer unumstritten bleibt. Deshalb zeichnen sich moderne Sozialtheorien, wo sie nicht in imaginäre Fundamentalismen flüchten (wie jene des Marktes, der Gene, des mathematischen Kalküls oder der Scharia), durch ihr feines Sensorium für Kontingenz wie Konflikt aus – man denke nur an Nietzsche, Weber, Simmel oder Freud, die alle auf ihre Weise zugleich Kontingenz- *und* Konflikttheoretiker waren. Darin stehen ihnen heutige postfundamentalistische Sozialtheorien in nichts nach, sind sie doch eine Spielart der Moderne und nicht etwa nur der »Postmoderne«.

Erstaunlicherweise wurde die Gleichursprünglichkeit von Konflikt und Kontingenz bislang bei jenem Autor am deutlichsten

1 Wenn auch der Konflikt, so muss ergänzt werden, in unterschiedlicher Intensität erfahren oder – was sogar die Regel ist – verleugnet und verdrängt wird.

erkennbar, der gerade als Postmoderner gilt. Lyotards zentrale Begriffe von Inkommensurabilität und Widerstreit sind begriffliche Varianten von Kontingenz und Konflikt. Mit seiner *Agonistik* der Sprachspiele versuchte Lyotard, dem Mysterium des Inkommensurablen und letztlich der Grundlosigkeit des Sozialen beizukommen. Diesem liege der »›Bürgerkrieg‹ der Sprache mit sich selbst« (Lyotard 1989a: 234) zu Grunde – ein Krieg, der zwischen den jeweils eigenen Spielregeln gehorchenden Sprachspielen tobt.

Dennoch bleibt diese Lösung auf halbem Wege stehen, weil eine bloße Agonistik die ontologische Abwesenheit eines letzten Grundes des Sozialen nicht dokumentiert. Ein *agon* war für die alten Griechen ein regelgeleiteter Wettstreit. Er setzt, wie wir in diesem Kapitel sehen werden, die Existenz von Spielregeln voraus, die von den Agonisten geteilt werden. Aber beim lyotardschen *Widerstreit* kann es sich nicht um einen solchen Wettstreit handeln. Spielregeln können für Lyotard nämlich nur innerhalb, nicht zwischen Diskursgenres gelten. Der Widerstreit ist daher durch eine Agonistik nicht zu bestimmen. Um den Widerstreit zwischen Diskursgenres erklären zu können, müsste man eine Metaspielregel angeben. Das würde wiederum dem Postulat ihrer Inkommensurabilität widersprechen. Was Lyotard zur Erklärung des Widerstreits *zwischen* Diskursgenres entwickeln müsste, aber nicht entwickelt, wäre eine »Antagonistik«: Die Theorie eines nicht schon regelgeleiteten Streits, eines fundamentalen »Konflikts« jenseits aller Spielregeln. Im Unterschied zum regelgeleiteten Wettstreit oder *agon* wäre unter einem solchen *Antagonismus* nicht etwa ein Kampf zwischen zwei oder mehr Gegnern im Feld sozialer Objektivität zu verstehen, wie dies noch die Bürgerkriegsmetaphorik nahelegt. Eher müsste man hinter diesem Begriff jenes Geheimnis vermuten, auf das schon Lévi-Strauss in seiner Analyse dualistischer Gesellschaften gestoßen war: eine Art ontologische Sperre, die Gesellschaft in ihrer Existenz blockiert – auch wenn diese Sperre durch ein paradoxes Objekt, das sich der Nicht-Existenz von Gesellschaft entgegenstellt, gelockert werden kann. Wie wir im Folgenden ausarbeiten werden, bietet sich theoriegeschichtlich »Antagonismus« als jenes sozialwissenschaftliche Konzept an, das noch am ehesten eine solche konstitutive Blockade des Sozialen erklärt.[2]

2 Und nicht einen regelgeleiteten Konflikt, der diese Blockade zu umgehen hilft und durchaus Gegenstand einer »Agonistik« im lyotardschen Sinn sein kann.

Wenn Lyotard vor der Entwicklung einer Theorie des Antagonismus zurückschrak und sich dem Sprachspiel im Geiste des altgriechischen *agon* zuwandte, dann wohl um der von ihm selbst diagnostizierten Frontstellung zwischen funktionalistischen und antagonistischen Gesellschaftstheorien, das heißt der Entscheidung zwischen Parsons und Marx, zu entkommen. Der Begriff des Antagonismus wäre Lyotard wohl zu nahe an seinen eigenen marxistischen Wurzeln gelegen. Der Begriff hätte den Verdacht genährt, Lyotard habe sich wohl doch nicht so weit vom Marxismus früherer Jahre entfernt. Das Ersatzkonzept des *agon* bietet ihm eine Alternative, die weniger auf Wittgenstein denn auf Nietzsche – *den* modernen Theoretiker des *agon* – zurückgeht. Lyotards nietzscheanische Wende ist bemerkenswert, weil sie in der Philosophie eine ganz ähnliche Bewegung vollzieht wie die Konfliktsoziologie in den Sozialwissenschaften. Dort begegnen wir derselben Bifurkation. Mit Nietzsches Hilfe wollten die Konfliktsoziologen die Frontstellung zwischen dem marxistischen und dem strukturfunktionalistischen Lager, die die Debatten der Nachkriegsjahrzehnte bestimmte, durchkreuzen. Die Formel lautete: *(Marx vs. Parsons) vs. Nietzsche.* Als Vorbilder für diese Operation fungierten die frühen »Nietzscheaner« unter den Soziologen, insbesondere Weber und Simmel.

Ist es Zufall, dass dieselbe Unentschiedenheit zwischen *agon* und Antagonismus, die bei Lyotard zu beobachten ist, auch die Konfliktsoziologie kennzeichnet? Jedenfalls kann gezeigt werden, dass auch soziologische Konflikterklärungsansätze dem Spiel ihrer Selbstsubversion ausgesetzt sind. Nicht nur wird der Objektivismus von einem gespenstischen Objekt verfolgt, auch sozialwissenschaftliche Konflikttheorien sehen sich im Antagonismus mit einem ontologischen Überschuss konfrontiert, dessen sie nicht Herr werden. Ich diskutiere zunächst die bekanntesten Konflikttheorien und deren Rückbezug auf Simmel und Nietzsche. Die Diskussion, zusammen mit jener Webers und Foucaults im Folgekapitel, wird sich als notwendig erweisen für das hier verfolgte Ziel der Neubelebung von Gesellschaftstheorie. Denn Gesellschaftstheorie, so die in Teil I gewonnene Überzeugung, die es im Folgenden zu stützen gilt, ist *nur als Konflikttheorie* zu haben.

6.2. Gesellschaftstheorie als Konflikttheorie

Warum der Umweg über die fast schon vergessene bürgerliche Konfliktsoziologie?[3] Die Konfliktsoziologie ist für eine postfundamentalistische Gesellschaftstheorie, wie sie hier entwickelt werden soll, von Interesse, weil ihr Begriff des Konflikts dem der Gesellschaft in zweierlei Hinsicht frappant ähnelt. Beide, so die erste Beobachtung, sind von ubiquitärer Natur. Keine sozialwissenschaftliche Disziplin und Theorie komme ohne ein Konzept des Konflikts aus, so Bonacker (2008a: 15). Die Unvermeidbarkeit hat der Begriff mit dem Gesellschaftsbegriff gemeinsam. Und zweitens verbindet den Konfliktbegriff mit dem der Gesellschaft seine Ungreifbarkeit. Bislang konnte sich kein Konsens bezüglich Natur und Umfang sozialer Konfliktualität herausbilden. Ein Umstand, der, wie man vermuten könnte, nichts anderem geschuldet ist als dieser Konfliktualität selbst, denn mit jedem terminologischen Einsatz ist mittelbar ein Einsatz in die sozialen Kämpfe der Zeit verbunden. Soziale Kämpfe machen, wie von Anfang an gesagt, nicht an den Mauern von Soziologieinstituten halt, sondern werden in das Wissenschaftsfeld hineingetragen, wenngleich sie dort in der spezifischen Perspektive dieses Felds bearbeitet werden. Das wird in besonderem Maße an der inzwischen historischen »Schule« der Konfliktsoziologie deutlich.

Als deren Initialmoment gilt die einflussreiche Studie von Lewis Coser, der als Emigrant aus Nazi-Deutschland in die USA geflohen war. Coser hatte seine maßgebliche *Theorie sozialer Konflikte* (2009 [1956]) während der Jahre des McCarthyismus verfasst, in einer Zeit also, in der die anti-kommunistische Propaganda jede zivile Austragung weltanschaulicher Konflikte verunmöglichte. Vor diesem Hintergrund war Coser die strukturfunktionalistische Fixierung Parsons an einem Idealzustand sozialer Stabilität verdächtig.[4] Die Bedeutung, die Parsons der normativen Integration

3 Ich bezeichne die Konfliktsoziologie nicht deshalb als bürgerlich, um sie in pejorativer Weise vom Marxismus abzugrenzen, sondern weil sie im Kampf des Bürgertums des 19. Jahrhunderts bis hinein in die 1970er Jahre eine bestimmte bürgerliche Engführung sozialen Streits auf den *agon* beziehungsweise die regelgeleitete Konkurrenz darstellt.

4 Coser kann selbst dem Strukturfunktionalismus zugerechnet werden, da es ihm wesentlich um dessen Perfektionierung geht. Interessanterweise beruft er sich zu diesem Zweck auf die erste US-amerikanische Soziologengeneration der Jahrhundertwende, die ein ähnlich positives Konfliktverständnis besaß wie Weber und

von Gesellschaft zumaß, verleite ihn zur Pathologisierung sozialen Konflikts als »›endemische‹ Form von Krankheit im sozialen Körper« (ebd.: 25). Parsons Interesse gelte der Bewahrung eines Status quo, den er durch die Störungsquelle Konflikt bedroht sah – eine für den Strukturfunktionalismus typische Konfliktangst, die Coser zufolge nicht zuletzt der Ideologie des Kalten Krieges geschuldet war (ebd.: 31). Eine ähnliche Diagnose stellte Ralf Dahrendorf dem Strukturfunktionalismus vor dem Hintergrund der neokorporatistisch verfassten deutschen Nachkriegsgesellschaft. Der Funktionalismus reduziere jedes Problem auf den Aspekt »des gleichgewichtig reibungslosen Funktionierens von Gesellschaften und ihren ›Subsystemen‹« und klopfe es auf seinen Beitrag zur Erhaltung systemischen Gleichgewichts ab (Dahrendorf 1974: 265). Dahinter stehe das normative Ideal eines reibungslos funktionierenden Sozialzusammenhangs. Gemäß der »Logik von Utopia«, wie Dahrendorf dies nennt, leisteten Störungen und Abweichungen, mithin Konflikte, keinerlei Beitrag zur Systemerhaltung und dürften deshalb als dysfunktional oder anomisch behandelt werden (ebd.: 267). Das Gesellschaftsbild, das einer solchen Utopie restloser Funktionabilität zugrunde liegt, hat Lévi-Strauss als »absurd« bezeichnet (vgl. Kapitel 3 in diesem Band). Dahrendorf bezeichnet es als totalitär.

Neben Dahrendorf und Coser bemühten sich in den konfliktscheuen Gesellschaften der 1950er und 1960er Jahre vor allem Reinhard Bendix in den USA oder David Lockwood und John Rex in Großbritannien um die sozialwissenschaftliche Wiederbesinnung auf den gesellschaftlichen Konflikt. Diese Tradition der Konfliktsoziologie im engen Sinn wird heute prominent nur noch von dem Bendix-Schüler Randall Collins fortgeführt (Collins 1994). Das bedeutet aber nicht, dass ihr Anliegen obsolet geworden wäre. Bonacker stellt sogar fest, dass seit mehreren Jahren der Konfliktbegriff eine »beachtliche Renaissance« in den Sozialwissenschaften erfährt (Bonacker 2008a: 10). Nach dem Ende des Kalten Krieges (und der Emergenz neuartiger Konflikte) hätten sich Konfliktmodelle in die verschiedenen sozialwissenschaftlichen Disziplinen eingeschlichen. Zugleich kam es verbreitet zur Umstellung auf Kontingenzmodelle

Simmel in Deutschland. Der Grund mag darin zu suchen sein, dass das 19. Jahrhundert – ein Jahrhundert von Revolutionen aber auch von Sozialdarwinismus und liberalistischem Konkurrenzdenken – der ersten Soziologengeneration eine in vielerlei Hinsicht konfliktfreudigere Ausgangslage bot als die Nachkriegszeit.

des Sozialen, was dem Konfliktbegriff nochmals erhöhte Bedeutung zukommen ließ.[5] Sozialwissenschaften, die mit der Kontingenz moderner Gesellschaften zurande kommen wollen – gleichgültig, ob auf Funktions- oder Interaktionsebene –, kommen am Phänomen sozialer Konflikte nicht vorbei.

Nun wäre ja die klassische Konflikttheorie derjenige genuin soziologische Ansatz, welcher der gleichursprünglichen Bestimmung des Sozialen durch Kontingenz und Konflikt am nächsten käme. Von daher sollte er aktueller denn je sein. Wenn er dennoch weitgehend an Bedeutung eingebüßt hat, dann aus einem bestimmten Grund: Nicht die sozialwissenschaftliche Beschäftigung mit Konflikt ist zurückgegangen, so meine Vermutung, sondern dem Vergessen anheimgefallen ist die Konflikttheorie, sofern sie zugleich den Anspruch erhoben hatte, *Gesellschaftstheorie* zu sein. Man muss sich vergegenwärtigen, dass Dahrendorf mit seiner Konflikttheorie ausdrücklich eine neue Gesellschaftstheorie vorlegen wollte. Und auch bei Dahrendorfs heterodox-funktionalistischem Konterpart Coser wird eine Gesellschaftstheorie zumindest zwischen den Zeilen angestrebt.[6] Solche Ambitionen gelten heute als gescheitert – so wie vielen Gesellschaftstheorie überhaupt als gescheitert gilt. Wo man sich noch mit Konflikt beschäftigt, dort geschieht das ohne gesellschaftstheoretischen Anspruch und mit dem sozialtechnologischen Ziel der Erklärung und Bewältigung konkreter Konflikte (ich nehme hier die Soziale Bewegungsforschung aus, die zu einem späteren Zeitpunkt noch diskutiert werden muss). Am Ende des Tages betreibt man »Konfliktmanagement«, so als könnte man Konflikten mit Mitteln der Betriebswirtschaftslehre beikommen. Fragen bezüglich der *konfliktorischen Natur* des Sozialen aber, wie sie die frühere und früheste Soziologie noch umtrieben, selbst wenn man

5 Wenn Gesellschaft, so Bonacker, »immer mehr auf kontingenten Entscheidungen beruht, dann kann mit guten Gründen immer auch anders entschieden werden. Infolgedessen verlaufen Konflikte nicht mehr zwischen großen sozialen Gruppen, sondern sie sind gleichsam konstitutiv für den lebensweltlichen Alltag der Akteure und für die nicht normativ zu bindenden Funktionssysteme.« (Bonacker 2008a: 11) Folglich ist auch der Glaube an das unumstrittene Steuerungspotenzial der Politik im Schwinden begriffen.

6 Schon weil Coser eine immanente Kritik der parsonsschen Integrationstheorie von Gesellschaft entwickelt, muss seiner Konfliktsoziologie, wie wir sehen werden, ein zumindest implizites gesellschaftstheoretisches Alternativmodell zugrunde liegen.

keine zufriedenstellenden Antworten fand, werden gar nicht mehr gestellt. Sie können auch nicht gestellt werden, solange man den Schritt aus der Sozialtechnologie und hin zur Gesellschaftstheorie nicht wagt, was aber dem objektivistischen Selbstverständnis weiter Teile der heutigen Sozialwissenschaften zuwiderliefe.

In dieser Hinsicht teilt die Konfliktsoziologie ihr Schicksal mit der marxistischen Gesellschaftstheorie. Darin liegt eine gehörige Ironie, hatte doch gerade die Konflikttheorie schon früh orthodox-marxistische Grundannahmen, über deren Unhaltbarkeit inzwischen weitgehend Konsens herrscht, einer durchaus überzeugenden Kritik unterzogen. Der marxistischen Doxa zufolge war der soziale, politische und kulturelle Überbau durch Vorgänge innerhalb der ökonomischen Basis determiniert. Das hieß unter anderem, dass noch so diverse Konflikte auf den *einen* Konflikt des Klassenkampfs zurückgeführt werden konnten. Diese Vorstellung hatte in den 1970er und dann endgültig in den 1980er Jahren im Zuge der Kämpfe des Feminismus und der Neuen Sozialen Bewegungen an Überzeugungskraft eingebüßt. Die Vielzahl von Konflikten, die nicht länger um ökonomische Verhältnisse, sondern genauso um Fragen etwa der Ökologie, der Geschlechterverhältnisse, der Sexualität oder allgemein der Freiheit des persönlichen Lebensentwurfs kreisten, ließen sich nicht länger auf den Hauptwiderspruch zwischen Kapital und Arbeit rückrechnen. In Reaktion auf diese Entwicklung kam es zur innertheoretischen Revision des Marxismus. Theorien, die man unter dem Titel *Postmarxismus* fassen kann (Marchart 2009), setzten der fundamentalistischen Logik der Notwendigkeit die postfundamentalistische der Kontingenz entgegen. Mit der Freisetzung sozialer Kämpfe von ihrem vorgeblich notwendigen Substrat des Klassenkampfs und, allgemeiner, mit der Dekonstruktion des Ökonomismus hatte sich zugleich der fundamentalistische Totalitätsbegriff von Gesellschaft als unhaltbar erwiesen.

Darin ähnelte die »solidarische Kritik« am Marxismus der bereits Jahre zuvor formulierten konfliktsoziologischen Marxismuskritik. Die marxistische Fixierung auf den Klassenkampf als der einzig relevanten Konfliktform war bereits von Weber und Simmel und dann später von Coser (2009 [1956]), Bendix (1977) sowie Dahrendorf (1957: 130) aufgebrochen worden. Ebenso die Idee von Gesellschaft als einer im Ökonomischen fundierten Totalität. An deren Stelle hatte man die Vielheit der Konfliktformen sowie die Zentralität von

Macht und Herrschaft in den Vordergrund gerückt. Gesellschaft wurde nun verstanden, etwa bei Dahrendorf, als ein auf *Wandel* gegründeter und – wie man postfundamentalistisch extrapolieren muss – sich niemals selbst gleicher Konflikt- und Herrschaftsraum. Hieran lässt sich das unabgegoltene gesellschaftstheoretische Versprechen der Konflikttheorie erahnen. Mag sie im engeren Sinne einer Quasi-Disziplin auch verschwunden sein, von der Sache her kann man die konflikttheoretische Traditionslinie bis hin zu aktuellen Ansätzen im Fahrwasser Bourdieus, Foucaults und des Postmarxismus verlängern.[7] Auch sie stellen die Phänomene des Konflikts, der Herrschaft und der Macht zentral, und auch sie verabschieden den Totalitätsbegriff von Gesellschaft oder wenden ihn ins Paradoxe. Es ist diese Vorläuferfunktion, die eine erneute Beschäftigung mit der klassischen Konflikttheorie gewinnbringend erscheinen lässt.

Um diesen Gewinn einzustreichen, müsste die Konfliktsoziologie allerdings radikalisiert werden. Denn ihre Gesellschaftstheorie blieb nicht zuletzt deshalb ein unabgegoltenes Versprechen, weil die Konfliktsoziologen ihre eigenen Postulate nicht ernst genug nahmen. Man blieb auf halbem Wege zu einer wirklich postfundamentalistischen Gesellschaftstheorie stehen, die doch zumindest angelegt gewesen wäre. In die Quere kam vor allem der soziologische Objektivismus. Objektivistisch wurde Konflikt als ein empirisch beschreibbares Verhältnis zwischen zwei oder mehr im sozialen Raum lokalisierbaren und den jeweiligen Konflikt tragenden Akteuren verstanden. Man glaubte, der sozialen Realität einen Konflikt gleichsam vom Gesicht ablesen zu können, wenn man ihn als Verhältnisform zwischen bereits existierenden Gruppen oder Individuen versteht. Eine *Theorie* des Konflikts wäre unter diesen Voraussetzungen bestenfalls mit dem Sammeln von Merkmalen

7 Nicht nur endet die konflikttheoretische Traditionslinie nicht in den 1970er Jahren, sie hat – wenn mit ihr eine realistische und kontingenzorientierte Perspektive auf das Soziale gemeint ist – auch nicht erst in den 1950er Jahren begonnen. Ihre Linie lässt sich im europäischen Denken weit zurückziehen von Weber über einen *bestimmten* Marx bis zumindest Machiavelli, wenn nicht Thukydides. Randall Collins (1994) spricht von der soziologischen »Konflikt-Tradition«, die, bei allen Überschneidungen, zu unterscheiden sei von der rationalistisch-utilitaristischen Tradition, der durkheimianischen Tradition (in ihrer funktionalistischen und in ihrer anthropologischen Spielart) sowie der, wie er sie nennt, »mikrointeraktionistischen« Tradition (Mead, Blumer, Garfinkel, Goffman). Die Konflikt-Tradition reiche von Ricardo über Marx und Weber bis zur Konfliktsoziologie.

und ihrer Zusammenführung zu einer Kasuistik unterschiedlicher Konfliktformen beschäftigt. Allerdings wird, wie bereits an Durkheim gesehen, noch die objektivistischste Theorie von Instanzen unterlaufen, die sich nicht objektivieren lassen. Und so wird auch die Konflikttheorie heimgesucht von einer objektivistisch nicht greifbaren Dimension des Konflikts. Diese ontologische Dimension zeigt sich nicht direkt, weil sie in einem objektivistischen Theoriedesign keinen legitimen Ort finden kann. Aber sie zeigt sich an strukturellen Unentschiedenheiten, wenn nicht gar Widersprüchlichkeiten im kategorialen Umgang mit dem Konfliktbegriff. Es ist diese Inkonsistenz im Herzen des soziologischen Konfliktbegriffs, die auf die Notwendigkeit einer deutlich radikaleren Fassung von Konflikt verweist – zu der sich objektivistische Konfliktsoziologen allerdings nur in den seltensten Fällen haben hinreißen lassen.

6.3. Die unergründliche Funktion des Konflikts

Betrachten wir das Werk der beiden wohl bedeutendsten Konfliktsoziologen Coser und Dahrendorf etwas näher. Cosers Konflikttheorie vollzog eine Perspektivumkehr innerhalb des Funktionalismus. Soziale Konflikte, zuvor als dysfunktional gebrandmarkt, werden nun auf ihre Funktion hin abgeklopft. »Weit davon entfernt«, so Coser, »nur ein ›negativer‹ Faktor zu sein, der ›alles auseinanderreißt‹, vermag der soziale Konflikt eine Reihe von bestimmten Funktionen in Gruppen und in anderen zwischenmenschlichen Beziehungen zu erfüllen.« (Coser 2009 [1956]: 10) Zwar würde Coser nicht abstreiten, dass gewisse Konfliktformen das soziale Band sprengen können. Unter bestimmten gesamtgesellschaftlichen Bedingungen leisten Konflikte aber einen positiven Beitrag zur sozialen Integration und Adaptation. Sie können dazu beitragen, bestehende Normen zu erneuern und einer veränderten Umwelt anzupassen. Sie können als Warnsignale fungieren (ein Gedanke, der sich abgewandelt noch in Luhmanns Theorie des Protests finden lässt), deren Nichtbeachtung ein System der »Gefahr eines katastrophalen Zusammenbruchs« (ebd.: 10) aussetzt. In einer starren Gesellschaft könnten sich unterdrückte Konflikte anstauen und dann geballt entladen. Nur »offene« und »flexible« Gesellschaften, die Konflikte zulassen, »verschaffen sich selbst durch Tolerierung und Institutionalisierung des Konflikts einen wichtigen stabilisierenden Mechanismus« (ebd.: 183).

Der Wunsch, soziale Konflikte in dem konfliktaversiven Umfeld der Nachkriegszeit soziologisch rehabilitieren zu wollen, ist nachvollziehbar. Aber das gelingt nur um den Preis ihrer Verharmlosung, genauer: der Verleugnung ihrer ontologischen Blockadefunktion. Parsons und den anderen frühen Funktionalisten wurde immerhin noch der Schlaf geraubt angesichts der destabilisierenden und blockierenden Effekte einer nicht zu überwindenden Dysfunktion beziehungsweise angesichts der sich in Konflikten manifestierenden Grundlosigkeit des Sozialen. Als gesellschaftliche Krankheitssymptome besitzen sie für Parsons keinerlei instituierende Kraft, sondern bleiben ein überschüssiger Rest, der in keiner Funktion aufgeht. Aber sie bleiben immerhin ein anstößiger Rest. Indem Coser diesen Rest rehabilitiert, verdrängt er ihn in Wahrheit doppelt. Der Spuk wird nun als positiver Beitrag zur Systemstabilisierung gewürdigt. Er wird zur Funktion. Und durch solch Funktionalisierung von etwas grundsätzlich Dysfunktionalem wird er noch effektiver verdrängt.

Diese *Verdrängung der Verdrängung*[8] – also die Verdrängung der Anstößigkeit eines dysfunktionalen Rests – verrät sich symptomatisch an einer Merkwürdigkeit der coserschen Begriffswahl: Konflikt, wie er Coser interessiert, ist in seinem Lexikon nämlich nicht bloß funktional, nein, er ist »positiv funktional«. Als wäre nicht jede Funktion »positiv« funktional – wie sonst wäre sie Funktion? Schon Dahrendorf hatte ironisch die sprachliche Phantasie dieser Formel gewürdigt (Dahrendorf 1974: 271). Aber es steckt mehr dahinter als nur sprachliche Phantasie. Wie in Durkheims Aufruf, Soziales nur aus Sozialem zu erklären, sind Tautologien oftmals Begründungsformeln eines letztlich Ungründbaren oder Beschwörungsformeln, mit deren Hilfe ein Grund wieder herbeigezaubert

8 Dies ist eine andere, quasi-freudianische Formel für Heideggers Begriff der »Seinsvergessenheit«, der eben nicht meint, wir hätten das Sein (postfundamentalistisch: die ontologische Dimension des Sozialen) vergessen, sondern sagen soll, dass wir unser Vergessen des Seins vergessen haben. Nirgendwo, wie man hinzufügen muss, ist dieses doppelte Vergessen effektiver als dort, wo gerade vom Sein die Rede ist (so zum Beispiel in jener Subdisziplin aktueller analytischer Philosophie, die sich als »Ontologie« bezeichnet). Ähnlich im Falle der ontologischen, das heißt (ent-)gründenden Dimension von Konflikt. Nirgendwo wird diese Dimension effektiver vergessen als in der sozialtechnologisch orientierten Konfliktforschung und im so genannten Konfliktmanagement.

und die Gespenster, die dem Ab-Grund entstiegen waren, vertrieben werden sollen. Nichts anderes ist der Fall, wenn Coser uns von der *positiv funktionalen Funktion von Dysfunktion* überzeugen möchte – ein Argument, das aus der atemberaubenden Verkreuzung einer Tautologie mit einer Paradoxie gezimmert ist. Das Ziel der Argumentation besteht in der Einhegung jener radikalen Dimension antagonistischer Negativität, die jedem Funktionsablauf irgendwann in die Quere kommt. Wir haben es mit einer Art Gentrifizierung des Antagonismus zu einem weiteren systemischen Stabilisierungsfaktor zu tun. Natürlich erzeugt auch dieser Versuch der Positivierung des Negativen nur einen neuen Rest. Denn wenn sich bestimmte Dysfunktionen als in Wahrheit »positiv funktional« erweisen, stellt sich die Frage, was von den verbleibenden Dysfunktionen zu halten ist: von den, wie man coserscher Logik gemäß sagen müsste, *negativ funktionalen Dysfunktionen.* Sie finden bei Coser nur geringe Aufmerksamkeit als bloße Kontrastfolie für sein Projekt der Konfliktrehabilitierung. Was sich nach Funktionalisierung der fundamentalen Strittigkeit des Sozialen immer noch als dysfunktional erweisen sollte, wird zur bloßen Restgröße der Theorie.[9]

Verglichen mit dem Funktionalisten Coser begegnet Dahrendorf der perennierenden Negativität von Konflikt mit deutlich größerer Aufmerksamkeit. Wie die Gesellschaft selbst, in ihrer Eigenschaft als Ärgernis, stellt Konflikt für Dahrendorf eine »beharrliche Tatsache« dar (ebd.: 271). Er hält es für ausgesprochen erklärungsbedürftig, »daß alle Gesellschaften in sich ständig Antagonismen erzeugen, die weder zufällig entstehen noch willkürlich beseitigt werden können« (ebd.: 273). Dahrendorfs Sensibilität gegenüber der Widerständigkeit des Sozialen erlaubt ihm, eine Frage aufzuwerfen, deren Tragweite dem Funktionalismus entgeht. Die Frage, »was denn das Nichtfunktionieren von Gesellschaften eigentlich

9 Dahrendorf hatte Ähnliches schon an Mertons Konflikt- beziehungsweise Dysfunktionsbegriff kritisiert. Dysfunktion sei eine residuale Kategorie, die letztlich dem Verzicht auf jegliche Aussage gleichkommt. Sie sei »nicht mehr als ein Etikett, das man auf Phänomene kleben kann, deren Erklärung man zwar für möglich hält, bislang aber noch nicht leisten kann; denn mit der Feststellung, ein Streik oder eine Revolution seien ›dysfunktional‹, sie trügen also zum Nichtfunktionieren der betreffenden Sozialsysteme bei, hat man offenkundig noch nicht viel erklärt« (Dahrendorf 1974: 269). In dieser Kritik spiegelt sich Dahrendorfs Skepsis gegenüber dem Funktionalismus und dessen Vorstellung von Gesellschaft als wohlgeordnetem Funktionszusammenhang.

ist« (ebd.: 269). Diese Frage zielt offenbar auf eine tiefer liegende Ebene, die von Coser gar nicht gedacht werden könnte. Mit der Frage nach dem Sein beziehungsweise Grund nicht dieser oder jener Dysfunktion, sondern der eigentlichen Dysfunktionalität von Gesellschaft als solcher begibt sich Dahrendorf auf philosophisches Terrain. Er etabliert keine Kasuistik der unterschiedlichen Konfliktursachen und -formen, sondern fragt nach *der Ursache* sozialer Konfliktualität.[10]

Die philosophische Frage, warum soziales Sein strittig ist und nicht vielmehr nicht, kann freilich aus wissenschaftsinterner Perspektive kaum beantwortet werden. Dahrendorf ist sich des Umstands bewusst, dass er sich »an der Grenze zwischen soziologischer Theorie und philosophischer Theorie der Gesellschaft« (ebd.: 276) bewegt und auf philosophische Hilfsannahmen bezüglich der Ursache sozialer Konfliktualität angewiesen ist. Dies umso mehr, als ihn die marxistische Antwort, sozialer Konflikt entspringe der Klassenteilung, wenig beeindruckt. Bereits in seinem frühen Buch *Soziale Klassen und Klassenkonflikt in der industriellen Gesellschaft* (dt. 1957), dessen englischsprachiges Original in der anglophonen Welt immer noch als sein Hauptwerk gilt, weist er die Idee zurück, Klassen ließen sich über ihren Besitz oder Nicht-Besitz an fungierendem Privateigentum definieren. Stattdessen erhebt Dahrendorf den Herrschaftsbegriff zum Bestimmungsgrund der Kategorie Klasse. Klassen würden gebildet über deren Ein- oder Ausschluss in Herrschaftsverbände. Das reduziert zwar die logischen Möglichkeiten: es kann lediglich zwei Klassen geben (die in Herrschaft ein- und die von Herrschaft ausgeschlossene); aber empirisch entsteht, sofern es eine Vielzahl von Herrschaftsachsen gibt, ein »Vielfrontenkrieg konkurrierender Gruppen« (ebd.: 145). Die Ursache von (Klassen-)Konflikten findet sich somit in der Unausweichlichkeit von Herrschaft: »Wo immer es Herrschaft gibt«, so Dahrendorf, gibt es »auch Klassen und Klassenkonflikte« (ebd.).

Mit der Weberianisierung des marxschen Klassenmodells setzt sich Dahrendorfs Argumentation allerdings dem Vorwurf der Zirkularität aus. Wenn Dahrendorf eine lineare Ursache-/Wirkungs-Beziehung von Herrschaft zu Konflikt ausmacht, ließe sich dann nicht genauso gut in umgekehrte Richtung verfahren? Könnte man

10 Und damit zugleich nach dem *Grund* des Sozialen. Die Rede von *Ursachen*, wie die von Prinzipien, ist immer eine verschobene Rede vom Grund.

Herrschaft nicht auch aus vorgängigen Konflikten ableiten? Wenn Herrschaft nicht voraussetzungslos existiert, wie gegen Dahrendorf eingewandt wurde, dann müssen wiederum Ursachen existieren, die Herrschaft etablieren und ihr somit vorausliegen:

> In dieser Perspektive erscheint Herrschaft nicht als Ursache für den Konflikt, sondern Konflikt als Ursache für Herrschaft, so dass die Ursache zur Wirkung und die Wirkung zur Ursache wird. In gewisser Weise ist sich Dahrendorf dieser Problemstellung durchaus bewußt, zieht daraus jedoch nicht die notwendigen Konsequenzen: Dahrendorf selbst spricht von den sozialen Konflikten ›dahinterstehenden Konflikt‹, womit er unter konflikttheoretischen Gesichtspunkten letztlich nur die Tautologie seines Ansatzes affirmiert. (Messmer 2003: 25)

Erneut eine Tautologie also. Diesmal nicht in Bezug auf die Funktion, sondern in Bezug auf die Ursachen von Konflikt. Hinter Herrschaft, zur Konfliktursache erklärt, taucht wiederum nur der Konflikt auf. Aus Sicht einer postfundamentalistischen Gesellschaftstheorie ist diese Begründungstautologie, wie viele andere, Folge des Versuchs, die Ab-Gründigkeit des Sozialen mit einem Grund zu versehen. Eine postfundamentalistische Gesellschaftstheorie könnte aber durchaus offensiver vorgehen und die Rede von einem »dahinterstehenden Konflikt« beim Wort nehmen. Selbstverständlich nicht allein im Sinne konkreter sozialer Konflikte, sondern im Sinne eines Antagonismus, der von solchen Konflikten (oder Agonismen) zu differenzieren wäre. Nur dass dieser Grund des Antagonismus dann kein Grund wie jeder andere wäre, kein Konflikt neben anderen Konflikten, sondern ein Grund, der nur als *Ab-Grund* gründet – oder, wem dies zu sehr Heidegger verpflichtet scheint, der nur als *abwesende* strukturale Ursache, wie man im Anschluss an Lacan und Althusser sagen könnte (vgl. Kapitel 8 in diesem Band), hinter der Strukturierung des sozialen Relationsraums stehen kann. Als eine Ursache, die das Soziale zugleich instituiert und destituiert, die soziale Relationen verknüpft, indem sie andere auflöst, und damit die Schließung des Sozialen zur Totalität von Gesellschaft so sehr erzwingt wie sie sie blockiert. Eine solche Theorie des Antagonismus wird erst denkbar mit den Antagonismustheorien des Postmarxismus. Denn sie setzt, im Anschluss an Kant, Hegel und Heidegger, eine Instanz radikaler Negativität und eine uneinholbare Differenzierung zwischen der ontologischen und der ontischen Dimension des Sozialen voraus. Beides läuft jedem Objektivismus entgegen. Aber so weit sind wir noch nicht.

Bleiben wir noch bei der Konfliktsoziologie. Obwohl Dahrendorf zum Sprung in die Philosophie ansetzt, ist er nicht bereit, dem »dahinterliegenden Konflikt« so etwas wie ontologischen Status einzuräumen und damit den Weg zu einer Antagonismustheorie zu eröffnen. Und doch versucht seine Theorie der notwendigen Abwesenheit eines letzten Fundaments kategorial gerecht zu werden. Die ultimative Instanz, die Dahrendorf nicht als ontologisch bezeichnen würde, die aber ontologische Funktion übernimmt, ist in seiner Gesellschaftstheorie der *soziale Wandel*. Wandel ist der nicht weiter gründbare Grund des Sozialen. Marxismus wie Strukturfunktionalismus würden in ihren Erklärungen sozialen Wandels scheitern, weil dieser weder nur von der Entwicklung der Produktivkräfte, insbesondere der Technik, angetrieben sei, noch als Variable funktionaler Integration verstanden werden dürfe. Wandel sei das grundierende Prinzip alles Sozialen, da »jede Gesellschaft zu jeder Zeit in allen ihren Teilen dem Wandel unterliegt« (Dahrendorf 1974: 274). Er sei ein »konstitutives, all-gegenwärtiges Element der Sozialstruktur« (Dahrendorf 1957: 134), das an keiner Stelle beginnt oder endet, sondern so ewig wie umfassend sei. Wenn es je eine ontologische Aussage über das soziale Sein in seiner Allgemeinheit gegeben hat, dann diese.

Selbstverständlich, so Dahrendorf, existierten spezifische Gründe sozialen Wandels: neben exogenen Gründen wie Eroberungen und endogenen wie gesellschaftlicher Ausdifferenzierung gibt Dahrendorf wiederum Konflikt als eine wichtige Triebkraft des Wandels an. Das bedeutet aber nicht, dass Konflikte im strengen Sinn als Ursachen des Wandels gelten könnten. Dieser bleibt, in welcher konkreten Modalität auch immer – als Eroberung, soziale Differenzierung, Konflikt etc. –, Bestimmungsgrund alles Sozialen. Mit einer erstaunlichen Volte weist Dahrendorf auf dieser grundsätzlichen Ebene lineares Kausalitätsdenken zurück. Es entfalle »die Frage nach den Ursachen des Wandels, wenn wir die galileische Wendung vollziehen, die Bewegung zu unserer ersten Setzung zu machen« (Dahrendorf 1974: 247). Soziale Bewegung wird mit einem unhintergehbaren Primat ausgestattet. Man fühlt sich an die frühen bürgerlich-revolutionären Definitionen des Bewegungsbegriffs Gesellschaft erinnert. Die Kategorie des Wandels beziehungsweise der Bewegung – ich werde in der Diskussion der *Bewegungsgesellschaft* in Kapitel 12 darauf zurückkommen – erfährt mit dieser galileischen Wende eine unerhörte Aufwertung, ja ontologische Radikalisierung. Man könnte sagen, dass Dahrendorf von der ontologischen Differenz eingeholt wird. Er sieht sich gezwungen, zwischen sozialen (ontischen) *Gründen* des Wandels und dem Wandel als (ontologischem) *Grund* des Sozialen zu differenzieren, ohne freilich als Objektivist über das kategoriale Instrumentarium zu verfügen, eine solche Differenz überhaupt einziehen zu können. Hätte er über dieses Instrumentarium verfügt, wäre er wohl auch auf die Differenzierung von Konflikt und Antagonismus verfallen.

6.4. Die doppelte Eris: Simmel und Nietzsche über den *agon*

Die heimliche Differenzierung zwischen konkreten Konflikten und einer im Sozialen nicht aufgehenden und Stabilisierung verunmöglichenden Instanz ist keine Eigensinnigkeit Dahrendorfs. Sie findet sich auch in anderen Soziologien des Konflikts, ohne dass ihre Notwendigkeit je eingestanden worden wäre. Betrachten wir den Fall Simmel, bevor wir im nächsten Kapitel auf Max Weber kommen. Es wird sich zeigen, dass eine Art »ontologische Differenz« selbst dort durchschimmert, wo der nominalistische Ansatz des Autors sie gar nicht zulässt.

Simmels Absicht ist es bekanntermaßen, die vergesellschaftende Wirkung von Konflikten zu belegen. Der Kampf führt die Kämpfenden zueinander und assoziiert sie. Zugleich ermöglicht er weitergehende Allianzen oder stärkt innere Gruppenbildung. Die Entzweiungen und Dissoziationen, die er generiert, sind daher »keineswegs bloße soziologische Passiva, negative Instanzen«, sondern »völlig positiv« (Simmel 1992 [1908]: 286). Der Kampf besitzt eine synthetisierende Kraft. Nicht nur sind die Divergenzen, die er hervorbringt, mit anderen Formen der Vergesellschaftung verknüpft: der Kampf selbst *ist schon eine Form der Vergesellschaftung*, sofern er Wechselwirkungen zwischen den Kämpfenden ermöglicht. Wir haben hier das soziologische Vorbild für Cosers spätere Positivierung und Funktionalisierung der Instanz fundamentaler Dysfunktion. Wie für Coser liefe daher auch für Simmel die Annahme einer »ontologischen« Instanz von Konfliktualität auf eine Hypostasierung einzelner Konflikte hinaus. So wie der Begriff »Gesellschaft« zu den einzelnen Vergesellschaftungsformen nicht als Gegenstand *sui generis* hinzuaddiert werden darf, so darf auch der Antagonismus – als ontologische Instanz – nicht zur Gesamtheit sozialer Kämpfe hinzuaddiert werden.

Heißt dies, dass Simmel überhaupt keine Instanz radikaler Dissoziation kennen würde? Tatsächlich benötigt er diese Instanz zum einen als Grenzfall seiner Konflikttheorie. Und zum anderen sucht er die letzten Ursachen oder Gründe in der Triebsubstanz der Menschen. Dabei geht er von menschlichen Affekten wie Hass, Neid, Not und Begehren als den eigentlichen Kampfursachen aus.[11] Simmel meint sogar, man müsse auf einen »apriorischen Kampfinstinkt« (ebd.: 299) schließen, bedenke man, aus welch nichtigen Anlässen Menschen sich in den Kampf begeben. Auch die Leichtigkeit, mit der sie zu Feindseligkeiten aufgewiegelt werden können, lasse auf »ein ganz primäres Feindseligkeitsbedürfnis« (ebd.: 300) schließen.[12] Hier scheint ein letztes Fundament, das es in Simmels Ansatz eigentlich nicht geben dürfte, gefunden worden zu sein: In Simmels Sozialtheorie verspricht, wie in vielen anderen, die Anthropologie, den Abgrund des Sozialen mit der Substanz einer *conditio humana* zu füllen. Sie ist das weniger anstößige philosophische Surrogat der Sozialontologie, die in den Geruch metaphysischer Spekulation kommen könnte.[13] So sind anthropologische Hilfsannahmen in Konflikttheorien durchaus gängig.

Allerdings, so schränkt Simmel ein, könne diese formale Kondi-

11 Der Kampf selbst sei ihnen gegenüber bereits Abhilfsbewegung (Simmel 1992 [1908]: 284).

12 Simmel vermutet, dieser Feindseligkeitstrieb des Menschen könnte letztlich wiederum ein Destillat historischer und damit gesellschaftlicher Erfahrungen sein, die sich dem Gattungswesen eingepflanzt haben: »Interessen jeder Art zwingen so häufig zum Kampf um bestimmte Güter, zur Opposition gegen bestimmte Persönlichkeiten, daß als Residuum davon sehr wohl ein Reizzustand, von sich aus zu antagonistischen Äußerungen drängend, in das vererbliche Inventar unsrer Gattung mag übergegangen sein.« (Ebd.: 302)

13 Man sollte sich vor Augen halten, wenn man die Wiederaufnahme der Tradition sozialontologischen Denkens als spekulativ brandmarkt, wie spekulativ die anthropologische Grundierung weiter Teile der Sozialtheorie ist. Worin sollten Spekulationen über das Wesen »des Menschen« realistischer sein als solche über das Wesen »des Seins«?

tion des »antagonistischen Triebe[s]« (ebd.: 303) keine hinreichende Begründung für das Phänomen sozialer Konfliktualität liefern. Immer treten auch materiale Konfliktgründe – Geld, Liebe, Macht etc. – hinzu, wobei der formale Kampftrieb wie ein Verstärker wirkt. Einen Grenzfall lässt Simmel allerdings gelten: das *Kampfspiel.* Im Kampfspiel sind dem subjektiven Kampftrieb keinerlei objektive Interessen beigemischt. Sein Reiz besteht im Spielen selbst. Der Preis, der sich erringen lässt, ist dem Spiel immanent. Er kann, wie Simmel beobachtet, aus einer ganz wertlosen Spielmarke bestehen. Deshalb enthält das Kampfspiel »in seiner *soziologischen Motivation* absolut nichts als den Kampf selbst« (ebd.: 304). Wenn alle äußeren, materiellen beziehungsweise objektiven Beweggründe ausgeschieden wurden, zeigt sich der menschliche Kampftrieb in weitgehender Reinheit. Umso bedeutender wird dann der Formalismus von Kampfregeln und die unpersönliche Normierung des Spiels (ebd.: 304 f.). Das Kampfspiel markiert so den extremen Punkt auf einer Skala von Möglichkeiten sozialen Konflikts: eine vollständig regelgeleitete Auseinandersetzung, die ihren Sinn in sich selbst trägt. Ein purer *agon.*

Am anderen Extrempunkt der Skala befindet sich der »Grenzfall des Meuchelmords« (ebd.: 296) beziehungsweise zwischen Staaten: der Ausrottungskrieg. Den Kämpfenden ist in solchen Fällen jede gemeinsame normative Grundlage oder akzeptierte Regel verloren gegangen. Es fehlt jedes sozialisierende, vergesellschaftende Moment, wenn die Vernichtung des Feindes zum einzigen Ziel wird. Simmel grenzt also den Raum, in dem sich seine gesamte Kasuistik von Konfliktformen entfaltet, nach zwei Seiten hin ab: Der »leere« Kampf in Spielform führt uns auf der einen Seite das vergesellschaftende Moment in seiner Reinheit vor Augen. Der auf Vernichtung zielende Kampf, dem alle vergesellschaftenden Aspekte abgehen, illustriert umgekehrt den Extremfall völliger Dissoziation. Nur kann dieser letzte Fall streng genommen gar kein Gegenstand der Soziologie sein. Er ähnelt der *a*-sozialen beziehungsweise vorgesellschaftlichen Experimentalsituation eines hobbesschen Krieges aller gegen alle. Dem Nominalisten Simmel gelingt es nicht, die ontologische Bedeutung eines solchen Grenzfalls soziologisch zu erfassen. Deshalb gilt ihm als prototypisches Modell sozialer Konflikte der erste Grenzfall, der des regelgeleiteten Kampfspiels. Der Konflikttheoretiker Simmel ist Theoretiker des *agon* und seiner positiven Wirkungen, nicht hingegen des Antagonismus, verstanden als Grenze jeder Soziabilität. Hierin zeigt sich seine tiefe Verpflichtung gegenüber Nietzsche, mit dem er nicht nur seine Lebensphilosophie und das Pathos der Distanz und Vornehmheit teilt (Lichtblau 2011: 97-124), sondern auch das agonale Weltbild.[14]

Was genau ist bei Nietzsche unter dem Agonalen zu verstehen? Der Begriff wurde von Nietzsches Baseler Förderer Jacob Burckhardt zur Bezeichnung des individuellen Auszeichnungswillens gebildet, der typisch für die altgriechische Adelsgesellschaft gewesen sein soll: »Kern des Agonalen ist der ohne Feindschaft und Schädigungsabsicht ausgetragene Wettkampf, ein *geordnetes Gegeneinander*, bei dem es darauf ankommt, die Überlegenheit über andere zu erzielen, die im Wettkampf als Gleiche erfahren werden« (Nullmeier 2000: 151). Wettkämpfe dieses Musters konnten in allen möglichen Disziplinen stattfinden: von Gymnastik und Athletik über Politik und Rhetorik bis hin zum Flötenspiel. Logische Voraussetzung agonalen Kräftemessens ist die prinzipielle Chancengleichheit der Teilnehmer, insbesondere die Verbindlichkeit geteilter Regeln. Darüber hinaus hat das Prinzip des Agonalen als einer kulturell geteilten Werthaltung die entsprechenden Subjektivierungsweisen zur Voraussetzung: Individuen subjektivieren sich im agonalen Modell, wie es von Burkhardt bis Arendt beschrieben wurde, durch Praktiken des Sichmessens und Sichauszeichnens.

Nietzsches eigene Theorie des Agonalen findet sich verdichtet in »Homer's Wettkampf«, der fünften der nachgelassenen *Vorreden zu fünf ungeschriebenen Büchern*. Dort unterzieht er den Beginn von Hesiods *Werke und Tage*, der die Göttin des Streites Eris vorstellt, einer Neuinterpretation. Anders als in seiner *Theogonie* unterscheidet Hesiod dort nämlich zwei Eris-Göttinen, eine gute und eine schlechte. Da diese seltsame Verdopplung für das Argument wesentlich ist, sei hier Nietzsches Übersetzung der Hesiod-Stelle zitiert:

Denn die Eine fördert den schlimmen Krieg und Hader, die Grausame! Kein Sterblicher mag sie leiden, sondern unter dem Joch der Noth erweist man der schwerlastenden Eris Ehre, nach dem Rathschlusse der Unsterblichen. Diese gebar, als die ältere, die schwarze Nacht; die andre aber stellte

14 Nur dass auch Nietzsches Theorie des *Agonalen* nicht ohne das Vexierbild eines furchtbaren, regellosen Krieges auskommt, wie gleich zu sehen sein wird.

Zeus der hochwaltende hin auf die Wurzeln der Erde und unter die Menschen, als eine viel bessere. Sie treibt auch den ungeschickten Mann zur Arbeit; und schaut einer, der des Besitzthums ermangelt, auf den Anderen, der reich ist, so eilt er sich in gleicher Weise zu säen und zu pflanzen und das Haus wohl zu bestellen; der Nachbar wetteifert mit dem Nachbarn, der zum Wohlstande hinstrebt. Gut ist diese Eris für die Menschen. Auch der Töpfer grollt dem Töpfer und der Zimmermann dem Zimmermann, es neidet der Bettler den Bettler und der Sänger den Sänger. (Nietzsche 1999a [1872]: 786)

Nietzsche zielt mit seiner umwertenden Interpretation auf die Nobilitierung der von der jüngeren Göttin Eris verkörperten Prinzipien des Grolls, des Neids und der Eifersucht. Es geht ihm um die Anerkennung der Produktivität von Kampf- und Siegeslust. Zwar nicht in Form brutalen Hasses, aber in der von Ehrgeiz und Ehrgeiz befördernden Affekten wie Neid und Eifersucht. Nietzsche gefällt sich in der Provokation, diese in christlicher Tradition als unmoralisch verworfenen Affekte als positive, Simmel würde sagen: vergesellschaftende Affekte zu würdigen.[15] Obwohl ihn in dieser Werkphase vor allem interessiert, wie die gute Eris künstlerische Produktivität anstachelt, hebt er doch auch politische Aspekte hervor. Die agonale Erziehung habe bei den Griechen der »Wohlfahrt des Ganzen, der staatlichen Gesellschaft« (ebd.: 789) gedient. Die Institution des Ostrazismus etwa sei ursprünglich durch die Idee motiviert gewesen, überragende Individuen, die das Chancengleichgewicht hätten stören können, aus dem Gemeinwesen zu entfernen, um die Fortsetzung des *agon* zu garantieren. Niemand solle dauerhaft der Beste sein, »[w]eil damit der Wettkampf versiegen würde und der ewige Lebensgrund des hellenischen Staates gefährdet wäre« (ebd.: 788). In solchen Institutionen, wie in der Vielzahl unterschiedlicher Wettkämpfe, komme das griechische »Gefühl von der Nothwendigkeit des Wettkampfes« (ebd.) zum Tragen – gewissermaßen unter dem Motto: *the game must go on.*

Neben dem Lob des Agonalen ist noch ein zweiter Aspekt der Interpretation Nietzsches bemerkenswert. Die gute Eris der Griechen, die in Form von Eifersucht und Neid die Menschen zum Wettkampf reizt, wird von Nietzsche nämlich aus der bösen histo-

15 Wenngleich man diese Affekte von der Sache her mit den liberalistischen Konkurrenzgesellschaften des 19. Jahrhunderts durchaus in Verbindung bringen kann.

risch abgeleitet, jener Eris, die »zur That des Vernichtungskampfes« anstachelt (ebd.: 787). Wie bei Simmel wird also eine Unterscheidung zwischen regelgeleitetem Wettkampf und Vernichtungskampf oder -krieg eingezogen. Nur dass Letzterer bei Nietzsche kein bloßer Grenzfall, sondern historische Wurzel des *agon* ist. Sobald wir hinter die homerische Welt zurückblicken, in die vorhomerische Welt der Theogonie, blicken wir »in Nacht und Grauen, in die Erzeugnisse einer an das Gräßliche gewöhnten Phantasie« (ebd.: 785).[16] Es ist eine Welt, in der Titanen einander verschlingen. Mit dem homerischen Zeitalter kommt es zur langsamen Sublimierung dieses »Vernichtungskampfes« in Form von Wettspielen. Odysseus ist bereits angetrieben durch den agonalen Geist des Besser-Sein-Wollens. Es handelt sich also, wie man heute sagen würde, um ein Sublimierungsverhältnis.[17] Doch ist die alte Welt aus Mord und Totschlag, das ist entscheidend, von keinem unüberwindlichen Graben von der homerischen Welt getrennt. Die Welt der Titanenkämpfe zieht sich, wie Nietzsche es wunderbar ausdrückt, als »Wellenfurche tief hinein in die hellenische Geschichte« (ebd.).

Das bedeutet, wie man erschließen kann, zumindest zweierlei. In der sublimierten Form des Wettkampfs kehren die Titanenkämpfe unerkannt wieder. Was zugleich heißt: Der *polemos* zieht *nach wie vor* seine Wellenfurche durch den *agon*. Sublimierung ist, wie üblich, ein riskantes Geschäft. Das Regel- und Normengerüst, das den zivilen Charakter des Wettstreits trägt, kann zusammenbrechen. Darauf scheint Nietzsche anzuspielen, wenn er vorschlägt, sich im Gedankenexperiment den regelgeleiteten *agon* aus der griechischen Gesellschaft wegzudenken. Sobald wir das tun, so Nietzsche, »sehen wir sofort in jenen vorhomerischen Abgrund einer grauenhaften Wildheit des Hasses und der Vernichtungslust« (ebd.: 791). Dieser Vorschlag erinnert ein wenig an Simmels Gedankenexperiment der Subtraktion aller sozialen Tatbestände von »der Gesellschaft«: Würde man dies versuchen, so Simmel, bliebe nichts übrig. Bei Nietzsche bleibt das Nichts übrig. Wir sind nach dem Wegdenken aller regelgeleiteten Wettkämpfe mit einer fun-

16 In einem nachgelassenen Fragment heißt es: »Die *Titanenkämpfe* wissen noch *nichts* vom *Wettkampf*. Das älteste Griechenland zeigt die roheste Entfesselung der Eris.« (Nietzsche 1999b [1869-1874]: 402)

17 Ein weiteres nachgelassenes Fragment bringt dies auf den Punkt: »Die *Gymnastik* der *idealisierte Krieg*.« (Ebd.: 398)

damentalen Form von Konflikt konfrontiert, die sich nur noch als Abgrund erfahrbar macht. Dieser Abgrund eines ursprünglichen Krieges ragt auch in die sublimierte Form des Wettkampfs hinein. Denn beim regelgeleiteten und beim auf »Vernichtung« zielenden Konflikt handelt es sich keineswegs um zwei völlig unterschiedliche Phänomene, nicht um zwei Göttinnen, sondern – so ließe sich jedenfalls die rätselhafte Verdopplung durch Hesiod interpretieren – um *dieselbe* Göttin *zweifach*. Darin, im doppelten Auftritt desselben, scheint mir Nietzsches eigentliche Pointe zu liegen. Und in genau diesem Sinne beginnt »Homer's Wettkampf« mit einer anthropologischen Überlegung, die diesen Doppelcharakter als den *unheimlichen Grund* des Menschen ausmacht. Gerade am Idealbild der Griechen, den »humansten Menschen der alten Zeit«, sei ein »Zug von Grausamkeit, von tigerartiger Vernichtungslust« (ebd.: 781) auszumachen, der die höchste Humanität auf eine Bestialität zurückverweist, die aus Ersterer nicht zu entfernen ist. Ja, laut Nietzsche biete sie geradezu den »Boden«, sagen wir: den *Ab-Grund*, von dem her die Humanität zur Entfaltung streben könne:

> Wenn man von *Humanität* redet, so liegt die Vorstellung zu Grunde, es möge das sein, was den Menschen von der Natur *abscheidet* und auszeichnet. Aber eine solche Abscheidung giebt es in Wirklichkeit nicht: die »natürlichen« Eigenschaften und die eigentlich »menschlich« genannten sind untrennbar verwachsen. Der Mensch, in seinen höchsten und edelsten Kräften, ist ganz Natur und trägt ihren unheimlichen Doppelcharakter an sich. Seine furchtbaren und als unmenschlich geltenden Befähigungen sind vielleicht sogar der fruchtbare Boden, aus dem allein alle Humanität, in Regungen Thaten und Werken hervorwachsen kann. (Ebd.: 781)

6.5. Der Krieg im Frieden: die unergründliche Ubiquität des Konflikts

Nietzsche verallgemeinert ein historisch formuliertes Argument zu einer anthropologischen Behauptung. Die *polemische* Seite der Eris sei in letzter Instanz der Humanität eingeschrieben. Der Kriegszustand, in der Natur selbst angelegt, ragt mit dieser in die Humanität hinein. Was aber, wenn Nietzsche weder auf einen historischen noch einen anthropologischen Ab-Grund gestoßen wäre, sondern auf ein Strukturmerkmal von Gesellschaft, das einer *sozialontolo-*

gischen Bestimmung bedarf – einer, wie man ebenso sagen könnte, quasi-transzendentalen Bestimmung, die sich der Flucht in die Anthropologie genauso entschlagen müsste wie der Flucht in den Historizismus? Das Problem an Nietzsches Verallgemeinerung der doppelten Eris zur *conditio humana* wäre dann nicht die Verallgemeinerung, sondern die Anthropologisierung. Eine gewisse Verallgemeinerung könnte sich, sozialontologisch gewendet, sogar als erforderlich für eine konflikttheoretisch informierte Gesellschaftstheorie erweisen.

In der Tat begleitet die Behauptung der Ubiquität von Konflikt die Konfliktsoziologie wie ein Generalbass, denn sie ergibt sich aus dem gesellschaftstheoretischen Anspruch. Wäre Konflikt nur irgendein partielles oder gar randständiges Phänomen des Sozialen, ließe sich Gesellschafstheorie wohl kaum darauf gründen. Konflikt muss um vieles grundlegender gefasst sein. Dass man damit das eng gesteckte Feld sozialwissenschaftlich erlaubter Aussagen notgedrungen verlässt (und sich der Durchquerung durch die Philosophie öffnet), veranlasst Konfliktsoziologen zu einschränkenden Kautelen, mit denen sie ihre Behauptungen relativieren. Konflikt, so Dahrendorf, »scheint eine universelle soziale Tatsache, ja, ist vielleicht sogar ein notwendiges Element allen gesellschaftlichen Lebens« (Dahrendorf 1974: 264f.). Universell und notwendig ist Konflikt also, aber nur »vielleicht«. Auch Coser legt uns vorsichtig nahe, »Konflikt als möglicherweise notwendigen und positiven Faktor aller sozialen Beziehungen anzusehen« (Coser 2009 [1956]: 29). Notwendig ist Konflikt also, aber nur »möglicherweise«. Solche seltsamen Formeln deuten darauf, dass die Autoren hier an die Grenzen des sozialwissenschaftlich Theorisierbaren stoßen, dass ihr Diskurs von der Philosophie durchquert wird, ohne dass sie selbst es zuzulassen bereit wären. Denn natürlich lässt sich die Behauptung der notwendigen Allgegenwart von Konflikt empirisch nicht überprüfen und wirkt auf den gesunden Menschenverstand kontraintuitiv. Wie könnte auch alles von Konflikten bestimmt sein, wenn im Alltagsleben Konflikt eher Ausnahme als Regel zu sein scheint?[18]

18 Die Konfliktsoziologie versucht dieses Problem mithilfe der Unterscheidung zwischen manifesten und latenten Konflikten zu umgehen. Auf diese Weise löst sie das Problem aber nicht, sondern verschiebt es nur. Zwar wäre so spezifiziert, dass Konflikte auch dort schwelen können, wo sie noch nicht für alle ersichtlich

Kritiker der Konfliktsoziologie haben daher immer wieder die vermeintlich übertriebene Bedeutung, die dem Konflikt dort zugerechnet werde, in Zweifel gezogen. So fragen etwa Joas und Knöbl, ob die konflikttheoretische Perspektive, sofern sie »gegen Parsons die Allgegenwart von Konflikten behauptet und dabei betont, daß gesellschaftliche Ruhepausen immer nur vorübergehende Waffenstillstände im endlosen Kampf zwischen Gruppen und Klassen sind«, nicht doch »arg überzogen ist« und zum Beispiel mit dem zentralen Bezugsautor Simmel gar nicht in Übereinstimmung zu bringen ist (Joas/Knöbl 2004: 277). Letztlich spekuliert solche Kritik auf den gesunden Menschenverstand, dem die Betonung der Konfliktdimension des Sozialen suspekt ist, solange kein Bürgerkrieg vor der eigenen Haustüre tobt. Was aber, wenn die Behauptung der Allgegenwart von Konflikten keineswegs »arg überzogen« wäre, sondern nur überzogen erscheint? Was, wenn jene Zeiträume, in denen keine manifesten Konflikte toben, tatsächlich nur »vorübergehende Waffenstillstände im endlosen Kampf« wären, der uns als solcher unkenntlich geworden ist?

Diese Perspektive könnte sehr wohl mit dem zentralen Bezugsautor Simmel in Übereinstimmung gebracht werden. Zumindest gibt Simmel Hinweise darauf, dass der Streit weit in den Frieden hineinreicht, wenn er im Aufsatz zum *Ende des Streits* die entscheidende Frage nach den Grenzen des Konflikts behandelt. Eigentliches Ziel des Aufsatzes ist natürlich wieder nur eine Kasuistik der unterschiedlichen Formen, die das Ende eines Konflikts nehmen kann. Dennoch schießen die theorierelevanten Einsichten über das taxonomische Interesse hinaus. Simmel erkennt am Sozialen einen untrennbaren Chiasmus zwischen dem Assoziativen und dem Dissoziativen, der auch in vermeintlichen Friedenszeiten wirkt:

In dem Miteinander der Menschen verschlingt sich untrennbar das Füreinander mit dem Gegeneinander. Aller Kampf ist nur die Alleinherrschaft eines antagonistischen Moments, das auch dem Frieden nicht völlig, sondern nur bis zur Unkenntlichkeit fehlt. Weil wir in jedem Augenblick im

ausgebrochen sind. Auf Ebene der Latenz aber wird sich empirisch nie angeben lassen, wo die Grenzen eines Konflikts verlaufen, das heißt die Grenzen zwischen einem latenten Konflikt und *keinem* Konflikt. Ja, sofern die Vermutung naheliegt, dass *latent* so gut wie alles konfliktträchtig ist, ist der Begriff der Latenz nur ein schlecht verschleierter Statthalter für die ontologische Dimension grundsätzlicher Strittigkeit, die Gesellschaft als solche auszeichnet.

Frieden und zugleich im Kampfe stehen und das Leben sie kontinuierlich durcheinandergleiten läßt, von leisen, gleich wieder abgebrochenen Ansätzen bis zu der scheinbaren Unwiderruflichkeit ihrer Aufgipfelungen – so steht der Kampf noch immer unter dem Zeichen der Beziehung, aus der er sich als ihre Verneinung erhoben hat, so ist der Friede von dem Kampf gefärbt, den er beendet hat. (Simmel 1995 [1905]: 333)

Dieser Absatz ist von immenser Bedeutung für jede Gesellschaftstheorie, die zugleich Konflikttheorie sein will. Er ist in Soziologie übersetzter Nietzscheanismus. Im scheinbar friedlichen *business as usual* tobt ein unkenntlich gewordener Kriegszustand weiter – Foucault wird dies die Hypothese Nietzsches nennen. Diese Hypothese stellt eine Untersuchung gerade des *Endes* des Streits vor das Problem, ein Ende überhaupt bestimmen zu müssen. Einerseits erstreckt sich der Kampf, wie Simmel zugesteht, weitaus länger in den Frieden hinein als landläufig angenommen. Simmels Echolot, mit dem er die Nachbeben bereits beendeter Kämpfe aufspürt, arbeitet hier sehr genau – es geht ihm ja gerade um den »Reichtum der Zwischenformen, mit denen der Streit sich in den Frieden hineinbildet« (ebd.: 333). Mit einem noch schöneren Bild spricht er vom »Weiterschwingen der Streitbewegungen«. Man kennt dies Weiterschwingen aus der privaten Erfahrung. Selbst nach Wegfall des Streitgrundes findet eine Zeit lang »ein leeres Weiterstreiten, eine unfruchtbare gegenseitige Anschuldigung, ein Wiederaufleben früherer, längst begrabener Differenzen statt« (ebd.: 336). Aber selbst wenn danach das interpersonale Verhältnis nie wieder sein sollte wie zuvor, ein Abflachen der Amplitude bis hin zum Ende des Weiterstreitens ist nicht ausgeschlossen. Dann wäre ein Ende des Streits, jedenfalls in seiner Konkretion *als Streit*, gekommen. Andererseits verkoppelt Simmel diese Überlegung mit der deutlich radikaleren und uneingestanden sozialontologischen These, dass ein Ende des Streits *nie* kommen kann. Er könnte es nicht deutlicher formulieren: *in jedem Augenblick* gleiten Frieden und Kampf durcheinander. Das »antagonistische Moment«, das auch im Frieden weiterwirkt, kann gar nicht enden, solange das Soziale aus dem Chiasmus aus Füreinander und Gegeneinander hervorgeht.

An dieser Stelle setzt sich sogar bei Simmel, ja fast muss man sagen: *gegen* Simmel eine Differenzierung zwischen dem unaufhebbaren und damit »antagonistischen Moment« und dem konkreten Konflikt durch, das heißt zwischen einer ontologischen und einer ontischen Dimension des Sozialen. Noch die späteren Konfliktsoziologen sind hin- und hergerissen zwischen dem Bemühen um eine Gesellschaftstheorie, die dem Konflikt fundamentalen Status zugesteht, und dem eigenen Objektivismus, der eine solch radikale, das heißt an die Wurzel greifende Konflikttheorie nicht zulässt. Vielleicht ist Dahrendorf derjenige Konflikttheoretiker, der noch am ehesten die Spuren eines ontologischen, also auf der Ebene des gesellschaftlichen Ab-Grundes situierten Antagonismus erahnt, wenn er sagt: »Parlamentarische Debatte und Revolution, Lohnverhandlung und Streik, Machtkämpfe in einem Schachklub, einer Gewerkschaft und einem Staat sind sämtlich Erscheinungsformen der einen großen Kraft des sozialen Konflikts, die überall die Aufgabe hat, soziale Beziehungen, Verbände und Institutionen lebendig zu erhalten und voranzutreiben.« (Dahrendorf 1974: 273) Mit der Einschränkung freilich, dass wir uns diese »eine große Kraft« nicht als etwas vorstellen dürfen, das sich irgendwo im Sozialen direkt aufspüren ließe und deren Ursachen und Gründe außerhalb ihrer selbst lägen (wie etwa in einem menschlichen Konflikttrieb oder in der Klassenherrschaft). Ein konkretistisches Konfliktverständnis bringt uns nicht weiter, wenn es um eine Erklärung gerade der *Differenz* zwischen konkreten Kämpfen (von der parlamentarischen Debatte bis zum Krach im Kegelverein) und der »Kraft des sozialen Konflikts« geht. Wie lässt sich diese gleichermaßen instituierende wie destituierende Kraft erklären?

Mit seinem Verweis auf den Primat des Wandels hat Dahrendorf selbst über ein objektivistisches Konfliktverständnis hinausgedeutet. Der Begriff des Antagonismus, auch wenn seine Konturen in den folgenden Kapiteln noch zu erarbeiten bleiben, könnte zur genaueren Bestimmung von solch fundamentalem »Wandel« hilfreich sein. Vor allem dann, wenn wir unter Antagonismus eben keinen regelgeleiteten *agon*, auch keinen noch so intensiven Konflikt zwischen zwei objektiv gegebenen Feindparteien verstehen,[19] sondern eine fundamentale Blockade, die jede Schließung des Sozialen zu einer mit sich selbst identischen Totalität »Gesellschaft« verhindert und dennoch gerade *als Blockade* Schließungs- beziehungsweise Gründungsbemühungen unablässig antreibt. Durch Umstellung auf diesen Antagonismusbegriff ließe sich das Problem, das man

19 Was im dahrendorfschen Denkmodell Antagonismus auf immer nur eine neben vielen anderen Ursachen sozialen Wandels reduzieren würde.

mit der konfliktsoziologisch unterstellten Allgegenwart von Konflikt haben mag, aus der Welt schaffen. Man brauchte dazu nur ein wenig Mut zur ontisch-ontologischen Differenz. Denn ganz offensichtlich ist die Behauptung der Allgegenwart *ontischer* Konflikte (seien sie nun latent oder manifest) von geringer Überzeugungskraft. Wir leben nicht im verallgemeinerten Bürgerkrieg aller gegen alle – weder latent noch manifest. Das schließt jedoch nicht aus, dass die ontologische Dimension des Antagonismus, verstanden als instituierender/destituierender Grund des Sozialen, tatsächlich *alle* sozialen Verhältnisse formiert und deformiert. Um mit solchen Behauptungen nicht ins philosophische Raunen zu verfallen, müsste man allerdings die *gesellschaftstheoretische Logik* angeben können, nach der dies geschieht.

Diese Logik des Antagonismus, soweit es denn eine Logik ist, wäre aber erst zu entwickeln. Das soll in diesem zweiten Teil der Untersuchung in drei Schritten geschehen. Zunächst in Abgrenzung zu sozialwissenschaftlichen Theorien des *agon*. Jede Theorie des Antagonismus, die nicht nur eine des *agon* sein will, sieht sich hier vor zwei übergroße Herausforderer gestellt: Max Weber und Michel Foucault. Es wird im Folgenden zu zeigen sein, wie die ontologische Dimension des Antagonismus auch deren fröhlichen Positivismus untergräbt. Und es wird herauszuarbeiten sein, wie bei den Nietzscheanern Weber und Foucault immer wieder eine metaphorische, wenn nicht mythische Figur an die Stelle des verdrängten Antagonismus tritt: die Figur des Krieges.[20]

Nicht nur aufgrund der hohen theoretischen wie politischen Kosten, die bellizistische Metaphern verursachen, ist es angeraten, in einem nächsten Schritt den Antagonismusbegriff der marxistischen Tradition wieder aufzugreifen. Nicht, dass es dort keine Tendenz zur Kriegsmetaphorik gäbe, man denke nur an Sorel. Auch kann es nicht darum gehen, sich retro-marxistisch einfach wieder auf eine Seite der Bifurkation Marx vs. Parsons oder eine ihrer jüngeren Varianten zu schlagen. Aber der marxistische Antagonismusbegriff ist komplex und geht bei genauer Betrachtung weder im Konzept des Klassenkampfs noch in Figuren des ökonomischen Determinismus auf. Sein Vorzug liegt darin, dass er die von Kant und Hegel entdeckte Logik *radikaler Negativität* gesellschaftstheo-

20 Zur ersten Begegnung mit dieser Figur des Krieges kam es schon bei Lyotard und seinem »Bürgerkrieg der Sprache«.

retisch weiterschreibt. Wir begegnen dieser Logik bei Marx selbst in seiner ökonomistisch gebremsten Idee von einer fundamentalen Blockade zwischen Produktivkräften und Produktionsverhältnissen. Wir begegnen ihr bei den Neomarxisten mit Adornos Begriff von Gesellschaft als einer antagonistischen Totalität, den er gegen die Positivisten seiner Zeit verteidigte. Wir begegnen ihr bei Althusser in bereits dekonstruierter Form: in den Konzepten von Überdetermination und strukturaler Kausalität. Und schließlich begegnen wir ihr im Postmarxismus, insbesondere bei Laclau und Mouffe, deren großes Verdienst es ist, als Erste eine sozialwissenschaftliche Theorie des Antagonismus ausformuliert zu haben. Laclaus und Mouffes Antagonismustheorie ist tatsächlich gleichumfänglich mit einer Sozialontologie (oder Sozial*hantologie*), die das Soziale nicht nur als umkämpften Relationsraum fasst, sondern zugleich bezogen sieht auf ein radikal negatives Außen jeder Relation. In dieser Eigenschaft wäre der Antagonismus so instituierend wie *destituierend*, so gründend wie *entgründend* in Bezug auf jede Relation. Er wäre ein Name für jene fundamentale Inkommensurabilität, die der Schließung des Sozialen zu einer selbstgenügsamen Totalität entgegensteht und uns zu einer Erklärung des unmöglichen Objekts Gesellschaft führen könnte.

7. Die Schlacht am Grund der Gesellschaft Zwischen Polemologie und Agonistik: von Weber zu Foucault

7.1. Max Weber und der »ewige Kampf der Werteordnungen«

Nietzsche hatte darauf gewettet, dass in jede Friedensordnung der Krieg hineinragt, der sie gründet, ja dass Friede nur eine sublimierte Form von Krieg sei. Die Wette wurde von Max Weber und schließlich Michel Foucault erneuert. Foucaults genealogische Werkphase basiert auf der These von einer »immerwährende[n] Schlacht« (Foucault 1977: 38) am Grund der Gesellschaft – womit Foucault sich die »Hypothese Nietzsches« (Foucault 2001a: 33) zunächst noch durchgehend affirmativ, später mit immer größeren Skrupeln zu eigen macht. Dennoch lässt Foucault keinen Zweifel daran, was das eigentliche Ziel seiner Unternehmung ist: »Der Wahrheitseffekt, den ich zu erzeugen versuche«, so Foucault, »liegt in dem Nachweis, dass die Realität polemisch ist.« (Foucault 2003: 794)

Dieser Satz hätte auch als Motto über dem Werk von Max Weber stehen können. Weber ist in dieser Hinsicht so etwas wie der »vanishing mediator« (Jameson 1988; Marchart 2012) zwischen Foucault und Nietzsche. Bei Weber hat Konfliktsoziologie nicht den Status einer soziologischen Subdisziplin. Soziologie *ist* Konfliktsoziologie. Mehr noch als Simmels Weltbild gleicht das von Weber dem Panorama, das Nietzsche in »Homer's Wettkampf« gezeichnet hatte. Die Welt Webers wird geprägt durch Macht- und Interessenskämpfe einerseits und durch den agonalen Auszeichnungswillen von Individuen (oder Nationen) andererseits. Es ist die Welt des politischen Realismus und des aristokratischen Liberalismus.

Das mag zunächst nicht sehr sympathisch klingen. Man sollte aber nicht übersehen, dass gleichzeitig fast alles an Webers Theorie gegen die fundamentalistischen Paradigmen des 19. Jahrhunderts – Biologismus, Organizismus, Rassismus, Historismus, ökonomischer Determinismus, selbst Positivismus – rebelliert. Das hat seine tiefere Ursache darin, dass Weber sich hartnäckig weigerte,

Wissenschaft oder die soziale Realität in irgendeiner Substanz oder Essenz zu gründen. Deshalb wurde seine Soziologie gerade im englischsprachigen Raum, in dem dieser Begriff geläufiger ist als im deutschsprachigen, verschiedentlich als »anti-foundationalist« oder als »post-foundationalist« (Koshul 2005: 1) bezeichnet. Für Weber kann es kein wissenschaftlich fundierbares Prinzip geben, das der Erklärung oder gar normativen Legitimation beziehungsweise Delegitimation sozialer Verhältnisse zu Grunde gelegt werden könnte. An die Möglichkeit soziologischer Deduktion aus irgendeinem Prinzip zu glauben, sei »einfach eine Naivität« (Weber 1988: 153).

Für Weber ist damit der Akt geschlossen. Es dominiert der Eindruck, für den Nominalisten und methodologischen Individualisten würden sich gesellschaftstheoretische Grundlegungsfragen nicht länger stellen. Die sozialen Relationen addieren sich zu keiner Totalität *sui generis*, die ihnen als gemeinsamer Referenzpunkt taugen könnte. Wie Hartmann Tyrell in einem wichtigen Beitrag zur Abwesenheit einer weberschen Gesellschaftstheorie beobachtet hat, lasse sich »auf der Grundlage von Max Webers ›sozialer Beziehung‹ zu der Idee eines umfassenden *Ganzen des Sozialen* (oder ›der Verhältnisse‹) nicht mehr durchstoßen, denn das Insgesamt der (aller) ›sozialer Beziehungen‹ kann als solche nicht selbst ›soziale Beziehung‹ sein: es kommt als orientierende ›Adresse‹ oder Bezugspunkt von Handlungssinn eben nicht in Frage« (Tyrell 1994: 403). Dabei ist zu beachten, dass Webers Gesellschaftsabstinenz nicht allein seinem Individualismus geschuldet ist, sondern insbesondere seinem Wertepluralismus. Die Totalität der Gesellschaft wird bei Weber qua Pluralisierung aufgelöst, das Soziale in heterogene Wertsphären ausdifferenziert:[1]

1 Die zweite Auflösungsstrategie ist die der *Prozessualisierung* der Gesellschaft, die Weber durch Rückgriff auf Simmels *Soziologie* und dessen Begriff der Vergesellschaftung gelingt. Als Vergesellschaftung gilt Weber eine soziale Beziehung, sofern die Einstellung »auf rational (wert- oder zweckrational) motiviertem Interessen*ausgleich* oder auf ebenso motivierter Interessen*verbindung* beruht« (Weber 1980: 21). In der sozialen Realität treten die beiden Typen sozialer Beziehung nahezu immer in Mischverhältnissen auf. So könne auch eine zweckrationale Beziehung zu Vergemeinschaftung führen (man denke etwa an zweckrationale Versuche der »Kundenbindung«); und eine vergemeinschaftete soziale Beziehung wie der Familienverband könne zweckrational genutzt werden (ebd.: 22). Der auf analoge Weise von Weber entwickelte Begriff der *Vergemeinschaftung* hingegen bezeichnet eine soziale Beziehung, sofern die Einstellung der Beteiligten »auf subjek-

Für »Gesellschaft«, für das »umfassende Sozialsystem«, für das Insgesamt (oder »Ensemble«) der Wertsphären war Weber eigentümlich blind: über die verschiedenen Lebensordnungen (und deren ›Beziehungen‹ zueinander) hinaus – oder »oberhalb« davon – kam ihm nichts in den Blick. Nirgendwo auch hat er angesichts der differenzierten Lebensordnungen – im Sinne der Durkheimschen »organischen Solidarität« – gesellschaftliche Einheits- und Integrationsfragen aufgeworfen, und es hätte ihm gänzlich fern gelegen, den die heterogenen Lebensordnungen durchziehenden Rationalismus als (kulturell) integratives Prinzip der modernen Gesellschaft zu nehmen. (Ebd.: 394)

Webers Wertepluralismus wird landläufig auf seine Verbindung zur südwestdeutschen Schule des Neukantianismus zurückgeführt. Von Heinrich Rickert hatte er die Vorstellung von Wirklichkeit als der unendlichen Mannigfaltigkeit eines heterogenen Kontinuums übernommen (Weber 1988: 171) beziehungsweise von Geschichte als einem endlosen und unermeßlichen Ereignisstrom (ebd.: 184). Da eine erschöpfende Erfassung der Mannigfaltigkeit unmöglich ist, sieht sich Kulturwissenschaft schon für Rickert gezwungen, das Wirklichkeitskontinuum nach Maßgabe von Wertbeziehungen einzuschneiden (vgl. Cavalli 1994). Die Bezugnahme auf Werte soll verhindern, dass dem Kontinuum beliebige oder willkürliche Ausschnitte entnommen werden. Diese Werte (wie etwa Wahrheit, Schönheit, Heiligkeit und Sittlichkeit) finden sich verwirklicht in einer Reihe objektivierter Wertsphären des menschlichen Geistes: Logik, Ästhetik, Mystik, Ethik, Erotik und Religion. Rickerts System der Werte weist zwar deutliche Parallelen zu den von Weber am häufigsten erwähnten Wertsphären auf,[2] doch Weber setzt sich sowohl vom rickertschen Wertobjektivismus wie auch von dessen Wertabsolutismus ab. Anders als für Rickert kann es innerhalb des weberschen Theorierahmens keine überzeitlichen und unabhängig von jeder Erfahrung gegebenen Kulturwerte – wie den Wert der »Wahrheit« für das Wertgebiet der Logik oder jenen der »Schönheit« für das der Ästhetik – geben, da nicht klar ist, von welcher

tiv *gefühlter* (affektueller oder traditionaler) *Zusammengehörigkeit*« beruht (ebd.: 21). Weber übernimmt also Tönnies' Unterscheidung zwischen Gemeinschaft und Gesellschaft und prozessualisiert sie simmelianisch.

2 Wobei für Webers soziologische Wendung des badischen Neukantianismus wohl bezeichnend ist, dass die – neben der Religion – für Weber bedeutsamsten Sphären: die Wirtschaft und die Politik, in Rickerts System nicht aufscheinen.

Warte aus der ideale Status solcher Werte ermittelt werden könnte. Nicht nur sind für Weber die Wertsphären inkommensurabel, auch *innerhalb* der einzelnen Lebensordnungen herrscht kein Wert monokratisch. Von daher Webers Zug zum agonalen Perspektivismus Nietzsches.

Dem Sozialen kommt jenseits unserer jeweiligen Werteperspektiven kein objektiver Sinn zu. Aber die verschiedenen Wertordnungen der Welt bestehen nicht einfach nebeneinander, sondern liegen, wie es in *Wissenschaft als Beruf* heißt, in »unlöslichem Kampf« miteinander (Weber 1988: 603). Das ist der polemologische Subtext des berühmten weberschen Diktums – übernommen von Mills – vom Polytheismus der Werte. Es bedeutet, dass die über den jeweiligen Werteordnungen wachenden Götter keinen pluralistischen Götterhimmel bewohnen, der ein Bild harmonischer »Einheit in der Vielheit« bieten würde. Sie stehen zueinander in einem *unaufhebbaren* und *ewigen* Konfliktverhältnis.[3] Das wird zum Beispiel deutlich an Webers Zurückweisung aller Versuche, wissenschaftlich über den *Wert* verschiedener Kulturen, so etwa der französischen im Verhältnis zur deutschen Kultur zu entscheiden, denn hier stritten »eben auch verschiedene Götter miteinander, und zwar für alle Zeit« (ebd.: 604). Und in einer der berühmtesten Passagen von Webers Werk heißt es: »Die alten vielen Götter, entzaubert und daher in Gestalt unpersönlicher Mächte, entsteigen ihren Gräbern, streben nach Gewalt über unser Leben und beginnen untereinander wieder ihren ewigen Kampf.« (Ebd.: 605) Wenn es sich also bei Weber um Neukantianismus handelt, dann um einen in Nietzscheanismus getränkten Neukantianismus.

Die Rede vom ewigen Kampf kommt letztlich einem Selbstdementi des weberschen Nominalismus und Historizismus nahe. Sie zwingt uns nämlich zu differenzieren zwischen der historischen Genese und dem ontologischen Status der Unvereinbarkeit der Wertsphären. Historisch betrachtet, und das ist eine wichtige Erkenntnis Webers, bedeutet Säkularisierung nicht einfach Entgötterung der Welt, sondern einen sich in Auseinandersetzung mit den Ansprüchen des religiösen Alltags verstärkenden Prozess der Kom-

3 Darin liegt das Wesen ihrer Inkommensurabilität. Was beispielsweise in der Wissenschaft wahr ist, muss keineswegs schön, gut oder heilig sein; was in der Kunst schön ist, so Weber mit Bezug auf Nietzsche und Baudelaire, muss nicht gut sein, ja kann gerade darin schön sein, worin es nicht gut ist.

promissbildung und Relativierung des christlichen Monotheismus der Werte. Diese Schwächung beziehungsweise Relativierung des *einen* Fundaments der Gesellschaft führt nicht zum Verschwinden *aller* Werte, sondern zur Rückkehr einer *Vielzahl* entzauberter Götter in Form unpersönlicher und konfligierender Machtsphären. Soweit ist Webers Position mit der des Postfundamentalismus, wie wir sie eingangs der Untersuchung vorgestellt hatten, kompatibel. Was fehlt, ist der zweite Teil der postfundamentalistischen Überlegung: Sobald wir nämlich durch genau den historischen Säkularisierungsprozess in die Lage versetzt wurden, überhaupt so etwas wie die Inkommensurabilität von Wertsphären denken zu können (und nicht alle Werte einem göttlich garantierten *primum bonum* unterzuordnen), können wir gar nicht mehr anders, als dem Reflexionsprodukt des Konflikts überhistorischen, und das heißt: ontologischen Status zuzusprechen. Wir können Gesellschaft nur noch nach Maßgabe einer konfliktorischen Sozialontologie vorstellen.

Das Wissen um die Konfliktualität des Sozialen mag für bestimmte historische Phasen verschüttet gewesen sein. Aus moderner Perspektive ist aber schlichtweg undenkbar, dass eine Gesellschaft existieren könnte, die – und das gilt für vergangene Gesellschaften genauso wie für künftige – nicht auf Konflikten gegründet wäre. Deshalb kehren die Götter bei Weber *zurück*. Eine Zeit lang waren sie in ihre Gräber gesperrt. Aber tatsächlich waren sie immer nur scheintot, und ihr Kampf wurde immer nur auf je historisch spezifische Weise aktualisiert (wobei seine Verleugnung oder sein Vergessen nur eine weitere Form der Aktualisierung ist). Die Austragungsformen des Kampfes mögen sich also über die Zeit wandeln. Der »Kampf« zwischen den heterogenen Werteordnungen dagegen, der als moderne Chiffre für das Moment fundamentaler Inkommensurabilität fungiert, als Chiffre für die Nicht-Identität des Sozialen mit sich selbst, kann nicht von historischer, sondern muss von ontologischer Natur sein, und er wird daher von Weber mit Adjektiven wie »unlöslich«, »unüberbrückbar«, »ewig« und »für alle Zeit« bedacht. Er blockiert alle Bemühungen, das Soziale auf einen festen Grund zu stellen.

Nicht anders verhält es sich beim konkreten Konflikthandeln, wie es vom so genannten Kampfparagraphen definiert wird. Konflikt, bei Weber »Kampf«, wird als eine soziale Beziehung definiert, in der »das Handeln an der Absicht der Durchsetzung des eigenen

Willens gegen Widerstand des oder der Partner orientiert ist« (Weber 1980: 20).[4] Das klingt nach einer mustergültig auf spezifische Handlungsformen eingegrenzten Definition. Stutzig macht nur, dass der Definition entsprechende Kämpfe nahezu überall auftreten können und in ihrer Gesamtheit ein großes Kampfkontinuum bilden. Kein Bereich des Sozialen bleibt von ihnen verschont:

> Vom blutigen, auf Vernichtung des Lebens des Gegners abzielenden, jede Bindung an Kampfregeln ablehnenden Kampf bis zum konventionell geregelten Ritterkampf [...] und zum geregelten Kampfspiel (Sport), von der regellosen »Konkurrenz« etwa erotischer Bewerber um die Gunst einer Frau, dem an die Ordnung des Marktes gebundenen Konkurrenzkampf um Tauschchancen bis zu geregelten künstlerischen »Konkurrenzen« oder zum »Wahlkampf« gibt es die allerverschiedensten lückenlosen Übergänge. (Ebd.: 20)

Das erinnert an das simmelsche Kontinuum konkreter Kampfformen zwischen »Vernichtungskrieg« und geregeltem Kampfspiel. Wollte man es dabei belassen, dann könnte man dazu übergehen, nun jede einzelne Form sozialen Kampfes zu analysieren und der bei Soziologen so beliebten Kasuistik zu unterwerfen. Dann aber würde man gar nicht mehr nach dem eigentlichen Grund der Ubiquität der Kämpfe fragen, das heißt nach ihrem ontologischen Status.

Weber selbst enthält sich dieser Frage. Und doch arbeitet er mit ontologischen Behauptungen: »Denn nicht auszuscheiden«, so Weber, »ist aus allem Kulturleben der *Kampf.* Man kann seine Mittel, seinen Gegenstand, sogar seine Grundrichtung und seine Träger ändern, aber nicht ihn selbst beseitigen.« (Weber 1988: 517) Und er fügt jene Umkehrung des Satzes von Clausewitz hinzu, die bei Nietzsche angelegt ist und uns bei Foucault erneut begegnen wird: »›Friede‹ bedeutet Verschiebung der Kampfformen oder Kampfgegner oder der Kampfgegenstände oder endlich der Auslesechance und nichts anderes.« (Ebd.: 517) Man könnte auch sagen: Friede ist ein Metonym von Krieg. Das heißt, jede Friedensordnung ist nichts anderes als eine Verschiebung oder Sublimierung eines fundamentalen Kampfes, der untergründig andauert. Das erzwingt jedoch die Unterscheidung zwischen sozialen Kämpfen in ihrer

4 Eduard Baumgarten bezeichnete den Kampfparagraphen aus *Wirtschaft und Gesellschaft* als »das bündigste Monogramm des Werks« (zitiert in Koenig 2008: 65).

Konkretion und jenem Kampf, dessen ontologische Notwendigkeit Weber immer nur insinuiert, aber – aufgrund seines Nominalismus – nie expliziert.

Mit einer Ausnahme. In Webers Unterscheidung zwischen Sinn und Tatsache lässt sich eine Ahnung der ontologischen Konfliktdimension in Differenz zur ontischen erkennen. Bezüglich der Unvereinbarkeit der Werte müsse nämlich zwischen den beiden Ebenen von Sinn und Tatsache unterschieden werden. Dem Sinn nach sind Werte *radikal* unvereinbar, das heißt sie stehen in einem binären und sich wechselseitig ausschließenden Verhältnis von Freund und Feind. Durch »alle Ordnungen des Lebens hindurch« ziehe sich dieser Kampf zwischen konfligierenden Werten, die vom Einzelnen jeweils eine Entscheidung verlangen, die in letzter Instanz der zwischen Gott und Teufel ähnelt.[5] Auf der Ebene des Alltags jedoch sind sie der Tatsache nach Gegenstand von Kompromissbildungen, werden miteinander vermittelt oder durchkreuzen einander. Auf diese Weise verwandelt sich der Antagonismus zwischen den Wertsphären in Agonismen, ja »verflacht« womöglich sogar bis hin zur Unsichtbarkeit. Die radikale Unvereinbarkeit der Werte gerät in den alltäglichen Praxen und Diskursen der Menschen in Vergessenheit, ja wird im Zuge ständiger Versuche, Vereinbarkeit herzustellen, geradezu verdrängt (ebd.: 507).[6]

Weber sieht sich also zur Differenzierung gezwungen zwischen einer Ebene radikaler Unvereinbarkeit (und sei es nur einer Unvereinbarkeit »dem Sinn nach«) und einer Ebene, auf der Unvereinbares vereinbar gemacht wird. Die Gesellschaftstheorie des Postfundamentalismus wird, anders als die nominalistische Soziologie,

5 Nur dass, so die Pointe Webers, des einen Gott des anderen Teufel ist und keine Meta-Werteordnung den Konflikt entscheiden könnte. Man fühlt sich an Lyotard erinnert.

6 Übersetzt in etwas modernere Begrifflichkeit einer politischen Kultursoziologie (Marchart 2008a; Marchart 2012): Kultur ist das Konfliktfeld, auf dem das relationale Ensemble sozialer Identitäten fixiert, aber zugleich auch kontinuierlich verschoben und re-definiert wird. Auf dem Feld der Kultur werden soziale Identitäten zueinander in Dominanz- und Subordinationsverhältnisse gebracht, wobei den Alltag auszeichnet, dass uns – mit Ausnahme so genannter Identitätskrisen – die Widersprüchlichkeit, ja Unvereinbarkeit vieler Identitäten, die wir in uns vereinen, genauso wenig ins Bewusstsein tritt wie die untergründigen Kämpfe, in denen in jedem einzelnen Moment Dominanz- und Subordinationsverhältnisse ausgehandelt werden.

dieser Ebene des Unvereinbaren nachspüren, die bei Nietzsche wie Weber am Modell des Kriegs gewonnen ist. Die entscheidende Frage wird freilich sein, ob mit dem manichäischen Bild vom Krieg und vom »tödlichen Kampf zwischen Gott und Teufel« nicht mehr verloren als gewonnen ist. An dieser Frage wird sich Foucault abarbeiten.

7.2. Genealogie ohne Gesellschaft

Wie schon für Weber besitzt der Begriff der Gesellschaft für Foucault keinen theoretischen Wert. Er ist mit dem relationistischen Ansatz Foucaults sogar inkompatibel.[7] Um von Gesellschaft als einer Totalität sprechen zu können, müsste man ein objektives Prinzip ihrer Vereinheitlichung angeben können (etwa eine Logik ökonomischer Notwendigkeit). Das wäre mit dem Diskursnominalismus der archäologischen Phase Foucaults, die in der *Archäologie des Wissens* gipfelt, strikt unvereinbar. Ein Diskurs ist für Foucault immer der »Raum einer Streuung«, der weder durch äußere Grenzen noch durch ein inneres Zentrum oder gar ein transzendentes Prinzip totalisiert werden kann (Foucault 1981: 30). Im Unterschied zum orthodoxen Marxismus, der Diskurse als Epiphänomen der ökonomischen Basis abtat, gibt es für Foucault nichts, worauf Diskurse »ihre Einheit gründen könnten« (ebd.: 57). Damit gibt es auch nichts, worauf Gesellschaft gegründet werden könnte – nichts jedenfalls, was über die historisch je spezifischen Formationsregeln, die eine gewisse Regelmäßigkeit in der Verstreuung diskursiver Elemente gewährleisten, hinausginge. Diskursive Formationen sind schlichtweg »*Systeme der Streuung*« (ebd.: 58), die bestimmten Verteilungsregeln ihrer Gegenstände, Äußerungsmodalität, Begriffen und Themen unterworfen sind.[8] Wie Hannelore Bublitz (2001: 74)

7 Was Foucault nicht daran hindert, ihn immer wieder auf eine Weise zu benutzen, die an Latours Begriff der Panoramen erinnert, so wenn Foucault etwa von der »Disziplinargesellschaft« spricht.

8 In einem Formationssystem sind Regeln zu einem Bündel von Relationen zusammengefasst: »Es schreibt das vor, was in einer diskursiven Praxis in Beziehung gesetzt werden mußte, damit diese sich auf dieses oder jenes Objekt bezieht, damit sie diese oder jene Äußerung zum Zuge bringt, damit sie diesen oder jenen Begriff benutzt, damit sie diese oder jene Strategie organisiert.« (Foucault 1981: 108)

beobachtet, folgt aus dieser »Dekonstruktion eines objektivistischen Gesellschaftsbegriffs« die »Unmöglichkeit der Letztbegründung von Gesellschaft«. Was dann noch von Gesellschaft bleibt, zeige sich als ein »heterogenes und komplexes, diskursiv-materielles Geflecht von Differenzdiskursen«:

> Foucault trifft eine erkenntnispolitische Entscheidung: Er geht davon aus, daß es Gesellschaft nicht als vorgegebene, natürliche Ordnung gibt, sondern als historisch konstituierte. Seine Diskurs-»Theorie« rekonstruiert Geschichte und Gesellschaft in den Rationalitätsstrukturen der Gesellschaft, die er analysiert; darin besteht die erkenntnispolitische Position Foucaults. Er beantwortet die Frage nach der Konstitution von Gesellschaft mit einem »Diskurs über Diskurse« über die Konstitution von Gesellschaft, also mit der Frage nach ihrem historischen Entstehungszusammenhang aus einer je spezifischen historischen Perspektive. (Bublitz 1999: 20)

Im Prinzip ändert sich daran mit dem Übergang von der archäologischen zur genealogischen Phase – und damit zur expliziten Analyse von Macht- und Kräfteverhältnissen – wenig. Auch der nun elaborierte Machtbegriff Foucaults schließt aus, dass diskursive Auseinandersetzungen das Soziale je zu einer Gesellschaftstotalität vereinigen könnten. Wenn es *die* Macht nicht gibt, wie Foucault zu wiederholen nicht müde wird, sondern nur ein Gewirr von Mächten, kann es auch *die* Gesellschaft nicht geben. Machtverhältnisse sind viel zu instabil, beweglich und gegenstrebig, um sich zu irgendeiner Form von Totalität schließen zu können. Wie der archäologische, so ist also auch der genealogische Ansatz unverträglich mit jeder objektivistischen oder totalisierenden Gesellschaftstheorie. Für Foucault löst sich Gesellschaft in ihre Bestandteile auf. Sie wird gerade noch der Name sein können für das Nebeneinander solcher Bestandteile, das heißt der Name für die reine Pluralität von Machtformen: »Eine Gesellschaft ist kein einheitliches Gebilde, in dem nur eine einzige Macht herrschte, sondern ein Nebeneinander, eine Verbindung, eine Koordination und auch eine Hierarchie verschiedener Mächte, die dennoch ihre Besonderheit behalten.« Deshalb, so habe man zu folgern, sei die Gesellschaft »ein Archipel aus verschiedenen Mächten« (Foucault 2005: 228 f.). Mit diesen Worten gibt sich Foucault als ein Nachfolger Max Webers zu erkennen. Die Genealogie, so könnte man sagen, übersetzt die typisch webersche Verbindung aus Gesellschaftsabstinenz und »Polytheismus der

Werte« in eine postfundamentalistische Machttheorie. All dies vor dem Hintergrund eines durch und durch konfliktorisch gefärbten Weltbildes. Es ist diese Betonung der grundsätzlichen Konfliktualität des Sozialen, durch die sich der Foucault der Genealogie von dem der Archäologie unterscheidet.

Die Entwicklung vollzieht sich selbstverständlich nicht plötzlich. Schon in der *Archäologie des Wissens*, die 1969 die archäologische Phase abschließt, bemerkt Foucault im Vorübergehen, dass jeder Diskurs »von Natur aus der Gegenstand eines Kampfes und eines politischen Kampfes« sei (Foucault 1981: 175).[9] In *Die Ordnung des Diskurses*, seiner Inauguralvorlesung am Collège de France im darauffolgenden Jahr – ein Text des Übergangs von der Archäologie zur Genealogie –, wird Foucault den polemologischen Diskursbegriff konkretisieren. Der Diskurs sei »dasjenige, worum und womit man kämpft; er ist die Macht, deren man sich zu bemächtigen sucht« (Foucault 1991: 11). Von Diskursen geht folglich eine ständige Unruhe aus. Die Kämpfe, Siege und Niederlagen lagern sich im Sprechen der Leute ab und stoßen immer weitere Kämpfe an. Deswegen müsse die Materialität, Ereignishaftigkeit, Unordnung und Unberechenbarkeit des Diskursiven institutionell gebändigt werden.

Der tiefe Nietzscheanismus Foucaults ist unübersehbar. Schon in »Nietzsche, die Genealogie, die Historie« hatte er die genealogische Methode anhand von Nietzsches Destruktion des metaphysischen Ursprungsdenkens dargestellt.[10] Wer sich auf die Suche nach Ursprüngen begibt, »will finden, ›was bereits war‹, das ›Eigentliche‹ eines mit sich selbst übereinstimmenden Bildes«, so Foucault (2002: 169). Weil das Bild der Zufälligkeit enthoben und fest im Reich des Notwendigen verankert ist, kann es der historischen Entwicklung als Grund oder Prinzip dienen. Man denke nur

9 Der eingestreute Hinweis belegt, dass Foucault seine Diskursanalyse keineswegs als methodologisch inkompatibel mit dem erst später voll zutage tretenden Interesse an einem Schlachtenbegriff von Macht sieht.

10 Zweifelsohne ist sie auch für einen postfundamentalistischen Theorieansatz wie den unseren von Bedeutung, wenn man sich vor Augen hält, dass das griechische Wort *arché* beides bedeuten kann: chronologischen Ursprung (= Anfang) und systematischen Grund (= Prinzip). Der Ursprung ist nichts anderes als der zurückprojizierte Grund und die genealogische Destruktion des Anfangsgrunds zugleich Destruktion des metaphysischen, wenn nicht mythologischen Fundamentalismus.

an religiöse oder nationalistische Ursprungserzählungen, die keine andere Funktion besitzen, als eine beliebige Gemeinschaft mit einem unumstößlichen Identifikationsprinzip zu versorgen, um zu verstehen, dass es sich bei dieser Ursprungsmetaphysik nicht nur um eine philosophische Angelegenheit handelt. Die Metaphysik des Ursprungs kann jeden beliebigen sozialen Diskurs bestimmen – für Heidegger bestimmt sie nicht nur die Natur philosophischer Spekulation, sondern auch moderner Technik.

Der fundamentalistischen Idee des Ursprungs stellte Nietzsche, wie Foucault in einer genauen Lektüre aufweist, den Begriff der Herkunft gegenüber. Herkunft verweist in Nietzsches Verständnis nicht auf das Geheimnis des zeitlosen Wesens der Dinge, sondern auf das »Geheimnis, dass sie gar kein Wesen haben« (ebd.: 170). Der Begriff verweist nicht auf ihr Fundament, wie man auch sagen könnte, sondern auf das Geheimnis der Abwesenheit eines festen Fundaments. Wenn daher all die scheinbar ewigen Wahrheiten, moralischen Normen und sakrosankten Herrschaftsverhältnisse keinen feierlichen Ursprung besitzen, dann wird es zur Aufgabe des Genealogen, sich an die Entzifferung ihrer wirklichen Herkunft zu machen. Was also sieht der Genealoge, was der Metaphysiker nicht sieht? Er sieht, so Foucault, vor allem »Unstimmigkeit und Unterschiedlichkeit« (ebd.: 169). Wo andere ewige Wahrheiten schauen, dort sieht er »das Gewimmel uralter Irrtümer« (ebd.: 170).[11] Wo andere notwendige Gesetze und allgemeine Prinzipien postulieren, sieht er das Spiel von Zufällen. Wo andere das Höchste und Erhabenste vermuten, führt er dieses gerade zurück aufs Niedere und Lächerliche (denn aller Anfang ist lächerlich, ganz so wie der Mensch nicht von Gott abstammt, sondern vom Affen). Der Genealoge muss also den überraschenden, trivialen und zufälligen Wendungen der Geschichte nachgehen, um so die metaphysischen Fundamente, die ja doch nur aus Pappmaché gemacht sind, zum Einsturz zu bringen: »Die Erforschung der Herkunft schafft keine sichere Grundlage; sie erschüttert, was man für unerschütterlich hielt; sie zerbricht, was man als eins empfand; sie erweist als heterogen, was mit sich übereinzustimmen schien.« (Ebd.: 173)

11 Die Wahrheit, so Nietzsche in der Stimme Foucaults, »ist ein Irrtum, der nicht mehr widerlegt werden kann, weil die Geschichte ihn so hartgesotten hat, daß er sich nicht mehr verändern läßt« (Foucault 2002: 170).

Doch damit ist es nicht getan. Der Genealoge will darüber hinaus die Entstehungsbedingungen von Wahrheiten und Normen klären. Und sobald er durch die Bruchstellen der metaphysischen Fundamente blickt, nimmt er nicht nur Zufälle wahr, sondern auch gewaltsame Zusammenstöße. Um die Entstehung von etwas zu analysieren, so Foucault, müsse man die Kräfteverhältnisse beschreiben, aus denen es hervorgeht. Man müsse zeigen, wie diese Kräfte »miteinander streiten oder gegen widrige Umstände ankämpfen« (ebd.: 175). Wir sind bei der Schlacht angelangt, die am Grunde der Gesellschaft tobt. Was in der foucaultschen Diskursanalyse, wie sie in der *Archäologie des Wissens* ausgebreitet wird, noch Andeutung blieb, das wird nun konsequent entfaltet. Jetzt spricht Foucault vom »Diskurs als Schlacht« (Foucault 2003: 165). Jeder Diskurs sei als ein »strategisches Feld« zu bestimmen, »auf dem die Elemente, die Taktiken und die Waffen unaufhörlich von einem Lager ins andere wechseln, sich zwischen den Gegnern austauschen und sich gegen diejenigen selbst wenden, die sie verwenden« (ebd.: 164). Der Diskurs ist das Schlachtfeld einer Auseinandersetzung, so wie er deren Trophäe und deren Instrument ist. Es gibt, so scheint Foucault damit nahelegen zu wollen, keinen Begriff von Macht, der nicht um den des Kampfes erweitert werden müsste. Kurzum: Wer Macht sagt, muss auch Machtkampf sagen.

7.3. Die Genealogie der Genealogie

Alle diese Überlegungen laufen auf die »Hypothese Nietzsches« zu. In *Überwachen und Strafen* wird Foucault behaupten, dass Politik als Fortsetzung »wenn schon nicht eigentlich des Krieges so doch des militärischen Modells konzipiert worden ist: als grundlegendes Mittel zur Verhütung der bürgerlichen Unordnung« (Foucault 1977: 217). Mit der Umkehrung des Satzes von Clausewitz fischt Foucault nicht nach einer billigen Pointe (Marchart 1998). Indem er die Hypothese Nietzsches dem historischen Satz eines Militärs einschreibt, macht er sie empirisch-historisch überprüfbar. Mit Clausewitz ist Krieg nun im wörtlichen, das heißt im militärischen Sinne zu nehmen. Genau dieses Verständnis bestimmt zunächst Foucaults Forschungsplan. Auf seine Untersuchung der Disziplinartechnologien des Kerkersystems, mit deren Hilfe Individuen normiert und dressiert werden, sollte die Untersuchung des Militärs als Disziplinarinstitution folgen.

Zur Genealogie militärischer Institutionen wird es allerdings nie kommen, weil die Kriegshypothese *als solche*, das heißt unabhängig von der spezifischen Institution der Militärs, unerhörte Eigendynamik gewinnt. Foucault entwickelt sogar eine richtiggehende Fixierung auf die Frage, ob und inwieweit sie das genealogische Projekt trägt (vgl. unter anderem Foucault 1983: 114; 2001a: 33; 2002: 866; 2003: 202, 271, 407). Die These entfaltet eine solche Sogwirkung auf Foucaults Denken, dass sie sein historisches Forschungsprogramm zu sprengen droht. Sie gewinnt eine uneingestanden ontologische, wenn nicht hantologische Dimension. In vielen Formulierungen Foucaults klingt die Ahnung an, dass »die kriegerische Auseinandersetzung der Kräfte« die »Grundlage des Machtverhältnisses« (Foucault 2001a: 33) sei. Was heißt dies anderes, als dass *alle* Machtkämpfe, wie Foucault schreibt, »als Episoden, Bruchstücke und Verlagerungen des Krieges selbst entziffert werden« (ebd.: 33) müssten – des »Krieges« im weitest denkbaren Verständnis? Wenn dies aber der Fall ist, dann sind die Kategorien des Kampfes und des Krieges durch die empirische Untersuchung der Armee als einer disziplinargesellschaftlichen Leitinstitution nicht hinreichend bestimmbar. Der Krieg läge schlichtweg *jedem* sozialen Verhältnis, sofern es Machtverhältnis ist, und damit jeder gesellschaftlichen Institution zugrunde. Die genealogische Methode Foucaults produziert einen sozialontologischen Überschuss, der sich mit den Instrumenten der Empirie nicht aus der Welt schaffen lässt.

Wir stoßen hier auf dasselbe Phänomen, auf das wir schon bei Max Weber gestoßen waren. Ein nominalistischer Ansatz steht vor dem Problem, sich ständig selbst dementieren zu müssen. Das erweist sich genauso gut am nominalistischen Machtbegriff Foucaults. *Die* Macht gibt es für Foucault nicht; es gibt immer nur konkrete und differenzierte Machtverhältnisse. Zugleich behauptet Foucault aber, das Soziale werde »in jeder beliebigen Gesellschaft« (ebd.: 38) von Macht- und Kräfteverhältnissen konstituiert. Wenn dieses Postulat »für jede Gesellschaft« (ebd.) gilt, wird der Instanz der Macht dann nicht überhistorischer und übergeographischer, das heißt ontologischer Status zugestanden? Macht wäre dann der Name für (soziales) Sein *qua Sein* – und wir wären meilenweit von jedem Positivismus, Nominalismus und Historizismus entfernt (vgl. Kapitel 11 in diesem Band).[12] Genauso wird es sich mit der Kategorie des Kampfes beziehungsweise Krieges verhalten, sofern sie allen Machtverhältnissen zugrunde liegt. Foucault steht also vor dem Problem, gesellschaftstheoretische Grundlegungsfragen bearbeiten zu müssen, ohne dass ihm sein nominalistisches Theoriedesign dies überhaupt ermöglichen würde. Er wählt den einzigen Ausweg, der einem Genealogen offen steht: die *Genealogisierung* der Hypothese Nietzsches.

Die Vorlesungen, die Foucault 1976 am Collège de France unter dem Titel *In Verteidigung der Gesellschaft* gehalten hat, erkunden diesen Ausweg. Erklärtes Ziel ist es, die Stichhaltigkeit der Kriegshypothese zu überprüfen, deren sozial*hantologische* Implikationen sich bereits bemerkbar gemacht hatten. So waren Foucault erste Zweifel daran gekommen, dass »Krieg« tatsächlich den geeigneten Überbegriff für alle Formen sozialer Kräfteverhältnisse darstellt. Kann tatsächlich von dessen Vorgängigkeit gegenüber Beziehungsformen etwa der Arbeitsteilung, Ausbeutung oder sozialen Ungleichheit die Rede sein? Oder muss der Begriff des Krieges nicht zumindest modifiziert, wenn nicht fallen gelassen werden, soll die genealogische Perspektive Plausibilität bewahren?[13] Foucault gesteht ein, dass er sich vorerst außerstande sieht, eine eindeutige Antwort auf diese Fragen zu geben. Aber da ihm nie in den Sinn käme, den Primat des Krieges ontologisch zu begründen, da er also vor der Durchquerung der Genealogie durch die Philosophie zurückschreckt, muss er den Beleg in der Geschichte auftun. Er muss die ontologische Frage nach der Natur sozialen Seins in historio-

12 Und tatsächlich wäre alles andere auch unplausibel. Es mögen sich zwar die Formen der Machtausübung und Kraftentfaltung historisch verändern, aber wie könnte man behaupten wollen, es gäbe irgendwo Gesellschaften – zum Beispiel Stammesgesellschaften –, die von Macht-, Kräfte- und Konfliktverhältnissen unberührt wären?

13 Der Abschied von der Kriegshypothese bringt den Abschied von der Repressionshypothese mit sich. So sagt Foucault in seiner Vorlesung unmissverständlich: »Es ist klar, daß alles, was ich im Laufe der vergangenen Jahre gesagt habe, vom Modell Kampf-Repression geprägt war. Dieses Modell habe ich bis jetzt anzuwenden versucht. In dem Maße, wie ich es ins Werk gesetzt habe, mußte ich es gleichwohl erneut prüfen, schon deshalb, weil es in zahlreichen Punkten ungenügend ausgearbeitet ist –, aber auch, weil ich glaube, daß die beiden Begriffe ›Unterdrückung‹ und ›Krieg‹ beträchtlich modifiziert, wenn nicht vielleicht sogar fallengelassen werden müssen.« (Foucault 2001a: 34)

graphisch beantwortbare Fragestellungen übersetzen, das heißt die *Genealogie* der Kriegshypothese schreiben. Sofern nun aber die genealogische Methode ihrerseits auf der Kriegshypothese basiert, muss Foucault zugleich die Genealogie der Genealogie schreiben.[14]

Dass dieses Unternehmen, wie jedes sozialwissenschaftliche Fundierungsunternehmen, von bestechender Zirkularität ist, ficht ihn nicht an. Er zieht sich auf die Position eines Diskurshistorikers zurück, der die abendländische Geschichte einfach nur nach der Herkunft der genealogischen Denkungsart befragen muss: »Wie und warum fing man an sich vorzustellen, daß es der Krieg ist, der unterhalb und innerhalb der Machtbeziehungen funktioniert? Seit wann, und auf welche Weise und aus welchem Grund geht man davon aus, daß so etwas wie ein ununterbrochener Kampf den Frieden durchzieht, daß also die zivile Ordnung – an ihrer Basis, in ihrem Wesen, in ihren wesentlichen Mechanismen – eine Schlachtordnung ist? ... Wer hat im Lärm, im Wirrwarr des Krieges, im Schlamm der Schlachten, das Erkenntnisprinzip der Ordnung, des Staates, seiner Institutionen und seiner Geschichte gesucht?« (Foucault 2001a: 63) Dass er selbst es ist, nach dem hier letztlich gefragt wird, das bleibt unerwähnt und methodologisch unreflektiert. Jedenfalls wird die Problematik einer Sozialtheorie, deren Anspruch verlangt, sich selbst als Objekt einzuschließen, nicht direkt thematisiert, wie etwa Luhmann dies täte. Foucault gibt sich als der reine Empiriker, der er nicht ist.

7.4. Die Umkehrung der Umkehrung

Immerhin kommt seine historische Untersuchung zu einem überraschenden Ergebnis. Bei genealogischer Betrachtung stelle sich heraus, so Foucaults Volte, dass die Kriegshypothese gar nicht auf die Umkehrung des Satzes vom Krieg als der Fortsetzung der Politik mit anderen Mitteln zurückgeht. Sie sei in Wahrheit wesentlich älter, und es sei Clausewitz gewesen, der die ursprüngliche Formel von der Politik als der Fortsetzung des Krieges mit anderen Mitteln umgedreht habe. Tatsächlich war sie im Prozess der »Externalisierung« des Krieges seit dem ausgehenden Mittelalter entstanden. Die

14 Diese Genealogie der Genealogie sollte der für einen späteren Zeitpunkt geplanten Erforschung des militärischen Disziplinarapparats vorgeschaltet werden.

kriegerischen Praktiken, die im Mittelalter das gesamte Gemeinwesen durchdrungen hatten, wurden zunehmend verstaatlicht, zentralisiert, einem professionellen Militärapparat überantwortet und schließlich an die Außengrenzen des Gemeinwesens verschoben. Foucault sieht ein historisches Paradox (ebd.: 63) darin, dass unter diesen Bedingungen im 17. und 18. Jahrhundert ein Diskurs entsteht, der nun gerade in den befriedeten Sozialverhältnissen den bereits externalisierten Krieg wiedererkennt, ja den Krieg sogar als deren »Grundlage« (ebd.: 65) betrachtet. Historisch erstmalig entsteht eine »binäre Gesellschaftsauffassung« (ebd.: 68), die sich am Modell des Krieges orientiert.[15] In einer zentralen Passage der Vorlesung heißt es:

> Der Krieg ist der Motor der Institutionen und der Ordnung, und selbst der Friede erzeugt in seinen kleinsten Räderwerken stillschweigend den Krieg. Anders gesagt: man muß aus dem Frieden den Krieg herauslesen: Der Krieg ist nichts anderes als die Chiffre des Friedens. Wir stehen miteinander im Krieg; eine Schlachtlinie zieht sich durchgängig und dauerhaft durch die gesamte Gesellschaft, und diese Schlachtlinie ordnet jeden von uns dem einen oder anderen Lager zu. Es gibt kein neutrales Subjekt. Man ist zwangsläufig immer jemandes Gegner. (Ebd.: 67)

Dieser neu auftretende »historisch-politische Diskurs«, wie Foucault ihn bezeichnet, ist gegen das feudale Bild von sozialer Ordnung als Pyramide, ja gegen das bis in die Antike zurückreichende Bild von Gesellschaft als Organismus gerichtet. Vor allem aber führt er zu einem »Riß« (ebd.: 72) im »philosophisch-juridischen Diskurs«, jenem Fundierungsdiskurs, der sich mit der Idee von Souveränität verbindet und den großen Monarchien in der Phase ihrer Konstituierung Legitimation verschaffen sollte. Politik wird dort auf das Modell des Vertrags und der Souveränität reduziert. Es handelt sich um den abendländisch hegemonialen Diskurs der

15 Wie so oft in den Vorlesungen bleibt unklar, in welchem Ausmaß Foucault sich mit dieser Idee identifiziert oder inwieweit er sie nur referiert. Die Ambivalenz ist immer wieder spürbar, so auch an dieser Stelle: »Und unterhalb des Vergessens, der Illusionen, der Lügen, die uns davon überzeugen machen wollen, daß es eine dreigliedrige Ordnung, eine Pyramide von Unterordnungen und einen Organismus gibt, unterhalb dieser Lügen, die uns glauben lassen, daß der Gesellschaftskörper entweder von naturgegebenen Notwendigkeiten oder von funktionalen Erfordernissen geleitet wird, muß man den fortgesetzten Krieg wiederfinden, den Krieg mit seinen Zufällen und seinen Höhepunkten.« (Foucault 2001a: 68)

Konfliktverleugnung. Mit dem »historisch-politischen Diskurs« wird hingegen erstmals die Erkenntnis formuliert, dass Souveränität eben nicht das unhinterfragbare, da auf Vertrag und Gesetz gegründete Einheitsprinzip des Gemeinwesens ist. Im Gegenteil, das Gesetz, das in einer souveränen Macht verankert scheint, geht aus »wirklichen Schlachten, Siegen, Massakern, Eroberungen« hervor (ebd.: 67). Souveränität ist Resultat einer zumeist gewaltsamen Usurpation, die nicht nur Sieger, sondern auch Besiegte hinterließ. Daraus folgt, dass es in Wahrheit *zwei* Geschichten gibt: Die Geschichte des Souveräns beziehungsweise der Herrschenden und die der Unterworfenen und Geknechteten.

Trotz seines binären Formats ist dieser Diskurs von erstaunlicher Flexibilität. Mehrfach wechselt er die weltanschaulichen Seiten. Zunächst findet er sich bei den Levellers und den Puritanern im revolutionären England der Jahre um 1630. Bereits ein halbes Jahrhundert später half er dem ins Hintertreffen geratenen Adel unter der Regentschaft von Louis XIV., die Bedeutung des juristischen Rechts- und Verwaltungswissens der Gerichte und der Kanzlisten zu untergraben. Der König sollte an seine historische Verpflichtung gegenüber dem Adel erinnert werden, nachdem strategisch wichtige Positionen von Klerus und Bourgeoisie übernommen worden waren. Foucaults Hauptgewährsmann ist Henri de Boulainvilliers (1658-1722), der für die adlige Opposition einen historischen Bericht entwarf, in dem er den Krieg zum »allgemeinen Analysefaktor der Gesellschaft« erhob (ebd.: 168). Boulainvilliers begab sich auf die Suche dem »Initialkonflikt und Kriegsknoten«, nach dem »grundlegenden Kampf« und »fundamentalen Schlachtenkern« (ebd.), der nicht nur alle weiteren historischen Kämpfe Frankreichs erklären würde, sondern vor allem die Privilegien des Adels rechtfertigen. Er vermutete diesen Initialkonflikt im Einfall der Franken in das römisch geprägte Gallien. Dieser historische Rekurs schien die Privilegien des französischen Adels zu rechtfertigen. Für Boulainvilliers lassen sie sich aus den Stammesprinzipien der siegreichen Invasoren-»Rasse« kriegerischer Germanen ableiten, von denen der französische Adel als Kriegerkaste abstammte.

In historischer Folge werden die Kampfmittel des historisch-politischen Diskurses immer wieder die Seiten wechseln. In den 20er Jahren des 19. Jahrhunderts sieht Agustin Thierry in der Französischen Revolution den Kulminationspunkt eines jahrhundertelangen Kampfes zwischen Siegern und Besiegten. Ohnehin, so Foucault, lasse sich die Idee von Revolution nicht von dieser Art Gegengeschichtsschreibung trennen.[16] Revolutionäre Praxis und Theorie bestünden immer in der Entdeckung und »Reaktivierung« (ebd.: 98) eines untergründigen Krieges. Der historisch-politische Diskurs kann also ohne Weiteres emanzipatorische Wendungen nehmen. Daran ist an sich nichts Überraschendes, ist er doch prinzipiell kritisch gegenüber den idealisierten Fundamenten der jeweils gegebenen Ordnung. Diese werden freilich nicht qua Rekurs auf eine noch höhere Ordnung oder ein noch tieferes Fundament kritisiert, etwa ein transzendentes Prinzip der Vernunft oder der Gerechtigkeit, sondern durch Offenlegung der wirklichen Fundamente, die letztlich, so wäre hinzuzufügen, gerade die Abwesenheit eines idealen und metaphysischen Fundaments bekunden. Es handelt sich um einen im politischen Sinn *realistischen* Diskurs,[17] der darauf abzielt, »unterhalb der Formen des Gerechten, wie es institutionalisiert wurde, des Geordneten, wie es oktroyiert wurde, des Institutionellen, wie es eingerichtet wurde, die vergessene Vergangenheit der wirklichen Kämpfe, der tatsächlichen Siege und der Niederlagen, die vielleicht verschleiert wurden, aber in der Tiefe erhalten blieben, zu bestimmen und aufzudecken« (ebd.: 74). Was Geltung beansprucht, muss in seiner Entstehung von *unten* her erklärt werden »mittels des Verworrensten, Dunkelsten, Ungeordnetsten, Zufälligsten« (ebd.: 72), mittels eines irrationalen »Gemischs aus Körpern, Zufällen und Leidenschaften«, eines »dunklen und manchmal blutigen Gewimmels« (ebd.: 73), auf dem sich eine prekäre Ordnung von brüchiger Rationalität erhebt, die uns glauben macht, mit ihrer Einrichtung wäre »der Lärm der Waffen verstummt« (ebd.: 67).

16 Typisch für diese Gegengeschichtsschreibung ist die von Foucault diagnostizierte Anlehnung an die biblische Exodus-Geschichte.

17 Man muss kaum betonen, dass dieser realistische Diskurs nicht notwendig historiographisch zuverlässige Ergebnisse hervorbringt.

7.5. Das Gewirr der Kämpfe und die Sublimierung des Krieges

Es ist offensichtlich, dass Foucaults genealogisches Projekt dieser breiten Traditionslinie des historisch-politischen Diskurses zugeordnet werden muss. Nur so erklärt sich der eigentümliche Umstand, dass ihm die historische Beschreibung gelegentlich zu einem Lobgesang auf den Krieg gerät. Zu Beginn seiner Vorlesung vom 28. Januar 1976 gesteht Foucault dies ein. Er stellt klar, dass er nicht alle Implikationen und Ausformungen des Diskurses, aber doch dessen Rolle als herrschaftskritische Gegengeschichtsschreibung habe loben wollen. Im Laufe des Semesters wird sich immer deutlicher zeigen, dass an den späteren hegemonialen Ausformungen des Diskurses – vor allem in der zweiten Hälfte des 19. Jahrhunderts – in der Tat wenig Lobenswertes bleibt. Denn die These der adligen Historiker vom »Rassenkrieg«, mit der man sich ursprünglich ja nur auf feindliche soziale Gruppen, das heißt siegende und besiegte »Nationen« innerhalb eines Landes bezogen hatte (Normannen vs. Sachsen, Römer vs. Gallier, Franken vs. Gallier), diese These wird im 19. Jahrhundert biologisiert. Die konstitutive Funktion des Krieges wird ins Medizinische und Biologische verlagert. Die Kriegshypothese mündet in die sozialdarwinistische Behauptung vom Überlebenskampf.[18]

Damit geht eine grundsätzliche Umstellung der Konfliktlogik einher: Ein gesellschaftlicher Binarismus wird überführt in einen biologischen Monismus. Für das 19. und schließlich das 20. Jahrhundert stehen nicht länger zwei »Rassen« in einem binären Machtkampf, sondern *eine* »Rasse« wird in eine Über- und eine Unterrasse ausdifferenziert (ebd.: 80). Es geht darum, wie vom Titel der Vorlesung angezeigt, die Gesellschaft – als *das Ganze* – gegen eine Unter- oder Gegenrasse zu verteidigen, die den Gesellschaftskörper aus seinem Inneren heraus zu zersetzen droht. Mit der Verwandlung des historisch-politischen Motivs eines binär und ursprünglich ganz unbiologisch gedachten »Rassenkampfs« in das Motiv der von allem Heterogenen gereinigten Gesellschaft entsteht der moderne Staatsrassismus. Reinigung wird zum Instrument der

18 Auch die Nationalismen des 19. Jahrhunderts, die nationale Emanzipation etwa gegenüber dem Habsburgerreich einforderten, werden von Foucault in dieser Linie verortet.

staatsrassistischen Homogenisierung von Gesellschaft. Das Kräftegewirr und die gegen sich selbst gerichteten »brodelnden Feindseligkeiten« des Gesellschaftskörpers werden gebündelt und gegen einen »mythischen Gegner« im Inneren gerichtet (ebd.: 305).

Mit der Diskussion des Staatsrassismus gegen Ende seiner Vorlesung hat sich Foucault in eine unbequeme Lage manövriert. Die Genealogie der Genealogie, mit der die Stichhaltigkeit des fundamentalen Kriegsprinzips getestet werden sollte, hat zutage gefördert, dass der historisch-politische Diskurs offenbar in den modernen Rassismus mündet. Wie wollte man da noch an der Kriegshypothese festhalten? Die Kriegshypothese lässt sich der Genealogie, wie sie Foucault vorschwebt, nicht länger unbedarft zugrunde legen. Dass Foucault ihre Komplizität mit dem Rassismus herausstellt, kann sogar als eine implizite Selbstkritik gelesen werden, insbesondere da er die linksradikalen Strömungen seines politischen Umfelds von der Kritik nicht ausnimmt. Denn der »Rassenkrieg« der frühen Historiker war im 19. Jahrhundert noch in einer zweiten Weise modifiziert worden: Neben der biologistisch-staatsrassistischen Modifikation entstand mit der These vom *Klassenkampf* eine weitere Abzweigung des historisch-politischen Diskurses.[19] Die Idee des Klassenkampfs konnte wiederum in sich unterschiedlich moduliert werden. Wo »Klasse« rein ökonomistisch abgeleitet wird, dort ist die Gefahr gering, dass rassistische Motive Eingang finden und die Klassenkampftheorie zum Doppelgänger des Staatsrassismus wird. Wo jedoch nicht ausschließlich ökonomisch argumentiert wird, wie etwa im Anarchismus oder im Blanquismus und der Commune, sei immer eine Tendenz zum Rassismus – zur Konstruktion eines mythischen Gegners – zu beobachten gewesen. Sofern die potenziell rassistischen Spielarten des Sozialismus und Anarchismus zum Vorbild der linken Proteste der 1960er Jahre wurden, werden auch sie von Foucaults Kritik getroffen. Aufmerksame Hörer Foucaults mussten 1976 diese Kritik auch auf sich selbst beziehen (Miller 1993: 291).[20]

19 Zum Beleg dieser Behauptung bezieht sich Foucault auf eine Briefmitteilung von Marx, er habe die Idee vom Klassenkampf bei den französischen Historikern, insbesondere bei Thierry, gefunden (Foucault 2001a: 99).

20 Es soll an diesem Punkt gar nicht beurteilt werden, inwieweit Foucaults Einschätzung historisch zutrifft. Der Antisemitismus vieler Anarchisten des 19. Jahrhunderts – bis hin zum Pogrom – ist unbestreitbar, genauso wie Foucaults Be-

Halten wir also fest, dass sich die Kriegsmetapher für Foucault wohl zu Recht als problematisch erwiesen hat. Unmodifiziert ist sie für heutige Gesellschaftstheorie kaum zu retten. Zwar rechnet Foucault dem historisch-politischen Kriegsdiskurs hoch an, dass er das Souveränitätsmodell, das gesellschaftliche Ordnung begründen sollte, unterlief. Aber der Pseudoradikalismus der Folgebehauptung, jede Grundlegung der Gesellschaft sei folglich kriegerisch, dieser Pseudoradikalismus wird Foucault selbst zunehmend suspekt. Das heißt noch lange nicht, dass damit Genealogie als solche hinfällig würde und mit ihr jede Perspektive, die Macht und Konflikt ins Zentrum sozialwissenschaftlicher Analyse rückt. Selbst wenn Foucault sich, wie es scheint, in eine Ecke manövriert hat, lässt er den polemologischen Ansatz nicht gänzlich fallen, sondern wählt eine andere Strategie: er führt ihn *sublimiert* weiter, und zwar in zweierlei Weise.

In einem ersten Schritt, der noch gänzlich innerhalb des Rahmens der Genealogie verbleibt, weist Foucault vor allem den Binarismus der klassischen Kriegshypothese zurück – und damit natürlich auch den Monismus ihrer rassistischen Abkömmlinge. Das konfliktorische Bild des Sozialen bleibt intakt. Aber an die Stelle der Kriegshypothese tritt die These von einem Wirrwarr von Konfliktlinien. Die eine Schlachtlinie, die für Vertreter der Kriegshypothese die Gesellschaft noch in zwei Teile, zwei »Rassen« oder Nationen innerhalb einer Nation trennte, wird in alle Richtungen ausfransen.[21] Es entstehen asymmetrische Konfliktlinien, die den sozialen Raum formen und die Machtverhältnisse modulieren. Interessanterweise findet Foucault in Boulainvilliers den historisch

obachtung, dass sich in Frankreich der Sozialismus vom Antisemitismus erst im Zuge der Dreyfus-Affäre entkoppeln konnte. Doch auch wenn all dies zutrifft, bedeutet es noch nicht, dass *jeder* nicht-ökonomisch argumentierte Begriff von Klassenkampf, wie Foucault suggeriert, *notwendig* mit Rassismus einhergeht. Tatsächlich werden wir im Postmarxismus einer weiteren Modifikation des historisch-politischen Diskurses begegnen, die unter dem Konzept des Antagonismus die Kriegshypothese auf ganz andere Art transformiert und über sie hinausgeht.

21 Gelegentlich präferiert Foucault die Kategorie der Schlacht, um das Gewirr zu beschreiben, das entsteht, sobald sich ein klares Freund-/Feind-Verhältnis in ein unübersichtliches Handgemenge auflöst. Besser als Krieg oder Kampf evoziere der Begriff der Schlacht den Aspekt des Unvorhersehbaren und Irregulären, wie Chevallier (2004: 49) anmerkt, der Foucaults Machttheorie ohnehin über den Begriff der Schlacht zu deuten vorschlägt.

ersten Fall einer solchen Modulation der Kriegshypothese. Der Aristokrat erscheint in Foucaults Porträt als Vorläufer Nietzsches und Gramscis. Als Erster habe er Geschichte als ein Kalkül der Kräfte und der Strategien analysiert. Die Analyse in dichotomen Begriffen von Siegern und Besiegten erweise sich als unhaltbar, sobald man die *Dynamik* von Kämpfen in Rechnung stellt:

> Ab dem Moment, da der Starke schwach wird und der Schwache sich stark macht, gibt es neue Oppositionen, neue Spaltungen, neue Verteilungen: Die Schwachen verbünden sich untereinander, bestimmte Starke suchen bestimmte Allianzen mit anderen. Was zum Zeitpunkt der Invasionen noch eine Art großer massiver Schlacht, Armee gegen Armee, Franken gegen Gallier, Normannen gegen Angelsachsen war – diese beiden großen nationalen Massen werden sich teilen und sich in vielfältige Kanäle verzweigen. Es wird also zu verschiedenen Kämpfen kommen, mit Frontverschiebungen, vorübergehenden Bündnissen, mehr oder weniger dauerhaften Gruppierungen [...]. (Foucault 2001a: 193f.)

Der Krieg verschwindet nicht, er sickert über vielfältige Strategeme in die sozialen Verhältnisse ein. Schon Boulainvilliers teilt das kriegerische Verhältnis »in tausend verschiedene Kanäle auf und läßt den Krieg als eine Art Dauerzustand zwischen Gruppen, Fronten und verschwiegenen Einheiten hervortreten, die sich gegenseitig zivilisieren, einander entgegentreten oder sich im Gegenteil miteinander verbünden« (ebd.: 194). Es sei dieser vervielfältigte Krieg, ja eher ein nicht endendes Schlachtengewimmel als ein Krieg, das nun den »gesamten Gesellschaftskörper und zugleich die gesamte Geschichte dieses Gesellschaftskörpers durchzieht« (ebd.: 195). Deshalb dürfen Begriffe wie Krieg oder Kampf nicht konkretistisch missverstanden, das heißt nicht zu wörtlich genommen werden. Sie sind latent in allen – auch scheinbar symmetrischen – Sozialverhältnissen aufgespeichert. Es ist keineswegs der Normalfall, dass sie sich in blutigen Zusammenstößen äußern.[22] Aus diesem Grund geht die Vervielfältigung des Krieges einher mit seiner Sublimierung. Man könnte sagen, soziale Verhältnisse sind in ihrer mannigfaltigen Gesamtheit nichts anderes als eine sedimentierte Form

22 Damit hatte dieser relativ obskure Historiker des Adels, so Foucaults erstaunliche Schlussfolgerung, die relationale Natur von Macht entdeckt: »Die Macht ist kein Eigentum, sie ist keine Potenz; die Macht ist immer nur eine Relation.« (Foucault 2001a: 200) Und diese Relation wird in Konflikten strategisch geknüpft und gelöst.

kriegerischer Verhältnisse. Bis hierher hat Foucault allerdings noch nicht die Kriegshypothese als solche fallengelassen, sondern nur deren Verkürzung auf ein binäres Gesellschaftsmodell kritisiert.

Mit einem zweiten Schritt verlässt Foucault den genealogischen Modellrahmen. Im Laufe der zweiten Hälfte der 1970er Jahre löst er seinen Machtbegriff von der Kriegshypothese. Machtbeziehungen sind nun anders zu denken. Zunächst entdeckt Foucault mit der Pastoralmacht in der Geschichte des Christentums ein Modell von Macht, das nicht auf Kampf und Konflikt, sondern – analog zum Verhältnis des Hirten zu seiner Herde – auf Sorge und Führung basiert. Dieses Modell setzt sich in den Polizeywissenschaften des 18. Jahrhunderts in Form der so genannten Gouvernementalität, das heißt in Form von Regierungstechnologien fort, die schließlich den gesamten sozialen Raum wie auch die einzelnen Subjekte infiltrieren (Lemke 1997; Bröckling et al. 2000). Diese Technologien bezwecken die Regulierung des Körpers der Bevölkerung (etwa mit dem Ziel der Seuchenkontrolle), weshalb Foucault auch von Bio-Macht spricht. Zugleich dienen sie der Steuerung des Verhaltens eines jeden Einzelnen. Und schließlich interessiert sich Foucault in seiner letzten Werkphase für die Möglichkeit der Konstruktion von Selbstverhältnissen. Die Frage nach der Macht transformiert sich hier zur Frage nach den Bedingungen der Herrschaft über sich selbst. In keiner dieser Varianten – Pastoralmacht, Biomacht, Gouvernementalität und Selbstsubjektivierung – wird von der Frage der Macht abgelassen. Gelöst wird die enge Verknüpfung dieser Frage mit der Kriegshypothese. Das bedeutet nun aber nicht, und dieser Punkt ist entscheidend, dass der Aspekt der Konfliktualität des Sozialen einfach ignoriert würde. Die Kriegshypothese lebt immer noch fort, wenn auch ein weiteres Mal in *sublimierter* Form, und zwar im Prinzip der *Agonalität.*

Das Prinzip sticht an Foucaults Analyse der Selbsttechnologien sofort ins Auge. Im zweiten Band von *Sexualität und Wahrheit* wird unter dem griechischen Konzept der *enkrateia* das Verhältnis des Subjekts zu seinen eigenen Lüsten beschrieben. Darunter ist die Gesamtheit jener Übungen zu verstehen, die es dem Subjekt erlauben, zu seinen Lüsten in ein Verhältnis der Beherrschung zu treten und sich nicht etwa von ihnen beherrschen zu lassen. Mit Bezug auf Platons *Nomoi* bezeichnet Foucault dieses Verhältnis als »agonistisch« (Foucault 1989: 87). Herkömmlicherweise wird es in Metaphern gefasst, die schwanken zwischen jenen des Krieges beziehungsweise einer »Schlacht um die Macht« (ebd.: 88), die eine »›polemische‹ Haltung sich selbst gegenüber« (ebd.) bedingt, und solchen des Wettkampfs und der »Kampfspiele« (ebd.: 89). Es handelt sich also um eine »agonistische Beziehung mit sich selber« (ebd.: 90), die in Analogie zum kriegerischen Verhältnis zwischen Staaten oder zum sportlichen zwischen Athleten gesehen wird. Nur dass sie in beiden Fällen nicht zu einer regellosen Schlacht verkommen darf, sondern als *agon* im Inneren des Subjekts zum Gegenstand gymnastischen Trainings gemacht werden muss. Wir haben es folglich mit der Sublimierung eines ungeregelten Antagonismus zu einem regelgeleiteten *agon* zu tun. Das ist umso interessanter, als die antiken Autoren eine klare Beziehung zwischen politischer Herrschaftsausübung im Haus und im Gemeinwesen herstellen. Nur eine Person, die in ein Herrschaftsverhältnis zu ihren eigenen Begierden treten kann, wird Herrschaft auch im *oikos* und in der *polis* ausüben können: »Im agonistischen Zweikampf mit sich selber und im Kampf um die Beherrschung der Begierden ist danach zu streben, daß das Verhältnis zu sich isomorph mit dem Herrschafts-, Hierarchie- und Autoritätsverhältnis wird, das man als Mann, als freier Mann, über seine Untergebenen herzustellen beansprucht.« (Ebd.: 110) Der soziale und politische *agon* wird in das Subjekt gleichsam hineingefaltet oder – je nach Perspektive – aus dem Subjekt herausgefaltet. Entlang dieser Achse der Agonalität scheint es möglich – so muss der späte Foucault verstanden werden –, Subjektivität und soziale Objektivität in einem Kontinuum zu verorten, und sei es das Kontinuum eines Möbius-Bandes.

7.6. Agonistik und Dialektik

Foucault macht also zwei Schritte über die Kriegshypothese hinaus. Zum Ersten vervielfältigt er noch innergenealogisch das binäre Kriegsverhältnis zu einer Mannigfaltigkeit von Kräfte- und Konfliktverhältnissen. Das Epizentrum dieser Bewegung stellt das Methodenkapitel aus *Der Wille zum Wissen* dar (Foucault 1983). Zum Zweiten überschreitet er den streng genealogischen Modellrahmen hin zur Gouvernementalität und schließlich zu den Technologien des Selbst. Allzu oft werden in der Rezeption die beiden Schritte gegeneinander ausgespielt, so als wäre das genealogische Projekt nach Aufgabe der Kriegshypothese endgültig gescheitert und der »genealogische Foucault« durch den späteren Foucault überwunden worden. Das ist nicht der Fall. Wir hatten betont, dass der späte Foucault das Problem der Macht nicht zu den Akten legt. Eher arbeitet er jene Aspekte von Macht heraus, die zu deren Einfaltung in das Subjekt beitragen – sei es durch gouvernementale, sei es durch selbstsubjektivierende Technologien. Genauso wenig wird das Thema der Konfliktualität des Sozialen fallengelassen. Zwar hat sich die Kriegshypothese in ihrer binären Fassung als untragbar erwiesen, aber das heißt nicht, dass Foucaults Sicht auf das Soziale harmonieselig geworden wäre. Wir haben es immer noch mit einer Vielheit von Konfliktverhältnissen beziehungsweise mit einem agonalen Selbstverhältnis zu tun. So wie die Genealogie nicht einfach die Archäologie ablöst, sondern die Machtbasiertheit alles Diskursiven betont, wird auch die Genealogie nicht einfach abgelöst. Foucaults Interesse an Macht und Konflikt bleibt bestehen, nur vom Pseudoradikalismus der frühen genealogischen Phase wird Abstand genommen.

Und dennoch drängt sich der Verdacht auf, dass mit der letzten Wende zur Agonistik eine wesentliche Einsicht, ein im guten Sinne radikales Moment der Genealogie verloren ging. Zwar hat Foucault zu Recht mit der Kriegsmetapher Schluss gemacht, aber die wahrhaft radikale, nämlich die ontologische Dimension von Konfliktualität wurde – und sei es nur als heimlich drängende Frage – gleich mitentsorgt. »Krieg« mag ein miserabler Platzhalter für diese ontologische Dimension sein – ein Platzhalter, der auf die falsche Fährte führt, weil er an ein binäres Spiegelverhältnis zwischen Freund und Feind denken lässt. Aber wird umgekehrt nur noch von entweder »ontischen« oder sublimierten Agonismen gesprochen, dann bleibt das gesellschaftstheoretische Potenzial des historisch-politischen Diskurses, in dem die Frage der Gründung und Grundlage des Gesellschaftlichen immer mitgelaufen war, unausgeschöpft. Mit Foucaults Erschrecken vor der eigenen Courage drohen Fragen der Grundlegung – die trotz seines Nominalismus die genealogische Phase für kurze Zeit heimsuchten – gänzlich verloren zu gehen.[23]

23 Dass sie für kurze Zeit zum Leitmotiv werden, drückt sich nicht zuletzt darin aus, dass Foucault nirgendwo sonst so nahe an politische Theorie herankommt, nie so sehr zum politischen Theoretiker wird wie in seinen Vorlesungen zur

Die Genealogie hatte das konfliktorisch-kontingente Fundament des Sozialen zu fassen bekommen, wenn auch nur in der pseudoradikal verunstalteten Variante von Zufall und Krieg. Diese Variante erwies sich als unhaltbar. Aber ist es eine günstige Strategie, sie bis zur Harmlosigkeit zu entschärfen?

Dass die Wette auf Sublimierung den genealogischen Blick zu einer Art Weichzeichner geraten lässt, dieser Verdacht war Foucault selbst gekommen. Bevor er die agonale Sublimierung des Kriegs in *Sexualität und Wahrheit II* anpries, hatte er sie am historischen Fall des Bürgertums noch kritisiert. Das aufgestiegene Bürgertum musste der permanenten Kriegsdrohung, die der historisch-politische Diskurs aussprach, begegnen – es musste das Schreckgespenst von der fundierenden Rolle des Krieges, das heißt vom Krieg als der »Grundlage« (Foucault 2001a: 255) von Gesellschaft wie Geschichte bannen. Hierzu erfand es sich den Universalismus. Die adligen Historiker des 18. Jahrhunderts hatten ja noch offen für die *Partialität* ihres Standpunkts argumentiert.[24] Sie hatten eine offen parteiische Position vertreten, für die Universalität keinen Wert darstellte. Dem revolutionären Bürgertum hingegen ist, wie Foucault am naheliegenden Beispiel von Sieyès zeigt, an der Universalisierung der eigenen Position gelegen. Indem sich der Dritte Stand im Zuge der Französischen Revolution mit *der* Nation als ganzer identifiziert, übernimmt er die alleinige Verantwortung für den Staat und die Zukunft des Gemeinwesens (ebd.: 263). Dabei steht er vor der Aufgabe der Pazifizierung des Gesellschaftskrieges – und das heißt: vor dem Problem der Sublimierung eines Kampfes, der die Gesellschaft zu spalten droht, in einen regelgeleiteten *agon*: »keine bewaffnete Auseinandersetzung mehr, sondern eine Anstrengung, eine Rivalität, ein Streben hin zur Universalität des Staates« (ebd.: 266). Militärische Konfrontationen sind nur noch die Ausnahme von einer Agonalität, die sich im Bereich der Ökonomie als Konkurrenz und

Kriegshypothese. Die frühen Vertreter verfemter Geschichtstheorien werden als erste moderne Gesellschaftstheoretiker beschrieben und zugleich als politische Theoretiker. Freilich betreiben sie politische Theorie in Form des historisch-politischen Diskurses, der dem juridisch-philosophischen Diskurs des Souveränitäts- und Vertragsdenkens entgegengesetzt ist – Letzteres der dominante Modus politischer Theoriebildung bis heute (man denke nur an Rawls als eine der zentralen Referenzfiguren heutiger Theoriebildung).

24 Nicht hingegen für dessen *Partikularität* – ein Begriff, der erst in Verbindung mit dem Gegenbegriff der Universalität Sinn machen wird.

in dem der Politik als Parteienstreit entfaltet, dies jedoch immer nur vor dem Hintergrund der alles überwölbenden, scheinbar neutralen Universalität des Staates. Die fundamentale Frage der Politik des 19. und des 20. Jahrhunderts wird Foucault demgemäß lauten: »Wie kann man einen Kampf in streng zivilen Begriffen verstehen?« (Ebd.: 267) Oder anders formuliert: Wie lässt sich ein kriegerisches Verhältnis in einen auf Universalität verpflichteten *agon* transformieren?

In dieser Zivilisierung des Kampfes könnte man auch einen Fortschritt sehen. Sublimierung ist – jedenfalls mit Freud gedacht – die notwendige Voraussetzung des Zusammenlebens. Als Ideologie hingegen, das heißt als Deckerzählung von der Harmonieseligkeit des Sozialen, verstellt sie den genealogischen Blick auf jene zutiefst parteilichen Macht- und Kräfteverhältnisse, für die der historisch-politische Diskurs noch ein Sensorium besaß. Ähnlich auf dem Gebiet der Philosophie beziehungsweise Theorie. Die bürgerliche Geschichtsphilosophie entschärft das polemologische Geschichtsverständnis des politisch-historischen Diskurses. In der Geschichte vermutet das Bürgertum einen Prozess der Entfaltung universeller Wahrheit, an dessen Ende alle Erinnerung an den grundlegenden Binarismus des Krieges ausgelöscht sein wird. Geschichte treibt auf einen Zustand der Versöhnung und des Gleichgewichts zu. Sublimierung operiert hier qua *Dialektisierung* des historisch-politischen Diskurses. Bei Hegel werden die kriegerischen Auseinandersetzungen, die dem Geschichtsprozess zugrunde liegen, zur Logik des Widerspruchs sublimiert. Mit dieser wird die Idee von der historischen Wirkungsmacht des Konflikts aber keineswegs rehabilitiert. Im Gegenteil, die Dialektik bringt den historisch-politischen Diskurs in die Form des philosophisch-juridischen:

> Im Grunde kodifiziert die Dialektik den Kampf, den Krieg und die Zusammenstöße in einer Logik, einer sogenannten Logik des Widerspruchs; sie integriert sie in den doppelten Prozeß einer Totalisierung und einer zugleich endgültigen, grundlegenden und auf jeden Fall irreversiblen Rationalisierung. Schließlich garantiert die Dialektik durch die Geschichte hindurch die Bildung eines universellen Subjekts, einer versöhnten Wahrheit und eines Rechts, in dem alle Partikularitäten letztlich den ihnen zugewiesenen Platz gefunden hätten. Die Hegelsche Dialektik und all jene Diskurse, denke ich, die ihr gefolgt sind, müssen [...] als von Philosophie und Recht betriebene Kolonisierung und autoritäre Befriedung eines his-

torisch-politischen Diskurses verstanden werden, der zugleich Feststellung, Ausrufung und Praxis des Gesellschaftskriegs war. (Ebd.: 77)

Die Abneigung gegen die Hegelsche Dialektik – einer »philosophisch und vielleicht politisch verordnete[n] Pazifizierung dieses bitteren und parteiischen Diskurses des fundamentalen Krieges« (ebd.) – teilt Foucault mit vielen anderen Strukturalisten und Poststrukturalisten, darunter Althusser und Deleuze. Dialektik erscheint ihm als eine Figur der »Souveränität des Selben« (Foucault 2002: 111), der jede Differenz untergeordnet werde. Durch die Instanz des Widerspruchs wird das Identische reinstituiert, nicht unterlaufen. Um das Differente zu befreien, so stimmt Foucault seinem Freund Deleuze zu, müssten wir uns vom Prinzip der Negation lossagen und die Differenz als solche bejahen. Wir dürften sie auf keinen tieferliegenden Widerspruch zurückführen. Diese Überlegung ist, wie alle Überlegungen, die ich in dieser Studie präsentiere, nicht nur von philosophischer Relevanz. Foucault bezweifelt nämlich die Nützlichkeit der Logik des Widerspruchs für den politischen Kampf. Wie kommt es, so klagt er, »dass man seit dem 19. Jahrhundert so beständig dazu neigte, die spezifischen Probleme des Kampfes und seiner Strategie mit der armseligen Logik des Widerspruchs aufzulösen?« (Foucault 2003: 548) Indem man Revolution und politischen Kampf in eine *logische* Form zwang, habe man die empirische Realität der Kämpfe ignoriert. So blieb in der marxistischen Tradition der Begriff des Klassenkampfs unterbestimmt. Obwohl ständig im Munde geführt, wurde, mit Ausnahme von Marx' historisch-politischen Analysen, immer nur nach dem Bestimmungsgrund von Klasse gefragt, nie nach dem des Kampfes (ebd.: 271, 352). Dem hält Foucault entgegen, man müsse in jedem Fall versuchen, »den Kampf zu denken, seine Formen, seine Ziele, seine Mittel, seine Verfahrensweisen, die sich nach einer Logik richten, die frei von sterilisierenden Zwängen der Dialektik wäre« (ebd.: 548). Hilfestellung sei hierfür weder von Hegel noch von Marx zu erwarten. Wenig überraschend spielt Foucault den Joker Nietzsche gegen das dialektische Blatt Hegels und der Marxisten aus. Nur Nietzsche hätte versucht, die Kämpfe als solche zu denken (ebd.: 602).

Foucault war also durchaus der Ansicht, dass mit der Sublimierung oder Logifizierung des Krieges – sei es zum *agon*, sei es zur Logik des Widerspruchs – eine radikale Einsicht der historisch-politischen Tradition verloren ging. Was war Foucaults Analyse der bürgerlichen Befriedungsordnung denn anderes als eine Kritik an Sublimierungsstrategien? Und was war sie anderes als eine Verteidigung der Kriegshypothese, mit der Foucault (ähnlich wie bereits Marx übrigens) die Universalitätsbehauptungen des Bürgertums auf dessen zutiefst parteiische Position zurückführte? Foucault ist Genealoge genug, um zu wissen, dass die Auseinandersetzungen, die der historisch-politische Diskurs als kriegerisch definiert hatte, durch Sublimierung nicht einfach aus der Welt zu schaffen sind. Sie rumoren am Grunde des Sozialen weiter. Denn das Gewimmel der Schlacht wird nicht von dialektischen Prinzipien gesteuert, das Archipel der Mächte nicht durch die Logik des Widerspruchs totalisiert. Der Begriff des Krieges mag aufgrund der binären Gesellschaftsauffassung, die er nahelegt, verfehlt sein. Aber die Sublimierung des Krieges zum *agon* ist, wie Foucault weiß, nicht weniger problematisch. Wieso verfolgt der späte Foucault dann die bürgerliche Strategie der Sublimierung?

7.7. Die plastische Negativität des Sozialen

Wenn Foucault in seinen späten Arbeiten selbst Zuflucht bei einer Agonistik suchen sollte, dann, so die Vermutung, weil ihn die Konsequenzen der Genealogie beängstigten. Die Genealogie war auf den Ab-Grund des Sozialen gestoßen, das heißt auf die Gleichursprünglichkeit von Konflikt und Kontingenz.[25] Nietzscheanisch konnte dies aber nur in Begriffen von Zufall und Krieg gedacht werden. Deshalb präsentierte sich Foucaults Genealogie als *Polemologie*. Ich habe dieses Projekt als pseudoradikal bezeichnet, weil es das Prinzip der Kontingenz mit der Zufälligkeit eines Würfelspiels verwechselt und das des Konflikts mit einer gigantischen Schlacht. Foucault sah sich selbst nicht in der Lage, das Projekt fortzuführen. In der Retrospektive schien es, als hätte die genealogische Methode auf einen bellizistischen Mythos gebaut.

25 Das heißt zugleich, dass Foucault demselben Phänomen auf der Spur war wie Durkheim, Adorno oder Dahrendorf, wenn sie von einer »Mauer« der Gesellschaft sprechen, an der man sich die Stirn wund stößt. Nur dass Foucault hinter dieser Mauer, oder an ihrem Fundament, den Lärm der Kämpfe um die Fixierung der sozialen Matrix vernommen hatte.

Allerdings: Verglichen mit einem funktionalistischen, organizistischen oder schlicht bürgerlichen Gesellschaftsideal ist selbst noch an diesem Mythos ein Fünkchen Wahrheit. Man darf nie vergessen, dass soziale Kämpfe ausgesprochen hässliche Formen annehmen können. Deshalb besaß die »Hypothese Nietzsches« neben analytischer und strategischer für Foucault wohl auch einfach provokative Funktion. Sie hält vor Augen, was sich hinter dem euphemistischen Bild verbirgt, das wir so gerne vom Sozialen zeichnen. Mag sie auch unhaltbar sein, immerhin bewahrt die These eine Ahnung von der durchaus physischen Brutalität sozialer Kämpfe und sozialer Ordnung. Wer seine Herrschaft durchsetzen und konsolidieren will, muss, wie Machiavelli wusste, Fuchs sein *und Löwe*. Antonio Gramsci hat auf genau diesen Januskopf jeder Ordnung hingewiesen: Herrschaft besteht immer aus Konsens *und Gewalt*, aus Hegemonie *und Zwang* (vgl. Kapitel II in diesem Band). Wir müssen uns deshalb die Frage stellen, ob das eigene Unbehagen an der Kriegshypothese nicht unserer Abwehr gegenüber dieser Faktizität des Sozialen geschuldet ist. Sind wir womöglich nicht bereit, den sozialen Gewaltverhältnissen ins Gesicht zu sehen, dem *factum brutum* nämlich all der vielfältigen Formen von Unterordnung, Unterwerfung, Repression, Ausschließung und Ausbeutung, wenn nicht sogar Austilgung? Foucaults Abkehr von der so genannten Repressionshypothese – also der Vorstellung, dass Macht repressiv und nicht vielmehr produktiv agiert – kann als ein Anzeichen interpretiert werden, dass er vor dieser Dimension des Sozialen zurückschreckt. Es wird sich wiederholen in seiner Wende zur Gouvernementalität und dem Studium vergleichsweise »sauberer« Regierungstechnologien statistischer Normalisierung und schließlich in seiner Wende zur Agonalität.

Das heißt nicht, dass die Entdeckung der Technologien der Gouvernementalität und des Selbst nicht sehr wohl gewinnbringend gewesen wäre. Mehr als das, es handelt sich in beiden Fällen um sozialtheoretische Durchbrüche, an denen eine postfundamentalistische Gesellschaftstheorie nicht vorbeikommt. Dasselbe kann von Foucaults Entdeckung der produktiven Dimension von Macht gesagt werden. Aber jeder Durchbruch kommt um einen Preis, jede Verschiebung der Perspektive erzeugt einen neuen toten Winkel – und hier ist es die plastische, das heißt die handgreifliche Negativität des Sozialen, die aus dem Blick gerät. Mit Durkheim und Adorno gesagt: die Gesellschaft erscheint nicht länger als ein *Ding,* an dem man sich die Stirne blutig stößt. Die Intuition vom Krieg, der in den Frieden hineinragt, wird vom Foucault der Pastoralmacht und vom Foucault der Ästhetik des Selbst dem Vergessen überantwortet. Gegen den Widerstand, der uns zur Sublimierung drängt, ist daran zu erinnern, dass jeder noch so friedlichen Ordnung ein Moment der Gewalt zugrunde liegt. Gewalt im wörtlichen, nicht im metaphorischen Sinne.

Gesellschaftstheorie müsste diese plastische Negativität des Sozialen erklären können. Sie müsste eine Antwort auf die Frage bieten, *weshalb* soziale Verhältnisse notwendig von Gewalt durchdrungen sind – schließlich kennen wir keine Gesellschaft, deren historische Ordnung nicht auf Gewalt gebaut wäre. Die nietzscheanische Antwort bleibt, da sie Gesellschaftstheorie verweigert, entweder zu konkretistisch oder zu metaphorisch. Zu konkretistisch, weil das positivistische Studium einzelner Kämpfe an die offenbar ontologische, das heißt gesellschaftliche Dimension von Negativität nicht heranreicht. Zu metaphorisch, weil die Metapher vom *bellum eternum* diese umgekehrt ins Mythische überhöht. Foucault selbst ist zerrissen. Einerseits möchte er sich auf die konkrete Analyse konkreter Kämpfe beschränken. Andererseits beschwört er immer wieder die fundierende Rolle der Schlacht und des Krieges in allen möglichen semantischen Varianten von Begriffen wie »Grund«, »Grundlegung«, »fundamental« etc. Aufgrund seines positivistischen Theoriedesigns ist er nicht willens, sich selbst wörtlich zu nehmen und Grundlegungsfragen anders zu bearbeiten als mit der mythischen Figur des Krieges, vor der er nur selbst zurückschrecken kann. So ist er nicht imstande, die sozialontologischen Implikationen seines polemologischen Machtbegriffs herauszuarbeiten. *Dass* es eine Verbindung zwischen Foucaults Begriff der Macht und Heideggers Begriff des Seins gibt, darauf hat vor allem Paul Rabinow wiederholt hingewiesen (Rabinow 2003). Weitgehend unbemerkt blieb aber jene *hantologische* Dimension von Foucaults Werk, die das soziale Sein an den Antagonismus bindet (wenn auch in der mythisch entstellten Form des Krieges). Will man diese Verbindung von sozialem Sein und Antagonismus wieder zutage fördern, wird man einen Weg einschlagen müssen, den Foucault verstellt hat.[26]

26 Erst vom Ende dieses Weges her wird es wieder möglich sein, auf Foucault zu-

Man muss auf die marxistische Tradition zu sprechen kommen, die als einzige auch nur ansatzweise erlaubt, die Radikalität des gesellschaftlichen Konflikts jenseits der Pseudoradikalität des Bellizismus zu denken.[27]

Diese Tradition »negativistischer Sozialphilosophie« (Liebsch et al. 2011) ist deutlich komplexer als Foucault nahelegt. Zu Recht kritisiert Foucault die Indienstnahme dialektischer Negativität durch ein bürgerliches Versöhnungsprojekt, wie es sich in Hegels Geschichtsphilosophie ausdrückt. Und doch ist es diese Tradition und keine andere, in der die Begriffe der Negativität und des Widerspruchs, vom deutschen Idealismus übernommen, bis zu einem Punkt radikalisiert wurden, an dem Negativität nicht mehr nur als plastisch-empirische und auch nicht als einfach »logische« (im Sinne der Dialektik) denkbar wurde, sondern als *ontologische*. Wird sich am Schluss sogar herausstellen, dass die beiden Formen von Negativität – die plastische der Kämpfe und die logische beziehungsweise ontologische des Antagonismus – miteinander verschränkt sind? Eines wird man jetzt schon sagen können: Nur die marxistische Traditionslinie – sofern wir sie postmarxistisch zu verstehen bereit sind – führt zu jenem Punkt, an dem die ontologische Grundlosigkeit des Sozialen nicht bloß intuitiv erahnt, sondern in Begriffen notwendiger Kontingenz und radikaler Konfliktualität in Gesellschaftstheorie übersetzt werden kann.

rückzukommen. Und zwar auf den Foucault, dessen Ontologie von Deleuze ausgebreitet wurde (vgl. Kapitel 13 in diesem Band).

27 Als einzige deshalb, weil die bürgerliche Tradition der Konflikttheorie in allen ihren Varianten vor den ontologisch radikalen Implikationen des Konfliktbegriffs dann doch zurückschreckt und ebenfalls ein Projekt der Sublimierung des Antagonismus zum Agonismus verfolgt.

8. Gesellschaft als antagonistische Totalität Negativität im Neomarxismus: von Adorno zu Althusser

8.1. Mit Marx am Strand, oder: Die ontologische Wette

Im August des Jahres 1880 erhielt Karl Marx während seiner Sommerfrische im englischen Badeort Ramsgate Besuch von einem Journalisten der New Yorker Zeitschrift *The Sun*. Der Journalist namens John Swinton war offenbar so sehr von der Begegnung mit dem berühmten Revolutionär beeindruckt, dass er kaum etwas Inhaltliches berichtete. Bevorzugt kolportiert werden Eindrücke vom marxschen Familienleben. Doch gegen Abend machen sich die Männer auf einen Strandspaziergang, und nach einer Stunde ausgelassener Unterhaltung nimmt Swinton seinen ganzen Mut zusammen und stellt eine Frage, auf die man nur von einem »Weisen« wie Marx eine zufriedenstellende Antwort erwarten darf – die Frage nach dem Grund des Seins beziehungsweise dem Sein überhaupt. Hier der Bericht:

> Over the thought of the babblement and rack of the age and the ages, over the talk of the day and the scenes of the evening, arose in my mind one question touching upon the final law of being, for which I would seek answer from this sage. Going down to the depth of language, and rising to the height of emphasis, during an interspace of silence, I interrogated the revolutionist and philosopher in these fateful words, »What is?« And it seemed as though his mind were inverted for a moment while he looked upon the roaring sea in front and the restless multitude upon the beach. »What is?« I had inquired, to which, in deep and solemn tone, he replied: »Struggle!« (Marx 1985 [1880]: 443)

Natürlich handelt es sich um einen apokryphen Marx. Wir wissen nicht, ob Marx damals die Frage nach dem letzten Gesetz des Seins tatsächlich mit dem Wort »Struggle!« beantwortet hat. Dennoch ist Swintons Text bemerkenswert. Er zieht seine Bedeutung aus der Frage nach der marxschen, wenn nicht überhaupt der marxistischen Ontologie, also der Lehre vom Sein in seiner Allgemeinheit. Swinton dürfte hierin das eigentlich Berichtenswerte gesehen haben. Darauf lässt schon der narrative Aufbau seines Berichts schließen: Swintons Huldigungen an den berühmten Denker und Revolutionär, ein nur indirekt und oberflächlich wiedergegebenes Interview, der pittoreske Bericht von einem Strandausflug mit Familie Marx, all dies hat ein Wort zum Fluchtpunkt, das als einziges im direkten Zitat wiedergegeben wird und den Text abschließt. Kampf, das »letzte Gesetz des Seins«, wird zum letzten Wort dieses merkwürdigen Reports – und es könnte durchaus Marx' letztes Wort zur Ontologie gewesen sein.

Aber etwas lässt stutzen. Von Marx hätte man nicht die Antwort »Struggle!« erwartet, sondern die Antwort »*class* struggle«. Wieso ist diese nähere Bestimmung verschwunden? Hat Marx selbst sich nach ein paar Gläsern Wein zur Mythisierung des Klassenkampfs zu einem Naturgesetz hinreißen lassen – zu einem herakliteischen Krieg im Herzen aller Dinge? Hat Swinton die »Klassen« unterschlagen, um seine Kolportage nicht allzu politisch schließen zu müssen? Oder handelt es sich um eine sozialdarwinistische Fehlinterpretation Swintons? Auf Letzteres könnte tatsächlich hindeuten, dass Swinton sich nicht in der Lage sah, seinen Bericht mit dem marxschen Orakel enden zu lassen, ohne einen allerletzten, kommentierenden Satz anzuhängen: »At first it seemed as though I had heard the echo of despair; but, peradventure, it was the law of life.« (Ebd.: 443) Swinton biologisiert den Kampf, den Marx selbst nie zum »Gesetz des Lebens« erhoben hätte. Klassenkampf ist das Gesetz aller Gesellschaft vor deren Befriedung im Kommunismus. Denn, wie man aus dem *Kommunistischen Manifest* weiß: »Die Geschichte aller bisherigen Gesellschaft ist die Geschichte von Klassenkämpfen.« (Marx/Engels 1972 [1848]): 462) Eine naturphilosophische oder sozialdarwinistische Deutung legt dieser Satz nicht nahe.

Trotzdem führt Swintons Bericht – gesetzt, wir verorten Kampf nicht im Sein der Natur, sondern in dem der Gesellschaft – ins Zentrum der marxistischen Problematik. Die Kolportage des einen Wortes, das auf einem Strandspaziergang fiel, hinterlässt eine Nahtstelle, an der der äußerste Rand des marxschen Werks dessen Zentrum berührt. Diese Marginalie führt uns direkt zur marxistischen Sicht auf das Sein: zur »kampfistischen Ontologie« (Lindner 2006: 156) des Marxismus. Das gesellschaftliche Sein in seiner Gesamtheit ist im Auge eines Marxisten durch den Klassenkampf bestimmt. Der Kontrast zwischen Kampf und Idylle, wie Swinton ihn journalistisch zeichnet, unterstreicht diesen ontologischen Charakter des Kampfes. In Swintons Szenerie gleitet der Blick über eine idyllische Strandszene mit spielenden Kindern und flanierenden Erwachsenen, nicht über rauchende Schlote und Demonstrationszüge von Arbeitern. Nicht nur in Streiks und Straßenkämpfen, so die Implikation, sondern noch in der größten Idylle herrscht für Marxisten Klassenkampf. Kein Ort der Gesellschaft ist von ihm unberührt: weder das Parlament noch der Badestrand, weder die Fabrik noch das Museum. Wer durch den Filter marxistischer Ontologie hindurch ein Gemälde betrachtet, sieht den Klassenkampf. Wer im Radio Nachrichten hört, hört den Klassenkampf. Wer eine universitäre Vorlesung besucht, besucht den Klassenkampf. Die Kinder am Strand spielen den Klassenkampf.

Das ist keineswegs so absurd, wie es vielleicht klingen mag. Man denke nur an Bourdieus Studien, die hinreichend deutlich gemacht haben, dass die Verteilung symbolischen Kapitals zur Reproduktion von Klassengrenzen beiträgt und diese Grenzen – in Form gegenseitiger Distanznahmen – bis in Habitus, sprachliche Färbung und körperliche Hexis eines jeden Einzelnen hineinreichen (Bourdieu 1987; vgl. auch Kapitel 9 in diesem Band).[1] Diese Grenzen mögen heute fließender und vor allem unscheinbarer wirken als noch im 19. Jahrhundert. Das heißt aber nicht, dass der Klassenkampf stillsteht. Denn bereits die Reproduktion – und nicht erst die Kontestation – der Grenzen *ist schon* Klassenkampf. Untergründige Formen des Klassenkampfs »sind weitgehend in die stummen Abläufe der gesellschaftlichen Verhältnisse eingelagert« (Demirovic 2008: 57). Sie bestimmen die Reproduktion der Ausbeutungsbedingungen genauso wie die Verteilung symbolischen Kapitals. Der Klassenkampf schließt »die gesamte Struktur einer Gesellschaft, die ökonomischen und politisch-staatlichen Verhältnisse als konkrete Formen der Herrschaftsausübung wie auch die Widerstandspraktiken der Arbeiterklasse ein« (ebd.: 59). Gesellschaft reproduziert sich *im Klassenkampf*.

Das ist die Wette des Marxismus – zumindest eine der Wetten (eines Marxismus). Sie besagt, dass der Klassenkampf auch dort

1 Wir werden in unserer Diskussion der Prekarisierungs- und Bewegungsgesellschaft auf weitere postmarxistische Ansätze zu sprechen kommen, die vom ontologischen Primat sozialer Kämpfe ausgehen.

ausgetragen wird, wo alles friedlich scheint.[2] Das verbindet sie mit der Kriegshypothese Foucaults und der »historisch-politischen« Tradition. Nicht umsonst rekurriert das *Kommunistische Manifest* auf Begriffe des historisch-politischen Diskurses, wenn Marx und Engels den Klassenkampf bezeichnen als »den mehr oder minder versteckten Bürgerkrieg innerhalb der bestehenden Gesellschaft« (Marx/Engels 1972 [1848]): 473). Nimmt man die These halbwegs ernst, verlangt sie nach einer gänzlich neuen Phänomenologie des Sozialen. Denn wenn die scheinbare Stillstellung des Klassenkampfs nichts anderes ist als der Klassenkampf selbst, der jederzeit wieder offen ausbrechen kann, dann werden auch Phasen trügerischer Stille von Unruhe bestimmt sein – von einem kaum merklichen Hintergrundrauschen der Kämpfe. Das theoretische Instrumentarium des Marxismus ist darauf geeicht, diese Unruhe zu registrieren. Mit den Kategorien von Derridas *Marx' Gespenster* gesprochen: Der Marxismus hat ein Sensorium entwickelt für die spektrale Anwesenheit des Abwesenden und also für die *Hantologie* des Klassenkampfs.[3]

Von daher erschließt sich der tiefere Sinn – wenn es denn einen gibt – des Leitspruchs von Mao Tse-Tung, der auch immer wieder gerne von Althusser zitiert wurde: »Nie den Klassenkampf vergessen!« Der etwas lächerlich wirkende Appell aus Zeiten der chinesischen Kulturrevolution kann durchaus als die allgemeinste Formel marxistischer Selbsterinnerung verstanden werden. Gerade in Phasen scheinbarer Befriedung tendiert man zur Verdrängung des Wissens um den ubiquitären Charakter des Klassenkampfs. Doch der trägt sich weiterhin aus. Wer das verdrängt, hat den Kampf verloren, bevor er überhaupt zu Ende ist. Dann wird es

2 Ganz so wie Foucault gezeigt und Deleuze unterstrichen hat, »daß das Gesetz sowenig ein Friedenszustand wie das Resultat eines gewonnenen Krieges ist: es ist der Krieg selbst« (Deleuze 1992: 46). Umgelegt auf die Problematik des Marxismus lässt sich paraphrasieren: Die scheinbare Stillstellung des Klassenkampfs ist der Klassenkampf selbst.

3 Derrida (1996) arbeitet die spektrale Heimsuchung der marxschen Ontologie insbesondere anhand der gespenstischen Natur des Warenfetischismus, nicht an jener des Klassenkampfs heraus. Dabei übersieht er, dass die hantologische Natur des Klassenkampfs der anwesend-abwesenden Ubiquität der Wirkungen dieser seltsamen Instanz geschuldet ist – und nicht nur seiner historischen Inkarnation, dem Gespenst des Proletariats, das umgeht in Europa. In dieser Hantologie des Klassenkampfs steckt potenziell eine ganze Gesellschaftstheorie.

den siegreichen Klassen gelungen sein, den Kampf, der zur Reproduktion ihrer hegemonialen Stellung erforderlich ist, vergessen zu machen. Wenn aber andererseits dieser Kampf unabstellbar ist, dann wird er sich dennoch immer wieder aufs Neue in Erinnerung rufen. Keine Hegemonie ist total, kein Vergessen endgültig. Die gesellschaftstheoretische Relevanz der marxistischen Wette auf den Klassenkampf liegt auf der Hand: Sofern der Klassenkampf selbst in Abwesenheit präsent bleibt, wird er seine Spuren durch jede noch so idyllische Ordnung ziehen. Die Gesellschaft ist der Arbeit einer anwesend-abwesenden Instanz unterworfen, einer Instanz, deren Wirkungen sie zugleich verdrängt. Gesellschaft wird folglich durch die Erfahrung des Unheimlichen gehen. Das heißt, sie wird Momente erfahren, in denen sich der vergessene Klassenkampf, als solcher unkenntlich, in verschobener Form bemerkbar macht. Den Klassenkampf nicht vergessen, das hieße dann aufmerksam bleiben gegenüber seinen Spuren: den Erinnerungsfetzen vergangener und gegenwärtiger Kämpfe, die durch die Deckerzählung vom sozialen Frieden geistern.

8.2. Die marxistische Suche nach Fundamenten

Offensichtlich ist es nicht nur die bürgerliche, »idealistische« Philosophie, die dem Wunsch nach Vergessen des Klassenkampfs nachgibt. Wenn sich der Marxismus den eigenen Grundbegriff immer wieder in Erinnerung rufen muss, dann weil er selbst vor dem Spuk des Klassenkampfs Reißaus nimmt. Letztlich wird die Wette auf den Klassenkampf in den eigenen Reihen unterbunden. Der Name dafür ist Ökonomismus, die marxistische Version einer fundamentalistischen Ontologie. Selbst Marx konnte seiner abendlichen Intuition von Ramsgate nicht treu bleiben. Das bezeugt jene bekannte Passage aus dem Vorwort zur *Kritik der politischen Ökonomie*, in der eine ganz andere, ja gegenläufige Bestimmung des gesellschaftlichen »Seins« geliefert wird:

> In der gesellschaftlichen Produktion ihres Lebens gehen die Menschen bestimmte, notwendige, von ihrem Willen unabhängige Verhältnisse ein, Produktionsverhältnisse, die einer bestimmten Entwicklungsstufe ihrer materiellen Produktivkräfte entsprechen. Die Gesamtheit dieser Produktionsverhältnisse bildet die ökonomische Struktur der Gesellschaft, die re-

ale Basis, worauf sich ein juridischer und politischer Überbau erhebt, und welcher bestimmte gesellschaftliche Bewußtseinsformen entsprechen. Die Produktionsweise des materiellen Lebens bedingt den sozialen, politischen und geistigen Lebensprozeß überhaupt. Es ist nicht das Bewußtsein der Menschen, das ihr Sein, sondern umgekehrt ihr gesellschaftliches Sein, das ihr Bewußtsein bestimmt. (Marx 1961 [1859]: 8 f.)

In dieser Passage hat man immer wieder den Höhepunkt des marxistischen Determinismus und Ökonomismus ausgemacht. Hier besteht das gesellschaftliche Sein in der »Produktionsweise des materiellen Lebens«. Es ist die ökonomische »Basis« der Gesellschaft, die das »Bewusstsein« und den ideologischen Überbau determiniert. Mag das Bild auch dadurch kompliziert werden, dass die ökonomische Basis ihrerseits gesellschaftlich erzeugt wurde, so bildet sie dennoch das stabile Fundament, auf dem sich der Rest der Gesellschaft erheben kann. Schon die konventionelle Metapher vom Gebäude ist fundamentalismustypisch, das einseitige Bedingungsverhältnis zwischen Sein und Bewusstsein macht sie darüber hinaus deterministisch. Es liegt auf der Hand, dass sich diese Ontologie nicht mit der Hantologie des verallgemeinerten Klassenkampfs zur Deckung bringen lässt. Und das aus zumindest zwei Gründen: Zum Ersten ist der Ort des Kampfes nun der politische Überbau. Kampf wird zum Epiphänomen degradiert und ist nicht mehr auf Ebene des »Seins« lokalisiert. Zum Zweiten ist nicht der Klassenkampf die eigentliche Triebkraft gesellschaftlicher Veränderung, sondern ein rein ökonomischer Widerspruch, der sich mit naturgesetzlicher Gewissheit auf das prädestinierte Ziel der Selbstabschaffung des Kapitalismus hin entfaltet. Das geht aus den anschließenden Sätzen hervor:

Auf einer gewissen Stufe ihrer Entwicklung geraten die materiellen Produktivkräfte in Widerspruch mit den vorhandenen Produktionsverhältnissen oder, was nur ein juristischer Ausdruck dafür ist, mit den Eigentumsverhältnissen, innerhalb derer sie sich bisher bewegt hatten. Aus Entwicklungsformen der Produktivkräfte schlagen diese Verhältnisse in Fesseln derselben um. Es tritt dann eine Epoche sozialer Revolutionen ein. Mit der Veränderung der ökonomischen Grundlage wälzt sich der ganze ungeheure Überbau langsamer oder rascher um. In der Betrachtung solcher Umwälzungen muß man stets unterscheiden zwischen der materiellen, naturwissenschaftlich treu zu konstatierenden Umwälzung in den ökonomischen Produktionsbedingungen und den juristischen, politischen, religiösen, künstlerischen oder philosophischen, kurz, ideologischen Formen, worin sich die Menschen dieses Konflikts bewußt werden und ihn ausfechten. (Ebd.: 9)

Marx behauptet an dieser wohlbekannten Stelle, dass innerhalb einer gegebenen Produktionsweise (wie der des Feudalismus oder des Kapitalismus) ein Widerspruch auftritt, der sich sukzessive verschärft. Er entfaltet sich zwischen den Produktivkräften, zu denen neben der Arbeitskraft vor allem die technologischen Produktionsmittel zählen, und den Produktionsverhältnissen, die im Besonderen das Eigentum an den Produktionsmitteln betreffen (im Kapitalismus zum Beispiel sind die Arbeiter vom Eigentum an den Produktionsmitteln, mit denen sie umgehen, abgeschnitten). Mit voranschreitender Entwicklung werden die Produktivkräfte irgendwann die beharrende Struktur der Produktionsverhältnisse sprengen – eine Annahme, die vor dem Horizont enormen technologischen Fortschritts, wie ihn das 19. Jahrhundert sah, nicht unrealistisch schien. Soziale Revolutionen sind folglich das Resultat eines zur Explosion gekommenen Widerspruchs *innerhalb* der »ökonomischen Grundlage« – ein Widerspruch, der den politisch-juridischen ideologischen Überbau mit bedingt. Klassenkämpfe drücken ökonomische Verwerfungen aus, die ihrerseits, daran lässt Marx keinen Zweifel, einer quasi-naturgesetzlichen Entwicklung gehorchen. So betrachtet wären Klassenkämpfe nicht viel mehr als Spiegelfechtereien, in denen der wirklich grundlegende Widerspruch zwischen Produktivkräften und Produktionsverhältnissen wie im Marionettenspiel ausagiert wird.

Die Operation des Ökonomismus scheint eindeutig: Der ubiquitäre Spuk der Kämpfe wird auf den tieferen Grund der Ökonomie zurückgeführt.[4] *Hantologie* wird zu Ontologie. Zwar ist nach wie vor das Ausmaß strittig, in dem Marx der Versuchung des Determinismus nachgab, aber unzweifelhaft erkennt man an dieser wie an anderen Stellen einen Marx, für den soziale Kämpfe objektiven Gesetzen gehorchen. Die Akteure der Kämpfe, Klassen, sind letztlich durch ihre Stellung im Produktionsprozess, das heißt ökonomisch bestimmt. Und obendrein bleiben Richtung und

4 Und damit auf einen »Grund des Grundes«. Eine Fundierung, die der Postfundamentalismus mit Heidegger – dem zufolge es keinen Grund des Grundes geben kann – zurückweisen würde.

Ausgang ihres Kampfes durch ökonomische Zwangsgesetze determiniert.[5] Marx sagt die zunehmende Proletarisierung immer größerer Bevölkerungsgruppen voraus, die notwendig zur Revolution und in die klassenlose Gesellschaft führen werde. Der politische Subjektivismus des sozialen Kampfes wird damit rückgebunden an den Objektivismus einer ökonomischen Gesetzmäßigkeit, die der universalen Klasse des Proletariats die historische Gewinngarantie ausspricht. Die Geschichte (beziehungsweise »Vorgeschichte«) der Menschheit ist nur das Intervall zwischen der Vergangenheit des Urkommunismus und der Zukunft einer klassenlosen Gesellschaft, das heißt einer endgültig befriedeten Welt, die weder vom Klassenkampf noch von ökonomischen Widersprüchen zerrissen wird.

8.3. Figuren der Negativität bei Kant und Hegel

Die Operation des Ökonomismus scheint also eindeutig: Fundierung der Klassen im Produktionsprozess, Überwindung des Klassenkampfs aufgrund objektiver Zwangsgesetze. Aber sie krankt am eigenen Lösungsvorschlag. Denn als Fundament kann die ökonomische »Basis« nur um den Preis der Instabilität wirksam werden. Sicher ist der Ökonomismus darum bemüht, das Reich der Ökonomie durch positive Gesetze zu bestimmen (und *Das Kapital* ist letztlich der Versuch, diese Gesetze zu systematisieren), aber zum Kausalgrund historischer Entwicklung wird Ökonomie aufgrund eines fundamentalen Widerspruchs, oder mit Hegel: aufgrund der »Arbeit des Negativen« (Hegel 1999a [1807]: 18). Marx' Begriff da-

5 Das geht unmissverständlich aus einem Brief hervor, in dem Marx seine Innovation weder in der Entdeckung der Klassen noch in der des Klassenkampfs sehen mochte, sondern im dreifach gelungenen Nachweis, dass erstens »die *Existenz der Klassen* bloß an *bestimmte historische Entwicklungsphasen der Produktion* gebunden« sei, dass zweitens »der Klassenkampf notwendig zur *Diktatur des Proletariats* führt« und dass drittens »diese Diktatur selbst nur den Übergang zur *Aufhebung aller Klassen* und zu einer *klassenlosen Gesellschaft* bildet« (Marx 1987 [1852]): 507 f.). An anderen Stellen, vor allem in seinen historisch-politischen Analysen, begegnet man hingegen einem Marx, für den Klassenkämpfe einer wesentlich kontingenteren Logik gehorchen. Diese Ambivalenz im marxschen Werk ist immer wieder registriert worden, wobei die Geschichte des Marxismus immer eher zur ökonomistischen Seite hin ausgeschlagen hat.

für ist *Antagonismus.* Er dient ihm gerade nicht zur Bezeichnung des Klassenkampfs. Antagonismus benennt nicht den Widerspruch auf der Ebene des politischen Überbaus, sondern den zwischen Produktivkräften und Produktionsverhältnissen innerhalb der ökonomischen Basis.[6] Liest man das letzte, etwas weiter oben angeführte Zitat genau, dann ist es nämlich nicht der unaufhaltsame, vor allem technologische Fortschritt der Produktivkräfte, der, für sich genommen, die Geschichte antreibt. Noch ist es, für sich genommen, die Beharrlichkeit sozialer Produktionsverhältnisse, die sie bremst. Es ist vielmehr die *Diskrepanz* zwischen beiden – ihre, mit Lyotard gesprochen, notwendige Inkommensurabilität –, die zu explosionsartigen Sprüngen führt, mit denen eine Produktionsweise in eine andere wechselt.

Welch seltsames Fundament, das in einer reinen Inkommensurabilität besteht. Das »gesellschaftliche Sein« (die ökonomische Basis) gibt keinen positiven Grund für Klassenkämpfe ab, sondern scheint seinerseits in einer Instanz der Negativität zu gründen. Damit diese Instanz dennoch fundierende Wirkung entfalten beziehungsweise zum Grund des Grundes werden kann, muss Marx sie bändigen. Er tut dies, indem er der Triebkraft des Antagonismus eine Richtung gibt. Dem Kontingenzgrund des Sozialen werden die Fesseln historischer Notwendigkeit angelegt. Wie sonst ließe sich die Gewinngarantie, die dem Proletariat ausgesprochen wurde, aufrechterhalten? Deshalb hält Marx an den beiden Seiten des hegelschen Widerspruchs, dem Vorbild des ökonomischen Antagonismus, fest: der Seite der Negativität *und* der Seite der Teleologie. Ist der marxsche Antagonismus Antriebsmoment eines dialektischen Prozesses, der kraft Negativität auf ultimative Versöhnung zusteuert, so treiben schon bei Hegel Widersprüche einen Prozess an, dessen Stufen vorherbestimmt sind (das heißt in keiner anderen Weise aufeinander abfolgen könnten) und der in die Synthesis der Systemtotalität mündet. Diese kann nie durch die einzelnen Widersprüche, die sie zur Entfaltung bringen, infrage gestellt werden. Es gibt keinen Widerspruch, der sich am Ende aller Tage nicht lösen würde. Wie prekär diese theoretische Konstruktion ist, zeigt

6 Wie Balibar unterstreicht, legt Marx »bis in seine Terminologie hinein größten Wert darauf, diese beiden Formen des Widerspruchs genau zu unterscheiden: Auf der einen Seite den *Klassenkampf*, auf der anderen den *Antagonismus* zwischen Produktivkräften und Produktionsverhältnissen.« (Balibar 1972: 271)

sich daran, dass ein einfacher chirurgischer Eingriff genügt, um sie zum Einsturz zu bringen. Denn was geschähe, durchschnitte man das dünne Band, das den Antagonismus an die Geschichtsmetaphysik bindet? Jede Erhebung in den gnadenreichen Zustand sozialer Harmonie wäre verunmöglicht. Die Wirkungen radikaler, das heißt nicht weiter gründbarer Negativität wären freigesetzt, Widerspruch und Antagonismus nicht länger von einem höheren Prinzip der Notwendigkeit gefesselt.

Die Geschichte des Spät- und Postmarxismus – von Adorno über Althusser bis Laclau und Mouffe – ist von immer wieder neuen Versuchen geprägt, die Instanz der Negativität von jeder Notwendigkeitslogik zu entkoppeln und der Arbeit des Negativen Raum zu geben. »Antagonismus« wurde schrittweise von einem Notwendigkeits- zu einem Kontingenzbegriff umgebaut. Immer weniger galt er den spät- und postmarxistischen Ansätzen, soweit sie sich dem Griff des Ökonomismus entwinden wollten, als Name einer tieferen ökonomischen Objektivität, bis er schließlich zum Synonym des ungründbaren Grunds der Negativität wurde. Auch wenn spät- und postmarxistische *Hantologen* an manchen Stellen von der Ontologie des Ökonomismus eingeholt werden, stellen sie doch das Inkommensurabilitätsmoment von Gesellschaft in den Vordergrund. Antagonismus wird ihnen zum Namen des »Seins« der Gesellschaft, das genau in der Unmöglichkeit eines Seins fundamentalistischen Zuschnitts besteht. Die postfundamentalistische Wende erforderte freilich eine intensive Auseinandersetzung mit Hegels negativistischem Denken. Eine Auseinandersetzung, die übrigens ganz ähnlich bereits von Heidegger geführt worden war, der Hegel vorgeworfen hatte, er würde das Fragwürdige an Negativität ignorieren und damit Negativität entschärfen: als »*ab*-solute« und »*un*-bedingte« müsse die hegelsche Philosophie »in einer eigentümlichen Weise die *Negativität in sich schließen*, und das heißt, doch im Grunde *nicht ernst* nehmen« (Heidegger 2009: 24). Auch wenn Hegel auf halbem Wege stehen blieb, wurde er doch zu einer wesentlichen Referenzfigur auch der Spät- und Postmarxisten, die sich ihm gegenüber zu positionieren hatten.

Allerdings ist, blickt man heute auf diese Debatten, ein geistesgeschichtliches *caveat* erforderlich. Es würde historisch zu kurz greifen, die moderne Entwicklung eines Begriffs radikaler Negativität erst von Hegel herzuleiten. Dass radikale Negativität überhaupt philosophisch formulierbar wurde, haben wir nicht Hegel zu verdanken, sondern Kant.

Zunächst wird man an Kants wortwörtlichen Gebrauch des Begriffs »Antagonism« in seiner *Idee zu einer allgemeinen Geschichte in weltbürgerlicher Absicht* denken. Hinter der zunehmenden Verrechtlichung des Verhältnisses von Staaten zueinander vermutet Kant den Motor eines grundlegenden, von ihm in die Natur selbst verlagerten Konflikts – der »ungeselligen Geselligkeit« der Menschen:

> *Das Mittel, dessen sich die Natur bedient, die Entwicklung aller ihrer Anlagen zu Stande zu bringen, ist der Antagonism derselben in der Gesellschaft, so fern dieser doch am Ende die Ursache einer gesetzmäßigen Ordnung derselben wird.* Ich verstehe hier unter dem Antagonism die *ungesellige Geselligkeit* der Menschen; d.i. den Hang derselben, in Gesellschaft zu treten, der doch mit einem durchgängigen Widerstande, welcher diese Gesellschaft beständig zu trennen droht, verbunden ist. (Kant 1983c [1784]: 37 [A 392])

»Antagonism« wird Kant zum Namen einer »gegenstrebigen Fügung« (Taubes 1987) zwischen Geselligkeit und Ungeselligkeit. Trotzdem stellt dieser Begriff von »Antagonism« noch keine allzu bedeutsame Innovation dar, was die Idee *radikaler* Negativität betrifft. Thesen von der Fruchtbarkeit des Konflikts, darauf hat unter anderem Norberto Bobbio (1990: 21-24) hingewiesen, sind für das liberale Denken insgesamt typisch – Adorno (1972: 181) bezeichnet sie sogar als »urliberal«.[7] Darüber hinaus erkennt man in Kants »List des Konflikts« bereits den Kern des Versöhnungsprojekts, das Hegels und Marx' Geschichtsphilosophie bestimmen wird. Der Antagonismus fungiert als positiver Wirkgrund einer gesetzmäßigen künftigen Weltordnung.

Einen Begriff radikaler Negativität, der über die liberalismustypische Vorstellung von der »positiven Funktionalität« von Konflikt als Konkurrenz hinausgeht, wird man bei Kant nicht finden, wo er vom Antagonismus spricht, sondern an ganz anderer Stelle – in seiner Antinomienlehre aus der *Kritik der reinen Vernunft*, an der der junge Hegel der Jenaer Zeit sein Konzept des dialektischen Widerspruchs entwickelte. Die kantische Antinomie – die unauflösbare

7 Im Horizont des Liberalismus bleibt Kant auch, wenn er die »ungesellige Geselligkeit« in einer naturgegebenen Tendenz von *Individuen* verortet. So betrachtet, entspricht sein Modell dem für den Liberalismus typischen Konkurrenzmodellen.

»Gegengesetzlichkeit« zwischen einer Thesis und deren Antithesis – ist das Vorbild des modernen Prinzips radikaler Negativität. Das ist umso relevanter, als Kant in seiner Diskussion der mathematischen Antinomien unsere Diskussion der Unmöglichkeit einer sinnvollen Rede vom Gesellschaftsganzen vorwegnimmt, und zwar in Form der Frage nach der Möglichkeit von Aussagen über das Weltganze. Kant widerlegt das Unternehmen der so genannten rationalen Kosmologie, jener traditionellen metaphysischen Teildisziplin, die darauf aus war, alle erfahrbaren Erscheinungen zu einer integralen Totalität (der Welt) zu synthetisieren, indem er die antinomische Struktur eines jeden Versuchs der Vernunft, ein solchermaßen Unbedingtes zu denken, aufweist. Kant will dabei unter anderem zeigen, dass die Vernunft ganz von selbst, ja sogar mit Notwendigkeit die metaphysische Thesis von einer absoluten Einheit der Welt hervorbringt, was allerdings nichts beweist, da sich mit gleichem Recht deren Antithesis formulieren lässt. Zwar entkommen wir dem metaphysischen Bedürfnis nicht, doch zerstört die kantsche Antinomienlehre unsere Sicherheiten in Bezug auf ein Absolutes, das heißt auf einen ersten Anfang, eine Totalität der Welt, eine Kausalität aus Freiheit oder ein notwendiges Wesen.

Jedenfalls wurde sie historisch so rezipiert. Indem Kant, von seinen Zeitgenossen zum »Alleszermalmer« stilisiert, die Selbstwidersprüchlichkeit der Suche nach einem ersten Prinzip beweist, entzieht er dem metaphysischen Fundamentalismus klassischer Prägung den Boden.[8] Hegel hat dies nicht anders gesehen. Auch in seinen Augen bewirkt die Antinomienlehre den Zusammenbruch aller früheren Metaphysik. Allerdings war Kant nicht weit genug gegangen, hatte er sich doch darauf beschränkt, die antinomische Struktur der vier Kategorien (Quantität, Qualität, Relation und Modalität) aufzuweisen. Bei Hegel besteht hingegen *jede* Kategorie seines Systems aus einander entgegengesetzten Momenten. Ja mehr

8 Bekanntlich hat Kant nicht an den Konsequenzen seiner Antinomienlehre festgehalten, sondern war wiederum um eine vernunftgemäße Auflösung und moralische Wendung der Antinomien bemüht. Adorno hat diese fundamentalistische Wendung aus Sicht seiner eigenen negativistischen Philosophie scharf zurückgewiesen: »Antipositivistisch war Kants Geständnis, daß die Vernunft notwendig in jene Antinomien sich verwickle, die er dann mit Vernunft auflöst. Dennoch verschmäht er nicht den positivistischen Trost, daß man in dem schmalen Bereich, den die Kritik des Vermögens der Vernunft dieser übriglasse, sich einrichten könne, zufrieden mit dem festen Boden unter den Füßen.« (Adorno 1975: 375)

noch, jede Seite der Antinomie – Thesis wie Antithesis – enthält in sich bereits die jeweils andere Seite, also ihr Gegenteil. Ein Moment innerer Zerrissenheit liegt daher jedem einzelnen Begriff zugrunde und treibt ihn über sich hinaus. Geschmälert wird die Radikalität dieses Prinzips nur durch dessen Zweckbindung an Hegels Identitätsphilosophie: »Auf der einen Seite macht der Hegelianismus die Negativität zum konstitutiven Element aller Identität – zur Unmöglichkeit jeder Identität, einfach in sich selbst zu ›beharren‹. Aber auf der anderen Seite involviert diese Bewegung des Negativen keinerlei Kontingenz, denn sie findet ihre letzte Identität im System.« (Laclau 1990: 205) Jeder einzelne Schritt in der Entfaltung des Systems ist immer schon vom Ende des entfalteten Systems her determiniert und kann vom Philosophen daher nur *ex post* rekonstruiert werden.[9] Das heißt zugleich, dass ein System nur System ist als Totalität, der nichts entkommt, weshalb für Hegel nur das Ganze das Wahre ist. Dennoch stützt sich die Entwicklung des Ganzen auf kein positives Prinzip, sondern auf die Arbeit des Negativen.

Trotz der weitgehend auf Hegel fokussierten marxistischen Debatten sollte man Hegels Negativismus nicht als solitäre Position missverstehen. Ausgehend von Kant waren Frühromantik und deutscher Idealismus – also keineswegs nur Hegel, sondern auch Fichte, Hölderlin, Schlegel, Novalis und andere, zwischen denen die verschiedensten Versionen von Widerspruch, Paradox und Antinomie kursierten (vgl. Arndt 2009) – gewissermaßen kollektiv zu einer Idee von radikaler Negativität vorgestoßen, die, politisiert durch den Junghegelianismus, den Antagonismusbegriff bis in unsere Tage maßgeblich bestimmen sollte. In Reaktion auf die Erfahrung der Abwesenheit eines letzten Fundaments, die die Moderne kennzeichnet, das heißt unter anderem angesichts der immer stärkeren Ausdifferenzierung in soziale Funktionssysteme, der Anfänge der Staatsbürokratie, der Pauperisierung immer breiterer Sektoren der Bevölkerung, der Erfahrung der Französischen Revolution, des sozialen Konflikts und der Möglichkeit eines durchaus praktischen Ausgangs aus der selbstverschuldeten Unmündigkeit hatte man Fragmentierung und Spaltung zum Gegenstand theoretischer Reflexion erhoben. Zugleich wurden all die paradoxen Negativitätsfiguren, die man mit unglaublicher Kreativität erson-

9 Weshalb Hegel auch notwendig das Ende der Geschichte behaupten muss, da seine Rekonstruktion ansonsten wertlos wäre.

nen hatte, immer stärker auf Versöhnung, Identität und System getrimmt. Das radikale Moment an Negativität – rückverweisend auf die Erfahrung der ultimativen Ungründbarkeit des Sozialen – musste philosophisch eingefangen werden. Am Ende der Entwicklung wurde im Marxismus der »Kampf der Gegensätze« dem Patronat »objektiver Entwicklungsgesetze« unterstellt. Konflikt war von einer negativistischen Figur der Kontingenz zu einer der Notwendigkeit geworden. Vor diesem Hintergrund erklärt sich, weshalb den spät- und postmarxistischen Ansätzen, die sich vom Notwendigkeitspostulat trennen mussten, »Antagonismus« nicht länger als Name einer tieferen ökonomischen Objektivität gelten konnte und umgekehrt zum Synonym des ungründbaren Grunds der Negativität wurde.

Fassen wir so weit zusammen: Die moderne politisch-philosophische Konzeption radikaler Negativität entwickelte sich, lässt man ihre vielfältigen Variationen einmal beiseite, entlang der Begriffsreihe *Antinomie–Widerspruch–Antagonismus* beziehungsweise entlang der Autorenreihe Kant–Hegel–Marx. Innerhalb dieser Reihe erfuhr sie freilich so lange keine postfundamentalistische Wendung, wie sie an die Logik der Notwendigkeit und das Ideal von System und Identität gekettet blieb. Diese Verbindung musste gelöst werden.[10] Wie an früherer Stelle angedeutet, verfolgen post- und antifundamentalistische Ansätze unterschiedliche Strategien der Notwendigkeitsverabschiedung. Ein Antifundamentalist wie zum Beispiel Rorty würde zusammen mit Notwendigkeit und Systematizität zugleich jede Idee von radikaler Negativität verwerfen. Das birgt die Gefahr, dass letztlich nur das Schicksal durch den Würfelwurf, Notwendigkeit durch Zufall und, wie bei Rorty, Sozialtheorie durch Literatur ersetzt würde. Eine postfundamentalistische Strategie hält sehr wohl am Prinzip der Negativität fest, dies aber nur, um es zu radikalisieren und sein ontologisches Potenzial freizusetzen. Entkoppelt von der Logik der Notwendigkeit und den Ansprüchen der Systemphilosophie ist es nicht letzter Grund so-

10 Fast müsste man sagen: sie löst sich selbst, und zwar aufgrund jenes überschießenden Moments, das in einer Idee radikaler Negativität enthalten zu sein scheint. Eine solche Idee von Negativität stiftet geradewegs dazu an, dasjenige, was an dem Konzept der Negativität radikal sein soll, auszutesten und also die Konsequenzen des Konzepts zu erkunden. Nichts anderes geschieht entlang der Reihe Adorno–Althusser–Laclau.

zialer (oder philosophischer) Ordnung, sondern markiert gerade dessen Abwesenheit.

Diese postfundamentalistische Strategie wird auf ein recht vorhersehbares Kritikmuster treffen. Es findet sich zum Beispiel bei Foucault, der ja die ungebührliche Logifizierung realer Kämpfe kritisiert hatte, wie sie von Hegelianismus und Marxismus betrieben wird. Bei der dialektischen Logik des Widerspruchs und schließlich des Antagonismus beziehungsweise Klassenkampfs handle es sich um eine philosophisch-juridische Engführung des historisch-politischen Diskurses. Der Gesellschaftskrieg werde rationalisiert und in Form dialektischer Logik dem historischen Pazifizierungsprojekt des Bürgertums eingemeindet. In der sozialen Realität aber treffe man auf keine logischen Widersprüche, sondern nur, wie Foucault formuliert, auf »antagonistische Wechselprozesse«, das heißt auf wirkliche Kämpfe:[11]

> Es heißt nicht, dass es auf der einen Seite des antagonistischen Prozesses einen positiven und auf der anderen einen negativen Aspekt gäbe. Ich halte es für eine sehr wichtige Erkenntnis, dass Kampf und antagonistische Prozesse keinen Widerspruch im logischen Sinne darstellen, wie die dialektische Sicht behauptet. In der Natur gibt es keine Dialektik. [...] Ich sage immer wieder, dass es Kampf und antagonistische Prozesse gibt, denn wir finden solche Prozesse in der Realität. Und dabei handelt es sich nicht um dialektische Vorgänge. Nietzsche hat viel über solche Probleme gesprochen, ich möchte sogar sagen, häufiger als Hegel. Aber Nietzsche hat diese Antagonismen ohne Bezug auf dialektische Beziehungen beschrieben. (Foucault 2003: 602)

Offensichtlich bezieht sich der Begriff des Antagonismus in dieser Passage auf kein Moment radikaler Negativität. Worauf Foucault abzielt, ist ein »real existierender« Kampf innerhalb der biologischen oder sozialen Wirklichkeit. Sein Beispiel aus der sozialen Welt sind Arbeitskämpfe. Dass beispielsweise die Arbeitsprodukte der Lohnarbeiter anderen gehörten, den Eigentümern der Produktionsmittel, habe mit einer Dialektik des Widerspruchs überhaupt nichts zu tun, sondern sei Resultat sozialer Kämpfe. Wolle man reale Machtprozesse mit Präzision beschreiben, sei der Rekurs auf logische Widersprüche irreführend. Das Argument ist unanfechtbar.

11 Also explizit nicht, wie die etwas verwirrende Begriffswahl von den »antagonistischen Wechselprozessen« irreführenderweise nahelegen könnte, auf den von Hegel ererbten Antagonismus.

Es trifft zu, dass sich eine ernsthafte Analyse sozialer Kämpfe auf keine dialektische Logik wird stützen können. Aber ist damit schon das letzte Wort gesprochen? Nicht jedenfalls aus Sicht des Postfundamentalismus, dessen Konzept radikaler Negativität in keiner dialektischen Logik aufgeht und aus diesem Grund nicht notwendig gefangen ist in der Alternative zwischen Objektivismus (»real existierender« Kampf) und Logizismus (Dialektik des Widerspruchs). Zwar ist unstrittig, dass nur konkrete Kämpfe konkret analysiert werden können – und Dialektik dazu keinen ernstzunehmenden Beitrag zu liefern hat. Das bedeutet aber nicht, dass sich Gesellschaftstheorie auf die Betrachtung konkreter Kämpfe beschränken müsste – bei Gefahr, ansonsten dem Logizismus zu verfallen.

Die spät- und postmarxistischen Theorien radikaler Negativität – und mit ihnen der Begriff des Antagonismus – durchkreuzen die foucaultsche Alternative, dessen Kritik sich damit als weit weniger verheerend erweist als zunächst gedacht. Gerade weil der Begriff des Antagonismus über empirische Kämpfe hinausweist, kann er eine bedeutende Funktion für die spät- und postmarxistische Gesellschaftstheorie übernehmen. Er erinnert an jene grundsätzliche Blockade, die bei Marx im Antagonismus zwischen Produktivkräften und Produktionsverhältnissen angedacht und bereits in der kantischen Antinomienlehre erahnt wurde: an ein Moment der Inkommensurabilität, das jede Gesellschaft daran hindert, zu Identität mit sich selbst zu gelangen. Dazu muss Widerspruch oder Konflikt (im Gewand des Antagonismus) von jeder Notwendigkeitslogik entkoppelt werden. Konsultieren wir drei Stationen in der Theoriegeschichte des Marxismus, die dessen Ablösungsprozess von deterministischen und objektivistischen Ideologien illustrieren. Diese drei Stationen der *Entgründung* des Marxismus sind: die negative Dialektik Adornos, die Theorie der Überdeterminierung Althussers und, im Folgekapitel, die Antagonismustheorie Laclaus und Mouffes.

8.4. Adorno:
Das Heterogene und die antagonistische Totalität

In seinem Versuch der Radikalisierung des hegelschen Negativitätsprinzips stieß Adorno, das macht ihn für unsere Untersuchung relevant, auf etwas, das auf den ersten Blick nichts mit Negativität zu tun hat: ein heterogenes Objekt. Der hegelsche Widerspruch sei »kein herakliteisch Wesenhaftes« (Adorno 1975: 17), sondern deute auf ein der Totalität des philosophischen Systems gegenüber *Heterogenes*. Dieses Nichtidentische wird von Adorno auch als das begrifflich Unterdrückte und »Weggeworfene« (ebd.: 26), als eine begriffsschematisch unzugerichtete »Mannigfaltigkeit der Gegenstände« (ebd.: 25) bezeichnet. Es ist das vom hegelschen System Ausgespuckte, da begrifflich Unverdaubare. Man könnte von Adornos Abjekttheorie sprechen, behauptet er doch im Anschluss an Freuds Rede vom »Abhub der Erscheinungswelt«, Philosophie habe ihren Gegenstand am »Abhub des Begriffs; also an dem, was nicht selber Begriff ist« (Adorno 2007: 96). Adorno ist auf das Register des *Dings* gestoßen, das heißt auf einen diskursiv nicht zu bewältigenden materiellen Überschuss oder Rest.

Nun ist an diesem Abjekt noch nichts Negatives. Im Gegenteil, es ist »der positive Ausdruck des Nichtidentischen« (Adorno 1975: 193).[12] Zum Inbegriff des Negativen wird es nur, wenn wir den Maßstab der Systemphilosophie anlegen und das Nichtidentische am Ideal der Identität messen. Erst im *Verhältnis* zur Totalität des philosophischen Systems erscheint uns, was diesem entkommt, als ein Negatives, das die erwünschte Systematizität des Systems stört, untergräbt und blockiert.[13] Und genauso wie das Heterogene an sich von positiver, wenn nicht materieller Natur ist, ist auch die Totalität des Systems materiell. Sie ist keine Hirngeburt Hegels, sondern philosophischer Ausdruck des realen Zwangszusammenhangs der total vergesellschafteten Gesellschaft. An diesem Punkt bringt Adorno eine zweite Form von Negativität ins Spiel: die der gesellschaftlichen Spaltung. Der hegelsche Widerspruch ist logisch-begrifflicher Ausdruck jener realen Antagonismen, die Gesellschaft spalten – und so *vereinen*. Denn Gesellschaft erhält sich *durch* ihre Antagonismen hindurch am Leben (ebd.: 314). Die philosophi-

12 Es handelt sich um einen Materialismus des *Rests*: »Die Kategorie Nichtidentität gehorcht noch dem Maß von Identität. Emanzipiert von solchem Maß, zeigen die nichtidentischen Momente sich als materiell, oder als untrennbar fusioniert mit Materiellem.« (Adorno 1975: 193)

13 Distanziert man sich vom Maßstab der Identität, dann erscheint hinter der Fassade des Negativen wiederum das Abjekt in seiner Materialität, dem Philosophie gerecht zu werden habe. Hierin besteht übrigens der ethische, wenn nicht messianische Subtext der *Negativen Dialektik*.

schen Konzeptionen von Widerspruch wie auch System gehen auf die Erfahrung der »gespaltenen und dennoch einen Gesellschaft« zurück (Adorno 1970: 316). Erst der soziale Antagonismus erzeuge Gesellschaft *als Totalität*.

Das Konzept der »antagonistischen Totalität« verteidigte Adorno im so genannten Positivismusstreit (Ritsert 2010). Seine soziologischen Gegner wie Hans Albert, René König oder Helmut Schelsky konnten mit dem Gesellschaftsbegriff wenig anfangen, da sie kein empirisches Korrelat dieses Begriffs erkennen wollten. Ihnen hält Adorno entgegen, dass sich Gesellschaft nicht wie ein beliebiger Tatbestand festnageln lässt. Zwar gibt es, so viel konzediert Adorno, keine sinnlichen Daten, »auf die man deuten kann und sagen: ›Voilà, da habt ihr Gesellschaft‹« (Adorno 2003: 64f.). Dennoch ist der Begriff unentbehrlich. Er ist und bleibt der sozialwissenschaftliche Zentralbegriff, da sich soziale Fakten, die doch immer in den gesamtgesellschaftlichen Relationszusammenhang eingebunden sind, isoliert überhaupt nicht verstehen ließen. Jeder einzelne soziale Tatbestand bedürfe der Vermittlung durch die Totalität der Gesellschaft. Das ist kein bloß theoretisches Postulat. Adorno wiederholt am marxistischen Gesellschaftsbegriff, was er andernorts am hegelschen Systembegriff darlegt. Die Idee von der Gesellschaftstotalität ist keine Phantasiegeburt von Marxisten, sondern die Totalisierung des Sozialen ist durch den Gang der historischen Entwicklung erzwungen. Auch wenn Gesellschaft nicht als ein positives Faktum festzumachen ist, existiert sie doch real als integrierter, verselbständigter und alle Individuen umfassender Funktionszusammenhang, der durch ständige Spaltungsprozesse zusammengeschweißt wird.

Adorno tritt gegen die Neopositivisten also mit einem paradoxen Gesellschaftsbegriff an. Seine Formel von der »antagonistischen Totalität« erfordert ein entsprechendes Maß an philosophischer Aufnahmebereitschaft, das bei hartgesottenen Empiristen nicht unbedingt vorausgesetzt werden kann. Dass Adornos Argument nicht durchdrang, mag allerdings auch damit zu tun haben, dass es auf orthodox-marxistische Grundannahmen gestützt blieb. Und wo Adorno über sie hinausging, dort geriet er wiederum in einen Fundierungsstrudel.

So verlässt sich Adorno regelmäßig auf ein *argumentum ab auctoritate*. Gesellschaftliche Widersprüche werden mit Kurzreferenz auf die marxistische Doxa ökonomistisch, ja geradezu vulgärmarxistisch zurückgeführt auf den einen Antagonismus zwischen Produktivkräften und Produktionsverhältnissen beziehungsweise zwischen Arbeit und Eigentum an den Produktionsmitteln.[14] Der Antagonismus, den wir aus postfundamentalistischer Perspektive als Instanz radikaler Inkommensurabilität interpretiert haben, besitzt bei Adorno rein gar nichts Hantologisches. Er äußert sich in der simplen Realopposition von Kapital und Arbeit. Das wiederum hat ungünstige Konsequenzen für Adornos »soziologische« Konflikttheorie: Soziale Konflikte weisen für Adorno immer und ausschließlich auf den Klassenkampf zurück. Sie beginnen erst abzurollen, »nachdem die Entscheidung des zentralen Konfliktes, nämlich des durch die Verfügung über die Produktionsmittel gegebenen, bereits erfolgt ist« (ebd.: 116). Zwar trifft seine Kritik an der bürgerlichen Konfliktsoziologie Simmels, Cosers und Dahrendorfs – und an deren Auffassung, Konflikte besäßen sozial integrative und zugleich fortschrittstimulierende Wirkung – einen neuralgischen Punkt,[15] denn Konflikte werden von den Soziologen tatsächlich nur in entschärfter Form, nämlich nach Maßgabe gesellschaftlicher Spielregeln akzeptiert. Das heißt unserer Nomenklatur entsprechend: Antagonismus ist für die Konfliktsoziologie nur als *agon* akzeptabel. Zu Recht weist Adorno darauf hin, dass damit undenkbar wird, dass sich Spielregeln auch brechen lassen (Adorno 1972: 181).[16] Nur überzeugt Adornos Gegenvorschlag ge-

14 Fredric Jamesons Rettungsversuch der vulgärmarxistischen Einschübe bei Adorno erscheint aus meiner Perspektive deplatziert. Jameson argumentiert, die wiederkehrenden Verweise auf »Spätkapitalismus«, »verwaltete Gesellschaft« oder eben den »objektiven Antagonismus« zwischen Kapital und Arbeit, die Adornos philosophische Satzgefüge punktieren, besäßen gar nicht die Funktion, die Analyse sozialwissenschaftlich voranzubringen. Adorno wolle überhaupt keinen Versuch unternehmen, den Kapitalismus ernsthaft zu analysieren. Die Einschübe hätten vielmehr die Funktion, »innerhalb ein und desselben Gedankens dessen Außenseite zu bezeichnen, die dieser niemals aus sich selbst heraus zu beherrschen fähig ist« – eine »Funktion der unreinen, nach außen orientierten Referenz« (Jameson 1991: 41). Weniger wohlwollend könnte man in ihnen aber auch einen Rückstand des marxistischen Ökonomismus und damit den letzten Anker der ansonsten radikal negativistischen Theorie Adornos sehen.

15 Zu Recht verweist Adorno darauf, dass es sich hierbei um eine Säkularisierung der kantischen Geschichtsphilosophie und der »ungeselligen Geselligkeit« handelt (Adorno 2003: 115).

16 Was allerdings in den total vergesellschafteten Gesellschaften, in denen der Klas-

nauso wenig: Jeder einzelne *agon* – hier schlägt der marxistische Determinismus durch – sei immer nur »Deckbild« (ebd.: 187) von in Wirklichkeit »viel tiefer greifenden Konflikten, nämlich denen der Klassen« (Adorno 2003: 116), und die würden nach wie vor objektiv von den »ökonomischen Grundprozesse[n] der Gesellschaft« (Adorno 1972: 184) hervorgebracht. Deshalb spricht Adorno von der »objektiven Basis« des Klassenkampfs »in ökonomischen Antagonismen« (ebd.: 182), letztlich im »objektive[n] Antagonismus« (ebd.: 184) zwischen Kapital und Arbeit.

Mit seiner objektivistischen Erklärung entparadoxiert Adorno das Paradox der »antagonistischen Totalität«. Das widerspricht freilich dem postfundamentalistischen Impuls seines eigenen Denkens. Er selbst kann sich mit einer solchen Erklärung aus dem Lehrbuch des Marxismus-Leninismus nicht zufriedengeben. Ein möglicher Ausweg hätte für ihn darin bestehen können, den Materialismus, an dem er festhalten wollte, zumindest aus der objektivistischen Umklammerung zu lösen und zunächst mal dem Gesellschaftsparadox *als Paradox* nachzuspüren. Diesen Ausweg sucht Adorno nicht. Stattdessen begibt er sich auf die Suche nach einem noch tiefer liegenden materiellen Grund, der älter ist als die Trennung von Arbeit und Kapital. Er findet ihn im Prinzip von Herrschaft schlechthin. Das nimmt seinen menschheitsgeschichtlichen Ausgang vom Versuch der Naturbeherrschung, erweitert sich zum Prinzip der Herrschaft von Menschen über Menschen und führt zur Inthronisierung des Tauschprinzips, das Menschen (wie Dinge) kommensurabel macht und »die ganze Welt zum Identischen, zur Totalität« (Adorno 1975: 149) verhält, so dass wir nun vor der »Einheit der total vergesellschafteten Gesellschaft« (ebd.: 309) stehen, wie sie sich in der Philosophie wiederum in Form des Identitätsprinzips ausdrückt. Adorno wird auf der Suche nach dem historischen Grund totaler Vergesellschaftung in einen Fundierungs-

senkampf »virtuell unsichtbar« (Adorno 1972: 183) geworden ist, ohnehin nicht mehr geschehe. Ähnlich hätte Lyotard geltend gemacht, dass von einem wahren Konflikt – im Sinne des Widerstreits – nur die Rede sein kann, wo Spielregeln aufgrund ihrer Inkommensurabilität nicht länger greifen. Nur: Für Lyotard kann es so gut wie jederzeit dazu kommen, für Adorno so gut wie nie mehr. Ja von Anfang an sei zweifelhaft, so Adorno, ob es sich überhaupt um Spielregeln handelt, da die Regeln ja zumeist aus keiner freien Vereinbarung hervorgingen, sondern gesellschaftlichen Zwangsprozessen entsprechen (ebd.: 181).

vortex gezogen (vgl. Kapitel 2 in diesem Band). Die Ursache allen Verhängnisses muss immer weiter zurückversetzt werden bis hin zu einer mythischen Katastrophe in den Anfängen der Menschheit: zu den »archaischen Willkürakten von Machtergreifung« (ebd.: 315). Der Antagonismus kapitalistischer Vergesellschaftung, und damit der logische Widerspruch hegelscher Dialektik, gründet letztlich in einem vorzeitlichen Gewaltakt, mit dem das Herrschaftsverhältnis über Natur und Mensch etabliert wurde.[17] Die vorgeblich materialistische Erklärung entpuppt sich als ein billiger Urmythos.

Wie man sieht, ist Adornos Denken von einem inneren Zwiespalt gezeichnet. Sein deklariertes Ziel ist es, sich »à fond perdu« dem »Schock« der Negativität auszusetzen (ebd.: 43), denn nur wo sich das Denken »vom Ersten und Festen« lossagt und »aufs Bodenlose schlägt«, dort »ist der Ort von Wahrheit« (ebd.: 44f.).[18] Weder ist Negativität also ein Fundament oder Prinzip, noch ist sie ein Gut an sich, womit sie ja doch nur positiviert würde. In »positiver« Form erscheint sie nur in Gestalt eines heterogenen Abjekts. Das ist die post- oder antifundamentalistische Seite Adornos. Aber der Wunsch nach Fundierung hebelt Adornos Postfundamentalismus aus. So kommt er nicht umhin, Negativität – ungeachtet der eigenen Warnung vor deren Hypostasierung – in Form des Mythos vom archaischen Willkürakt letztlich doch zu einem neuen Fundament der Ökonomie und damit zum Grund des Grundes zu erheben. Dieses ursprüngliche Moment gewaltsamer Usurpation, so viel sei zugestanden, ist für Adorno kontingent: »Das geschichtlich Allgemeine, die Logik der Dinge, die in der Notwendigkeit der Gesamttendenz sich zusammenballt, gründete in Zufälligem, ihr

17 In diesem Sinne wäre Fundamentalismus eo ipso ein Gewaltphänomen. Wie Adorno lakonisch festhält: »Die Kategorie der Wurzel, des Ursprungs selbst« – und wie wir hinzufügen können: des Grundes – »ist herrschaftlich, Bestätigung dessen, der zuerst drankommt, weil er zuerst da war; des Autochthonen gegenüber dem Zugewanderten, des Seßhaften gegenüber dem Mobilen« (Adorno 1975: 158).

18 Das habe nichts mit Relativismus oder gar Nihilismus zu tun. Vielmehr sei der »Einwand des Bodenlosen« oder »Schwindelerregenden« (Adorno 1975: 42), der gegen die *Negative Dialektik* erhoben werde, einem geradezu faschistischen Wunsch nach festen Fundamenten geschuldet. Ziel dieses Anwurfs ist Heidegger, wobei Adorno ignoriert, dass Heidegger selbst die fundamentalistischen Restbestände seiner frühen Fundamentalontologie hinter sich zu lassen versuchte – wenn auch nicht immer mit Erfolg.

Äußerlichem; sie hätte nicht zu sein brauchen.« (Ebd.: 315) Aber Kontingenz bleibt auf die mythischen Anfangsgründe der Menschheit beschränkt. Hat das Unheil einmal begonnen, wird der Lauf der Geschichte durch die »Notwendigkeit der Gesamttendenz« bestimmt. Nach wie vor entfaltet sich Geschichte bei Adorno in hegelianisch-marxistischer Manier, nur diesmal tragisch invertiert zu einer allumfassenden Verhängniserzählung.[19] Sobald die Prinzipien von Herrschaft, Äquivalenz und Identität etabliert sind, gibt es kein Entrinnen. Deshalb bleibt, nebenbei bemerkt, in Adornos Vorstellungswelt kein Raum für verändernde Politik. Immer noch bestimmt die historische Logik der Notwendigkeit das Feld sozialer Konflikte. Eine konfliktorische Praxis, die sich nicht mit theoretischer Kritik bescheiden würde, ist bis auf Weiteres nicht eingeplant.

8.5. Althusser: Widerspruch und Überdeterminierung

Bei Adorno bleibt Konflikt an Notwendigkeit gekoppelt, Negativität ökonomistisch und letztlich archaisierend fundiert. Obwohl die paradoxe Formel von der antagonistischen Totalität in postfundamentalistische Richtung weist, ist Adornos Gesellschaftstheorie nicht auf der Höhe seiner Abjekttheorie, sein Begriff von Negativität nicht auf der Höhe seines Begriffs von Heterogenität. Sehen wir nach, wie es sich bei Louis Althusser verhält. Auch Althusser setzt sich die Überwindung des Ökonomismus und allgemein des Grundlegungsdenkens zum Ziel, ohne deshalb schon zum Antifundamentalisten zu werden. Er erachtet Fragen nach Kausalität, Determination und Wirksamkeit als keineswegs illegitim. Der marxschen Gebäudemetapher von Basis und Überbau hält er zugute, dass sie diese Fragen zumindest sichtbar hält. Freilich will

19 Man könnte entgegenhalten, dass das ursprüngliche Moment plastischer Negativität, das wir als kontingent beschrieben haben, nach wie vor in den gegenwärtigen Sozialverhältnissen weiterlebt und täglich wiederkehrt – und tatsächlich könnte in diesem Moment, wie übrigens im analogen Moment der so genannten ursprünglichen Akkumulation bei Marx, sogar das Politische am Grund der Ökonomie ausgemacht werden. Allerdings kehrt das Moment bei Adorno nur wieder in seiner Eigenschaft als Exekutor einer bereits etablierten Verhängnislogik. Nur jener Augenblick, in dem diese Logik ins Werk gesetzt wurde und auch nicht hätte ins Werk gesetzt werden können, war ein Moment wirklicher Kontingenz.

er sowohl gesellschaftliche Totalität als auch die Wirksamkeit der ökonomischen Instanz anders denken als der orthodoxe Marxismus. Dazu bedient er sich jenes Ansatzes, der zu seiner Zeit als Inbegriff von Wissenschaftlichkeit galt: des Strukturalismus.[20] Dessen Instrumentarium erlaubt eine neue Antwort auf die zentrale Frage »Was ist eine Gesellschaft?« (Althusser 2010a: 44): Gesellschaft ist eine komplex strukturierte Totalität. Sie ist »die Einheit eines *strukturierten Ganzen*, die verschiedene ›relativ autonome‹ Ebenen oder Instanzen ermöglicht, welche in der komplexen strukturalen Einheit nebeneinander existieren, indem sie sich gemäß den spezifischen, letztlich durch die ökonomische Ebene oder Instanz festgelegten Determinierungsweisen ineinanderfügen« (Althusser 1972: 127).

Diese Definition, in der bereits die wesentlichen Kategorien des strukturalen Marxismus versammelt sind, setzt sich von Hegel und den marxistischen Hegelianern ab. Hegelsche Widersprüche sind, wie es der Althusser-Schüler Saúl Karsz ausgedrückt hat, »der Motor einer Totalität, die sich in einem geschlossenen Stromkreis entfaltet« (Karsz 1975: 108). Das ist überhaupt nur möglich, weil bei Hegel gesellschaftliche und historische Heterogenität auf ein inneres Einheitsprinzip rückgeführt werden.[21] Nur so könne das

20 Althusser mag sich immer wieder vom Strukturalismus, der im Frankreich der 1960er Jahre Modeerscheinung war, distanziert haben. Es blieb ihm wohl nichts anderes übrig, wollte er seine Funktion als bedeutender Parteiintellektueller der KPF verteidigen. Dennoch verbindet ihn von der Sache her mehr als das heute verblasste Pathos wahrer Wissenschaftlichkeit mit dem Strukturalismus. Vor allem teilt er mit den Strukturalisten den gegen allen Objektivismus und Empirismus gerichteten Relationismus. Was ihn tatsächlich von Lévi-Strauss unterscheidet, ist, dass für den Begründer der strukturalen Anthropologie die Struktur aus einem mathematischen Kalkül hervorgeht, das die Kombination ihrer Elemente regelt, während der Begründer des strukturalen Marxismus die Geschichte unterschiedlicher Produktionsweisen interessiert, die in sich (und untereinander) ungleichzeitig und sogar widersprüchlich strukturiert sind. Deshalb kann Althusser sich mit keiner schematischen Kombinatorik von Elementen zufrieden geben.

21 Althusser exemplifiziert das an der Darstellung Roms in Hegels *Philosophie der Geschichte*: Die Totalität aller politischen, religiösen oder ökonomischen Bestimmungen Roms wird in einem einzigen Prinzip reflektiert, nämlich dem der abstrakten juristischen Persönlichkeit, das aus sich heraus wieder seinen Widerspruch, das stoische Bewusstsein, erzeugt, an dem Rom zerbricht: »Die Einfachheit des Hegelschen Widerspruchs ist in der Tat *nur* durch die Einfachheit des

Bild einer sich über Brüche und *dennoch bruchlos* entfaltenden Weltgeschichte erzeugt werden. Althusser bezeichnet ein solches Modell von Totalität als expressiv, da jedes Element der Struktur *Ausdruck* des einen Prinzips ist, das die Struktur regiert. Wie schon bei Leibniz ist bei Hegel jedes Element *pars totalis*. In jedem drückt sich das innere Prinzip der Gesamtheit aus.

Althusser behauptet nun, Marx habe Hegel nicht etwa nur vom Kopf auf die Füße gestellt. Marx habe eine gänzlich neue Problematik eröffnet, die Hegel nichts mehr schulde und deshalb mit den dialektischen Kategorien von Widerspruch, Negativität, Entfremdung usw. nichts zu schaffen habe. Diese Behauptung ist mit einem Körnchen Salz zu genießen. Althusser hält durchaus an der Vorstellung vom grundlegenden Antagonismus zwischen Produktivkräften und Produktionsverhältnissen beziehungsweise von einem grundlegenden Klassenwiderspruch fest. Sein Ziel besteht daher nicht so sehr in der völligen Überwindung der hegelianisch-marxistischen Problematik (wie es das Ziel etwa von Deleuze oder Foucault war), sondern eher in der Radikalisierung des unabgegoltenen Potenzials hegelianischer Negativität, und das heißt: in der Befreiung des Antagonismus von seiner Anbindung an die ökonomistische und geschichtsphilosophische Notwendigkeitslogik. Ähnlich wie Adorno wollte Althusser sich des hegelianischen Ballasts entledigen, nicht aber *jeder* Konzeption von Antagonismus und Widerspruch: »Unter dem Namen des Antagonismus wollte er das denken«, so Etienne Balibar, »was er selbst einen ›Prozeß ohne Ursprung und ohne Ziel‹ nannte: ein unversöhnlicher Widerspruch, der weder ein ursprüngliches Subjekt (zum Beispiel die Gleichsetzung der Arbeit mit dem menschlichen Wesen) noch eine schließliche Überwindung des Widerspruchs erforderte.« (Balibar 1994: 36) Zu diesem Zweck musste er ein gänzlich neues Verständnis nicht nur von Antagonismus, sondern eben auch von gesellschaftlicher Totalität entwickeln.[22] Das gelang ihm durch zwei the-

inneren Prinzips möglich, das das Wesen jeder historischen Periode bildet. Weil es *von Rechts wegen* möglich ist, *die Totalität*, die unendliche Diversität einer gegebenen historischen Gesellschaft auf *ein einfaches inneres Prinzip zu reduzieren* [...], kann sich *diese gleiche, somit rechtens vom Widerspruch erworbene Einfachheit* darin reflektieren.« (Althusser 1968: 68)

22 Beziehungsweise, wie man wohl eher sagen müßte: den marxschen Texten *unterschieben*.

oretische Innovationen: die Kategorien der Überdeterminierung und der strukturalen Kausalität.

Jeder einzelne Widerspruch, selbst der fundamentalste, ist Althusser zufolge immer überdeterminiert. Was heißt das? Althusser erläutert das Konzept am Beispiel der Überdeterminierung des grundlegenden Klassenwiderspruchs im Prozess der russischen Revolution. Ausgangspunkt ist die Gretchenfrage, weshalb die Revolution in Russland erfolgreich war, einem der rückständigsten Länder Europas, und nicht, wie vom Marxismus vorhergesagt, im fortschrittlichsten Land (Deutschland oder England), in dem sich der Widerspruch zwischen Arbeit und Kapital am deutlichsten zeigte. Althusser schließt sich Lenins Erklärung an. In Russland war der grundlegende Widerspruch zwischen Arbeit und Kapital gerade nicht in besonderer Reinheit ausgeprägt, sondern Russland war das schwächste Glied unter den imperialistischen Staaten, das unter Bedingungen des Ersten Weltkriegs in eine revolutionäre Situation eingetreten war. Und dies aufgrund *»der Anhäufung und Zuspitzung aller damals in einem einzigen Staat möglichen Widersprüche«* (Althusser 1968: 59). Feudaler Grundbesitz, Popenherrschaft, Bauernrevolten, industriekapitalistische Ausbeutung, Kolonialabenteuer und eine in sich zutiefst gespaltene herrschende Klasse – all das existierte nebeneinander. In der revolutionären Situation, die sich durch den Krieg ergeben hatte, flossen die Widersprüche zu einer »Einheit des Bruchs« zusammen. Wenn in solch einem Moment revolutionärer Fusion »eine gewaltige Anhäufung von ›Widersprüchen‹ ins Spiel, *in das gleiche Spiel*, gerät, von denen einige radikal heterogen sind, und die weder den gleichen Ursprung, noch die gleiche Bedeutung, noch das gleiche Anwendungs*niveau* haben und trotzdem zu einer Einheit des Bruchs ›verschmelzen‹, dann ist es nicht mehr möglich, von der schlichten und einfachen Kraft des allgemeinen ›Widerspruchs‹ zu sprechen« (ebd.: 64).

Überdeterminierung ist der Begriff, den Althusser zur Erklärung dieses Vorgangs der Psychoanalyse entlehnt. Es gibt keinen einfachen Widerspruch, der einem inneren Prinzip der Totalität gehorcht, das von jedem einzelnen Element der Struktur »ausgedrückt« werden würde. Jeder Widerspruch wird seinerseits von anderen Widersprüchen oder Instanzen der Gesamtstruktur überdeterminiert. Doch die Erklärung wird inkohärent, wenn Althusser darauf besteht, dass nichtsdestotrotz ein grundlegender

Widerspruch existiert, der bis hinein in die Fusion der anderen Widersprüche aktiv ist, wiewohl diese ihre eigene Wirksamkeit oder »relative Autonomie« behalten. Der grundlegende Widerspruch ist natürlich nach wie vor der »zwischen den Produktivkräften und den Produktionsverhältnissen, der im Wesentlichen im Widerspruch zwischen zwei antagonistischen Klassen verkörpert ist« (ebd.: 63). Wenn wir also erst recht wieder bei einem fundamentalen ökonomischen Antagonismus angelangt sind, worin besteht dann der Fortschritt gegenüber einer orthodoxen Marxlektüre? Althussers Vorschlag lautet, dass dieser Hauptwiderspruch nicht von der gesellschaftlichen *Totalität*, also der Gesamtstruktur all der einzelnen Instanzen isoliert werden kann, die er determiniert. Er besitzt kein unabhängiges Eigenleben. Deshalb wird er selbst wiederum umgekehrt durch alle anderen Instanzen der Gesamtstruktur »berührt«: »in einer einzigen und gleichen Bewegung determinierend, aber auch determiniert durch die verschiedenen *Ebenen* und die verschiedenen *Instanzen* der Gesellschaftsformation, die er belebt« (ebd.: 65 f.). Die Erklärung ist gegen die Topik des Basis-/Überbau-Modells gerichtet. Der ökonomische Widerspruch der »Basis« ist eben nicht zu trennen von allen anderen Ebenen des Gesamtsystems, die keine bloßen Epiphänomene darstellen, sondern ihrerseits Existenzbedingungen der Ökonomie.

Damit wären wir bei Althussers Verständnis von Gesellschaft als einer komplexen und gegliederten Totalität angelangt (in Abgrenzung vom hegelschen einer expressiven Totalität). Jeder Widerspruch reflektiert in sich seine Existenzbedingungen: die komplexe und gegliederte *Gesamtheit* aller Widersprüche. Sie ist insofern komplex, als die Widersprüche heterogen sind und nicht aufeinander abbildbar. Die verschiedenen Ebenen und Instanzen der Totalität werden von keinem einzigen inneren Prinzip beseelt, sondern sind von je unterschiedlicher Natur. Und sie ist gegliedert, weil – wie Althusser mit Rekurs auf Marx, Lenin und vor allem Mao behauptet – trotz alledem nach Haupt- und Nebenwidersprüchen unterschieden werden müsse. Es ist leicht zu sehen, wie die Radikalisierung, ja Heterogenisierung hegelscher Negativität, die mit dem ersten Argumentationsschritt erreicht wurde, mit dem zweiten – der Rückführung auf einen Hauptwiderspruch – wieder kassiert wird. Es ist, als hätte Althusser Angst vor der eigenen Courage bekommen. Er kann nicht umhin, bei Strafe der Exkommunikation durch seine Partei, der Ökonomie ein ontologisches Privileg auszusprechen. Er kann nur versuchen, die determinierende Funktion der Ökonomie in weite Ferne zu rücken. Das ist der Zweck seiner Interpretation von Engels' berühmter Behauptung, die Ökonomie besitze nur »in letzter Instanz« determinierende Funktion: »die Ökonomie bestimmt, *aber in letzter Instanz*, auf lange Sicht, sagt Engels gern, den Lauf der Geschichte« (ebd.: 80).

Die Formel zeugt von dem Rückzugsgefecht, in das Althusser verwickelt ist.[23] In der Tat sei, so Althusser, nicht ausgemacht, dass in einer Gesellschaftsformation notwendigerweise die Ökonomie die dominierende Rolle übernimmt. Das täte sie nur innerhalb der kapitalistischen Produktionsweise. Im Mittelalter konnte die Religion (in Gestalt der Kirche) oder in der römischen Antike die Politik zur gliedernden Dominante der Gesamtstruktur werden. Aber wenn sie dies konnte, so allein deshalb, weil ihr diese Rolle wiederum durch die Ökonomie zugewiesen worden war. Es ist die Ökonomie, die in *jeder* Gesellschaftsformation *determiniert*, welche Ebene des Sozialen *dominiert*. Aber sie determiniert dies eben nur in letzter Instanz, und das heißt: nie für sich, sondern immer ihrerseits überdeterminiert durch die Gesamtheit aller anderen Ebenen. Deshalb kann Althusser einerseits sagen, die Ökonomie determiniere in letzter Instanz, und andererseits behaupten, »die einsame Stunde der ›letzten Instanz‹ schlägt nie« (ebd.: 81).[24] In der Geschichte kommt niemals jener Moment, in dem die Überbauten »sich respektvoll zurückziehen, wenn sie ihr Werk vollbracht haben oder sich auflösen wie ihre reine Erscheinung, um auf dem königlichen Weg der Dialektik ihre Majestät die Ökonomie voranschreiten zu lassen, weil die Zeit gekommen wäre« (ebd.). Hier tritt die ganze Ambivalenz dieses verzweifelten und zugleich großartigen Versuchs, den Ökonomismus zu überwinden, zutage. Althusser radikalisiert den Begriff der Determination (durch die Ökonomie) bis zu dem Punkt, an dem er auseinanderbricht. Niemals kommt es zur einfachen oder direkten Determination durch

23 Das Gefecht ging erwartungsgemäß verloren. Das zeigt sich – bei allen ansonsten interessanten Erwägungen – an Althussers später Wende zu einem »aleatorischen Materialismus«, mit dem er den Zufall zum Grund erhebt, was nur die antifundamentalistische Variante des Fundamentalismus ist (vgl. Althusser 2010b).

24 Das heißt, die Stunde, in der sich der »Hauptwiderspruch« in seiner Reinheit, das heißt frei von Überdeterminierung, präsentiert, schlägt nie.

die Ökonomie, immer ist das Soziale überdeterminiert.[25] Doch es bleibt bei einem Rückzugsgefecht: Nachdem der Begriff ökonomischer Determination zerbrochen ist, kittet ihn Althusser. Da die Determination durch die Ökonomie nicht gerettet werden kann, aber gerettet werden muss, wird sie ins letzte Glied verschoben, vertagt auf eine Stunde, von der zugleich gesagt wird, sie würde nie schlagen, wiewohl sie dem Modell zufolge doch immer schon geschlagen hat.[26] Wir sind mit Althusser dem Postfundamentalismus nahe gekommen, und kommen doch nicht über den Fundamentalismus hinaus.

8.6. Strukturale Kausalität: Gesellschaft als abwesende Ursache

Althusser vollführt alle möglichen theoretischen Verrenkungen, um die Fesseln des Ökonomismus abzustreifen, ohne dass es ihm gelingen würde. Das gilt auch für seinen Konfliktbegriff. Zwar ist der Klassenkampf für Althusser so ubiquitär wie er ewig ist – er ist ein nie endender »*Gesamtprozess*« und keine »Summe punktueller oder auf diese oder jene ›Sphäre‹ (Ökonomie, Politik, Ideologie) beschränkter Zusammenstöße« (Althusser 2010a: 107). Aber wie bei Adorno wird er als Grund konzipiert. Soziale Kämpfe lassen sich immer auf den Klassenkampf zurückführen. Gleichgültig, ob wir von den Kämpfen des Feminismus, des Antikolonialismus, der Friedensbewegung oder heute der Umweltbewegung oder der LGBTQ-Bewegung sprechen: jeder soziale Kampf »ist letzten Endes das direkte oder indirekte, unmittelbare oder (häufiger) weit davon entfernte Echo des Klassenkampfs« (ebd.: 106), der seinerseits durch die Ökonomie – den Grund des Grundes – letztbestimmt bleibt. Wo Foucault fernen Schlachtenlärm vernimmt, hört Althusser das Knirschen ökonomischer Widersprüche. Damit scheint

25 Oder im Sinne transitiver Kausalität unterdeterminiert.

26 Deshalb korrespondiert der Idee einer *allerletzten* determinierenden Kraft der Ökonomie die gleichfalls problematische Idee der nur *relativen* Autonomie aller anderen gesellschaftlichen Ebenen. Sie ist *relativ*, weil alle anderen Ebenen eben doch in letzter Instanz von der Ökonomie determiniert werden. Aber relative Autonomie ist ein Widerspruch in sich, denn entweder ist eine Instanz autonom, oder sie ist es nicht. Relative Autonomie ist keine.

es, als hätte Althusser einer Gesellschaftstheorie, die Konflikt untrennbar an Kontingenz koppelt, keine Angebote zu machen. Der Begriff der Überdeterminierung – Althussers Kontingenzbegriff, mit dessen Hilfe die hegelsche Negativität von der Notwendigkeitslogik emanzipiert werden sollte – bleibt auf Ökonomie verwiesen. Sein kontingenztheoretisches Potenzial ließe sich nur freisetzen, würde der Begriff genutzt, um die Stelle des Fundaments gerade offenzuhalten.

Der Schritt dahin ist nicht groß, aber er wird von Althusser nicht vollzogen. Dabei müsste man die Phrase von der nie schlagenden Stunde der letzten Instanz nur wörtlich nehmen. Besagt sie nicht, dass ein letzter Grund, wiewohl notwendig, auf immer verschoben ist? Handelt es sich nicht geradezu um eine Paraphrase der Formel Heideggers, der Grund gründe als Ab-Grund? Und heißt dies nicht konsequent gedacht, dass der Grund (oder die letzte Instanz) uns nie unmittelbar begegnen wird, dass wir folglich nicht angeben können, *welche* Instanz die Funktion des abwesenden Grundes übernehmen wird? Die Versicherung, es sei die Ökonomie, erweist sich als Rückstand des marxistischen Dogmatismus. Er füllt die leere Stelle des (Ab-)Grundes mit einem bestimmten gesellschaftlichen Teilbereich auf, obwohl wir eigentlich nicht wissen können, was diese Stelle besetzt. Wollen wir das postfundamentalistische Potenzial der Formel Althussers entfalten, müssen wir den (in letzter Instanz) abwesenden Grund des Sozialen frei von solcher Letztdeterminierung denken.

Eine ähnliche Unentschiedenheit zwischen Fundamentalismus und Postfundamentalismus findet sich in Althussers zweiter theoretischer Innovation, mit deren Hilfe das Konzept gesellschaftlicher Wirksamkeit neu gefasst werden sollte. Er öffnet den Weg zu einer neuen Vorstellung von Kausalität und verschließt ihn zugleich. Sein Versuch bleibt dennoch maßgeblich. Seit Aristoteles ist der Begriff der »Ursache« – insbesondere in Gestalt der *causa efficiens*, der Wirkursache – eine der wichtigsten metaphysischen Figuren des Grundes. Eine postfundamentalistische Theorie der Gesellschaft muss, sofern sie nicht einfach antifundamentalistisch sein will, weiterhin über einen Begriff gesellschaftlicher Wirksamkeit verfügen, ohne dabei Wirksamkeit auf ein kausalistisches Determinationsverhältnis zu reduzieren. Althusser kann hier Hilfestellung leisten. Der Überdetermination liegt nämlich eine Form von Kausalität zugrunde, die jede lineare Ursache-Wirkungs-Kette sprengt: die strukturale Kausalität. Was ist darunter zu verstehen? Den verschiedenen Vorstellungen vom Gesellschaftsganzen entsprechen unterschiedliche Determinations- und damit Kausalitätsbegriffe. Die Totalität eines Leibniz oder Hegel wird vom Gesetz *expressiver Kausalität* beherrscht, die jedes Element zum Ausdruck des inneren Wesens des Ganzen macht (Althusser 1972: 251); und auch das orthodoxe Basis-/Überbau-Modell, dem gemäß Überbauphänomene bloße Erscheinungen des ökonomischen Wesens der Gesellschaft sind, gehorcht diesem Gesetz (ebd.: 257). Sobald aber die Totalität als *Struktur*, nicht als Prinzip gedacht wird, gehorcht sie einer gänzlich anderen, einer strukturalen Form von Kausalität, deren philosophiehistorisches Vorbild Althusser in Spinozas »Immanenzursache« ausmacht. Strukturale Kausalität bedeutet, dass die Ursache, die hinter der Anordnung der diversen Elemente einer Struktur steht, nichts anderes ist als diese Struktur selbst in ihrer Totalität.

Ein solches Konzept strukturaler Kausalität ist ultrastrukturalistisch und weist zugleich über den Strukturalismus hinaus. Ultrastrukturalistisch ist es, weil Saussure damit zum Spinozisten gemacht wird, der Strukturalismus zum Spinozismus. Für Saussure galt ja, dass die Bedeutung eines bestimmten Elements eines Signifikationssystems (eines Signifikanten) nur durch seinen differenziellen Bezug zu allen anderen Elementen des Systems bestimmt ist. Im Bezeichnungsprozess ist also die Totalität *aller* Elemente des Signifikationssystems vorausgesetzt. In der spinozistischen Übersteigerung dieser These erscheint das System nun als eine Sphäre absoluter Immanenz und damit absoluter Notwendigkeit à la Spinoza. Absolute Notwendigkeit ist im saussureschen System, wo keinem Zeichen notwendige Bedeutung zukommt, aber nicht durchzufechten. Um dennoch am Prinzip der Totalität festzuhalten, muss es Althusser paradoxieren. Er unterwirft Totalität einem heideggerianischen Spiel zwischen An- und Abwesenheit. Die Totalität ist ein nur in ihrer Abwesenheit anwesender Grund. Das heißt, die Struktur ist nur präsent in ihren jeweiligen Wirkungen, während sie *als solche* abwesend bleibt. Um möglichen Missverständnissen zu begegnen: Die Struktur ist nicht in dem Sinne abwesend, dass sie jenen Phänomenen äußerlich gegenüberstünde, die sie bestimmt. Mit Althusser darf man die Totalität nicht, wie Durkheim es tat, nochmals zu den sozialen Tatbeständen hinzuzählen als eine Realität *sui generis*.[27] Genauswenig darf man von der Idee der Totalität ablassen, wie Simmel oder Weber es taten. In ihrer Rolle als Kausalgrund besetzt sie weiterhin eine zentrale Stelle in Althussers Theorie. Nur handelt es sich eben um einen prekären, da zwischen An- und Abwesenheit schillernden Kausalgrund – einen Kausalgrund, der seinen Wirkungen immanent *und* äußerlich zugleich bleibt, weshalb er nie als solcher greifbar wird, sondern ständig metonymischen Verschiebungen unterworfen ist:

> *Die Abwesenheit der Ursache in der ›metonymischen Kausalität‹ der Struktur in bezug auf ihre Elemente ist nicht das Resultat der Exteriorität der Struktur hinsichtlich der ökonomischen Phänomene, sondern im Gegenteil die Form, in der die Struktur als Struktur in ihren Wirkungen vorhanden ist.* Das impliziert, daß auch die Wirkungen in bezug auf die Struktur nichts Äußerliches sind, daß sie kein vorher gegebenes Objekt oder Element, kein präexistenter Raum sind, denen die Struktur dann ihre Prägung verleihen würde. Im Gegenteil: Die Struktur ist ihren Wirkungen immanent, sie ist eine ihren Wirkungen immanente Ursache im Sinne Spinozas; *ihre ganze Existenz besteht in ihren Wirkungen*, und außerhalb ihrer Wirkungen ist sie als spezifische Verbindung ihrer Elemente ein Nichts. (Ebd.: 254)

Unter der Hand schmuggelt Althusser hier einen Kausalitätsbegriff ein, den der metonymischen Kausalität, der mit seinem spinozistischen Ultrastrukturalismus – und dem Begriff einer Immanenzursache – in Wahrheit inkompatibel ist. Das Schwanken – oder heideggerianisch: das Spiel – zwischen An- und Abwesenheit findet keine Entsprechung bei Spinoza. In dessen Universum ist der Immanenzgrund (für Spinoza: Gott) je nach Interpretation entweder vollständig anwesend *oder* vollständig abwesend, weshalb man in Spinoza sowohl einen Pantheisten als auch einen Atheisten sehen

27 Die These von der strukturalen Kausalität hängt mit jener von der Heterogenität der Elemente zusammen. Das Ganze des Systems übt, wie Karsz anmerkt, »auf seine Elemente eine Kausalität aus, und diese ist eben strukturaler Art, weil die Elemente in sich selbst verschieden sind, je nach dem System ihrer Beziehungen: je nach dem System der Wirkungen, das das Ganze nun einmal ist. Wenn diese Elemente außerhalb des Systems unverständlich sind (antilineare These), so sind sie doch auch nicht als empirische Realisierungen ihres Systems zu verstehen (Anti-Expressivitäts-These). Die strukturale Kausalität bezeichnet das Ganze als die abwesende Ursache der gegenwärtigen Elemente und ihrer Beziehungen. Unlesbar, wenn man es außerhalb seiner historischen Wirkungen entziffern will, ist das Ganze dagegen präsent in der Existenz seiner Wirkungen, in deren Entwicklung und Untergang.« (Karsz 1975: 133)

konnte. Wie immer man sich entscheidet, es handelt sich um ein gänzlich stabiles, ja kristallines Universum, nicht um ein schwankendes, prekäres und sich selbst gegenüber verschobenes. Aus demselben Grund ist fraglich, ob die Struktur jenseits ihrer Wirkungen tatsächlich ein »Nichts« (und darin ein Alles) sein kann. Müsste sie, nach Maßgabe metonymischer Kausalität, nicht eher ein *Fast*-Nichts (und darin ein *Nicht-ganz*-Alles) sein? Damit meine ich, dass Althusser übersieht, dass sich eine Totalität, die sich selbst gegenüber verschoben bleibt, auf gespenstische Weise verdoppelt. Sie hat immer ihr eigenes Nachbild (oder Vorbild) im Visier. Um überhaupt annähernd Totalität sein zu können, muss sie in sich selbst vorkommen, weshalb sie immer mehr (und, aus demselben Grund, immer weniger) sein wird als eine Totalität. Sie wird zu einem überschüssigen und flüchtigen Objekt.[28]

Bei Lacan wurde dies mit *objet petit a* benannt. Die Kategorie eines paradoxen Objekts, das, wie bereits in Teil I unserer Untersuchung vermutet, nichts anderes ist als die Totalität selbst, findet keine Entsprechung in der Theorie Althussers. Das ist der Preis des Spinozismus und einer Theorie absoluter und nicht paradoxer Immanenz. Dass der Preis akzeptiert wird, ist deshalb erstaunlich, weil Althusser die Kategorie der metonymischen Kausalität von Lacan, vermittelt durch Jacques-Alain Miller, übernimmt. Miller hatte in seinem wichtigen Aufsatz »Action de la structure« (Miller 1968) das Prinzip metonymischer Kausalität für die Psychoanalyse bestimmt. Die abwesende Ursache ist hier Freuds »andere Szene«, also letztlich das Unbewusste. Sie lässt sich, vom Traum abgesehen, nur aus den Verzerrungen und Fehlleistungen, die das Sprechen heimsuchen, rekonstruieren. Miller beschreibt sie daher in der Figur der *Extimität*, der wir schon an anderer Stelle begegnet sind: Topologisch müsse man sich einen Raum vorstellen, »der in seinem Zentrum mit der Exteriorität seines Umkreises vereint ist in einer punktuellen Konvergenz: sein peripheres Äußeres ist sein zentrales Äußeres. Das Außen geht durch das Innen hindurch. Jede Aktivität, die nicht nur im Imaginären spielt, sondern den Zustand einer Struktur transformiert, geht von diesem utopischen Punkt aus.« (Ebd.: 97) Metonymische Kausalität beschreibt jene (Para-)Logik

28 Und, sofern sie weniger ist als sie selbst, zum Subjekt, siehe Kapitel II in diesem Band.

der Extimität, die das *objet petit a* bestimmt. Die einzig mögliche Form der Immanenz ist *Transimmanenz* (Nancy).

8.7. Die Selbstbegegnung der Gesellschaft im Objekt

Wenn das unmögliche Objekt einen Ort hat, dann ist es der »utopische«, das heißt ortlose Ort, von dem Miller spricht. Erinnern wir uns, was es mit Lacans *objet petit a* auf sich hat. Im psychoanalytischen Modell wird das Subjekt, sobald es in die symbolische Ordnung eingeführt wird, von einem Stück seines Seins abgeschnitten. Einerseits wird das Subjekt dadurch zum Subjekt des Mangels, andererseits gewinnt das vom Subjekt abgetrennte Partialobjekt ein Eigenleben. Es wird zum Objekt des Begehrens, von dem angenommen wird, es könne den Mangel füllen. Seine Funktion als Objekt des Begehrens übernimmt es aber nur unter der Bedingung, dass es in Wahrheit uneinholbar bleibt. Ansonsten könnte der Mangel behoben werden, und das Begehren würde erlöschen. Das *objet petit a* wird, gerade weil es metonymischer Verschiebung unterliegt, zur *Ursache* des Begehrens: zur »Objekt-Ursache«. Wieder begegnen wir demselben Changieren zwischen An- und Abwesenheit. Nur dass es nun an ein Objekt geknüpft ist, das dem Symbolischen oder Begrifflichen entgeht. Lacan betont unmissverständlich, dass es sich bei diesem Objekt um keinen Signifikanten handelt, weshalb er *objet petit a* als eine algebraische Notierung verstanden wissen will. Welcher tatsächliche Gegenstand auch immer an die Stelle des Objekts rückt, wird daher *materieller* Natur sein – auch wenn es eine spukhafte Materialität ist, die dem Spiel von An- und Abwesenheit unterliegt. Ursprünglich sind es die vier »materiellen« Partialobjekte der Brust, der Fäzes, des Blicks und der Stimme, die in der Entwicklung des Subjekts von ebendiesem abgetrennt werden und an die sich das Begehren heftet. Prinzipiell kann jedoch jeder Gegenstand die Rolle des *objet petit a* übernehmen.

Interessanterweise hat der Althusserianismus, wiewohl auf die Psychoanalyse gestützt, für ein solches Objekt keine Verwendung. Vielleicht liegt das daran, dass dessen Status zu paradox sein dürfte und Althussers Szientismus unterlaufen hätte. Althusser war es schließlich darum gegangen, den Marxismus als Wissenschaft neu zu begründen, da hätte sich das Objekt nur als das erwiesen, was es immer schon war: ein Störenfried. Und man wird noch einen weiteren Unterschied zwischen Althusser und Lacan bemerken. Auch wenn sich die abwesende Totalität naturgemäß nicht beschreiben lässt, scheint Althusser ihre Wirkung, das heißt die Struktur einer gegebenen Gesellschaftsformation, ohne Weiteres beschreiben zu können (das hat seinen Grund darin, dass man immer sicher sein kann, dass die Gesamtgesellschaft letztlich durch eine bestimmte Produktionsweise oder Kombination von Produktionsweisen definiert ist). Bei Lacan/Miller hingegen zeigen sich die Wirkungen der abwesenden Ursache nur in Gestalt von Störungen, Verzerrungen und Dislozierungen dieser Struktur. Solche Störungen spielen für Althusser eine nachgeordnete Rolle. Für ihn geht die abwesende Ursache unmittelbar in der Positivität der Struktur auf, während sie für Lacan nur anhand der Arbeit des Negativen erschließbar ist. Trotz seiner Versuche, den hegelschen Widerspruch im Begriff der Überdeterminierung zu reformulieren, bleibt Althusser letztlich Spinozist. Lacan bleibt Hegelianer.

Wieder einmal steht Gesellschaftstheorie vor einer Weggabelung. Sie spreizt sich auf in eine »anti-negativistische« Richtung, der Neo-Spinozisten wie Althusser, Macherey, Deleuze oder Negri angehören, und eine Richtung, die sich eher am hegelianischen Erbe orientiert, um die Instanz der Negativität – gegen jene der Notwendigkeit – ins Recht zu setzen. Laclau und Mouffe sind dieser zweiten Richtung zuzuordnen. Aber lieferte nicht bereits Adorno ein frappant an Lacan erinnerndes Modell, das Abjekt und Negativität verbindet? Als »Abhub« des Begrifflichen ist das Heterogene materiell. Der insistierende Gegenstand Adornos ist dieser Auswurf des System- und Identitätsdenkens (durchaus vergleichbar mit dem »Heterogenen« Batailles, jenes anderen antihegelianischen Hegelianers).[29] Eine materialistische Wende zum Gegenstand ist in der noch unversöhnten Gesellschaft nur denkbar als Wende zum Verworfenen, zum *Abjekt.* Aber genau weil das noch auf keinen Begriff gebracht wurde, kann es sich, ganz so wie bei Freud, nur in Versprechern und anderen Fehlleistungen – also in den Lücken

29 Vgl. Bataille (1997). So sehr sich die Traditionen der Frankfurter Schule und der französischen Linkshegelianer und Linksheideggerianer im Anschluss an Kojève auch unterscheiden, so sehr überkreuzen sie sich immer wieder – in Theorie wie Realität. Man sollte nicht vergessen, dass es Bataille war, der Benjamins Manuskripte nach dessen Flucht in der Pariser Bibliothèque Nationale versteckt hatte.

des Begriffs wie des Begriffenen – zu erkennen geben. Wer Abjekt sagt, sagt Störung. Kausalgrund des Abjekts ist die Totalität einer gänzlich vergesellschafteten (nach Adorno: verdinglichten) Gesellschaft, die, um sich zu schließen, alles ihr Heterogene verwerfen muss. Womit sie nur beweist, dass sie nicht total ist, produziert sie doch einen Überschuss, der ihr entkommt: »Was ist, ist mehr, als es ist. Dies Mehr wird ihm nicht oktroyiert, sondern bleibt, als das aus ihm Verdrängte, ihm immanent. Insofern wäre das Nichtidentische die eigene Identität der Sache gegen ihre Identifikationen. Das Innerste des Gegenstandes erweist sich als zugleich diesem auswendig, seine Verschlossenheit als Schein, Reflex des identifizierenden, fixierenden Verfahrens.« (Adorno 1975: 164) Adorno scheint nicht nur auf das Register des *Dings,* er scheint auch auf die Denkfigur der Extimität gestoßen zu sein.

An Stellen wie diesen vertritt Adorno einen Hegelianismus, der die Kategorie der Notwendigkeit weit hinter sich gelassen hat. Dass Totalität zugleich Negativität ist – »Einheit ist Spaltung« (ebd.: 311) –, dieser Punkt wäre noch mit Hegel vereinbar. Aber dass die antagonistische Totalität einen uneinholbaren, kontingenten Rest produziert, der ihr gegenüber heterogen ist, das ist der entscheidende Schritt über den Hegelianismus hinaus, den wir im Folgenden in die Modelle aktueller Gesellschaftstheorie zu übersetzen haben. Kritik an Totalität geht einher mit der Anerkennung ihrer Spaltung und der Würdigung dessen, was nichts anderes ist als das »Positivkorrelat« antagonistischer Totalität, wenn es nicht die antagonistische Totalität selbst ist: ein irrlichterndes, unmögliches und dennoch notwendiges Objekt. Adornos Sentenz: »Das totum ist das Totem« (ebd.: 370), mit der gesagt sein soll, dass der Moderne Totalität zum Fetisch wird, erweist ihre Schlüssigkeit auch, wenn man sie umkehrt: *Das Totem ist das totum*. Erst in diesem seltsamen Ding begegnet Gesellschaft sich selbst. Folgen wir also den Spuren des Objekts, die Adorno, der antihegelianische Hegelianer, und Althusser, der hegelianische Antihegelianer, gelegt haben. Der Postmarxismus wird uns die Mittel an die Hand geben, um jene Kategorien, die sich bislang als unabdingbar für Gesellschaftstheorie erwiesen haben – die Kategorien der Totalität, der Negativität und der »Objektalität« beziehungsweise des Objekts – zusammenzufügen.

9. »Gesellschaft existiert nicht« – Figuren des Antagonismus
Der Postmarxismus: von Bourdieu zu Laclau und Mouffe

9.1. Was heißt Postmarxismus?

Am Strand von Ramsgate ging dem Klassenkampf das Attribut der Klasse verloren. Für uns wird damit unbestimmbar, ob überhaupt noch Marx spricht oder ein anderer. An diesem äußersten Rand des Marxismus – an Marx apokrypher Antwort auf die Frage nach dem ultimativen Gesetz des Seins: »Struggle!« – muss dessen postfundamentalistische Relektüre ansetzen. Weder darf sie sich mit einem Begriff von Kampf zufriedengeben, der nach dem Modell von Herr und Knecht gestrickt ist, noch darf sie sich mit einem Konzept historischen Wandels zufriedengeben, das mit der Dampflokomotive vor Augen entworfen wurde. Die Kategorie des Klassenkampfs muss auf eine andere Ebene der Theoriebildung gehoben werden. Als brauchbare Ausgangspunkte für die entsprechende Relektüre können, wie gesehen, die kantschen Antinomien und die hegelsche »Arbeit des Negativen« dienen.[1] Abgelöst vom privilegierten Akteur Klasse lässt sich so der Begriff des Kampfes überdenken. Im Licht der doppelten Reflexionsbestimmung der Moderne – Kontingenz und Konflikt – überzeugt nämlich weder der deterministische Kampfbegriff des Marxismus, noch der konkretistische der bürgerlichen Konfliktsoziologie oder gar das dualistische Kriegsmodell, mit dem Foucault liebäugelt. Aus Sicht des Postfundamentalismus bezeugt jene Dimension von Negativität, die durch konkrete Kämpfe durchscheint, vielmehr die Abwesenheit eines letzten ontologischen Fundaments des Sozialen. Vonnöten wäre deshalb ein Begriff sozialen Kampfs jenseits von Determinismus, Objektivismus oder Bellizismus – ein »spektraler« oder eben postfundamentalistischer Begriff sozialen Kampfes. Die lyotardsche Kategorie des *Inkommensurablen* oder die lacansche des *Realen* können Hinweise auf diesen Begriff geben. Unter allen bis-

1 Sofern sie von ihrer Letztanbindung an die historische Logik der Notwendigkeit gelöst werden.

lang erwähnten Ansätzen hat aber wohl der Postmarxismus, wie er von Ernesto Laclau, Chantal Mouffe und der so genannten Essex-School der Diskursanalyse (Townshend 2003; Howarth et al. 2000) entwickelt wurde, den schlüssigsten Vorschlag geliefert.

Der Postmarxismus geht von dem Gedanken aus, dass Negativität eine unbedingte Konstitutionsbedingung sozialer Objektivität ist. Damit erlangt der Begriff des Antagonismus den Status einer gesellschaftstheoretischen Zentralkategorie. Die Originalität dieser Theorie des Antagonismus, in Verbindung mit Laclaus und Mouffes These, Gesellschaft »existiere nicht«, hat Slavoj Žižek in deren Standardwerk *Hegemonie und radikale Demokratie* (engl. 1985; dt. 1991) den »radikalsten Durchbruch für die moderne Gesellschaftstheorie« sehen lassen. Das Konzept des Antagonismus sei so neuartig gewesen, dass die meisten Rezensenten nach Erscheinen des Buches diesen Durchbruch gar nicht registriert hätten. Die Errungenschaft bestand darin, dass hier erstmalig das lacansche Konzept des Realen – als des Unsymbolisierbaren – in die Sozialtheorie übersetzt worden war. Laclau und Mouffe verstanden »das sozio-symbolische Feld so, daß es um eine bestimmte traumatische Unmöglichkeit herum strukturiert ist, um einen bestimmten Riß, der nicht symbolisiert werden *kann*« (Žižek 1998: 123). Diese Bemerkung lässt vermuten, dass die laclau-mouffesche Spielart des Antagonismus auf eine ontologisch-hantologische Dimension des Sozialen verweist, die von den auf den Bereich des Objektiven fixierten Sozialwissenschaften verleugnet wird.[2] Mit ihrem Konzept des Antagonismus könnten Laclau und Mouffe eine Spur gelegt haben, die uns einer postfundamentalistischen Theorie der Gesellschaft ein großes Stück näherbringt.

Der Postmarxismus bietet darüber hinaus noch einen heuristischen Vorteil. Mithilfe von Laclau und Mouffe wird man drei verschiedene Aspekte des Antagonismuskonzepts unterscheiden und auf diese Weise erwartbaren Missverständnissen zuvorkommen können. In Anlehnung an die lacansche Nomenklatur lässt sich, so mein Vorschlag, von einer imaginären, einer symbolischen und einer realen Fassung des Antagonismus sprechen. Žižeks Verweis auf den lacanschen Begriff des Realen, der mit Laclaus und Mouffes

2 In Begriffen der »politischen Differenz« (Marchart 2010a) betrachtet, wäre Antagonismus Laclaus und Mouffes Konzept des *Politischen*, wie es von dem alltäglicher *Politik* unterschieden werden muss.

Neufassung von radikaler Negativität eine sozialwissenschaftliche Anwendung gefunden habe, ist zwar korrekt, aber unvollständig. Žižek übersieht, dass ein mindestens ebenso großer Durchbruch von *Hegemonie und radikale Demokratie* in der Entdeckung der *symbolischen* Funktionsweise des Antagonismus liegt. Die Diskurstheorie der Essex-School radikalisiert den Antagonismusbegriff nicht nur negativistisch, sie operationalisiert ihn auch, um die Funktionsweise sozialer Bedeutungsproduktion zu rekonstruieren. Erst diese zweite Wendung erlaubt es, den Begriff sozialwissenschaftlicher Modellbildung zugrunde zu legen. Und schließlich müssen die beiden genannten Dimensionen des Antagonismus, die reale wie die symbolische, von der imaginären des Krieges unterschieden werden, die nur von geringer Nützlichkeit für die Gesellschaftstheorie ist. Der Postmarxismus Laclaus und Mouffes wird uns gestatten, das Phantasma vom Gesellschaftskrieg, für Foucault noch ein Faszinosum, endgültig hinter uns zu lassen.

Gehen wir von der naheliegendsten Frage aus: Was überhaupt verstehen Laclau und Mouffe unter Postmarxismus? Laclau hat immer wieder betont, dass es ihm um keine Überwindung des Marxismus geht, sondern um dessen innere Dekonstruktion. Eine Dekonstruktion ist keine bloße Neuinterpretation. Seit jeher ist die Geschichte des Marxismus eine Geschichte von »Interpretationen« eines Textkorpus (der Marx-Engels-Werke), dem objektive Gültigkeit unterstellt wird. Dem Postmarxismus ist diese Unterstellung suspekt. Allzu oft hatten marxistische »Interpretationen« zum Ziel, ihre eigene Vorstellung sozialer Objektivität vom Autorensubjekt Marx/Engels absegnen zu lassen. Der Extremfall innerhalb des Marxismus ist wohl die Orthodoxie Kautskys und der Zweiten Internationale, also ein ökonomistischer Determinismus, der von einem vorgeblich »wissenschaftlichen Standpunkt« aus formuliert wurde. Zum Beweis seiner Wissenschaftlichkeit musste dieser Diskurs »seine eigene Diskursivität und die signifikanten Praxen leugnen, aus denen heraus er seine eigenen Objekte konstituiert« (Laclau 1988: 54). Eine außerdiskursive Realität musste sich durch ihn hindurch zu erkennen geben. Die Beschreibung trifft auf fundamentalistische Ansätze aller Art zu. Sie geben typischerweise vor, eine objektive Realität – die ökonomische Basis, der sich selbst verwertende Wert, die wirtschaftlichen Zwänge, die Gene etc. – erfassen zu können. Diese Objektivität kann selbst nicht zum Gegenstand sozialer oder politischer Konstruktion werden, sondern determiniert umgekehrt diese Konstruktion oder deren Grenzen. Das ist genau der Grund, weshalb Laclau und Mouffe mit ihrem Hauptwerk *Hegemonie und radikale Demokratie* keine poststrukturalistische »Interpretation« der marxistischen Klassiker bezwecken, so als gelte es, die Wahrheit heiliger Texte zu erschließen. Sie behalten sich nur das Recht vor, den Diskurs der marxistischen Tradition zu unterbrechen, ganz so wie man im Alltag die Rede eines Gesprächspartners unterbricht (ebd.: 54). Der Postmarxismus ist die marxistische Unterbrechung des Marxismus.

Eine wirkliche Unterbrechung ist eine *Intervention*, keine Interpretation (ebd.: 57). Mit einer Intervention werden *neue* diskursive Objekte konstruiert. Die bestehende Theorieformation wird reartikuliert.[3] Eine Intervention ist überhaupt nur möglich, weil der Marxismus kein homogenes Ensemble von historischen und ökonomischen Lehrsätzen darstellt, sondern eine heterogene Diskursformation, die aus unterschiedlichsten Traditionen zusammengewürfelt ist, von denen Laclau und Mouffe neben der Orthodoxie auch die heterodoxen Traditionen Rosa Luxemburgs, des Austromarxismus und des revolutionären Syndikalismus untersuchen (Laclau/Mouffe 1991: 39-84). Insbesondere zielen sie auf eine Aktualisierung der Hegemonietheorie Antonio Gramscis durch deren Abgleich mit poststrukturalistischen und diskursanalytischen Ansätzen. Auf diese Weise liefern sie nicht die endlich gefundene korrekte Marx-Interpretation, sondern intervenieren in das weite Feld der Marxismen mit dem Ziel der Neukonstitution des Objekts »Marxismus«. Darin besteht die postmarxistische Unterbrechung. Sie muss unweigerlich das Bild dessen, was als Marxismus gilt, verändern.[4]

3 Zugleich muss festgehalten werden, dass Laclaus Konzept der Intervention nicht *interventionistisch*, das heißt nicht im platten Sinn einer bloß engagierten Theorie, verstanden werden sollte (dafür würde diese Theorie sich schon aufgrund ihres hohen Abstraktionsgrads kaum empfehlen), sondern im *(radikal-)konstruktivistischen* Sinn als ein Eingriff auf der Ebene der Denkbarkeit theoretischer Objekte im Sinne ihrer Reartikulation in einem Feld vorgegebener traditionaler Möglichkeiten.

4 Mit dieser Behauptung bestreitet Laclau natürlich nicht, dass interpretatorische Strategien letztlich nicht auch in den sozialen Raum *intervenieren* würden und damit ein diskursives Konstitutionsprojekt verfolgen. Laclaus Punkt ist vielmehr, dass ihre autoritäre Herrschaftstechnologie darin besteht, ihre eigene Interven-

Es versteht sich von selbst, dass der Postmarxismus vor allem das orthodoxe Basis-/Überbau-Modell infrage stellen muss. Das Modell trennt vorgeblich objektive gesellschaftliche Verhältnisse strikt vom Feld diskursiver Artikulationen. Für Laclau wird soziale Objektivität hingegen *im* Diskurs hergestellt. Sie existiert nicht jenseits des Diskursiven, sondern geht aus der relationalen Verknüpfung – Laclau und Mouffe sprechen wie bereits Althusser von *Artikulation* – diskursiver Elemente hervor. Doch nicht nur das: Da soziale Objektivität zugleich grundlegend konfliktuell strukturiert ist, geht sie in ein und derselben Bewegung aus der Konstruktion neuer sozialer und politischer Objekte *und der Destruktion gegnerischer Objekte* hervor. Auch die kann freilich nur diskursiv bewerkstelligt werden: qua *Ent-Knüpfung* (oder *Disartikulation*) der einzelnen Elemente des sozialen Relationsensembles. Aus diesem Grund kann Laclau von »Politik als dem Prozeß der Konstruktion des Undenkbaren« (Laclau 1988: 57) sprechen. Denn wenn der politisch-diskursive Kampf kein Kampf um Interpretationen ist, sondern ein »Prozeß der diskursiven Konstruktion der Realität selbst«, könne man »nur die Bedingungen der Denkbarkeit bestimmter Objekte konstituieren durch die Konstruktion der Undenkbarkeit anderer Objekte« (ebd.: 57). So ist das Theorieobjekt »Diskurs« mit der Idee von einer außerdiskursiven ökonomischen Basis inkompatibel. Und genauso ist das neue epistemische Objekt »Antagonismus« mit jeder Form des sozialwissenschaftlichen Objektivismus unvereinbar. Wo Antagonismus im strengen Sinn denkbar gemacht wird, wird Objektivismus undenkbar.

Die Intervention Laclaus und Mouffes, darin ist Žižek zuzustimmen, ist von enormer Innovationskraft. Zwar besitzt der neue Gegenstand des Antagonismus im hegelschen Widerspruch und in den Kategorien des Klassenkampfs und des ökonomischen Antagonismus Vorläufer, doch gelingt Laclau und Mouffe als Ersten eine konzise Theoretisierung seiner Funktionsweise. Entbunden

tion als »Interpretation« zu verkaufen, während ein nicht-autoritärer Diskurs den Raum für Anschlussinterpretationen so weit wie möglich offenhält. Nur wenn seinerseits unterbrochen, kann sich der Marxismus als »nichtautoritäre Diskurspraxis« der Unterbrechung konstituieren, denn er sei »nicht ›die Wahrheit‹ der Gesellschaft, sondern der Sitz einer Sinnproduktion, die es ermöglicht, andere Diskurse zu befragen, zu unterbrechen und neue Subjekte zu konstituieren« (Laclau 1988: 57).

von ökonomistischen Fundierungslasten wird der Antagonismus als ein genuines Objekt der Gesellschaftstheorie denkbar, während im Gegenzug ein anderes Objekt durch Laclaus und Mouffes Intervention undenkbar wurde: die Gesellschaft. Als ein »einheitliches und intelligibles Objekt, das seine eigenen Teilprozesse gründet«, sei Gesellschaft »eine Unmöglichkeit« (Laclau 1990: 90). Gesellschaft sei kein gültiges Objekt der Theorie, gibt es doch »kein einfaches Grundprinzip, das das ganze Feld der Differenzen fixiert und deshalb konstituiert« (Laclau/Mouffe 1991: 162). Zeichnen wir kurz die einzelnen Stationen nach, über die das neue, ja revolutionäre epistemische Objekt des Antagonismus die Bühne betritt und die Gesellschaft verdrängt. Denn vor allem Laclaus Intervention in den Marxismus war keine einmalige Unterbrechung; es war ein mühsamer Prozess, ein – wie Stuart Halls Theoriearbeit es nennt – »Ringen mit den Engeln« (Hall 2000: 39).

9.2. Antagonismus und Realopposition

Zu diesen Engeln zählt zweifellos Hegel. Der Antagonismusbegriff musste nicht nur vom Objektivismus, er musste auch vom Logizismus gelöst werden. Der hegelianische Ballast, der marxistische Theorien beschwert hatte, war abzuwerfen. Zu Hilfe kam Laclau dabei zunächst die italienische Debatte der 1950er und 1960er Jahre, die sich um die Frage der Natur sozialer Widersprüche und Antagonismen drehte. Innerhalb der marxistischen Tradition war nämlich durchaus Kritik an der hegelianischen Logifizierung sozialer Kämpfe laut geworden – so etwa in der Schule um Galvano Della Volpe, die sich vom hegelianisch inspirierten Mainstream des italienischen Marxismus abzusetzen versuchte. Der Ex- und Antimarxist Foucault unterschlägt in seiner Kritik am dialektischen Begriff des Widerspruchs die durchaus vergleichbaren innermarxistischen Kritiken am Hegelianismus. Wenn Foucault auf Nietzsche zurückgreift, um soziale Kämpfe jenseits des Logizismus zu beschreiben, dann greift die Della-Volpe-Schule zum selben Zweck auf Aristoteles und Kant zurück.

Erklärtes Ziel dieser Schule war es, den Marxismus mit der modernen Wissenschaft zu versöhnen (Della Volpe 1956). Deren Grundannahmen sind mit der abstrusen Idee von einer dialektischen Verfasstheit sozialer (oder gar physikalischer) Realität unverträglich. Die Hegelmarxisten, so kritisierte Della Volpe, hätten die Materialität wirklicher Konflikte in Logik aufgelöst. Aber selbst beim Antagonismus zwischen Kapital und Arbeit handle es sich um keinen logischen oder dialektischen Widerspruch. Es handle sich um eine Form des Gegensatzes, die Kant bereits in seinem vorkritischen Werk und dann in seiner Anmerkung zur Amphibolie der Reflexionsbegriffe aus der *Kritik der reinen Vernunft* als Realrepugnanz oder Realopposition bezeichnet hatte (Kant 1983b [1781]: 285-306 [A 260-292]). Diese Gegensatzfigur sollte nun den dialektischen Widerspruch ablösen. Worin besteht der Unterschied? Während im Fall des dialektischen Widerspruchs *A : Nicht-A* die beiden Pole insofern aufeinander verweisen, als sich jeder ausschließlich qua Negation des jeweils anderen Pols konstituiert, so besitzen im Fall der Realopposition *A : B* die beiden Pole, wiewohl miteinander kollidierend, eine voneinander unabhängige, positive Existenz. Man darf sich nicht davon täuschen lassen, dass ein Pol den Gegensatz des anderen bezeichnet, denn für sich betrachtet sei – wie etwa im Fall zweier zusammenstoßender Körper – jeder der beiden Pole positiv.

Bei Kant, so ist hinzuzufügen, müssen es nicht unbedingt physische Gebilde oder Kräfte sein, die aufeinander prallen oder sich wechselseitig anziehen beziehungsweise abstoßen. Dasselbe gilt für abstrakte Größen.[5] Kant argumentiert, dass selbst die mathematisch negativen Größen, denen ein Subtraktionszeichen vorangestellt wird, in Wahrheit als positive Größen behandelt werden, so dass etwa die Gleichung »–4 – 5 = –9 gar keine Subtraktion war, sondern eine wirkliche Vermehrung und Zusammentuung von Größen einerlei Art« (Kant 1983a [1763]: 785). Ähnlich könne man im Bereich der menschlichen Affekte »die *Verabscheuung* eine *negative Begierde*, den *Haß* eine *negative Liebe*, die *Häßlichkeit* eine *negative Schönheit*, den *Tadel* einen *negativen Ruhm*« nennen (ebd.: 794). Was hier eine Sache negiert, so der Kommentar des Della-Volpe-Schülers Maurizio Colletti, »ist selbst ein ›positiver Grund‹. Die so-

5 Für Kant handelt es sich selbst bei den Antinomien streng genommen um Realoppositionen, sofern auch in deren Fall zwei einander ausschließende Realbestimmungen vorliegen. Für unsere Zwecke wird im Folgenden der Begriff der Realopposition enger gefasst und auf empirische oder »ontische« Zusammenstöße beschränkt.

genannten negativen Größen sind keine Negationen von Größen, das heißt *Nicht*-Größen und somit Nicht-Sein oder das absolute Nichts. Die Dinge, die Gegenstände, die Sachverhalte sind immer *positiv*, das heißt existent und real.« (Colletti 1977: 11)

In die Problematik des Marxismus übersetzt, hieß das für die Schule um Della Volpe, dass der Antagonismus zwischen Kapital und Lohnarbeit als eine Form der Realopposition aufgefasst werden muss, nicht als dialektischer Widerspruch. Ein Anhaltspunkt für diese Lesart konnte sogar beim frühen Marx selbst aufgetan werden. So heißt es in dessen *Kritik des Hegelschen Staatsrechts*, wirkliche Extreme könnten »nicht miteinander vermittelt werden, eben weil sie wirkliche Extreme sind«. Als solche implizierten sie einander nicht, denn »[d]as eine hat nicht in seinem eigenen Schoß die Sehnsucht, das Bedürfnis, die Antizipation des andern« (Marx 2006 [1843]: 292). Der Della-Volpe-Schule kam diese Stelle gelegen. Sie schien zu beweisen, dass Marx die Dialektik Hegels nicht nur vom Kopf auf die Füße gestellt, sondern sie – wie später auch Althusser sagen wird, der in Della Volpe seinen einzigen Vorläufer sah – ganz hinter sich gelassen hatte. Marx, so wurde behauptet, habe den Antagonismus zwischen Kapital und Lohnarbeit als eine Form der Realopposition aufgefasst. Diese Interpretation ist, auch wenn sie den Hegelianismus von Marx kleinredet, nicht ganz abwegig. Einiges deutet darauf hin, dass Marx den politischen Klassenkampf als Realopposition verstand. Man muss nur das *Kommunistische Manifest* konsultieren, in dem der historisch ununterbrochene Klassenkampf an den Gegensatzpaaren von Freier/Sklave, Patrizier/Plebejer, Baron/Leibeigener, Zunftbürger/Gesell und Unterdrücker/Unterdrückte illustriert wird (Marx/Engels 1972 [1848]: 462). In all diesen Fällen sind zwar beide Seiten – qua wechselseitiger Negation – aufeinander verwiesen. Wesentlich ist aber nicht ihr logischer Widerspruch, wesentlich ist ihr historischer Widerspruch. Deshalb besitzen beide Pole eine positive Existenz. Patrizier und Plebejer, Zunftbürger und Geselle oder – worauf alle Gegensatzpaare hinauslaufen – Ausbeuter und Ausgebeutete sind Klassen, die zwar des jeweiligen Gegenparts bedürfen, zugleich aber die Pole einer Realopposition, das heißt eines wirklichen Kampfes, bilden.[6]

6 Wenn dies zutrifft, besteht darin ein weiterer Grund, weshalb wir im marxschen Klassenkampf nicht fündig werden bei unserer Suche nach einer ontologischen

Nun wollte die Della-Volpe-Schule durch Einführung der Kategorie der Realopposition keineswegs den antagonistischen Charakter der Gesellschaft leugnen. Er sollte nur entmystifiziert und »verwissenschaftlicht« werden.[7] In Konsequenz führt dies freilich zur Austreibung der Negativität aus dem Sozialen und zur Wiederkehr des Objektivismus. Wenn es sich bei allen gesellschaftlichen Konflikten um Realoppositionen handelt, kann es so etwas wie einen »negativen Grund« des Sozialen – und damit eine radikale Form von Negativität jenseits dialektischer Logik – nicht geben. Soziale Antagonismen bestehen dann immer nur zwischen positiv gegebenen Realobjekten. Und an genau diesem Punkt setzt Laclaus Kritik an. Es sei ausgesprochen unplausibel, dass es sich bei Antagonismen um Realoppositionen handle, denn am Zusammenstoß zweier Objekte – zum Beispiel zweier Fahrzeuge – sei nichts Antagonistisches. Und auch die bloß metaphorische Übertragung auf das Feld der Politik – wie man sie zum Beispiel aus der Rede vom »Zusammenstoß oppositioneller Kräfte« kennt – habe keinerlei wissenschaftliche Erklärungskraft. Es sei völlig unklar, »wie eine Theorie der Spezifik sozialer Antagonismen auf nichts als den Gegensatz zum logischen Widerspruch gegründet werden kann, der einem Konflikt zweier sozialer Kräfte und einem Zusammenstoß zweier Steine gemeinsam ist« (Laclau/Mouffe 1991: 178). Wir müssen daher die Alternative in Betracht ziehen, dass der Begriff des Antagonismus *weder* mit dem logischen beziehungsweise dialektischen Widerspruch *noch* mit der Realopposition vergleichbar ist. Dazu dürfen wir Negativität nicht länger als Attribut eines bestimmten Objekts oder eines Verhältnisses auffassen, sondern als eine notwendige Komponente jeder Form sozialer Bedeutungsproduktion.

Vorausgesetzt ist freilich der *linguistic turn*, oder genauer: der *discursive turn* in den Sozialwissenschaften. Ist man einmal darin übereingekommen, dass soziale Tatbestände nicht in einer positiv gegebenen Realität konstituiert werden, sondern auf dem Terrain des Diskursiven, das heißt innerhalb differenziell gebauter

Dimension radikaler Negativität, die jenseits des logischen Widerspruchs wie auch der Realopposition verortet wäre.

7 Auch wenn sich risikolos behaupten lässt, dass Foucaults Genealogie oder Laclaus und Mouffes Diskurstheorie das Programm der wissenschaftlichen Analyse sozialer Kämpfe überzeugender eingelöst haben als die wohl nicht zu Unrecht vergessene Schule um Della Volpe.

Bedeutungssysteme,[8] dann sind tatsächlich weder Realopposition noch Widerspruch zur Erklärung von Antagonismen hinreichend, da es sich in *beiden* Fällen um Verhältnisse zwischen bereits konstituierten Objekten handelt: im Fall des Widerspruchs um ein Verhältnis zwischen begrifflichen Objekten, im Fall der Realopposition um ein solches zwischen realen Objekten. In beiden Fällen wird von »volle[n] Identitäten« ausgegangen: »Im Fall des Widerspruchs ist, weil A *in vollständiger Weise* A *ist*, das Nicht-A-Sein ein Widerspruch – und daher eine Unmöglichkeit. Im Fall der Realopposition produziert die Beziehung von A zu B deswegen einen objektiv bestimmbaren Effekt, weil A ebenfalls völlig A ist.« (Ebd.: 180) Solange man von objektiven Verhältnissen wie diesen ausgeht, befindet man sich auf dem Terrain des Objektivismus. Laclaus und Mouffes Intervention besteht daher in der *Unterbrechung* der objektivistischen Problematik als solcher. Sie bestreiten, dass es sich beim Antagonismus um ein objektives Verhältnis zwischen bereits bestehenden Identitäten handelt. Das Gegenteil sei der Fall: Die Spezifik eines antagonistischen Verhältnisses bestehe gerade in der *Verunmöglichung* einer jeden in sich geschlossenen, objektiven Identität.

Ein einfaches Beispiel Laclaus und Mouffes kann dies veranschaulichen: Ein Bauer wird von einem Grundbesitzer von seinem Land vertrieben. Was deren Verhältnis antagonistisch macht, ist nicht, dass Bauer und Grundbesitzer als objektive soziale Identitäten einander gegenüberstünden. Ihr Verhältnis ist antagonistisch, sofern der Bauer an der Herausbildung oder Bewahrung einer in sich geschlossenen Identität gerade gehindert wird. Das, so Laclau und Mouffe, »objektive Sein« seines Antagonisten, des Grundbesitzers, wird auf diese Weise zum Symbol des »Nicht-Seins« des Bauern: »Die Präsenz des ›Anderen‹ hindert mich daran, gänzlich Ich selbst zu sein. Das Verhältnis entsteht nicht aus vollen Totalitäten, sondern aus der Unmöglichkeit ihrer Konstitution.« (Ebd.) An diesem Beispiel zeigt sich, dass Realopposition wie logischer Widerspruch zu kurz greifen, will man antagonistische Verhältnisse beschreiben: »Realopposition ist ein *objektives*, also bestimmbares

8 In einem ersten Versuch tendierte Laclau noch dazu, an der Idee des logischen Widerspruchs festzuhalten, nachdem er die Problematik der gesamten Debatte auf das Terrain der Diskurstheorie verschoben hat (Laclau 1980). Sehr bald aber distanzierte sich Laclau von dieser Definition des Antagonismus.

und definierbares Verhältnis zwischen Dingen; Widerspruch ist ein ebenso definierbares Verhältnis zwischen Begriffen; Antagonismus hingegen konstituiert die Grenzen jeder Objektivität, die sich als partielle und prekäre *Objektivierung* enthüllt.« (Ebd.: 180 f.)

9.3. Das Symbolische des Antagonismus: Sozialtheorie als Diskurstheorie

Damit sind zwei Seiten des Antagonismus-Begriffs angesprochen: die reale und die symbolische. Insofern Antagonismus die Unmöglichkeit einer in sich geschlossenen Bedeutungstotalität benennt, fällt er ins lacansche Register des Realen, das aller Symbolisierung widersteht. Nur wird dies nicht einfach ex cathedra behauptet, wie Žižek das mit lacanianischem Dogmatismus tun würde. Es wird auf Basis einer Diskurs- und Signifikationstheorie in der Nachfolge Saussures konzise entwickelt. Die Rede ist bei Laclau und Mouffe also nicht vom Antagonismus als einer dunklen Kraft, einer Art Anti-Materie des Sozialen oder Diskursiven. Auch handelt es sich nicht um ein Freund-Feind-Verhältnis, in dem zwei objektiv gegebene soziale Kräfte, gefangen in einer dualen Spiegelbeziehung, einander gegenüberstünden – was eher ins lacansche Register des *Imaginären* fiele. Die bekannte realpolitische Maxime, dass die Feinde meiner Feinde meine Freunde wären, drückt diese imaginäre Dimension politischer Austauschbarkeit aus und führt in die endlosen Spiegellabyrinthe politischer Allianzenbildung. Das heißt nicht, dass man sich in der politischen Realität nicht auch in solche Labyrinthe begeben müsste. Es mag schon sein, dass das Freund-Feind-Verhältnis, das ja auch den Mythos vom Gesellschaftskrieg bestimmt, eine gewisse Dimension politischer Realität abbildet. Dennoch darf es nicht mit Laclaus und Mouffes Konzept von Antagonismus verwechselt werden.[9] Dieses antwortet nämlich auf das durchaus technische diskurstheoretische Problem, wie ein System von Differenzen zumindest partiell stabilisiert werden kann und so überhaupt erst einen Bedeutungseffekt produziert. Damit verweist

9 Dass Chantal Mouffe (2008) in ihre Beschäftigung mit Schmitt selbst einer solchen Verwechslung Vorschub leistet, hat zu dem bedauerlichen Missverständnis geführt, bei der postmarxistischen Hegemonietheorie handle es sich um einen neuen Links-Schmittianismus.

es auf die Dimension des Symbolischen, nicht des Imaginären. Erst der Umweg über die symbolische Funktion des Antagonismus wird uns die Mittel an die Hand geben, um schließlich das *Reale* des Antagonismus, und damit das Moment radikaler Negativität, abseits aller Kriegsmythologie bestimmen zu können.

Laclaus und Mouffes diskurstheoretischer Ausgangspunkt ist folgender: Mit Saussure gehen sie davon aus, dass Bedeutung aus einem System von Differenzen (das heißt Signifikanten) hervorgeht. Allerdings kann ein rein auf Differenzen bauender Relationismus – wie Laclau und Mouffe ihn an Foucaults archäologischem Konzept der »Einheit in der Verstreuung« (Foucault 1981) kritisieren – die Produktion von Bedeutungseffekten nicht erklären. Hätten wir es mit einer bloßen Verstreuung von Differenzen zu tun, so befänden wir uns immer noch mitten im Objektivismus. Die Differenzen wären nämlich als jeweils mit sich identische, das heißt objektive Entitäten konstituiert, und wir hätten nur den Objektivismus der Totalität durch einen der Differenz ersetzt. Das Terrain des Objektivismus verlassen wir erst mit der Annahme, dass die differenziellen Elemente durch ihre Relationierung modifiziert werden. Diesen Prozess nennen Laclau und Mouffe – mit einem Begriff, der noch von Althusser stammt – *Artikulation*. Durch den Prozess der Artikulation werden frei flottierende (differenzielle) Elemente in eine diskursive Formation eingebunden und überhaupt erst bedeutungstragend. Aber wie funktioniert ihre Relationierung beziehungsweise Artikulation?

Wie auch Foucault weisen Laclau und Mouffe jede Idee von einem einfachen Grundprinzip, das ein Feld von Differenzen fixieren würde, zurück. Weder existiere ein objektives Regulierungsprinzip von Differenzen, wie man es etwa in den so genannten »objektiven Gesetzen der Geschichte« oder in den basalen Permutationsgesetzen einer Struktur vermutet hat, noch stehe ein subjektives Ordnungsprinzip, wie etwa ein sinnstiftendes Subjekt, zu Verfügung (Laclau/Mouffe 1991: 155). Wenn nun aber die Fixierung der Differenzen durch keinen ultimativen *Grund* gewährleistet werden kann,[10] so heißt dies umgekehrt nicht, dass überhaupt keine Fixierung und Systemisierung möglich wäre, denn dann wäre jede

10 Und zwar unter anderem deshalb weil, wie wir sehen werden, jede systemische Interiorität von der Exteriorität überschüssiger, flottierender Elemente untergraben wird.

Artikulationsbemühung von Anfang an vergebens und wir befänden uns in einem unrettbar psychotischen Universum, das keinerlei Bedeutung hervorbrächte. Artikulation muss daher als eine Praxis der *partiellen* Fixierung gleitender Elemente (Differenzen, Signifikanten) verstanden werden (ebd.: 165). Diese partielle Fixierungsleistung lässt sich jedoch nur erklären, wenn eine Dimension in das Spiel eingeführt wird, die der Dimension reiner Differenz entgegensteht: die Dimension der Äquivalenz.

Ein weiteres Beispiel wird helfen, diesen Punkt zu verdeutlichen: Laclau und Mouffe schlagen vor, wir mögen uns ein kolonisiertes Land vorstellen, in dem die unterschiedlichsten lokalen Differenzen – von der Kleidung über die Sprache und die Gebräuche – nur deshalb als gemeinsame Merkmale der Kolonisierten wahrgenommen werden, weil sie sich von jenen der Kolonisatoren unterscheiden. Das bedeutet, dass die Differenzen im Hinblick auf den Kolonisator überhaupt nicht different sind. In dieser einen Hinsicht heben sie sich in ihrer Positivität auf und werden in ihrer *Äquivalenz* erkennbar. Sie repräsentieren nicht länger spezifische lokale oder kulturelle Besonderheiten innerhalb der kolonisierten Population, sondern etwas »ihnen allen zugrundeliegendes Identisches« (ebd.: 183). Das kann kein die Differenzen transzendierendes Grundprinzip sein, was ja von Anfang an ausgeschlossen wurde. Es kann auch keine weitere spezifische, positive Differenz sein, weil sich die gesuchte Instanz ja von allen einzelnen Differenzen unterscheiden soll. Es muss sich um etwas handeln, was das eigentliche Sein, also den Zustand positiver Objektivität oder Identität der Kolonisierten verunmöglicht: eine rein negative Instanz. Die Identität der Kolonisierten bildet sich aus ihrer gemeinsamen Opposition gegenüber den Kolonisatoren, die ihrerseits nicht länger von einer positiven Identität (= objektiven Differenz) bestimmt sind, sondern aus Sicht der Kolonisierten nur noch als reine Negativität erscheinen. Es ist somit das diskursive Prinzip der Äquivalenz, das den differenziellen und positiven Charakter der in eine »Äquivalenzkette« eintretenden Elemente unterläuft. Denn wenn »*alle* differenziellen Merkmale eines Gegenstandes äquivalent geworden sind, ist es unmöglich, etwas *Positives* über diesen Gegenstand auszudrücken«, was nur bedeuten könne, »daß durch die Äquivalenz etwas ausgedrückt wird, was der Gegenstand nicht ist« (ebd.: 184). Alle positiven Bestimmungen, die den Kolonisator auszeichnen, verwandeln sich in ein Prinzip reiner Negativität. Umgekehrt finden die Kolonisierten zu einer Äquivalenzkette, indem sie sich gegenüber dieser Instanz der Negativität, die ihre Identität bedroht, abgrenzen. Die beiden Seiten sind in keinem relationalen System positiver Differenzen verbunden. Sie verbindet ein Verhältnis, das keines ist: der Antagonismus.

Es sollte nun deutlich geworden sein, worin die symbolische Seite des Antagonismus – seine Funktion im Prozess der Signifikation – besteht. Die Fixierung differenzieller Elemente zu einem Gesamtensemble – einer Diskursformation – ist nur um den Preis der Äquivalenzfunktion zu haben. Und zwar schlicht deshalb, weil ein Feld differenzieller Verstreuung *kein System* wäre und folglich keinerlei Bedeutungseffekte produzieren könnte. Erst durch eine partielle Äquivalenzierung von Differenzen wird es zu einem System. Artikulation lässt sich somit definieren als die partielle und vorübergehende Verknüpfung von Differenzen zu einer Äquivalenzkette über den Bezug auf ein rein negatives Außen. Dieses Außen ist nicht etwa deshalb negativ, wie Laclau und Mouffe betonen, weil es als negativer Pol einem positiven Pol gegenüberstünde, sondern weil »*alle* differenziellen Bestimmungen des einen Poles sich durch ihre negativ-äquivalentielle Referenz auf den anderen Pol aufgelöst haben, zeigt ein jeder von ihnen ausschließlich das, was er nicht ist« (ebd.: 185). Der Vergleich mit Kants Realopposition illustriert den Unterschied: In Begriffen der Realopposition wäre ein negativer Pol (eine »negative Größe«), wie Kant gezeigt hat, letztlich nur ein positiver mit einem negativen Vorzeichen, aber beide Pole stünden einander als Entitäten gleicher Ordnung gegenüber. Die Funktion der Äquivalenz hingegen führt den Bezugspunkt reiner Negativität ein, um die zumindest partielle Systematizität eines Diskurses zu garantieren. Das bedeutet umgekehrt, dass durch die Funktion der Äquivalenz die Differentialität und Positivität des Diskurses unterminiert werden. Die einzelnen Elemente gehören nicht aufgrund ihrer positiven Qualitäten einem bestimmten Diskurs an, sondern aufgrund einer sie alle negierenden Instanz, die jedes einzelne gerade daran hindert, zu seiner objektiven Identität zu finden:

> Aber wenn Objektivität diskursiv ist, wenn ein Objekt *qua Objekt* sich nur als Objekt des Diskurses konstituieren kann, dann wird es in diesem Fall immer ein »Außen«, einen nicht greifbaren Rand geben, der das »Objektive« begrenzt und verzerrt und der genau das Reale ist. (Laclau 1990: 185)

Es hat sich erwiesen, dass die symbolische und die reale Seite des Antagonismus nicht voneinander zu trennen sind. Was den Bedeutungsprozess subvertiert und damit verunmöglicht – das Reale –, ist zugleich Voraussetzung für das symbolische Operationsprinzip der Äquivalenz, ohne welches kein Bedeutungseffekt zustande käme.[11] Die Theorie postuliert eine radikale Form von Negativität, die nicht in einfacher Opposition zur Positivität der Differenzen steht, sondern gewissermaßen im *Inneren* des Reichs positiver Differenzen haust: als Prinzip der Unmöglichkeit ihrer vollständigen Positivierung.

9.4. Felder und Kämpfe: Bourdieu

Die Konturen der poststrukturalistischen Antagonismustheorie erscheinen schärfer, hält man sie gegen das Licht der Feldtheorie Pierre Bourdieus, der noch stärker dem Strukturalismus und damit Objektivismus verhaftet bleibt. Und das, obwohl beide eine Reihe analoger Ausgangsbedingungen teilen: An die Stelle des Gesellschaftsbegriffs, an dem Bourdieu wie viele andere Soziologen kein kategoriales Interesse hat, treten die rein relationistischen Begriffe des sozialen Raums und des Feldes. Den Beziehungen im sozialen Raum gebührt der Primat gegenüber allem, was substanzhaft in ihm auftreten könnte. Wenn Bourdieu konstatiert: »Das Reale ist relational«, dann soll das heißen, dass der Raum der Relationen die primäre soziale Realität darstellt, weshalb jede Rede von vorgängig konstituierten sozialen Gruppen oder Individuen obsolet ist (Bourdieu 1998a: 15). Bourdieu scheint also auf den ersten Blick gegenüber allen Formen des Substantialismus, Objektivismus und Fundamentalismus immun,[12] und zwar ohne dass er eine Instanz

11 Laclau tendiert dazu, die Unterscheidung von Negativität und Äquivalenz zu verschleifen. Das Argument macht meines Erachtens aber nur dann Sinn, wenn Äquivalenz auf derselben theoretischen Ebene verortet wird wie Differenz und damit als Teil der Funktionslogik des Symbolischen. Negativität ist dann jene Instanz des Realen, die von dieser symbolischen Logik vorausgesetzt wird und sie zugleich unterminiert.

12 Im Unterschied zum Strukturalismus kann bei Bourdieu die Totalität des Systems, und damit der Gesellschaft, zu keinem neuen Grund erhoben werden, da im Unterschied zum saussureschen Modell kein geschlossenes Gesamtsystem von Differenzen notwendig ist.

radikaler Negativität oder den Begriff des Antagonismus benötigen würde. Genauso wenig scheint die verworfene Gesellschaft in spektraler Form zurückzukehren. Der bourdieusche Theoriebau macht einen unerschütterlichen Eindruck.

Halten wir zunächst fest, dass Bourdieu für einen radikalen Begriff von Antagonismus keine Verwendung hat, weil er sich einer »agonistischen Soziologie« verschreibt. Frank Nullmeier hat Bourdieu – neben George Herbert Mead und den Rollensoziologen – zu den Vertretern eines »soziologischen Agonismus« gezählt (Nullmeier 2000: 237, vgl. ebenso Schwingel 1993), zu dem, wie bereits gesehen, auch die bürgerliche Konfliktsoziologie gezählt werden kann. Die sozialen Felder werden bei Bourdieu nämlich durch Positionskämpfe strukturiert, deren Modell im Wesentlichen vom Ethnologen Marcel Mauss übernommen wird. Das bourdieusche Paradigma des Kampfes ist der Ehrwettstreit, der *agon*: »Erst dies agonistische Modell erlaubt die für Bourdieu charakteristische Expansion eines Typs soziologischer Analyse auf alle Felder gesellschaftlichen Lebens von der Schule zur Ökonomie, von der Politik zur Malerei. Die *allgemeine Ökonomie der Praxen* ist implizit eine *Theorie der agonistischen Grundstruktur des Sozialen.*« (Nullmeier 2000: 256). Die Einschätzung trifft zu. Bourdieus Theorie lässt sich als agonistisch qualifizieren, sofern soziale Kämpfe feldeigenen Spielregeln gehorchen und vom symbolischen Auszeichnungswillen der Kämpfenden getragen werden, die auf der Jagd nach Akkumulation verschiedener Kapitalsorten sind. Nach wie vor lässt sich Bourdieus Theorie aber auch als marxistisch im Sinne des Marx von Ramsgate qualifizieren, sofern Bourdieu von der Ubiquität und Permanenz dieser Kämpfe ausgeht. In jeder Gesellschaft stehen »unterschiedliche symbolische Mächte, die ihre Sicht der legitimen Trennungen durchsetzen, das heißt, die Gruppen bilden wollen, in permanentem Konflikt« (Bourdieu 1992: 151).

Damit stellt sich die Frage, ob der Kampf für Bourdieu eine ontische oder eine ontologische Kategorie ist. Bezöge er sich nur auf den regelgeleiteten Wettstreit, dann bliebe es beim Ontischen. Der Marx von Ramsgate gesteht dem sozialen Kampf aber eine ontologische Funktion zu, die die »ontische« des *agon* übersteigt. Und tatsächlich spricht einiges dafür, dass Kampf auch für Bourdieu mit einer uneingestanden ontologischen Funktion ausgestattet ist. Nicht nur ist er ubiquitär und permanent. Erst durch den Kampf wird das Soziale überhaupt aus seiner Erstarrung gelöst. Es ist »der *Kampf* selbst, der die Geschichte des Feldes ausmacht; durch den Kampf tritt es in die Zeit ein« (Bourdieu 2001b: 253). Ohne Kampf wäre der soziale Raum – und damit jedes Feld – wie in einem Standbild eingefroren. Das impliziert aber, dass soziale Kämpfe sich nicht nur entlang feldspezifischer Spielregeln entfalten. Täten sie das, könnten sie die Veränderung des Feldes nicht antreiben, sondern würden nur einen bereits vorgegebenen Handlungsrahmen ausschöpfen. Das Feld würde sich gleichsam in sich selbst drehen. Es träte nicht in die Zeit ein. Neben dem bloßen *agon* muss es, so die Schlussfolgerung, Kämpfe geben, in denen Spielregeln nicht nur umgesetzt, sondern herausgefordert, verändert, ja womöglich durch andere ersetzt werden. Im Unterschied zu den normativen Grundannahmen der bürgerlichen Konfliktsoziologie lässt Bourdieu nämlich keinen Zweifel daran, dass die Spielregeln der Kämpfe selbst umkämpft sind. Jedes Feld sei Schauplatz »eines mehr oder minder offen deklarierten Kampfes um die Definition der legitimen Gliederungsprinzipien des Feldes« (Bourdieu 1995: 27).

Man bemerkt die Ambivalenz in Bourdieus Kampfbegriff. Bourdieu kann nicht eingestehen, dass wir es mit zwei zu differenzierenden Arten von Kämpfen zu tun haben. Mit agonalen, die gemäß feldeigener Spielregeln ablaufen, und solchen, die diese Spielregeln modifizieren.[13] Letztere sind Kämpfe um die Definition von Kämpfen. Sie können folglich dem Feld gegenüber, das ja durch seine Spielregeln definiert ist, nur *heterogen* sein, werden sie doch gerade nicht nach den herrschenden Spielregeln ausgetragen. Bourdieus Soziologie ist als agonistisch nicht hinreichend bestimmt. Sie erfordert einen Begriff von Kampf, der über den des *agon* hinausgeht. Nur wird dieser fundamentale Begriff von Bourdieu nicht kategorial ausgeschildert. Bourdieu schreckt davor zurück, agonistische Kämpfe explizit von solchen zu unterscheiden, die – darin dem marxschen Klassenkampf verwandt – zum Motor der Entwicklung eines Feldes werden, es in die Zeit bringen

13 Daran ändert sich auch nichts, wenn wir alternativ davon ausgehen, dass es sich hier um zwei Dimensionen handelt, die innerhalb ein- und derselben Kämpfe auftreten, jeder konkrete Kampf also die Spielregeln, denen er gehorcht, in irgendeiner Weise modifiziert – eine These, die man von Wittgenstein über Derrida bis Judith Butler verfolgen könnte. Die beiden Dimensionen sind dennoch analytisch voneinander zu unterscheiden.

und also dessen notwendige ontologische Voraussetzung darstellen. Streng genommen handelt es sich nur im zweiten Fall um wirkliche Kämpfe, im ersten handelt es sich eher um Kampfspiele.

Wer sich dieser grundlegenden Dimension sozialer Kämpfe annähern will, dem macht Bourdieu keine Angebote. Und darin besteht der wesentliche Unterschied zum Postmarxismus von Laclau und Mouffe. In deren Diskurstheorie findet sich, was in der Feldtheorie im Dunkeln bleibt, ja als problematisch angesehen würde: eine Theorie nicht der Kämpfe, sondern der allen Kämpfen zugrunde liegenden diskursiven Logik des Antagonismus. Erst sie erklärt die Differenz zwischen spielregelkonformen und spielregelmodifizierenden Kämpfen. Das gelingt ihr, indem sie das Problem der *Feldgrenzen* auf gänzlich andere Weise aufwirft als Bourdieu. Es betrifft für die Diskurstheorie keineswegs nur die Frage der Zugangsbedingungen und Eintrittsvoraussetzungen zu einem bestimmten Feld. Zwar ist für Laclau und Mouffe die Grenzbestimmung eines diskursiven Systems ebenfalls mit Inklusions- und Exklusionseffekten verbunden, doch ist die radikal negative Funktion von Grenzen für die Bestimmung eines Diskurses von viel größerer Bedeutung als dessen innere Spielregeln es sind. Denn wenn jedes diskursive System aus Differenzen (und damit Relationen) besteht, dann können die *Grenzen* des Systems nicht aus einer weiteren Differenz bestehen. Diese Differenz wäre, *als nur eine weitere*, ununterscheidbar von den anderen Differenzen des Systems und könnte daher nicht als deren Grenze fungieren. Nur wenn die Grenze ein Außen markiert, das *nicht* differenziell ist, haben wir es mit einer authentischen Grenze zu tun. Dieses Außen kann nicht anders konstruiert werden als durch den Antagonismus, das heißt durch die Äquivalenzierung der innersystemischen Differenzen.

Ein weiteres Mal stellt sich heraus, dass der Antagonismus nicht einfach ein Konflikt ist, sondern die Systematizität eines differenziellen Diskurssystems begründet, indem er gerade auf das Außen dieses Systems verweist, welches – aus Sicht des Systems – von gänzlich anderer Natur sein muss als das System selbst. Das Außen systematisiert das System, indem es das System *negiert*. Nur so können die Differenzen des Systems zu irgendeiner Art von Gemeinsamkeit und Systematizität, das heißt von Äquivalenz finden. Nur der Bezug auf etwas, was sie selbst *nicht* sind, von dem sie alle sich aber negiert fühlen, kann ihre Zugehörigkeit zu ein- und demselben System garantieren. Hierin liegt der wesentliche Unterschied zur Feldtheorie. Bourdieu ist vordringlich interessiert an der Position von Differenzen innerhalb eines Feldes beziehungsweise der Korrelation von Differenzen zwischen Feldern (das heißt an ihrer jeweiligen relationalen »Anordnung« wie an den Verteilungen und Homologien verschiedener Differenzordnungen). Laclau und Mouffe sind in erster Linie interessiert am Umschlagen von Differenz in Äquivalenz, das heißt an der Herstellung von Äquivalenzen entlang antagonistischer Bruchlinien, die Positionen, Verteilungen, Feldgrenzen oder ausdifferenzierte Funktionen außer Kraft setzen. Im Moment des Antagonismus werden vormals existierende Feldregeln und Positionen aufgehoben und neu artikulierbar gemacht.[14] Jeder Kampf, der die Spielregeln verändern will, muss die Passage durch den Antagonismus nehmen.

Womöglich hat der Unterschied zwischen beiden Ansätzen damit zu tun, dass Laclaus und Mouffes Diskurstheorie der Metapher des Politischen folgt[15] und Konflikt als Antagonismus denkt, während Bourdieu der Metapher des Ökonomischen folgt und Kampf dem Modell von Konkurrenz (um symbolische Akkumulationsprofite) nachbildet. Das erklärt zugleich, weshalb Bourdieu zwar ein Machtfeld und ein politisches Feld kennt, aber keinen alle Feldgrenzen gleichermaßen strukturierenden und destrukturierenden Antagonismus.[16] So gelingt es ihm trotz aller Beteuerungen des Gegenteils nicht, den marxistischen Ökonomismus abzuschütteln. Zwar richtet sich die bourdieusche Soziologie von der Intention

14 Freilich hängen für Bourdieu »interne Kämpfe *in ihrem Ausgang* aber doch stets davon ab, inwieweit sie eine Verknüpfung zu den extern ablaufenden Auseinandersetzungen herstellen können – ob innerhalb des Macht-Feldes oder des sozialen Feldes in seiner Gesamtheit« (Bourdieu 2001b: 203). Doch bleibt für Bourdieu in solchen Fällen die Trennung zwischen diesen Feldern mitsamt ihrer (relativ) autonomen Eigenlogik aufrecht und wird nur im weitgehend illusorischen Moment des politischen Enthusiasmus vorübergehend aufgehoben. Dagegen verfolgen Laclau und Mouffe keine Revolutionstheorie; sie sprechen nicht von kurzen isolierten Momenten, sondern von Antagonismen, die nicht aufhören, das Soziale kreuz und quer zu durchfurchen.

15 Nicht zu verwechseln mit Politik, wie sie im politischen Feld routinemäßig betrieben wird. Vgl. zur Differenz zwischen Politik und dem Politischen Marchart (2010a).

16 Ohne diesen Begriff aber wird nicht nur unerklärlich bleiben, was das eigentlich Politische an der Politik ist, es wird auch unerklärlich bleiben, was das Politische in anderen Feldern jenseits der Politik sein könnte.

her gegen alle objektivistischen oder subjektivistischen Fundamentalismen. Doch dazu reichen Differenztheorie und Relationismus nicht aus. Wird die Abwesenheit des Grundes nicht explizit *als Abwesenheit* markiert, dann besteht die Gefahr, dass das verbannte ökonomische Fundament unter der Hand zurückkehrt.

Daher überrascht es nicht, dass der Grundbegriff der bourdieuschen Soziologie, das symbolische Kapital, eigentümlich »spektrale« Eigenschaften aufweist. Das beginnt schon damit, dass Bourdieu dazu tendiert, die Kapitalsorten über jene des ökonomischen, kulturellen und sozialen Kapitals hinaus auf ungeregelte Weise zu vervielfachen – vom literarischen über das politische bis zum informationellen Kapital. Besonders eigentümlich wirkt das, wenn Bourdieu sogar physische Gewalt als Kapital und das staatliche Gewaltmonopol als »Konzentration des Kapitals der physischen Gewalt« definiert (Bourdieu 1998: 101).[17] Man gewinnt den Eindruck, die Liste der Kapitalsorten lässt sich ad libitum erweitern. Aber mehr noch. Wie beobachtet wurde, ist Kapital für Bourdieu nicht einfach nur ein anderer Name für Distinktion. Kapital wird von ihm implizit »als ›Ding‹, gar als Substanz« (Krais 2005: 89) präsentiert. Bourdieus Kapitalsorten sind nicht nur Einsatz im agonalen Spiel, sie sind auch die veranlagte Ressource, aus der die Spieler schöpfen können. Ein solchermaßen substanzhaftes Ding ist mit Bourdieus Relationismus kaum in Deckung zu bringen. Es ist der Wiedergänger des verdrängten Grundes: Hinter der spektralen Gestalt des Kapitals verbirgt sich der Ökonomismus, der bereits ausgetrieben schien. Indem Bourdieu, wie bemerkt wurde, »die Konstruktion des sozialen Raums auf die Verfügung über Kapital gründet«, mache er deutlich, »daß er von einem Ungleichheit generierenden Prinzip für die gesellschaftliche Gliederung ausgeht, das letzten Endes eine ökonomische Verankerung hat: Die Rede vom ›Kapital‹ fungiert als Kürzel für diese gesellschaftstheoretische Fundierung.« (Ebd.: 99) Trifft diese Einschätzung zu, dann verankert

17 Mithin wird der Staat Bourdieu zum Besitzer eines »Metakapitals«, in dem sich alle möglichen Kapitalsorten (vom ökonomischen über das juristische bis hin zum Gewaltkapital) bündeln. Daran schließt übrigens eine nach wie vor dem abendländischen Souveränitätsmodell verpflichtete Definition des »Felds der Macht« an, in dem Bourdieu zufolge die Kapitalbesitzer »*vor allem* um die Macht über den Staat kämpfen, das heißt über das staatliche Kapital« (Bourdieu 1998a: 101).

das Kapital – das »Ding«, dem alle nachlaufen, und die »Substanz«, von der sie zehren – den sozialen Relationsraum im Ökonomischen und die Feldtheorie im Ökonomismus. Wieso aber sollte dieses substanzhafte »Ding«, wenn es denn, wie wir zugestehen würden, gesellschaftstheoretisch unausweichlich ist, ökonomisch definiert werden?

9.5. Das Reale des Antagonismus und das *objet petit a* Gesellschaft

Fassen wir die Kritik zusammen: In der bourdieuschen Feldtheorie ist kein Platz für radikale Negativität und also für das Register der Realen. Ein Feld ist ein gesättigter Raum von Differenzen beziehungsweise Positionen. Nichts steht der vollständigen Positivierung dieses Raums im Weg. Das bewahrt die bourdieusche Feldtheorie indes nicht vor der Wiederkehr substanzhafter Objekte, die nun die Stelle des verleugneten Grundes einnehmen und das differenztheoretische Credo Bourdieus dementieren. Laclaus Ansatz besitzt den Vorzug, der gespenstischen Natur des Sozialen – der Abwesenheit des Grundes – nicht mit Verleugnung zu begegnen. Steht für Bourdieu der Positivierung des Sozialen nichts im Wege, so steht für Laclau der Positivierung des Sozialen *das Nichts* im Wege: die Instanz radikaler Negativität.

Führt man so etwas wie das lacansche Reale in die Sozialwissenschaften ein, so erzeugt man allerdings ein Folgeproblem. Die Frage ist nämlich, wie das, was dem Sozialen – und das heißt bei Laclau: dem Diskursiven – entkommt, überhaupt sozial beziehungsweise diskursiv bezeichnet werden kann. Es liegt auf der Hand, dass sich das negative Außen eines Bedeutungssystem innerhalb dieses Systems nicht umstandslos bezeichnen lässt, denn dann wäre es ja nicht dessen Außen. Anders gesagt: Was den Prozess der Bedeutungsproduktion untergräbt, kann nicht selbst zum Feld der Bedeutung gehören. Das negative Außen des Diskurses muss sich auf andere Weise in dessen Inneren bemerkbar machen. Auch wenn die Grenzen des Diskurses nicht signifiziert werden können, so können sie doch *erfahren* werden. Laclau rekurriert deshalb auf einen Begriff wie »Erfahrung«, weil mit diskurstheoretischen Argumenten einsichtig gemacht werden kann, dass die Grenzen des Diskurses, die selbst nicht diskursiv bezeichnet werden können, sich im Diskurs doch zeigen – so etwa wenn, bleibt man bei den bisherigen Beispielen, die Bauern oder die Kolonisierten die Erfahrung machen, dass sie an der Bewahrung ihrer eigenen Identität gehindert werden. Diese »›Erfahrung‹ der Grenze aller Objektivität hat eine Form präziser diskursiver Präsenz – den *Antagonismus*« (Laclau/Mouffe 1991: 177). Die diskursive Konstruktion von Äquivalenz verhilft also dem Außen jeder Signifikation – dem Realen – zu indirekter Präsenz im Feld des Symbolischen. Auf diese Weise wird »*Negativität als solcher*«, so Laclau und Mouffe, »*eine reale Existenz*« (ebd.: 185) gegeben.

Diese Überlegungen müssen auf unsere Konzeption des Sozialen und der Gesellschaft durchschlagen. Wenn das Soziale qua Antagonismus vom Realen durchdrungen ist, dann lässt sich die Objektivität sozialwissenschaftlicher Methoden genauso wenig endgültig sicherstellen wie die Objektivität sozialer Tatbestände. Nicht objektive Gesetzmäßigkeiten sind für das Soziale konstitutiv. Vielmehr »ist die unmögliche Beziehung von Objektivität und Negativität für das Soziale konstitutiv geworden« (ebd.). Soziale Objektivität ist nur noch um den Preis ihrer eigenen Subversion zu haben. Das bedeutet zugleich, dass das Soziale sich selbst gegenüber nie vollständig transparent werden kann. Der Blick auf die Totalität des Sozialen bleibt durch die Mauer des Antagonismus verstellt. Jede Form von Totalität, die das Soziale überhaupt erreichen kann, und damit jede Form von *Gesellschaft*, muss den Preis ihrer Selbstsubversion entrichten, bleibt sie doch auf Grenzen bezogen, von denen sie unterlaufen wird: »Die Grenze des Sozialen muß innerhalb des Sozialen selbst gegeben sein, als etwas, das es untergräbt, seinen Wunsch nach voller Präsenz zerstört«. Und das wiederum bedeutet: »Gesellschaft kann niemals vollständig Gesellschaft sein, weil alles in ihr von ihren Grenzen durchdrungen ist, die verhindern, daß sie sich selbst als objektive Realität konstituiert« (ebd.: 183). Gesellschaft ist unmöglich, weil zur Totalisierung und Systematisierung von Differenzen die Instanz radikaler Negativität unabdingbar ist.

Die Unmöglichkeit von Gesellschaft ist aber nur die eine Seite der Medaille. Die andere ist ihre Notwendigkeit. Nach wie vor ist das Soziale – bei Strafe seiner Auflösung in verstreute Differenzen – darauf angewiesen, Totalisierungseffekte zu erzeugen. Wie Adorno und Althusser halten Laclau und Mouffe an der Idee gesellschaftlicher Totalität fest, die zum Kernbestand des Marxismus gehört. Aber da diese Totalität auf Grenzen angewiesen ist, von denen sie zugleich subvertiert wird, kann es sich immer nur um eine *partielle* Totalität handeln. Auch diese Behauptung lässt sich diskurstheoretisch stützen, denn wie wir bereits sahen, kommen Systematisierungseffekte nur über eine instabile Balance zwischen Differenz und Äquivalenz zustande (Laclau 2002: 87). Ein gänzlich in Differenzen verstreutes System ist keines. Und in einem gänzlich in Äquivalenz erstarrten System wäre der Prozess sozialer Bedeutungsproduktion stillgestellt. Ein *gewisser Grad* an Totalisierung ist also erforderlich. Deshalb besteht Laclau darauf, dass die »Notwendigkeit von Gesellschaft nicht verschwindet, obwohl ihre Fülle und Universalität unerreichbar ist: sie wird sich immer durch die Anwesenheit ihrer Abwesenheit zeigen« (ebd.: 87).

Der Begriff der Gesellschaft wird paradoxiert. Gesellschaft ist eine Totalität, die immer nur Teil ist, und ein Teil, der immer auch Totalität ist. In ihrer Fülle ist sie abwesend, dennoch bleibt diese Fülle im Streben nach sozialer Vereinheitlichung vorausgesetzt – und ergo anwesend. Laclau zufolge bedeutet dies, »daß wir uns einem konstitutiven Mangel gegenübersehen, einem unmöglichen Objekt, welches, wie bei Kant, sich durch die Unmöglichkeit seiner adäquaten Repräsentation darstellt« (ebd.: 70). Treffender noch vergleicht Laclau Gesellschaft mit Jacques Lacans *objet petit a* (ebd.: 87). In der Psychoanalyse fungiert das *objet petit a*, wie schon dargelegt, als Objektursache des Begehrens, deren Anwesenheit sich gerade aufgrund ihrer *Abwesenheit* spürbar macht. Wäre das *objet petit a* tatsächlich erreichbar, so käme der Begehrensprozess zum Stillstand. Was erreichbar ist, ist immer nur ein bestimmtes Objekt, das vorübergehend die Qualität des *objet petit a* zu verkörpern scheint, diese Qualität aber verliert, sobald es erreicht wurde. Das obskure Objekt der Begierde geht also nicht in den trivialen Gegenständen auf, mit denen wir unser Begehren zu stillen vermeinen. Und genauso wenig geht die Gesellschaftstotalität in den vorübergehend stabilisierten Formationen auf, die den Fluss sozialer Bedeutungsproduktion fixieren. Immer werden soziale Kämpfe auf die Schließung des Sozialen zu einer Totalität abzielen, ohne dass sie ihr Ziel vollständig erreichen würden. Deshalb bleibt Gesellschaft notwendig, so unmöglich sie sein mag. Damit sind wir bei der vielleicht schlüssigsten Erklärung der im Laufe unserer Untersuchung immer wieder festgestellten paradoxen Natur des Objekts Gesellschaft angekommen. Mit Laclau ist Gesellschaft nicht allein deshalb ein unmögliches Objekt, weil die Totalität des Sozialen eine schiere Unmöglichkeit darstellen würde (dann könnte man den Gesellschaftsbegriff in der Tat aufgeben), sondern weil Gesellschaft *zugleich* unabdingbare Voraussetzung jeder Sozialformation bleibt.

So viel zur Gesellschaft hinsichtlich der Seite ihrer Totalität. Aber was lässt sich hinsichtlich ihrer Partialität sagen, also hinsichtlich des Teils, in dem sich die abwesende Totalität verkörpert? Das unmögliche Objekt sozialer Fülle zeichnet sich dadurch aus, dass es »nicht repräsentiert werden kann, sich aber dennoch innerhalb des Felds der Repräsentation zeigen muß« (ebd.). Laclau behauptet, dass dies nur möglich wird »durch einen partikularen Inhalt, der sich seiner Partikularität entledigt, um diese Fülle zu repräsentieren« (ebd.: 89). Wir begegnen hier offenbar einer Figur, die der ontisch-ontologischen Differenz ähnelt: eine Differenz nämlich zwischen Gesellschaft als ontologischem *objet petit a* und der jeweiligen ontischen Partikularität, die in die Lücke dieses Objekts vorübergehend einrückt. Diskurstheoretisch lässt sich diese Differenz nur verstehen, wenn wir uns daran erinnern, dass für Lacan das *objet petit a* gerade *kein* Signifikant ist. In seiner Eigenschaft als abwesende Ursache oder »Objektursache« liegt es jenseits des Symbolischen. Wie aber kann es dann innerhalb des Symbolischen überhaupt repräsentiert werden? Die Antwort auf diese scheinbar triviale Frage führt uns in unruhige Gewässer. Denn wir sind auf der Suche nach etwas, das einerseits Teil des Symbolisierungsprozesses ist und andererseits nicht, das einerseits ein Signifikant ist und andererseits den Prozess der Signifikation gerade unterläuft. Laclau bezeichnet diese seltsame Sache, die Signifikant ist, ohne wirklich zu signifizieren, als *leeren Signifikanten.*

9.6. Der leere Signifikant

Die Kategorie des leeren Signifikanten erklärt, weshalb Totalisierungseffekte möglich sind, obwohl Totalität unmöglich ist. Mit dem leeren Signifikanten lässt sich begreiflich machen, wie das Soziale vorübergehend Form gewinnt und die Verstreuung der

Differenzen eingedämmt wird. Denn als *objet petit a* präsentiert sich Gesellschaft eben nicht einfach nur als eine logische Unmöglichkeit, ähnlich dem Widerspruch in der Logik, sondern als reale Unmöglichkeit, als »leerer Platz«, wie Laclau sagt, um den herum sich ein Signifikationssystem herausbildet. Und es ist diese reale Unmöglichkeit eines in seiner Abwesenheit anwesenden Objekts, »auf die das X des leeren Signifikanten zeigt« (ebd.: 70). Der leere Signifikant steht also in einem Verweisungsverhältnis zum unmöglichen Objekt Gesellschaft. Aber was genau ist ein leerer Signifikant? Wenn nach Saussure ein Zeichen aus dem Signifikanten (dem Laut- oder Schriftbild) und dem Signifikat (dem Vorstellungsinhalt) besteht, dann ist ein leerer Signifikant zunächst ein solcher, dem die Signifikate abhandengekommen sind. Das heißt natürlich, um jedes Missverständnis von vornherein auszuräumen, dass kein Signifikant jemals vollständig entleert werden kann. Er verkäme dann zu einer sinnlosen Kritzelei auf dem Papier oder zu bloßem Rauschen. Wenn wir von leeren Signifikanten sprechen, sprechen wir immer nur von tendenziell leeren Signifikanten. Die wesentliche Frage aber bleibt: Was führt zur Entleerung eines Signifikanten?

Rekapitulieren wir, um das Kapitel abzuschließen, Laclaus Theorie des leeren Signifikanten, wie sie unter anderem in seinem wichtigen Text »Was haben leere Signifikanten mit Politik zu tun?« (2002) ausgebreitet wurde. Das wird uns zugleich erlauben, den komplexen Gedankengang Laclaus Revue passieren zu lassen und im Zusammenhang darzustellen.

Zunächst geht Laclau axiomatisch davon aus, dass Bedeutung beziehungsweise Signifikation nur unter der Bedingung von Systematizität zu haben ist. Irgendeine Form von Totalität oder System ist erforderlich, denn »[w]ürden die Differenzen sich zu keinem System zusammenschließen, dann wäre überhaupt keine Signifikation möglich« (ebd.: 66). Das ergibt sich für Laclau aus der Grundannahme Saussures, dass in jedem Bezeichnungsakt die Gesamtheit aller Differenzen implizit mitgesetzt wird. Was unter einem /Vater/ zu verstehen ist, um ein banales Beispiel zu geben, lässt sich nur verstehen, wenn man weiß, in welcher relationalen Totalität der Signifikant /Vater/ zu den Signifikanten /Mutter/, /Tochter/, /Sohn/ steht. Doch dann weicht Laclau von Saussure ab und gibt dessen Sprachtheorie eine politische Wendung. Für Laclau gibt es nämlich, wie wir gesehen haben, kein System ohne Grenzen. Wenn die eigentliche Voraussetzung von Signifikation das System ist, dann besteht die eigentliche Voraussetzung des Systems in dessen Grenzen. Diese lassen sich *als Grenzen* nur denken, so der nächste Schritt im Argumentationsgang, wenn ihr *Jenseits* bestimmt werden kann. Laclau beruft sich an dieser Stelle auf Hegels Einsicht, »daß das Denken der Grenzen von etwas darauf hinausläuft, das zu denken, was jenseits dieser Grenzen liegt« (ebd.: 66). Was aber ist dieses Jenseits? Es kann keine weitere Differenz sein, denn in diesem Fall wäre die Differenz Teil des Systems selbst, das ja nichts anderes ist als die Totalität aller Differenzen. Es muss etwas anderes als eine weitere »positive« Differenz neben anderen Differenzen sein.

Die Lösung dieser Frage kann nur lauten, dass das Außen des Systems eben nicht in einem differenziellen, sondern in einem *antagonistischen* Verhältnis zum Innen steht, das durch jenes Außen konstituiert wird. Laclau besteht auf dem radikalen Charakter der Grenzen eines Systems. Eine richtige Grenze kann ihm zufolge niemals eine neutrale Grenze sein, sondern setzt immer einen Ausschluss voraus. Der Grund: »Eine neutrale Grenze wäre eine, welche essenziell mit dem zusammenhinge, was an ihren beiden Seiten liegt: und diese beiden Seiten wären einfach voneinander unterschieden. Wenn eine bezeichnende Totalität aber genau ein System von Differenzen ist, dann bedeutet das, daß beide Teil desselben Systems sind und daß die Grenzen zwischen den beiden nicht die Grenzen des Systems sein können. Im Fall einer Ausschließung haben wir dagegen authentische Grenzen, da die Aktualisierung dessen, was jenseits der Grenze der Ausschließung liegt, die Unmöglichkeit dessen beinhaltet, was diesseits der Grenze liegt. Wahre Grenzen sind immer antagonistisch« (ebd.: 66 f.). Damit wäre der Begriff des Antagonismus gewonnen. Mit ihm wird die Logik der Äquivalenz in das Feld der Differenzen eingeführt. Denn worin sie sich auch sonst unterscheiden mögen, im Verhältnis zu ihrem Außen sind alle systeminternen Differenzen äquivalent. Allerdings untergräbt Äquivalenz zugleich deren differenziellen Charakter. Tritt eine Differenz in eine Äquivalenzbeziehung zu anderen Differenzen ein, so beschädigt dies ihren Charakter *als* Differenz. Totale Differenz wäre nur denkbar in einem beliebigen Pluriversum ohne alle Grenzen, das wurde aber von vornherein ausgeschlossen. Dazu Laclau: »Einerseits drückt sich jede Differenz selbst *als* Differenz aus, andererseits löscht sich jede selbst als solche aus, indem sie in ein Äquivalenzverhältnis mit allen anderen Differenzen des Systems eintritt. Und wenn wir davon ausgehen, daß es nur dort System gibt, wo es radikale Ausschließung gibt, dann ist diese Spaltung oder Ambivalenz konstitutiv für jede systemische Identität.« (Ebd.: 67) Jede Identität konstituiert sich um die unauflösbare Spannung zwischen Differenz und Äquivalenz. Das System als Totalität wird somit zu einem unmöglichen aber dennoch notwendigen Objekt.

Bis zu diesem Punkt haben wir durch die Zusammenfassung noch nichts wesentlich Neues, und vor allem nichts in Bezug auf den leeren Signifikanten erfahren. Dieser kommt ins Spiel, sobald versucht wird, das unmögliche Objekt des Systems – also die Totalität aller Differenzen – innerhalb dieses Systems zu repräsentieren. Damit dies gelingt, müsste man die Grenzen des Systems repräsentieren können, denn das System ist ja durch seine Grenzen bestimmt. Sofern die Grenzen eines Bedeutungssystems ihrem System gegenüber aber radikal heterogen sein müssen, können sie niemals direkt aus dem Inneren des Systems heraus signifiziert werden. Das ist genau der Grund, weshalb Laclau davon spricht, dass sich die Grenzen der Signifikation zwar nicht bezeichnen lassen, aber selbst »*zeigen* müssen als die *Unterbrechung* oder der *Zusammenbruch* des Prozesses der Signifikation« (ebd.: 66). Diese Überlegung könnte uns zu der Annahme verleiten, die Grenzen und ergo die Totalität des Systems wären dann eben gänzlich unrepräsentierbar. Das ist in Laclaus Augen nicht der Fall. Denn natürlich ist auch der Zusammenbruch des Signifikationsprozesses nie total – damit hätte sich das Soziale (als das Diskursive) ja aufgelöst. Folglich ist auch die Repräsentation von Systematizität nicht gänzlich unmöglich. Allerdings ist sie unvermeidlich verzerrt. Ihre Mittel können nämlich nur aus den systeminternen Differenzen gewonnen werden, die ihrem Zweck – der Repräsentation von Totalität – notwendigerweise unangemessen bleiben. Diesen Zweck können sie nur übernehmen, sofern sie sich spalten: Auf der einen Seite behalten sie ihren differenziellen Charakter zumindest teilweise, auf der anderen Seite repräsentieren sie die unmögliche Totalität.

Das ist der Einsatz für die Rede vom leeren Signifikanten. Wie wir gesehen haben, gewinnt ein Signifikant Bedeutung aufgrund seiner differenziellen Stellung innerhalb eines relationalen Gesamtensembles. Soll er mehr als seine ganz spezifische Bedeutung tragen und das Gesamtensemble als solches signifizieren, wird der Signifikant von seinem konkreten Bedeutungsinhalt – von seinen partikularen Signifikaten – entleert werden müssen. Um möglichst viele Differenzen in der Äquivalenzkette eines Bedeutungssystems zu versammeln, muss sich der leere Signifikant – als der Name für die Kette selbst – von seinen konkreten Inhalten trennen. Und je umfassender die Kette beziehungsweise das System, desto leerer der Signifikant. Die Kohärenz eines diskursiven Systems wird somit gewährleistet durch die Übernahme der Repräsentationsfunktion des Allgemeinen durch ein partikulares Element des Systems. Kein Element ist durch seine konkrete Bedeutung prädestiniert, diese Repräsentationsfunktion für das Gesamtsystem zu übernehmen, sondern jedes Element *kann* sie übernehmen, sofern es von seinen konkreten Inhalten entleert wird. Was Laclau und Mouffe unter einem *hegemonialen Verhältnis* verstehen, besteht genau darin, dass eine bestimmte Partikularität mehr oder weniger vorübergehend und mehr oder weniger erfolgreich eine universale Funktion übernimmt, ohne ihr jedoch voll genügen zu können. Laclau selbst führt immer wieder gerne das Beispiel des Signifikanten / Solidarność / an. Vom Namen einer Hafenarbeitergewerkschaft in Danzig wurde er zum leeren Signifikanten, der die Opposition gegen das gesamte politische System des sozialistischen Polen und damit zugleich die Abwesenheit der Fülle von Gemeinschaft repräsentierte. So konnte sich hinter einem partikularen Signifikanten die gesamte Opposition sammeln.

Damit sind wir bei Laclaus Antwort auf die Frage angelangt: Wie kann es, wenn Gesellschaft als Totalität unmöglich ist, überhaupt zu Gesellschaftseffekten kommen? Es kann dazu kommen, weil ein partikulares Element des Sozialen die Aufgabe übernimmt, die Totalität des Sozialen zu verkörpern und so das verstreute Feld der Differenzen zumindest teilweise zu vereinheitlichen. Das wird das Element innerlich spalten zwischen seiner – weitgehend entleerten – konkreten Bedeutung und der allgemeinen Funktion der Systemrepräsentanz. Der ontologische Status des leeren Signifikanten ist also so ambivalent wie der des unmöglich-notwendigen Objekts, das er verkörpert, paradox ist. An keiner Stelle treffen wir auf einen festen Grund sozialer Bedeutungsproduktion.

9.7. Zwischenfazit

Nach der Diskussion der *symbolischen* Funktion des Antagonismus sollte jeglicher Verdacht, mit dem Begriff des Antagonismus würde Negativität mystifiziert, ausgeräumt sein. Man muss sich keiner negativen Theologie verschreiben, um vom ontologischen Primat des Negativen zu sprechen.[18] Dass jeder Diskurs über das Feld der Bedeutung hinaustreibt, ist diskurstheoretisch begründbar. Denn Bedeutung entsteht nur, wo dem Fließen der Differenzen eine Grenze gesetzt wird, die keine objektive Grenze sein kann, die zwei Territorien voneinander trennt (was die Objektivität eines *positiven* Außen, also eines zweiten Territoriums voraussetzen würde).[19] Das Außen, von dem sich ein Diskurs abgrenzt, kann nur negatorischen Charakters sein, und jedes System ist *als System* auf ein solches Außen verwiesen, von dem es im selben Zug instituiert und destituiert wird. Die Instanz der Negativität erweist sich als der eigentliche Grund für die Unmöglichkeit von Gesellschaft als Totalität, und sie ist zugleich Bedingung der Möglichkeit zumindest partieller Totalisierungseffekte.

Man sieht, worin sich die postmarxistische Idee radikaler Negativität von der hegelschen des Widerspruchs emanzipiert hat. Der »Antagonismus« ist nicht länger Teil der Selbstbewegung des Begriffs. Er ist Begriff für den Zusammenbruch dieser Selbstbewegung. Auf diese Weise wird Hegel weniger überwunden als radikalisiert. Laclau und Mouffe befreien die Arbeit des Negativen vom Zwang teleologischer Gerichtetheit, doch halten sie an ihr fest als der Triebkraft ungerichteter Bewegung. Laclau ist also viel mehr Hegelianer als er zuzugeben bereit ist. Sein Aufruf, »*Forget Hegel!*«, in einer Debatte mit dem Hegelianer Žižek (Laclau 2005: 148),

18 Und genauso wenig muss man sich auf die bellizistische Beschwörung eines imaginären Freund-/Feind-Verhältnisses einlassen.

19 Damit wäre das differenziell strukturierte Innen eines Signifikationssystems mit keiner wirklichen Grenze konfrontiert, denn ein positives Außen könnte als eine weitere Differenz dem differenziellen System des Innen eingegliedert werden. Das würde der bereits gewonnenen Definition des Antagonismus widersprechen, denn: »Der Antagonismus als die Negation einer gegebenen Ordnung ist ganz einfach die Grenze dieser Ordnung und nicht das Moment einer umfangreicheren Totalität in Bezug auf die die beiden Pole des Antagonismus differenzielle – das heißt objektive – partielle Instanzen bildeten.« (Laclau/Mouffe 1991: 182)

bezieht sich auf die Logik der Notwendigkeit, die im hegelschen Weltgeist am Walten ist, nicht auf die Arbeit des Negativen. Denn die wird weiterhin benötigt, um die ontologische Dimension des Antagonismus vom regelgeleiteten Wettstreit – vom *agon* – unterscheiden zu können, wie er die bourdieusche Feldtheorie und die bürgerliche Konfliktsoziologie bestimmt. Aber weshalb greifen Postmarxisten zu diesem Zweck lieber auf das Konzept des Antagonismus als auf das – inzwischen von Žižek sogar schon wieder retromarxistisch verteidigte – des Klassenkampfs zurück? Der Vorteil des Antagonismusbegriffs im Vergleich zu dem des Klassenkampfes oder sogar zu dem des »Kampfes« (wie bei Bourdieu) besteht nicht nur im größeren Abstraktionsgrad, der ihn von einer bestimmten Akteursgruppe entkoppelt. Antagonismus besitzt, im Unterschied zu Klassenkampf, eine ontologische – oder hantologische – Dimension. Wie ich zu zeigen versucht habe, ist er bei Marx mit der Idee einer fundamentalen Blockade verbunden, einer reinen Inkommensurabilität zwischen Produktivkräften und Produktionsverhältnissen, die gesellschaftlichen Wandel schubweise antreibt. Deshalb sollte eine Theorie des Antagonismus weniger an die marxsche Theorie des Klassenkampfs anschließen als an Marx' (autodekonstruktive) These von einer fundamentalen sozialen Blockade. Es ist nur folgerichtig, dass Antagonismus und nicht Kampf zum Namen für die Inkommensurabilität des Sozialen *mit sich selbst* wird, für die Tatsache also, dass das Soziale zerrissen ist zwischen der Notwendigkeit und der Unmöglichkeit seiner Schließung zu *Gesellschaft*.

Von daher überrascht auch nicht, dass Laclau und Mouffe objektivistische Konflikttheorien einer vernichtenden Kritik unterziehen. Die Sozialwissenschaften hätten sich immer nur mit der Beschreibung von Konflikten und der Erforschung ihrer konkreten Ursachen und Bedingungen begnügt. So gut wie niemals wurde die Frage gestellt, was ein antagonistisches Verhältnis überhaupt als solches auszeichne und welchen »Typus der Beziehung zwischen den Objekten« es voraussetze (Laclau/Mouffe 1991: 177). Statt die Konstruktionsweise von Antagonismen zu erklären, habe man deren Entstehung mit hilflosen Wendungen beschrieben wie: »dies *provozierte* eine Reaktion«, oder: »in dieser Situation *sah sich* X oder Z gezwungen zu reagieren« (ebd.). Solche banalen, scheinbar selbstevidenten Erklärungen stoßen an eine Grenze, sind sie doch auf ein Phänomen gerichtet, das sich objektivistischen Erklärungsversuchen gerade entzieht.

Wie unsere Untersuchung immer wieder bestätigt hat, bleibt die Ungreifbarkeit des Phänomens genauso wie dessen Ubiquität unerklärlich, solange jede ontologische oder quasi-transzendentale Ebene der Theoriebildung zurückgewiesen wird. Sozialwissenschaftliche Konflikttheorien verleugnen, was ihr eigentlicher Gegenstand sein müsste: die ontologische Natur sozialer Negativität. Unwillig, das Wagnis ontologischer Theoriebildung einzugehen und sich darin der Sprachspiele der Philosophie zu bedienen, verharren sie im Bannkreis des Objektivismus.[20] Nominalisten, Funktionalisten und fröhliche Positivisten wie Simmel, Weber, Coser, Dahrendorf oder sogar Foucault sind nicht daran interessiert, jene Un-Tiefe am Grund des Sozialen auszuloten, vor die Neo- und Postmarxisten sich gestellt sehen (während Marxisten orthodoxen Kalibers sich von dieser Un-Tiefe abwenden und ins Reich der Notwendigkeit flüchten). Der sozialwissenschaftliche Objektivismus, gleich welcher Couleur, konstituiert sich geradezu über die Verleugnung der traumatisierenden Instanz des Antagonismus. Aber jeder Ausschluss hinterlässt, wie wir ebenfalls beobachten konnten, Spuren. Durch die Lücke, welche die Erfahrung radikaler Negativität in den Objektivismus schlägt, steigen paradoxe Objekte hervor, die in den Theoriebau nicht integrierbar sind. Gesellschaft, in Gestalt des verwesenden Wals, ist ein solches Objekt – oder besser: *Abjekt.*

Erscheint Gesellschaft in der vorbegrifflichen Erfahrung des Alltagslebens als eine »ärgerliche Tatsache«, wie Dahrendorf sagt, so ist sie als Begriff dem Mainstream der Sozialwissenschaften ein Dorn im Auge. Das Ärgernis, das der Begriff für Objektivisten darstellt, ist aber nichts anderes als das Ärgernis der Sache selbst – einer Sache, die sich dem objektivistischen Zugriff entwindet. Kritiker des Objektivismus wie Adorno haben das schon längst erkannt. Für Adorno stehen Antagonismus und Abjekt in einem inneren Verhältnis. Als antagonistische Totalität produziert Gesellschaft einen heterogenen Rest, eine Art Positivkorrelat gesellschaftlicher Negativität, das der totalen Vergesellschaftung und dem Zwang zur Identität entkommt. Im Vorschein des Nicht-Identischen lässt es sich erfahren. Aber auch die antagonistische Verfasstheit der Ge-

20 Wo sie das nicht tun, verbleiben sie im Vagen, was den theoretischen und ontologischen Status ihrer Kategorie betrifft.

sellschaft selbst lässt sich erfahren – etwa in Form des Phänomens des *Zwangs*. Was ich als »plastische Negativität« zu bezeichnen vorgeschlagen habe, also Gewalt und Sanktion, ist für Adorno »ein zentraler Aspekt der Gesellschaft als Gegenstand, hartnäckige Erscheinung des Antagonismus« (Adorno 1972: 240).

Führt man diesen Gedanken zu seiner Konsequenz, stellt sich heraus, dass man Gesellschaft eben nicht anhand positiver *faits sociaux*, sondern nur durch ihre Antagonismen hindurch erfahren kann – das heißt: indem wir auf sie *als Ding* treffen. Der Postmarxismus scheint hierzu keine wesentlich andere Auskunft zu geben als der Neomarxismus. Auch für Laclau und Mouffe kann Negativität – wie Totalität – nur vorbegrifflich in Gestalt eines heterogenen Objekts erfahren werden. Doch Laclau und Mouffe verwahren sich gegen jeden Kultur- und Geschichtspessimismus. Ihre Theorie des Antagonismus ist in keine menschheitsgeschichtliche Verhängniserzählung eingebettet. Das Soziale mag aufgrund seiner antagonistischen Natur verdinglicht sein, aber es ist paradox verdinglicht zu einem *objet petit a*. Weder ist Antagonismus, wie bei Adorno, auf den Widerspruch zwischen Kapital und Arbeit zurückzuführen, noch bleibt dieses Objekt, wie die bourdieuschen Kapitalien, in letzter Instanz auf die Ökonomie verwiesen. Gesellschaft als Objekt ist eine Strukturbedingung sozialer Bedeutungsproduktion schlechthin. Sie hat ihr Komplement in jenem leeren Signifikanten *X*, der auf die abwesende Totalität verweist, die im Gesellschafts-Objekt zu Anwesenheit kommt. »Das Soziale existiert nur als der vergebliche Versuch, dieses unmögliche Objekt zu instituieren: Gesellschaft.« (Laclau 1990: 92)

Das Zitat lässt erahnen, wie sehr der Poststrukturalismus doch ein Kind des Strukturalismus bleibt. Auch wenn Laclau die Spuren verwischt, seine Theorie der Gesellschaft als *objet petit a* bleibt an Althussers Modell strukturaler Kausalität angelehnt (das er zugleich kritisiert). Für Althusser wie für Laclau ist die abwesende Totalität – lacanianisch: die Objektursache – Kausalgrund des Sozialen. Obwohl nie als solche greifbar, kann sie von leeren Signifikanten verkörpert werden. Genau diese universale Aufgabe der Repräsentation des Systems *als System* erfordert aber seine Entleerung von partikularen Inhalten. Darin erweist sich der leere Signifikant wiederum als später Abkömmling von Lévi-Strauss' *Null-Institution*. Der leere Signifikant ist das »Symbol im Reinzustand«, das

Lévi-Strauss zufolge konstitutiv für jedes Symbolsystem ist: »ein *symbolischer Nullwert*« (Lévi-Strauss 1999: 40), der keinen anderen Sinn besitzt als den, sich der völligen Abwesenheit sozialen Sinns entgegenzustemmen. Die Parallele zu Althusser und Lévi-Stauss ist also unübersehbar. Wenn der Postmarxismus dennoch über den strukturalen Marxismus beziehungsweise die strukturale Anthropologie hinausgeht, dann mit seiner völlig neuartigen, wiewohl aus den Quellen des deutschen Idealismus und Marxismus schöpfenden Theorie des Antagonismus. Žižek lag richtig: Die Folgen dieses »radikalsten Durchbruch[s] für die moderne Gesellschaftstheorie« (Žižek 1998: 123) sind noch nicht ermessen. In Teil III unserer Untersuchung wird es darum gehen, sie auszuloten. Und wenn unsere Untersuchung die Instanzen der Totalität, der Negativität und der Objektalität von Gesellschaft immer wieder und in allen möglichen Spielarten aufgetan hat, dann stehen wir jetzt vor der Aufgabe, sie zueinander in ein stimmiges Verhältnis zu setzen.

III.
Diesseits und jenseits von Gesellschaft
Das Soziale und das Politische

10. Postfundamentalistische Sozialtheorien
Die Hängung des Mobile: Totalität, Negativität, *Ding*

10.1. Die Hängung des Mobile

Nach wie vor sind wir auf der Suche nach einem postfundamentalistischen Begriff von Gesellschaft. Auf die überkommenen Gesellschaftsbegriffe konnten wir uns nicht stützen. Im Regelfall erscheint Gesellschaft, wie Latour richtig beobachtet hat, als ein theoretisch unterbestimmter Hilfsbegriff. Mit der Automatik eines Kniereflexes werden auf Gesellschaft Eigenschaften wie Monumentalität, Statik, Allumfassendheit und objektive Existenz projiziert. Intuitiv erscheint Gesellschaft als stabiles Fundament des Sozialen. In Wahrheit aber stehen wir vor einem Kippbild. Es zeigt uns Gesellschaft als Container sozialer Tatbestände, als Totalität sozialer Beziehungen, als Funktionsensemble, als Gesamtheit sozialer Gesetzmäßigkeiten. Doch kippt man es nur ein wenig, erscheint Gesellschaft mit einem Schlag als ein »verwesendes Monster«, verkehrt sich die rational erschließbare Totalität abstrakter Gesetze in ihr Gegenteil: ein *allzu nahes, aufdringliches Ding.* Wenn es jene »spektrale Soziologie«, von der Urs Stäheli spricht, geben sollte, dann dort, wo erkannt wurde, dass auch das Standardbild von Gesellschaft immer schon, und nicht erst heute, zu kippen drohte. Seit ihren Anfängen wurden die Sozialwissenschaften vom Gespenst radikaler Kontingenz – perhorresziert in Begriffen von Anomie, Entfremdung, Dysfunktion oder Verdinglichung – verfolgt.

Das erwies sich schon an der Sozialphysik Durkheims. Dessen »blinder Fleck«, Verdinglichung, sei, so Adorno, »die Formel, auf die sein Werk verhext ist« (Adorno 1972: 250). Aber wie gezeigt, beschreibt diese Formel nicht nur Durkheims (und Adornos) *idée fixe* eines allgemeinen Zwangszusammenhangs. Sie beschreibt auch die *idée mobile* vom paradoxen Selbstüberschuss der Gesellschaft: von Gesellschaft als *Ding.* Denn bei Durkheim, der eine soziale Wirklichkeit *sui generis* postuliert, die er paradoxerweise zur Totalität aller sozialen Tatbestände hinzuaddiert, ist Gesellschaft, die Totalität des Sozialen, *mehr als total.* Sie tritt zu sich selbst hinzu als ein supplementäres Objekt. Dieses Objekt begegnete uns bei Deleuze,

Lévi-Strauss, Latour, Laclau und vielen weiteren Theoretikern. Es muss von gänzlich anderer Ordnung sein als die üblichen *faits sociaux*, auf die sich objektivistische Ansätze beschränken möchten. Gesellschaft als unmögliches Objekt unterhöhlt den Objektivismus. Von Anfang an hat der soziologische Objektivismus mit einem ungreifbaren Ding zu kämpfen, das er nur exorzieren kann.

Objektivismus ist Exorzismus am *Ding*. In seiner Beschränkung auf das objektiv Gegebene oder methodisch Objektivierbare muss er systematisch ausblenden, worauf das Soziale verhext ist. Und dabei handelt es sich nicht etwa um diesen oder jenen empirischen Tatbestand. Es handelt sich um die Abwesenheit eines letzten Grundes sozialer Realität, die *als* Abwesenheit ab einem bestimmten historischen Moment in Begriffen von Konflikt und Kontingenz reflektiert wird. Obwohl die gespensterhafte Grundstimmung der Moderne, resultierend aus der Auflösung letzter Gründe wie Gott, Schicksal, Vorsehung, Vernunft oder Geschichte, sozialtheoretisch immer wieder registriert wurde, wurde sie doch nicht immer hinreichend theoretisiert. An der Diagnose selbst ist zweifellos nichts neu oder originell – dass alles Ständische und Stehende verdampft, weiß schon das *Kommunistische Manifest* –, das bedeutet aber eben nicht, dass sie auch in vollem Umfang in die Theorieanlage der Sozialwissenschaften eingegangen ist. Im Regelfall führte sie eher zu fundamentalistischen Reaktionsbildungen. Der Objektivismus ist, neben seinem Spiegelbild: dem Subjektivismus, die Standardvariante des sozialwissenschaftlichen Fundamentalismus. Denn er ist, wie bemerkt, kein prämodernes, sondern ein zutiefst modernes Phänomen.[1] Objektivisten ziehen aus, um das immer schon von Desintegration bedrohte Soziale mit vermeintlich festen Fundamenten auszustatten. Wo Gesellschaft ihr »Fundament verloren« habe, so Friedrich Tenbruck (1981: 345), dort falle der Soziologie »die Aufgabe zu, ein neues Fundament für das Zusammenleben zu liefern«. Bereits Durkheim, um beim Stammvater des soziologischen Objektivismus zu bleiben, begegnete der modernen Erfahrung sozialer Ungründbarkeit im rationalistischen Glauben an quasi-naturwissenschaftliche soziale Gesetzmäßigkeiten. Der bis heute andauernde Methodenfetischismus der sich an den Naturwissenschaften orientierenden Sozialwissenschaften kann als ein

1 Man kann auch sagen, er ist ein Sekundärphänomen, denn primär ist nur die Abwesenheit eines ersten Ursprungs oder letzten Grundes.

fortgesetzter Versuch verstanden werden, die Erfahrung sozialer Ungründbarkeit zu bändigen. Fundamentalistisch geht es darum, den Ab-Grund methodengerecht wieder mit Substanz zu füllen. Wie bei einer Skulptur Rachel Whitereads wird Gesellschaft zum dinglichen Negativabguss des Hohlraums, um den herum sich das Soziale bildet.[2]

Als Alternative zu objektivistischen Theoriemonumenten, die den Ab-Grund des Sozialen mit Zement aufschütten, hatte ich Alexander Calders Idee des Mobile vorgeschlagen: eine frei schwingende Konstellation von Elementen – das einzige Theoriearrangement, das der *idée mobile* eines ungreifbaren, aber wiederkehrenden Objekts wohl gerecht werden kann. Inzwischen sind die wesentlichen Elemente beisammen, die man zur Hängung des Mobile benötigt. Totalität, Negativität und – mit Lacan – Objektalität hat die Studie, zuletzt anhand des laclauschen Postmarxismus, als unabdingbare Komponenten von Gesellschaftstheorie aufgewiesen. Im Folgenden wird es darum gehen, ihr Verhältnis zueinander zu bestimmen. Dazu müssen sie auf die Hauptmerkmale avancierter Sozialwissenschaften abgebildet werden. Rufen wir uns kurz deren Familienähnlichkeiten in Erinnerung. Die innovativsten Entwicklungen in den Sozialwissenschaften sind im Kern durch vier Umstellungen charakterisiert: a) die Umstellung von Notwendigkeit auf Kontingenz, und damit zugleich die Umstellung auf Konflikt; b) die Umstellung von Identität auf Differenz; c) die Umstellung von Substanz auf Relation; und d) die überraschende Rückkehr der Objekte in diesen scheinbar rein differenziell und relational strukturierten Raum.

Gemeinsam ergeben die Merkmale von Kontingenz/Konflikt, Differenz, Relation und Objekt das aktuelle theoretische Bild des Sozialen. Ein postfundamentalistisches Gesellschaftskonzept muss damit kompatibel sein. Aber Kompatibilität mit den Merkmalen avancierter Sozialwissenschaft kann nicht alleiniger Sinn und Zweck von Gesellschaftstheorie sein. Ihr Nutzwert, wenn man denn Theoriearbeit nach Kategorien wie Zweck und Nutzen ausrichten will, muss anderswo liegen. Sonst würde sich die Frage

2 Dass dies freilich in letzter Instanz nie gelingt und die Substanz früher oder später ein Eigenleben gewinnt, also zum Ding wird, wurde gleichfalls immer wieder gezeigt. Auch Whitereads Skulpturen eignet letztlich etwas Gespenstisches, denn sie sind nur verobjektivierte Schatten einer abwesenden Form.

aufdrängen, wozu der theoretische Aufwand überhaupt getrieben wird. Wozu benötigt man überhaupt eine Gesellschaftstheorie – und noch dazu, *horribile dictu*, eine postfundamentalistische? Können die Sozialwissenschaften nicht sehr gut auf Gesellschaftstheorie verzichten, ja wären sie ohne solche Abirrungen nicht sogar besser aufgestellt?

Unser ursprüngliches Movens, an das es zu erinnern gilt, war politisch. Unter Bedingungen der neoliberalen Verleugnung von Gesellschaft benötigen wir deren Theorie dringlicher denn je. Wer Gesellschaft sagt, sagt immerhin nicht Markt oder Individuum. Wenn der – magere – Beitrag des Thatcherismus zur Gesellschaftstheorie in der Behauptung bestand: »There is no such thing as society«, dann muss, wer sich dem neoliberalen Mainstream entziehen möchte, der Fährte dieses verbotenen »Dings« folgen. Das kann aber nicht bedeuten, dass man auf das ökonomistische Gesellschaftsverständnis eines Marxismus der 1970er Jahre zurückfällt und störrisch darauf pocht: Es gibt sie doch! Alle bisherigen Überlegungen legen eine ganz andere Vermutung nahe: Gesellschaft, im herkömmlichen Verständnis, gibt es tatsächlich nicht – aber etwas, das es nicht gibt, kann dennoch Effekte haben. Was im Register sozialer Objektivität nicht existiert, kann sich im Register des Dings, das heißt als unmögliches und dennoch notwendiges Objekt, bemerkbar machen. Um das Kommen-und-Gehen dieses Objekts zu registrieren, wird man freilich Ontologie auf *Hantologie* umstellen müssen. Nicht nur aus einer philosophischen, selbst aus einer rein wissenschaftlichen Perspektive ist das nicht gar so unrealistisch, wie es vielleicht klingen mag. Es ist sogar äußerst realistisch. Unrealistisch ist die Annahme, soziale Wirklichkeit ließe sich ohne Brüche, Leerläufe, Blockaden, Widerstände und Kollisionen reproduzieren – zum Beispiel als freies Spiel von Angebot und Nachfrage, das von rational kalkulierenden, nutzenmaximierenden Akteuren angetrieben wird. Nichts ist unrealistischer als das – und nichts ideologischer. Ohnehin ist Sozialontologie – die Weise, in der wir über das soziale Sein im Allgemeinen nachzudenken pflegen – viel enger mit Ideologie und Politik verknüpft als zumeist angenommen. An der Ontologie des Thatcherismus ist das nur allzu offensichtlich. Individuen und Familien sind die sozialontologischen »Säulen« eines politischen Projekts, das Neoliberalismus im Zusammenhang mit Patriotismus und Wertkonservatismus artikuliert. Die Verbindung von Ontologie mit Politik mag im Falle Margaret Thatchers auf der Hand liegen. Nichts spricht jedoch für die Annahme, geistig anspruchsvollere Sozialontologien wären im Gegensatz dazu frei von Politik. Weder der Raum der Wissenschaft noch jener der Philosophie ist von sozialen Kämpfen unberührt. Gerade deshalb, also aus im allgemeinen Sinn politischen Gründen, sind wir dazu verpflichtet, die sozialontologischen Grundannahmen auszuschildern, die unsere eigene Gesellschaftstheorie informieren.

Das soll in Kapitel 11 versucht werden. Dabei wird sich erweisen, dass die Umstellung von einer objektivistischen (beziehungsweise subjektivistischen) auf eine postfundamentalistische Sozialontologie einen Perspektivenwechsel einläutet, der jeden einzelnen unserer sozialwissenschaftlichen Grundbegriffe in anderem Licht erscheinen lässt. Grundbegriffe wie Macht, Staat, Institution, Gewalt, Gruppe, Handlung usw. verweisen dann nicht länger auf eine objektiv oder subjektiv gegebene Realität, sondern werden von der Dimension der Gesellschaft, verkörpert in einem paradoxen Objekt, berührt und damit postfundamentalistisch entkernt. Sie sind, was dasselbe ist, auf die unmögliche und dennoch notwendige Totalität des Sozialen hin orientiert. Das heißt zugleich, dass es nicht hinreicht, die objektivistischen Grundkategorien der Sozialwissenschaften einfach nur *konstruktivistisch* zu reformulieren. Der Postfundamentalismus ist kein bloßer Konstruktivismus. Mit der Wiederkehr der Totalität in Form eines verfemten Partialobjekts macht sich eine Instanz bemerkbar, die sich jeder Konstruierbarkeit – wie jeder Dekonstruierbarkeit – entzieht. Wird die Möglichkeit eines solchen Un(de-)konstruierbaren anerkannt, dann wird eine Position jenseits der Alternative von Objektivismus und Konstruktivismus denkbar: ein Konstruktivismus, der nicht deshalb radikal ist, weil *alles* sozial konstruierbar wäre, sondern weil alle Konstruktionsbemühungen früher oder später am Riff des Realen auflaufen und kentern. Wenn dem so ist, müssen die Grundbegriffe der Sozialwissenschaft – um im Bild zu bleiben – auf offener See umgebaut werden. Oder mit Mary Hesse gesprochen: Sie müssen einer postfundamentalistischen *metaphorical redescription* unterzogen werden – einer hantologischen Neubeschreibung im Hinblick auf Gesellschaft.[3]

3 Diese Neubeschreibung verändert die kategoriale Matrix, die sozialwissenschaftlichen Untersuchungen zugrunde gelegt wird. Es macht einen deutlichen Unter-

Dass der Versuch, die sozialontologischen Implikationen von Gesellschaftstheorie herauszuarbeiten, kein Selbstzweck ist, wird sich in Kapitel 12 erweisen. Die postfundamentalistische Neuperspektivierung des Sozialen eröffnet ihrerseits neue Perspektiven der Gesellschaftskritik. Nur bleibt, was darunter zu verstehen wäre, nicht von der Entankerung letzter Orientierungspunkte unberührt. Eine postfundamentalistische Zeitdiagnose kann das epistemische oder politische Wissensprivileg klassischer Ideologiekritik nicht länger in Anspruch nehmen. Das bedeutet nicht, dass jede Gesellschaftskritik hinfällig wäre. Nur trifft auch sie die Umstellung von Ontologie auf Hantologie. Nun ist nicht mehr danach zu fragen, was Gesellschaft »ist« (oder sein soll), sondern danach, wie Laclau es ausdrückt, was sie *zu sein hindert.* Das bedeutet, dass – wenn einmal akzeptiert ist, dass jede Gesellschaft durch sich selbst blockiert wird – die historisch je spezifische Blockade einer gegebenen Gesellschaftsformation analysiert werden muss. Das soll an der Formation, die ich als Prekarisierungsgesellschaft bezeichne, erläutert werden. In der Prekarisierungsgesellschaft werden, ausgehend von den Beschäftigungsverhältnissen, tendenziell *alle* sozialen Verhältnisse prekarisiert, das heißt von einem Sicherungs- in ein Verunsicherungsregime überführt.[4] Dieser Wandel wurde von sozialen Bewegungen angestoßen, nicht von blinder ökonomischer Notwendigkeit erzwungen. Wer die spezifische Blockade einer Gesellschaftsformation analysieren will, muss folglich die konkreten Kämpfe analysieren, die zu ihr führen oder sie lösen wollen. Auch die Prekarisierungsgesellschaft ist, wie letztlich jede moderne Gesellschaft, zugleich Bewegungsgesellschaft. Ich greife damit auf Latours Konzept der Panoramen zurück. Es erlaubt, den theoretischen Status solcher Konzepte wie Prekarisierungs- oder Bewegungsgesellschaft auszuweisen. Panoramen sind universell, sofern sie die Gesamtheit des Sozialen im Umkreis von 360 Grad abbilden, sie sind aber auch partikular, sofern jedes Panorama –

schied in Bezug auf Untersuchungsdesign, Methode und erwartbare Ergebnisse, ob man zum Beispiel gruppensoziologisch von objektivierbaren Akteuren ausgeht oder von sozialen Kämpfen, die solche Akteure innerhalb eines relationalen Raums überhaupt erst hervorbringen (und zugleich deren Identität unterlaufen).

4 Das heißt natürlich nicht, dass die früheren fordistischen Gesellschaften des Westens aufgrund ihres sozialen Sicherungsregimes *keiner* Selbstblockade unterworfen gewesen wären, aber sie waren dies an anderer Stelle und auf andere Weise.

man denke an viele andere wie Risikogesellschaft, Informationsgesellschaft, Wissensgesellschaft oder Disziplinargesellschaft – nur eines unter vielen möglichen ist. Wir werden deshalb von Panoramen der Gesellschaftskritik sprechen. Eine postfundamentalistische Gesellschaftstheorie kann zum Entwurf solcher Panoramen beitragen.

Schließlich wird es in Kapitel 13 darum gehen, das Soziale zum Politischen, Sozialontologie zu politischer Ontologie ins Verhältnis zu setzen, denn keine Ontologie ist unpolitisch – weder im Sinne von Politik, noch im Sinne des Politischen. Im Zentrum der Diskussion wird hier ein weiteres Mal die Kategorie des Antagonismus – als Name für das Politische – stehen. Nicht nur die großen politischen Umwälzungen müssen unter dem Aspekt einer politischen Ontologie des Antagonismus beschrieben werden können, auch die scheinbar unpolitischen Fluktuationen des Sozialen, ja selbst körperliche Affekte. Wir werden daher versuchen, die Ein- und Ausfaltungen des Antagonismus in das Selbst und in den sozialen Protest nachzuvollziehen. Abschließend wird die naheliegende Frage beantwortet, was eine postfundamentalistische Gesellschaftstheorie wie die hier vorgestellte überhaupt leisten kann.

10.2. Gabelungen der Sozialtheorie

Gesellschaftstheorie lässt sich in drei Richtungen auffächern: eine sozialontologische, eine sozialtheoretische und eine zeitdiagnostische. Sie muss über die sozialontologischen Annahmen, die sie trifft, Auskunft geben können; sie muss von ausreichender Tragweite sein, um die Sozialtheorie mitsamt ihrer Grundbegriffe zu informieren, die ja wiederum das Forschungsdesign empirischer Untersuchungen informieren; und sie muss der Gesellschaftskritik Perspektiven eröffnen. Auf allen drei Ebenen – Sozialontologie, Sozialtheorie und Gesellschaftskritik – könnte sich eine postfundamentalistische Wende als nützlich erweisen. Aber wie hoch sind die Chancen, dass diese Wende gelingt? Lässt sich, geht man von der Ungreifbarkeit des Objekts Gesellschaft aus, eine Gesellschaftstheorie überhaupt positiv ausarbeiten? Man könnte einwenden, der Postfundamentalismus biete nicht gerade die günstigsten Voraussetzungen für ein solches Unterfangen. Wo jeder Grund ersetzt wird durch den Auftritt eines paradoxen Objekts, zerrinnt uns der Theoriegegenstand Gesellschaft zwischen den Fingern.

Nun ist selbstverständlich, dass eine postfundamentalistische Theorie der Gesellschaft nicht letztbegründet werden kann. Die Suche nach einem unumstößlichen Beweis meiner Thesen wird nirgendwohin führen. Das schließt aber die Möglichkeit ihrer Plausibilisierung nicht aus. Denken wir nur an das Bild des Mobile, das bereits zuvor herangezogen wurde. Stellt man sich Gesellschaftstheorie als Mobile vor, dann benötigt sie kein Fundament. Es reicht völlig, wenn ihre Elemente auf plausible Weise verhängt und ausbalanciert sind und sie ein hinreichendes Maß an Stabilität bei gleichzeitiger Flexibilität garantieren kann. Die Aufgabe jedes Letztbegründungsanspruchs impliziert nicht die Aufgabe jedes Begründungsanspruchs. Vielmehr hat sich eine Theorie der Gesellschaft an Begründungskriterien zu beweisen, die pragmatisch bestimmt werden müssen, ohne endgültig validiert werden zu können. Darunter fallen Kriterien wie kategoriale Prägnanz, innere Schlüssigkeit, wissenschaftliche Anschlussfähigkeit, empirische Operationalisierbarkeit, intuitive Überzeugungskraft, Erfahrungsnähe oder auch politische Brauchbarkeit. Nie werden alle diese Kriterien erfüllt sein (sofern sie überhaupt alle erstrebenswert sind), und schon gar nicht in gleichem Ausmaß. Das bedeutet aber nicht, dass Postfundamentalisten mit leeren Händen dastünden. Die Kriterien, über die sie verfügen, können zwar die Richtigkeit einer Theorie nicht beweisen, aber sie können die Theorie mit Plausibilität ausstatten. Auch wenn eine postfundamentalistische Theorie der Gesellschaft nicht letztbegründet werden kann, so kann sie doch im genannten Sinne wohlbegründet sein.

Nun ist bekanntlich häufig das, was dem einen plausibel und vernünftig erscheint, dem andern nur Anzeichen von Unverstand und Unsinn. Plausibilität ist standpunktabhängig. Ein Argument gewinnt erst Überzeugungskraft vor dem Horizont einer bestimmten Denktradition und theoretischen Konstellation.[5] Auch ein

5 »Man denkt nur aus einer Tradition heraus,« so Laclau zu seiner Unternehmung des Postmarxismus, wobei er spezifiziert: »Selbstverständlich sollte man sich zur Tradition nicht in ein Verhältnis von Unterwerfung und Wiederholung, sondern in eines von Transformation und Kritik setzen. Man muss den eigenen Diskurs als *Differenz* im Verhältnis zu dieser Tradition konstruieren, und das impliziert zur selben Zeit Kontinuitäten und Diskontinuitäten.« (Laclau 1990: 179)

Mobile muss an irgendeiner Stelle aufgehängt werden. So macht beispielsweise die Dekonstruktion des Marxismus, wie sie vom Postmarxismus Laclaus und Mouffes forciert wird, nur für jene Sinn, die sich derselben marxistischen Denktradition verpflichtet fühlen, auch wenn sie Laclaus und Mouffes Argumente ablehnen sollten, während sie für andere ein Buch mit sieben Siegeln bleiben wird. Für die Gesellschaftstheorie, die hier vorgeschlagen wird, gilt dasselbe. Sie muss sich innerhalb einer bestimmten theoretischen Konstellation beweisen. Das ist in unserem Fall die Konstellation sozialwissenschaftlicher Ansätze, die als relationistisch, als differenztheoretisch, sowie als kontingenz- und konflikttheoretisch charakterisiert werden können. Und sie gewinnt Plausibilität erst vor dem Hintergrund einer Denktradition, die es erlaubt, diese Ansätze zu evaluieren, zu rekombinieren und mit Bedingungen der gesuchten Gesellschaftstheorie abzugleichen. Diese Denktradition ist in unserem Fall ebenjene des kritischen oder dekonstruierten Marxismus.

Der lange Parcours durch die Sozialtheorien in Teil I und II, der mit Kapiteln über den Neo- und Postmarxismus schloss, war unvermeidlich. Man muss den Raum theoretischer Optionen weitgehend durchschritten haben, um deren Plausibilität einschätzen zu können. Um ein Beispiel zu nennen: Auch die soziologische Systemtheorie Luhmanns hätte eine postfundamentalistische Gesellschaftstheorie im Angebot. Diese integriert zwar ein Grundmerkmal avancierter Sozialtheorie, Kontingenz, in ihren Theorieapparat, verdrängt aber die andere Seite von Kontingenz: die notwendige Konfliktualität alles Sozialen. Konflikt gilt Luhmann als ein (parasitäres) soziales System neben anderen. Aus Sicht der vor allem in Teil II exponierten Theorien ist das unplausibel. Sie stützen viel eher die These, dass Gesellschaftstheorie nur als Konflikttheorie zu haben ist. Konflikt ist Konstitutionsbedingung *eines jeden* sozialen Systems, nicht ein System neben anderen. So betrachtet, erscheint die soziologische Systemtheorie einerseits als viel zu harmlos angelegt – ein Problem des Funktionalismus im Allgemeinen. Andererseits hält sie aber an einem Begriff sozialer Totalität fest, den andere Differenztheorien, wie die von Lyotard oder Latour, aufgegeben haben. Diese verfügen zwar über einen sehr viel weiter reichenden Konfliktbegriff, aber nicht mehr über einen Begriff sozialer Totalität oder Totalisierung. Damit wird jedoch auch der Begriff der

Gesellschaft hinfällig. Nur die zuletzt evaluierte neo- und postmarxistische Traditionslinie hält an Konflikt und Totalität gleichermaßen fest.[6] Und dennoch – oder vielleicht gerade deshalb – wird ihr die Idee sozialer Totalität fragwürdig, ohne dass sie aufgegeben werden könnte. An diesem Punkt, an dem Totalität schließlich zum unmöglichen und dennoch notwendigen Objekt wird, muss eine postfundamentalistische Theorie der Gesellschaft ansetzen.

Wie sind wir überhaupt an diesen Punkt gelangt? Offensichtlich nicht durch eine Ableitung *more geometrico.* Eher über einen verschlungenen Pfad von Theorieoptionen. Rekonstruieren wir in aller Kürze den Pfad, der zur neo- und postmarxistischen Option führte. Er ist durch eine Reihe von Gabelungen definiert. An jeder Gabelung hätte man auch eine andere Abzweigung wählen können. Wurde sie nicht gewählt, dann weil sie weniger plausibel schien.[7] Aber nicht nur das – bewusst haben wir immer jene Abzweigung gewählt, der andere ausgewichen waren, weil der Weg ihnen zu nahe am Ab-Grund gebaut schien. Kontraphobisch haben wir versucht, den Spuren dieser Monstrosität namens Gesellschaft zu folgen. Die Rekonstruktion der Gabelungen, das versteht sich von selbst, »beweist« nichts, macht aber immerhin den Weg zur vorgeschlagenen Gesellschaftstheorie nachvollziehbar.

Als Ausgangspunkt diente der lévi-strausssche Strukturalismus. Es zeigte sich, dass sich der Strukturalismus auf eigentümliche Weise selbst überholt. Konfrontiert mit dem Phänomen gesellschaftlicher Selbstblockade, dem unerklärlichen Geheimnis »dualistischer Gesellschaften«, entdeckte Lévi-Strauss die Null-Institution: eine Institution ohne erkennbare Funktion, deren einzige Funktion zu sein scheint, Gesellschaft über ihre innere Blockade hinweg zu helfen. Diesem unmöglichen Objekt der Null-Institution sollte eine glänzende Karriere in den poststrukturalistischen Sozialwissenschaften bevorstehen. Im Wesentlichen eröffneten sich zwei Karrierewege: Entweder wurde versucht, den paradoxen und paralogischen Charakter des Objekts herauszuarbeiten (indem man es etwa auf Lacans *objet petit a* bezog), oder es wurde zu einer unendlichen

6 Weder löst sich das Soziale in eine beliebige Pluralität auf, wie bei Lyotard, noch fasert es in heterogene Aktanten-Netzwerke oder Begehrensströme aus, wie bei Latour oder Deleuze.

7 Nicht nur weniger theoretisch plausibel, sondern auch – wie oben bemerkt – weniger *politisch* plausibel.

Mannigfaltigkeit vervielfältigt. Den ersten Weg schlugen der frühe Deleuze sowie lacanianische Sozialtheoretiker wie Laclau, Žižek oder Stavrakakis ein. Den zweiten wählten der spätere Deleuze und vor allem Latour. Steht die erste Linie in der Tradition eines (paradoxierten) Durkheim, so stellt sich die zweite in die Tradition Tardes und Whiteheads. Allerdings erschien uns letztere Abzweigung für eine postfundamentalistische Gesellschaftstheorie weniger hilfreich. Aus zwei wesentlichen Gründen: Sie zwingt uns erstens, jede Idee von Totalität fallen zu lassen und damit einen gehaltvollen Begriff von Gesellschaft aufzugeben. Tardes, Whiteheads, Deleuzes und Latours tautologische Behauptung, schlichtweg *jedes* Ding sei eine Gesellschaft, entleert den Gesellschaftsbegriff vollständig. Die umgekehrte Behauptung, Gesellschaft sei *ein Ding*, erschien, wiewohl paradox, anschlussfähiger. Noch ein zweiter Grund sprach gegen den Weg, den Tarde, Deleuze und Latour gewiesen hatten: Deren Theorien verfügen über kein Konzept radikaler Inkommensurabilität oder Negativität. Gerade weil die heterogensten Elemente – Menschen wie Objekte – Eingang in Netzwerke oder Assemblagen finden, wird die Frage erst gar nicht gestellt, ob denn irgendetwas *nicht* Eingang finden könne. Nur lässt sich das Modell eines Netzwerkuniversums, in dem alles mit allem kombinierbar und nichts wirklich inkommensurabel ist, mit unseren alltäglichen Erfahrungen der Widerständigkeit, Ärgerlichkeit, ja plastischen Negativität des Sozialen – den Erfahrungen der »Mauer der Gesellschaft« – kaum in Deckung bringen. Latours Assoziologie, sie mag sich postkonstruktivistisch nennen, steht dem radikalen Konstruktivismus noch zu nahe, hat sie doch nichts über die *Grenzen* des Assoziierbaren zu berichten. Die Suche nach einer Theorie des Inkommensurablen hat uns deswegen zu Lyotard geführt. Dessen Konzepte von Inkommensurabilität und Widerstreit haben eine neue Weggabelung eröffnet: die zwischen *agon* und Antagonismus. Einerseits, so wurde gesagt, verlaufen Sprachspiele intern nach dem Modell regelgeleiteten Wettstreits, andererseits sind Sprachspiele miteinander inkommensurabel. Diese Inkommensurabilität kann ihrerseits nicht nach dem Modell eines regelgeleiteten *agon* gebildet sein, denn die Möglichkeit eines Metasprachspiels wurde ausgeschlossen. Sie muss also einen ontologisch fundamentaleren Status besitzen: den eines Antagonismus. Doch eine solche Instanz ist von Lyotard nicht vorgesehen. Der zweite Teil der Untersuchung war daher der Ausarbeitung der Differenz zwischen *agon* und Antagonismus gewidmet, die sich ideengeschichtlich darstellt als Gabelung zwischen einer nietzscheanischen und einer hegelianischen Option der Konflikttheorie.

Auch an dieser Weggabelung haben nicht zuletzt Plausibilitätsgründe die Richtung gewiesen. Die nietzscheanische Traditionslinie hält zwar an der wichtigen Intuition der strittigen und perspektivischen Natur alles Sozialen fest. Aber gesellschaftstheoretisch kommt sie kaum über diese Intuition hinaus. Sogar tendiert sie zur pseudoradikalen Mythisierung von Konflikt. Mit seiner Kriegshypothese überantwortet sich Foucault – wie Weber vor ihm – an eine imaginäre Welt bellizistischer Metaphern. Damit begibt er sich der Möglichkeit, zu einem Begriff notwendiger Kontingenz (statt bloßen Zufalls) und zu einem nicht-mythologischen, nicht-imaginären Verständnis radikaler Konfliktualität vorzustoßen.[8] Sein nominalistisches Theoriedesign macht es unmöglich, der Metaphorik von Schlacht und Krieg eine elaborierte Theorie des Antagonismus entgegenzusetzen und so die Erfahrung sozialer Negativität nicht nur historisch-genealogisch, sondern auch theoretisch, mithin ontologisch auszudeuten. Als Anti-Hegelianer und Anti-Marxist blieb ihm die einzige Tradition verschlossen, in der zumindest Versuche gemacht wurden, einen philosophisch durchdachten, und das heißt immer: gegen Mythisierung gerichteten Begriff radikaler Negativität in Gesellschaftstheorie zu überführen. Dies ist die Tradition, die von Kants Antinomienlehre über die hegelsche Arbeit des Negativen bis zum marxschen Antagonismus reicht. Nur in dieser Traditionslinie, die sich über Adorno, Althusser und Laclau fortsetzt, wird das Verhältnis von Totalität und Negativität durchgespielt – mit dem Ergebnis, dass aus deren *Mes-alliance* ein unmögliches Objekt hervorgeht. Die Kategorien der Totalität, Negativität und Objektalität waren somit versammelt. Verbinden wir sie also mit zweien der Grundmerkmale aktueller Sozialtheorie.

8 Das heißt zu einer Theorie des Antagonismus, die diesen – lacanianisch gesprochen – nicht allein im Register des Imaginären, sondern auch in dem des Symbolischen und des Realen verortet.

10.3. Differenz und Relation

Die Gesellschaftstheorien des Neomarxismus, des strukturalen Marxismus und des Postmarxismus bestehen auf der untrennbaren Verschränkung von Totalität und Negativität. Emblematisch hatte sich das an Adornos Begriff von Gesellschaft als einer »antagonistischen Totalität« gezeigt. An diesem Punkt entsteht indes eine neue Weggabelung. Es fragt sich nämlich, ob die Instanz der Negativität auf einen weiteren *Grund* zurückgeführt werden kann oder ihrerseits letzter Grund des Sozialen ist. Für Neomarxismus wie strukturalen Marxismus bleiben Negativität und Widerspruch an ein Regime der Notwendigkeit – die Ökonomie – gebunden, und sei es »in letzter Instanz«. (Als Widerspruch zwischen Kapital und Arbeit etwa bleibt Negativität rückbezogen auf ein objektives Fundament.) Erst der Postmarxismus löst diese Bindung und eröffnet so die Möglichkeit einer postfundamentalistischen Gesellschaftstheorie. Voraussetzung dafür ist, dass soziale Negativität endgültig von jeder Anbindung an tiefer liegende Gründe befreit wird. Wo dies geschieht, fungiert der Antagonismus als *negativer* Grund, als eine reine Inkommensurabilität, welche die Totalisierung des Sozialen zu Gesellschaft gleichermaßen antreibt wie behindert. Kategorial übernommen aus einer Tradition, die bis zu Kant zurückreicht, wird Antagonismus zum Namen für diese ontologisch-hantologische Dimension des Sozialen.[9]

Dass Antagonismus eine solch »fundamentale« Rolle zugedacht wird, bleibt nicht ohne Auswirkungen auf das Kategoriensystem aktueller Sozialtheorien. Deren erwähnte Hauptmerkmale – Konflikt/Kontingenz, Differenz, Relation und Objekt – rücken ins Licht des Antagonismus, in dem sich ihr Zusammenhang neu erkennen lässt.

Beginnen wir mit den beiden Merkmalen Differenz und Relation (Kontingenz und Konflikt werden in den nächsten Kapiteln angesprochen). Im Eingangskapitel wurde vorgeschlagen, die weit verzweigte Familie postfundamentalistischer Sozialtheorien unter die Familienbezeichnung des *Relationismus* zu bringen, um sie vom

9 Ein weiteres Mal zeigt sich, dass im Postfundamentalismus von der Dimension des Grundes nicht vollständig abgesehen wird. Sie bleibt präsent, da Gesellschaft auf irgendeine Weise instituiert werden muss. Doch bleibt sie auch absent, da Gesellschaft nie vollständig instituiert werden kann.

Objektivismus abzuheben. Mit der Zurückweisung des Objektivismus im Namen von Differenz und Relation ist es aber nicht getan. Objektivistische Spielarten des Relationismus sind nämlich durchaus geläufig. Ein »Realwiderspruch« zwischen physikalischen Objekten ist zum Beispiel eine objektivistische Form der *Verhältnis*bestimmung. Genauso glauben Ethnopluralisten, ein sozialer Raum wäre aus objektiven Differenzen (unterschiedlicher Ethnien) zusammengesetzt. Es existiert also durchaus ein Objektivismus der Differenz, so wie ein Objektivismus der Relation existiert. Der Relationismus, den wir suchen, muss radikaler angelegt werden. Wir müssen uns von der Vorstellung verabschieden, soziale Objektivität würde aus etwas anderem hervorgehen als dem Prozess der Verknüpfung. Nicht bereits existierende Elemente wie zum Beispiel Individuen oder soziale Gruppen sind es, die verknüpft werden, sondern es ist die Verknüpfung selbst, die soziale Elemente – *als* Individuen oder Gruppen – überhaupt erst hervorbringt. Differenz geht Identität voraus; Relation geht Substanz voraus. Erst wenn das akzeptiert ist, ist die Abkehr vom Objektivismus eingeleitet.

In der Tat ist sie schon seit Längerem eingeleitet. Ein radikaler Relationismus kennzeichnet die meisten strukturalistischen und poststrukturalistischen Ansätze. Man denke beispielhaft an Bourdieu. Der Titel seiner berühmtesten Arbeit, *Die feinen Unterschiede*, verweist auf das Moment der Relation, denn ein »Unterschied« beziehungsweise eine Differenz ist »ein Abstand, ein Unterscheidungsmerkmal, kurz, ein *relationales* Merkmal, das nur in der und durch die Relation zu anderen Merkmalen existiert« (Bourdieu 1998a: 18). Der Raum des Sozialen ist durch die Verbindung differenzieller Positionen bestimmt, ja er ist nichts anderes als Relation:

> Die Vorstellung des *Raums* enthält an sich bereits das Prinzip einer *relationalen* Auffassung von der sozialen Welt: Sie behauptet nämlich, daß die ganze mit ihm bezeichnete »Realität« darauf beruht, daß die Elemente, aus denen sie besteht, einander *wechselseitig äußerlich* sind. Die von außen und direkt sichtbaren Lebewesen, ob Individuen oder Gruppen, leben und überleben nur im und durch den *Unterschied*, das heißt nur insofern, als sie *relative Positionen* in einem Raum von Relationen einnehmen, die, obgleich unsichtbar und empirisch stets schwer nachzuweisen, die realste Realität (das *ens realissimum*, wie die Scholastik sagte) und das reale Prinzip des Verhaltens der Individuen und der Gruppen darstellen. (Ebd.: 48)

In diesem Punkt stimmt Bourdieu ausdrücklich dem Foucault der archäologischen Phase zu (ebd.: 57). Ihm komme das Verdienst zu, den linguistischen Strukturalismus Saussures am überzeugendsten in die Sozialanalyse übersetzt zu haben (auch wenn Foucaults Archäologie in Bourdieus Augen nicht die »soziale«, sondern ausschließlich die diskursive Relationalität erfasse). Bourdieus Lob hat nur einen Haken. Wie wir gesehen haben, adressiert Foucault das Problem der Grenzen eines Ensembles von Differenzen nicht. Er begnügt sich mit der uneinsichtigen Behauptung, die Differenzen bildeten in ihrer Verstreuung Regelmäßigkeiten aus. Wie das Chaos Ordnung gebären soll, bleibt offen (vgl. die Kritik von Laclau/Mouffe 1991, sowie Kapitel 9 in diesem Band). Wenn aber die Verstreuung von Differenzen durch kein Prinzip, keinen Grund, keine Substanz eingeschränkt wird, wie findet der soziale Raum dann überhaupt zu einer Form? Warum, bildlich gesprochen, zerfließt er nicht nach allen Seiten hin? Warum leben wir in keiner amorphen Welt? Der radikale Relationismus erweist sich als scheinradikal, solange er nicht zur Wurzel ebendieses Problems vordringt. Relationismus allein gibt keine Antwort auf die Frage der Grenzziehung und damit der *Grenzen* von Differentialität und Relationalität überhaupt. Eine Antwort geben die Prinzipien von Totalität und Negativität.

An ihnen erweist sich die Unverzichtbarkeit von Gesellschaftstheorie – als Theorie der Totalisierung des Sozialen – für die Sozialwissenschaften. In einem relationistischen Theoriedesign muss die Systematizität der Differenzen erklärt werden können – und das bedeutet: ihre Zugehörigkeit zu ein- und demselben Raum. Solange die Differenzen in einem Zustand der Verstreuung verharren, kommt es zu keinem Gesellschaftseffekt. Das Soziale bliebe, wie bei Deleuze, ein »Gas«, das zu keiner bestimmbaren Form fände. Ein, so seltsam es klingen mag, *minimales Ausmaß an Totalität* – und also an Gesellschaft – ist vonnöten, damit verstreute Differenzen zu einer relationalen Formation gefestigt werden können. Es muss folglich das Prinzip der Totalisierung dieser Differenzen ermittelt werden. Wie Laclau und Mouffe überzeugend argumentieren, ist Totalität nur in Bezug auf ein Außen herzustellen, das die Differenzialität der Differenzen negiert. Die Grenze eines Systems von Differenzen kann nämlich keine weitere Differenz sein – in dem Fall wäre sie Teil des Systems und nicht dessen Grenze. Das vom

Marxismus ererbte, aber von jeder Notwendigkeitslogik befreite Konzept des Antagonismus bietet einen passenden Namen für eine tatsächliche Grenze. Eine Grenze, mit deren Hilfe das Außen radikaler Negativität in den sozialen Raum zurückgefaltet wird und ihn so zuallererst konstituiert.[10]

Was heißt das anderes, als dass sozialwissenschaftliche Differenztheorien kein Auskommen ohne einen Begriff von Gesellschaft finden? Denn damit Differenzen aus ihrer Verstreuung erlöst und zu einer halbwegs stabilen Formation verknüpft werden können, müssen sie auf die *Gesellschaftstotalität* bezogen werden. Relationen können nur über den Umweg von Totalität artikuliert werden. Aber eine Totalität kann ihrerseits nur über den Umweg der Negativität gebildet werden. Oder gesellschaftstheoretisch formuliert: Jede Theorie des Sozialen kommt um den Preis der Gesellschaft. Und jede Theorie der Gesellschaft kommt um den Preis des Antagonismus.

10.4. Die Rückkehr der Objekte: Konstitutive Heterogenität

Damit sind die beiden Hauptmerkmale Differenz und Relation durch den Antagonismus bestimmt. Aber wie kommt das Objekt ins Spiel? Eine der Ausgangsbeobachtungen unserer Untersuchung war das neu erwachte Interesse am Objekthaften in den jüngsten Sozialtheorien. Bei der merkwürdigen Rückkehr der Objekte handelt es sich nicht um einen Rückfall in den Objektivismus, denn die erwähnten Sozialtheorien – am prominentesten die Akteur-/Netzwerk-Theorie – sind durchweg relationistisch und differenztheoretisch angelegt. Wenn also die Objekte wiederkehren, dann in *nicht*-objektivistischer Form – als »Quasi-Objekte«. Dies zugestanden, lautete mein Vorwurf, die jüngsten Objekttheorien würden vor allem die Theoriegeschichte der Dimension des »Quasi« – also der paradoxen Natur der Objekte – ausblenden, um, wie zu vermuten ist, den eigenen Originalitätsanspruch zu festigen. Wie wir an Lévi-Strauss, Lacan und dem frühen Deleuze sahen, hatte bereits

10 Womit ein weiteres Mal gesagt ist, dass das Soziale keinen positiven oder objektiven Grund besitzt, sondern ausschließlich einen negativen.

der Strukturalismus ein solches Objekt zu denken versucht, ja letztlich findet es sich schon bei Mauss und Durkheim. Die heutigen Quasi-Objekte können – jedenfalls hinsichtlich ihrer spukhaften Seite – als vervielfachte und aufgefächerte Abkömmlinge dieses Objekts verstanden werden.[11] Wird dessen Genealogie unter den Teppich gekehrt, dann weil das Objekt des Strukturalismus noch den Ballast der Totalität trug: es verwies noch auf die linguistische Totalität der Struktur beziehungsweise die soziale der Gesellschaft, mit denen ein Denken in Netzwerken nichts mehr anzufangen weiß. »*Entweder gibt es eine Gesellschaft, oder es gibt eine Soziologie*,« heißt es bei Latour (2007: 282).

Wir sind zu einem etwas anderen Schluss gekommen. Gewiss, die Gesellschaft existiert nicht. Aber eine Soziologie kann es nur geben, weil sie dennoch *insistiert*. Sie kehrt nicht zurück im Triumphzug einer wiedergefundenen Totalität, aber sie schleicht sich in die Soziologie ein als »der verfemte Teil« (Bataille 2001). Fast scheint es, man könne dem Objektivismus überhaupt nur um den Preis eines solchen Überschussobjekts begegnen, das in den Netzwerken des Sozialen umgeht, aber von Netzwerken nicht eingefangen werden kann. Und dies deshalb, weil soziale Objektivität, kontra Bourdieu, nicht in Relationen aufgeht. Den Differenzverhältnissen steht etwas entgegen, das keine bloße Differenz ist, das sich folglich seiner Verknüpfung und damit *Objektivierbarkeit* entzieht: die vorausgesetzte und doch unrealisierbare Totalität aller Differenzen. Die Umstellung auf Differenz und Relation, der Paradigmenwechsel, der von Lévi-Strauss bis Luhmann eingefordert wurde, führt letztlich zur Rückkehr der verfemten Gesellschaft. Man mag diesen Teil, der paradoxerweise zugleich die Totalität ist, nominalistisch, positivistisch oder subjektivistisch auszusperren versuchen. Dann ist er der allseits ignorierte Elefant im Seminarraum. Eine postfundamentalistische Gesellschaftstheorie muss ihm die Würde eines theoretischen Gegenstands zurückgeben. Dazu muss er mit den anderen Elementen unseres Theorie-Mobiles – Relation, Differenz, Totalität, Negativität etc. – verhängt werden.

Wie also kommt der Elefant ins Mobile? Noch ist das Mobile nicht fertiggestellt. Aber der Neo- und der Postmarxismus haben

11 Ihr eigenständiger Beitrag liegt anderswo: in der empirisch-kulturwissenschaftlichen, medienhistorischen oder wissenschaftssoziologischen Analyse nicht der hantologischen, sondern der empirischen oder »ontischen« Seite dieser Objekte.

relevante Vorschläge geliefert. Bei Adorno hatten wir gesehen, dass die durch Spaltung totalisierte Gesellschaft ein nicht-begriffliches Abjekt ausscheidet. Es ist positiver Ausdruck des Nicht-Identischen – Ausdruck dessen, was dem allumfassenden Identitätsprinzip entkommt. Als solches folgt es identitärer Verdinglichung wie deren Schatten. Adornos Modell der Verknüpfung von Ding, Totalität und Negativität unterscheidet sich, wie im vorangegangenen Kapitel herausgearbeitet, in mehrfacher Hinsicht vom Vorschlag des Postmarxismus. Ein Unterschied blieb jedoch bislang unerwähnt: Für Adorno ist das Heterogene zwar unvermeidlich, aber es ist nicht konstitutiv. Das Nicht-Identische *konstituiert* nicht die Identität, von der es ausgeschieden wird. Konstitutiv sind lediglich die Ausbeutungs- und Gewaltverhältnisse, die es hervorbringen. Bei Laclau und Mouffe verhält es sich umgekehrt. Im Postmarxismus existiert das Soziale nur in Orientierung auf ein Objekt, das ihm entkommt, aber »[a]uch wenn das Soziale sich nicht in den intelligiblen und instituierten Formen einer *Gesellschaft* zu fixieren vermag, so existiert es doch nur als Anstrengung, dieses unmögliche Objekt zu konstruieren« (Laclau/Mouffe 1991: 164). Gesellschaft bleibt der Theorie erhalten als Grenzbegriff, der einen Zustand sozialer Fülle bezeichnet, nämlich die selbstidentische Totalität des Sozialen. Sie wirkt – in Anlehnung an Lacans *objet petit a* – als notwendige Objektursache eines jeden Versuchs, verstreute Differenzen in beständigeren Formationen oder Institutionen zu stabilisieren. Gesellschaft, das *objet petit a* sozialer Stabilisierungsanstrengungen, ist daher konstitutiv. Das ist sie nur, weil sie abwesend ist. Es verhält sich wie bei dem Begehrensobjekt in der Psychoanalyse. Als Objektursache des Begehrens fungiert es nur unter der Voraussetzung seiner Unerreichbarkeit – sobald es erreicht ist, verliert es diesen Status. Im selben Verständnis ist das dem Relationsraum des Sozialen gegenüber heterogene Objekt der Gesellschaft konstitutiv für diesen Relationsraum, weil es unerreichbar ist, *als* Unerreichbares aber Effekte produziert. Bliebe Gesellschaft nicht in diesen Effekten noch als abwesende anwesend, bräche der soziale Relationsraum auseinander.

Die Überlegung erklärt die seltsamen Erscheinungsformen des verwesenden Monstrums, das uns im Theoriedurchgang immer wieder begegnet ist. Laclau selbst übersieht, dass sein paradoxes Objekt Vorläufer besitzt – und das nicht nur bei Kant und Lacan. Auch war er nicht der erste, der es auf den Gesellschaftsbegriff übertrug. Wie wir gesehen haben, erschien Gesellschaft von Durkheim über Lévi-Strauss bis Adorno regelmäßig in Gestalt eines Überschussobjekts.[12] Laclau weist nur theoretisch aus, was aus der Selbstdekonstruktion früherer Sozialtheorien immer schon hervorging und immer schon verleugnet wurde. Er erhebt das Gespenst – *als* Gespenst – in den Stand einer sozialwissenschaftlichen Kategorie. Erst ab diesem Zeitpunkt lässt sich die gesellschaftstheoretische Tragweite des Spuks ermessen. Das Objekt ist nicht etwa nur, wie bei Adorno, der (nicht-konstitutive) Schatten von Gesellschaft, denn Gesellschaft existiert nicht als ein – auf dem objektiven Widerspruch von Kapital und Arbeit gebautes – Monument, das Schatten werfen könnte. Das Objekt wird von der relationalen Logik des Sozialen, die es stört, vorausgesetzt. Es *ist* die Totalität des Sozialen im Zustand der Ver-Dinglichung. Mit diesem Gedanken macht Laclau den entscheidenden Schritt über den Neo-Marxismus hinaus. Produziert bei Adorno die antagonistische Totalität der Gesellschaft ein heterogenes Abjekt, so ist das Abjekt bei Laclau nichts anderes als die Gesellschaft selbst.

Das hat Konsequenzen für unser Theoriedesign. Die Überlegung zwingt uns, und ich werde im Folgekapitel mehr dazu sagen, eine der ontisch-ontologischen Differenz entsprechende Denkfigur einzuführen (der Differenz also zwischen dem »ontischen« Bereich des Seienden und dem »ontologischen« des Seins dieses Seienden). Als Abjekt steht Gesellschaft in grundsätzlicher, nämlich *ontologischer* Differenz zu allen anderen Objekten des sozialen Raums – ganz gleichgültig, ob wir von Identitäten, Individuen, Gruppen, Klassen oder sonstigen Formationen sprechen. Letztere kommen nur zu sozialer Existenz, wenn ihre Position sich von anderen Objekten eines relationalen Zusammenhangs unterscheidet. Aber wie sich gezeigt hat, basiert die objektive Welt relationaler Tatbestände – objektiver »Dinge« (*choses*) im Sinne Durkheims – auf einem monströsen *Ding*: auf einer *A-Chose* im Sinne Derridas. Vorgeprägt durch Heidegger, Lacan und Derrida, markiert dieses Wort *Ding* (in dem immer schon *Un-Ding* mitgehört werden muss) wohl am

12 Vielleicht ist das gar nicht so verwunderlich. Jede Theorie produziert Antinomien, Aporien und Paradoxa, die sie nicht unter Kontrolle halten kann. Aber nicht jede akzeptiert diesen Umstand, und die wenigsten werden, wie jene Laclaus, mit voller Absicht auf einem Paradox errichtet.

besten die nicht nur semantische, sondern die *ontologische* Differenz zu jedem beliebigen relational bestimmbaren Objekt (das heißt zu einer ontischen Differenz neben anderen). Wenn es soziale Objektivität gibt, so nur, weil sie von etwas, das keine Differenz wie jede andere ist, zugleich in ihrem Sein behindert und erzwungen wird: von einem *Ding*, das selbst nicht Teil sozialer Objektivität sein kann und es doch sein muss, das dem Sozialen angehört und doch nicht angehört.

Dass Gesellschaft zum *Ding* wird, mag nach einem bizarren Einfall klingen. Doch es ist nur die logische Konsequenz des radikalisierten Relationismus. Die Totalität der Relationen kann keine Relation sein, die Totalität der Differenzen keine Differenz und die Totalität der Objekte kein Objekt. Daher muss sie von den gängigen Kategorien der Sozialwissenschaften unterschieden werden. Ja sie muss in einer gänzlich anderen ontologischen Dimension verortet werden als Differenz, Relation oder Objekt. Das hat sie wiederum mit jenem anderen bizarren Theoriegegenstand gemeinsam, um den es in Teil II unserer Untersuchung ging: dem Antagonismus. Wie das *Ding* Gesellschaft ist auch der Antagonismus, die Instanz sozialer Negativität, in einer ontologischen oder eben hantologischen Dimension der Theoriebildung verortet. Das *Ding* verweist uns auf den Antagonismus. Denn erst durch Negativität wird Totalität zum *Ding*.

10.5. Das ontologische Un-Verhältnis

Fassen wir den Stand der Überlegungen zusammen. Differenz und Relation sind für sich noch keine hinreichenden Kriterien einer postfundamentalistischen Sozialtheorie. Um die Fixierung sozialer Differenzen zu einem Relationsensemble erklären zu können, benötigt man einen Begriff von Totalität, mithin von Gesellschaft. Zur Erzeugung von Totalität, so partiell diese sein mag, muss eine Grenze gezogen werden. Der Name für diese Grenze in der (post-)marxistischen Tradition ist Antagonismus. Aber bedeutet das nicht, dass wir noch einen Schritt weiter gehen müssen, einen Schritt über die unmögliche/notwendige Totalität Gesellschaft hinaus? Ist dann nicht die Konstitutionsbedingung von Totalität – und damit die Ursache für jene seltsame Verformung des Sozialen zum *Ding* – der

Antagonismus? Oder, anders gesagt, könnte das seltsame *Ding*, in dem die Bedingung der Möglichkeit und zugleich Unmöglichkeit jeder sozialen Artikulation ausgemacht wurde, nur eine Erscheinungsform, ein Wiedergänger des Antagonismus sein – gleichsam der Antagonismus im Zustand der Verdinglichung? Immer noch blieben wir mit dieser Überlegung nahe an Adorno, aber noch näher wären wir bei Heidegger (und in gewisser Hinsicht Latour), der ja darauf hingewiesen hatte, dass im *Ding* die *Thingstätte* – der Versammlungs- und Konfliktraum einer Gemeinschaft – etymologisch aufgehoben ist. Doch erst die intellektuellen Ressourcen des Postmarxismus erlauben es, diese bloße Vermutung Heideggers abseits altgermanischer Nostalgien einem modernen sozialwissenschaftlichen Theoriemodell einzupassen.

Denn die antagonistische Grenze, so hatten wir gesagt, die einen relationalen Raum von seinem negativen Außen abgrenzt, kann keine *Relation* sein, die zwei objektiv gegebene Entitäten miteinander verbinden würde. Man kann es auch so formulieren: Ein antagonistisches »Verhältnis« ist kein Verhältnis zwischen objektiv gegebenen oder in einem Relationsraum miteinander verbundenen Antagonisten, sondern benennt vielmehr die Grenze aller Relationalität (und, sofern die Realität relational ist, auch die Grenze aller Objektivität). Der Antagonismus ist jenes *Un-Verhältnis*, dessen Relata, wie Laclau es formuliert, keinem gemeinsamen Repräsentationsraum angehören (Laclau 2007: 27).[13] Ein regelgeleiteter *agon* zwischen Wettkämpfern würde einen gemeinsamen Raum (als Spielfeld) noch voraussetzen, genauso wie der Antagonismus zwischen Kapital und Arbeit oder jeder dialektische Widerspruch ihn letztlich voraussetzt. Mit der Kategorie des Antagonismus wird das Ende der euklidischen Geometrie in den Sozialwissenschaften eingeläutet. Das Soziale wird zum unmöglichen, verformten, ja innerlich zerrissenen Raum, dessen Totalisierung zu Gesellschaft vom Antagonismus zugleich erzwungen und verhindert wird.

Laclaus und Mouffes Verdienst besteht darin, mit diesem Antagonismuskonzept eine Intuition theoretisch ausgearbeitet zu haben, die sich freilich auch anderswo wiederfindet, denn wie in Teil II vielfach nachgewiesen, werden viele Konflikttheorien vom Gespenst des Antagonismus umgetrieben. Selbst bei Foucault, dem hartge-

13 Ich übernehme den Begriff Un-Verhältnis von Sternfeld (2008).

sottenen Nominalisten, bricht gelegentlich ein hantologisches Konfliktverständnis durch, das seinem archäologischen Relationismus diametral entgegensteht. Man dürfe sich den »Ort der Konfrontation«, an dem etwas Neues entsteht, nicht »als einen abgeschlossenen Kampfplatz vorstellen, als ein ebenes Feld, auf dem ein Kampf zwischen Gleichen stattfände.« Viel eher, so Foucault, handle es sich um einen Zwischenraum und »›Nicht-Ort‹, um reine Distanz, um die Tatsache, daß die Gegner nicht demselben Raum angehören« (Foucault 2002: 176). An dieser – für ihn eher untypischen – Stelle beschreibt Foucault Konflikt in Begriffen, die an den laclauschen Antagonismus oder den lyotardschen Widerstreit erinnern. Das Soziale ist ein unmöglicher, da konstitutiv vom Antagonismus verzerrter Raum, den Antagonisten gerade *nicht* gemeinsam haben.

Deshalb darf Antagonismus nicht mit einem schmittschen Freund-/Feind-Verhältnis verwechselt werden oder, ziviler, mit sozialen Konflikten, wie sie die bürgerliche Konfliktsoziologie untersucht.[14] Der Begriff ist grundsätzlicher angelegt. Er verweist auf eine Instanz der Verhältnisgründung und -entgründung.[15] Das hat weit reichende Folgen für das sozialwissenschaftliche Theoriedesign. Es wird unweigerlich von Philosophie durchquert. Der Antagonismus gehört ganz offensichtlich einem anderen Register an als der Konflikt, der ja nichts anderes ist als ein Verhältnis zwischen Konfliktpartnern. Das Argument zwingt uns also, wie schon im Fall des *Dings* Gesellschaft, zwischen theoretischen Gegenständen, die auf der Ebene des Sozialen angesiedelt sind (wie Differenzen und Relationen), und solchen, die auf der Ebene des Grundes angesiedelt sind (Gesellschaft und Antagonismus) zu unterscheiden. Ein weiteres Mal erweist es sich, dass wir eine Differenz einführen müssen zwischen der ontischen Ebene alles objektiv Seienden einerseits und der ontologischen Ebene des Grundes, also des Seins dieses Seienden andererseits.

Allerdings mit Vorbehalt, denn postmetaphysisch kann der

14 Zum Freund-/Feind-Verhältnis wird er nur, wo er in ideologisch-imaginäre Form gebracht wird.

15 Das heißt: Er lässt sich im *(Ab-)Grund* aller Verhältnisse – einschließlich solcher des Konflikts – verorten, denn erst qua antagonistischer Grenzziehung lassen sich die differenziellen Elemente des Sozialen totalisieren und in Relation zueinander setzen. Laclau und Mouffe sehen im Antagonismus deshalb eine Logik der Äquivalenz am Werk, die quer zu jener der Differenz steht.

Antagonismus nur als *negativer* Grund sozialer Objektivität fungieren, nicht als deren positives Fundament – denn sonst wären wir nur auf einen metaphysischen Grund des Grundes gestoßen. Als paradoxe oder relationslose Relation ist er – ganz genauso wie das unmögliche und doch notwendige *Ding* der Gesellschaft – in einer nicht so sehr ontologischen als hantologischen Dimension angesiedelt. Er setzt jede Entität in ein Un-Verhältnis zu ihrem negativen Außen, gleichgültig, ob wir über Identitäten, Rollen, Gruppen oder Akteure sprechen. Ansonsten besäßen solche Entitäten keine Grenzen und zerflössen ins Unbestimmte. Gleiches gilt für die Gesamtheit sozialer Verhältnisse, das heißt für Gesellschaft: Der Antagonismus faltet ein Moment radikaler Negativität ins Innere des sozialen Relationsraums und konstituiert so überhaupt erst diesen Raum als Raum, wenngleich nur als verzerrten. Da das Außen radikaler Negativität objektiv ungreifbar ist, haben wir uns immer wieder mit Heideggers Wort vom Grund als »Ab-grund« beholfen. Das Soziale gründet, so hat sich im Theoriedurchgang erwiesen, auf nichts anderem als der *Abwesenheit eines letzten Grundes.* Eine Abwesenheit, die aber nichts Beliebiges an sich hat – so als wäre ein letzter Grund nur zufällig verloren gegangen –, sondern die sich *als Abwesenheit* bedrohlich und störend bemerkbar macht. In dieser Abwesenheit gewinnt Negativität Präsenz.

Dass Negativität zu Präsenz kommt – sei es als Ärgernis (Dahrendorf), als Verdinglichung (Adorno) oder als Dislozierung (Laclau) – ist von entscheidender Bedeutung für eine postfundamentalistische Gesellschaftstheorie. Denn würde das abwesende Außen des sozialen Relationsraumes keinerlei Spuren der Anwesenheit hinterlassen, dann wäre es schlicht ununterscheidbar vom Inneren des Raumes. Es ließe sich rein gar nichts über die Dimension des Grundes aussagen, auch nichts über dessen paradoxe und uneinholbare Natur. Die Differenz zwischen dem Ontologischen und dem Ontischen wäre kollabiert. Wir befänden uns im Paradigma des Objektivismus. Das heißt nicht, dass das negative Außen des Sozialen aus dessen Inneren heraus einsichtig wäre. Aber soweit es sich im Inneren bemerkbar macht, kann es zum Gegenstand weitergehender Überlegungen werden. Indem wir die Spuren, die es durch diesen Raum zieht, die Lücken und Maschen im Netzwerk des Sozialen registrieren, können wir uns der ontologischen Dimension des Grundes annähern.

11. Die Seinsblockade des Sozialen
Gesellschaftstheoretische Grundbegriffe: Macht, Staat, Hegemonie, Praxis

11.1. Gesellschaftstheorie zwischen Philosophie und Soziologie

Kehren wir an den Strand von Ramsgate zurück. Marx' Antwort auf die überraschende Frage nach dem letzten Gesetz des Seins – *Struggle!* – war eine Art Rückbesinnung auf die Sozialontologie, die dem Marxismus zugrunde liegt. Tatsächlich impliziert *jeder* Ansatz in den Sozialwissenschaften eine Sozialontologie, also eine Lehre vom sozialen Sein im Allgemeinen. Nur bleibt sie im Regelfall unthematisiert. Sie ist sedimentiert in unhinterfragten Vorstellungen von der Beschaffenheit des Sozialen. Marx ließ sich von Swintons Frage noch überrumpeln. Objektivisten aller *couleur* würden sie nicht einmal verstehen. Für Positivisten ist die Frage nach der Natur sozialen Seins sinnlos, für empirische Sozialforscher ist sie nicht operationalisierbar, und Konstruktivisten klammern sie schlicht aus. In einem Zeitalter, das die Metaphysik überwunden zu haben glaubt, dürfen Fragen »ontologischer« Natur nicht länger gestellt werden. Und doch *stellen sie sich*, wann immer wir gegen die Mauer der Gesellschaft stoßen: Woher dieser Widerstand, die Ärgerlichkeit, Zwangsförmigkeit, Unverfügbarkeit, aber auch andererseits die Wandelbarkeit, Unsicherheit und Irritationsfähigkeit des Sozialen? Es ist die Gesellschaft selbst, als mal amorph zerfließendes, mal scharfkantiges *Ding*, die uns die Frage nach Natur und Grund sozialen Seins aufzwingt. Daraus lässt sich auf die Aufgabe von Gesellschaftstheorie schließen. Sie besteht in der Deutung des sozialen Seins in seiner Allgemeinheit. Gesellschaftstheorie versucht, die ontologischen Hintergrundannahmen eines gegebenen Ansatzes zu beleuchten.

Auf diese Weise werden die Sozialwissenschaften von einem Sprachspiel durchquert, das mit ihnen inkommensurabel ist: vom Philosophischen.[1] Das wird nicht allzu gerne gesehen. Viele Sozio-

1 Mit dem Philosophischen ist hier nicht jenes metaphysische Denken gemeint, das seine Aufgabe darin sieht, letzte Fundamente zu legen. Dass die Idee von

logen reagieren allergisch auf die geringsten Spurenelemente von Philosophie.[2] Das mag historische Gründe haben, schließlich etablierte sich die Soziologie in Konkurrenz zur Philosophie, doch es hat auch strukturelle Gründe. Eine dem Objektivismus verschriebene Disziplin muss den philosophischen Überschuss abwehren, den jedes Nachdenken über soziale Zusammenhänge generiert. Sie muss, um sich zu disziplinieren, das Moment des Spekulativen, das ihr seit Beginn anhaftet, verleugnen. Und doch wird sie von ihrem eigentlichen Objekt – der Gesellschaft – zur Metaphysik getrieben. Schon Adorno hat beobachtet, dass Soziologie, »die ja den Ruf ›Zu den Fakten‹ mit einer fast hysterischen Ängstlichkeit zu ihrer Sache gemacht hat, daß gerade diese Disziplin doch immer wieder durch ihr eigenes Objekt gedrängt wird, über die bloße Faktizität hinauszugehen« (Adorno 2008: 14). Objektivistische Wissenschaft ruft zu den Fakten ähnlich einem Richter, der zur Ordnung im Gerichtssaal ruft. Man kann dem Ruf nach disziplinärer Ordnung folgen. Oder man kann den Spuren des »eigenen Objekts« folgen. Versucht man Letzteres, wird man sich dem philosophischen Sprachspiel öffnen müssen. Denn die Spuren des Objekts führen uns zurück zur Geschäftsgrundlage der Sozialwissenschaft: zur Sozialontologie.

»Ontologisch«, das sei vorsorglich bemerkt, ist keine Nobilitierungsformel. Auf ihre Beschäftigung mit Fragen der (Sozial-)Ontologie braucht sich Gesellschaftstheorie nichts einzubilden. Vom Status einer Königsdisziplin ist sie weit entfernt. Für sie scheint zu gelten, was Walter Benjamin über die Theologie sagte: dass sie »heute bekanntlich klein und häßlich ist und sich ohnehin nicht

Philosophie als Fundierungswissenschaft postfundamentalistisch unhaltbar ist, muss nicht betont werden. Aber der Postfundamentalismus bestreitet nur die Möglichkeit letzter Gründe, nicht die Notwendigkeit partieller und temporärer Fundierungsanstrengungen. Aus diesem Grund wird er auch nicht die Notwendigkeit des Philosophischen leugnen: jenes Sprachspiels, in dem sich nach den Bedingungen der Möglichkeit (und Unmöglichkeit) von Gründen forschen lässt.

2 Ein wesentliches gemeinsames Merkmal ist der umfassende Erklärungsanspruch, der auch das Insistieren sozialontologischer Fragestellungen erklärt. Sofern Soziologie, wie Philosophie, der sie darin nachfolgt, *aufs Ganze geht*, nicht nur auf getrennte Einzelphänomene zielt, muss sie über die Natur des Ganzen und damit über das soziale Sein im Allgemeinen Auskunft geben. Soziologie ist, wie Adorno sagte, ein selbst »teilhafter Versuch zur Wiedergutmachung der wissenschaftlichen Arbeitsteilung durch Bezugnahme auf jenes Ganze, das Gesellschaft ist, ohne daß es selber doch als ein unmittelbares Faktum sich greifen läßt« (Adorno 2003: 183).

darf blicken lassen« (Benjamin 1991: 693). Jedenfalls wurde Gesellschaftstheorie, verglichen mit den 1970er Jahren, durch Umstellung der Sozialwissenschaften auf das (neo-)liberale Paradigma des Marktes und des Individuums faktisch marginalisiert. Aber davon abgesehen könnte Gesellschaftstheorie für Postfundamentalisten ohnehin niemals zur Grundlegungswissenschaft werden oder andere sozialwissenschaftliche Teildisziplinen mit tragfähigen Fundamenten ausstatten. Womöglich handelt es sich noch nicht einmal um eine eigenständige Teildisziplin der Soziologie – eher um eine Grenzdisziplin am Rande des Philosophischen wie des Soziologischen.

Deshalb gestaltet sich ihr Auftritt alles andere als triumphal.[3] Gesellschaftstheorie beginnt parasitär. Sie nährt sich von den Aporien, in denen sich jede objektivierende Rede vom Sozialen verfängt. Praktisch bedeutet das, dass Gesellschaftstheorie zunächst die Selbstdekonstruktion der Sozialwissenschaften nachvollziehbar machen muss. Sie muss zeigen, dass jede noch so empirische Wissenschaft auf »philosophische« Gegenstände rekurriert – so sehr sie diese auch vertreiben möchte. Die ersten beiden Teile unserer Studie dienten dem Zweck, den Spuren dieser Gegenstände – dem Ding Gesellschaft beziehungsweise der Instanz radikaler Negativität – nachzugehen. Gesellschaft und Antagonismus haben sich, wie Ulrich Beck sagen würde, dabei als »Zombie-Kategorien« erwiesen (Beck 2000: 16). Nicht weil ihr Referenzobjekt – der moderne

3 Ein Beispiel für eine triumphalistische Gesellschaftstheorie ist John Searles jüngster Aufruf zur Erarbeitung einer eigenständigen Sozialontologie, die in der Lage wäre, die Existenzweise von »Nationalstaaten, Geld, Konzernen, Skiklubs, Sommerferien, Cocktailpartys und Fußballspielen« (Searle 2012: 9) gleichermaßen zu erklären. Der Aufruf ist allein aus dem *Inneren* der Disziplin Philosophie heraus formuliert. Wir brauchten, so Searle, »ein neues Teilgebiet der Philosophie, das man ›Philosophie der Gesellschaft‹ nennen könnte« (ebd.: 14). Dabei gibt es nur ein Problem: Verglichen mit etwa der Frankfurter Schule oder manchen poststrukturalistischen Ansätzen ermangelt es Searles Philosophie der Gesellschaft an Berührungspunkten mit sozialwissenschaftlicher Forschung. Sie *durchquert nicht* die Sozialwissenschaften, sondern spielt sich recht traditionell auf als deren Grundlegungsdisziplin. Dazu muss Searle von der vollständigen rationalen Erfassbarkeit seines Gegenstandes ausgehen. Er unterstellt, dass Gesellschaft »eine logische (begriffliche, propositionale) Struktur hat, die eine logische Analyse zuläßt, ja geradezu verlangt« (ebd.: 16). Aus allem bisher Gesagten folgt die genau gegenteilige Vermutung: Das heterogene Objekt Gesellschaft entzieht sich, wie Adorno oder Laclau gezeigt haben, dem Begrifflichen und widersteht logischer Analyse.

Nationalstaat – historisch überlebt wäre und doch nicht aus der Sozialtheorie verschwinden will. Es handelt sich um »Zombie-Kategorien«, weil sie im Zwischenreich zwischen Grund und Abgrund angesiedelt sind. Sie sind grundlegend, ohne ein festes Fundament zu liefern. Dies steht quer zur »ontischen«, das heißt empirischen Ebene objektivistischer Sozialforschung. Als *Ding* geht Gesellschaft nicht in den sozialen Dingen auf, sondern wie ein Gespenst durch sie hindurch. Ebenso wenig geht Antagonismus – als Instanz radikaler Negativität – in empirischen Konflikten auf. Beide Begriffe erinnern an die ontologische Dimension sozialen Seins, ohne dass dieses Sein sich greifen ließe. Eine postfundamentalistische Gesellschaftstheorie hat nur solch merkwürdige Begriffe anzubieten: Begriffe, die unaufhörlich schwanken zwischen dem Ontologischen und dem Ontischen, dem sich entziehenden »Grund« und dem unsicher Gegründeten. Das macht sie zu einer prekären Disziplin, so sie überhaupt Disziplin ist. Sie kann nur das Schwanken zwischen Grund und Begründetem, zwischen Sein und Seiendem nachvollziehen: das Spiel der ontisch-ontologischen Differenz.

11.2. Retour à Heidegger: Die ontologische Differenz

Die Wiederaufnahme des Konzepts der ontologischen Differenz ist unvermeidbar. Mit ihm hat Heidegger eine Denkfigur radikaler Differenz vorgeprägt, die sich vor allem in der Philosophie und politischen Theorie des Postfundamentalismus – von Derrida und Deleuze bis Laclau – wiederfinden wird. Wie bereits zu Eingang unserer Untersuchung erwähnt, hält Heidegger an der Differenz von Sein und Seiendem *als Differenz* fest. So gelingt es ihm, die metaphysische Idee vom Sein als Grund, Prinzip oder Ursache alles Seienden zu unterlaufen. Sobald der Primat vom Grund auf das differenzielle Spiel zwischen Grund und Gegründetem verschoben wird, erweist sich jedes ontologische Fundament als unerreichbar. Zugleich verhindert die Differenz *als Differenz* das Zusammenfallen des Ontologischen mit dem Feld des Ontischen. Um der wechselseitigen Heimsuchung des Ontologischen und des Ontischen, des Grundes und des Gegründeten, Ausdruck zu geben, habe ich immer wieder auf Derridas Hilfsbegriff der »Hantologie« zurückgegriffen. Die Sozialontologie des Postfundamentalismus ist keine

Ontologie klassischen Zuschnitts. Sie postuliert nicht die Existenz einer stabilen Seinsordnung, sondern macht sich den Spuk bewusst, der das Soziale plagt.

Dass der Spuk *als Spuk* erkennbar wurde, hat historische Voraussetzungen. Die Moderne, so hatte ich gleich zu Beginn bemerkt, geht durch die doppelt paradoxe Erfahrung von notwendiger Kontingenz und unstrittiger Strittigkeit. Auf Basis dieser doppelten Reflexionsbestimmung wird es möglich, auf das soziale Sein-qua-Sein zu schließen: auf das Sein also nicht dieser oder jener Gesellschaft – der Gesellschaft Frankreichs, der Gesellschaft des alten Ägypten, der Gesellschaft der Bororo oder der besseren Gesellschaft –, sondern schlechthin jeder Gesellschaft. In der Figur des Antagonismus, so hat sich weiter erwiesen, läuft die zweifache Bestimmung von Kontingenz und Konflikt zusammen. In ihr verbindet sich die Ahnung von einer unüberwindlichen Blockade, wie sie etwa in der marxschen Begriffsverwendung aufscheint, mit dem Motiv sozialer Konfliktualität.[4] Wie sich herausgestellt hat, berührt der Antagonismus jedes soziale Verhältnis, sofern es – zu einem bestimmten Grad – auf seiner Abgrenzung gegenüber einem rein negativen Außen basiert. Das heißt zugleich, dass alles Soziale, sobald von Negativität berührt, nur noch zu einer spukhaften Form von Existenz finden kann. Das antagonistische Spiel von Gründung und Entgründung des Sozialen produziert ein irrlichterndes Objekt, das als eigentlicher Spieleinsatz fungiert: die Gesellschaftstotalität. Das Soziale ist also notwendig in seinem Sein blockiert, wird niemals zu »objektiver Existenz« gelangen, weil es umkämpft und kontingent ist. Gesellschaft und Antagonismus sind zwei Namen für diese *Seinsblockade* des Sozialen.

Man wird sich vielleicht fragen, worin der Gewinn einer dermaßen exzentrischen Gesellschaftstheorie besteht. Aber wie anders ließe sich der metaphysischen Disposition der Sozialwissenschaften begegnen, ohne erneut in die Falle der Metaphysik zu tappen? Zu Metaphysik mutieren Sozialwissenschaften ja nicht nur dort, wo sie Kontingenzgewissheit mit Notwendigkeitsfiguren kontern, un-

4 Das ist der gesellschaftstheoretische Vorteil der Antagonismusformel gegenüber allen anderen postfundamentalistischen Kontingenzformeln wie »Ereignis«, »Unentscheidbarkeit«, »Ambivalenz« oder »Hybridität«. Sie deutet gleichermaßen auf die Abwesenheit eines letzten Grundes und auf die – damit einhergehende – konflikthafte Aushandlung vorletzter Gründe.

ter denen die ökonomischen Zwänge und das menschliche Genom sich derzeit wohl der größten Beliebtheit erfreuen. Metaphysisch ist auch ihre dualistische Anlage, die uns vor Pseudoalternativen wie Struktur und Handlung oder Holismus und Individualismus stellt.[5] Es reicht daher nicht aus, die ontologischen Hintergrundannahmen der Sozialwissenschaften abzuklären. Ein sehr viel umfangreicheres Manöver ist erforderlich. Es muss ihr kategoriales Gerüst umgebaut werden. Soll sozialwissenschaftliche Forschung aus dem langen Schatten der Metaphysik treten, müssen ihre Grundbegriffe wie Akteur, Handlung, Macht, Gewalt, Herrschaft, Staat, Struktur, Exklusion usw. einer *hantologischen Neubeschreibung* zugeführt werden. Die gesellschaftstheoretische Dimension der Begriffe muss wieder sichtbar gemacht werden. Wo dies gelingt, dort beginnt das »Sein« des Sozialen – die ontologische Dimension von Gesellschaft und Antagonismus – durch die sozialwissenschaftlichen Grundbegriffe hindurchzuschimmern.

Ein solches Projekt versteht sozialwissenschaftliche Grundbegriffe als, so Heidegger, »Grund-Begriffe«.[6] Einerseits wäre der Postfundamentalismus nicht mehr als ein Antifundamentalismus, würde er Grundbegriffe in jeder Form verabschieden. Nach wie vor benötigen wir Grundbegriffe, die unsere Forschung informieren und ihr eine Richtung geben. Andererseits lassen sich Grundbegriffe postfundamentalistisch auf nichts anderes mehr beziehen

5 Metaphysik, das ist, auf die einfachste Formel gebracht, Fundamentalismus plus Dualismus (einschließlich des Dualismus von Dualismus und Monismus).

6 Das Wort sagt für Heidegger, dass »›der Grund‹ begriffen, gegriffen, gefaßt, ja überhaupt erst erreicht, ja zuvor erst auch nur geahnt werden soll« (Heidegger 1991: 2f.). Dabei schwankt Heidegger, was typisch für ihn ist, zwischen einem faschistisch-fundamentalistischen Selbstmissverständnis und einer postfundamentalistischen Position. Einerseits behauptet er, den Grund begreifen hieße »den Boden erreichen, heißt uns, dorthin zu stehen kommen, wo allein ein Stand und ein Ständiges gewährt ist« (ebd.: 3). Andererseits lässt er keinen Zweifel daran, dass dieser Grund nur Ab-Grund sein kann. Wollten wir nämlich unsere Pläne »unmittelbar auf das Sein gründen«, dann würden wir sofort realisieren, »daß sich keine unserer Absichten und Haltungen geradehin auf das Sein bauen läßt. Das Sein, sonst ständig gebraucht und angerufen, bietet uns nicht Boden und nicht Grund, darauf wir unmittelbar dasjenige stellen können, was wir täglich aufstellen und anstellen und bewerkstelligen. Das Sein erscheint dann wie das Bodenlose, wie solches, das ständig nachgibt, keine Stütze bietet und jeden Grund und Untergrund versagt. Das Sein ist die Absage an jede Erwartung, als ein Grund dienen zu können. Das Sein erweist sich überallhin als *Ab-grund*.« (Ebd.: 62f.)

als den *Entzug* eines letzten Grundes, beziehungsweise auf die so erzwungene Institution vorletzter Gründe. Der Status sozialwissenschaftlicher Grundbegriffe erweist sich als prekär. Macht das die Kategorien der Sozialwissenschaft schon zu philosophischen Kategorien? Wohl kaum. Aber das sozialwissenschaftliche Kategoriensystem wird von der Durchquerung durch das Philosophische berührt. Es wird dem Spiel der ontisch-ontologischen Differenz ausgesetzt. Denn erst der philosophische Blick erlaubt, zwischen der »ontischen« und der »ontologischen« Spielart eines Begriffs zu differenzieren. Man kann auch sagen: zwischen seiner sozialwissenschaftlichen *Vorder-* und seiner gesellschaftstheoretischen *Rückseite*. Letztere bleibt für Szientisten aller Art natürlich unsichtbar – selbst wo von ihr die Rede ist.

Nehmen wir ein Beispiel aus der reichhaltigen soziologischen Studienliteratur. In einer populären, inzwischen in 13. Auflage erschienenen Einführung in *Soziologische Grundbegriffe* heißt es, eine der merkwürdigsten Eigenschaften der modernen Gesellschaft sei, dass sie »vielfältig bekennzeichnet wird«. Der Autor hat hier die »abstrakte, industrielle, komplexe, differenzierte oder pluralistische, spätkapitalistische, Mittelstands- oder mobile Gesellschaft, bürokratische, verwaltete und geplante, säkularisierte, vaterlose, Massen-, Freizeit-, Konsum-, Risiko-, Erlebnisgesellschaft« im Sinn (Bellebaum 2001: 9). Gesellschaft wird mit einer Vielzahl solcher Panoramen, wie sie im Folgekapitel untersucht werden, beschrieben. Darüber hinaus wird Gesellschaft in Form sozialwissenschaftlicher *Grundbegriffe* – wie Macht, Herrschaft, Handlung, Konflikt etc. – »vielfältig bekennzeichnet«, sofern sich in diesen nämlich die sozialontologischen Hintergrundannahmen einer Theorie spiegeln. Dem Verfasser der erwähnten Einführung, Alfred Bellebaum, entgeht diese ontologische Dimension soziologischer Grundbegriffe. Er scheint nicht zu realisieren, dass er mit der Behauptung, Gesellschaft werde vielfältig »bekennzeichnet«, nahezu wörtlich Aristoteles' Feststellung aus dem vierten Buch der *Metaphysik* wiederholt, das Seiende werde in vielfacher Weise ausgesagt.

Bellebaum ignoriert die Durchquerung seines sozialwissenschaftlichen Diskurses durch die Philosophie. Dabei handelt es sich bei der Frage nach dem Seienden um eine der Grundfragen der Philosophie. Zugleich ist es *die* Grundfrage Heideggers. Wie Heidegger in seinem persönlichen Rückblick »Mein Weg in die Phänomenologie« bemerkt, war Franz Brentanos Dissertation »Von der mannigfachen Bedeutung des Seienden nach Aristoteles« seit 1907 »Stab und Stecken« (Heidegger 2000: 81) seiner ersten philosophischen Versuche: »Unbestimmt genug bewegte mich die Überlegung: Wenn das Seiende in mannigfacher Bedeutung gesagt wird, welche ist dann die leitende Grundbedeutung? Was heißt Sein?« (Ebd.: 81) Diese Frage nach dem Sein wird Heidegger nicht mehr loslassen, aber er wird sie modifizieren, sofern »Sein« ihm zum Namen für die *Differenz* zwischen Seiendem und Sein wird, deren Spiel erst die Mannigfaltigkeit des Seienden hervorbringt. Wenn Heidegger diesem Spiel wiederum vielfache Namen gibt – wie Zeit, Seyn, Wahrheit, Ereignis, Freiheit, Lichtung, Streit, Nichts und nicht zuletzt Ding/*thing* –, dann weil er mit all diesen Namen immer wieder ein und dieselbe Frage umkreist. Für Heidegger sind sie das *Selbe*, ohne dass sie einerlei wären. Sie gehören im Spiel der Differenz zusammen, ohne ineinander aufzugehen, denn sie eröffnen unterschiedliche, jeweils leicht verschobene Perspektiven auf die Frage: »Was heißt Sein?« So erzeugen sie ein multidimensionales Bild des Umkreisten, das nicht länger den Status eines ontologischen Fundaments besitzt (wie Gott, Vernunft, Idee, Substanz, Subjekt etc.), sondern sich in der mannigfaltigen Benennung des Spiels zwischen Grund und Abgrund entfaltet.

Wenn Heideggers Denken in den Sozialwissenschaften kaum Widerhall fand (Schmid 2001), dann hatte dies nicht nur politische Ursachen oder war der Philosophieresistenz vieler Sozialwissenschaftler geschuldet. Der Verdacht liegt nahe, dass selbst dort, wo es zur Rezeption Heideggers kam, man immer schon am falschen Punkt ansetzte, denn der Versuch einer empirischen Übersetzung der Daseinsanalyse von *Sein und Zeit* kann nicht weit tragen.[7] Tatsächlich erwies sich gerade das Denken des späteren Heidegger als produktiver. So entwickelte sich, vermittelt über den Antihumanismus Heideggers, in der politischen Theorie der französischen Linksheideggerianer (Janicaud 2001) eine Differenzierung zwischen *der Politik* und *dem Politischen*, die an jene der ontisch-ontologischen Differenz angelehnt war. Und auch für die Soziologie könnte sich

7 Der Konzentration auf das frühe Werk entspricht eine selbst für konsequente Heideggerkritiker wie Habermas typische Differenzierung zwischen einem legitimen und philosophiehistorisch bedeutsamen frühen und einem illegitimen und vernachlässigbaren späteren Heidegger.

gerade der spätere Heidegger als relevant erweisen. Dann nämlich, wenn man ihn nicht konkretistisch einzugemeinden versucht, sondern auf der angemessenen Ebene sozialwissenschaftlicher Theoriebildung rezipiert: auf der Ebene der Gesellschaftstheorie und der Sozialontologie. Analog zu Heideggers Frage: »Was heißt Sein?«, müssen wir uns die Frage stellen: »Was heißt Gesellschaft?«

Natürlich lässt sich diese Frage nicht direkt beantworten. Aber die sozialwissenschaftlichen Grundbegriffe besitzen – als »Grund-Begriffe« – das Potenzial, das unmögliche Objekt zumindest zu umkreisen. Denn ähnlich wie im Fall von Heideggers »Grund-Begriffen« benennen sie – rückseitig betrachtet – nichts jeweils anderes. Sie benennen immer das Selbe: die Gesellschaft. Aber sie benennen dieses Selbe *jeweils anders.* Als Macht, als Zwang, als Handlung usw. So erzeugen sie in Kombination ein multidimensionales Bild des unmöglichen Objekts.

Wir werden also in das Spiel der ontisch-ontologischen Differenz verwickelt, sobald wir einen Grundbegriff auf seine gesellschaftstheoretische Rückseite drehen. Und die ist in der Tat recht unansehnlich. Die gängige Reaktion ist, den Blick abzuwenden. Denn dass man es mit der gesellschaftlichen Rückseite, nicht der sozialen Vorderseite eines Phänomens zu tun hat, ist an einem untrüglichen Indikator abzulesen: einer Art Kaugummitest. Jede scheinbar noch so klar und distinkt bestimmte Kategorie, dreht man sie um, zeigt ihr umkämpftes, verzerrtes und in alle Richtungen endlos gedehntes Gesicht. Sie wird zum gesellschaftlichen Abjekt. Sie beginnt auf etwas zu verweisen, das so *ubiquitär* ist wie *unbestimmt*, sofern es das soziale Sein als solches beschreibt, nicht dieses oder jenes konkrete Sozialphänomen. Umreißt die soziologische Vorderseite einer Kategorie die Grenzen eines Phänomens, so zerfließt dasselbe Phänomen, sobald wir die Kategorie auf ihre »ontologische« Seite drehen. Dieselbe Kategorie beginnt nun an unseren Schuhsohlen zu kleben wie ein Kaugummi, der sich nicht abstreifen lässt. Sie ist an die Stelle des leeren Ortes der Gesellschaft getreten und ihrerseits zum *Ding* geworden.

11.3. Zurück zu Foucault: »Die Macht, das existiert nicht«

Wenn es einen sozialwissenschaftlichen Grundbegriff gibt, der den Kaugummitest mit Bravour besteht, dann ist es »Macht«. Kaum ein anderes soziales Phänomen erweist sich als so ungreifbar und zugleich so ubiquitär. Damit tritt es in direkte Konkurrenz zu Gesellschaft selbst. In Michael Manns Machttheorie etwa besteht das Soziale aus »*vielfältigen, sich überlagernden und überschneidenden sozialräumlichen Machtgeflechten*« (Mann 1994: 14), weshalb die Idee von Gesellschaft als Totalität verabschiedet werden müsse: »Es gibt keinen einzelnen Hauptbegriff, keine Grundeinheit, in dem beziehungsweise der sich ›Gesellschaft‹ adäquat fassen ließe.« Und Mann fügt sogar hinzu: »Es mag einem Soziologen als eine seltsame Position erscheinen, aber wenn ich könnte, würde ich den Begriff ›Gesellschaft‹ ganz abschaffen.« (Ebd.: 15) Der Gesellschaftsbegriff klassischer Prägung – als Totalitäts- und Fundierungsfigur – steht der Ausarbeitung einer gehaltvollen Machttheorie entgegen. So verfügt der wohl mit Abstand bedeutendste Machttheoretiker, Michel Foucault, über keine Gesellschaftstheorie im traditionellen Sinn. Auf diese Leerstelle wurde bereits hingewiesen. Der Befund ist nun zu spezifizieren: Bei genauerer Betrachtung der genealogischen Machttheorie zeigt sich nämlich, dass Gesellschaftstheorie verschoben weiterlebt. Machttheorie übernimmt, ähnlich wie bei Mann, supplementär die Aufgaben von Gesellschaftstheorie. Das lässt sich daran erkennen, dass Macht die ontologischen, ja hantologischen Merkmale des paradoxen Objekts Gesellschaft annimmt. Macht wird zum gesellschaftstheoretischen Grundbegriff. Mit einer Formel, die ihr Analogon in Laclaus und Mouffes Grundsatz hat, heißt es: »Die Macht, das existiert nicht.« (Foucault 2003: 396)[8]

Die Formel richtet sich gegen das fundamentalistische Verständ-

8 Der Satz steht im Zusammenhang mit Foucaults relationistischer Reformulierung der Machttheorie: »Die Macht, das existiert nicht. Ich meine damit Folgendes: die Vorstellung, dass es an einem gegebenen Ort oder einem gegebenen Punkt entstehend etwas gibt, das eine Macht ist, scheint mir auf einer erschwindelten Analyse zu beruhen, jedenfalls einer, die einer erheblichen Anzahl von Phänomenen nicht Rechnung trägt. Die Macht, das sind in Wirklichkeit Relationen, ein mehr oder weniger organisiertes, mehr oder weniger in Gestalt einer Pyramide angeordnetes, mehr oder weniger koordiniertes Bündel von Relationen.« (Foucault 2003: 396 f.)

nis von Macht als Souveränität wie gegen das objektivistische von Macht als Gegenstand. Niemand »besitzt« die Macht; und genauso wenig ist sie an einem bestimmten Ort konzentriert.[9] Es gibt nur die unterschiedlichsten Kräfteverschiebungen und Modalitäten, die man unter dem Begriff zusammenfasst. Hinter dieser Behauptung verbirgt sich eine sozialontologische These. Die demonstrative Ausstellung eines fröhlichen Positivismus und Nominalismus täuscht, behauptet Foucault doch an anderer Stelle, das Soziale werde »in jeder beliebigen Gesellschaft« von »vielfältigen Machtbeziehungen durchzogen, charakterisiert, konstituiert«. Nimmt man ihn beim Wort, dann besitzen Machtbeziehungen *konstitutive* Funktion – und zwar »für jede Gesellschaft« (Foucault 2001a: 38). Damit formuliert Foucault, selbst wenn er es nie eingestehen würde, eine These über soziales Sein im Allgemeinen. Die rein nominalistische Lesart der Formel »Die Macht, das existiert nicht« greift demgemäß zu kurz. Wiewohl Macht nicht existiert, insistiert sie doch in allen sozialen Relationen. Sie berührt, ja sie *produziert* das soziale Sein in dessen Gesamtheit. Oftmals gerügt für seinen grenzenlosen Machtbegriff, stellt Foucault klar, dass Macht allgegenwärtig sei, »nicht weil sie das Privileg hat, unter ihrer unerschütterlichen Einheit alles zu versammeln, sondern weil sie sich in jedem Augenblick und an jedem Punkt – oder vielmehr in jeder Beziehung zwischen Punkt und Punkt – erzeugt« (Foucault 1983: 114).

Allgegenwärtig ist Macht somit, weil sie das Relationsensemble des Sozialen produziert. Sie wird Foucault zum autogenerativen Konstitutionsprinzip, zum sich selbst erzeugenden Grund des Sozialen. Aber zum Grund ihrer selbst kann sie nur werden, so muss man ergänzen, weil jede Letztbegründung versagt, einschließlich der Letztbegründung *durch Macht*. In Foucaults Machttheorie verbirgt sich ein Paradox. Weil Macht sich aus keinem tieferen Prinzip – wie zum Beispiel dem der Klassentrennung – ableiten lässt, kann sie ihren Grund nur in sich selbst finden. Das ist das foucaultsche Immanenzprinzip der Macht. Weil sie aber genauso wenig ihrerseits ein tieferes Prinzip oder Fundament des Sozialen darstellt, lässt sich das Soziale auf nichts anderem gründen als dem *Entzug* eines letzten Grundes: »Die Macht, das existiert nicht.« Das ist das Selbstdementi des Machtbegriffs. Der Immanenzraum der

9 Noch ist Macht, wie man hinzufügen muss, ein objektives Verhältnis zwischen immer schon existierenden Akteuren.

Macht kann nicht geschlossen werden.[10] Wir haben es also, wie bei allen Grundbegriffen, mit zwei Seiten desselben Begriffs zu tun: die soziologische Vorderseite zeigt uns das Bild eines scheinbar präzise definierbaren, abgrenzbaren Phänomens aus dem Lehrbuch. Die gesellschaftstheoretische Kehrseite konfrontiert uns mit der Entzugserfahrung ebendieses Phänomens: mit seiner Allgegenwart und seiner Ungreifbarkeit. Die Standardkritik an Foucault, sein Machtbegriff sei überdehnt und unspezifisch, übersieht also, dass es sich um einen *gesellschaftstheoretischen* Grundbegriff handelt. Einen Begriff, der an die Stelle des unmöglichen Objekts Gesellschaft tritt. Erst wenn wir den soziologischen oder bei Foucault: genealogischen Machtbegriff gewissermaßen auf den Bauch legen, setzen wir uns der zerfließenden, abjekthaften Rückansicht von Macht aus. Aber Vorder- und Rückseite sind nicht zu trennen. Auch dem sozialwissenschaftlichen Machtbegriff, so exakt man ihn zu bestimmen versucht, wird immer etwas Unbestimmbares anhaften. Die Frage ist allein, ob wir diese Unbestimmbarkeit als solche zu bestimmen und dadurch in ihr theoretisches Recht zu setzen bereit sind – oder den Blick angeekelt abwenden. Wer dem Anblick der Rückseite standhalten möchte, benötigt Gesellschaftstheorie. Sie liefert eine Erklärung für den ubiquitären und spukhaften Charakter von Macht.

Diese Erklärung lässt sich in zwei Worte fassen: Totalität und Negativität. Der Antagonismus, der das Soziale überhaupt ins Sein bringt (das heißt soziale Differenzen systematisiert), verhindert zugleich, dass es zu vollem Sein findet (das heißt zur Totalität von Gesellschaft). Folglich sind soziale Verhältnisse im Kern instabil und durch Antagonismen verzerrt. Aus Perspektive von Gesellschaftstheorie wird die soziale Welt weniger von klar umgrenzbaren Tatbeständen bevölkert als von zerfließenden Uhren und brennenden Giraffen. In dem Ausmaß, in dem wir Macht als eine gesellschaftstheoretische Kategorie verstehen wollen, beginnt auch sie uns zwischen den Fingern zu zerfließen. Diese Erklärung, die in der Traditionslinie des Marxismus steht, weicht natürlich von

10 Macht als »Grundbegriff« heißt aus postfundamentalistischer Sicht also weder, dass das Soziale auf Macht (fundamentalistisch) gründet, noch dass Macht ihrerseits durch irgendeine äußere Instanz (wie etwa die Ökonomie) gegründet ist. Dennoch muss jeder partielle, ultimativ scheiternde und doch als solcher unabdingbare Versuch der Gründung des Sozialen durch das Nadelöhr der Macht.

der Foucaults ab, der ja keinerlei Begriff von Totalität und damit Negativität gelten lässt.[11] Damit ist nicht gesagt, dass die postmarxistische Erklärung richtig und die nietzscheanische falsch wäre. Foucaults Erklärung ist nur in dieser einen Hinsicht unplausibel. Formulieren wir die Gegenmeinung sozialontologisch: Machtverhältnisse werden von einer Instanz, dem Antagonismus, ebenso geformt wie *ver*-formt, die gleichsam die ontologische Kehrseite all der ontischen Konflikte bildet, denen wir in der sozialen Welt begegnen, was eine Erklärung für die Brechungen und Verzerrungen der Machtverhältnisse liefert, die der Anti-Hegelianer Foucault nicht gelten lassen kann.[12] Für ihn sind Machtverhältnisse einfach nur »unregelmäßig gestreut« (ebd.: 117). Weder für die Ursache der Unregelmäßigkeit noch für die Entstehung von Regelmäßigkeiten hat Foucault eine überzeugende Erklärung. Foucault steht vor den Toren einer postfundamentalistischen Gesellschaftstheorie, aber tritt nicht über die Schwelle.

11.4. Staat und Durchstaatlichung

Trotz allem weist Foucault den Weg zu einem postfundamentalistischen Machtbegriff. Macht, darin lässt sich nicht hinter Foucault zurückgehen, kann keine bloße Regionalbestimmung des Sozialen sein. Macht ist ubiquitär. Aus dieser Einsicht muss man aber auch die Konsequenzen ziehen: Ist Macht allgegenwärtig, wird sie zu einer Dimension sozialen Seins *per se*. Das macht sie zu einem Grundbegriff der Gesellschaftstheorie. Sie wird zu einer der vielfachen Weisen, in denen Gesellschaft ausgesagt wird. Wenn jede Gesellschaft nämlich machtdurchdrungen ist, nimmt Macht, im Lichte der Gesellschaftstheorie, ihrerseits die Eigenschaften von

11 Die Divergenz besteht nicht so sehr darin, dass Foucault den hantologischen Status seiner Kategorie nicht ausweisen will oder kann. Das trifft zwar zu, aber *de facto* spricht Foucault über nichts anderes als die hantologische Rückseite der Macht. Immer wieder kommt er auf deren so ubiquitären wie unfassbaren Charakter zurück. Sofern Macht nicht existiert, ist sie nicht objektivistisch festzunageln, und doch sind wir von ihr umzingelt. Wie das *Ding* Gesellschaft besitzt auch die Macht etwas Bedrängendes: »Nicht weil sie alles umfaßt, sondern weil sie von überall kommt, ist die Macht überall.« (Foucault 1983: 114)

12 Deleuze spricht von deren »Brechungen, Kehrtwendungen, Drehungen, Richtungswechsel[n] und Widerstände[n]« (Deleuze 1992b: 103).

Gesellschaft an. Sie wird zu einem Gegenstand, der als solcher nicht existiert (»Es gibt nicht die Macht«) und dennoch omnipräsent bleibt in den Effekten seiner Abwesenheit.

Verliert ein solcher Machtbegriff nicht jede spezifische Bedeutung? Natürlich nicht. Kein Gegenstand besteht nur aus seiner Rückseite. Der Machtbegriff behält hinsichtlich seiner konkreten, »ontischen« Seite durchaus sozialwissenschaftliche Prägnanz. Dass er forschungspraktisch nutzbar zu machen ist, das hat Foucault in seinen genealogischen Studien hinlänglich bewiesen. Aber worin besteht dann überhaupt der Mehrwert einer gesellschaftstheoretischen Perspektive? Warum sollte man sich nicht mit der instrumentellen Vorderseite des Begriffs begnügen? Eine Antwort darauf lautet: Der gesellschaftstheoretische Vorbehalt, wie wir ihn formuliert haben, hilft, soziologistische Engführungen eines Konzepts zu vermeiden. Die metaphysische Disposition der Sozialwissenschaften verschwindet nämlich nicht deshalb schon, weil sie verdrängt wurde. Die Gefahr ist groß, dass sie im konkreten Forschungsdesign fortlebt – etwa wenn eine Untersuchung objektivistisch unterstellt, bestimmte soziale »Gruppen« befänden sich im »Besitz« von Macht. Ein gesellschaftstheoretischer Machtbegriff versetzt uns in die Lage, Machteffekte an unerwarteten Stellen zu beobachten, so etwa bei jenen, denen regelmäßig unterstellt wird, sie wären »machtlos«. So werden Macht- und Gegenmachteffekte sichtbar, die den sozialen Relationsraum in seiner Gesamtheit durchziehen.

Genauso verhält es sich mit anderen Grundbegriffen, selbst mit jenem, gegen den Foucaults Machttheorie gerichtet war: mit dem Begriff des Staates. »Der Staat« ist eine Abstraktion des juridisch-politischen Souveränitätsdiskurses, weshalb Foucault – nach Abkehr von der genealogischen Kriegshypothese – auf die Analyse von Regierungstechnologien und Gouvernementalitätsstrategien ausweicht. Wie im Fall der Gesellschaft stellt sich aber auch beim Staat die Frage, ob es nicht einen Überschuss an »Staatlichkeit« gibt, der vom Konzept der Gouvernementalität nicht eingefangen wird. Während Foucaults Staatsphobie ihn blind gegenüber diesem Überschuss macht, war man in der marxistischen Tradition immer darauf bedacht, den Begriff des Staates nicht gänzlich zu verabschieden. Zu sehr hatte sich wohl die Erinnerung an die Kämpfe der eigenen Bewegung gegen dieses Gewaltinstrument der Bourgeoisie eingeprägt. Andererseits hatte sich die Reduktion des

Staates auf ein bloßes Gewaltinstrument als analytisch unhaltbar erwiesen. Mit Antonio Gramsci kam es zu einer ersten grundlegenden Revision, ja Dekonstruktion des marxistischen Staatsverständnisses.

Gramsci hatte beobachtet, dass eine sozialistische Revolution in den entwickelten Gesellschaften des europäischen Westens nicht nach dem Modell der Oktoberrevolution ablaufen konnte. Die Stürmung und Übernahme eines imaginären Zentrums der »Staatsmacht« funktioniere nicht, da ein solches Zentrum in Ländern mit entwickelter Zivilgesellschaft nicht existiere. Stattdessen müsse zunächst Hegemonie, das heißt Konsens und freiwillige Zustimmung, in ebendieser Zivilgesellschaft, also auf dem Terrain scheinbar privater, den staatlichen Apparaten vorgelagerter Institutionen errungen werden. Deswegen unterscheidet Gramsci zwischen den staatlichen Zwangsapparaten (der Justiz, der Polizei, des Militärs) auf der einen Seite und den Organisationen der Zivilgesellschaft auf der anderen. Aber er trifft diese Unterscheidung nur, um sie sogleich wieder aufzuheben. Denn die Institutionen des Zwangs und die der Hegemonie sind im von Gramsci so bezeichneten »integralen Staat« verkoppelt, den er auf die Formel bringt: »Staat = politische Gesellschaft + Zivilgesellschaft, das heißt Hegemonie, gepanzert mit Zwang.« (Gramsci 1991 ff.: 783) Man beachte, dass auf diese Weise die Grenze zwischen dem Staat im engeren Sinn (= politische Gesellschaft) und der Gesellschaft zu verschwimmen beginnt.[13] Ja mehr noch, der Staat tritt nun *gedoppelt* auf: als Staat im engeren Sinn, und als integraler Staat, der *sich selbst nochmals* enthält. Die Formel in Reinschrift lautet daher: *Staat = Staat + Zivilgesellschaft*. Dieselbe Merkwürdigkeit in der Begriffsbestimmung wird sich später auch in Althussers Staatstheorie finden, die auf der Gramscis aufbaut. Auch Althusser ringt mit dem Problem, eine deutliche Trennlinie zwischen den »ideologischen Staatsapparaten« (Gramscis Zivilgesellschaft) und den »repressiven Staatsapparaten« (Gramscis politische Gesellschaft) aufrechtzuerhalten (Althusser 2010a). Er muss zugestehen, dass auch repressive Staatsapparate die Funktion von ideologischen übernehmen können – und umgekehrt. So kann zum Beispiel die Polizei Funktionen der Schule

13 Als einziges Außen des integralen Staats fungiert dann nur noch, traditionell marxistisch, die ökonomische Basis. Aber mit der an Gramsci und Althusser anschließenden Regulationstheorie wird auch diese Grenze fallen.

übernehmen und die Schule solche der Polizei. Damit verliert zwar nicht die Unterscheidung zwischen »Ideologie« und »Repression« – bei Gramsci: zwischen Hegemonie und Zwang – ihre Bedeutung, aber beide Funktionen fließen ineinander und breiten sich über den gesamten Raum des Sozialen aus. Infolge dessen kann es keinen staatlichen Bereich geben, der sich vom Feld der Zivilgesellschaft klar abgrenzen ließe.

Wie könnte man in der gramscianischen Formel *Staat = Staat + Zivilgesellschaft* nicht dieselbe Logik der Extimität, der Selbsteinfaltung oder Verdoppelung in sich selbst, wiedererkennen, die das unmögliche Objekt Gesellschaft definiert? Der Theoriegegenstand Staat scheint demselben Gesetz der Paradoxierung zu unterliegen wie sein traditionelles Gegenüber. In der Tat gelangte man in der aktuellen (post-)marxistischen Staatstheorie zu genau diesem Ergebnis. So bemerkt Bob Jessop nach einem Überblick über »staatslose Staatstheorien« wie jene der Systemtheorie oder eben des Postmarxismus: »Der Staat ist Träger eines Paradoxes: Auf der einen Seite ist er ein institutionelles Ensemble neben anderen innerhalb einer sozialen Formation; auf der anderen Seite ist er in besonderer Weise aufgeladen mit allumfassender Verantwortung, die Kohäsion der Gesellschaftsformation, deren Teil er ist, aufrechtzuerhalten.« (Jessop 2007: 38) Diese, wie Jessop bereits in seinem maßgeblichen Buch *State Theory* betont, »paradoxe Stellung des Staates als zugleich Teil und Ganzes der Gesellschaft« (Jessop 1996: 361) hat, wie man vermuten kann, mit der gesellschaftstheoretischen Natur des Begriffs zu tun. Je mehr sich staatliche Funktionen der Verwaltung, Polizierung oder Verrechtlichung über den Raum des Sozialen hinweg ausbreiten, je umfassender also die *Etatisierung* des Sozialen, desto weniger lässt sich die traditionelle Idee vom Staat als Antonym von Gesellschaft aufrechterhalten. Es verhält sich nun umgekehrt: Der Staat wird zum *Synonym* von Gesellschaft. Sofern ihn das, postfundamentalistisch gedacht, zu einem ebenso paradoxen Gegenstand macht wie Gesellschaft selbst, wird seine »Rückseite«, die Seite eines gesellschaftstheoretischen Grundbegriffs sichtbar. Staat wird zu einer der vielfachen Weisen, in denen Gesellschaft ausgesagt wird.

Die marxistische und postmarxistische Staatstheorie registriert diesen Umstand. Bereits Nicos Poulantzas, der in den 1970er Jahren im Anschluss an Althusser die Staatstheorie neu erfunden hatte, wurde häufig zum Vorwurf gemacht, er hätte den Begriff des Staates so weit ausgedehnt, dass dessen Grenzen nicht mehr anzugeben seien. Solche Vorwürfe entspringen einem tiefen Unbehagen an der gesellschaftlichen Dimension eines Gegenstands – an seiner »Überdehnung« und Verzerrung.[14] Gerade in ihrer gesellschaftlichen Dimension besteht aber die Qualität der Staatstheorie von Poulantzas. Staat ist für Poulantzas kein fest umrissenes Objekt, sondern ein *Verhältnis*, genauer: die *»materielle Verdichtung eines Kräfteverhältnisses«* (Poulantzas 1978: 119), das den gesamten Raum sozialer Praktiken durchdringt. Um ein *Verhältnis* handelt es sich, da im Staat die ungleichgewichtigen Kräfte von Klassen und Klassenfraktionen zueinander in Beziehung gesetzt werden. Um eine *Verdichtung* – ein Konzept, das er, über Althusser und Lacan vermittelt, von Freud (1999 [1900]) übernimmt – handelt es sich, weil im Staat einzelne Klassen und Klassenfraktionen im »Block an der Macht« alliiert sind. Und schließlich handelt es sich um eine *materielle* Verdichtung, weil deren Verhältnis in den staatlichen Apparaten materialisiert ist. Unter Materialität lässt sich der Widerstand und die Beharrlichkeit verstehen, die staatliche Apparate sozialen Kämpfen um Veränderung des Kräftegleichgewichts entgegenzusetzen in der Lage sind.[15]

Man kann bemängeln, dass auch Poulantzas noch soziale Kräfteverhältnisse im Wesentlichen auf Verhältnisse zwischen Klassen und Klassenfraktionen reduziert. Macht, wie er wenig überzeugend gegen Foucault einwendet, habe »immer eine bestimmte *Grundlage*« wie etwa die Ausbeutung (Poulantzas 1978: 137). Produktiv an seiner Staatstheorie ist etwas anderes, das mit diesem residualen Ökonomismus wenig zu tun hat: die postfundamentalistische Wendung des marxistischen Negativitätsprinzips. Der materiell verdichtete Staatsapparat ist nämlich kein »monolithischer Block

14 Wobei Poulantzas den Staat explizit »nicht als ein sich selbstbegründendes Ganzes« (Poulantzas 1978: 119) verstanden wissen möchte. Er sucht nach einem Begriff jenseits des metaphysischen »Pseudodilemmas« vom »Staat als Sache« und vom »Staat als Subjekt«: also jenseits der Vorstellung vom Staat als Instrument der Bourgeoisie und vom Staat als autonom agierendem und von Vernunft beseeltem Subjekt.

15 Hierunter fallen strukturelle Phänomene, die Politikwissenschaftler beispielsweise als Pfadabhängigkeit beschreiben würden, aber auch durchaus handgreifliche Phänomene, die sich eher in der Materialität von Polizeiknüppeln und Wasserwerfern verdichten.

ohne Risse« (ebd.: 122). Ganz im Gegenteil, die »Spaltungen, Teilungen und inneren Widersprüche« des Staates, weit davon entfernt, »disfunktionale Unfälle« (ebd.) darzustellen, gehören zu seinem Wesen. Sie folgen, wie man auch sagen könnte, aus der hantologischen Natur des Staates.[16] Im Staat verknoten sich »*widersprüchliche Verhältnisse*« (ebd.). Widersprüchlichkeit ist hier nicht länger hegelianisch-dialektisch gedacht, sondern schließt an das Konzept der *Verschiebung* an, das Freud dem der Verdichtung gegenübergestellt hatte. Die im Staat verdichteten Kräfteverhältnisse sind ständigen Verschiebungen unterworfen. Die herrschenden Klassen und Fraktionen, deren Kräfte sich verknoten, stehen miteinander in Konflikt. Darüber hinaus sind sie dem ständigen Drängen so genannter Volkskämpfe ausgesetzt, die aber nicht von einem Außen in den Staat eindringen, sondern den Staat immer schon *durchdringen* (ebd.: 130 f.):

Kurz, den Staat als materielle Verdichtung eines Kräfteverhältnisses begreifen, heißt, ihn auch als *strategisches Feld und strategischen Prozess* zu fassen, in dem sich Machtknoten und Machtnetze kreuzen, die sich sowohl verbinden als auch Widersprüche und Abstufungen zeigen. Daraus ergeben sich bewegliche und widersprüchliche Taktiken, deren Allgemeinziel und institutionelle Kristallisierung in den Staatsapparaten Form annehmen. Dieses strategische Feld ist oft von durchaus expliziten Taktiken durchzogen, und zwar auf der eingegrenzten Ebene, auf der sie sich in den Staat einschreiben; Taktiken, die sich kreuzen, sich bekämpfen, den Durchbruch zu bestimmten Apparaten finden, sich durch andere »kurzschließen« lassen, und schließlich das umreißen, was man »die Politik« des Staates nennt. (Ebd.: 126)

Es ist hier nicht der Ort, um die Auseinandersetzung mit Poulantzas weiterzuführen. Unterstreichen wir nur, was an seiner Staatstheorie für eine postfundamentalistische Gesellschaftstheorie von Belang ist: Poulantzas anerkennt den Primat der Kämpfe. Der Staat steht innerhalb von Kämpfen, »die ihn ununterbrochen überfluten« (ebd.: 131). Das heißt nichts anderes, als dass es einen konstitutiven Überschuss von Kämpfen gegenüber Apparaten gibt. Letztere

16 Es genüge nicht, so Poulantzas, »bloß zu sagen, daß die Widersprüche und Kämpfe den Staat durchziehen. Es geht nicht darum, in eine bereits konstituierte Substanz einzudringen oder ein schon vorhandenes Terrain zu durchschreiten. Die Klassenwidersprüche konstituieren den Staat: Sie liegen in seinem materiellen Gerüst und bauen so seine Organisation auf.« (Poulantzas 1978: 123)

sind, folgt man Poulantzas, ohnehin nichts anderes als materiell verdichtete Kämpfe. Sie sind, wenn man so will, vorübergehend stabilisierte Inseln im wogenden Meer sozialer Auseinandersetzungen: »Die Kämpfe besitzen stets das Primat über die Apparate und Institutionen und reichen beständig über sie hinaus.« (Ebd.: 41)

Damit wird eine sozialontologische Aussage getroffen. Staatstheorie rührt an das »Sein« des Sozialen. Sie wird zu Gesellschaftstheorie. Deren Blick wiederum richtet sich auf die Quelle aller Verdichtungen und Verschiebungen, an der wir immer wieder eine Instanz der Negativität ausgemacht haben, die den Namen Antagonismus trägt und von konkreten Kämpfen differenziert werden muss. Poulantzas selbst zieht, gut marxistisch, eine Art von ontisch-ontologischer Differenz ein, wenn er unterscheidet zwischen der Vielzahl der Kämpfe, die den Staat überfluten, und einem fundamentalen Widerspruch, der die Selbstidentität des Staates blockiert: »Der Staat selbst ist gespalten.« (Ebd.: 123) Diese fundamentale Spaltung ist bei Poulantzas zwar immer noch die der Klassentrennung. Aber was hindert uns daran, nachdem wir den marxistischen Ökonomismus hinter uns gelassen haben, an der Idee eines fundamentalen, doch *nicht* ökonomisch letztbegründeten Antagonismus festzuhalten? Ist man dazu bereit, wird man vom Staat nichts anders sagen können als von Gesellschaft: *Der Staat existiert nicht*. Oder wie Jessop eleganter sagt: »l'état, ce n'est rien.« (Jessop 1996: 292)[17] Und doch insistiert der Staat als in sich von sich selbst abgespaltenes Objekt – hervorgebracht und zugleich verunmöglicht durch den Antagonismus. Selbst wenn alle Dimensionen des Sozialen von Staatseffekten überformt sind, ist »der Staat« keine objektive Entität und schon gar kein Moloch, der hinter allem steht und alles lenkt. Oder wenn er ein Moloch ist, dann ein gestrandeter Leviathan.

17 Man könne stattdessen nur von Versuchen der Staatskonstruktion sprechen, denn »wenn Gesellschaft unmöglich ist, warum nicht auch der Staat, der so oft als deren notwendiges Gegenstück präsentiert wird« (Jessop 1996: 292)?

11.5. Hegemonie: Das Spiel von Ding und Objekt

Damit ist aber eine Frage noch nicht beantwortet: Wenn der Staat, die Macht und letztlich die Gesellschaft nicht existieren, woraus gehen dann Staats-, Macht- und Gesellschaftseffekte hervor? Wenn soziale Totalität tatsächlich unmöglich ist, wie kommt es zur wenigstens ansatzweisen Totalisierung des Sozialen? Wodurch wird Gesellschaft als eine *partielle Totalität* hervorgebracht? Schließlich leben wir in keiner sozialen Gaswolke, wie sie Deleuze vor Augen steht, sondern in partiell fixierten und institutionalisierten Formationen, die dem Strömen der Signifikanten oder des Begehrens ein gewisses materielles Beharrungsvermögen entgegensetzen. Eine gesellschaftstheoretisch schlüssige Antwort auf diese Fragen lautet: *Hegemonie*. Ursprünglich auf die Vormachtstellung eines Staates oder Staatenbundes gegenüber anderen Staaten gemünzt, wurde der Begriff in der marxistischen Tradition von Lenin auf innerstaatliche Kräfteverhältnisse übertragen. Hatte Lenin damit ausschließlich Klassenallianzen im Sinn, so erfuhr der Begriff mit Gramsci eine erhebliche Aufwertung. Er wurde zu einem Grundbegriff marxistischer Gesellschaftsanalyse.

Die marxistische Staatstheorie in der Nachfolge von Poulantzas ist, wie wir gesehen haben, letztlich Hegemonietheorie. Die Kulturtheorie der Birmingham Cultural Studies um Raymond Williams und Stuart Hall ist im Kern ebenso Hegemonietheorie (weshalb »Kultur« dort zu einer der vielfachen Weisen wird, in denen Gesellschaft ausgesagt wird, vgl. Marchart 2008a). Der Postmarxismus der Essex School, auf den wir nun zurückkommen, ist ebenfalls nichts anderes als Hegemonietheorie. Selbst das foucaultsche Konzept der Pastoralmacht, nach außen hin vom Marxismus distanziert, kann mit Vorbehalten als eine Hegemonietheorie aufgefasst werden. Machtausübung bedeutet hier, andere zu lenken, das heißt »›Führung‹ (*conduite*)« zu übernehmen (Foucault 2005: 286). Nicht anders bei Gramsci: Eine soziale Gruppe kann Hegemonie nur gewinnen, wenn sie in den Apparaten der Zivilgesellschaft die intellektuelle und moralische Führung (*direzione*) übernimmt, noch bevor sie auf die Zwangsapparate des Staates im engeren Sinn, das heißt auf die politische Gesellschaft ausgedehnt werden kann. Zwei gesellschaftstheoretische Aspekte des Hegemoniebegriffs müssen an dieser Stelle hervorgehoben werden.

Der erste betrifft die, wenn man so will, »dunkle Seite der Macht«. Die Seite der Herrschaft durch *Gewalt*. Gramsci, wie vor ihm Machiavelli, unterscheidet sie von jener der Hegemonie. Daraus sollte man aber nicht schließen, Gewalt wäre Hegemonie äußerlich. Schon für Machiavelli, das Vorbild Gramscis in der politischen Theorie, musste ein Herrscher zugleich Fuchs und Löwe sein, »denn der Löwe ist wehrlos gegen Schlingen, der Fuchs ist wehrlos gegen Wölfe. Man muss also Fuchs sein um die Schlingen zu wittern, und Löwe, um die Wölfe zu schrecken« (Machiavelli 1978 [1532]: 72). Noch bei Gramsci trägt Herrschaft ein Janusgesicht: Hegemonie und Zwang sind zwei Seiten einer Medaille.[18] Das bedeutet, dass auch Gewalt eine *gesellschaftliche* Dimension besitzen muss. Gewalt ist ein gesellschaftstheoretischer Grundbegriff. Es ist keine Gesellschaft denkbar, die nicht auch auf den Äußerungsformen dessen gegründet wäre, was ich *plastische Negativität* genannt hatte: Zwang, Ausschluss, Sanktion, Unterordnung, Unterdrückung usw. Variabel sind Bandbreite und Intensität dieser Äußerungsformen. Sie können von jenen »ärgerlichen Tatsachen«, von denen Dahrendorf spricht, bis zur »äußerste[n] soziale[n] Tatsache« (Adorno 1972: 276), nämlich Auschwitz reichen. Während aber eine Welt ohne diesen äußersten Tatbestand durchaus denkbar wäre, ist eine Welt ohne jegliche Form plastischer Negativität völlig undenkbar.

Der Grund ist kein historischer, sondern wiederum ein sozialontologischer. Plastische Negativität ist eine Erfahrungsform des *Dings*, die, würde sie verschwinden, alles Soziale mit sich risse. Sie ist, wie Adorno gesagt hätte, »ein zentraler Aspekt der Gesellschaft als Gegenstand, hartnäckige Erscheinung des Antagonismus« (ebd.: 240). In ihr wird der Antagonismus »plastisch«, das heißt sozial formgebend, indem er die relationale Textur des Sozialen einerseits knüpft, andererseits auftrennt. Man muss also in Erinnerung behalten, dass der Schreibung der sozialen Textur durch den Antagonismus ein Aspekt von Gewaltsamkeit notwendig anhaftet, da jede neue Institution sozialer Verhältnisse auf der Dest-

18 Auch Foucault ist durchaus bereit, eine solche Differenzierung nachzuvollziehen. Machtbeziehungen, so Foucault, »schließen den Einsatz von Gewalt natürlich ebenso wenig aus wie die Herstellung von Konsens. Die Ausübung von Macht kann auf keins von beidem verzichten, und manchmal benötigt sie beides zugleich.« (Foucault 2005: 286)

ruktion vorangegangener Verhältnisse basiert. Jede Schreibung ist *Einschreibung* und hinterlässt Narben. Wer hofft, das Soziale ließe sich zwanglos neu schreiben, gibt nur dem Gesellschaftsphantasma vom harmonischen und mit sich selbst identischen Ganzen nach. Die ontologische Natur von Gewalt sagt freilich nichts über deren Art, Ziel oder Zweck aus. Die *emanzipatorische* Umschrift sozialer Machtverhältnisse ist durchaus möglich, obwohl auch ihr immer etwas von Gewaltsamkeit anhaften wird. Das beginnt bei jeder Reform, die, so klein sie sein mag, tradierte Sozialverhältnisse neu sortiert, und endet im Großen. Sklaverei, um ein drastisches Beispiel anzuführen, ist ein Gewaltverhältnis; aber auch die Befreiung der Sklaven im amerikanischen Bürgerkrieg gelang durch Gewalt. Und konnten nicht auch die Konzentrationslager der Nazis – der »äußerste soziale Tatbestand« nach Adorno – nur durch die militärische Gewalt der Alliierten befreit werden?

Der zweite gesellschaftstheoretisch relevante Aspekt von Hegemonie, neben ihrem brutalen Double des Zwangs, besteht in ihrer »Logik« – der Logik von Verschiebung und Verdichtung. Wir müssen an dieser Stelle auf die Neufassung der Hegemonietheorie durch Laclau und Mouffe zurückkommen. Für Gramsci zielt Hegemonie letztlich auf die Konstruktion eines »historischen Blocks« oder, in moderner Terminologie, einer hegemonialen Formation, die sowohl die ökonomische Basis als auch den so genannten Überbau umfasst. Dazu ist die Konstruktion eines »Kollektivwillens« – eines hegemonialen Projekts – erforderlich. Das kann nur gelingen, wenn eine Klasse ihre korporatistischen Partialinteressen hinter sich lässt und ihr Projekt verallgemeinerbar formuliert. Universalisierung ist Voraussetzung für die Verknüpfung heterogener Interessen (unterschiedlicher Klassen und Klassenfraktionen) zu einem Kollektivwillen. Laclau und Mouffe werden abstrakter von der Artikulation von Äquivalenzketten aus verstreuten Differenzen sprechen. Aber es handelt sich um dieselbe Logik der *Verdichtung*, die uns bei Freud und, vermittelt über die strukturale Linguistik (und Jakobsons Unterscheidung von Metapher und Metonymie), bei Lacan, Althusser und Poulantzas begegnet. Bei Laclau und Mouffe heißt Verdichtung: Systematisierung von Differenzen zu einem System gegenüber einem rein negativen Außen.[19] Wie bei Gramsci kann

19 Verschiebung wäre dann die gegendirektionale Bewegung der Proliferation von Differenzen auf Kosten von Äquivalenzbeziehungen.

das nur geleistet werden, wenn ein *Teil* (eine bestimmte Differenz) die Aufgabe übernimmt, die *Totalität* (das Signifikationssystem) zu verkörpern – was freilich um den Preis der weitgehenden Aufgabe der Identität dieses Teils geschieht. Wir sind hier wieder bei Laclaus Theorie des leeren Signifikanten angelangt. Die – an sich unmögliche – Totalität eines Systems wird vorübergehend möglich gemacht, indem ein Signifikant zum allgemeinen Äquivalent des Systems wird, was jedoch seine Entleerung von partikularen Inhalten erfordert.[20] Das ist nichts anderes als ein poststrukturalistisches Update Gramscis.

Gänzlich neu ist der Gedanke also nicht. In der Soziologie findet er sich sogar schon in der Theorie des Totemzeichens des späteren Durkheim, die eine zentrale Rolle in dessen Untersuchung über *Die elementaren Formen des religiösen Lebens* einnimmt. Es ist letztlich die Prototheorie der Null-Institution und des leeren Signifikanten. Durkheim vermutet im Totemprinzip das Urbild, von dem sich das von Mauss beschriebene *mana* der Melanesier ableitet (Durkheim 1994 [1912]: 280). Jede Gesellschaft zieht eine Trennungslinie durch ihre Objektwelt und unterscheidet profane Dinge von heiligen (ebd.: 293). Heilig sind sie als Ausdruck des kollektiven Konsenses, gramscianisch: der Hegemonie. Sobald eine bestimmte Vorstellung einstimmig geteilt wird, rekrutiert sie Respekt und Verehrung – sie wird zu etwas Heiligem. Auch unsere modernen Gesellschaften, so Durkheim, kennen heilige Ideen, die nicht kritisiert werden dürfen – so etwa das Ideal des Fortschritts, dessen Kritik, jedenfalls zu Durkheims Zeiten, Gotteslästerung gleichkam. Das heißt umgekehrt, dass sich im Totemzeichen der Körper Gottes inkarniert: »Da die religiösen Kräfte nichts anderes sind als die kollektiven und anonymen Kräfte des Klans und da diese Kräfte nur in der Form des Totems vorstellbar sind, wird das Totemzeichen so etwas wie der sichtbare Körper Gottes.« (Ebd.: 304) Alle kultischen Handlungen sind auf dieses hervorstechendste aller heiligen Objekte ausgerichtet. Wenn die Kultpraktiken nun aber ihre Funktion darin haben, »die Bande, die den Gläubigen an seinen Gott binden, zu verstärken, verstärken sie gleichzeitig

20 Laclau will zeigen, »daß der Moment der Totalisierung oder Universalisierung der Gemeinschaft – der Moment ihrer Fülle – ein unmögliches Objekt ist, das nur eine diskursive Präsenz erlangt durch einen partikularen Inhalt, der sich seiner Partikularität entledigt, um diese Fülle zu repräsentieren« (Laclau 2002: 89).

tatsächlich die Bande, die das Individuum mit seiner Gesellschaft verbindet, denn der Gott ist nur der bildhafte Ausdruck der Gesellschaft« (ebd.: 309).

Ist Gott der »bildhafte Ausdruck« der Gesellschaft, so ist das Totemzeichen ihr »sichtbarer Körper«. Ein Objekt wird nicht deshalb zu einem heiligen Gegenstand, weil eine innere Eigenschaft es dazu qualifizieren würde, sondern weil es die *bindende*, das heißt kollektive Dimension des Sozialen inkarniert: die Totalität. Der »sichtbare Körper« der Gesellschaftstotalität kann etwa die Klansfahne oder, moderner, das Wappen oder jeder andere materielle Ausdruck sozialer Einheit sein. In ihm speichert sich die kollektive Kraft auf, so wie in Durkheims Beispiel der Kriegsfahne, die das Vaterland repräsentiert und für die, um sie in den eigenen Reihen zu halten, der Soldat sein Leben opfert (ebd.: 302). Wenn Durkheim hier vom »Ausdruck« oder der »Repräsentation« sozialer Einheit spricht, dann darf er nicht falsch verstanden werden. Denn zu glauben, das Objekt reflektiere die Einheit, wäre viel zu kurz gegriffen. Es *produziert* sie. So sagt Durkheim über das Wappen, es sei »konstitutives Element« des Kollektivbewusstseins (ebd.: 315), also der Gesellschaft selbst. Gesellschaft ist auf die Existenz solcher Objekte angewiesen. Die Individuen erkennen sich überhaupt erst als Mitglieder ein und derselben Gesellschaft, wenn sie in Objekten dieser Art inkarniert ist. Schon Durkheim findet dafür eine sprachtheoretische Begründung: Es ist die Zeichenbedürftigkeit von Individuen, die sich zu einem sozialen Gemeinwesen zusammenfinden. Die Individuen können die Innenzustände ihres Bewusstseins untereinander nämlich nur durch Zeichen kommunizieren. Und »[d]amit dieser Verkehr auch zu einer Kommunion wird, das heißt zu einer Verschmelzung aller Einzelgefühle zu einem Gemeingefühl, müssen die Zeichen, die sie ausdrücken, selbst wieder in einem einzigen und alleinigen Zeichen verschmelzen« (ebd.).

Lässt man den bewusstseinstheoretischen Ballast beiseite, ist die Ähnlichkeit zwischen Durkheims Totemzeichen und Laclaus leerem Signifikanten verblüffend. In beiden Fällen handelt es sich um eine materielle Verdichtung des Gesellschaftsganzen in einem »einzige[n] und alleinige[n] Zeichen«. Natürlich besaß Durkheim kein Sensorium für die paradoxe Natur dieses Zeichens. Noch erkannte er den paradoxen Status eines Ganzen, das seinen Teilmengen hinzuzurechnen war. Erst im Postfundamentalismus wird es möglich, sowohl die Überschüssigkeit der Gesellschaft als auch die gespaltene Natur des »Totemzeichens« anzuerkennen. Es lässt sich sogar deren Verhältnis verstehen: das Verhältnis zwischen Objekt und *Ding*, zwischen einem in sich gespaltenen Signifikanten und der asignifikativen Totalität Gesellschaft. Das Verhältnis gehorcht der Logik der Hegemonie. Verschiedene hegemoniale Projekte kämpfen darum, die abwesende Einheit des Sozialen in einem partikularen Objekt zu verkörpern – ganz gleich, ob dieses »Totem« uns begegnet als *mana* bei Mauss, *Null-Institution* bei Lévi-Strauss oder eben als *leerer Signifikant* bei Laclau. Unter den ganz gewöhnlichen, »empirischen« Objekten des Sozialen tritt ein Objekt hervor, das das hantologische *Ding* mit einem ontischen Körper versorgt. Gesellschaft kommt zu vorübergehender Existenz in einem Gegenstand, der im Zuge dessen allerdings selbst zwischen Partikularität und Universalität zerrissenen wird. Das Totem ist das *totum*. Es ist der entleerte Platzhalter einer unmöglichen Totalität.[21] Bedarf es noch eines weiteren Arguments für die *gesellschaftstheoretische* Funktion des Hegemoniebegriffs? Hegemonie ist ein sozialwissenschaftlicher Grund-Begriff. Ohne ihn wäre eine gehaltvolle Analyse sozialer Verhältnisse schlicht undurchführbar.

II.6. Jenseits des Subjektivismus: Subjekt und Handlung

Und wie verhält es sich mit dem Gegenstück des Objekts, dem Subjekt? Der Eindruck, wir hätten unsere Kritik bislang auf den sozialwissenschaftlichen Objektivismus konzentriert und den Subjektivismus vernachlässigt, täuscht. Solange die metaphysische Disposition der Sozialwissenschaften intakt bleibt, ist der Subjektivismus nur das Spiegelbild des Objektivismus (Bourdieu 1997), und die Kritik des einen impliziert die des anderen. Keineswegs sollen damit die Verdienste etwa der Sozialphänomenologie in der Nachfolge von Alfred Schütz, der Ethnomethodologie Harold Garfinkels, des symbolischen Interaktionismus Meads und Blumers oder der Interaktionsforschung Erving Goffmans geleugnet

21 Denn, wie Laclau gezeigt hat, kann sich die Totalität eines Signifikationssystems nur in Form der Subversion von Repräsentation, der Subversion des Bezeichnungsprozesses selbst, repräsentieren: in der Entleerung des Signifikanten von seinem Signifikat.

werden. Untersuchungen der lebensweltlichen Sinnproduktion durch Interaktionsformen, die eine aktive Leistung der Beteiligten voraussetzen, können von Gewinn für die Deutung hegemonialer Konsensformationen sein. Allerdings tendieren mikrosoziologische Ansätze dazu, sich im metaphysischen Dualismus von Mikro und Makro einzurichten und begegnen – den meisten Objektivismen ähnlich – dem Gesellschaftsbegriff mit Gleichgültigkeit oder gar Skepsis (Eickelpasch/Lehmann 1983). Gesellschaft besitzt keinen theoretischen Eigenwert, wenn soziale Strukturen ausschließlich »von unten«, das heißt intersubjektiv und über die symbolische Interaktion von Handelnden aufgebaut werden. Sie lässt sich durch Kompensationsbegriffe wie Lebenswelt, Interaktion oder Intersubjektivität ersetzen.

Damit entkommen Handlungssoziologien nur auf den ersten Blick dem Fundamentalismus. Solange unterstellt wird, der Handlungsträger wäre ein Subjekt, eine Person, ein *Ego* oder ein menschliches Individuum oder würde sich aus Individuen zusammensetzen, kommen sie über den metaphysischen Subjekt-Begriff nicht hinaus. Und »Subjekt« ist eine Fundierungsfigur. Bereits bei Aristoteles wird das Subjekt als Substrat, als *hypokeimenon*: als das einer Handlung *Zugrunde-Liegende* verstanden. Neuzeitlich wird es – als *ego cogito* – zur Fundierungsfigur schlechthin. »Das Subjekt behauptet die eigene Zentralstellung in der Geschichte des Denkens, indem es sich mit den ›imaginären‹ Zügen des Grundes maskiert.« (Vattimo 1990: 38) Sozialgeschichtlicher Hintergrund dieser philosophischen Operation ist selbstverständlich der Aufstieg des Bürgertums, dessen Kampfbegriff des autonomen Subjekts das Erbe des Souveräns (also Gottes beziehungsweise des absolutistischen Herrschers) angetreten hatte. Deshalb verabschieden mikrosoziologische Ansätze in der Regel das metaphysische Subjekt nicht, sondern miniaturisieren es nur. Und auch die Rede von Intersubjektivität schafft keine Abhilfe, denn was wird durch dieses mysteriöse »Inter« denn anderes verbunden als wiederum nur Subjekte oder Individuen?[22]

22 Der Intersubjektivitäts- oder Interaktionsrelationismus entspricht also noch nicht dem radikalen Relationismus, von dem wir gesprochen haben. Nicht zufällig endet er in selbstwidersprüchlichen Verlegenheitslösungen wie jener Husserls von der Monadengemeinschaft, von der Luhmann sagte, sie sei »so dürftig, daß man Husserl Ironie unterstellen könnte, wäre er nicht ein so ernster Denker

Die Identität dieser Relata ist mit der Moderne längst zerfallen. Dass das Subjekt nicht länger Herr im eigenen Haus ist, nicht länger als Fundament seiner Handlungen dienen kann, ist seit Freud ein Gemeinplatz. Die Psychoanalyse entdeckte, wie Lacan es ausdrücken wird, die »radikale Heteronomie, die, wie Freuds Entdeckung zeigen konnte, im Menschen aufklafft« (Lacan 1991: 50). Nicht nur liefert das Subjekt kein Fundament, es ist auch seines eigenen Fundaments beraubt. Dasselbe lässt sich vom Begriff des Individuums – einer im Wortsinne unteilbaren Substanz – sagen. Was uns im besten Falle bleibt, ist ein *Dividuum*, wie Deleuze sagen wird (Deleuze 1993b: 258), oder im lacanschen Jargon: das geteilte, vom Symbolischen »gebarrte Subjekt«. Wenn noch vom Individuum gesprochen werden kann, dann im Sinne eines Machteffekts. Es sei die Macht, so Foucault, die bewirke, »daß Körper, Gesten, Diskurse, Wünsche als Individuen identifiziert und konstituiert werden« (Foucault 2001a: 45). Schließlich hat Bruno Latour darauf hingewiesen, dass im Prozess der Subjektivierung die Grenze zwischen Subjekten und Objekten nur schwer zu ziehen sei. Man werde zum Individuum überhaupt erst durch die Zirkulation von objekthaften »Subjektivierern«, die sich überall finden ließen: »Fluten, Schauer, Schwärme von Psycho-*Morphs*, wie man sie nennen könnte, weil sie einem buchstäblich die Form einer Psyche verleihen.« (Latour 2007: 366) Selbst die Liebe, die vermeintlich individuellste und subjektivste Gemütsäußerung, werde »von außen« durch eine Unzahl von Objektivierungen wie Gedichten, Liedern, Techniken, ja sogar Putten und Amor-Büsten vermittelt.

Heißt dies nun, dass man Begriffe wie Subjekt, Individuum, Akteur, Interaktion oder Handlung aufzugeben hätte? Aus postfundamentalistischer Perspektive ist das, wie immer, keine Option. Manche der Begriffe wird man – ihre historische Selbstdekonstruktion vorausgesetzt – als Beschreibungskategorien weiterführen können. Lässt man von der Vorstellung ab, die soziale Welt würde sich aus Individuen (oder Gruppen von Individuen) zusammensetzen, dann kann »Individuum« wie bei Foucault und anderen als ein Begriff für Effekte der Individuierung, das heißt für individualistische Subjektivierungsformen beibehalten werden. Bei anderen Begriffen

gewesen« (Luhmann 1995: 158). Das »Intersubjektivitätsproblem« ist unlösbar, solange egologisch das Subjekt als primärer Term gesetzt wird und nicht das »Inter«.

lohnt die Erkundung ihrer gesellschaftstheoretischen Kehrseite. Sie haben das Zeug zum Grund-Begriff. Das ist wohl am evidentesten bei der Kategorie des Subjekts, deren Bedeutung in der psychoanalytischen Denktradition geradezu invertiert wird. Das Subjekt ist hier nicht länger Name für das feste Fundament, sondern wird zum Synonym eines anwesend-abwesenden Grunds. Bei Lacan entsteht das Subjekt erst, indem es vom Symbolischen, also der Sprache, aus einem Zustand gerissen wird, der rückblickend als der einer ursprünglichen Ganzheit erscheint. Daher ist und bleibt das Subjekt von einem Seinsmangel (*manque-à-être*) gezeichnet, der sich im fortdauernden Begehren nach Überbrückung des Mangels ausdrückt. In Anlehnung und Erweiterung des freudschen Konzepts der »Ichspaltung« benennt Lacan diesen Zustand unterschiedlich: er spricht von Subjektspaltung, vom »gebarrten« Subjekt oder vom Subjekt-des-Mangels. In allen Fällen aber ist es wichtig, zu verstehen, dass das Subjekt nicht länger ein Substrat darstellt, das unglücklicherweise mit Spaltung und Mangel geschlagen wäre. Das Subjekt *ist* diese Spaltung. Es *ist* Mangel (Fink 1995: 45).

Über Vermittlung der slowenischen Lacan-Schule hat Ernesto Laclau das lacansche Subjektkonzept in die Hegemonietheorie übernommen (Laclau 1990). Das Subjekt im strengen Sinn – als Mangel – entsteht aus dem notwendigen Scheitern der vollständigen Konstitution einer Struktur oder sozialen Objektivität. Das bedeutet, dass zum Beispiel Individuen oder Gruppen nicht als voluntaristische Handlungssubjekte dargestellt werden können. Sie gehen vielmehr aus ihren Aktionen hervor. Die Identität des Akteurs entsteht aus der Überbrückung der Distanz zwischen Mangel und sozialer Objektivität beziehungsweise zwischen Subjekt und Struktur.[23] Laclau nennt diese Überbrückung Identifikation: »Es gibt das Subjekt, weil die Substanz – Objektivität – es nicht schafft, sich selbst vollständig zu konstituieren; der Ort des Subjekts ist der eines Risses im eigentlichen Zentrum der Struktur.« (Laclau 1989: xv) Das Subjekt markiert genau jenen Mangel an Identität, der die vollständige Schließung jeder Identität verhindert, gleichzeitig aber partielle Identifikation erlaubt (und wir werden gleich darauf zurückkommen, dass diese Definition nicht zufällig mit der

23 Doch auch die Identität des Akteurs kann nie voll und ganz konstruiert werden, denn auch sie bleibt erneut von einem konstitutiven Mangel gezeichnet, dessen Name »Subjekt« ist.

Definition des unmöglichen Objekts Gesellschaft beziehungsweise des Antagonismus korreliert). An anderer Stelle spricht Laclau davon, dass das Subjekt der reinen Form der *Dislozierung* einer Struktur entspricht, das heißt ihrer unauslöschlichen Distanz sich selbst gegenüber (Laclau 1990: 60). Anders ausgedrückt: Der Relationsraum des Sozialen ist im Verhältnis zu sich selbst verschoben, da an der Stelle eines fundierenden Prinzips ein Loch klafft. Aber wäre es anders, fände das Soziale zu *überhaupt keiner* Form von Objektivität.

Erst dieser postfundamentalistische Subjektbegriff erlaubt es, den sozialwissenschaftlichen Subjektivismus ernsthaft zu unterlaufen. Folglich wird eine postfundamentalistische Gesellschaftstheorie Handlungen keinen Individuen oder Subjekten zurechnen oder Sinn auf die Frage des Verstehens (durch ein Ego und Alter ego) beziehen. Sie wird die *asubjektiven* Prozesse beschreiben, durch die soziale Objektivität partiell konstituiert wird.[24] Der »sinnhafte Aufbau der sozialen Welt« (Schütz) ergibt sich nicht aus Interaktionen zwischen Personen, Individuen oder Gruppen, sondern aus der *Relationierung von Differenzen,* woraus überhaupt erst Personen, Individuen oder Gruppen hervorgehen. Nur auf diese Weise lässt sich der Seinsmangel eines jeden Akteurs vorübergehend überbrücken.

Man sieht, dass der Begriff des *Akteurs*, den man soziologischen Konzepten wie Person, Individuum oder Gruppe vielleicht vorziehen sollte, nicht spurlos aus der Gesellschaftstheorie verschwindet. Er wird nur von seinem subjektphilosophischen Kern befreit. Dabei führt der hantologische Subjektbegriff des Postfundamentalismus zur gesellschaftlichen Rückseite des Akteurs. Das letzte Fundament eines sozialen Akteurs besteht in seinem Seinsmangel: im »gebarrten« Subjekt.[25] Neue Akteure bilden sich am Ort des Subjekts: in den Zwischenräumen des instituierten Sozialen. So entsteht beispielsweise das Bürgertum, wie Michael Mann den historischen Vorgang beschreibt, in den »Poren« der Feudalgesellschaft – er spricht von *interstitiellen Emergenzen* (Mann 1994: 36).

24 Auch Kollektivität lässt sich nach Verabschiedung des metaphysischen Subjektbegriffs nicht länger auf Intersubjektivitätsbeziehungen reduzieren.

25 Psychoanalytisch würde man vom Subjekt des Unbewussten sprechen, das unseren Handlungen immer in die Quere kommt. Das ist, nebenbei gesagt, der Grund, weshalb Lacan das Subjekt mit dem Buchstaben *S* schreibt (und gleichzeitig durchstreicht). *S* ist das homophone Äquivalent des freudschen »Es«.

Ohne Bruchstellen im Sozialen könnten keine neuen Akteure entstehen. Ähnliches gilt für den soziologischen Handlungsbegriff. Der Handlung liegt kein Willenssubjekt zugrunde, das Herr seiner Taten wäre. Es verhält sich umgekehrt. Erst die Entgründung des Subjekts zu einer Leerstelle in der Struktur macht Handlung möglich. Das bedeutet zugleich, dass überhaupt nur unter Kontingenz- und Konfliktbedingungen gehandelt werden kann. Genauer: Jedes Handeln ist notwendigerweise *Kontingenz-* und *Konflikthandeln*, sofern es auf die Verknüpfung von Differenzen zu einer partiellen Totalität zielt. Soziales Handeln – oder greifen wir besser auf das marxistische Äquivalent für den soziologischen Begriff der Handlung zurück: *Praxis* – besteht folglich in der Erschaffung unmöglicher Objekte.[26] Es mag der Begriffsintuition einer Sozialwissenschaft entgegenlaufen, die zwischen Handlungs- und Strukturtheorien zu unterscheiden pflegt: Aber als Grund-Begriff ist Praxis eine der vielfältigen Weisen, in denen Gesellschaft ausgesagt wird.

11.7. Subjekt/Objekt: Gesellschaftstheorie und Psychoanalyse

Die These vom gespaltenen Subjekt hat nichts mit Anthropologie zu schaffen. Mangel ist keine *conditio humana* wie im Fall von Gehlens »Mängelwesen«, sondern eine Formel, die es der Psychoanalyse erlaubt, der historischen, nämlich durchweg modernen Erfahrung der Auflösung letzter Gründe gerecht zu werden (zur Kritik der Anthropologie vgl. Rölli 2011). Gesellschaftstheorie bedient sich also der Psychoanalyse nicht etwa als einer Hilfswissenschaft. Psychoanalyse ist auch keine Regionaltheorie des Sozialen wie etwa die Sozialpsychologie. Psychoanalyse ist eine andere Weise, *Gesellschaftstheorie* zu betreiben. Wie Ernesto Laclau bemerkt hat:

> Ich denke nicht, dass sich die Psychoanalyse mit etwas spezifisch Individuellem beschäftigt im Unterschied zum »Sozialen«. Zu Beginn der *Massenpsychologie* besteht Freud darauf, dass die Psychoanalyse eine soziale Disziplin ist, schon allein deshalb, weil all ihre Hauptkategorien von einer

26 *Unmöglicher* Objekte – deshalb verstehe ich Praxis nicht, wie im Marxismus üblich, als Synonym von Arbeit und letztlich *poiesis*, sondern als Name für Konflikt- und Kontingenzhandeln.

sozialen Institution abhängen: der Familie. Die ganze Unterscheidung Individuum/Gesellschaft, die von jener zwischen dem Psychischen und dem Sozialen vorausgesetzt wird, ist mir sehr verdächtig. (Laclau 2004: 315).

Die Psychoanalyse ist wie die Gesellschaftstheorie eine Wissenschaft, die uns lehrt, mit der modernen Erfahrung der Unmöglichkeit von Letztbegründung umzugehen. Vielleicht kann man sich das Verhältnis von Psychoanalyse und Gesellschaftstheorie daher nach dem Modell des frühen, serialistischen Deleuze vorstellen (vgl. Deleuze 1992: 55 f.): als zwei Serien, die miteinander durch ein- und denselben Gegenstand verknüpft werden. Es wäre derselbe, sofern er, wie Laclau (1990: 96) behauptet, derselben Logik des Signifikanten gehorcht, die »über die Möglichkeit/Unmöglichkeit der Konstitution *jeder* Identität wacht«. Diese Logik ist inzwischen bekannt: Der konstitutive Mangel an Identität, den das Subjekt markiert, setzt das Spiel partieller Identifikationen in Gang, das sich auf ein Objekt ausrichtet, das diesen Mangel kompensieren könnte. Soziales Handeln wird angetrieben von der *Objektursache* der Gesellschaftstotalität und gründet in dem Mangel, der Subjekt heißt. Wenn also das Subjekt gespalten ist, dann letztlich *in Bezug* auf das unmögliche Objekt Gesellschaft.[27] »Objekt« ist, so Slavoj Žižek, »*der Lacansche Name für diese immanente Blockierung [...], für die ›Gräte im Hals‹, die die vollständige Realisierung des Subjekts* verhindert«. Das Objekt ist »dem Subjekt als gebarrtes, dem Barren, der seine Realisierung blockiert, ›korrelativ‹« (Žižek 1993: 184).

Aber nicht nur das Subjekt, auch die Gesellschaft – bei Lacan der »große Andere« – ist »gebarrt«. Sie wird vielfach von Antagonismen durchkreuzt und bleibt auf eine Instanz radikaler Negativität verwiesen, die sie in ein monströses *Ding* transfiguriert. Könnte es sein, dass wir uns hier im Kreis drehen? Dass sich hinter diesem *Ding* nichts anderes verbirgt als wiederum das Subjekt (und umgekehrt)? Diese Schlussfolgerung, man mag ihr folgen oder nicht, scheint jedenfalls Žižek nahelegen zu wollen, wenn er schließlich bemerkt, in Gestalt von Monstren begegne das Subjekt »dem *Ding*, das sein unmögliches Äquivalent ist – *das Monster ist das Subjekt*

27 Denn das *objet petit a* ist, Lacan zufolge, das, »was im totalen Vorgang der Heraufkunft des Subjekts am Ort des Anderen an Irreduziblem übrig bleibt«. Und das »Verhältnis dieses *a* zum S, das *a*, insofern es gerade das ist, was das S in seinem irreduziblen Realen repräsentiert, dieses *a* über S ist das, was den Vorgang der Teilung abschließt« (Lacan 2010: 202).

als Ding aufgefaßt«.[28] Denn »[w]ir haben hier nicht die Beziehung zweier Entitäten, sondern eher zwei Seiten, zwei ›Abhänge‹ ein und derselben Entität. Das Subjekt ist ›dasselbe‹ wie das *Ding*; es ist sozusagen sein Negativ (die Spur seiner Abwesenheit) innerhalb der symbolischen Ordnung.« (Žižek 1993: 182 f.) Übersetzt in die Sprache der Gesellschaftstheorie: In der spektralen oder monströsen Gestalt, in der ihm Gesellschaft begegnet, erfährt das Subjekt seine eigene Grundlosigkeit. Es erfährt seinen Mangel in invertierter Form als Überpräsenz eines monströsen *Dings*. Der Gegenstand, um den es Psychoanalyse wie Gesellschaftstheorie gleichermaßen geht, wäre demnach etwas, das immer unter- oder überpräsent ist, immer unter- oder überzählig, immer Mangel oder Überschuss, das heißt: immer entweder *Subjekt* oder *Objekt*. Zwei Namen für die Differenz des Sozialen sich selbst gegenüber.

Wem das zu spekulativ klingt, der mag bedenken, dass Subjekt und Gesellschaft als Fundierungsfiguren historisch immer schon ihre Plätze tauschten. Nachdem das neuzeitliche Subjekt sich an die Stelle Gottes beziehungsweise des absolutistischen Herrschers gesetzt hatte, setzte sich die Gesellschaft an die Stelle des Subjekts – und wurde, wie Durkheim bemerkt, darüber ihrerseits zu Gott. Wir haben es mit einem historischen Spiel um die Besetzung der Rolle des Grundes zu tun. Die postfundamentalistische Wende trifft nur den *fundierenden* Status der Begriffe. Aber beide Begriffe bleiben im Spiel.[29] Nur dass sie nun, statt als Letztbegründungsformeln zu fungieren, an die Unmöglichkeit einer Letztbegründung erinnern. Sie zeigen uns die unförmige Rückseite der wohldefinierten Kategorien aus dem Lehrbuch. Wenn Gesellschaftstheorie ohne die Kategorie des Subjekts nicht auskommt, dann weil das Subjekt – als Name für den Seinsmangel des Sozialen – von jeder egologischen oder gar objektivistischen Idee des sozialen Akteurs unterschieden werden muss. Es tritt uns in den Fehlleistungen der Akteure entgegen, in den Bruchstellen der sozialen Konstruktion, in denen sich gerade das Fehlen eines Subjekts in Großbuchstaben

28 Was, wie man ergänzen kann, auch umgekehrt gelten muss: das Ding – die Gesellschaft – ist das Subjekt als Monster aufgefasst.

29 Schließlich handelt es sich bei der modernen Autodekonstruktion des Subjekts und der modernen Autodekonstruktion des Objekts nicht um zwei verschiedene Vorgänge, die verschiedene Gegenstandsbereiche erfassen würden, sondern um ein und denselben historischen Prozess.

ausdrückt, das den reibungslosen Ablauf garantieren, die Maschine in Gang setzen, schmieren und warten würde. Und wird umgekehrt das Funktionieren der Maschine nicht genauso in Gestalt eines überschüssigen Objekts sabotiert – eines, so die maschinenstürmerische Wurzel des Begriffs, »Holzschuhs« (*sabot*), der in ihre Räder geworfen wurde?[30] Blockiert vom Überschuss des Objekts, schockiert vom Mangel des Subjekts, so bleibt das Soziale auf immer nur vorübergehend erfolgreiche Versuche der Überwindung seiner Seinsblockade und seines Seinsmangels angewiesen.

Natürlich wird Theorien dieser Art immer der Geruch des Spekulativen anhaften, verlassen sie doch die Sicherheitszone positiver Wissenschaft. Sind sie deshalb unwissenschaftlich? Ganz und gar nicht. Nur versperren sie sich nicht der Durchquerung durch das Philosophische. Das macht sie nicht zu Philosophie. Weder Psychoanalyse noch Gesellschaftstheorie sind philosophische Disziplinen. Freud und Lacan wehrten sich sogar explizit gegen die Vorstellung von Psychoanalyse als einer neuen Form von Philosophie und bestanden auf dem Status einer Wissenschaft. Aber jeder einzelnen Seite der Werke Freuds oder Lacans ist anzumerken, dass diese Wissenschaft von Philosophie durchquert wird. Anders hätte sie nie entstehen können. Und dasselbe muss von Gesellschaftstheorie gesagt werden, sofern sie diesen Namen verdient. Sie nimmt jene letztlich unhaltbare Position ein, an der die Sozialwissenschaften vom Philosophischen berührt werden. Das kann sich durchaus als produktiv für empirische Forschung erweisen. Die großen sozialwissenschaftlichen Würfe des 20. Jahrhunderts wären gar nicht möglich gewesen ohne jene enge Beziehung zur Philosophie, die sich im Werk von Lévi-Strauss, Bourdieu, Foucault oder Luhmann auf jeder Seite niederschlägt.

Wenn Gesellschaftstheorie es also mit »philosophischen« Gegenständen zu tun hat, so nur in einem sehr qualifizierten Sinn: Nur insofern nämlich, als sich postfundamentalistische Philosophie – im Anschluss an Heidegger, Derrida oder Deleuze – im Medium der Differenz, der Aporie und des Paradoxons bewegt, in der Welt Lewis Carrolls und nicht in jener Bertrand Russells (Deleuze 1993a: 101). Gesellschaftstheorie tritt punktuell in diese Welt ein,

30 Wenn sowohl Freud/Lacan als auch Durkheim Recht behalten sollen, dann ist also das Subjekt nur die Gesellschaft, die von allen sozialen Tatbeständen abgezogen wurde, und die Gesellschaft das Subjekt, das ihnen hinzuaddiert wurde.

wo sie dem paradoxen Objekt der Gesellschaft nachspürt – einem notwendigen Supplement der Sozialwissenschaften, in dem sich die Bedingungen der Möglichkeit der Grundlegung des Sozialen mit jenen ihrer Unmöglichkeit treffen. Das bedeutet, dass die philosophischen Fragen nach der Natur sozialen Seins im Allgemeinen, also nach den Fundamenten des Sozialen nicht verschwunden sind. In der Gesellschaftstheorie überleben sie den Tod der *philosophia perennis*. Das fragwürdige *Ding* Gesellschaft klebt an unseren Schuhsohlen und wird dort kleben bleiben.

12. Panoramen der Gesellschaftskritik Zeitdiagnostische Konsequenzen: Prekarisierungsgesellschaft und Bewegungsgesellschaft

12.1. Die panoramische Perspektive

Die Phase der tragischen Überwindungen des Fundamentalismus à la Weber erscheint heute genauso vergangen wie die seiner jubilatorischen Überwindungen à la Baudrillard. Die Zeiten eines manisch-depressiven Antifundamentalismus liegen weitgehend hinter uns. Weder gibt uns die Unverfügbarkeit letzter Fundamente Anlass zu heroischer Verzweiflung ob der Grundlosigkeit unseres Handelns, noch ist sie *per se* begrüßenswert. Die Abwesenheit eines letzten Grundes kann gleichermaßen befreiende wie gefährliche Konsequenzen haben. Sie kann alle denkbaren Formen des Fundamentalismus motivieren, eröffnet uns aber genauso die Möglichkeit demokratischer Kontingenzakzeptanz. Die Konsequenzen sind nicht durch die Abwesenheit letzter Gründe vorgeprägt, denn wären sie es, wäre die Abwesenheit selbst zum Fundament geworden. Stattdessen erzwingt der Entzug des Grundes, dass das Soziale mit wenigstens partiellen und temporären Gründen versehen wird. Deshalb liegt es an uns, die Konsequenzen – ebendiese *vorletzten* Gründe – einzuschätzen, uns in ein Verhältnis zu ihnen zu setzen, Stellung zu beziehen. Denn als gefährlich oder befreiend lassen sie sich immer nur aus einer sozialimmanenten Perspektive beschreiben, nicht *sub specie aeternitatis*. Dazu sind wir auf die Ausbildung sozialwissenschaftlichen Urteilsvermögens angewiesen. Hannah Arendt hat von einem »Denken ohne Geländer« gesprochen (Arendt 1998: 110). Es findet in der Gesellschaftstheorie seine Entsprechung in dem Genre, das allgemein als »Zeitdiagnose«, oder pointierter: als Gesellschaftskritik bezeichnet wird.

Nun lässt sich natürlich fragen, ob Kritik nicht unmöglich wird, sobald es kein unzweifelhaft gültiges Begründungsprinzip gibt, auf das sie sich stützt? Kann so etwas wie Gesellschaftskritik überhaupt noch konzipiert werden, nachdem sich ihr Gegenstand verflüssigt hat? Wie lässt sich an einer kritischen Diagnose des sozialen Ganzen arbeiten, wenn dieses Ganze sich nur in Form paradoxer Objekte zu erkennen gibt? Fest steht zunächst nur, dass eine postfundamentalistische Theorie der Gesellschaft, soll sie dem dominanten Trend zur Gesellschaftsverleugnung entgegensteuern, ein kritisches, zeitdiagnostisches Potenzial besitzen muss. Wer den Gesellschaftsbegriff gegen die Dominanz des Marktes, des Individuums und der Familie zu verteidigen versucht, wird auch zur Neubelebung der Gesellschaftskritik beitragen müssen, ist doch die Verteidigung des Gesellschaftsbegriffs selbst ein kritisches Projekt. Das ändert jedoch nichts am Problem: Kann dieses Projekt, ohne auf tiefere Gründe zu rekurrieren, seine eigene Kritik begründen? Oder vorsichtiger formuliert: Wie müsste eine Gesellschaftskritik aussehen, die mit der postfundamentalistischen Theorie, die wir entwickelt haben, zumindest kompatibel ist?

Die wichtigste Voraussetzung besteht zunächst wohl in einem radikalen Perspektivwechsel. Wenn Gesellschaft ein unmögliches Objekt ist, dann darf sich Gesellschaftskritik nicht am imaginären Wunschbild einer nicht-entfremdeten, durchgehend funktionalen oder mit sich selbst versöhnten Gesellschaft ausrichten. Gesellschaftskritik muss von der primordialen Unmöglichkeit ihres Gegenstandes ausgehen. Nicht länger geht es darum, zu verstehen, was Gesellschaft *ist*, also was sie im Innersten zusammenhält. Es gilt zu verstehen, was sie in ihrem Sein behindert: »To understand social reality, then, is not to understand what society *is*, but what *prevents it from being*.« (Laclau 1990: 44) Die Seinsblockade des Sozialen ist allerdings nie total, sie wird durch soziale Verknüpfungen immer partiell aufgehoben. So unmöglich Gesellschaft ontologisch sein mag, »ontisch« wird sie im Feld des Sozialen immer wieder, wenn auch nur als Bruchstück ihrer selbst, *möglich gemacht*. Daraus ergibt sich eine prinzipielle Anweisung für jede kritische Untersuchung sozialer Verhältnisse. Es muss analysiert werden, wie dem Sozialen über seine eigene Seinsblockade hinweggeholfen wird – genauer: wie Gesellschaft im selben Zuge *konstruiert und destruiert* wird.

Eine belastbare Zeitdiagnose darf sich dabei nicht auf anekdotische Evidenzen und philosophische Geistesblitze verlassen. Sie ist auf sozialwissenschaftliche Untersuchungen gestützt, die jedoch ihrerseits mit einer postfundamentalistischen Sozialontologie kompatibel sein müssen. Das ist der Fall, wenn sie zumindest von einigen gesellschaftstheoretischen Grundbegriffen informiert sind, die im vorigen Kapitel skizziert wurden, darunter Hegemonie, Macht, Staat, Zwang, Subjektivierung/Identifikation. Durch sie werden wir in die Lage versetzt, eine – in marxistischer Terminologie – historische *Gesellschaftsformation* zu analysieren. Eine Gesellschaftsformation oder »hegemoniale Formation« schließt die hegemonialen Projekte, Machtdispositive, institutionellen Verdichtungen sowie Subjektivierungs- beziehungsweise Handlungsmuster ein, die dem unmöglichen Objekt Gesellschaft zu vorübergehender Existenz verhelfen und so die Seinsblockade des Sozialen überwinden. Es geht darum nachzuvollziehen, wie eine Gesellschaftsformation *formiert* wird. Mit dem üblichen Vorbehalt: Da dies im Konflikt geschieht, wird sie immer zugleich *deformiert* werden. Sie ist einem ständigen Andrang von hegemonialen Gegenprojekten ausgesetzt, von Widerständen, institutionellen Verschiebungen und Entsubjektivierungen.[1] Kurzum: Gehaltvolle Zeitdiagnose basiert auf einer kritischen Einschätzung der Verdichtung und Verschiebung des Sozialen.

Die Diagnose mündet schließlich in die *Benennung* der Gesellschaftsformation. Zeitdiagnose bündelt charakteristische Entwicklungen, die systemische oder sozialtopographische Grenzen überschreiten und tendenziell das Soziale in seiner Gesamtheit umfassen, in einem Namen: zum Beispiel bürgerliche Gesellschaft, Risikogesellschaft, Wissensgesellschaft, Beschleunigungsgesellschaft usw. Bei all diesen Namen handelt es sich um latoursche *Panoramen* – um 360-Grad-Darstellungen des sozialen Raums in seiner Gesamtheit (vgl. Kapitel 4 in diesem Band). Gesellschaftskritik lässt sich gar nicht konzipieren ohne einen Totalitätsbegriff von Gesellschaft. Natürlich darf nicht übersehen werden, dass sich Gesellschaft auf vielfältige Weise aussagen lässt. Dennoch bewahren Panoramen ihren diagnostischen Wert auch dann noch, wie Latour betont, wenn sie nicht mit Alleinerklärungsanspruch, sondern nur als möglicher Erklärungsansatz unter vielen vorgetragen werden. Ja, wir kommen ohne Panoramen gar nicht aus. Sie bieten die einzige Chance, Geschichte und Gesellschaft überhaupt als etwas »Ganzes« und damit scheinbar divergente Phänomene in ihrem Zusammenhang beschreiben zu können. Aus ihnen, so Latour, gewinnen wir

1 Der Name für dieses Spiel von Gründung und Entgründung ist natürlich Antagonismus.

»unsere Metaphern für das, ›was uns miteinander verbindet‹, für die von uns angeblich geteilten Leidenschaften, für den allgemeinen Grundriß der Gesellschaftsarchitektur und die großen Erzählungen, mit denen wir diszipliniert werden« (Latour 2007: 326).

Eine vergleichbare Einschätzung findet sich bei den Herausgebern eines Sammelbandes zu soziologischen Gesellschaftsbegriffen, der in Reaktion auf die deutsche Debatte der 1990er Jahre um die Sinnhaftigkeit von Soziologie erschien. Der Anspruch der Soziologie, »das gesellschaftliche Drama in toto« (Kneer et al. 1997: 8) verstehen zu wollen, sei nur unter bestimmten Blickwinkeln möglich, »aber doch mit dem Anspruch einer grundlegenden Charakterisierung der gegenwärtigen Gesellschaft *als* Erlebnisgesellschaft, Marktgesellschaft, Risikogesellschaft, Zivilgesellschaft etc« (ebd.: 9). Mit der Zusammenstellung dieser und anderer Gesellschaftsbegriffe – weitere Kapitel sind der Disziplinargesellschaft, der Weltgesellschaft, der Mediengesellschaft sowie der postmodernen, multikulturellen, schamlosen, funktional differenzierten, individualisierten und postindustriellen Gesellschaft gewidmet – hoffen die Herausgeber zu belegen, dass sich die gegenwärtige Soziologie »keineswegs davon verabschiedet hat, gesamtgesellschaftliche Diagnosen zu stellen, daß ihr keineswegs ihr Gegenstand abhanden gekommen ist« (ebd.).[2] Leider sticht an solchen Aufzählungen ein grundsätzliches Problem der Panoramatheorie ins Auge: ihre Beliebigkeit. Nicht alle dieser Gesellschaftsbegriffe sind gleichermaßen überzeugend. Und nicht alle liegen kategorial auf derselben Ebene.

Zum Ersten beziehen sich nicht alle auf eine Dimension, die die *Gesamtheit* sozialer Verhältnisse in Beschlag nehmen würde. Der konventionelle Begriff der Zivilgesellschaft bezeichnet einen vom Staat unterschiedenen Ort in der sozialen Topographie und hat wenig mit einem Panorama zu schaffen. Andere Gesellschaftsbegriffe, wie der einer »schamlosen Gesellschaft«, beschreiben ein wenig

2 Es hat sich herausgestellt, dass Soziologie selbst noch gesamtgesellschaftliche Diagnosen stellt, nachdem ihr der Gegenstand tatsächlich abhandengekommen ist. Das legen auch die Herausgeber nahe, wenn sie schreiben: »Jedenfalls scheinen wir es – das zeigen die verschiedenen hier aufgeführten Perspektiven – auch der Soziologie selbst verdanken zu dürfen, daß wir Kenntnis davon nehmen können, daß es ›die Gesellschaft in dem gewohnten Sinne‹ vielleicht nicht mehr gibt, *Gesellschaft* aber sehr wohl.« (Kneer et al. 1997: 9)

maßgebliches, wenn nicht dubioses Phänomen.[3] Damit von einem Panorama die Rede sein kann, muss die Totalität der Gesellschaft im Spiel sein. Eine panoramische Theorie muss den Nachweis erbringen, dass ein bestimmter Teilaspekt von universeller Relevanz ist. Sie gibt Auskunft darüber, unter welchem Teilaspekt plausible Aussagen über die Gesellschaftstotalität getroffen werden können. Nur dann kann dieser Teilaspekt zu einem überzeugenden *Namen* der Gesellschaftsformation als solcher werden.

Zum Zweiten handelt es sich nicht in allen Fällen um *postfundamentalistische* Panoramen. Dazu müssten sie nicht nur den Namen der Totalität, sondern auch jenen der Unmöglichkeit vollständiger Totalisierung liefern. Man kann sich Adorno darin anschließen, dass der Deutung in der Soziologie deshalb so große Bedeutung beikommt, weil Deuten heißt: »an Zügen sozialer Gegebenheit der Totalität gewahr werden«, da nämlich »ohne Beziehung auf Totalität, das reale, aber in keine handfeste Unmittelbarkeit zu übersetzende Gesamtsystem, nichts Gesellschaftliches zu denken ist« (Adorno 1972: 315). Wo Totalität nun aber – postfundamentalistisch– ihrerseits zu einem paradoxen Objekt geworden ist, dort kann Deuten nur heißen: an den Zügen sozialer Gegebenheit ihrer *Paradoxalität* gewahr werden. Ein Panorama muss folglich etwas vom Paradox des unmöglichen Objekts bewahren. Es muss Aufschluss geben können über Formation *wie* Deformation des Sozialen in seiner Gesamtheit. Vor allem darin, so scheint mir, besteht die aufschließende Kraft eines panoramischen Gesellschaftsbegriffs. So ist ein Begriff wie Ulrich Becks »Risikogesellschaft« (Beck 1986) ein Panorama *par excellence.* »Risiko« ist gemäß Becks Darstellung Konstitutions- *und* Destitutionsprinzip unserer Gegenwartsgesellschaften, die der »Wiederkehr der Ungewißheit« (Beck 1993: 45) ausgesetzt sind. Der Begriff verweist, auch wenn Beck selbst es nicht so formulieren würde, auf das Spiel des anwesend-abwesenden Grundes des Sozialen. Ob man die Theorie der Risikogesellschaft letztlich überzeugend findet oder nicht, der Begriff wurde zu einer der vielfältigen Weisen, in denen Gesellschaft ausgesagt wird.[4]

3 Begriffe wie Weltgesellschaft oder funktional differenzierte Gesellschaft sind auf einer wiederum gänzlich anderen analytischen Ebene angeordnet.

4 Für eine postfundamentalische Lektüre Becks vergleiche Stavrakakis (1999: 96-98), der in Becks Panorama der Zweiten Moderne nicht die Kategorien des Pro-

Es kann an dieser Stelle nicht um die Evaluierung einzelner Panoramen gehen. Sie sind, wie Latour bemerkt, Metaphern, mit deren Hilfe wir uns Gesamtentwicklungen einer Gesellschaftsformation vor Augen führen. Ob das auf erhellende oder eher verdunkelnde Weise geschieht, muss im Einzelfall geprüft werden. Das soll hier nicht geschehen. Stattdessen werde ich im Folgenden – gestützt auf die Resultate eines sechsjährigen Forschungsprojekts an der Universität Luzern[5] – den Vorschlag eines Panoramas skizzieren, das, wie mir scheint, mit einem postfundamentalistischen und postmarxistischen Ansatz kompatibel ist: das Panorama der Prekarisierungsgesellschaft (eine ausführliche Darstellung findet sich in den beiden Bänden Marchart 2013a und 2013b). Darunter verstehe ich eine die westlichen Gesellschaftsformationen erfassende Bewegung, die sich in der zunehmenden Prekarisierung der Arbeits- und Lebensbedingungen aller äußert. »Der Boden der Gesellschaft schwankt«, wie es vor einigen Jahren in der deutschen Debatte um die Ausgeschlossenen beziehungsweise die neue Unterschicht hieß (Bude/Willisch 2008: 12). Prekarisierungsgesellschaft ist einer der möglichen Namen für dieses Schwanken. Aber im Unterschied zu einer Debatte, die um einen engen Begriff von Exklusion und Armut geführt wurde, verweist das Panorama der Prekarisierungsgesellschaft auf eine potenziell *alle* treffende Kondition des Schwankens beziehungsweise *Schwindels*.

12.2. Vertigo – Die Prekarisierungsgesellschaft

Der Begriff der Prekarität drang erst relativ spät in die deutschsprachige Öffentlichkeit vor. Infolge der Vorpublikation einer Studie der SPD-nahen Friedrich-Ebert-Stiftung im Herbst 2006 kam es zur so genannten Unterschichten-Debatte, in der um die Existenz eines »abgehängten Prekariats« gestritten wurde, das die Studie auf 8 % der wahlberechtigten Deutschen beziffert hatte (Brinkmann et al. 2006). In den Sozialwissenschaften war das Phänomen bereits seit

jekts der Moderne an sich infrage gestellt sieht, sondern deren »ontologischen *Status*, ihr Fundament« (ebd.: 97).

5 Das vom Schweizerischen Nationalfonds geförderte Projekt trug den Titel *Protest als Medium – Medien des Protests* und war vor allem der prekarisierungskritischen EuroMayDay-Bewegung gewidmet.

Jahren diskutiert worden. Die Studie brachte es der Öffentlichkeit zu Bewusstsein und stieß Folgedebatten an (siehe Bude/Willisch 2008; Lindner/Musner 2008). An der Studie der Friedrich-Ebert-Stiftung war jedoch etwas bemerkenswert, das vergleichsweise wenig Beachtung fand. Die Studie diagnostizierte nämlich nicht allein die Existenz eines abgehängten Prekariats, sondern machte in den Befragungen eine breite gesellschaftliche Grundstimmung der Verunsicherung aus: 63% der Befragten gaben an, die gesellschaftlichen Veränderungen bereiteten ihnen Angst, 46% empfanden ihr Leben als ständigen Kampf, und 44% fühlten sich vom Staat allein gelassen. Das ließ die Vermutung zu, dass Prekarisierung offenbar weit über die Gruppe des so genannten abgehängten Prekariats hinausreicht. In der Tat wird diese Diagnose von vielen Untersuchungen gestützt. Pierre Bourdieu brachte es auf den Punkt, als er 1997 von der »Allgegenwart« der Prekarität sprach. Befristete Beschäftigungsverhältnisse und Teilzeitarbeit hätten sich im privaten wie im öffentlichen Sektor, in der Industrie wie im Kulturbereich und Journalismus ausgebreitet und rissen die gesamte Welt in einen »breitgefächerten Prekarisierungsstrom«. Prekarisierung gehöre einer neuen Herrschaftsnorm an, die einen allgemeinen Dauerzustand der Unsicherheit errichte. Sein Fazit: »Prekarität ist überall.« (Bourdieu 1998b)

Trifft dies zu, gewinnt der empirische Befund gesellschaftstheoretische Tragweite. Wenn Prekarität in den gesamten sozialen Raum ausgreift, dann lassen sich die gegenwärtigen Gesellschaften des Westens, soweit sie den fordistischen Kompromiss des Wohlfahrtsstaats hinter sich lassen, als Prekarisierungsgesellschaften bezeichnen (Marchart 2010b). In solchen Gesellschaften sind tendenziell alle Bereiche des Sozialen einem Prozess der Prekarisierung ausgesetzt. Wenn nämlich die im Regelfall durch Erwerbsarbeit garantierte Existenzsicherung nur noch bis auf Widerruf gewährleistet ist, werden nicht nur die Arbeitsverhältnisse, sondern zugleich die Lebensverhältnisse aller – mit Ausnahme eines schmalen Sektors der Hyperabgesicherten – zur Disposition gestellt. Die Sicherungsgesellschaften der Nachkriegszeit werden zu Prekarisierungsgesellschaften. Dementsprechend verweist der Begriff auf kein Randphänomen. Im Sinn der latourschen Panoramen erlaubt er, Gemeinsamkeiten und Überschneidungen sozialer Veränderungen hervorzuheben, wo man andernfalls – wie in der deutschen Unterschichtendebatte, in der sich die Diskussion auf eine vermeintlich marginale Gruppe kaprizierte – gar keine sehen würden.

Aus verschiedenen Perspektiven wurden Studien unternommen, die die These vom umfassenden Charakter von Prekarisierung stützen. So haben sich die ökonomische Regulationstheorie, die Gouvernementalitätsstudien, die pragmatische Soziologie und der Postoperaismus mit Prekarisierung auseinandergesetzt. Die Regulationstheorie, wie sie in Frankreich im Anschluss an den strukturalen Marxismus der Althusser-Schule ausgearbeitet (Lipietz 1992) und in Deutschland am prominentesten durch Joachim Hirsch (2002) weiterentwickelt wurde, untersucht die für die Kapitalakkumulation notwendigen Formen politischer, sozialer und kultureller Regulation im Übergang vom Fordismus zum Postfordismus.[6] Die Gouvernementalitätsstudien der Foucault-Schule widmeten sich unter anderem den »Unsicherheitsdispositiven« (Lemke 2004) des Neoliberalismus wie auch den entsprechenden Subjektivierungsformen eines »unternehmerischen Selbst« (Bröckling 2007). Die pragmatische Soziologie, im Besonderen die prominente Arbeit von Boltanski und Chiapello (2004), hat im breiteren Kontext der *Économie des conventions* die Herausbildung einer neuen Rechtfertigungsordnung der »projektbasierten Polis« und damit eines neuen »Geistes des Kapitalismus« beschrieben. Und im italienischen Postoperaismus, am bekanntesten vertreten durch Antonio Negri, Maurizio Lazzarato, Paolo Virno oder Sergio Bologna, wurde untersucht, wie sich die Sphäre der Produktion unter Bedingungen der Prekarität über die gesamte Gesellschaft ausdehnt, die nun zur »fabbrica diffusa« (Lazzarato 1998: 45) eines »kognitiven Kapitalismus« (Moulier Boutang 1998) wird.

Führt man die einschlägigen Untersuchungen in ihren wesentlichen Punkten zusammen (hierzu Marchart 2013a), kommt man zum übereinstimmenden Ergebnis, dass das Phänomen der

6 Unter Regulation beziehungsweise einer Regulationsweise ist ein Ensemble aus Normen, Werten und Institutionen (zum Beispiel sozialpartnerschaftliche Verbände, Unternehmen, staatliche Administration und Medien) zu verstehen, durch welches auftretende Konflikte vorübergehend pazifiziert und konsensual reguliert werden, wodurch sozialer Zusammenhalt auch unter Krisenbedingungen zumeist garantiert bleibt. Erst durch solch institutionelle und kulturelle Regulationsweisen reproduziere sich ein »soziales Verhältnis trotz und wegen seines konfliktorischen und widersprüchlichen Charakters« (Lipietz 1985: 109). Allerdings ist dieses Ensemble selbst wiederum umkämpft.

Prekarisierung den gesamten sozialen Raum – wenn auch auf je unterschiedliche Weise – erfasst hat. Und zwar deshalb, weil die topographischen Grenzen dieses Raums entlang dreier *Achsen der Prekarisierung* durchschnitten werden:

Auf einer *ersten Achse* verläuft der Strom der Prekarisierung im Unterschied zum Verständnis von Prekariat als einer »Gruppe« quer zu sozialen Schichtungen. Zwar muss in der Tat unterschieden werden zwischen den verschiedenen Formen von Prekarisierungserfahrungen – und typischerweise wird, wie in der eingangs erwähnten Studie der Friedrich-Ebert-Stiftung, auch unterschieden zwischen Prekarität als spezifischer Form der Armut und des Ausschlusses und Prekarität als Form der »atypischen Integration« (Dörre 2005) der Unkonventionellen und Selbstmanager (der *intellos précaires*, die aufgrund ihres ausreichenden Bildungskapitals von der Forschungsgruppe um Klaus Dörre nach wie vor in der Zone der Integration verortet werden). Allerdings ist die Erfahrung von Prekarisierung nicht auf diese beiden Sektoren begrenzt. Der Diskursanalytiker Jürgen Link hat den Begriff eines »transversalen Prekariats« für eine sich »quer durch die Stratifikation« erstreckende neue soziale Situation geprägt, die »alle Betroffenen mit einer durchgehenden Abwärtsspirale« bedroht (Link 2007: 35).

Entscheidende Ursache für die Transversalität des Phänomens ist, dass die zunehmende Flexibilisierung und Prekarisierung vieler Arbeitsverhältnisse auch auf die integrierten Sektoren der Normalarbeit durchschlägt. In unterschiedlichem Grad und unterschiedlicher Form betrifft Prekarisierung »fast alle Arbeitnehmergruppen, den angelernten Hilfsarbeiter nicht anders als den Gründer eines Start-ups« (Castel 2007: 62). Man kann sich in dieser Hinsicht der Definition von Dörre anschließen, der mit Prekarisierung einen sozialen Prozess bezeichnet, »über den die Erosion gesellschaftlicher Normalitätsstandards auf die Integrierten zurückwirkt« (Dörre 2005: 58). Aufgrund dieses Rückwirkungseffekts kann Prekarisierung, im Unterschied zu Prekarität, nicht auf bestimmte soziale Strata oder Arbeitsverhältnisse begrenzt werden. Als Drohung wirkt sie auch auf die noch bestehenden Normalarbeitsverhältnisse. Ein solches Konzept nicht nur weitreichender, sondern, wie ich behaupten würde, umfassender Prekarisierung macht ungleichheitssoziologische Untersuchungen nicht überflüssig. Sie besitzt solchen Untersuchungen gegenüber aber den Vorteil, eine transversale

Kondition benennbar zu machen, die sich nicht allein in Armut oder Ausschluss manifestiert, sondern tendenziell die gesamte arbeitende (und natürlich auch nicht arbeitende) Bevölkerung betrifft.

Auch entlang einer *zweiten Achse* tendiert Prekarisierung dazu, die Gesamtheit sozialer Verhältnisse zu verunsichern. Es verschwimmen nämlich nicht nur die Sphärengrenzen zwischen prekärer Arbeit und Normalarbeit, sondern darüber hinaus auch die Grenzen zwischen Arbeit und *Nicht-Arbeit* (»Leben«), also zwischen Produktion und Reproduktion. So lautet die Hauptthese des Postoperaismus, der Ort der Arbeit habe sich von der Fabrik über den gesamten sozialen Raum hinweg ausgedehnt. Die zur Produktion insbesondere so genannter immaterieller Güter (Dienstleistungen, Wissen, Kommunikation, Affekte) erforderlichen intellektuellen und kreativen Fähigkeiten breiteten sich tendenziell auf das gesamte Arbeitskräftepotenzial aus (Hardt 2004: 183), weshalb Postoperaisten auch von *Massenintellektualität* sprechen. Solche Fähigkeiten werden vor allem jenseits des eigentlichen Orts der Arbeit erworben und eintrainiert. Selbst wenn man scheinbar nicht arbeitet, arbeitet man. Zwar wird Massenintellektualität auch innerhalb der klassischen Lohnarbeit zunehmend nachgefragt, ihre typische Entsprechungsform ist aber die neue Selbständigkeit, wie sie auch von Boltanski und Chiapello (2003: 155) beschrieben wurde. Sie ist charakterisiert durch netzwerkförmig strukturierte Projektarbeit, bei der die Grenze zwischen Freizeit und Arbeitszeit unbestimmt bleibt.[7] Da der Normalarbeitstag für Projektarbeit keine zeitliche Bezugsgröße mehr bildet, nehmen Honorarzahlungen an Bedeutung zu. Das führt nicht nur zur Intensivierung der Arbeitszeit bis hin zu einem schrankenlosen Arbeitstag. Die Ersetzung der Lohnform durch die Rechnung oder das Honorar schafft darüber hinaus das grundlegende Prinzip der Subsistenzgarantie ab, so Sergio Bologna (2006). War die Lohnform noch an den Anspruch der existenziellen Erhaltung der Arbeitskraft geknüpft, die durch den indirekten Lohn auch bei Verlust der Arbeitsfähigkeit garantiert wurde, so wird dieses Modell inzwischen vom Modell des existenziellen

7 Es kommt zu einer Kolonisierung der Lebenswelt durch das Projektmodell. Das Leben selbst wird »als eine *Abfolge* von Projekten aufgefasst« (Boltanski/Chiapello 2003: 156). Zum Beispiel wird selbst Elternschaft zu einem Projekt: zum »Projekt Kind« (Boltanski 2007).

Risikos abgelöst. An der Entsicherung von Arbeits- *wie* Lebensverhältnissen erweist sich der gesellschaftsumfassende Charakter des Wandels durch Prekarisierung.

Prekarisierung durchschneidet das Soziale schließlich auf einer *dritten Achse*, die quer zur herkömmlichen Unterscheidung zwischen »objektiv« oder »strukturell« bestimmten Prozessen und Prozessen der Subjektivierung liegt. »Objektiv« erweist sich Prekarisierung als eine Form postfordistischer Regulation, die das keynesianische Wohlfahrtsstaatsregime untergräbt. War Prekarität im Fordismus »an die Ränder der kapitalistischen Akkumulation gedrängt: die kleinen Subunternehmer, die Landwirtschaft und den Kleinhandel, die Länder der Dritten Welt« (Aglietta 2000: 30), so werden nun Beschäftigungssicherung und Regelmäßigkeit des Einkommens auf breiter Front infrage gestellt. Das daraus resultierende größere Abstiegsrisiko, das vom neuen Regulationsprinzip der Prekarisierung erzeugt wird, führt auf *subjektiver* Ebene zur Angstneurotisierung des Individuums. Die wirkt sich freilich unterschiedlich aus. Im extremen Prekarisierungsfall von Armut und Arbeitslosigkeit wird, wie Bourdieu festhält, das gesamte Verhältnis der Betroffenen zu Welt, Raum und Zeit destrukturiert. Doch als Drohung, inkarniert von der Reservearmee des Prekariats, bleibt Prekarität allzeit in den Köpfen *aller* präsent. »Weder dem Bewußtsein«, so Bourdieu (1998: 97), »noch dem Unterbewußten läßt sie jemals Ruhe.«

Es würde zu kurz greifen, wollte man ausschließlich diese repressive Seite betonen, wird im Postfordismus doch zugleich die produktive Seite von Subjektivitätsressourcen mobilisiert (Lipietz 1998: 170). Die auf jeden einzelnen übertragene Verantwortung, mit sozialen und beruflichen Risiken selbst umzugehen, muss durch subjektivierende Strategien implementiert werden, die solche Risiken als Bereicherung und prekarisierte Arbeitsbedingungen als Freiheit zur Selbstverwirklichung erfahrbar machen. Darüber hinaus wurde im Anschluss an Foucault (Miller/Rose 1994: 55) immer wieder darauf hingewiesen, dass die Selbstregierungsfähigkeiten der Subjekte heute zu den »Schlüsselressourcen der modernen Regierungsformen« zählen. Auch hier spielen objektivierende und subjektivierende Faktoren ineinander. Mithilfe gouvernementaler Technologien werden Mechanismen etabliert, die gerade das Autonomiepotenzial frei handelnder und unternehmerisch denkender Subjekte befördern und als Produktivitätsressource anzapfen sollen. Dabei handelt es sich um *gelebte* gouvernementale Technologien. In der Folge dringen die prekarisierten Arbeitsverhältnisse des neoliberalen Regimes – und die damit verbundene Subjektivierungsform des Unternehmers seiner selbst, der sich dem Marktgeschehen und seinen Risiken ausliefert – in Form der positiv kodierten Erfahrung von Kreativität und Selbstverwirklichung bis tief in die Psyche jedes Einzelnen vor.

12.3. Kontingenz, Konflikt: Prekarisierung

Prekarisierung, so das Ergebnis, ist auf keine bestimmte Zone, Gruppe, Schicht oder Klasse begrenzt. Der »umfassende Prekarisierungsstrom«, von dem Bourdieu spricht, durchbricht die Grenzen der sozialen Schichtung (in Form von »transversaler Prekarität«), die Grenze von Arbeit und Nicht-Arbeit (in Form einer »fabbrica diffusa«), und schließlich die Grenze zwischen »objektiven« und »subjektiven« Aspekten der Prekarisierung.[8] Die dreifach transversale Natur von Prekarisierung weist darauf hin, dass es sich um einen gesellschaftstheoretischen Begriff handelt. Übereinstimmend legen die verschiedenen Erklärungsansätze nahe, unter Prekarisierung ein Phänomen zu verstehen, das die gesamte Gesellschaftsformation umfasst: Aus Sicht der Regulationstheorie handelt es sich bei Prekarisierung um einen zentralen Aspekt der postfordistischen Regulationsweise; aus Sicht der Gouvernmentalitätsstudien um ein

8 Es handelt sich eben um keinen rein ökonomischen Prozess. Die Selbstregierungstechniken prekärer Subjekte etwa sind eingebettet in Alltagskultur und populäre Vorstellungswelten, wie sie in den Massenmedien, in der Werbung oder in Lebensratgebern verbreitet werden. Gramscis Begriff der Hegemonie erlaubt vielleicht nach wie vor am besten, die Prekarisierung so unterschiedlicher Ebenen in Rechnung zu stellen. Hegemonie, das bedeutet Sicherung massenhaften Konsenses und freiwilliger Zustimmung zu einer bestimmten Gesellschaftsformation: einem »historischen Block«, wie Gramsci gesagt hätte. So kann man über ein rein ökonomisches Verständnis des Phänomens hinausgehen, um die Verschiebung zwischen ökonomisch-kulturell-sozialen Formationen in das größere Bild jenes Kampfes um Hegemonie einzuordnen, der den Übergang vom Fordismus zum Postfordismus antreibt. Das vorgeschlagene Panorama der Prekarisierungsgesellschaft bietet sich zur Bezeichnung dieser neu entstehenden hegemonialen Formation an.

allgemeines Unsicherheitsdispositiv mitsamt entsprechender Subjektivierungsform; aus Sicht des Postoperaismus um die prekarisierende Inwertsetzung aller Lebensbereiche im kognitiven Kapitalismus; und aus Sicht der pragmatischen Soziologie um den neuen kapitalistischen »Geist« der projektbasierten Polis. Wie ich in eigenen Untersuchungen diskursanalytisch nachweisen konnte (Marchart 2013a), ist der »Panorama«-Begriff schließlich auch politischer Einsatz der prekarisierungskritischen Bewegung, die sich besonders um die europaweiten EuroMayDay-Proteste herausgebildet hat (Marchart et al. 2011). Denn im politischen Diskurs ist Umfang und damit Bedeutung von Prekarisierung umkämpft. Während in der massenmedialen Öffentlichkeit ein enges Prekarisierungsverständnis vorherrscht, versuchen gegenhegemoniale soziale Bewegungen die umfassende Natur des Phänomens hervorzuheben.

Unser Panorama erfüllt damit die eingangs formulierten Anforderungen an Gesellschaftskritik: Es benennt eine partielle Tendenz, die das Soziale in seiner Totalität erfasst hat. Es verleiht einer gesamten Gesellschaftsformation ihren Namen. Um einen *postfundamentalistischen* Namen handelt es sich, weil Prekarisierung einen Hinweis auf die ontologisch gleichermaßen ungründbare wie gründungsbedürftige Natur des Sozialen gibt. Das Panorama ist, kantisch gesprochen, ein – letztlich imaginärer – Schematismus, der die ontologisch-hantologische Dimension der Gesellschaft in die »ontische« des Sozialen übersetzen hilft. Denn dass der Boden der Gesellschaft schwankt, ist eine sozialontologische Aussage, die auf alle Gesellschaftsformationen gleichermaßen zutrifft. Dass der Boden *dieser Gesellschaft* schwankt, ist eine zeitdiagnostische Aussage, die nur auf eine Gesellschaftsformation zutrifft. Als »Schematismus« benennt das Prekarisierungspanorama eine historisch und geographisch spezifische Form der Entgründung: die Entgründung der fordistischen Sicherungsgesellschaften des Westens.[9] Es ant-

9 Mit einer zweifachen Einschränkung. Zum einen boten natürlich auch die Wohlfahrtsregime des Westens ihrer Bevölkerung niemals umfassende oder vollständige Sicherheit. Jeder weiß, so Adorno zu einer Zeit, in der von Hartz IV noch keine Rede war, »daß die Gesellschaft ihre Gnadengeschenke zurücknehmen kann. Was die Angst trägt, ist: Die Gesellschaft ist ihrer selbst nicht mächtig, ein gesellschaftliches Gesamtsubjekt gibt es nicht, ihre Wohltaten sind nur auf Widerruf. Die Angst vor diesem Widerruf ist nicht die vor einzelnen Gewalten, sondern besteht, weil die Gesellschaft es doch nicht mehr schafft.« (Adorno 2008a: 197 f.) Sofern die Prekarisierungsgesellschaft aus der Sicherungsgesellschaft der Nachkriegsjahre

wortet auf den laclauschen Vorschlag, man möge nicht analysieren, was Gesellschaft ist, sondern was sie in ihrem Sein blockiert. Einerseits hilft uns das Panorama, diese »ontologische« Dimension des abwesend-anwesenden Grundes im Feld des Sozialen aufzutun. Aber umgekehrt verweist es auch vom Sozialen zurück auf diese Dimension. Denn Prekarisierung ist ein Kontingenz- und damit ein Konfliktbegriff.

So heben alle erwähnten Theorien übereinstimmend den zutiefst kontingenten Charakter der historisch-sozialen Entwicklungen hervor, die zur Prekarisierung des Sozialen führten. Regulationstheoretiker denken, im Unterschied zu Traditionsmarxisten, dass es sich bei der Herausbildung der neuen Regulationsweise um eine »glückliche Fundsache« (Lipietz 1985: 115) gehandelt hat. Für die Gouvernementalitätsstudien sind die historischen Verschiebungen hin zu gouvernementalen Prekarisierungsstrategien zutiefst kontingent, da machtbasiert. Die Postoperaisten beschreiben den Übergang zum Postfordismus als einen Prozess, dessen Ausgang nicht vorherbestimmt war und der mit der Gleichzeitigkeit von Produktivitätssteigerung und Freiheitsversprechen ein ambivalentes, wenn nicht unentscheidbares Ergebnis zeitigt. Und Boltanski und Chiapello beschreiben die Verwandlung der Forderungen kreativer Künstlerkritik in kapitalistische Managementstrategien als Ergebnis eines kontingenten Trial-and-Error-Prozesses, durch den Unternehmer Kritik inkorporierten und zu ihren Gunsten wendeten. Diese deutliche Betonung der Kontingenz hat natürlich mit der Abkehr vom ökonomischen Determinismus zu tun, der im marxistischen Theoriehorizont, vor dem diese Theorien entwickelt wurden, tonangebend war.

Nicht weniger wird von den erwähnten Ansätzen der konfliktuelle Charakter von Prekarisierung hervorgehoben. Das ist nur konsequent. Denn wenn Prekarisierung auf keinen ursprünglichen

hervorgeht (und die wiederum nie absolut galt), sind die Übergänge zwischen den Formationen graduell. Nach wie vor befinden wir uns in der *Passage* vom Fordismus zum Postfordismus. Zum anderen ist jede Politik der Entgründung zugleich eine der Gründung. Von Regulationstheoretikern wird mit Recht immer wieder darauf hingewiesen, dass die Politik der »Deregulierung« nicht etwa die Abwesenheit von Regulation bedeutet, sondern eine spezifisch neoliberale oder postfordistische Form der Regulation. Prekarisierung, so sehr sie den Einzelnen in Schwindel versetzen mag, ist eben kein ontologischer Abgrund, sondern eine spezifische Form der Institution/Destruktion des Sozialen.

Kausalgrund zurückgeführt werden kann, wie zum Beispiel auf endogene ökonomische Entwicklungsgesetze, dann musste sie im Zuge sozialer Kämpfe erst durchgesetzt werden (und hätte auch nicht durchgesetzt werden können). So geht die Regulationstheorie davon aus, dass eine gegebene Regulationsweise die Antagonismen, die eine Gesellschaft zu zerreißen drohen, in Form von Kompromissen bändigt.[10] Lipietz spricht sogar von einer »gewaltigen gesellschaftlichen Schlacht, bei der es darum geht, einen neuen sozialen Kompromiss zwischen der Einbindung der Arbeiter und der Aufteilung neuer Produktivitätszuwächse auszuhandeln« (Lipietz 1998: 172).[11] Der Widerstand gegen das fordistische Fabrikregime und gegen die Einbindung der Arbeiter in den fordistischen Klassenkompromiss gewann mit den Neuen Sozialen Bewegungen der 1970er Jahre an Sichtbarkeit (Hirsch 2002: 74). Sie stießen nach regulationstheoretischem Verständnis die Passage zum Postfordismus an. Daraus folgt aber, »dass die Kämpfe der gegen das System gerichteten Kräfte eine entscheidende Rolle in den Veränderungen des Systems selbst spielen« (Lipietz 1998: 27). Sie tragen bei zur Etablierung eines neuen Kompromissgleichgewichts: einer neuen hegemonialen Formation.

Dass der Übergang zum Postfordismus durch soziale Kämpfe angetrieben wird, davon sind auch die Postoperaisten überzeugt. Die Diffusion der Fabrik in die Gesellschaft müsse als ein indirektes Resultat der Kämpfe der Arbeiter gegen die Fabrikdisziplin begriffen werden. Die Neuen Sozialen Bewegungen, die sich in Italien in den 1970er Jahren formiert hatten, fungierten als Transmissionsriemen, der die früheren Kämpfe der Massenarbeiter mit jenen der Studierenden und der Frauen verband und so in die Gesellschaft hineindiffundieren ließ. Das Kapital reagierte auf die Arbeitsverweigerung in der Fabrik mit einer Ausweichbewegung und verwandelte immer weitere Bereiche der gesamten Gesellschaft zu

10 Aus dieser Perspektive stehen Klassenantagonismen und systemische Reproduktionszwänge also in keinem Verhältnis der Äußerlichkeit, sondern die Kompromisse, die sich in den Regulationsformen niederschlagen, wurden selbst durch das Medium des sozialen Kampfes hindurch ausgehandelt.

11 Selbstverständlich handelt es sich bei diesen um keine reinen Arbeitskämpfe, da die Regulationsweise den gesamten Raum des Sozialen – und nicht nur den der politischen Institutionen – umfasst. Es sind also auch Mikroregulationen des Alltagslebens von solchen Kämpfen betroffen.

Orten der Produktion. Die Abschöpfung des Mehrwerts konnte aber nur gelingen, weil das Kapital dort zugleich auf ein aktives Begehren nach autonomeren, wenn auch prekären Arbeits- und Lebensverhältnissen stieß, wie es sich mit den Neuen Sozialen Bewegungen Bahn gebrochen hatte. Zur gleichen Schlussfolgerung führt Boltanskis und Chiapellos These von der Kritik als »Motor« der Veränderungen des kapitalistischen Geistes. Kritik im Sinne von Protest bildet für Boltanski und Chiapello den Hauptantrieb für Ausbildung und Veränderung des kapitalistischen Geistes, weil sie den Kapitalismus zur Rechtfertigung drängt und somit die Reartikulation von Gerechtigkeitsstrukturen und Allgemeinwohldefinitionen erzwingt.[12]

All diese Erklärungen von Prekarisierung haben gemeinsam, dass sie vom Primat sozialer Kämpfe ausgehen.[13] Nicht nur wirft uns der Begriff Prekarisierung auf die Grundlosigkeit das heißt Nicht-Determiniertheit gesellschaftlicher Veränderung zurück, er verweist auch auf deren grundsätzliche Konfliktualität. Der Übergang in die Prekarisierungsgesellschaft wurde nicht von ökonomischen Zwangsgesetzen angetrieben, sondern von den Kämpfen sozialer Bewegungen, die das Kapital in einem ergebnisoffenen Prozess zur Entwicklung neuer Akkumulationsstrategien nötigten.

Muss man diese These, um sie konsequent verfechten zu können, nicht verallgemeinern? Aus einer postmarxistischen Sicht – und auch Regulationstheorie, Postfordismus, pragmatische Soziologie und Gouvernementalitätsstudien sind *grosso modo* als postmarxistisch zu bezeichnen – erscheint es unwahrscheinlich, dass der Bewegungsprimat nur im Übergang zum Postfordismus greift. Gegen die Annahme spricht, dass sich in Gesellschaften, die von der Idee letzter Fundamente ablassen, der Spielraum für

12 Kritik wirkt dabei allerdings nicht direkt auf die kapitalistische Akkumulation ein, sondern indirekt, indem sie den Kapitalismus zwingt, die zentralen Bewährungsproben in seinem Organisationsgefüge immer schneller anzupassen, um der Kritik zu entgehen.

13 Unter den erwähnten Ansätzen bilden die Gouvernementalitätsstudien einen Spezialfall, da ihr genaues Verhältnis zur Genealogie, in der noch der Primat des Kampfes galt, ungeklärt ist. In gewisser Hinsicht sind sie Resultat der Sublimierungsstrategien Foucaults, der das Experiment mit der Kriegshypothese als gescheitert ansah. Das lässt die Frage weitgehend offen, wie sozialer Konflikt – und eben nicht nur agonaler Selbstbezug – im gouvernementalitätstheoretischen Rahmen gedacht werden soll.

konfliktorisch agierende Bewegungen enorm ausweitet. Solche Gesellschaften werden, um ein weiteres Panorama vorzuschlagen, zu *Bewegungsgesellschaften*. Die Prekarisierungsgesellschaft ist, wie jede moderne Gesellschaft, Bewegungsgesellschaft.

12.4. Die Bewegungsgesellschaft

»Im Anfang war eine soziale Bewegung« (Imhof 1996: 173). Nicht nur postmarxistische Ansätze vertreten diese These. Der Begriff der Bewegungsgesellschaft stammt aus der »Mitte« der Soziologie und Politikwissenschaft. Man hat dort erkannt, dass sozialer Protest kein episodisches Phänomen ist, sondern uns überall umgibt: »Schlagen wir Zeitungen auf oder sehen Nachrichten im Fernsehen, so kommen wir kaum umhin, die Allgegenwart von Protest festzustellen.« (Rucht 2001: 7) Ähnlich wie Friedhelm Neidhardt und Dieter Rucht (Neidhardt/Rucht 1993; vgl. auch Roth/Rucht 2008), die als Erste das Panorama einer »Bewegungsgesellschaft« aufgezogen haben, diagnostizieren auch David Meyer und Sidney Tarrow in ihrem Band *The Social Movement Society* (Meyer/Tarrow 1998) eine zunehmende soziale und demographische Diffusion von Protest. Immer unterschiedlichere Akteure formulieren immer öfter ein immer breiteres Spektrum an Forderungen. Bevölkerungsgruppen, die keine habituelle Nähe zu früheren Protestmilieus aufweisen, wird es möglich, sich Protesten anzuschließen – eine Tendenz, die durch Auflösung der politischen Großmilieus und Abnahme der Parteienbindung begünstigt wird: in manchen Ländern haben NGOs wie *Greenpeace* und *Amnesty International* inzwischen mehr Mitglieder als die politischen Parteien. Sind diese soziologischen Thesen von der Allgegenwart des Protests nicht ein klarer Hinweis auf die *gesellschaftstheoretische* Dimension des Bewegungsbegriffs?

Zwei Faktoren tragen den soziologischen Verfechtern des Bewegungsgesellschaftspanoramas zufolge besonders zur Verallgemeinerung des Protests bei. Zum Ersten wird ein enges Wechselverhältnis zwischen Bewegungsgesellschaft und Mediengesellschaft ausgemacht. Die Globalisierung der Massenmedien und der elektronischen Plattformen schaffe eine für soziale Bewegungen zuträgliche *opportunity structure*. Unabhängig vom Protestthema kann das über Fernsehen und Internet rezipierte Protestvokabular einer Bewegung an anderer Stelle und zu anderen Zwecken nachgeahmt werden. Meyer und Tarrow sprechen vom Demonstrationseffekt von Demonstrationen (ebd.: 13). So begünstigen Massenmedien die demographische wie auch geographische Diffusion von Protest. Anders gesagt: Mediale Globalisierung beschleunigt die Verbreitung von Protestthemen und -strategien. Höhepunkte dieser Entwicklung sind immer wieder die diversen Global Days of Action, an denen vom Krieg gegen den Irak über die Wirtschafts- und Finanzkrise bis hin zur Gewalt gegen Frauen so gut wie alles zum globalen Protestthema werden kann. Die virale Ausbreitung der Revolten im arabischen Raum (die von elektronischen sozialen Netzwerken genauso begünstigt wurde wie von Al Jazeera), mitsamt Vorbildeffekt für westliche Proteste (Occupy), ist das vielleicht spektakulärste jüngere Beispiel. Die Weltgesellschaft ist, so kann man schließen, Bewegungsgesellschaft.

Zum Zweiten sieht man in der Ubiquität von Protest eine Begleiterscheinung sozialer Ausdifferenzierung (Neidhart/Rucht 1993). Differenzierung produziere strukturelle Spannungen, die wiederum Proteste auf den Plan riefen. Auch für Luhmann, der sich Neidhardts und Ruchts These von der Bewegungsgesellschaft zu eigen gemacht hat, folgen Protestbewegungen der funktionalen Differenzierung wie ihr »Schatten« (Luhmann 1996a: 185). Sie generieren Aufmerksamkeit für Folgeprobleme der Differenzierung, die von Funktionssystemen nicht gelöst werden, wie etwa ökologische Probleme. So agieren sie als Immunsysteme der Gesellschaft. Sie tun dies, indem sie Konflikte inszenieren und Widersprüche kommunizieren. Protest ist ein gesellschaftlicher Realitätstest, der anders als durch den Selbst-Widerstand der Kommunikation nicht zu leisten wäre, denn Realität ist nichts objektiv Gegebenes. Luhmann bezieht sich ausdrücklich auf die These der Dekonstruktion, »daß alle Realität durch ›resistance of language against language‹ getestet wird, also, daß die Sprache der Sprache widersteht« (ebd.: 194). Ergo könne Gesellschaft Realität nur in Form von Protest- und Konfliktkommunikation konstruieren: »Sie kann als operativ geschlossenes System ihre Umwelt nicht kontaktieren, also Realität auch nicht als Widerstand der Umwelt erfahren, sondern nur als Widerstand von Kommunikation gegen Kommunikation.« (Ebd.: 214)

Nun wird man den Eindruck kaum los, dass die soziologischen Theorien der Bewegungsgesellschaft auf einer deskriptiven Ebene verharren. Nie gelangen sie an den Punkt, an dem, wie im Fall postmarxistischer Ansätze, der *Primat* sozialen Konflikts anerkannt würde. Luhmann besetzt eine Mittelposition. Er geht über einen deskriptiven Ansatz hinaus und versucht die Logik von Protest in der selbst-widersprüchlichen Natur der Kommunikation und folglich auf Ebene der Gesellschaftstheorie zu verorten. Doch er übersieht die radikalen Konsequenzen seiner eigenen Theorie. Denn kann zu sozialer Realität nur durch »Wider-Sprechungen« (ebd.: 194) Zugang erlangt werden, dann ist Protest von durchaus konstitutiver Bedeutung für Gesellschaft. Protestbewegungen würden dann nicht einfach irgendeine gesellschaftliche Funktion neben vielen anderen erfüllen. Würde Luhmann dies ebenso sehen, hätte er Protest wohl nicht eher beiläufig in einer nicht einmal von ihm selbst verantworteten Sammlung von Interviews und kleineren Aufsätzen verhandelt.[14] Dieser marginale Status von Luhmanns Protestkategorie erinnert an Derridas Quasi-Kategoreme wie *pharmakon*, *hymen*, *chora*, *Gabe* usw. In all diesen Fällen handelt es sich um Kategorien, die für einen Text marginal und zentral zugleich sind. Sie werden – ganz so wie das unmögliche Objekt Gesellschaft für die Sozialwissenschaften – von einer Theorie mit Notwendigkeit erfordert und bleiben dennoch auf seltsame Weise randständig. So auch bei Luhmann. Nie legte er eine abschließende Theorie von Protestsystemen vor, obwohl Protest als Immunsystem und *reality check* doch eine notwendige Funktion im Prozess der kommunikativen Konstruktion von Gesellschaft zuzukommen scheint. Es ist der Protest, der – gemeinsam mit den Massenmedien, mit denen er oft strukturell gekoppelt ist – einer Gesellschaft, die aufgrund funktionaler Ausdifferenzierung keine ultimative *repraesentatio identitatis* zulässt, über den Mangel an Selbstidentität hinweghilft. Das Abenteuer der unmöglichen und, wie man gegen Luhmann halten muss: *notwendigen* Selbstrepräsentation von Gesellschaft hat in ausdifferenzierten Gesellschaften nämlich kein Ende gefunden. In der Bewegungsgesellschaft beginnt es erst so richtig. Immer mehr soziale Bewegungen präsentieren immer weitere Versionen der nicht erreichbaren und doch zu repräsentierenden Selbstidentität des Sozialen.

14 Beziehungsweise auf ein paar Seiten in *Die Gesellschaft der Gesellschaft* (Luhmann 1998: 847-865).

Nicht trotz, sondern *aufgrund* dieser Kämpfe um Totalität kann nach wie vor von der *einen* Gesellschaft ausgegangen werden. Aber es ist eine Gesellschaft, die, im Unterschied zur Annahme der Klassenkampftheorie, von einer Vielzahl von Konfliktlinien durchschnitten wird. Das unmögliche Objekt dreht sich gleichzeitig um eine Vielzahl von Konfliktachsen. Gesellschaft wird ständig und nach allen Richtungen gedehnt, verzerrt, gestaucht und verdreht. Das unvorhersehbare Schwanken von Calders Mobiles, die sich entlang mehrerer Achsen bewegen, kann dafür ein halbwegs adäquates (Denk-) Bild liefern. Wir stoßen hier auf eine weitere – entfernt nietzscheanische – Ursache, weshalb Gesellschaft nur in dinghaft entstellter Form zu haben ist. Mag die Funktion oder Logik von Protest immer dieselbe sein, die *Perspektiven* der konfliktorischen Selbstbeobachtung von Gesellschaft sind vielfältig. Das bedeutet nicht, dass es so viele Gesellschaften gibt wie soziale Bewegungen. Wäre das der Fall, könnten diese Bewegungen monadisch abgeschlossen aneinander vorbeileben – und wieder wären wir dem Phantasma einer prästabilierten Harmonie aufgesessen. Nein, die *eine* Gesellschaft wird auf vielfache – und vielfach unvereinbare – Weise ausgesagt. Sie ist das ständig entgleitende Objekt, um dessen Fixierung alle streiten. Nur deshalb ist die eine Gesellschaft *in sich* zerrissen und spaltet sich nicht in eine Mehrzahl selbstgenügsamer »Parallelgesellschaften« auf.

Wir sind hier an einem Punkt angelangt, an dem sich nicht nur das Rätsel der Bewegungsgesellschaft auflöst, sondern auch Luhmanns Unterordnung von Konflikt unter Kontingenz, wie ich sie in Kapitel 5 bemängelt hatte, korrigiert werden kann. Nirgendwo sonst kommt die soziologische Systemtheorie der postmarxistischen Antagonismustheorie näher als in ihrer Darstellung der Protestfunktion. Denn wie verhilft Protest der Gesellschaft zu Realität? Durch die Beobachtungstechnik des Teufels, so Luhmann, der als der Engel Satan eine Grenze gezogen hatte, »um von der anderen Seite aus Gott und seine Schöpfung zu beobachten« (ebd.: 201). So auch die Protestbewegungen, die eine Grenze *in* der Gesellschaft *gegen* die Gesellschaft selbst ziehen.[15] Sie können Gesellschaft nur beobachten, *als ob* sie es von einem Außen her täten, in das sie natürlich nie gelangen können. Das bedeutet, dass die (aufgrund

15 Luhmann (1996a: 201) definiert die Beobachtungstechnik des Teufels als »das Ziehen einer Grenze *in* einer Einheit *gegen* diese Einheit«. Diese Technik werde von den Neuen Sozialen Bewegungen kopiert.

funktionaler Differenzierung, das heißt Nicht-Selbstidentität) letztlich unmögliche Totalisierung von Gesellschaft durch deren Selbstnegation im Protest paradoxerweise doch möglich wird. Darin besitzt die satanische Logik der Grenzziehung Ähnlichkeit mit der des Antagonismus. Auch der Antagonismus macht die unmögliche Einheit eines Systems durch Abgrenzung gegen ein unerreichbares, negatorisches Außen vorübergehend möglich; auch beim Antagonismus handelt es sich um das Ziehen einer Grenze *in* einer Einheit *gegen* eine Einheit. Nur dass der Antagonismus darüber hinaus die Schließung des Sozialen zur Gesellschaft zugleich verunmöglicht. Wenn also Dirk Baecker kommentiert, der Protest stelle sicher, »dass die Gesellschaft vollständig ist«, weil sie über die Möglichkeit ihrer eigenen Negation verfüge (Baecker 2007: 125), dann müsste man nur hinzufügen, dass Protest noch etwas anderes sicherstellt: dass die Gesellschaft auch in ihrer Vollständigkeit unvollständig bleibt. Darin besteht die Differenz zwischen bloßer Negation und Antagonismus. Der Antagonismus konstruiert *und* destruiert Gesellschaft. Protestbewegungen produzieren ein unmögliches/notwendiges Objekt.

Sobald Protest von Seiten des Antagonismus her gedacht wird, bestätigt sich die Vermutung, dass das Bewegungsgesellschaftspanorama von mehr als nur deskriptivem Wert ist. Es »beschreibt« nicht bloß vermeintlich objektive Qualitäten moderner Gesellschaften. Dem Panorama kommt gesellschaftstheoretischer, mithin sozialontologischer Status zu. Soziale Bewegungen aktualisieren den Antagonismus – das radikal negatorische Außen der Gesellschaft – innerhalb der Gesellschaft: im Sozialen. Das ist der Grund, weshalb »Gesellschaft« nie zur Ruhe kommt. Gesellschaft kann aufgrund ihrer antagonistischen Struktur niemals Symmetrie, Ausgewogenheit oder Totalität erlangen. Hat man sich erst einmal von der Idee einer singulären Konfliktlinie (wie dem marxistischen Klassenkampf) gelöst, dann wird man in den vielen Göttern Webers, die den Gräbern entsteigen, um ihren ewigen Kampf fortzusetzen, die vielen Teufel erkennen, mit deren Hilfe Gesellschaft sich selbst beobachtet – das heißt begründet.

12.5. Sozialer Wandel: Die abwesende Ursache

Wäre die soziologische Bewegungsforschung nicht begriffsgeschichtlich desinteressiert, wäre man schon viel früher auf das untrennbare Verhältnis von sozialer Bewegung und Gesellschaft gestoßen. Schließlich ist »Bewegungsgesellschaft« fast schon ein Pleonasmus. Bereits bald nach seiner Prägung wurde der Begriff der sozialen Bewegung zum Synonym von Gesellschaft. Als »mouvement social« zu Beginn des 19. Jahrhunderts im französischen Frühsozialismus aufgekommen, bezog sich »Bewegung« von Beginn an auf die *Totalität* des Sozialen: »Das Verständnis von sozialer Bewegung bei Saint-Simon, Fourier und Comte ist totalisiert: Der sozialen Bewegung unterliegt alles Gesellschaftliche zu allen Zeiten, oder, wie Fourier es ausdrückt, alles Sein ist von der sozialen Bewegung geprägt.« (Rammstedt 1978: 40) Freilich diente die Übernahme des physikalischen Bewegungsbegriffs zunächst dem Zweck, hinter der Kontingenz historischen Wandels tiefere Gesetzmäßigkeiten aufzustöbern. Aber dieses »objektive« Verständnis von Bewegung wird von Beginn an begleitet von einem »subjektivistischen« der Bewegung als Name eines sozialen Akteurs. Bereits Saint-Simon geht es darum, die »produktive Klasse« (= Arbeiter + Industrielle), die letztlich die historische Bewegung zu exekutieren hat, zum Handeln zu motivieren: also *in Bewegung zu setzen*. Dieses Spannungsverhältnis zwischen objektivem Gesetz und subjektiver Aktion wird den Bewegungsbegriff von da an begleiten. Von den Junghegelianern ins Deutsche übernommen, wird soziale Bewegung zur dialektischen Bewegung der Geschichte, bei Marx später zur Bewegung des Kapitals. Der Gang der Weltgeschichte wird nun als ein dialektischer Prozess verstanden, der bestimmten Gesetzen gehorcht.

Und dennoch verschwindet die aktivistische Seite des Begriffs nicht. Sie verschmilzt sogar mit dem Begriff der Gesellschaft. Wie schon im Einleitungskapitel bemerkt, fungierten im revolutionären politischen Diskurs des Jahres 1848 »Gesellschaft« und »Bewegung« als Synonyme. Gesellschaft – für Moritz Veit der »gährende, keimende, treibende Inhalt« des Staates (zitiert in Riedel 1975: 839) – war ein Kampfbegriff der sozialen Bewegung (und ihrer Gegner). Die begriffsgeschichtliche Rekonstruktion lässt daran keinen Zweifel: »Unter dem Eindruck der von Frankreich ausgehenden sozialen

Bewegung, die zu Beginn der vierziger Jahre auch auf Deutschland übergreift, gewinnt nun der Gesellschaftsbegriff [...] allmählich schärfere Konturen. [...] Die abstrakte Bezeichnung wird in der sozialen Bewegung politisch konkretisiert, sie wird zum positiv wertbesetzten oder zum negativ abwertenden Schlagwort der politischen Parteien und Gruppierungen.« (ebd.: 842) Bis heute hängt der »Bewegung« etwas vom ehemaligen Kampfbegriff an. Daran ist nichts erstaunlich. Denn eine der ursprünglichen Bedeutungen der Vokabel Bewegung war nichts anderes als Aufstand, Unruhe, Revolte. Auch im Französischen schwang in *mouvement* immer auch *émeute* mit, der Aufruhr. Bewegung hieß Bewegung der Massen »als Monstren, als Schreckgespenster« (Ramstedt 1978: 89).

Das Spannungsverhältnis von Gesetzes- und Aktionsbegriff von Bewegung manifestiert sich hier in der Spannung zwischen Berechenbarkeit und Unberechenbarkeit. Die unberechenbaren Massen durchkreuzen das Phantasma von der Berechenbarkeit historischer Bewegung. Man kann sogar sagen: Die Masse ist eine der Figuren der Gesellschaft als *Ding*. Die Massenpsychologie des 19. Jahrhunderts wird eine ganze Zombologie der Massen entwerfen. Nur scheinbar wird sie die »Panik« der Massen verhandeln; was in Wahrheit verhandelt wird, ist die Panik des Bürgertums *vor den Massen*. Angst vor der Masse ist Angst vor den unkontrollierbaren Bewegungen des Sozialen, ist Schwindel vor dem sich zurückziehenden Grund, ist die in Panik umschlagende Erkenntnis, dass sich Gesellschaft möglicherweise doch nicht gesetzmäßig entwickeln könnte, sondern von sozialen Kämpfen in Bewegung gehalten wird, ohne auf ein vernünftiges Ziel hinzusteuern.

Die Wissenschaften des 19. Jahrhunderts werden sich in Angstbewältigung üben. Es kommt zu einer doppelten wissenschaftlichen Bändigung des Bewegungsbegriffs. Im Marxismus wurde die Figur ungesetzlicher Bewegung in die gesetzmäßige der Dialektik gepresst. Es galt, die Masse zur Klasse zu organisieren und deren Kampf den Gesetzen der Weltgeschichte zu unterstellen. Das Bürgertum wiederum, dessen revolutionäre Fraktionen zuvor selbst noch unter dem doppelten Banner der Gesellschaft und der Bewegung gekämpft hatten, verlor zunehmend das Interesse am Begriff sozialer Bewegung. Der Begriff wurde domestiziert und neutralisiert: »An die Stelle von ›soziale Bewegung‹ traten nun Begriffe wie Wandel, Dynamik, Entwicklung oder Evolution, die im Hinblick auf die Interessenbestimmung der Entwicklung neutral schienen.« (Ebd.: 76) Während die traditionsmarxistische Zähmung widerspenstiger Bewegungen einem inzwischen vergangenen Zeitalter anzugehören scheint, lebt sie in der »bürgerlichen Wissenschaft« – in den Vokabeln, auf die Rammstedt hinweist – unbemerkt fort. Im Regelfall untersuchen die Sozialwissenschaften soziale Entwicklungen, nicht *soziale Bewegungen*. So kam es zur Entpolitisierung ehemals politisch kodierter sozialwissenschaftlicher Grundbegriffe.

Will man etwas zu ihrer Repolitisierung beitragen, wird man die Kategorien sozialen Wandels oder sozialer Entwicklung neu bewerten müssen. Anzusetzen wäre – wie nicht anders zu erwarten in einer postfundamentalistischen Gesellschaftstheorie – an der notwendigen Kontingenz und grundlegenden Konfliktualität sozialer Veränderung. Die Frage nach den Wirkursachen sozialen Wandels findet ihre Antwort in dieser Doppelbestimmung. Denn im Unterschied zu einem antifundamentalistischen Zugang ist für einen postfundamentalistischen das Problem der Kausalität nicht vom Tisch. Die Wirkursache ist eine der Figuren des Grundes – und im Postfundamentalismus verschwindet die Dimension des Grundes nicht, sondern bleibt paradoxiert erhalten. Einen großen Schritt zur Erklärung der paradoxen Ursache sozialen Wandels hat Althusser getan, auf dessen Theorie der Immanenzursache wir bereits hingewiesen haben. Althussers Geschichtstheorie ließe sich vielleicht am treffendsten als Theorie simultaner Ungleichzeitigkeit bezeichnen. Um alle metaphysischen Vorstellungen von Präsenz, Wesenhaftigkeit, »Objektivität« oder transitiver Kausalität abzuwehren, entwirft er einen geradezu revolutionären Begriff von Zeitlichkeit.[16]

Althussers Modell geschichtlicher Zeit emanzipiert sich von der Vorstellung eines kontinuierlichen und homogenen Zeitstroms: »[D]ie wahre Geschichte weist nichts auf, was es erlauben würde, sie in der ideologischen Kontinuität einer linearen Zeit zu lesen, die man nur richtig zu akzentuieren und zu unterteilen brauchte; sie besitzt im Gegenteil eine eigene, höchst komplexe und – gemessen an der entwaffnenden Einfachheit des ideologischen Vorurteils – völlig paradoxe Zeitlichkeit.« (Althusser 1972: 136) In dem komplexen differenzierten Ganzen, das jede Gesellschaftsformati-

16 Und zwar revolutionär im doppelten Sinn. Einerseits ist Althussers Zeitbegriff revolutionär für die objektivistischen Sozialwissenschaften; andererseits erinnert er, wie man sehen wird, an Benjamins messianisch-revolutionären Zeitbegriff.

on darstellt, kommt nämlich jeder Ebene eine eigene Zeitlichkeit zu. Die ökonomische Basis, der juristische und politische Überbau, die Ideologie und die Wissenschaft, all diese Ebenen sind in ihrer Entwicklung relativ autonom. Manche mögen »weiter fortgeschritten«, andere mögen »zurückgeblieben« sein. Dennoch, und hierin liegt das Paradox, lässt sich ihre unterschiedliche Entwicklung nicht am Maßstab einer linearen Standardzeit beurteilen. Nicht im Verhältnis zu einer solchen Standardzeit, sondern *zueinander* stehen sie in einem Verhältnis der Ungleichzeitigkeit. Daraus ergibt sich eine nichtlineare Zeit, das heißt »eine Zeit der Zeit, eine komplexe Zeit, die man nicht aus der kontinuierlichen Zeit des Lebens oder der Uhren heraus*lesen* kann« (ebd.: 132), und die nur aus der »komplexe[n] ›Überschneidung‹ verschiedener Zeiten, Rhythmen, Kreisläufe usw.« heraus konstruiert werden kann (ebd.: 133).

Es gibt also keinen anderen Referenzpunkt, an dem sich die Ungleichzeitigkeit historischer Veränderungen messen ließe, als die – in sich komplexe und dezentrierte – Totalität der Struktur. Nur in Bezug auf diese »Gesamtstruktur des Ganzen« (ebd.: 140) kann von einem Element (wie zum Beispiel dem Zustand der Produktionsmittel oder dem ideologischen Überbau) behauptet werden, es sei seiner Zeit voraus oder hinke ihr nach. Geschichtliche Zeit resultiert damit aus den »Korrespondenz-, Nichtkorrespondenz-, Gliederungs-, Trennungs- und Verlagerungsverhältnissen, die in Funktion der Gesamtstruktur des Ganzen zwischen den verschiedenen ›Ebenen‹ bestehen« (ebd.: 143). Die Totalität als solche, das lehrt Althussers Theorie strukturaler Kausalität, ist hingegen nicht zugänglich. Sie ist nur in ihren Wirkungen präsent, also genau den Verschiebungen und Verdichtungen ihrer Strukturelemente. Diese Überlegungen sind revolutionär, sofern sie erlauben, geschichtliche Zeit als Überlagerung aus Ungleichzeitigkeiten zu verstehen. *Die* Geschichte, so könnte man sagen, existiert nicht, es sei denn als abwesende Ursache.[17] Und dennoch kann Althussers Modell die Entstehung sozialen Wandels nicht erklären. Denn die Kausalursa-

17 Althusser selbst sagt das fast wörtlich, wenn er darauf besteht, dass man »nicht von einer Geschichte im allgemeinen sprechen kann, sondern nur von besonderen Strukturen der Geschichtlichkeit, die in letzter Instanz auf den besonderen Strukturen verschiedener Produktionsweisen beruhen« (Althusser 1972: 143). Fredric Jameson hat diesen Gedanken fortgeführt (Jameson 1988a, 1988b; vgl. dazu auch Marchart 1999).

che aller Verschiebungen und Verdichtungen – die gesellschaftliche Totalität – garantiert auch noch als abwesende die Stabilität, Immanenz und Ewigkeit der Struktur. Althusser bleibt Strukturalist, ja mehr noch: er bleibt Spinozist und führt die Diachronizität der Zeit auf die Synchronizität der Struktur zurück. Ungleichzeitigkeit wird in Gleichzeitigkeit gegründet. Denn Synchronie, das heißt für Althusser: »Erkenntnis der Abhängigkeits- und Gliederungsbeziehungen, die aus einzelnen Elementen und Strukturen ein organisches Ganzes, ein System machen.« (Ebd.: 141) Schon der Begriff des organischen Ganzen ist an dieser Stelle verräterisch. Die Idee einer fundamentalen Ungleichzeitigkeit wird schließlich gänzlich zurückgenommen, wenn Althusser fortsetzt, die Synchronie sei »die Ewigkeit im Sinne Spinozas« (ebd.).

Das Problem liegt in der spinozistischen Konzeption der Immanenzursache. Wie schon in Kapitel 8 kritisiert, ist für Althusser/Spinoza die Ursache ihren Wirkungen, die Totalität ihren Elementen gänzlich immanent. Wie man es dreht und wendet, sie ist gänzlich anwesend oder gänzlich abwesend (Spinoza ist entweder Pantheist oder Atheist, was auf dasselbe hinausläuft). Aber sie bleibt darin *ganz*. Gesellschaft mag abwesend sein (beziehungsweise anwesend in ihren Wirkungen), ihre Totalität bleibt unbeschädigt. Ihre Zeitform ist die Ewigkeit, in der letztlich alle Verdichtungen und Verschiebungen in der kristallinen Form einer Struktur eingefroren sind. Sozialer Wandel ist in diesem Modell undenkbar. Deshalb müssen wir das Modell umstellen. Erst wenn die Struktur kein organisches Ganzes mehr bildet, ist es auch mit Synchronie vorbei und Wandel wird möglich. Das Spiel der Verschiebungen und Verdichtungen des Sozialen wird endgültig freigesetzt, ohne auf eine »letzte Instanz« und umgreifende Totalität verwiesen zu sein. Freilich verschwindet die Strukturtotalität nicht gänzlich, das würde nichts ändern, sondern wird in ihrer Unmöglichkeit *wie* Notwendigkeit anerkannt. Nur als paradoxes *Ding* ist Gesellschaft, um die Typologie Alexander Calders zu bemühen, ein Mobile und kein Stabile.

Das eröffnet uns den Weg zu einer postfundamentalistischen Theorie sozialer Veränderung. Die Ursachen sozialen Wandels sind weder mit einem klassisch-objektivistischen Konzept transitiver Kausalität noch mit dem althusserianischen strukturaler Kausalität zu erklären. Man muss den Schritt hin zum Postfundamentalismus wagen: Es gibt sozialen Wandel, weil dessen Kausalgrund im Verhältnis zu seinen Wirkungen verschoben bleibt. Weder determiniert er sie, noch geht er in ihnen auf. Im Gegenteil, er ist immer zu nahe an seinen Wirkungen oder zu entfernt von ihnen. Die »Objektursache« historischer Veränderung – *die* Gesellschaft – entzieht sich uns oder nähert sich bedrohlich. Oder, auf Althussers Metaphorik geschichtlicher Zeit umgelegt: Sie kommt entweder zu früh oder zu spät. Es ist nicht so, dass die Stunde der letzten Instanz *nie* schlagen würde, wie Althusser sagt. Sie schlägt nur immer zur falschen Zeit. Kurz gefasst: Es gibt sozialen Wandel, weil die Gesellschaft sich entzieht und der Antagonismus sie gleichsam von uns wegtreibt.[18] Die relationale Konstitution des Sozialen ist *in Bewegung*, weil Gesellschaft vom Antagonismus durchkreuzt wird. Es wäre also durchaus gerechtfertigt, vom Antagonismus – der Instanz sozialer Negativität – als »Motor« sozialen Wandels zu sprechen. Natürlich nicht im Sinne eines gut geölten dialektischen Getriebes. Es ist der Antagonismus in seiner ontologischen Eigenschaft als eine Konflikt erzeugende *Blockade*, beziehungsweise es ist die Selbst-Blockade des Sozialen, die den konstanten gesellschaftlichen Wandlungsprozess, das Spiel der Ausdifferenzierung, die Verschiebungen im Machtgleichgewicht hegemonialer Formationen, kurzum: den Fluss der Differenzen in Gang hält. All jene Prozesse, die mit neutralisierenden und entpolitisierenden Begriffen wie »Entwicklung«, Evolution, Wandel, Differenzierung beschrieben werden, sind überhaupt nur möglich, weil die Gesellschaft *nicht eine* ist, weil sie aber auch nicht bloß der Sammelbegriff für eine Pluralität von Wertsphären, sozialen Systemen, Feldern oder Bewegungen wäre, sondern weil sie in ihrem Sein vom Antagonismus blockiert wird. Wenn sozialer Wandel »in letzter Instanz« von etwas angestoßen wird, dann von dieser produktiven Selbstblockade.

12.6. Die Wiederkehr der Ideologiekritik

Kommen wir zurück zur Eingangsfrage des Kapitels: Kann es in einer postfundamentalistischen Gesellschaftstheorie überhaupt einen Ort für Kritik, ja für Ideologiekritik geben? Bevor wir diese

18 Oder sie eben umgekehrt in Form eines Angst einflößenden oder Ekel auslösenden Abjekts auf uns zutreibt.

Frage beantworten, muss das komplizenhafte Verhältnis zwischen Ideologie und klassischer Ideologiekritik angesprochen werden. Es ist recht einfach, die fundamentalistischen Prämissen von Ideologien zu kritisieren – zum Beispiel den Nationalismus, der auf einem scheinbar homogenen Volkskörper gegründet ist, oder den religiösen Fundamentalismus, der auf der Figur göttlichen Willens gegründet ist. Oftmals aber geht die Kritik der Ideologie nicht weniger fundamentalistisch vor als die Ideologie selbst. Man denke nur an orthodox-marxistische Ideologiekritik. Sie stellt ein Erkenntnissubjekt – die Partei – auf einen privilegierten Aussichtspunkt, von dem es die Gesetze der Geschichte identifizieren und eine wissenschaftliche Methode zu ihrer Erkenntnis entwickeln kann. Ideologiekritik kommt ins Spiel, sobald die Partei mit einer Bevölkerung konfrontiert ist, die nicht willens oder in der Lage ist, ihre eigene Position aus Perspektive der Partei zu betrachten. Ideologiekritik übernimmt dann die Aufgabe, zu erklären, weshalb manche ihre »objektiven Interessen« stur verleugnen und die welthistorische Rolle, die ihnen von der Partei mit wissenschaftlicher Präzision zuerkannt wurde, nicht zu übernehmen bereit sind. Das kann nach dieser Auffassung nur daran liegen, dass sie ideologisch *verblendet* sind. Die Logik dieser ideologiekritischen Operation findet sich nicht allein im orthodoxen Marxismus. Wenn heutige Politiker oder Experten beklagen, die Menschen verstünden nicht, dass der Wohlfahrtsstaat aus den objektiven Gründen zwischenstaatlichen Wettbewerbs »reformiert« werden müsse, folgt diese Klage genau demselben Modell: Ein Subjekt, dem Wissen unterstellt wird, wird in Stellung gebracht gegenüber einem Subjekt, dem nicht allein Unwissen, sondern dem *Irrtum* unterstellt wird, da sein Zugang zum Wissen blockiert ist.

Das klassische Modell der Ideologiekritik darf letztlich als bekannt vorausgesetzt werden. Es gibt keinen Grund, es von Neuem zu dekonstruieren. Ich möchte nur darauf hinweisen, dass diese Art Ideologiekritik Fundamentalismus im epistemologischen Modus darstellt.[19] Es geht hier nicht einfach darum, dass von jemandem angenommen wird, er wisse mehr oder weniger als jemand anderer – wie etwa im Fall eines Patienten, der Rat bei einem Arzt sucht. Eine sehr viel tiefere Asymmetrie wird erzeugt, da der Zugang zu

19 Es ist kein Zufall, dass die Kritik des Fundamentalismus wiederum zuerst an dessen epistemologischer Variante geübt wurde (Rorty 1981).

Wissen erst von einer Fundierungsinstanz eröffnet wird. Im Fall der Aufklärung trug diese Instanz den Namen Vernunft, im Fall des Marxismus war es die Geschichte. Es handelt sich im strengen Sinn um eine außerweltliche Instanz, da sie ermöglicht, alle irdischen Angelegenheiten von einem ihnen äußerlichen Standpunkt aus zu betrachten. Nur deshalb kann sie der ideologiekritischen Unternehmung als Fundament dienen.

Selbstverständlich geht ein postfundamentalistischer Ansatz von der Unerreichbarkeit eines solchen Fundaments aus. Wie immer lassen sich daraus zwei unterschiedliche Schlussfolgerungen ziehen. Entweder man gibt das gesamte Unternehmen der Ideologiekritik, ja womöglich von Kritik überhaupt auf – dann fiele man aber zurück in den Antifundamentalismus. Oder man hält am Projekt der Kritik, ja sogar der Ideologiekritik fest, unterläuft es aber von innen. Wählt man die zweite Option, wird man an der, wie Charles Taylor mit Bezug auf Heidegger, Merleau-Ponty und den späteren Wittgenstein sagt, »Überwindung der Metaphysik« (Taylor 1995: 1) arbeiten müssen. Nun haben natürlich alle Überwindungsversuche ein Problem, auf das bereits Heidegger selbst hingewiesen hat: dass das Totgesagte seinen Tod überlebt und sich unbemerkt wieder einschleicht. Es wäre naiv, zu glauben, man könnte das Sprachspiel der Epistemologie, das sich so tief in das metaphysische Imaginäre der Neuzeit eingebrannt hat, umstandslos hinter sich lassen. Jede Rede von Ideologie oder Kritik, auch eine postfundamentalistisch angelegte, wird auf einen Begriff von »Verkennung« oder gar »falschem« oder »verzerrtem« Bewusstsein angewiesen sein. Deshalb wird es darum gehen, eine Ver-, wenn nicht Entwendungsweise des epistemologischen Vokabulars zu entwickeln, die im Rahmen einer postfundamentalistischen Gesellschaftstheorie Bestand haben kann.

Das erfordert natürlich zunächst die von Heidegger vorgeprägte und von Derrida weitergeführte Verschiebung des Sprachspiels der Epistemologie hin zu dem der Ontologie beziehungsweise Hantologie. Der epistemologische Modus von Ideologiekritik wird auf diese Weise nicht so sehr überwunden als *hantologisiert.* Damit wird Ideologie zu einem sozialwissenschaftlichen Grund-Begriff, gerade weil sie uns daran erinnert, dass wir in der Moderne zwar kein positives Wissen um die wahre Objektivität des Sozialen besitzen, aber in unserer Erfahrung der ärgerlichen Tatsache Gesellschaft doch die ontologische Grundlosigkeit des Sozialen registrieren. Wird dies zugestanden, dann bezieht sich der Begriff der Ideologie nicht länger auf bestimmte Diskurse – wie Sozialismus, Nationalismus oder »bürgerliche Ideologie« –, sondern auf die *Verkennung* der ultimativen Grundlosigkeit des Sozialen und damit der notwendigen Kontingenz *eines jeden* Diskurses. Anders gesagt: Was Ideologien verzerren und verleugnen, ist nicht ein bestimmter diskursiver Inhalt, eine bestimmte Klassenposition oder irgendwelche objektiven Interessen. Postfundamentalistisch bezieht sich das Konzept der Ideologie auf nichts anderes als die ontologische Ebene des Sozialen. Es bezeichnet einen Modus der Verzerrung, Verleugnung oder gar Verwerfung der ontologisch ungründbaren Natur jedes Diskurses, jeder Position, jedes Interesses, jeder Identität – und damit des notwendigen Charakters von Kontingenz. Eine postfundamentalistische Form der Ideologiekritik muss diesen Wechsel von einem »ontischen« zu einem »ontologischen« Begriff von Ideologie vollziehen.[20]

Man sieht, wie darin eine Dimension des epistemologischen Sprachspiels erhalten bleibt. Nach wie vor sehen wir uns gezwungen, von »Verzerrung« oder »Verkennung« zu sprechen (vgl. Žižek 1994; Laclau 2002: 174-200). Nur ist das einzige Simulakrum, das von Ideologie noch produziert wird, das Simulakrum eines festen Fundaments, gleichgültig, ob es sich bei diesem Fundament um Gott, die Natur, das Subjekt, die Vernunft, die historische Notwendigkeit, die ökonomische Basis, das Volk, den Markt, die Gene oder etwas Vergleichbares handelt. Nichts am besonderen »Inhalt« oder der Bedeutung dieser Begriffe macht sie *per se* ideologisch. Nur wenn ihnen die Funktion eines Fundaments zuerkannt wird, wechseln sie gleichsam in den ideologischen Modus. In dem Ausmaß, in dem sie Phantasmen zu speisen beginnen, die über die Grundlosigkeit des Sozialen hinwegtäuschen sollen, können sie als ideologisch bezeichnet werden.

20 So verstanden liefert uns Ideologie nicht etwa ein verzerrtes Bild der objektiven (ontischen) Realität, sondern eher – in lacanscher Begrifflichkeit – das imaginäre Bild einer Welt, aus der das Symbolische und das Reale verbannt werden sollen. Der nachhaltigste Beitrag der slowenischen Lacan-Schule, insbesondere Slavoj Žižeks (vgl. das Standardwerk Žižek 1989), zur sozialwissenschaftlichen Diskussion besteht in der Ausschilderung dieser These in Form einer lacanianischen Ideologietheorie, der auch die hier vorgetragenen Überlegungen viel verdanken.

Aber auch hier müssen Postfundamentalisten Vorsicht walten lassen. Wenn wir nämlich Ideologie zum Grundbegriff erheben, das heißt auf sozialontologischer Ebene verorten, kann es keinen Diskurs geben, der nicht in gewissem Ausmaß ideologisch wäre, keine soziale oder politische Handlung, die nicht doch Elemente von Ideologie an sich trüge. *Irgendwelche* Fundamente müssen immer gelegt werden, und im Prozess ihrer Instituierung wird ihr kontingenter Charakter in gewissem Ausmaß vergessen gemacht (sonst würde es niemand der Mühe für wert befinden, überhaupt in das Spiel der Gründung/Entgründung des Sozialen einzutreten). In der Politik ist das am deutlichsten, trifft aber auf jede Form sozialen Handelns zu: Jedes politische Projekt muss sich gegenüber konkurrierenden Projekten stabilisieren, nach außen hin abdichten und auf ein vermeintlich stabiles Fundament stützen (wie die Parteilinie, die Erderwärmung, den *homo oeconomicus* etc.). Das Ideologische könnten wir nur hinter uns lassen, wenn wir unsere politischen Projekte überhaupt nicht stabilisieren wollten – doch dann würden wir zugleich aufhören, überhaupt politisch zu handeln. Politisch handeln heißt: handeln, *als ob* das Soziale gründbar wäre. Deshalb sind politische Akteure – einschließlich sozialer Bewegungen – immer auf der Suche nach irgendeinem Simulacrum des Grundes. Wie es Renata Salecl aus lacanianischer Sicht formuliert:

> *Eine Politik ohne Phantasma, ohne eine am Ort der Annahme manipulierte Art des Genießens, ist illusorisch.* Wenn »die Gesellschaft nicht existiert«, wenn das gesellschaftliche Feld nicht-ganz, gespalten ist, getrennt durch Antagonismen, die sich weigern, von der ideologischen Symbolisierung gänzlich aufgesogen zu werden, wenn das gesellschaftliche Feld um eine grundlegende Unmöglichkeit herum strukturiert ist, werden diese Mängel, diese Leeren der gesellschaftlichen Struktur, immer mit Phantasmen erfüllt. (Salecl 1991: 35)

In dieser Passage wird bereits auf einen zweiten Aspekt hingewiesen, den eine postfundamentalistische Ideologiekritik selbstverständlich zu berücksichtigen hat: die grundsätzliche Konfliktualität des Sozialen. Ideologiekritik bleibt unabdingbar, weil der ontologische Status von Konflikt selbst umkämpft ist. In Ideologie wird der konflikthafte Charakter des Sozialen verdrängt. Darin besteht die ideologische Dimension von sozialtechnologischen, kommunitaristischen oder totalitaristischen Projekten. Es handelt sich immer auch um Pazifizierungsprojekte, mit denen die Unstrittigkeit von Strittigkeit bestritten wird. Sozialontologisch formuliert: Durch Verleugnung der konstitutiven Natur von Negativität soll Gemeinschaft positiv fundiert werden.[21] »Was strahlt, als wäre es über den Antagonismen, ist eins mit der universalen Verstrickung«, heißt es bei Adorno (1975: 306). Ideologiekritik hieße dann umgekehrt: Kritik eines jeden Versuchs der Verleugnung des kontingenten wie konfliktuellen Charakters des Sozialen.

Damit ist freilich auch gesagt, dass selbst eine postfundamentalistische Kritik nicht jenseits sozialer Kämpfe formuliert wird. Sie unterscheidet sich von Ideologiekritik im epistemologischen Modus darin, dass kein den sozialen Kämpfen enthobener Standpunkt korrekter Erkenntnis reklamiert wird, um etwas mit Sicherheit als Ideologie, das heißt als Verblendung und falsches Bewusstsein beschreiben zu können. Postfundamentalistische Kritik definiert sich selbst als Teil der Auseinandersetzung. Das hat sie mit Foucaults Genealogie und dem historisch-politischen Diskurs gemeinsam. Es handelt sich um einen durch und durch *perspektivischen* Diskurs: »Er zielt auf Totalität nur insofern, als er sie von seinem eigenen Blickwinkel aus anpeilt, durchquert und durchstößt, d.h., daß die Wahrheit eine ist, die sich nur von ihrer Kampfposition und vom anvisierten Sieg aus entfalten kann.« (Foucault 2001a: 69) Die Wahrheit ist perspektivisch. Wahrheit ist, so die nietzscheanische Pointe, nicht auf der Seite der Unparteiischen; sie ist asymmetrischer Besitz einer Seite und wird durch den unablässigen Kampf mit deren Gegnern dezentriert. Wir müssen also Latours Begriff des Panoramas genealogisch modifizieren. Der Standpunkt, von dem aus der Blick in das Rund eines Panoramas fällt, ist seinerseits umkämpft, ist Teil einer hegemonialen Auseinandersetzung um die Definition der Gesellschaftsformation als ganzer. Das trifft auch Panoramen wie Prekarisierungsgesellschaft oder Bewegungsgesellschaft. Sie sind keine interesselosen Beschreibungen einer vermeintlich objektiven Faktenlage. Richtet sich das Erste gegen eine hegemoniale Politik, die im Prekariat nur eine marginale Gruppierung ausmacht, die mithilfe sozialtechnologischer Disziplinierungsmaßnahmen in Zaum gehalten werden kann, so richtet sich

21 Ein letztlich aussichtsloses Unterfangen, das zu ständigen Selbstdementis gezwungen ist, sofern die verworfene Negativität in Form von Sündenböcken oder externen Feinden nur erneut in ihr Recht gesetzt wird.

das Zweite gegen eine Idee von Gesellschaft, mit der sozialer Protest auf ein episodisches Phänomen am Rande des politischen Systems reduziert wird. Damit sind beide Panoramen Teil des Kampfes um das legitime, allgemein zustimmungsfähige Bild von Gesellschaft.

Das bedeutet nicht, dass wir uns in einen nihilistischen Relativismus der Kämpfe flüchten würden. Nicht alles ist gleichermaßen ideologisch. Weit entfernt, so etwas behaupten zu wollen, macht unsere »hantologische Neubeschreibung« eine gewisse Differenzierung zwischen dem Ideologischen und dem Nicht-Ideologischen überhaupt erst möglich. Zielt Ideologie darauf ab, dem Sozialen den Spuk – also das *Ding* Gesellschaft und die radikal negative Instanz des Antagonismus – auszutreiben, dann verweist Kritik umgekehrt auf die so kontingente wie radikal umkämpfte Natur des Sozialen. Kritik, das hieße in soziologischen Konzepten wie »Entwicklung« oder »Evolution« wieder die soziale Bewegung erkennen, in den Gesetzmäßigkeiten der Geschichte oder der Ökonomie die Kontingenz und in der je spezifischen Strukturierung sozialer Verhältnisse den Konflikt. Oder denken wir an die Grundbegriffe, die im vorigen Kapitel verhandelt wurden. Es sind nicht nur deshalb *kritische* Begriffe, weil es einen deutlich politischen und keinesfalls nur forschungspragmatischen Unterschied macht, ob wir soziale Verhältnisse mit Kategorien wie Macht und Hegemonie beschreiben oder mit solchen wie Funktion und Nutzenmaximierung. Kritisch im gesellschaftstheoretischen Sinn, das heißt *gesellschaftskritisch* sind diese Grundbegriffe vor allem deshalb, weil sie unseren Blick auf die unheimliche Rückseite des jeweiligen Phänomens lenken – auf jene andere Seite, von der aus betrachtet Macht, Staat oder Hegemonie, wie immer sie sonst noch konkret definiert und voneinander abgegrenzt werden mögen, als Synonyme der vom Antagonismus durchkreuzten Gesellschaft erscheinen. Sie werden zu alternativen Namen für die ultimative Grundlosigkeit wie Gründungsbedürftigkeit des Sozialen. Damit helfen sie uns, den Blick – und sei es nur aus den Augenwinkeln – auf das Medusenhaupt der Gesellschaft zu richten, ohne in Ideologie zu erstarren.

13. Vom Sozialen zum Politischen
Die Entfaltung des Antagonismus: Theorie, Affekt, Protest

13.1. Die Praxis der Gesellschaftstheorie

Im Januar 1970 eröffnete Alvin Gouldner seine später zum Klassiker avancierte Studie zur Krise der Soziologie mit folgenden Worten:

> Wer heute als Gesellschaftstheoretiker arbeitet, sieht sich dem Zusammenbruch einer sozialen Ordnung gegenüber, der seinen Ausdruck in blockierten Stadtzentren und demolierten Universitäten findet. Mögen sich manche auch Watte in die Ohren stopfen: ihre Körper registrieren des ungeachtet die ganze Wucht der Erschütterung. Ohne Übertreibung kann man behaupten, daß wir heute mit Maschinengewehren im Rücken Theorie machen. Einige hundert Rebellionen haben es geschafft, die alte Ordnung mit ihren Attacken empfindlich zu treffen und zu verunsichern. (Gouldner 1974: 9)

Auf den ersten Blick stellt sich die heutige Situation weit weniger dramatisch dar. Vor dem unmittelbaren Zusammenbruch sozialer Ordnung dürften wir nicht stehen. Und die Behauptung, Gesellschaftstheorie würde mit Maschinengewehren im Rücken betrieben, klingt übertrieben pathetisch. Aber in den Jahren um 68 war dies nicht von der Hand zu weisen. Schließlich hatten im Oktober 1968 in Mexico City Scharfschützen der Regierung ein Massaker unter demonstrierenden Studierenden angerichtet. Nur wenige Wochen nach der Abfassung von Gouldners Buch wurden auf dem Gelände der Kent State University vier Studierende von der Nationalgarde erschossen und weitere verletzt. Daran zeigt sich auch, dass die Hunderten von Rebellionen, auf die Gouldner anspielt, nicht nur in Nanterre und Berkeley stattfanden. 68 war ein transnationales Protestereignis, das von Japan bis Ohio reichte. Eine erste Weltrebellion, mit der die Entstehung einer globalen Bewegungsgesellschaft markiert wird.

Insofern ist unsere Situation vielleicht doch nicht so verschieden von der Gouldners. Schließlich hat sich angesichts der Herrschaft eines repressiven Neoliberalismus seit den 1990er Jahren die globalisierungskritische Bewegung herausgebildet. Deren Ausläufer sind noch in den internationalen Sozialprotesten seit 2011 spürbar, die sich nicht zuletzt in »blockierten Stadtzentren« manifestierten. Ereignisse dieser Art können auf zweierlei Weise gedeutet werden: Man kann in ihnen bloße Episoden sehen, die langsam auströpfeln oder durch Repression – von der Erschießung von Demonstranten bis zur polizeilichen Räumung besetzter Plätze – kurzerhand beendet werden. Man kann in ihnen aber auch nur die Höhepunkte sehr viel längerer Protestzyklen sehen, die über Jahrzehnte reichen können.

Die zweite Sicht ist, wie uns die Bewegungsforschung lehrt, realistischer. Aber sie ist nicht hinreichend. Der theoretische Ansatz, den ich vorgeschlagen habe, legt nahe, unter Geschichte ein Konfliktkontinuum zu verstehen, in dem um vorübergehende Stabilisierungen – um den Eindruck von Konsens und Zustimmung – gestritten wird, ohne dass dieser Streit je enden würde. Proteste sind keine seltenen Episoden des Aufstands in einem Meer der Ruhe, sondern nur größere Ausschläge von Kämpfen, die auf niedrigem Niveau andauern. Das Soziale ist der unablässigen Verformung durch eine Vielzahl von interferierenden, sich bei Zeiten aufschaukelnden und verstärkenden, dann wieder neutralisierenden und abschwächenden Konfliktzyklen ausgesetzt. Das Soziale ist *in Bewegung*. Deshalb darf man nicht nur die spektakulären Protestgroßereignisse ins Auge fassen. Protestiert wird fortwährend in allen Größenordnungen von global koordinierten Massendemonstrationen bis zur einsamen Mahnwache. Und die den Protesten unterliegenden Kämpfe dauern auch dann noch an, wenn gerade nicht protestiert wird.

Wenn dem so ist, dann arbeiten Gesellschaftstheoretiker – um auf Gouldner zurückzukommen – vielleicht nicht immer mit Maschinengewehren im Rücken, aber doch immer vor dem Hintergrund sozialer Kämpfe. Es mag diesen Kämpfen nur selten gelingen, »die alte Ordnung mit ihren Attacken empfindlich zu treffen und zu verunsichern«. Doch ist *jede* Ordnung in gewissem Ausmaß verunsichert, da jede in sozialen Kämpfen zugleich konstruiert und destruiert wird. Gesellschaftstheorie muss diesen Hintergrund der eigenen Arbeit im Blick behalten, denn er ist ihr eigentlicher Gegenstand. Das wurde im vorangegangenen Kapitel versucht, indem mit der Prekarisierungsgesellschaft ein Panorama vorgeschlagen wurde, das die spezifische Natur postfordistischer Verunsicherungspolitiken einfängt. Es stellte sich heraus, dass Prekarisierung auf soziale Kämpfe zurückverweist, dass also die Prekarisierungs- in die Bewegungsgesellschaft eingebettet ist. Zuvor war versucht worden, der Gesellschaftstheorie einen angemessenen kategorialen Apparat bereitzustellen. Nicht indem ein völlig neuer Apparat von Grundbegriffen erfunden wird, sondern indem der alte einer Neubeschreibung unterzogen wird. Dabei hatte sich erwiesen, dass die Rückseite all der Grundbegriffe an nichts anderes erinnert als an die Kontingenz und Konfliktualität sozialer Ordnung – eine Doppelbestimmung, für die ich den einen Namen *Antagonismus* vorgeschlagen habe.

Das war kein bloßes Begriffsgeklingel. Die Arbeit am Begriff ist, wenn das eben Gesagte zutrifft, nicht eine abstrakte Spekulation, sondern eine *praktische*. Es ist zwar eine Trivialität, aber es muss gesagt werden: Das klassische Problem der Trennung von Theorie und Praxis – einschließlich des künstlichen Folgeproblems, wie sie zusammenzuführen seien – ist allein schon deshalb hinfällig, weil Theorie selbst eine Praxis ist. Jede andere Vorstellung von Theorie wäre reiner Idealismus. Als Praxis gehorcht Theorie den Kriterien, die für jedes Handeln aufgestellt wurden: Wie jede andere Praxis steht sie unter dem Zeichen des Antagonismus. Sie kann keine ihrer Aussagen letztbegründen und bewegt sich im Konfliktkontinuum ihrer Zeit. Das heißt nicht, dass sie zur Tendenzwissenschaft verkommen muss. Aber nur unter den Prämissen von Konflikt und Kontingenz kann sie zumindest eine *gewisse* Distanz zu den Kämpfen ihrer Zeit wahren. Nur im Bewusstsein ihrer Involviertheit kann sie Redegenres und Sprachspiele entwerfen, die Distanz signalisieren – wohl wissend, dass es sich immer um eine Form von *involvierter Distanz* handeln wird. Eine postfundamentalistische Gesellschaftstheorie zielt deshalb nicht auf den unmittelbaren Konflikt. Sie geht Konflikten aber auch nicht unbedingt aus dem Wege. Ihr *modus operandi* zielt auf das, was Husserl und Schütz »Appräsentation« nannten, das heißt: die Mitvergegenwärtigung der Rückseite eines Gegenstands angesichts seiner Vorderseite.

Wer theoretische Arbeit als praxisfern verdammt, ist unfähig zur Appräsentation der konfliktuellen Rückseite jeder Theorie. Ähnliches hatte Alvin Gouldner den radikalen Studenten der 68er-Bewegung entgegengehalten, die Theorie für unmittelbares Engagement eintauschen wollten und Soziologie als bürgerlich verdammten:[1] »Nur zu unserem Nachteil lassen sich die Kritik und Veränderung der Gesellschaft von der Kritik und Veränderung der Theorien über Gesellschaft trennen.« (Ebd.: 11) Der Grund ist leicht einzusehen:

> Die Umwälzung der Gesellschaft, das Ziel vieler Radikaler, kann nicht mit politischen Mitteln allein erreicht werden; sie kann sich nicht auf bloße politische Durchsetzung beschränken. Denn die alte Gesellschaft wird nicht nur durch Macht und Gewalt oder auch nur durch Eigeninteresse und Klugheit zusammengehalten. Die alte Gesellschaft erhält sich ebenso durch Theorien und Ideologien am Leben, die ihre Vorherrschaft über das Bewußtsein der Menschen konstituieren, eine Vorherrschaft, der sich die Menschen daher keineswegs nur widerwillig, sondern bereitwillig unterwerfen. Es ist nicht möglich, die Menschen von der alten Gesellschaft zu befreien und eine humane aufzubauen, wenn man nicht hier und jetzt beginnt, eine umfassende Gegenkultur zu konstruieren, einschließlich neuer Gesellschaftstheorien; und das wiederum ist unmöglich ohne eine Kritik an den heute herrschenden Gesellschaftstheorien. (Ebd. 1974: 11)

Diese Worte haben nichts an Aktualität verloren, auch wenn ihre damaligen Adressaten inzwischen pensioniert sein mögen. Die Entwicklung neuer Gesellschaftstheorien ist wie die Kritik der überkommenen notwendiger Teil des Aufbaus einer neuen politischen Kultur, eines hegemonialen Projekts, wie Gramsci gesagt hätte. Eines ist freilich hinzuzufügen: Es kann nicht um *irgendeine* Theorie gehen. Soll dieses Projekt emanzipatorisch, womöglich demokratisch sein, dann wird die Theorie in einem gewissen Ausmaß postfundamentalistisch sein müssen: Sie wird die Ungründbarkeit wie Gründungsbedürftigkeit des Sozialen offenlegen. Und sie wird kritisch sein nicht gegenüber »Ideologien« *per se*, das heißt gegenüber politischen Diskursen im Allgemeinen, sondern gegenüber deren Wechsel in den ideologischen Modus der Verleugnung und Verdrängung ebendieser abgründigen Natur des Sozialen.

1 Und das, wie Gouldner anmerkt, obwohl »viele der aktivsten Wortführer des studentischen Protestes auf der ganzen Welt, von Nanterre bis zur Columbia Universität, Studenten der Soziologie« waren (Gouldner 1974: 18).

13.2. Die politische Differenz – Sozialontologie als politische Ontologie

Deshalb hat sich, bei allen Einschränkungen, das eine Wort von Marx – *Struggle!* – als Leitmotiv unserer Untersuchung bewährt. Es dient als Erinnerung an die marxistische Wette auf den Klassenkampf am Grunde des sozialen Seins. Wie die Untersuchung aber ebenso zeigte, darf die Konfliktualität des Sozialen nicht auf den Kampf zwischen Klassen reduziert werden. Der marxistische Konfliktbegriff muss auf alle möglichen sozialen Akteure, die nicht mehr nur durch den Hauptwiderspruch von Kapital und Arbeit bestimmt sind, ausgeweitet werden. Das »letzte Gesetz des Seins«, nach dem Marx gefragt wird, ist also tatsächlich »Kampf«, nicht Klassenkampf. Swintons Fehlleistung erweist sich retrospektiv als hellseherisch, sofern sie die Position des Postmarxismus und die historische Erfahrung nicht-klassenbasierter sozialer Bewegungen vorwegnahm – eine Position, die 1880 anders als in Form einer Fehlleistung nicht formulierbar gewesen wäre. Und ein Zweites kommt hinzu: Wiederholt habe ich vor einer konkretistischen Interpretation von »Kampf« gewarnt und an dessen Stelle die Kategorie des Antagonismus gesetzt. Das Soziale ist – in seiner ontologischen Dimension – nicht von Kämpfen zwischen objektiv vorhandenen Parteien bestimmt, sondern durch eine fundamentale Blockade, eine Instanz reiner Negativität, die seine Totalisierung zu Gesellschaft erzwingt und zugleich verunmöglicht. Das bedeutet nicht, dass die Instanz des Antagonismus von tatsächlichen sozialen Kämpfen völlig entkoppelt wäre. Solche Kämpfe stellen, wenn man so will, »ontische« Aktualisierungen des Antagonismus dar, der seinerseits wiederum nur in solchen Aktualisierungen – und den mit ihnen einhergehenden Kontingenzerfahrungen – in der sozialen Wirklichkeit greifbar wird.

Lässt man sich auf *diese* Wette ein, dann hat das Konsequenzen für die Gesellschaftstheorie. Es ist an der Zeit, die Konsequenzen anzusprechen. Gesetzt sei, dass Gesellschaftstheorie – als Sozialontologie – keine Theorie dieser oder jener Gesellschaft ist, sondern die Möglichkeit von Gesellschaft überhaupt untersucht. Bedingung der Möglichkeit von Gesellschaft im Sinne einer *partiellen* Totalisierung, Systematisierung und Strukturierung des Sozialen ist der Antagonismus, der zugleich die vollständige Totalisierung des

Sozialen zu Gesellschaft verunmöglicht. Das heißt weiter, dass Gesellschaft aufgrund des Antagonismus zu einem unmöglichen und dennoch notwendigen Objekt wird. Dieses merkwürde *Ding,* das uns in der Geschichte der Sozialwissenschaften in verschiedenster Gestalt begegnet, kann deshalb als ein Symptom des Antagonismus verstanden werden. Das bedeutet für die Gesellschaftheorie freilich, dass sie dieses Symptom zu lesen lernen muss. Und es bedeutet – hier kommen wir zur eigentlich einschneidenden Schlussfolgerung –, dass der wahre Gegenstand von Gesellschaftstheorie, so seltsam das klingen mag, nicht die Gesellschaft sein kann. Denn die ist nur das abjekthafte »Positivkorrelat« der instituierenden/destituierenden Instanz radikaler Negativität, die den Namen Antagonismus trägt. Wer also auf sozialontologischer Ebene Gesellschaft beschreiben will, darf sich nicht mit einem bloßen Porträt des Symptoms begnügen, sondern muss sich der symbolischen Logik und realen Effektivität jener Instanz zuwenden, die dieses Monster geboren hat. Daraus erwächst der Gesellschaftstheorie eine neue Aufgabe: Angesichts des unmöglichen Objekts Gesellschaft, so muss man schließen, besteht die Aufgabe von Gesellschaftstheorie in der Appräsentation des Antagonismus. Gesellschaftstheorie appräsentiert den Antagonismus auf der Rückseite ihres Gegenstands.

Aber wenn sie von einer Theorie der Gesellschaft zu einer des Antagonismus wird – ist sie dann überhaupt noch Gesellschaftstheorie? Wird sie nicht, vorausgesetzt, dass »Antagonismus« ein Name des Politischen ist, zur Theorie *des Politischen*?[2] Die Begriffe der Politik und des Politischen haben in unserer Untersuchung bislang keine wesentliche Rolle gespielt. Nun erweist sich der zentrale Stellenwert dieser Differenzierung. Obwohl sie begriffsgeschichtlich älter ist, lässt sie sich in einem postfundamentalistischen Kontext bis zu Paul Ricœurs Artikel »Das politische Paradox« aus dem Jahr 1956 zurückverfolgen (Ricœur 1974). In Frankreich erschien sie erneut in den 1980er Jahren. Jean-Luc Nancy und Philippe Lacoue-Labarthe luden damals viele Philosophen zu Vorträgen an ihr Centre de recherches philosophique sur le politique ein – darunter Jean-

2 Ich hatte gesagt, zur Repolitisierung sozialwissenschaftlicher Grundbegriffe müsse in der »Entwicklung« wieder die Bewegung, in der Gesetzmäßigkeit wieder die Kontingenz und in der spezifischen Strukturierung sozialer Verhältnisse wieder der Konflikt erkannt werden. Jetzt stellt sich heraus, dass auch in der Gesellschaft *das Politische* wieder erkannt werden muss.

François Lyotard, Claude Lefort, Alain Badiou, Jacob Rogozinski, Jacques Rancière oder Etienne Balibar. Ausgehend von den Vorträgen an diesem Zentrum kanonisierte sich die *politische Differenz*, wie man die begriffliche Unterscheidung zwischen Politik und dem Politischen nennen kann. Inzwischen gehört sie zum festen Inventar des politischen Denkens der Gegenwart.[3] Dennoch wurde nur selten danach gefragt, was es überhaupt mit dieser Differenz auf sich habe. Politische Denker wie Badiou, Rancière, Mouffe, Laclau oder Nancy machen sehr unterschiedlichen Gebrauch von ihr. Und doch scheint ihre Verwendung, ungeachtet der unterschiedlichen semantischen Ausfüllung der Stellen des Politischen beziehungsweise der Politik, kaum vermeidbar.

Sobald wir nicht nach der einen oder anderen Definition des Politischen beziehungsweise der Politik fragen, sondern nach deren Differenz *als Differenz*, klärt sich das Rätsel auf. Es zeigt sich, dass sie von derselben Ordnung ist wie Heideggers ontisch-ontologische Differenz. Und das ist nicht verwunderlich, ist doch die französische Nachkriegsphilosophie – einschließlich der genannten Autoren und vielen weiteren – zutiefst von Heidegger beeinflusst. Man kann von einer Schule des französischen Linksheideggerianismus sprechen. Aber es ging dieser Schule nicht darum, Heidegger zu imitieren. Wahrscheinlich geschah die Einführung der politischen Differenz in den wenigsten Fällen als ein absichtsvoll heideggerianischer Zug. Sie drängte sich historisch auf – und Heidegger bot nur das geistige Rüstzeug. Denn es war und ist offensichtlich, dass der konventionelle Begriff von Politik – als soziales System oder Handlungsform neben anderen – nicht länger trägt. Nicht nur aus Gründen des Verfalls politischer Handlungsmacht im globalisierten Kapitalismus. Der Begriff ist zu eng gefasst, um auf die moderne Kondition der Auflösung letzter Gründe antworten zu können. Sobald das Soziale in seiner Gesamtheit als gleichermaßen gründungsoffen wie gründungsbedürftig erfahren wird, ist seine Instituierung nicht länger eine Bereichsangelegenheit. Der überkommene Politikbegriff wäre viel zu eng gefasst, um den Prozess der kontingenten und konfliktuellen Institution *aller* sozialen Verhältnisse abzubilden. Wir benötigen ein breiteres, letztlich ein on-

3 An dieser Stelle schließt die vorliegende Studie über Gesellschaft an meine Studie über die politische Differenz an (Marchart 2010).

tologisches Konzept, um diesen Prozess der Gründung einer Welt, deren Gründe fungibel geworden sind, benennen zu können. Der Begriff des Politischen, notwendigerweise differenziert von dem »ontischen« Bereichsbegriff der Politik, übernimmt diese Rolle.

Vor diesem Hintergrund ist die Entwicklung des Begriffs des Politischen von mehr als philologischem Interesse. Auf dem Spiel steht die Weise, in der die soziale Welt imaginiert wird. Sehen wir sie gebaut auf unumstößlichen Prinzipien, notwendigen Funktionsabläufen, rationalen Interessenskalkulationen, prophetischen Aufträgen, heiligen Büchern, anthropologischen Konstanten, genetischen Prädispositionen, ökonomischen Zwangsgesetzen – oder auf einem im weitesten Sinne *politischen* Institutionsakt, der ständig erneuert werden muss und ständig infrage gestellt werden kann? Es ist evident, dass die Antwort unmittelbar praktische Implikationen besitzt. Die Welt ist voll von fundamentalistischen Reaktionen auf die Unverfügbarkeit erster Prinzipien und letzter Gründe. Umso dringlicher ist die Kritik an diesen Reaktionen. Vergessen wir aber darüber nicht die *Praxis der Theorie* – und damit die begriffsstrategischen Implikationen der Kritik. Die spektrale Kondition der Moderne mit dem Begriff des Politischen zu erklären, das ist selbst ein politischer Zug im Feld der Theorie.[4] Angesichts der ultimativen Grundlosigkeit des Sozialen verwandelt sich bei den linken Heideggerianern daher die Frage nach dem »Sein« zur Frage nach dem Politischen. Das Politische rückt an die Stelle des abwesend-anwesenden Grundes. Es benennt nun, mit Heidegger gesprochen, den »Ab-grund«, der nur im Spiel zwischen Grund und Gegründetem zu einer transitorischen Form von Präsenz findet.

Natürlich bleibt der Politikbegriff, die »Vorderseite« des Begriffs des Politischen, in seiner Spezifik erhalten. Aber die Umstellung auf einen viel allgemeineren Begriff des Politischen zwingt uns zur Neubeschreibung nicht nur von Politik, sondern zwingt uns zur *politischen* Neubeschreibung aller sozialwissenschaftlichen Grundbegriffe. Deren verzerrte Rückseite, die uns in den Strom von Gründung und Entgründung zieht, ist nichts anderes als deren *politische* Seite. An ihr bekommen wir das Konfliktgewimmel im Rücken des Sozialen zu Gesicht. Konflikt und Kontingenz sind deshalb letztlich Reflexionsbestimmungen *des Politischen*. Und sofern Antago-

4 Der durchaus auch rechte Ausformungen kennt, man denke an Carl Schmitt.

nismus der eine Name für die doppelte Bestimmung von Kontingenz und Konflikt ist, ist Antagonismus der *Name* des Politischen – vielleicht der einzig wirklich *politische* Name des Politischen.

13.3. Das Rauschen des Sozialen

Damit erweist sich die Sozialontologie, die wir entwickelt haben, als *politische Ontologie.* Die Sozialwissenschaften werden im vorgeschlagenen Modell einer postfundamentalistischen Gesellschaftstheorie nicht einfach von Philosophie durchquert, sie werden von *politischer Philosophie* durchquert. Ihre Gegenstände sind politische Gegenstände. Wenn wir sie im Regelfall nicht also solche wahrnehmen, dann deshalb, weil wir nur selten ihrer Rückansicht gewahr werden. Nur in jenen Momenten, in denen Konflikte offen und kollektiv ausgetragen werden, dreht sich die soziale Welt gleichsam um 180 Grad. Es zeigt sich der Antagonismus in seiner politischen, nicht seiner sozialen Gestalt. Das bedeutet freilich nicht, dass das Soziale ansonsten vom Politischen unberührt bliebe – wäre dem so, dann sprächen wir nicht von einer allgemeinen Ontologie des Politischen, sondern von einer Bereichsontologie oder »Ontik« der Politik. Eine politische Ontologie hat Auswirkungen auf unsere Vorstellung noch von den geringsten, bescheidensten und privatesten Handlungen. Auch sie sind eine Äußerungsform des Politischen, allerdings des Politischen in einem anderen »Modus«: dem Modus des Sozialen.[5] Mit der Umstellung von Sozialontologie auf politische Ontologie – oder einem Verständnis von Sozialontologie *als* politische Ontologie – verschiebt sich unser Blick auf die soziale Welt grundlegend.

Deshalb konnte der Foucault der Genealogie zu Recht sagen: »alles ist politisch« (Foucault 2003: 305), weil alles nämlich von Macht- und Kräfteverhältnissen durchdrungen ist. Diese Behauptung treibt nach wie vor den meisten Sozialwissenschaftlern, ja sogar manchen linksheideggerianischen Theoretikern des Politischen die Zornesröte ins Gesicht. Wenn alles politisch ist, so das Gegenargument, ist nichts politisch. Das Gegenargument – das letztlich

5 Das heißt im Modus der Differenz, nicht in dem der Äquivalenz; und im Modus der Relation, nicht in dem des Un-Verhältnisses, das Relationen gründet.

keines ist, sondern nur Commonsense, verkauft in Form schlechter Dialektik – übersieht den ontologischen Status des Begriffs des Politischen (bei Foucault: des Machtbegriffs). Natürlich ist nicht alles politisch im Sinne des sozialen Subsystems der Politik. Aber es gibt kein soziales Verhältnis, das nicht zugleich Konflikt- und Machtverhältnis wäre: »Familie, Sexualleben, unser Umgang mit Geisteskranken, der Ausschluss der Homosexuellen, das Verhältnis zwischen Mann und Frau – all diese Beziehungen sind politische Beziehungen« (ebd.: 604). Foucault führt diese Überlegung konsequent bis an ihr Ende. Das Politische kriecht gleichsam in die kleinsten Ritzen des Sozialen. Foucault spricht von abertausenden kleinen Konflikten: von »Minikämpfe[n]« zwischen den Geschlechtern, zwischen Eltern und Kindern, zwischen jenen, denen Wissen unterstellt wird, und den anderen, bis hin zum äußersten Extrem minimalster Handlungen: »Überall ist Kampf – zum Beispiel die ständige Revolte des Kindes, das bei Tisch den Finger in die Nase steckt, um seine Eltern zu ärgern« (ebd.: 524).[6]

Mit dieser Miniaturisierung sozialer (Kampf-)Handlungen nähert sich Foucault Ansätzen der Mikrosoziologie. Das Soziale stellt sich hier dar als ein großes Gewimmel taktischer Mikrohandlungen, die in Form breiterer Strategien die Makroinstitutionen nicht zuletzt des Staates »von unten her« aufbauen. Natürlich argumentiert Foucault politisch-weltanschaulich um einiges radikaler als die Mikrosoziologie. Er argumentiert aber auch in *ontologischer* Hinsicht – also hinsichtlich des Politischen – radikaler. Obwohl das kaum mit dem deklarierten Positivismus und Nominalismus seines Ansatzes in Deckung zu bringen ist, dürfte Foucault von einem ontologischen Primat des Konflikts ausgehen. Viele Stellen deuten darauf hin. Im »Herzen der Machtverhältnisse«, so Foucault, »sei

6 Man könnte noch viele weitere Beispiele anfügen. Die Liste ist endlos. Die Mikrobewegungen des Kampfes, so Heinz Bude über Foucault, »vollziehen sich in den Auseinandersetzungen zwischen Nachbarn, in den Streitigkeiten zwischen Eltern und Kindern, in den spitzen Bemerkungen, die in Gesprächen zwischen Käufern und Verkäufern fallen, im sexuellen Verhalten, in den veröffentlichten Zänkereien zwischen Prominenten, die vom Publikum begierig verfolgt und weitergetrieben werden, und in den geheimen Leidenschaften.« (Bude 1991: 105 f.) Der entscheidende Punkt aber ist, dass die Liste deshalb endlos ist, weil sie, die ontologische Natur des Kampfes beziehungsweise Antagonismus einmal ernst genommen, deckungsgleich wird mit den Praktiken des Sozialen.

der Kampf« (ebd.: 271).[7] Macht »sei nichts anderes als eine gewisse Modifikation, die oft abweichende Form einer Reihe von Konflikten ökonomischer und politischer Art, die den Gesellschaftskörper bilden«. Eine Machtbeziehung sei »nur die Momentaufnahme vielfältiger, in ständiger Veränderung begriffener Kämpfe« (ebd.: 792). In *Überwachen und Strafen* wird der Mikrophysik der Macht das Modell der immerwährenden Schlacht »zugrundegelegt« (Foucault 1977: 38). Und vom historisch-politischen Diskurs, mit dem Foucault selbst eine Zeit lang flirtete, heißt es sogar, der Krieg sei »Bedingung der Existenz der Gesellschaft« (Foucault 2001a: 256). Am Grunde der Macht: die Schlacht (Chevallier 2004).

Ich habe den Bellizismus Foucaults mehrfach kritisiert. Eine postfundamentalistische Gesellschaftstheorie darf sich nicht in Phantasmen politischer Transgression verlieren – deshalb trägt für sie die sozialontologische »Rückseite« von Macht und Konflikt auch nicht den Namen Krieg, sondern den Namen Antagonismus. Aber inzwischen lässt sich besser verstehen, dass der polemologische Kurzschluss aus Foucaults Ablehnung jeder Gesellschaftstheorie und Sozialontologie resultiert, die er doch andererseits in vielen Wendungen heraufbeschwört. Foucault erlaubt es sich nicht, aus der modernen Reflexionsbestimmung unbedingter Konfliktualität auf eine ontologische, aber in keinem kriegerischen Freund-/Feind-Verhältnis aufgehende Kondition des Antagonismus zu schließen. Im Weg stehen ihm sowohl die pauschale Ablehnung der negativistischen Tradition von Hegel und Marx als auch sein Nominalismus, der eine Differenzierung zwischen ontischer und ontologischer Dimension des Sozialen ohnehin verbietet.[8]

Dabei ist Foucaults Vorschlag gar nicht so weit entfernt von der marxistischen Tradition. Selbst im Marxismus gab es wichtige Ansätze, die ähnlich wie Foucault den metaphysischen Dualismus von Struktur und (Konflikt-)Handlung, von sozialer Institution und

7 An anderer Stelle spricht Foucault von einer wechselseitigen Provokation von Macht und Kampf, die potenziell immer stattfinden kann (Foucault 2005: 292).

8 Die Kosten dieses Zögerns hatten wir beziffert. Foucaults Abkürzung über den Mythos von der ewigen Schlacht ist nicht nur unbefriedigend, sie führte ihn letztlich nirgendwohin – außer ein letztes Mal in den Mystizismus. Bereits kurz nachdem er sich von der Kriegshypothese verabschiedet hatte, ließ er sich 1978 dazu hinreißen, den blutigen Beitrag des schiitischen Mystizismus zur iranischen Revolution zu feiern. Diese Episode ist die unrühmliche Seite des politischen Engagements Foucaults (vgl. Afary/Anderson 2005).

sozialen Kämpfen hinter sich ließen. Denken wir nur zurück an die Staatstheorie von Poulantzas. Für Poulantzas sind die Strukturen »die Strukturen der Klassenkämpfe selbst« (Demirovic 2007: 31). Man muss sich die Radikalität dieses Gedankens vor Augen halten, der weit über etwa die giddenssche Strukturierungstheorie hinausgeht, ja nichts mehr zu tun hat mit dem metaphysischen Scheinproblem, Struktur und Handlung vermitteln zu wollen. Eine Fabrik, so das Beispiel von Demirovic, wird nicht nur in Momenten des Streiks vom Klassenkampf erfasst. Einschließlich all ihrer materiellen Bestandteile, Arbeitsabläufe, Weisungsketten usw. *ist* eine Fabrik vielmehr eine Form von Klassenkampf. Dasselbe muss von jeder institutionellen und apparativen Verdichtung gesagt werden. Die Polizei, die Justiz, die Familie, die Oper, der Kreditschutzverein, die Sozialversicherung, die Kirche, die Universität, der Fußballverein, all das *ist* Klassenkampf.[9] Nur dass aus postmarxistischer Perspektive all diese Institutionen eben *nicht nur* aus den Kämpfen zwischen »Klassen« bestehen, sondern genauso aus Kämpfen um die Gleichstellung der Geschlechter oder um den Ein- und Ausschluss von Migranten etc. Die Entkoppelung sozialer Kämpfe vom Hauptakteur der Klasse führt, mit Houellebecq gesagt, zu einer enormen »Ausweitung der Kampfzone«: zu einer tief greifenden Politisierung sozialer Strukturen.

Die Ansätze des Postmarxismus und jene Ansätze, die sich auf Foucault beziehen, liegen also nicht gar so weit auseinander. Im Marxismus hatte man sich freilich immer auf die Analyse gesellschaftlicher Makroformationen konzentriert. Was der Postmarxismus in Ergänzung von Foucault übernehmen sollte, ist das mikrologische Sensorium, das Marxisten im Regelfall abgeht (Ausnahmen wie Adorno und Benjamin bestätigen die Regel). Es ist ein Sensorium für die minimalste Unruhe im Sozialen. Schon für den Foucault der Archäologie antworten Institutionen auf die »Unruhe« der materiellen Wirklichkeit des Diskurses: »Unruhe, die unter jener alltäglichen und unscheinbaren Tätigkeit nicht genau vorstellbarer Mächte und Gefahren zu verspüren ist; verdächtige Unruhe von Kämpfen, Siegen, Verletzungen, Überwältigungen und Knechtschaft.« (Foucault 1992: 10) Das »Wuchern der Dis-

9 Dasselbe gilt natürlich auch für die Sozialstruktur als solche. Wenn auch mit der Ergänzung, dass jede Struktur zugleich *weniger (oder mehr)* ist als eine Struktur, da sie durch den Fortlauf der Kämpfe ständigen Verschiebungen unterworfen ist.

kurse« werde als Gefahr betrachtet, die von sozialen Institutionen gebannt werden müsse. Interessant an diesen und anderen Stellen ist die topographische Metapher. Die Kämpfe scheinen sich in einer von chthonischen Göttern bevölkerten Unterwelt des Sozialen abzuspielen. So fragt Foucault: »Muß man unterhalb von Frieden, Ordnung, Reichtum, Autorität, unterhalb der ruhigen Ordnung der Unterordnungen, unterhalb des Staats und der Staatsapparate, unterhalb der Gesetze usw. eine Art primitiven Kriegs hören und wiederentdecken?« (Foucault 2001: 62) Explizit verteidigt er die Hypothese, »nach welcher unterhalb der politischen Macht im wesentlichen eine kriegerische Beziehung rumort« (ebd.: 35).

Welcher Natur ist dieses »Unterhalb«? Den Status eines festen Fundaments kann es nicht haben. Foucault ist viel zu sehr Nietzscheaner, um an eine wahre Welt »hinter der Maske« oder an ein Fundament unterhalb der Oberfläche zu glauben. Und doch verschwindet im Postfundamentalismus diese fundierende Instanz »hinter« oder »unter« dem Sozialen nicht spurlos. So hält Foucault an der Metapher einer Unterwelt fest, die wir von hier oben nicht unmittelbar einsehen können, die sich aber bemerkbar macht. Und wie tut sie das? Durch ein Rumoren, das an unsere Ohren dringt, als käme es aus einem leeren Magen. Die peristaltischen Bewegungen des Untergrunds lassen sich vor allem *hören.* Es ist aufschlussreich, dass Foucault vielfach die topographischen mit akustischen Metaphern verschränkt. Ein Autor, der sein Modell auf eine recht künstliche Unterscheidung zwischen dem *Sagbaren* und dem *Sichtbaren* stützt, führt hier unter der Hand eine Kategorie ein, die den Dualismus durchkreuzt: das *Hörbare.* Es ist das, was nicht im Sichtbaren und/oder Sagbaren aufzugehen scheint.

So spricht Foucault, um nur einige Beispiele anzuführen, an der Wende zu seiner genealogischen Phase von einer »stumme[n] Angst« vor dem »großen unaufhörlichen und ordnungslosen Rauschen des Diskurses« (ebd.: 33). Dieses Rauschen war in Foucaults frühen Aufsätzen zur Literatur noch mehrfach als ein Murmeln und Summen beschrieben worden (Foucault 1988: 96-99; 134-138). Deleuze hat darin eine Art heideggersches »Es gibt« der Sprache ausgemacht (Deleuze 1992b: 79 f.).[10] Das Rauschen wird mit

10 Lacan hat übrigens ganz ähnlich vom »Grummeln« jenes Seins (des *parlêtre*), auf dem das soziale Band gründe, gesprochen. Das soziale Band richte sich nur so ein, »daß es sich in der Art und Weise verankert, in der die Sprache sich situiert

den genealogischen Arbeiten – und der Wende vom Diskurs zur Macht – zu dem berühmten »Donnerrollen« anschwellen, das von einer entfernten Schlacht zeugt, mit deren Beschwörung *Überwachen und Strafen* schließt. In seiner späteren Rekonstruktion des historisch-politischen Diskurses ist das entfernte Donnerrollen dann sehr nahe gekommen. Fast kann man sagen, es ist zu einem panischen Geschrei geworden: »unterhalb der Formel des Gesetzes das Kriegsgeschrei« (Foucault 2001: 74). Murmeln, Rauschen, Rumoren, Donnern, Schreien: die Ausdrucksformen des Kampfes bei Foucault. Was Foucault hier bietet, ist eine vor allem akustische, oder mit Michel Chions Filmtheorie vielleicht besser: eine »akusmatische« *Hantologie* der Kämpfe. Ihnen kommt jener reine Sound eines nicht inkarnierten Seins zu, das Chion als *acousmêtre* oder *être acousmatique* bezeichnet hat (Chion 1982). Bei Foucault sieht man die Gespenster nicht in Bettlaken durch Wände gehen, man hört sie im Untergeschoss die Klingen kreuzen.[11]

Gäbe es ein visuelles Äquivalent zu diesem Rumoren, man müsste vom Flimmern oder Flirren des Sozialen sprechen. Auf jeden Fall ist mit einer eigentümlichen Wahrnehmungsverzerrung zu rechnen, die aus der hantologischen Natur des Sozialen resultiert. Wo sie in Rechnung gestellt wird, entzieht sich der soziale Raum dem Zugriff objektivistischer und objektivierender Sozialwissenschaft. Das Soziale beginnt, wenn man so will, vor unseren Augen zu flirren, in unseren Ohren zu surren und unter unseren Füßen zu beben. Die Arbeit des Politischen, also der anwesend-abwesenden Instanz des Antagonismus, gibt sich an diesem hochfrequenten Oszillieren der bis dahin als stabil erachteten Verhältnisse zu erkennen. Das Soziale wird in Schwingung versetzt, sobald es vom Antagonismus berührt wird. Gleichgültig, ob wir mit Marx am Strand stehen, mit Foucault vor den Asylen und Gefängnissen oder mit Bourdieu im Museum – immer sind Kämpfe zu beobachten, die noch die größte Idylle in Unruhe versetzen. Das Politische drückt sich eben nicht

und sich einprägt. Sich situiert auf dem, was grummelt, nämlich das sprechende Sein« (Lacan 1986: 60).

11 Das Vergessen oder Verdrängen sozialer Kämpfe geschieht folglich im Modus des *Weghörens*. Dann kommt es »zum scheinbaren Verstummen des Krieges, zur Bewahrung oder Umstürzung des Kräfteverhältnisses« (Foucault 2001: 73). Mit der Einrichtung der inneren Ordnung des Gemeinwesens glaubt man den »Lärm der Waffen verstummt« (ebd.: 67).

nur aus in den großen Umstürzen, sondern auch in der Mikrokonfliktualität des Alltags,[12] die sich mit den Methoden der Genealogie, aber beispielsweise auch der Ethnomethodologie und Konversationsanalyse studieren lassen. Sozialontologisch wäre es ohnehin verfehlt, Antagonismen nach ihrer Größe zu sortieren. Wenn die Verzerrung des sozialen Relationsraums eine Erscheinungsform des Antagonismus ist, dann spielt die Frage der Größenordnung keine Rolle. Der Antagonismus als ontologisches Konzept ist jenseits des Skalierbaren. Seine Modulationen reichen von der Revolution bis zum Streit um die Hausarbeit, vom Generalstreik bis zum Blaufeiern. Der Antagonismus entzieht sich der soziologischen Mikro-/Makro-Unterscheidung. Er ist nicht quantifizierbar; er ist nur in seiner Intensität – oder genauer: *als* Intensität – erfahrbar.

13.4. Das Zittern des Selbst – Affektologie des Politischen

Solche Erfahrungen werden nicht unbedingt bewusst gemacht. Aber ob bewusst oder vorbewusst, immer schreiben sie sich in die wahrnehmenden Körper ein. Wie Alvin Gouldner von den konfliktignoranten Gesellschaftstheoretikern seiner Zeit sagte: Mögen sie sich auch »Watte in die Ohren stopfen: ihre Körper registrieren dessen ungeachtet die ganze Wucht der Erschütterung«. Die Erschütterung ist darauf zurückzuführen, dass das Soziale in offenen Revolten auf seine Grenze stößt, den Antagonismus, der gleichsam die Schockwellen zurückschickt, die dann jeden einzelnen Körper erfassen, wenn auch mit unterschiedlicher Wucht. Mit Sicherheit lässt sich sagen, dass die »Grenzerfahrung« des Sozialen in Form offenen Protests eher die Ausnahme darstellt. In der Regel sind die Grenzen des Sozialen, wie wir gesehen haben, enger und vielfältiger gezogen. Alltäglich begegnen sie uns in den Erfahrungen plastischer Negativität: Erfahrungen von Unterordnung, Ausbeutung,

12 Der Begriff der »Mikropolitik« ist irreführend, da wir es hier noch nicht mit Politik in einem abgrenzbaren Sinn zu tun haben – eher mit einer minimalen Form des Politischen. Da die hantologische Arbeit des Negativen, um die es hier geht, nicht umstandslos auf einer Mikro-/Makro-Skala eingetragen werden kann, wäre es besser, man würde die Qualifikation »Mikro« aufgeben. Wenn wir dennoch an ihr festhalten, dann um dem Phantasma vom großen, revolutionären Ereignis der Negativität entgegenzuarbeiten.

Hierarchisierung, Exklusion oder Prekarisierung. Genauso in der Erfahrung des Sich-Entziehens oder des Widerstands. Im Streit mit dem Chef, mit der Polizei, mit dem Partner, mit der Agentur für Arbeit erfährt man die auf Kämpfe zurückgehende und durch Kämpfe modifizierbare Strukturierung des sozialen Raums, ohne sie sich notwendig bewusst zu machen.

Die Begegnung mit dem Antagonismus – ob als Konflikt oder in verdinglichter Gestalt der gläsernen Decke, die den beruflichen Aufstieg blockiert, oder der Drehtür, die den Arbeitsuchenden immer wieder auf die Straße befördert – kann sich in einer Vielzahl von Affekten manifestieren: darunter Ressentiment, Neid, Hysterie, Wut, Furcht, Aggression, Resignation, Verzweiflung, Stolz, Arroganz, Sturheit, Renitenz etc. Eine *Affektenlehre* des Politischen ist, soweit ich sehe, noch nicht geschrieben – die Tradition der Sozialphänomenologie war darin nur ansatzweise erfolgreich.[13] Wieder könnten die kombinierten Ressourcen des späten Foucault und des Postmarxismus Hilfestellung geben. Der späte Foucault hat eine Theorie des *Selbst* entwickelt, die mehr Potenzial besitzt als die auf Selbsttechnologien und eine »Ästhetik des Selbst« zugeschnittene Rezeption vermuten lässt.

So hat Deleuze, mit an Leibniz geschultem Blick (Deleuze 2000), am späten Foucault das Motiv der *Falte* wiedererkannt, das sich bereits in dessen frühen, literaturkritischen Arbeiten angedeutet hatte. Foucault scheine »von diesem Thema eines Innen verfolgt zu werden, das nur die Faltung des Außen ist, so als ob das Schiff lediglich eine Falte des Meeres wäre« (Deleuze 1992b: 135). Beim späteren Foucault findet sich die Falte im Modell des agonalen Selbstbezugs der antiken *enkrateia*, verstanden als Einfaltung der Macht über andere als Macht über sich selbst. Aber in der Lesart von Deleuze wird das Modell zu einer allgemeinen Topologie der Subjektivierung erweitert. Der Innenraum des Selbst bildet sich hier durch Verdoppelung und Einfaltung eines Außenraumes. In diesem Außen tobt die von Foucault vielfach besungene »Schlacht« (ebd.: 170), die sich in den diagrammatischen Schichten

13 Die philosophische Phänomenologie hat sich intensiver mit Politik und dem Politischen beschäftigt. Man vergleiche beispielhaft Marc Richirs großangelegten Versuch, der allerdings, von einem Heidegger-Kapitel abgesehen, über weite Strecken in der Diskussion politischer Theorie verbleibt; vgl. insbesondere den Schlussteil zum »Abgrund politischer Fundierung« (Richir 1991: 437-481).

und Archiven, die Foucault untersucht, niederschlägt. Subjektivierung bedeute Durchquerung dieser Schichten und Einfaltung der Grenzlinie, die sie vom Außen trennt, zu einer Art Innenacht (man vergleiche das von Deleuze gezeichnete Diagramm, ebd.: 169), zu einer Subjektivierungsblase innerhalb der sedimentierten Kämpfe. Ein Selbstverhältnis entsteht also durch Umlenkung der Kraftbeziehungen des Außen zu einem Innen.

Deleuzes Versuch einer *topologischen* Fassung des Problems der Subjektivierung ist durchaus vergleichbar mit den Topologien Lacans (der Innenacht, dem Möbiusband, der Kleinschen Flasche, letztlich beschreibbar mit dem Konzept der Extimität). Das eigentlich Problematische daran ist, dass Deleuze und Foucault – gut nietzscheanisch – das Selbstverhältnis auf dem *agon* gründen, das heißt auf einer Art Wettringen des Subjekts mit sich und seinem Außen. Die Gesellschaftstheorie, die wir aus der marxistischen Tradition heraus erarbeitet haben, erlaubt keine Gründung auf dem *agon*. Die gründend-entgründende Instanz ist die des Antagonismus. Aus postmarxistischer Perspektive lässt sich im »Außen« des Sozialen nichts anderes erkennen als *Negativität*. Erst – um im Bild zu bleiben – in den ständigen Faltungen von Innen und Außen, das heißt in der unendlichen Verschachtelung von Totalität und Negativität, instituiert sich der soziale Relationsraum. Anders gesagt: Das Soziale besteht im Oszillieren zwischen Gesellschaft und Antagonismus. Eine Affektologie des Selbst kann das topologische Modell der Falte aufgreifen, muss aber vom Primat der Negativität ausgehen. Wenn sich ein Selbst interiorisiert, dann weil es vom Antagonismus affiziert wird. Es kann nur aus dem »Rückstoß« des Antagonismus hervorgehen, aus einer Begegnung mit der Instanz radikaler Negativität, die sich in einer Unzahl immer auch körperlicher Affekte niederschlägt.[14] Ob man sich, wie Gouldners Gesellschaftstheoretiker, nun die Ohren zuhält oder nicht, der Körper registriert den Rückstoß und produziert einen Selbsteffekt.

14 Deshalb ist das Selbst, von dem hier die Rede ist, nicht das Subjekt des Mangels, also nicht die Lücke im Sozialen, von der lacanianische Sozialtheorien sprechen und die nicht viel mehr darstellt als eine strukturelle Voraussetzung für das Entstehen neuer sozialer und politischer Identitäten. Auch hat es nur wenig mit Identifikation à la Laclau oder gar mit gouvernementalen Selbstsubjektivierungstechnologien oder antiken Selbstpraktiken zu tun. In dieser Hinsicht ist es völlig asubjektiv.

Womöglich lässt sich *diese* Form der Einfaltung mit den Denkmitteln negativistischer Philosophie, wie sie vom deutschen Idealismus ausging, sogar angemessener beschreiben als mit dem späten Foucault. Vielleicht ist es ja gerade Hegels Wendung von der »*absolute[n] Unruhe des Werdens*« (Hegel 1999b [1813]: 384), die, mit und gegen Hegel gedacht, das phänomenologisch beschriebene Flirren des Sozialen – und damit die affektive Einfaltung des Selbst – auf den angemessenen Begriff bringen kann. Schon Adorno hatte im Nichtidentischen jene »Unruhe« der Identität gesehen, »die Hegel Werden nennt: sie erzittert in sich« (Adorno 1975: 160). Jüngst hat Jean-Luc Nancy in einer bedeutenden Studie besonders auf die mikrologische Dimension der »Unruhe des Negativen« hingewiesen (Nancy 2011). Natürlich handelt es sich bei Nancys Hegellektüre um keine werkgetreue Interpretation, eher um eine Art *whishful misreading.* Sie präsentiert uns einen Hegelianismus, der völlig bereinigt ist von Hegels Panlogismus. Einerseits macht es sich ein solcher Hegelianismus »dem Wunsche nach« philologisch zu einfach,[15] andererseits erzeugt er immerhin ein Bild davon, wie eine mikrologische Theorie radikaler Negativität heute aussehen könnte.[16]

Die Arbeit des Negativen wäre, in dieser Beschreibung, die gründend-entgründende Arbeit der Selbst-Entzweiung oder Sich-von-sich-Differenzierung, die jedes erste Prinzip und jeden festen Grund unterhöhlt, aber genau dadurch immer weitere Wiedergründungen möglich, ja notwendig macht. Die marxsche Idee von der gesellschaftlichen Blockade, die aufgrund des Antagonismus

15 Ein besonders extremes Beispiel ist das *whishful misreading* Slavoj Žižeks, bei dem man streckenweise den Eindruck gewinnt, dass Hegel eigentlich Lacan ist (vgl. Žižek 2012).

16 So beschreibt Nancy Hegels vorgeblichen Postfundamentalismus: »Deshalb ist Denken Durchdringen des Dings, Versenkung in jenes. Der hegelsche *Grund* ist nicht das Fundament, die Gründung, die Basis oder das Substrat. Er ist der Grund, in den man versinkt und in dem man versackt oder in dem man zu Grunde geht. Genauer gesagt, begründet der Grund nur, indem er selbst in sich ein Versenken ist; und die Begründung muss daher eine Ausgrabung sein. Daher ist das Denken kein Erfassen des Grundes, wenn es nicht eine solche Ausgrabung ist. Und doch erreicht die Ausgrabung kein sicheres Fundament, das sie zu Tage fördern könnte. Sie gräbt den Punkt des Übergangs aus, und der Punkt ist selbst eine solche Ausgrabung: Arbeit des Negativen, aber auf der Oberfläche selbst.« (Nancy 2011: 175 f.)

von Produktivkräften und Produktionsverhältnissen zur spektakulären Umwälzung von Produktionsweisen führt, wäre, so betrachtet, nur eine phantasmatische Übersteigerung jener Umwälzungen, die immer und überall jede noch so wohlfundierte Ordnung erfassen, verschieben und neu-etablieren. Nicht der große, womöglich revolutionäre Bruch wäre das Modell, nach dem Negativität zu denken ist, sondern das minime, kaum wahrnehmbare Oszillieren sozialer Verhältnisse wäre der Regelfall und die Revolution nur ein gelegentlicher Ausschlag der Amplitude. Nancys Begriff für diese kaum merkliche Arbeit des Negativen lautet *Zittern*:

> Die Negativität lässt alle Bestimmtheit, alles Bei-sich-Sein erzittern. Es durchdringt sie mit einem Schaudern und einer unruhigen Aufregung. Was sich so beunruhigt, ist die Befreiung der Bestimmtheit für dasjenige, was sie nicht ist – für das andere und für das Unendliche –, dessen Sein aber selbst bereits in sich die essentielle Teilung und Mitteilung ist. (Ebd.: 204)

Nancy übersetzt Hegel ins Mikrologische, und wir müssen Nancy wiederum ins Politische übersetzen. Bei Nancy ist die »Unruhe des Negativen« noch zu sehr auf die Bewegung des »Denkens« bezogen, während gesellschaftstheoretisch es doch die reale und gänzlich asubjektive Kraft des Antagonismus ist, die – als *absolute Unruhe des Werdens* – den unabstellbaren Prozess der Konstitution und Destitution des Sozialen genauso antreibt wie dessen Einfaltung in ein Selbst.[17] Die negative Ontologie des Marxismus erwiese sich so, gerade *aufgrund* ihres hegelianischen Erbes, als eine Hantologie der

17 Im Beharren auf der asubjektiven Kraft des Antagonismus bliebe eine postfundamentalistische Gesellschaftstheorie der Umstülpung klassischer Subjektphilosophie durch den Materialismus und Marxismus in gewisser Hinsicht treu. Genauso schlösse sie an Heideggers Zurückweisung des klassischen Sprachspiels der Epistemologie an. Denn weder wäre eine solche Theorie auf der Suche nach einer kognitivistischen, noch wäre sie auf der Suche nach einer »philosophistischen« (à la Nancy), ja noch nicht einmal nach einer radikalkonstruktivistischen Interpretation von Negativität. Weder ginge es um die fortgesetzte Bearbeitung der klassischen epistemologischen Scheinfragen, noch ginge es darum, die Probleme an die Hirnforschung weiterzureichen – so als wäre eine Hirnregion auszumachen, die für Verneinung zuständig wäre. Denn Negativität ist nicht die Weise, in der wir die Welt »denken«, sondern sie ist die Weise, in der, freilich gemäß unserer theorie- wie erfahrungsgeleiteten Annahmen, die soziale Welt *sich selbst* konstruiert und destruiert. Wir befinden uns daher nicht im Sprachspiel der Epistemologie oder, aktueller, der Kognitionswissenschaft, sondern in dem der Ontologie.

Mikrokonfliktualität, das heißt des Antagonismus, der die sozialen Verhältnisse nicht immer zum Tanzen, aber doch immer zum Erzittern bringt. Auch zum Erzittern im Selbst.

Auf diese Weise wäre nicht nur die flirrende und unheimliche Erscheinung eines sozialen Raumes erklärt, in dem Gespenster vergangener und gegenwärtiger (und warum nicht auch künftiger) Kämpfe umgehen. Es wäre auch *unser* Zittern erklärt, sobald wir vom Antagonismus berührt werden und die Erfahrung der Unheimlichkeit dieses Raumes machen. Denn das »Selbst hat seine Einheit im Zittern des Selbst«, im passiven Handeln eines »Akt[s] des Affiziertwerdens« (ebd.: 204): »Das Selbst zittert, weil es berührt, erweckt, erregt wird, es zittert ebenfalls in der Empfindung seiner Gebrechlichkeit und in seinem Verlangen nach Freiheit. Seine Empfindung ist die seine, und sein Zittern ist Zittern seiner selbst, eben weil es dadurch zu sich kommt – weil es kommt und weil es geht, weil es kommt, wie es geht: zitternd.« (Ebd.: 203 f.)

13.5. Politische Entfaltungen: Bewegung

Aber vergessen wir darüber nicht die ältere Bedeutung von »Unruhe« und »Bewegung«: nämlich Aufruhr. Sie schwang historisch noch lange im Begriff der Gesellschaft nach. Die sozialen Bewegungen tragen sie bis heute im Namen. Im Französischen klingt das lateinische *motus* noch in *émeute*, Aufstand oder Volkserhebung, an; im Deutschen in Meute und Meuterei (Sardinha 2010: 124 f.). Eine postfundamentalistische Theorie der Gesellschaft, die sich zugleich als Theorie des Politischen versteht, muss *diese* »absolute Unruhe des Werdens« sichtbar halten, ähnlich wie der genealogische Foucault bemüht war, die »unablässige Bewegung und Erregung« des Sozialen durch den »Kampf« sichtbar zu halten (Foucault 2003: 525). Nicht nur die Einfaltung des Antagonismus ins Soziale muss gedacht werden, auch die *Ausfaltung* des Sozialen in den Antagonismus. Mit Ausfaltung ist hier nichts anderes gemeint als die Politisierung sozialer Verhältnisse. Bewegungen im politischen Sinn des Begriffs wirken in dieser Hinsicht als Katalysatoren. Sie bringen im Alltag verflacht oder vorbewusst ablaufende Kämpfe – zum Beispiel zwischen den Geschlechtern, zwischen den Klassen, zwischen Mehr- und Minderheiten – ans Licht und machen ihre Transformation in Politik möglich. An den Kämpfen, die von sozialen Bewegungen sichtbar gemacht werden, lassen sich Kontingenz und Konfliktualität des Sozialen auf verallgemeinerungsfähige Weise erfahren.

Gleiches gilt für das Selbst. Wenn in Gestalt des Selbst das Außen der Gesellschaft – der Antagonismus – in unsere Körper eingefaltet wird, dann kann es auch zu dessen *Ausfaltung* in das Soziale kommen: zur Entfaltung des Selbst in politischer Gestalt. Das setzt die Kollektivierung jener Erschütterungen und Affektionen voraus, die jeden Körper in seiner Singularität treffen. Typischerweise geschieht dies im Protest. Zu Protesten kommt es nicht aufgrund der diskursiven Anrufung politischer Affekte nach dem Motto: »Empört euch!« Affekte, wie der Begriff hier verstanden werden soll, lassen sich im Unterschied zu bloßen politischen Emotionen nicht diskursiv motivieren. Denn sie werden ja durch nichts anderes hervorgerufen als durch die Begegnung mit dem Antagonismus, der – als Instanz eines rein negativen Außen – dem Register des Realen angehört.[18] Der empirische Beleg für dieses Argument besteht in der Beobachtung, dass es zur eigentlichen Schwemme an Manifesten und Aufrufen typischerweise erst *nach* oder im Zuge von Protesten kommt. Im Fall der Sozialproteste des Jahres 2011 war dies offensichtlich. Sie hatten eine ganze Publikationsflut an gut verkaufbarer Protestliteratur – zumeist mit einem Ausrufezeichen im Titel – zur Folge, *aber nicht zur Voraussetzung*.[19] Man kann noch so viele Ausrufezeichen aneinanderreihen, damit sich massenhaft Körper zu einer Demonstration einfinden – und das Medium des Straßenprotests ist letztlich der menschliche Körper –, reicht es nicht aus, dass jemand einen Aufruf gestartet hat. Die abwesende Ursache des Protests ist nicht der Aufruf, sondern das Hervorbrechen eines Antagonismus, was weder voluntaristisch zu erzwingen noch verbal heraufzubeschwören ist.

18 Deshalb liegen Meilen zwischen etwa dem Gefühl der Empörung und dem Affekt Empörung.

19 Was nicht bedeutet, dass nicht gegebenenfalls auch ein Aufruf Anstoßwirkung für Proteste entfalten kann. Wenn dies gelingt, dann jedoch nur, weil der Antagonismus bereits »auf der Straße lag« – so wie man von Macht sagt, sie würde in bestimmten Situationen auf der Straße liegen und müsse nur aufgehoben werden. Das gilt auch für Fälle, in denen statistisch eine Zunahme der Zahl von Pamphleten im Vorfeld einer Revolte oder Revolution festgestellt werden kann. Sie sind Indikatoren der antagonistischen Situation.

Halten wir fest, dass damit nichts über die konkreten Inhalte oder die politische Ausrichtung von Protesten gesagt ist. Proteste können unterschiedlichste, ja durchaus unsympathische Anliegen verfolgen. Genauso können sich Affekte auf unterschiedliche Weise kollektivieren. Sie können zu einem einzigen faschistischen Kollektivkörper verschmelzen oder zur mehrköpfigen Hydra marodierender Politgangs. Sie können sich aber auch in der »multitude« assoziierter Individuen oder in liberaldemokratischen Protestgemeinden zusammenfinden. Ebenso wenig ist etwas über die Größe von Protesten gesagt. Der Hungerstreik weniger kann genauso als Protestform gelten wie die Demonstration Hunderttausender. In allen Fällen aber heißt Kollektivierung Verkettung oder Verstärkung singulärer Affektionen. Die Amplitude des »Zitterns« Einzelner erhöht und synchronisiert sich zur Bewegung – so wie Deleuze vom »Volk« der russischen Revolution sagt, es sei »immer eine neue Welle, eine neue Falte im sozialen Stoff« (Deleuze 1993b: 229). Für diesen Verstärkereffekt ist die *wechselseitige* Affizierung der protestierenden Körper wesentlich. Das ist einer der Gründe, weshalb – im Unterschied zum Putsch und zum *Coup d'état* – Aufruhre, Revolten und Revolutionen im Öffentlichen stattfinden und die räumliche Kopräsenz protestierender Körper voraussetzen. Die Rede von Facebook-Revolten und sozialen Netzwerken macht das vergessen. Aber wie sonst ließe sich das merkwürdige Phänomen erklären, dass trotz elektronischer Kommunikationsmedien immer noch physische Räume besetzt werden? Dass sogar politische Systeme kollabieren können, nur weil sich ein paar Körper auf einem öffentlichen Platz zusammengefunden oder ein Regierungsgebäude gestürmt haben? Wenn Kommunikationsmedien in solchen Fällen eine Rolle spielen, dann nicht zuletzt deshalb, weil sie die Affektionen der Körper vor Ort auf die vor dem Fernsehschirm weiterleiten. Weil sie ermöglichen, dass der Enthusiasmus der Protestierenden ein räumlich entferntes Publikum durchaus auch körperlich ansteckt. Doch die Versammlung vor Ort bleibt dazu unabdingbar.

Die Konsens- und Zustimmungsfähigkeit einer Ordnung – und jede Ordnung ist diskursiv und somatisch zugleich – zerbricht nicht zuletzt an den antagonisierten Körpern der ihr Unterworfenen. Natürlich müssen die Voraussetzungen gegeben sein: Die Hegemonie muss bereits verloren sein, selbst wenn es niemand mitbekommen hat. Nur dann sind Revolten und Revolutionen –

man denke an die Länder des ehemaligen Ostblocks oder an den arabischen Raum – im engen Sinn erfolgreich. In welchem Ausmaß eine hegemoniale Formation bereits zerbrochen ist, sich reformiert oder gerade neu herausbildet, ist nicht zu präjudizieren.[20] Die Probe aufs Exempel ist der Protest. Sozialwissenschaftliche Studien können Anhaltspunkte liefern oder retrospektiv Entwicklungen nachzeichnen. *Aber was leistet Gesellschaftstheorie?* Die Antwort fällt ernüchternd aus: relativ wenig. Gesellschaftstheorie, wie sie hier verstanden wird, kann weder der empirischen Forschung noch der politischen Praxis ein Fundament bereitstellen. Sie kann nur eine Wette abschließen. Das kann beispielsweise eine Wette auf die Funktionalität gesellschaftlicher Ordnungsbildung sein oder eine auf die Rationalität nutzenmaximierender Akteure, auf den zwanglosen Zwang des besseren Arguments oder auf die Selbstregulierungskräfte des freien Marktes. Auf all das möchte ich lieber nicht wetten.

Worauf sich aus meiner Sicht wetten lässt, das ist die antagonistische Natur der Gesellschaft. Das klingt wie die alte Wette des Marxismus. Aber man soll sich nicht täuschen – sie ist *noch* älter. In ihr leben Denkbestände der Frühromantik und des deutschen Idealismus fort, verdichtet in den Figuren der Paradoxie, der Antinomie und des Antagonismus. Entkoppelt von der Notwendigkeitslogik, auf die sie bei Kant, Hegel, Marx, ja selbst noch bei Adorno verpflichtet waren, beginnen diese Denkfiguren heute ein Eigenleben zu entwickeln. Auch sind sie nicht länger nur für welthistorische Großereignisse verbucht. Hegels Wendung von der »absoluten Unruhe des Werdens« lässt sich, wie wir gesehen haben, in eine mikrologische Theorie der Bewegungsgesellschaft überführen: Das Soziale wird in Bewegung gesetzt durch das negative Außen der Gesellschaft, aber dieses Außen erscheint prismatisch zerstreut im Flirren von Antagonismen, die das Soziale in Bewegung halten. Nicht in einer gerichteten Bewegung auf ein vorgegebenes Ziel hin, eher in den schwankenden Bewegungen einer welligen Oberfläche. So ist es unter postmarxistischen Vorzeichen möglich geworden, das Spiel der Negativität als eine Konstitutionsbedingung des Sozialen zu denken, ohne Negativität deshalb schon die Last utopischer oder tragischer Geschichtsphilosophien aufzubürden. Die Wette

20 Deshalb kam der plötzliche Zusammenbruch des sowjetischen Imperiums so überraschend – ähnlich überraschend wie die »Arabellionen«.

des Marxismus, eines gewissen Marxismus, könnte aufgegangen sein.

13.6. Fazit

Das Bild des Sozialen verändert sich damit grundlegend. Vielleicht besteht genau darin der eigentliche Beitrag einer postfundamentalistischen Gesellschaftstheorie. Sie zwingt uns, die Kontingenzen und Konflikte in den Blick zu nehmen, die den scheinbar stabilsten Formationen – Institutionen, Organisationen, Funktionssystemen, Strukturen, Subjektivierungsformen usw. – zugrunde liegen. Nicht nur sind soziale Formationen aus Konflikten hervorgegangen, aus denen sie auch anders hätten hervorgehen können. Sie sind, dem Entzug ihrer Fundamente ausgesetzt, niemals endgültig instituierbar. Tag für Tag müssen sie aufs Neue stabilisiert und reproduziert werden – was sich erübrigen würde, wären sie nicht umkämpft und stießen nicht auf Widerstände. So simpel diese Überlegung, so weitreichend ihre Konsequenzen. Sie zwingt uns, das Arsenal der Grundbegriffe, die sozialwissenschaftliche Forschung orientieren, auf Konflikt und Kontingenz umzurüsten; so wie sie uns zwingt, die methodischen Instrumentarien empirischer Forschung an Konflikt und Kontingenz zu eichen. Die Frage muss lauten: Sind unsere Kategorien und Instrumente geeignet, über das hinaus, was immer sie sonst noch registrieren mögen, die Konflikte und Kontingenzen zu registrieren, die sich durch alle Institutionen, Organisationen und Handlungen ziehen? Es verändert sich also nicht nur unser Bild vom Sozialen. Es verändert sich das Anforderungsprofil der Sozialwissenschaften. Sie stellen sich potenziell in den Dienst von Gesellschaftskritik – verstanden als Kritik an allen ideologischen Versuchen, die notwendig kontingente und konflikthafte Natur des Sozialen unsichtbar zu machen.

Nun zieht eine Gesellschaftskritik, die in allen sozialen Verhältnissen Konflikt und Kontingenz – also den Antagonismus – am Werk sieht, den Verdacht auf sich, gegenüber anderen Aspekten des Sozialen blind zu sein.[21] Was etwa ist mit Konsens? Was mit Koope-

21 Der Verdacht kann sich bis zur Unterstellung eines paranoiden Panoptismus steigern. Er ist so alt wie die Soziologie selbst. Luc Boltanski hat daran erinnert, dass Herrschaftstheorien von ihren Gegnern als eine Art von Wahnsinn eingestuft

ration? Was mit Funktion? Natürlich kann es nicht darum gehen, Sozialtheorien, die an solchen Aspekten orientiert sind, unbesehen ihre Berechtigung abzusprechen. Zweifelsohne lassen sich, um ein Beispiel zu geben, gute Gründe für eine Beschreibung unserer Gesellschaften in Begriffen funktionaler Differenzierung finden. Wer ein Krankenhaus zur Behandlung aufsucht, erhofft sich keine Anlageberatung und keine Kunstperformance. Ideologisch im genannten Sinn wird diese Beschreibung erst, wenn das reibungslose Funktionieren und die Bewahrung der Systemgrenzen zum kategorischen Imperativ erhoben werden – etwa um Eingriffe des politischen ins ökonomische Funktionssystem zu delegitimieren oder ganz allgemein *business as usual* im Geiste einer höheren Funktionsrationalität einzufordern. Dabei wird übersehen, dass Funktionalität keine neutrale Kategorie ist. Die Grenzen, Aufgaben und Zuständigkeitsbereiche auch von Funktionssystemen sind umkämpft und könnten anders definiert sein. Ähnliches ist zu einer Kategorie wie Konsens zu sagen. Selbstverständlich lassen sich konsensuale Vergesellschaftungsformen beobachten. Wie schon Gramsci hervorgehoben hat, sind soziale Formationen Konsensformationen, aber gerade als solche gehen sie aus sozialen Auseinandersetzungen hervor. Wird der Prozess der Konsensfindung in einer höheren Kommunikationsrationalität verankert, werden wir blind für diese Auseinandersetzungen. Wir verlieren den Sinn für die plastische Negativität des Sozialen: für den durchaus *konsensualen* Ausschluss von Unvernünftigen, Unüberzeugbaren, Konsensunwilligen und all jenen Querköpfen, die sich dem zwanglosen Zwang des besseren Arguments nicht beugen wollen.

Aber, so könnte ein Skeptiker anschließen, zeichnet diese Sozialontologie des Antagonismus nicht trotz alledem ein viel zu düsteres, negatives, ja ausswegloses Bild des Sozialen? Eine erste Antwort auf

wurden. Boltanski erinnert an frühe psychiatrische Vergleiche des Paranoikers mit dem Soziologen: »Wie der Paranoiker überall ein Komplott wittert, so der kritische Soziologe überall Herrschaft, sogar in den Fällen, wo die Akteure […] gar nichts Anormales bemerken.« (Boltanski 2010: 18) Was den kritischen Soziologen verdächtig macht, ist nicht das Interesse an Herrschaft an sich, sondern die Behauptung der *Ubiquität* von Herrschaft. Also genau die gesellschaftliche oder sozialontologische Kehrseite des Herrschaftsbegriffs. Sie ist es, deren Anblick nicht ertragen wird. Deshalb hat das Ressentiment, das Gesellschaftskritik auf sich zieht, mit deren Totalitätsorientierung zu tun. Sie maßt sich Aussagen über die Totalität des Sozialen an, die ihr von Rechts wegen nicht zustehen.

diesen – sagen wir – *psychologischen* Vorbehalt könnte lauten, dass das Bild nicht ganz so düster ist. Die ontologische Kondition des Antagonismus überlappt nie vollständig mit dem ontischen Raum des Sozialen. Täte sie das, befänden wir uns in einer hobbesschen Situation des Krieges aller gegen alle. Die weitgehend pazifizierten Verhältnisse, denen wir im Regelfall begegnen, sind nicht unmittelbar antagonistisch. Dennoch *gründen* sie auf der Instanz des Antagonismus, der sie selbst in seiner Abwesenheit – als abwesende Ursache – »erzittern« lässt. Und obwohl die Instanz der Gründung jederzeit wieder zum Vorschein kommen kann, tobt doch nicht der ständige Bürgerkrieg vor unserer Haustüre. Es besteht also kein Grund zur Panik.

In einem zweiten Schritt müsste man den *philosophischen* Vorbehalt, der negativistische Theorien an sich trifft, zerstreuen. Er gilt solchen Kategorien wie Mangel oder Negativität und hält ihnen die Immanenz, Positivität, ja Vitalität sozialer Verhältnisse entgegen. Gegen Hegel oder Lacan werden dann etwa Spinoza oder Deleuze stark gemacht. Man sollte aber festhalten, dass die Unterschiede zwischen den postfundamentalistischen Autoren – man denke beispielhaft an Lacan, Deleuze, Derrida und Foucault – generell überbetont werden. Die Familienähnlichkeiten sind sehr viel größer als die oft polemisch überspitzten Differenzen. Unsere Untersuchung hat daher eher dem Prinzip der Kombination, nicht dem der sektiererischen Schulbildung gehorcht. Vor allem die gemeinsame, wenn auch nicht immer offengelegte Orientierung an Heidegger unterläuft jede grundsätzliche Frontstellung. Mangel oder Negativität und Überfluss sind schon bei Heidegger keine Kategorien, die einander ausschließen würden. Eher sind sie zwei Wesensformen des Spiels der Differenz.[22] An sozialer Negativität ist nichts im trivialen Sinne Negatives. Ganz im Gegenteil, der Antagonismus ist selbst noch in seinen destruktiven Effekten eine *produktive Instanz*, die soziale Differenzen nur relational verknüpfen kann, indem sie andere Relationen auftrennt.

Und schließlich müsste man einen dritten, *politischen* Vorbe-

22 Wenn Heidegger etwa fragt: »Ist ›das Sein‹ nur das Leerste, gemessen an jedem jeweils so und so bestimmten Seienden? Oder ist das Sein der Überfluß für alles Seiende, hinter dem jegliches Seiende jedesmal unendlich zurückbleibt?« (Heidegger 1991: 49), dann kommt er zu dem Schluss: »*Das Sein ist das Leerste und zugleich gar der Überfluß.*« (Ebd.: 50)

halt zerstreuen. Macht uns eine Sozialontologie des Antagonismus nicht alle zu Schmittianern? Verdammt sie uns nicht zu einem reaktionären, wenn nicht totalitären Freund-/Feind-Denken? Ich habe mehrfach darauf hingewiesen, dass sich die hantologische Kategorie des Antagonismus nicht auf ein Freund-/Feind-Schema reduzieren lässt. Zwar können solche Engführungen nie prinzipiell ausgeschlossen werden, aber gerade als Kontingenzbegriff unterläuft der Antagonismus jede stabile Binärkodierung. Eine Gesellschaftstheorie, die den Blick auf die grundsätzliche Kontingenz und Konfliktualität des Sozialen lenkt, schließt politische Handlungsmöglichkeiten daher nicht im Zeichen einer homogenen Volksgemeinschaft aus, sondern eröffnet sie. Oder genauer: Sie lenkt unsere Aufmerksamkeit auf die ontologisch gesicherte Möglichkeit politischen Veränderungshandelns. Denn wenn soziale Ordnung, wie wir sie vorfinden, aus Konflikten hervorgegangen ist und auch anders hätte hervorgehen können, dann kann sie auch jederzeit im Konflikt verändert werden. Damit formuliert man eine Alternative zu jenen, die behaupten, es gäbe keine: eine politische Alternative zur Politik der Alternativlosigkeit.

Die Praxis, die Theorie heißt, trägt ihres dazu bei, das Soziale in Bewegung zu halten. Ob sie sich dessen bewusst ist oder nicht, sie schwimmt inmitten einer Vielzahl von sozialen Bewegungen, die, wo sie zu einem »instabilen Kompromissgleichgewicht« (Gramsci) gefunden haben, den täuschenden Eindruck von Stabilität vermitteln. Wenn Theorie eine ideologiekritische Aufgabe übernehmen kann, dann ist es die, den Eindruck scheinbarer Stabilität zu hintertreiben und sozialen Bewegungen zu Sichtbarkeit zu verhelfen. Wie Deleuze einmal sagte: »Nichts ist aufregender als die unablässigen Bewegungen dessen, was unbeweglich zu sein scheint.« (Deleuze 1993b: 228) In diesem Sinne ist Gesellschaftstheorie ein aufregendes Geschäft. Sie wird sich nicht an einem überkommenen Monumentalbegriff von Gesellschaft orientieren können. In den Bewegungen des Sozialen wird sie nach einem Objekt Ausschau halten, das weniger an ein gigantisches Mausoleum erinnert als an einen davontreibenden Strandball.

Literatur

Adorno, Theodor W. (1970) *Zur Metakritik der Erkenntnistheorie/Drei Studien zu Hegel*, Frankfurt am Main: Suhrkamp.

Adorno, Theodor W. (1972) *Soziologische Schriften I*, in *Gesammelte Schriften*, Bd. 8, hg. von Rolf Tiedemann, Frankfurt am Main: Suhrkamp.

Adorno, Theodor W. (1973) *Ästhetische Theorie*, hg. von Gretel Adorno und Rolf Tiedemann, Frankfurt am Main: Suhrkamp.

Adorno, Theodor W. (1975) *Negative Dialektik*, in *Gesammelte Schriften*, Bd. 6, hg. von Rolf Tiedemann, Frankfurt am Main: Suhrkamp.

Adorno, Theodor W. (2003) *Einleitung in die Soziologie*, Frankfurt am Main: Suhrkamp.

Adorno, Theodor W. (2007) *Vorlesung über Negative Dialektik*, Frankfurt am Main: Suhrkamp.

Adorno, Theodor W. (2008a) *Philosophische Elemente einer Theorie der Gesellschaft*, Frankfurt am Main: Suhrkamp.

Adorno, Theodor W. (2008b): *Ontologie und Dialektik*, Frankfurt am Main: Suhrkamp.

Afary, Janet, Kavin B. Anderson (2005) *Foucault and the Iranian Revolution. Gender and the Seductions of Islamism*, Chicago und London: Chicago University Press.

Agamben, Giorgio (2003) *Die kommende Gemeinschaft*, Berlin: Merve.

Agamben, Giorgio (2007) *Die Sprache und der Tod. Ein Seminar über den Ort der Negativität*, Frankfurt am Main: Suhrkamp.

Aglietta, Michel (2000) *Ein neues Akkumulatinsregime. Die Regulationstheorie auf dem Prüfstand*, Hamburg: VSA.

Alliez, Éric (2009) »Die Differenz und Wiederholung von Gabriel Tarde«, in Christian Borch, Urs Stäheli (Hg.): *Soziologie der Nachahmung und des Begehrens. Materialien zu Gabriel Tarde*, Frankfurt am Main: Suhrkamp, S. 125-134.

Althusser, Louis (1968) *Für Marx*, Frankfurt am Main: Suhrkamp.

Althusser, Louis (1972) »Der Gegenstand des Kapital«, in Louis Althusser, Etienne Balibar: *Das Kapital lesen*, Bd. 1 und 2, Reinbek bei Hamburg: Rowohlt, S. 11-267.

Althusser, Louis (2010a) *Ideologie und ideologische Staatsapparate*, 1. Halbband, Hamburg: VSA.

Althusser, Louis (2010b) *Materialismus der Begegnung*, Zürich: diaphanes.

Angermüller, Johannes (2007a) *Nach dem Strukturalismus. Theoriediskurs und intellektuelles Feld in Frankreich*, Bielefeld: transcript.

Angermüller, Johannes (2007b) »Kontingenz und Mangel: Von der Gesellschaft der Moderne zum Sozialen der Postmoderne?«, in Thorsten

Bonacker, Andreas Reckwitz (Hg.): *Kulturen der Moderne. Soziologische Perspektiven der Gegenwart*, Frankfurt am Main und New York: Campus, S. 301-322.

Angermüller, Johannes (2008) »Postmoderne. Zwischen Repräsentationskrise und Entdifferenzierung«, in Stephan Moebius, Andreas Reckwitz (Hg.): *Poststrukturalistische Sozialwissenschaften*, Frankfurt am Main: Suhrkamp, S. 245-260.

Arendt, Hannah (1998) *Ich will verstehen. Selbstauskünfte zu Leben und Werk*, München und Zürich: Piper.

Arndt, Andreas (2009) »Widerstreit und Widerspruch. Gegensatzbeziehungen in frühromantischen Diskursen«, in *Romantik/Romanticism. Internationales Jahrbuch des Deutschen Idealismus/International Yearbook of German Idealism* 2008, hg. von Karl P. Ameriks, Jürgen Stolzenberg und Fred Rush, Berlin und New York: de Gruyter, S. 80-100.

Baal-Teshuva, Jacob (2002) *Alexander Calder*, Köln: Taschen.

Baecker, Dirk (2007) *Form und Formen der Kommunikation*, Frankfurt am Main: Suhrkamp.

Balibar, Etienne (1972) »Über die Grundbegriffe des historischen Materialismus«, in Louis Althusser, Etienne Balibar: *Das Kapital lesen*, Bd. 2, Reinbek bei Hamburg: Rowohlt, S. 268-414.

Balibar, Etienne (1991) »Foucault und Marx. Der Einsatz des Nominalismus«, in François Ewald, Bernhard Waldenfels (Hg.): *Spiele der Wahrheit. Michel Foucaults Denken*, Frankfurt am Main: Suhrkamp, S. 39-65.

Balibar, Etienne (1994) »Strukturale Kausalität, Überdetermination und Antagonismus«, in Henning Böke, Jens Christian Müller, Sebastian Reinfeldt (Hg.): *Denk-Prozesse nach Althusser*, Hamburg: Argument, S. 27-40.

Balibar, Etienne (1995) *The Philosophy of Marx*, London und New York: Verso.

Balke, Friedrich (2009) »Eine frühe Soziologie der Differenz: Gabriel Tarde«, in Christian Broch, Urs Stäheli (Hg.): *Soziologie der Nachahmung und des Begehrens. Materialien zu Gabriel Tarde*, Frankfurt am Main: Suhrkamp, S. 135-163.

Balke, Friedrich, Maria Muhle, Antonia von Schöning (Hg.) (2011) *Die Wiederkehr der Dinge*, Berlin: Kulturverlag Kadmos.

Bataille, Georges (1997) *Die psychologische Struktur des Faschismus/Die Souveränität*, München: Matthes & Seitz.

Bataille, Georges (2001) *Die Aufhebung der Ökonomie*, München: Matthes & Seitz.

Baudrillard, Jean (2010) *Im Schatten der schweigenden Mehrheiten oder Das Ende des Sozialen*, Berlin: Matthes & Seitz.

Bauman, Zygmunt (1995) *Ansichten der Postmoderne*, Hamburg: Argument.
Beck, Ulrich (1986) *Risikogesellschaft. Auf dem Weg in eine andere Moderne*, Frankfurt am Main: Suhrkamp.
Beck, Ulrich (1993) *Die Erfindung des Politischen*, Frankfurt am Main: Suhrkamp.
Beck, Ulrich, Johannes Willms (2000) *Freiheit oder Kapitalismus – Gesellschaft neu denken*, Frankfurt am Main: Suhrkamp.
Bell, Daniel (1973) *Die nachindustrielle Gesellschaft*, Frankfurt am Main und New York: Campus.
Bellebaum, Alfred (2001) *Soziologische Grundbegriffe. Eine Einführung für soziale Berufe*, 13. Auflage, Stuttgart, Berlin und Köln: Kohlhammer.
Belliger, Andrea, David J. Krieger (2006) *ANThology: Ein einführendes Handbuch zur Akteur-Netzwerk-Theorie*, Bielefeld: transcript.
Belwe, Andreas (2000) *Ungesellige Geselligkeit*, Würzburg: Königshausen & Neumann.
Bendix, Reinhard (1977) *Max Weber. An Intellectual Portrait*, Berkeley und Los Angeles: University of California Press.
Benjamin, Walter (1991) »Über den Begriff der Geschichte«, in *Gesammelte Schriften*. Bd. 1.2, hg. von Rolf Tiedemann und Hermann Schweppenhäuser, Frankfurt am Main: Suhrkamp, S. 691-704.
Berger, Peter L., Brigitte Berger (1993) *Wir und die Soziologie. Eine Einführung in die Soziologie – entwickelt aus der Alltagserfahrung*, Reinbek bei Hamburg: Rowohlt.
Bobbio, Norberto (1990) *Liberalism and Democracy*, London und New York: Verso.
Bologna, Sergio (2006) *Die Zerstörung der Mittelschichten. Thesen zur neuen Selbständigkeit*, Graz und Wien: Nausner & Nausner.
Boltanski, Luc (2007) »Leben als Projekt. Prekarität in der schönen neuen Netzwerkwelt«, in *polar* 2, URL: ⟨http://www.polar-zeitschrift.de/polar_02.php?id=69⟩ (letzter Zugriff 15. 1. 2012)
Boltanski, Luc (2010) *Soziologie und Sozialkritik*, Berlin: Suhrkamp.
Boltanski, Luc, Ève Chiapello (2003) *Der neue Geist des Kapitalismus*, Konstanz: UVK.
Bonacker, Thorsten (2008a) »Sozialwissenschaftliche Konflikttheorien – Einleitung und Überblick«, in ders. (Hg.): *Sozialwissenschaftliche Konflikttheorien*, 4. Auflage, Wiesbaden: VS Verlag, S. 9-29.
Bonacker, Thorsten (2008b) »Gesellschaft: Warum die Einheit der Gesellschaft aufgeschoben wird«, in Stephan Moebius, Andreas Reckwitz (Hg.): *Poststrukturalistische Sozialwissenschaften*, Frankfurt am Main: Suhrkamp, S. 27-42.
Borch, Christian, Urs Stäheli (2009) »Einleitung. Tardes Soziologie der Nachahmung und des Begehrens«, in dies. (Hg.): *Soziologie der Nach-*

ahmung und des Begehrens. Materialien zu Gabriel Tarde, Frankfurt am Main: Suhrkamp, S. 7-38.

Bourdieu, Pierre (1987) *Die feinen Unterschiede. Kritik der gesellschaftlichen Urteilskraft*, Frankfurt am Main: Suhrkamp.

Bourdieu, Pierre (1992) *Rede und Antwort*, Frankfurt am Main: Suhrkamp.

Bourdieu, Pierre (1995) *Sozialer Raum und »Klassen«: Leçon sur la leçon*, Frankfurt am Main: Suhrkamp.

Bourdieu, Pierre (1997): *Sozialer Sinn. Kritik der theoretischen Vernunft*, Frankfurt am Main: Suhrkamp.

Bourdieu, Pierre (1998a) *Praktische Vernunft. Zur Theorie des Handelns*, Frankfurt am Main: Suhrkamp.

Bourdieu, Pierre (1998b) »Prekarität ist überall«, in ders.: *Gegenfeuer. Wortmeldungen im Dienste des Widerstands gegen die neoliberale Invasion*, Konstanz: UVK, S. 107-113.

Bourdieu, Pierre (2001a) *Meditationen. Zur Kritik der scholastischen Vernunft*, Frankfurt am Main: Suhrkamp.

Bourdieu, Pierre (2001b) *Die Regeln der Kunst. Genese und Struktur des literarischen Feldes*, Frankfurt am Main: Suhrkamp.

Bourdieu, Pierre, Loic Wacquant (2006) *Reflexive Anthropologie*, Frankfurt am Main: Suhrkamp.

Bretthauer, Lars (2006) »Materialität und Verdichtung bei Nicos Poulantzas«, in ders. et al. (Hg.): *Poulantzas lesen. Zur Aktualität marxistischer Staatstheorie*, Hamburg: VSA, S. 82-100.

Bretthauer, Lars, et al. (Hg.) (2006) *Poulantzas lesen. Zur Aktualität marxistischer Staatstheorie*, Hamburg: VSA.

Brinkmann, Uli, Klaus Dörre, Sabine Röbenack (2006) *Prekäre Arbeit. Ursachen, Ausmaß, soziale Folgen und subjektive Verarbeitungsformen unsicherer Beschäftigungsverhältnisse*, Bonn: Friedrich-Ebert-Stiftung.

Bröckling, Ulrich (2007) *Das unternehmerische Selbst. Soziologie einer Subjektivierungsform,* Frankfurt am Main: Suhrkamp.

Bröckling, Ulrich, Susanne Krasmann, Thomas Lemke (Hg.) (2000) *Gouvernementalität der Gegenwart. Studien zur Ökonomisierung des Sozialen*, Frankfurt am Main: Suhrkamp.

Bublitz, Hannelore (1999) *Foucaults Archäologie des kulturellen Unbewußten. Zum Wissensarchiv und Wissensbegehren moderner Gesellschaften*, Frankfurt und New York: Campus.

Bublitz, Hannelore (2001) »Der ›Schatten der Wahrheit‹. Gesellschaft als dasjenige, von dem man später sagen wird, dass es existiert hat«, in Alex Demirovic (Hg.): *Komplexität und Emanzipation. Kritische Gesellschaftstheorie und die Herausforderung der Systemtheorie Niklas Luhmanns*, Münster: Westfälisches Dampfboot, S. 73-100.

Buck-Morss, Susan (2009) *Hegel, Haiti, and Universal History*, Pittsburgh: University of Pittsburgh Press.
Bude, Heinz (1991) »Auflösung des Sozialen? Die allmähliche Verflüssigung des soziologischen ›Gegenstandes‹ im Fortgang der soziologischen Theorie«, in Stefan Müller-Doohm (Hg.): *Jenseits der Utopie. Theoriekritik der Gegenwart*, Frankfurt am Main: Suhrkamp, S. 100-122.
Bude, Heinz (1998) »Konstruktionen des sozialen Konflikts«, in Hans-Joachim Giegel (Hg.): *Konflikt in modernen Gesellschaften*, Frankfurt am Main: Suhrkamp, S. 153-171.
Bude, Heinz (2001) »Wo steht die Soziologische Theorie heute?«, in Eva Barlösius, Hans-Peter Müller, Steffen Sigmund (Hg.): *Gesellschaftsbilder im Umbruch. Soziologische Perspektiven in Deutschland*, Opladen: Leske + Budrich, S. 65-84.
Bude, Heinz, Andreas Willisch (2008) »Einleitung«, in dies. (Hg.): *Exklusion. Die Debatte über die ›Überflüssigen‹*, Frankfurt am Main: Suhrkamp, S. 9-30.
Butler, Judith (1992) »Contingent Foundations: Feminism and the Question of ›Postmodernism‹«, in dies., J. W. Scott (Hg.): *Feminists Theorize the Political*, New York und London: Routledge, S. 3-21.
Butler, Judith (2001) *Psyche der Macht. Das Subjekt der Unterwerfung*, Frankfurt am Main: Suhrkamp.

Cacciari, Massimo (1976) *Krisis. Saggio sulla crisi del pensiero negativo da Nietzsche a Wittgenstein*, Mailand: Feltrinelli.
Castel, Robert (2007) *Die Stärkung des Sozialen. Leben im neuen Wohlfahrtsstaat*, Hamburg: Hamburger Edition.
Castel, Robert (2008) *Die Metamorphosen der sozialen Frage. Eine Chronik der Lohnarbeit*, Konstanz: UVK.
Castells, Manuel (2003) *Das Informationszeitalter I: Der Aufstieg der Netzwerkgesellschaft*, Opladen: Leske + Budrich.
Cavalli, Alessandro (1994) »Max Weber und Georg Simmel: Sind die Divergenzen wirklich so groß?«, in Gerhard Wagner, Heinz Zipprian (Hg.): *Max Webers Wissenschaftslehre. Interpretation und Kritik*, Frankfurt am Main: Suhrkamp, S. 224-238.
Chevallier, Philippe (2004) *Michel Foucault. Le pouvoir et la bataille*, Nantes: Pleins Feux.
Chion, Michel (1982) *Le voix au cinéma*, Paris: Cahiers du Cinema Livres.
Clam, Jean (2002) *Was heißt, sich an Differenz statt an Identität orientieren? Zur De-ontologisierung in Philosophie und Sozialwissenschaften*, Konstanz: UVK.
Coletti, Lucio (1977) *Marxismus und Dialektik*, Frankfurt am Main, Berlin und Wien: Ullstein.

Collins, Randall (1994) *Four Sociological Traditions*, erweiterte Ausgabe, New York und Oxford: Oxford University Press.
Coser, Lewis (2009) *Theorie sozialer Konflikte*, Wiesbaden: VS Verlag.
Critchley, Simon, Oliver Marchart (Hg.) (2004) *Laclau: A Critical Reader*, London und New York: Routledge.
Cusset, François (2003) *French Theory. Foucault, Derrida, Deleuze & Cie et les mutations de la vie intellectuelle aux États-Unis*, Paris: La Découverte.

Dahrendorf, Ralf (1957) *Soziale Klassen und Klassenkonflikt in der industriellen Gesellschaft*, Stuttgart: Ferdinand Enke.
Dahrendorf, Ralf (1972) *Konflikt und Freiheit. Auf dem Weg zur Dienstklassengesellschaft*, München: Piper.
Dahrendorf, Ralf (1974) *Pfade aus Utopia. Arbeiten zur Theorie und Methode der Soziologie*, in *Gesammelte Abhandlungen I*, Zürich: Ex Libris.
Deleuze, Gilles (1992a) *Woran erkennt man den Strukturalismus?*, Berlin: Merve.
Deleuze, Gilles (1992b) *Foucault*, Frankfurt am Main: Suhrkamp.
Deleuze, Gilles (1993a) *Logik des Sinns. Aesthetica*, Frankfurt am Main: Suhrkamp.
Deleuze, Gilles (1993b) *Unterhandlungen. 1972-1990*, Frankfurt am Main: Suhrkamp.
Deleuze, Gilles (1996) »Sehen und Sprechen«, in *Lettre International* 32, S. 86-87.
Deleuze, Gilles (2000) *Die Falte. Leibniz und der Barock*, Frankfurt am Main: Suhrkamp.
Deleuze, Gilles (2002) *Nietzsche und die Philosophie*, Hamburg: Europäische Verlagsanstalt.
Deleuze, Gilles (2007) *Differenz und Wiederholung*, 3. Auflage, München: Fink.
Deleuze, Gilles, Félix Guattari (1977) *Anti-Ödipus. Kapitalismus und Schizophrenie I*, Frankfurt am Main: Suhrkamp.
Deleuze, Gilles, Félix Guattari (1992) *Tausend Plateaus: Kapitalismus und Schizophrenie II*, Berlin: Merve.
Della Volpe, Galvano (1956) *Logica come scienza positive*, 2. Ausgabe, Messina und Florenz: D'Anna.
Demirovic, Alex (1999) *Der nonkonformistische Intellektuelle. Die Entwicklung der Kritischen Theorie zur Frankfurter Schule*, Frankfurt am Main: Suhrkamp.
Demirovic, Alex (2001) »Komplexität und Emanzipation«, in ders. (Hg.): *Komplexität und Emanzipation: Kritische Gesellschaftstheorie und die Herausforderung der Systemtheorie Niklas Luhmanns*, Münster: Westfälisches Dampfboot, S. 13-52.

Demirovic, Alex (2007) *Nicos Poulantzas. Aktualität und Probleme materialistischer Staatstheorie*, 2. erweiterte Auflage, Münster: Westfälisches Dampfboot.

Demirovic, Alex (2008) »Die Konflikttheorie von Karl Marx«, in Thorsten Bonacker (Hg.): *Sozialwissenschaftliche Konflikttheorien*, 4. Auflage, Wiesbaden: VS Verlag, S. 47-64.

Derrida, Jacques (1983) *Grammatologie*, Frankfurt am Main: Suhrkamp.

Derrida, Jacques (1990) »Die différance«, in Peter Engelmann (Hg.): *Postmoderne und Dekonstruktion*, Stuttgart: Reclam, S. 76-113.

Derrida, Jacques (1992) *Die Schrift und die Differenz*, Frankfurt am Main: Suhrkamp.

Derrida, Jacques (1994) »Politik und Freundschaft. Ein Interview mit Michael Sprinker«, in Henning Böke, Jens Christian Müller, Sebastian Reinfeldt (Hg.): *Denk-Prozesse nach Althusser*, Hamburg: Argument, S. 103-162.

Derrida, Jacques (1995) *Dissemination*, Wien: Passagen.

Derrida, Jacques (1996) *Marx' Gespenster. Der Staat der Schuld, die Trauerarbeit und die neue Internationale*, Frankfurt am Main: S. Fischer.

Derrida, Jacques (2001) *Limited Inc.*, Wien: Passagen.

Derrida, Jacques (2002) *Politik der Freundschaft*, Frankfurt am Main: Suhrkamp.

Descartes, René (1992) *Meditationen über die Grundlagen der Philosophie*, Hamburg: Meiner.

Donzelot, Jacques (1984) *L'invention du sociale. Essai sur le déclin des passions politiques*, Paris: Fayard.

Dörre, Klaus (2005) »Entsicherte Arbeitsgesellschaft. Politik der Entprekarisierung«, in *Widerspruch* 49, S. 5-18.

Dosse, François (1999) *Geschichte des Strukturalismus*, 2 Bde., Frankfurt am Main: S. Fischer.

Durkheim, Emile (1976) *Soziologie und Philosophie*, Frankfurt am Main: Suhrkamp.

Durkheim, Emile (1984) *Die Regeln der soziologischen Methode*, Frankfurt am Main: Suhrkamp.

Durkheim, Emile (1992) *Über soziale Arbeitsteilung. Studie über die Organisation höherer Gesellschaften*, Frankfurt am Main: Suhrkamp.

Durkheim, Emile (1994) *Die elementaren Formen des religiösen Lebens*, Frankfurt am Main: Suhrkamp.

Eickelpasch, Burkhard, Rolf Lehmann (1983) *Soziologie ohne Gesellschaft? Probleme einer phänomenologischen Grundlegung der Soziologie*, München: Fink.

Eisenstadt, Shmuel N. (2000) *Die Vielfalt der Moderne*, Weilerswist: Velbrück Wissenschaft.

Elliott, Anthony, Bryan S. Turner (2001) *Profiles in Contemporary Social Theory*, London, Thousand Oaks und New Delhi: Sage.
Elliott, Anthony, Bryan S. Turner (2012) *On Society*, Cambridge: Polity Press.
Emirbayer, Mustafa (1997) »Manifest for a Relational Sociology«, in *The American Journal of Sociology* 103(2), S. 281-317.

Fassler, Manfred (2009) *Nach der Gesellschaft: Infogene Zukünfte – Anthropologische Ausblicke*, München: Fink.
Feyerabend, Paul (1976) *Wider den Methodenzwang*, Frankfurt am Main: Suhrkamp.
Fink, Bruce (1995) *The Lacanian Subject. Between Language and Jouissance*, Princeton: Princeton University Press.
Foucault, Michel (1977) *Überwachen und Strafen. Die Geburt des Gefängnisses*, Frankfurt am Main: Suhrkamp
Foucault, Michel (1981) *Archäologie des Wissens*, Frankfurt am Main: Suhrkamp.
Foucault, Michel (1983) *Der Wille zum Wissen. Sexualität und Wahrheit 1*, Frankfurt am Main: Suhrkamp.
Foucault, Michel (1988) *Schriften zur Literatur*, Frankfurt am Main: S. Fischer.
Foucault, Michel (1989) *Der Gebrauch der Lüste. Sexualität und Wahrheit 2*, Frankfurt am Main: Suhrkamp.
Foucault, Michel (1991) *Die Ordnung des Diskurses*, Frankfurt am Main: S. Fischer.
Foucault, Michel (2001a) *In Verteidigung der Gesellschaft*. Vorlesung am Collège de France (1975-1976), Frankfurt am Main: Suhrkamp.
Foucault, Michel (2001b) *Schriften in vier Bänden. Dits et Ecrits*, Bd. I, Frankfurt am Main: Suhrkamp.
Foucault, Michel (2002) *Schriften in vier Bänden. Dits et Ecrits*, Bd. II, Frankfurt am Main: Suhrkamp.
Foucault, Michel (2003) *Schriften in vier Bänden. Dits et Ecrits*, Bd. III, Frankfurt am Main: Suhrkamp.
Foucault, Michel (2005) *Schriften in vier Bänden. Dits et Ecrits*, Bd. IV, Frankfurt am Main: Suhrkamp.
Freud, Sigmund (1999) *Die Traumdeutung*, in *Gesammelte Werke*, Bd. 2, Frankfurt am Main: S. Fischer.
Frisby, David, Derek Sayer (1986) *Society*, Chichester: Ellis Horwood.
Fuchs, Peter (1992) *Die Erreichbarkeit der Gesellschaft: Zur Konstruktion und Imagination gesellschaftlicher Einheit*, Frankfurt am Main: Suhrkamp.
Fuchs, Peter (2001) *Die Metapher des Systems. Studien zu der allgemein leitenden Frage, wie sich der Tänzer vom Tanz unterscheiden lasse*, Weilerswist: Velbrück Wissenschaft.

Fuhse, Jan, Sophie Mützel (Hg.) (2010) *Relationale Soziologie. Zur kulturellen Wende der Netzwerkforschung*, Wiesbaden: VS Verlag.

Füllsack, Manfred (2010) »Die Habermas-Luhmann-Debatte«, in Georg Kneer, Stephan Moebius (Hg.): *Soziologische Kontroversen: Beiträge zu einer anderen Geschichte der Wissenschaft vom Sozialen*, Berlin: Suhrkamp, S. 154-181.

Gehring, Petra (2004) »Wäre der Widerstreit politikfähig? Lyotards Kritik des Rechtsstreits und die Frage des Politischen in *Le différend*«, in Oliver Flügel, Reinhard Heil, Andreas Hetzel (Hg.): *Die Rückkehr des Politischen. Demokratietheorien heute*, Darmstadt: Wissenschaftliche Buchgesellschaft, S. 149-163.

Giddens, Anthony (1995) *Die Konstitution der Gesellschaft: Grundzüge einer Theorie der Strukturierung*, Frankfurt am Main und New York: Campus.

Giesen, Bernhard (1989) »Krise der Krisenwissenschaft? Oder: Wozu noch Soziologie?«, in *Soziale Welt* (40), S. 111-123.

Giesen, Bernhard (1991) »Entzauberte Soziologie oder: Abschied von der klassischen Gesellschaftstheorie«, in *Die Modernisierung moderner Gesellschaften. Verhandlungen des 25. Deutschen Soziologentages*, hg. von Wolfgang Zapf, Frankfurt am Main und New York: Campus, S. 770-783.

Goldmann, Lucien (1975) *Lukács und Heidegger*, Darmstadt und Neuwied: Luchterhand.

Gouldner, Alvin W. (1974) *Die westliche Soziologie in der Krise*, Reinbek bei Hamburg: Rowohlt.

Gramsci, Antonio (1991 ff.) *Gefängnishefte*, Hamburg: Argument.

Grossberg, Lawrence (2000) *What's Going On? Cultural Studies und Populärkultur*, Wien: Turia + Kant.

Habermas, Jürgen (1988) *Der philosophische Diskurs der Moderne. Zwölf Vorlesungen*, Frankfurt am Main: Suhrkamp.

Habermas, Jürgen (1995) *Theorie des kommunikativen Handelns*, Bd. 1, Frankfurt am Main: Suhrkamp.

Habermas, Jürgen (1998) *Philosophisch-politische Profile*, Frankfurt am Main: Suhrkamp.

Habermas, Jürgen, Niklas Luhmann (1971) *Theorie der Gesellschaft oder Sozialtechnologie – Was leistet die Systemforschung?*, Frankfurt am Main: Suhrkamp.

Hall, Stuart (1988) *The Hard Road to Renewal: Thatcherism and the Crisis of the Left*, London und New York: Verso.

Hall, Stuart (1989) »Gramscis Erneuerung des Marxismus und ihre Bedeutung für die Erforschung von ›Rasse‹ und Ethnizität« in ders.: *Ideologie,*

Kultur, Rassismus. Ausgewählte Schriften 1, Hamburg und Berlin: Argument, S. 56-91.

Hall, Stuart (2000) *Cultural Studies. Ein politisches Theorieprojekt. Ausgewählte Schriften 3*, Hamburg: Argument.

Hardt, Michael (2004) »Affektive Arbeit«, in Thomas Atzert, Jost Müller (Hg.): *Immaterielle Arbeit und imperiale Souveränität. Analysen und Diskussionen zu Empire*, Münster: Westfälisches Dampfboot, S. 175-188.

Harman, Graham (2011) *The Quadruple Object*, Alresford: Zero Books.

Hegel, Georg Wilhelm Friedrich (1999a) *Phänomenologie des Geistes*, in *Hauptwerke in sechs Bänden*, Bd. 2, Hamburg: Meiner.

Hegel, Georg Wilhelm Friedrich (1999b) *Wissenschaft der Logik. Erster Band*, in *Hauptwerke in sechs Bänden*, Bd. 3, Hamburg: Meiner.

Heidegger, Martin (1954) »Das Ding«, in ders.: *Vorträge und Aufsätze*, Stuttgart: Klett-Cotta, S. 157-180.

Heidegger, Martin (1957a) *Der Satz vom Grund*, Stuttgart: Neske.

Heidegger, Martin (1957b) *Identität und Differenz*, Stuttgart: Neske.

Heidegger, Martin (1991) *Grundbegriffe*, in *Gesamtausgabe*, II. Abteilung, Bd. 51, Frankfurt am Main: Vittorio Klostermann.

Heidegger, Martin (1993) *Sein und Zeit*, 17. Auflage, Tübingen: Niemeyer.

Heidegger, Martin (1994a) *Holzwege*, 7. Auflage, Frankfurt am Main: Vittorio Klostermann.

Heidegger, Martin (1994b) *Beiträge zur Philosophie (Vom Ereignis)*, in *Gesamtausgabe*, III. Abteilung, Bd. 65, Frankfurt am Main: Vittorio Klostermann.

Heidegger, Martin (1995) *Schellings Abhandlung über das Wesen der menschlichen Freiheit (1809)*, Tübingen: Niemeyer.

Heidegger, Martin (1996) *Wegmarken*, Frankfurt am Main: Vittorio Klostermann.

Heidegger, Martin (2000) *Zur Sache des Denkens*, 4. Auflage, Tübingen: Niemeyer.

Heidegger, Martin (2009) *Hegel*, in *Gesamtausgabe*, III. Abteilung, Bd. 68, Frankfurt am Main: Vittorio Klostermann.

Hetzel, Andreas, Jens Kertscher, Marc Rölli (2008) *Pragmatismus. Philosophie der Zukunft?* Weilerswist: Velbrück Wissenschaft.

Hintz, Michael, Gerd Vorwallner (1988) »Marxismus als radikaler Relationismus. Anmerkungen zur politischen Philosophie von E. Laclau und Ch. Mouffe«, in *kultuRRevolution* 17/18, S. 58-63.

Hirsch, Joachim (2002) *Herrschaft, Hegemonie und politische Alternativen*, Hamburg: VSA.

Howarth, David, Aletta Norval, Yannis Stavrakakis (Hg.) (2000) *Discourse Theory and Political Analysis: Identities, Hegemonies and Social Change*, Manchester: Manchester University Press.

Imhof, Kurt (1996) »Eine Symbiose: Soziale Bewegungen und Medien«, in ders., Gaetano Romano (Hg.): *Politisches Raisonnement in der Informationsgesellschaft*, Zürich: Seismo, S. 165-186.
Jameson, Fredric (1988a) *Das politische Unbewußte. Literatur als Symbol sozialen Handelns*, Reinbek bei Hamburg: Rowohlt.
Jameson, Fredric (1988b) *The Ideology of Theory. Essays*, Bd. 2, London und New York: Routledge.
Jameson, Fredric (1991) *Spätmarxismus. Adorno oder Die Beharrlichkeit der Dialektik*, Hamburg: Argument.
Janicaud, Dominique (2001): *Heidegger en France*, 2 Bde., Paris: Albin Michel.
Jessop, Bob (1996) *State Theory. Putting the Capitalist State in its Place*, Cambridge: Polity.
Jessop, Bob (2007) *Kapitalismus, Regulation, Staat. Ausgewählte Schriften*, Hamburg: Argument.
Joas, Hans, Wolfgang Knöbl (2011) *Sozialtheorie: Zwanzig einführende Vorlesungen*, Frankfurt am Main: Suhrkamp.

Kant, Immanuel (1983a) »Versuch den Begriff der negativen Größen in die Weltweisheit einzuführen«, in *Werke*, Bd. 2, Zweiter Teil, Darmstadt: Wissenschaftliche Buchgesellschaft, S. 779-824.
Kant, Immanuel (1983b) *Kritik der reinen Vernunft*, in *Werke*, Bd. 3 und 4, Erster Teil, Darmstadt: Wissenschaftliche Buchgesellschaft.
Kant, Immanuel (1983c) »Idee zu einer allgemeinen Geschichte in weltbürgerlicher Absicht«, in *Werke*, Bd. 9, Erster Teil, Darmstadt: Wissenschaftliche Buchgesellschaft, S. 33-50.
Karsz, Saül (1975) *Theorie und Politik: Louis Althusser*, Frankfurt am Main, Berlin und Wien: Ullstein.
Keller, Reiner, Christoph Lau (2008) »Bruno Latour und die Grenzen der Gesellschaft«, in Georg Kneer, Markus Schroer, Erhard Schüttpelz (Hg.): *Bruno Latours Kollektive*, Frankfurt am Main: Suhrkamp, S. 306-338.
Kingdom, John (1992) *No such thing as society? Individualism and Community*, Buckingham und Philadelphia: Open University Press.
Kneer, Georg (2008) »Hybridität, zirkulierende Referenz, Amoderne? Eine Kritik an Bruno Latours Soziologie des Assoziationen«, in ders., Markus Schroer, Erhard Schüttpelz (Hg.): *Bruno Latours Kollektive*, Frankfurt am Main: Suhrkamp, S. 261-305.
Kneer, Georg, Armin Nassehi, Markus Schroer (Hg.) (1997) *Soziologische Gesellschaftsbegriffe*, München: Fink.
Kneer, Georg, Markus Schroer, Erhard Schüttpelz (Hg.) (2008) *Bruno Latours Kollektive*, Frankfurt am Main: Suhrkamp.

Kneer, Georg, Stephan Moebius (Hg.) (2010) *Soziologische Kontroversen: Beiträge zu einer anderen Geschichte der Wissenschaft vom Sozialen*, Berlin: Suhrkamp.

Knorr Cetina, Karin (2007) »Postsoziale Beziehungen: Theorie der Gesellschaft in einem postsozialen Kontext«, in Thorsten Bonacker, Andreas Reckwitz (Hg.): *Kulturen der Moderne. Soziologische Perspektiven der Gegenwart*, Frankfurt und New York: Campus, S. 267-300.

Koenig, Wiebke (2008) »Die Konflikttheorie von Max Weber«, in Thorsten Bonacker (Hg.): *Sozialwissenschaftliche Konflikttheorien. Eine Einführung*, 4. Auflage, Wiesbaden: VS Verlag, S. 65-82.

Koshul, Basit Bilal (2005) *The Postmodern Significance of Max Weber's Legacy*, New York: Palgrave Macmillan.

Krais, Beate (2005) »Die moderne Gesellschaft und ihre Klassen – Bourdieus Konstrukt des sozialen Raums«, in Catherine Colliot-Thélène, Etienne François, Gunter Gebauer (Hg.): *Pierre Bourdieu. Deutsch-französische Perspektiven*, Frankfurt am Main: Suhrkamp, S. 79-105.

Kristeva, Julia (1980) *Pouvoirs de l'horreur. Essai sur l'abjection*. Paris: Seuil.

Labica, Georges (1998) *Karl Marx – Thesen über Feuerbach*, Berlin: Argument

Lacan, Jacques (1986) *Das Seminar von Jacques Lacan. Buch XX. Encore*, Weinheim und Berlin: Quadriga.

Lacan, Jacques (1988): *Radiophonie/Television*, Weinheim und Berlin: Quadriga.

Lacan, Jacques (1991) *Schriften II*, hg. von Norbert Haas, Weinheim und Berlin: Quadriga.

Lacan, Jacques (1996) *Das Seminar von Jacques Lacan. Buch VII. Die Ethik der Psychoanalyse*, Weinheim und Berlin: Quadriga.

Lacan, Jacques (2010) *Das Seminar von Jacques Lacan. Buch X. Die Angst*, Wien: Turia + Kant.

Laclau, Ernesto (1980) »Populist Rupture and Discourse«, in *Screen Education* 34, S. 87-93.

Laclau, Ernesto (1981) *Politik und Ideologie im Marxismus. Kapitalismus – Faschismus – Populismus*, Berlin: Argument.

Laclau, Ernesto (1988) »Die Politik als Konstruktion des Undenkbaren«, in *kultuRRrevolution* 17/18, S. 54-57.

Laclau, Ernesto (1989) »Preface«, in Slavoj Žižek: *The Sublime Object of Ideology*, London und New York: Verso, S. IX-XV.

Laclau, Ernesto (1990) *New Reflections on the Revolution of Our Time*, London und New York: Verso.

Laclau, Ernesto (2000) »Identity and Hegemony: The Role of Universality in the Constitution of Political Logics«, in Judith Butler, Ernesto Laclau,

Slavoj Žižek: *Contingency, Hegemony, Universality. Contemporary Dialogues on the Left*, London und New York: Verso, S. 44-89.
Laclau, Ernesto (2002) *Emanzipation und Differenz*, Wien: Turia + Kant.
Laclau, Ernesto (2004) »Glimpsing the future«, in Simon Critchley, Oliver Marchart (Hg.): *Laclau. A Critical Reader*, London und New York: Routledge, S. 279-328.
Laclau, Ernesto (2005) *On Populist Reason*, London und New York: Verso.
Laclau, Ernesto (2007) »Ideologie und Post-Marxismus«, in Martin Nonhoff (Hg.): *Diskurs, radikale Demokratie, Hegemonie. Zum politischen Denken von Ernesto Laclau und Chantal Mouffe*, Bielefeld: transcript, S. 25-40.
Laclau, Ernesto, Chantal Mouffe (1985) *Hegemony and Socialist Strategy*, London und New York: Verso.
Laclau, Ernesto, Chantal Mouffe (1991) *Hegemonie und radikale Demokratie*, Wien: Passagen.
Laplanche, J., J.-B. Pontalis (1973) *Das Vokabular der Psychoanalyse*, Frankfurt am Main: Suhrkamp.
Laruelle, François (1989) *Philosophie et Non-philosophie*, Liège und Brüssel: Pierre Mardaga.
Lash, Scott (1990) *Sociology of Postmodernism*, London und New York: Routledge.
Latour, Bruno (2002) *Die Hoffnung der Pandora*, Frankfurt am Main: Suhrkamp.
Latour, Bruno (2005) *Von der ›Realpolitik‹ zur ›Dingpolitik‹*, Berlin: Merve.
Latour, Bruno (2007) *Eine neue Soziologie für eine neue Gesellschaft*, Frankfurt am Main: Suhrkamp.
Latour, Bruno (2008) *Wir sind nie modern gewesen. Versuch einer symmetrischen Anthropologie*, Frankfurt am Main: Suhrkamp.
Latour, Bruno (2009a) »Gabriel Tarde und das Ende des Sozialen«, in Christian Borch, Urs Stäheli (Hg.): *Soziologie der Nachahmung und des Begehrens*, Frankfurt am Main: Suhrkamp, S. 39-61.
Latour, Bruno (2009b) »Vorwort«, in Gabriel Tarde: *Monadologie und Soziologie*, Frankfurt am Main: Suhrkamp, S. 7-15.
Lazzarato, Maurizio (1998) »Immaterielle Arbeit. Gesellschaftliche Tätigkeit unter den Bedingungen des Postfordismus«, in Toni Negri, Maurizio Lazzarato, Paolo Virno (Hg.): *Umherschweifende Produzenten. Immaterielle Arbeit und Subversion*, Berlin: ID, S. 39-52.
Lefort, Claude (1981) *L'invention démocratique. Les limites de la domination totalitaire*, Paris: Fayard.
Lemke, Thomas (1997) *Eine Kritik der politischen Vernunft. Foucaults Analyse der modernen Gouvernementalität*, Berlin und Hamburg: Argument.
Lemke, Thomas (2004) »›Eine Kultur der Gefahr‹ – Dispositive der Unsicherheit im Neoliberalismus«, in *Widerspruch* 46, S. 89-98.

Lemke, Thomas (2010) »›Waffen sind an der Garderobe abzugeben‹. Bruno Latours Entwurf einer politischen Ökologie«, in Ulrich Bröckling, Robert Feustel (Hg.): *Das Politische denken. Zeitgenössische Positionen*, Bielefeld: transcript, S. 273-293.

Lévi-Strauss, Claude (1973) *Das wilde Denken*, Frankfurt am Main: Suhrkamp.

Lévi-Strauss, Claude (1976): *Mythologica I. Das Rohe und das Gekochte*, Frankfurt am Main: Suhrkamp.

Lévi-Strauss, Claude (1977a) »Einleitung: Geschichte und Ethnologie«, in *Strukturale Anthropologie I*, Frankfurt am Main: Suhrkamp, S. 11-40.

Lévi-Strauss, Claude (1977b) »Die sozialen Strukturen in Zentral- und Ostbrasilien«, in *Strukturale Anthropologie I*, Frankfurt am Main: Suhrkamp, S. 135-147.

Lévi-Strauss, Claude (1977c) »Gibt es dualistische Organisationen?«, in *Strukturale Anthropologie I*, Frankfurt am Main: Suhrkamp, S. 148-180.

Lévi-Strauss, Claude (1978) *Traurige Tropen*, Frankfurt am Main: Suhrkamp.

Lévi-Strauss, Claude (1992) »Sinn und Gebrauch des Modellbegriffs«, in *Strukturale Anthropologie II*, Frankfurt am Main: Suhrkamp, S. 87-98.

Lévi-Strauss, Claude (1993) *Die elementaren Strukturen der Verwandtschaft*, Frankfurt am Main: Suhrkamp.

Lévi-Strauss, Claude (1999) »Einleitung«, in Marcel Mauss: *Soziologie und Anthropologie 1*, Frankfurt am Main: S. Fischer, S. 7-41.

Lichtblau, Klaus (2001) »Soziologie und Anti-Soziologie um 1900. Wilhelm Dilthey, Georg Simmel und Max Weber«, in Peter-Ulrich Merz-Benz, Gerhard Wagner (Hg.): *Soziologie und Anti-Soziologie. Ein Diskurs und seine Rekonstruktion*, Konstanz: UVK, S. 17-36.

Lichtblau, Klaus (2011) *Die Eigenart der kultur- und sozialwissenschaftlichen Begriffsbildung*, Wiesbaden: VS Verlag.

Liebsch, Burkhard, Andreas Hetzel, Hans Rainer Sepp (Hg.) (2011) *Profile negativistischer Sozialphilosophie*, Berlin: Akademie.

Liepold-Mosser, Bernd (1996): *Gesetz – Übergang – Stil. Von Immanuel Kant zur Philosophie des französischen »Poststrukturalismus«*, Wien: Turia + Kant.

Lindemann, Gesa (2008) »›Allons enfants et faits de la patrie …‹. Über Latours Sozial- und Gesellschaftstheorie sowie seinen Beitrag zur Rettung der Welt«, in Georg Kneer, Markus Schroer, Erhard Schüttpelz (Hg.): *Bruno Latours Kollektive*, Frankfurt am Main: Suhrkamp, S. 339-360.

Lindner, Rolf, Lutz Musner (Hg.) (2008) *Unterschicht. Kulturwissenschaftliche Erkundungen der ›Armen‹ in Geschichte und Gegenwart*, Freiburg im Breisgau: Rombach.

Lindner, Urs T. (2006) »Staat, Herrschaft und Politik. Zum Verhältnis Pou-

lantzas-Foucault«, in Lars Bretthauer et al. (Hg.): *Poulantzas lesen. Zur Aktualität marxistischer Staatstheorie*, Hamburg: VSA, S. 154-170.
Link, Jürgen (2007) »Flexibilisierung minus Normalität gleich Prekarität«, in *kultuRRevolution* 52, S. 32-37.
Lipietz, Alain (1985) »Akkumulation, Krisen und Auswege aus der Krise. Einige methodische Überlegungen zum Begriff der ›Regulation‹«, in *Prokla* 85, S. 109-137.
Lipietz, Alain (1992) »Vom Althusserianismus zur ›Theorie der Regulation‹«, in Alex Demirovic (Hg.): *Hegemonie und Staat: kapitalistische Regulation als Projekt und Prozeß*, Münster: Westfälisches Dampfboot, S. 9-54.
Lipietz, Alain (1998) *Nach dem Ende des ›Goldenen Zeitalters‹: Regulation und Transformation kapitalistischer Gesellschaften. Ausgewählte Schriften*, hg. von Hans-Peter Krebs, Hamburg: Argument.
Lotringer, Sylvère, Sande Cohen (2001) *French Theory in America*, London und New York: Routledge.
Lüdemann, Susanne (2004) *Metaphern der Gesellschaft. Studien zum soziologischen und politischen Imaginären*, München: Fink.
Luhmann, Niklas (1970) *Soziologische Aufklärung*, Opladen: Westdeutscher Verlag.
Luhmann, Niklas (1984) *Soziale Systeme*, Frankfurt am Main: Suhrkamp.
Luhmann, Niklas (1992) »Arbeitsteilung und Moral. Durkheims Theorie«, in Emile Durkheim: *Über soziale Arbeitsteilung. Studie über die Organisation höherer Gesellschaften*, Frankfurt am Main: Suhrkamp, S. 19-38.
Luhmann, Niklas (1995) *Soziologische Aufklärung 6. Die Soziologie und der Mensch*, Opladen: Westdeutscher Verlag.
Luhmann, Niklas (1996a) *Protest. Systemtheorie und soziale Bewegungen*, hg. von Kai-Uwe Hellmann, Frankfurt am Main: Suhrkamp.
Luhmann, Niklas (1996b) *Die Neuzeitlichen Wissenschaften und die Phänomenologie*, Wien: Picus.
Luhmann, Niklas (1998) *Die Gesellschaft der Gesellschaft*, 2 Bde., Frankfurt am Main: Suhrkamp.
Luhmann, Niklas (2005) *Einführung in die Theorie der Gesellschaft*, Heidelberg: Carl Auer.
Luhmann, Niklas (2006) Beobachtungen der Moderne, 2. Auflage, Wiesbaden: VS Verlag.
Lyotard, Jean-François (1985) *Grabmal des Intellektuellen*, Wien: Passagen.
Lyotard, Jean-François (1986) *Das postmoderne Wissen. Ein Bericht*, Wien: Passagen.
Lyotard, Jean-François (1989a) *Der Widerstreit*, München: Fink.
Lyotard, Jean-François (1989b) *Streifzüge: Gesetz, Form, Ereignis*, Wien: Passagen.

Lyotard, Jean-François (2001) *Das Inhumane. Plaudereien über die Zeit*, Wien: Passagen.
Lyotard, Jean-François (2007) *Libidinöse Ökonomie*, Berlin: Diaphanes.

Machiavelli, Niccolò (1978) *Der Fürst*, übersetzt und hg. von Rudolf Zorn, Stuttgart: Alfred Kröner.
Maffesoli, Michel (1986) *Der Schatten des Dionysos. Zu einer Soziologie des Orgiasmus*, Frankfurt am Main: Syndikat.
Makropoulos, Michael (1997) *Modernität und Kontingenz*, München: Fink.
Mann, Michael (1994) *Geschichte der Macht*, Bd. 1: *Von den Anfängen bis zur griechischen Antike*, Frankfurt am Main und New York: Campus.
Marchart, Oliver (1998) »Gibt es eine Politik des Politischen? Démocratie à venir betrachtet von Clausewitz aus dem Kopfstand«, in ders. (Hg.): *Das Undarstellbare der Politik. Zur Hegemonietheorie Ernesto Laclaus*, Wien: Turia + Kant, S. 90-122.
Marchart, Oliver (1999) »Das unbewußte Politische. Zum *psychoanalytic turn* in der politischen Theorie: Jameson, Butler, Laclau, Žižek«, in Jürgen Trinks (Hg.): *Bewußtsein und Unbewußtes*, Wien: Turia + Kant, S. 196-234.
Marchart, Oliver (2005) »The Absence at the Heart of Presence. Radical Democracy and the ›Ontology of Lack‹«, in Lars Tonder, Lasse Thomassen (Hg.): *On Radical Democracy: Politics Between Abundance and Lack*, Manchester: Manchester University Press, S. 17-31.
Marchart, Oliver (2007a) »Gramsci und die diskursanalytische Hegemonietheorie. Ein fragmentarisches ABC«, in Andreas Merkens, Victor Rego Diaz (Hg.): *Mit Gramsci arbeiten. Texte zur politisch-praktischen Aneignung Antonio Gramscis*, Hamburg: Argument, S. 175-189.
Marchart, Oliver (2007b) »Eine demokratische Gegenhegemonie. Zur neo-gramscianischen Demokratietheorie bei Laclau und Mouffe«, in Andreas Fischer-Lescano, Sonja Buckel (Hg.): *›Hegemonie gepanzert mit Zwang‹. Zivilgesellschaft und Politik im Staatsverständnis von Antonio Gramsci*, Baden-Baden: Nomos, S. 105-120.
Marchart, Oliver (2007c) »Ein unbedingter Rationalismus. Derrida, die kommende Aufklärung und der Antisemitismus«, in Georg Chr. Tholen, Hans-Joachim Lenger (Hg.): *Mnema. Derrida zum Andenken*, Bielefeld: transcript, S. 135-156.
Marchart, Oliver (2008a) *Cultural Studies*, Konstanz: UVK.
Marchart, Oliver (2008b) »Ungesellschaftliche Gesellschaftlichkeit. Exklusion und Antagonismus bei Lévi-Strauss, unter Berücksichtigung von Lacan, Laclau und Luhmann«, in *Soziale Systeme* 14 (2), S. 370-396.
Marchart, Oliver (2009) »Antagonismen jenseits des Klassenkampfs. Postmarxismus und Neue Soziale Bewegungen« in Peter Bescherer, Karen

Schiernhorn (Hg.): *Zur Aktualität Marxscher Theorie. Zwischen ›Arbeiterfrage‹ und sozialer Bewegung heute*, Hamburg: VSA, S. 97-120.

Marchart, Oliver (2010a) *Die politische Differenz. Zum Denken des Politischen bei Nancy, Lefort, Badiou, Laclau und Agamben*, Berlin: Suhrkamp.

Marchart, Oliver (2010b) »Auf dem Weg in die Prekarisierungsgesellschaft. Zur Analyse des öffentlichen Definitionskampfs um die zunehmende Prekarisierung von Arbeit und Leben«, in *Schweizerische Zeitschrift für Soziologie* 36 (3), S. 413-429.

Marchart, Oliver (2012) »Soziologie als verschwindender Vermittler. Max Weber, die Cultural Studies und die Kulturwissenschaften«, in Oliver Scheiding, Frank Obenland, Clemens Spahr (Hg.): *Kulturtheorien im Dialog. Neuorientierung in der kulturwissenschaftlichen Text-Kontext-Debatte*, Berlin: Akademie, S. 21-38.

Marchart, Oliver (2013a) *Die Prekarisierungsgesellschaft: Prekäre Proteste. Politik und Ökonomie im Zeichen der Prekarisierung*, Bielefeld: transcript.

Marchart, Oliver (Hg.) (2013b) *Facetten der Prekarisierungsgesellschaft: Prekäre Verhältnisse. Sozialwissenschaftliche Perspektiven auf die Prekarisierung von Arbeit und Leben*, Bielefeld: transcript.

Marchart, Oliver, Marion Hamm, Stephan Adolphs (2011) »EuroMayDay«, in John Downing (Hg.): *Encyclopedia of Social Movement Media*, London, Thousand Oaks und New Delhi: Sage, S. 179-182.

Marx, Karl (1961) »Zur Kritik der politischen Ökonomie, Vorwort«, in *Marx-Engels-Werke* (MEW), Bd. 13, 1. Auflage, Berlin: Dietz, S. 7-11.

Marx, Karl (1962) *Das Kapital. Band I* in *Marx-Engels-Werke* (MEW), Bd. 23, Berlin: Dietz.

Marx, Karl (1985) »John Swinton. Account of an Interview with Karl Marx«, in *Marx-Engels-Gesamtausgabe* (MEGA), Abteilung I, Bd. 25, Berlin: Berlin-Brandenburgische Akademie der Wissenschaften, S. 443.

Marx, Karl (1987) »Brief an Joseph Weydemeier«, in *Marx-Engels-Werke* (MEW), Bd. 28, 5. Auflage, Berlin: Dietz, S. 503-509.

Marx, Karl (2006) »Kritik des Hegelschen Staatsrechts (§§ 261-313)«, in *Marx-Engels-Werke* (MEW), Bd. 1, überarbeitete 16. Auflage, Berlin: Dietz, S. 203-336.

Marx, Karl, Friedrich Engels (1972) »Manifest der kommunistischen Partei«, in *Marx-Engels-Werke* (MEW), Bd. 4, 6. Auflage, Berlin: Dietz, S. 459-493.

Mersch, Dieter (2009) »Ding, Gabe und die Praxis der Künste«, in Andreas Hetzel (Hg.): *Negativität und Unbestimmtheit. Beiträge zu einer Philosophie des Nichtwissens*, Bielefeld: transcript, S. 91-104.

Merz-Benz, Ulrich, Gerhard Wagner (2001) »Vorwort«, in dies. (Hg.): *Soziologie und Anti-Soziologie. Ein Diskurs und seine Rekonstruktion*, Konstanz: UVK, S. 9-16.

Messmer, Heinz (2003) *Der soziale Konflikt. Kommunikative Emergenz und systemische Reproduktion*, Stuttgart: Lucius & Lucius.

Meyer, David S., Sidney Tarrow (1998) »A Movement Society: Contentious Politics for a New Century«, in dies. (Hg.): *The Social Movement Society. Contentious Politics for a New Century*, Lanham: Rowman & Littlefield, S. 1-28.

Miller, Jacques-Alain (1968) »Action de la structure«, in *Cahiers pour l'Analyse* 9, S. 93-105.

Miller, Jacques-Alain (1994) »Extimité«, in Mark Bracher et al. (Hg.): *Lacanian theory of discourse: subject, structure, and society*, New York und London: New York University Press, S. 74-87.

Miller, James (1993) *The Passion of Michel Foucault*, London: Flamingo.

Miller, Peter, Niklas Rose (1994) »Das ökonomische Leben regieren«, in Richard Schwarz (Hg.): *Zur Genealogie der Regulation. Anschlüsse an Michel Foucault,* Mainz: Decaton, S. 54-108.

Moebius, Stephan (2003) *Die soziale Konstituierung des Anderen. Grundrisse einer poststrukturalistischen Sozialwissenschaft nach Lévinas und Derrida*, Frankfurt am Main und New York: Campus.

Moebius, Stephan (2009) »Imitation, differenzielle Wiederholung und Iterabilität. Über einige Affinitäten zwischen Poststrukturalistischen Sozialwissenschaften und den ›sozialen Gesetzen‹ von Gabriel Tarde«, in Christian Borch, Urs Stäheli (Hg.): *Soziologie der Nachahmung und des Begehrens*, Frankfurt am Main: Suhrkamp, S. 255-279.

Moebius, Stephan (2010) »Debatten um Moderne und Postmoderne«, in Georg Kneer, Stephan Moebius (Hg.): *Soziologische Kontroversen. Beiträge zu einer anderen Geschichte der Wissenschaft vom Sozialen*, Berlin: Suhrkamp, S. 254-290.

Moebius, Stephan, Georg Kneer (2010) »Vorwort«, in dies. (Hg.): *Soziologische Kontroversen. Beiträge zu einer anderen Geschichte der Wissenschaft vom Sozialen*, Berlin: Suhrkamp, S. 7-13.

Moebius, Stephan, Andreas Reckwitz (Hg.) (2008) *Poststrukturalistische Sozialwissenschaften*, Frankfurt am Main: Suhrkamp.

Mommsen, Wolfgang (1982) *Max Weber: Gesellschaft, Politik und Geschichte*, Frankfurt am Main: Suhrkamp.

Mouffe, Chantal (2007): *Über das Politische. Wider die kosmopolitische Illusion*, Frankfurt am Main: Suhrkamp.

Mouffe, Chantal (2008): *Das demokratische Paradox*, Wien: Turia + Kant.

Moulier Boutang, Yann (1998) »Vorwort«, in Toni Negri, Maurizio Lazzarato, Paolo Virno (Hg.): *Umherschweifende Produzenten. Immaterielle Arbeit und Subversion,* Berlin: ID, S. 5-22.

Moulier Boutang, Yann (2003) »Neue Grenzziehungen in der politischen Ökonomie«, in Marion von Osten (Hg.): *Norm der Abweichung*, Wien und New York: Springer, S. 251-280.

Müller-Doohm, Stefan (1991) »Soziologie ohne Gesellschaft? Notizen zum Gegenstandsverlust einer Disziplin«, in ders. (Hg.): *Jenseits der Utopie. Theoriekritik der Gegenwart*, Frankfurt am Main: Suhrkamp, S. 48-99.

Nancy, Jean-Luc (1988) *Die undarstellbare Gemeinschaft*, Stuttgart: Edition Schwarz.

Nancy, Jean-Luc (2008) *Dekonstruktion des Christentums*, Zürich und Berlin: diaphanes.

Nancy, Jean-Luc (2011) *Hegel. Die spekulative Anmerkung. Die Unruhe des Negativen*, Zürich: diaphanes.

Nassehi, Armin (2009) *Der soziologische Diskurs der Moderne*, Frankfurt am Main: Suhrkamp.

Neidhardt, Friedhelm, Dieter Rucht (1993) »Auf dem Weg in die Bewegungsgesellschaft? Über die Stabilisierbarkeit sozialer Bewegungen«, in *Soziale Welt* 44, S. 305-326.

Nietzsche, Friedrich (1999a) *Nachgelassene Fragmente* in *Kritische Studienausgabe*, Bd. 7, hg. von Claudio Colli und Mazzino Montinari, Berlin und New York: de Gruyter.

Nietzsche, Friedrich (1999b) »Fünf Vorreden zu fünf ungeschriebenen Büchern«, in *Kritische Studienausgabe*, Bd. 1, hg. von Claudio Colli und Mazzino Montinari, Berlin und New York: de Gruyter.

Nullmeier, Frank (2000) *Politische Theorie des Sozialstaats*, Frankfurt und New York: Campus.

Palonen, Kari (1998) *Das ›Webersche Moment‹. Zur Kontingenz des Politischen*, Opladen: Westdeutscher Verlag.

Petrović, Gajo (1969) *Wider den autoritären Marxismus*, Frankfurt am Main: Europäische Verlagsanstalt.

Petrović, Gajo (1971) *Philosophie und Revolution. Modelle für eine Marx-Interpretation*, Reinbek bei Hamburg: Rowohlt.

Poulantzas, Nicos (1973) *Faschismus und Diktatur. Die Kommunistische Internationale und der Faschismus*, München: Trikont.

Poulantzas, Nicos (1978) *Staatstheorie. Politischer Überbau, Ideologie, Sozialistische Demokratie*, Hamburg: VSA.

Pross, Harry (1992) *Protestgesellschaft. Von der Wirksamkeit des Widerspruchs*, München: Artemis & Winkler.

Rabinow, Paul (2003) »›Being and Power‹ revisited«, in Alan Milchman, Aland Rosenberg (Hg.): *Foucault and Heidegger. Critical Encounters*, Minneapolis: University of Minnesota Press.

Rammstedt, Otthein (1978) *Soziale Bewegung*, Frankfurt am Main: Suhrkamp.

Rammstedt, Otthein (1997) »Das Durkheim-Simmelsche Projekt einer ›rein wissenschaftlichen Soziologie‹ im Schatten der Dreyfus-Affäre«, in *Zeitschrift für Soziologie* 26 (6), S. 444-457.

Rammstedt, Otthein (2008) »Georg Simmel und die Soziologie«, in ders. (Hg.): *Georg Simmel: Individualismus der modernen Zeit und andere soziologische Abhandlungen*, Frankfurt am Main: Suhrkamp, S. 361-392.

Reckwitz, Andreas (2006) *Die Transformation der Kulturtheorien. Zur Entwicklung eines Theorieprogramms,* Weilerswist: Velbrück Wissenschaft.

Reckwitz, Andreas (2008) *Unscharfe Grenzen. Perspektiven der Kultursoziologie,* Bielefeld: transcript.

Reckwitz, Andreas (2010) *Das hybride Subjekt. Eine Theorie der Subjektkulturen von der bürgerlichen Moderne zur Postmoderne*, Weilerswist: Velbrück Wissenschaft.

Rehberg, Karl-Siegbert (2010) »Das Unbehagen an der Soziologie. Antisoziologische Motive und die Etablierung einer akademischen Disziplin«, in Georg Kneer, Stephan Moebius (Hg.): *Soziologische Kontroversen. Beiträge zu einer anderen Geschichte der Wissenschaft vom Sozialen*, Berlin: Suhrkamp, S. 217-253.

Reinhard, Rebekka (2003) *Gegen den philosophischen Fundamentalismus. Postanalytische und dekonstruktivistische Perspektiven*, München: Fink.

Richir, Marc (1991) *Du sublime en politique*, Paris: Payot.

Ricœur, Paul (1974) *Geschichte und Wahrheit*, München: List.

Riedel, Manfred (1975) »Gesellschaft, Gemeinschaft«, in Otto Brunner, Werner Conze, Reinhart Koselleck: *Geschichtliche Grundbegriffe. Historisches Lexikon zur politisch-sozialen Sprache in Deutschland*, Bd. 2, Stuttgart: Klett, S. 801-862.

Ritsert, Jürgen (2000) *Gesellschaft: Ein unergründlicher Grundbegriff der Soziologie*, Frankfurt am Main und New York: Campus.

Ritsert, Jürgen (2010) »Der Positivismusstreit«, in Georg Kneer, Stephan Moebius (Hg.): *Soziologische Kontroversen. Beiträge zu einer anderen Geschichte der Wissenschaft vom Sozialen,* Berlin: Suhrkamp, S. 102-130.

Rockmore, Tom (2000) *Heidegger und die französische Philosophie*, Lüneburg: zu Klampen.

Rockmore, Tom, Beth Singer (Hg.) (1991) *Antifoundationalism Old and New*, Philadelphia: Temple University Press.

Rölli, Marc (2011) *Kritik der anthropologischen Vernunft*, Berlin: Matthes & Seitz.

Rorty, Richard (1981) *Der Spiegel der Natur. Eine Kritik der Philosophie*, Frankfurt am Main: Suhrkamp.

Rorty, Richard (1999) *Kontingenz, Ironie und Solidarität*, Frankfurt am Main: Suhrkamp.

Rorty, Richard (2004) »Foreword«, in Gianni Vattimo: *Nihilism & Eman-*

cipation. Ethics, Politics, & Law, New York: Columbia University Press, S. IX-XX.

Roßler, Gustav (2008) »Kleine Galerie neuer Dingbegriffe: Hybriden, Quasi-Objekte, Grenzobjekte, epistemische Dinge«, in Georg Kneer, Markus Schroer, Erhard Schüttpelz (Hg.): *Bruno Latours Kollektive*, Frankfurt am Main: Suhrkamp, S. 76-107.

Roth, Roland, Dieter Rucht (2008) »Bewegungsrepublik Deutschland«, in *Blätter für deutsche und internationale Politik* 9/2008, S. 100-109.

Rovatti, Pier Aldo, Gianni Vattimo (Hg.) (1983) *Il pensiero debole*, Mailand: Feltrinelli.

Rucht, Dieter (2001) »Protest und Protestereignisanalyse: Einleitende Bemerkungen«, in ders. (Hg.): *Protest in der Bundesrepublik. Strukturen und Entwicklungen*, Frankfurt am Main und New York: Campus, S. 7-26.

Salecl, Renata (1991) »Die Gesellschaft existiert nicht«, in Slavoj Žižek (Hg.): *Gestalten der Autorität. Seminar der Laibacher Lacan-Schule*, Wien: Hora, S. 27-36.

Sardinha, Diego (2010) »Motus, Meute, Meuterei: Formen wüster Bewegung«, in *Paragrana* 19 (1), S. 122-139.

Sartre, Jean-Paul (1999) »Die ›Mobiles‹ von Calder«, in ders.: *Die Suche nach dem Absoluten*, Gesammelte Werke, Schriften zur bildenden Kunst und Musik, Band I, hg. von Vincent von Wroblewsky, Reinbek bei Hamburg: Rowohlt, S. 59-62.

Scheler, Max (1978) *Das Ressentiment im Aufbau der Moralen*, Frankfurt am Main: Vittorio Klostermann.

Schelsky, Helmut (1970) »Zur soziologischen Theorie der Institution«, in ders. (Hg.): *Zur Theorie der Institution,* Düsseldorf: Bertelsmann, S. 10-26.

Schelsky, Helmut (1975) *Die Arbeit tun die anderen. Klassenkampf und Priesterherrschaft der Intellektuellen*, Opladen: Westdeutscher Verlag.

Schelsky, Helmut (1981) *Rückblicke eines ›Anti-Soziologen‹*, Opladen: Westdeutscher Verlag.

Scheuch, Erwin (1969) »Spätkapitalismus oder Industriegesellschaft?«, in Theodor W. Adorno (Hg.): *Verhandlungen des 16. Deutschen Soziologentages in Frankfurt am Main 1968*, Stuttgart: Ferdinand Enke, S. 153-182.

Schmid, Hans Bernhard (2003) »Heidegger und die Sozialwissenschaften. Verabschiedung, Vereinnahmung und vorsichtige Aneignung«, in Dieter Thomä (Hg.): *Heidegger-Handbuch*, Stuttgart: Metzler, S. 481-486.

Schwingel, Markus (1993) *Analytik der Kämpfe. Macht und Herrschaft in der Soziologie Bourdieus*, Hamburg: Argument.

Schwinn, Thomas (1995) »Funktion und Gesellschaft. Konstante Probleme trotz Paradigmenwechsel in der Systemtheorie Niklas Luhmanns«, in *Zeitschrift für Soziologie* 24 (3), S. 196-214.

Schwinn, Thomas (2001) *Differenzierung ohne Gesellschaft*, Weilerswist: Velbrück Wissenschaft.

Schwinn, Thomas (2011) »Von starken und schwachen Gesellschaftsbegriffen. Verfallsstufen eines traditionsreichen Konzepts«, in ders., Clemens Kroneberg, Jens Greve (Hg.): *Soziale Differenzierung. Handlungstheoretische Zugänge in der Diskussion,* Wiesbaden: VS Verlag, S. 27-44.

Searle, John (2012) *Wie wir die soziale Welt machen,* Frankfurt am Main: Suhrkamp.

Seidman, Steven, Jeffrey C. Alexander (2001) *The New Social Theory Reader: Contemporary Debates*, London und New York: Routledge.

Serres, Michel (1987) *Der Parasit*, Frankfurt am Main: Suhrkamp.

Simmel, Georg (1992) *Soziologie. Untersuchungen über die Formen der Vergesellschaftung*, Gesamtausgabe Bd. II, hg. von Otthein Rammstedt, Frankfurt am Main: Suhrkamp.

Simmel, Georg (1995) »Vom Ende des Streits«, in Gesamtausgabe Bd. I, hg. von Otthein Rammstedt, Frankfurt am Main: Suhrkamp, S. 333-344.

Stäheli, Urs (1995) »Gesellschaftstheorie und die Unmöglichkeit ihres Gegenstandes«, in *Schweizerische Zeitschrift für Soziologie* 21 (2), S. 361-390.

Stäheli, Urs (2000a) *Poststrukturalistische Soziologien*, Bielefeld: transcript.

Stäheli, Urs (2000b) *Sinnzusammenbrüche. Eine dekonstruktive Lektüre von Niklas Luhmanns Systemtheorie*, Weilerswist: Velbrück Wissenschaft.

Staten, Henry (1984) *Wittgenstein and Derrida*, Lincoln und London: University of Nebraska Press.

Stavrakakis, Yannis (1999) *Lacan & the Political*, Edinburgh: Edinburgh University Press.

Stavrakakis, Yannis (2007) *The Lacanian Left. Psychoanalysis, Theory, Politics*, Edinburgh: Edinburgh University Press.

Stedman Jones, Susan (1996) »What does Durkheim mean by ›thing‹?«, in *Durkheimian Studies* 2, S. 43-59.

Sternfeld, Nora (2008) *Das pädagogische Unverhältnis: Lehren und lernen bei Rancière, Gramsci und Foucault*, Wien: Turia + Kant.

Stichweh, Rudolf (2005) »Zum Gesellschaftsbegriff der Systemtheorie: Parsons und Luhmann und die Hypothese der Weltgesellschaft«, in *Zeitschrift für Soziologie*, Sonderheft, S. 174-185.

Tarde, Gabriel (1999) *L'opposition universelle. Essai d'une théorie des contraires*, Œuvres III, Paris: Les empêcheurs de penser en rond.

Tarde, Gabriel (2009a) *Die Gesetze der Nachahmung*, Frankfurt am Main: Suhrkamp.

Tarde, Gabriel (2009b) *Monadologie und Soziologie*, Frankfurt am Main: Suhrkamp.

Taubes, Jacob (1987) *Ad Carl Schmitt. Gegenstrebige Fügung*, Berlin: Merve.

Taylor, Charles (1995) *Philosophical Arguments*, Cambridge: Harvard University Press.
Tenbruck, Friedrich H. (1980) »Der neue Turm zu Babel. Triumph und Hybris der Sozialwissenschaft: Ist das Experiment einer säkularen Gesellschaft mißglückt?«, in *Rheinischer Merkur/Christ und Welt*, 14.3.1980, S. 23.
Tenbruck, Friedrich H. (1981) »Emile Durkheim oder die Geburt der Gesellschaft aus dem Geist der Soziologie«, in *Zeitschrift für Soziologie* 10 (4), S. 333-350.
Tenbruck, Friedrich H. (1984): *Die unbewältigten Sozialwissenschaften oder Die Abschaffung des Menschen*, Graz, Wien und Köln: Styria.
Teufel, Erwin (Hg.) (2001) *Von der Risikogesellschaft zur Chancengesellschaft*, Frankfurt am Main: Suhrkamp.
Touraine, Alain (1972) *Die postindustrielle Gesellschaft*, Frankfurt am Main: Suhrkamp.
Townshend, Jules (2003) »Discourse theory and political analysis: a new paradigm from the Essex School?«, in *The British Journal of Politics and International Relations* 5 (1), S. 129-142.
Tyrell, Hartmann (1994) »Max Webers Soziologie – eine Soziologie ohne ›Gesellschaft‹«, in Gerhard Wagner, Heinz Zipprian (Hg.): *Max Webers Wissenschaftslehre. Interpretation und Kritik*, Frankfurt am Main: Suhrkamp, S. 390-414.

Urry, John (2000) *Sociology beyond Societies. Mobilities for the twenty-first century*, London und New York: Routledge.

Vattimo, Gianni (1990) *Das Ende der Moderne*, Stuttgart: Reclam.
Vattimo, Gianni (2000) »Dialektik, Differenz, schwaches Denken«, in Hans-Martin Schönherr-Mann (Hg.): *Ethik des Denkens*, München: Fink, S. 79-97.
Vattimo, Gianni, Santiago Zabala (2011) *Hermeneutic Communism. From Heidegger to Marx*, New York: Columbia University Press.
Vogl, Joseph (2007) *Über das Zaudern*, Berlin: diaphanes.
Vogt, Peter (2011) *Kontingenz und Zufall. Eine Ideen- und Begriffsgeschichte*, Berlin: Akademie.

Wagner-Pacifici, Robin (2000) *Theorizing the Standoff: Contingency in Action*, Cambridge: Cambridge University Press.
Weber, Max (1980) *Wirtschaft und Gesellschaft: Grundriß der verstehenden Soziologie*, Tübingen: Mohr.
Weber, Max (1988) *Gesammelte Aufsätze zur Wissenschaftslehre*, Tübingen: Mohr.

Welsch, Wolfgang (2002) *Unsere postmoderne Moderne*, 6. Auflage, Berlin: Akademie.
Whitehead, Alfred North (1987) *Prozeß und Realität. Entwurf einer Kosmologie*, Frankfurt am Main: Suhrkamp.
Williams, James (2000) *Lyotard & the Political*, London und New York: Routledge.

Žižek, Slavoj (1989) *The Sublime Object of Ideology*, London und New York: Verso.
Žižek, Slavoj (1991) *Liebe Dein Symptom wie Dich selbst! Jacques Lacans Psychoanalyse und die Medien*, Berlin: Merve.
Žižek, Slavoj (1993) *Grimassen des Realen. Jacques Lacan oder die Monstrosität des Akts*, Köln: Kiepenheuer & Witsch.
Žižek, Slavoj (1994) »The Spectre of Ideology«, in ders. (Hg.): *Mapping Ideology*, London und New York: Routledge, S. 1-33.
Žižek, Slavoj (1998) »Jenseits der Diskursanalyse«, in Oliver Marchart (Hg.): *Das Undarstellbare der Politik. Zur Hegemonietheorie Ernesto Laclaus*, Wien: Turia + Kant, S. 123-132.
Žižek, Slavoj (2001) *Die Tücke des Subjekts*, Frankfurt am Main: Suhrkamp.
Žižek, Slavoj (2005) *Interrogating the Real*, London und New York: Continuum.
Žižek, Slavoj (2012) *Less Than Nothing: Hegel and the Shadow of Dialectical Materialism*, London und New York: Verso.

Namenregister

Suhrkamp Verlag GmbH
Torstraße 44, 10119 Berlin
info@suhrkamp.de
www.suhrkamp.de